Martin Goodman

[英] 马丁·古德曼 著

李震宇 译

Rome
& Jerusalem

罗马与耶路撒冷

古代文明的冲突

民主与建设出版社

·北京·

献给萨拉

目 录

致　谢

　　在我从事犹太史与罗马史教学和写作的多年时间里，许多朋友、同事和学生为这本书最后的完成提供了帮助。在这里我要特别感谢朱迪思·利厄（Judith Lieu）、弗格斯·米勒（Fergus Millar）和萨夏·斯特恩（Sacha Stern），他们三位都在本书形成和完善的最初阶段阅读了手稿，并提供了宝贵的帮助。本书出现的一切错误都由本人负责。

　　写作这本书的灵感来自企鹅出版社的斯图尔特·普罗菲特（Stuart Proffitt），我十分感激他对本书原稿细致入微的审阅与明智的建议。在选用本书插图的过程中，塞西莉亚·麦凯（Cecilia Mackay）、福尔克尔·霍尔歇特（Volker Heuchert）和珍妮特·德莱纳（Janet DeLaine）给予了我很大的帮助。感谢阿莫斯·科罗内（Amos Kloner）在我草拟耶路撒冷地图时从专业角度给予的帮助。在多次修订的过程中，尼隆·阿里（Neelum Ali）以令人印象深刻的好脾气和忍耐力打出并修改了冗长的打印稿。伊丽莎白·斯特拉特福德（Elizabeth Stratford）熟练地完成了审稿工作。约翰·吉尔克斯（John Gilkes）绘制了地图。玛格丽特·宾斯（Margaret Binns）编制了索引。

　　一部涵盖的历史时段如此之广的作品自然有必要吸收前人的研究成果，而关于尾注，我打算只给读者提供一个大体上的指引，因为给我提供过帮助的著作实在是太多了，以至于我无法将它们一一罗列。我充分利用了古典史料的英译本，特别是格察·韦尔迈什（Geza Vermes）的《死海古卷英文全译本》（*The Complete Dead Sea Scrolls in English*, London, 1997）、埃夫丽尔·卡梅伦（Averil Cameron）与斯图亚特·乔治·霍尔（Stuart G. Hall）所翻译的尤西比乌斯的《君士坦丁传》（*Eusebius, Life of Constantine,* Oxford, 1999)和洛布古典丛书（Loeb Classical Library）出版的许多译文，尤其是亨利·圣约翰·撒克里（H. St.-J. Thackeray）翻译的约瑟夫斯的《犹太战争》（*The Jewish War*）。

感谢牛津大学希伯来与犹太研究中心和牛津大学东方研究系对本书出版的资助，感谢英国国家学术院授予我的研究经费，没有这笔资金我不敢相信自己可能完成这项任务。

不幸的是我的父亲并没有在生前看到本书，但本书即将出版的消息确实给他带来了快乐（他也很喜欢这个封面）。我将此书献给我的妻子萨拉，她对企鹅一贯的热情鼓舞了我继续前行。

马丁·古德曼
牛津和伯明翰
2006 年 10 月

家族谱系图

尤里－克劳狄王朝

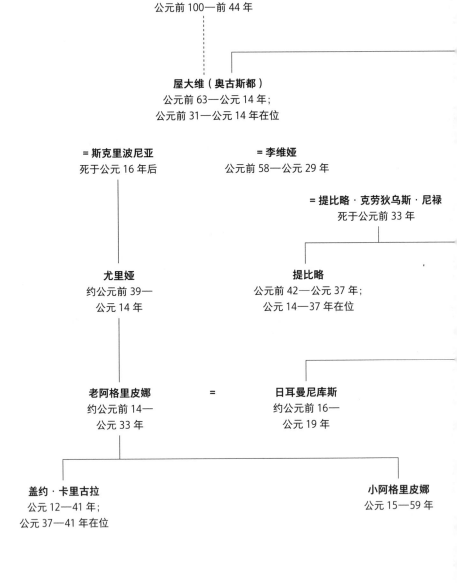

尤里乌斯·恺撒
公元前 100—前 44 年

屋大维（奥古斯都）
公元前 63—公元 14 年；
公元前 31—公元 14 年在位

＝斯克里波尼亚
死于公元 16 年后

＝李维娅
公元前 58—公元 29 年

＝提比略·克劳狄乌斯·尼禄
死于公元前 33 年

尤里娅
约公元前 39—
公元 14 年

提比略
公元前 42—公元 37 年；
公元 14—37 年在位

老阿格里皮娜
约公元前 14—
公元 33 年

＝

日耳曼尼库斯
约公元前 16—
公元 19 年

盖约·卡里古拉
公元 12—41 年；
公元 37—41 年在位

小阿格里皮娜
公元 15—59 年

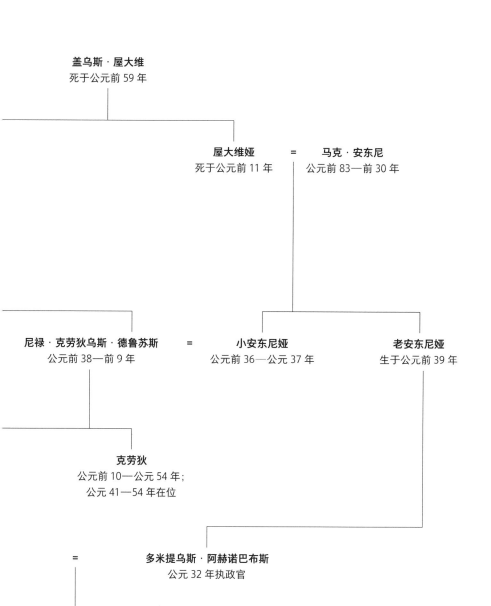

盖乌斯·屋大维
死于公元前 59 年

屋大维娅　＝　**马克·安东尼**
死于公元前 11 年　　公元前 83—前 30 年

尼禄·克劳狄乌斯·德鲁苏斯　＝　**小安东尼娅**　　　　**老安东尼娅**
公元前 38—前 9 年　　公元前 36—公元 37 年　　生于公元前 39 年

克劳狄
公元前 10—公元 54 年；
公元 41—54 年在位

多米提乌斯·阿赫诺巴布斯
公元 32 年执政官

＝

尼禄
公元 37—68 年；
公元 54—68 年在位

希律王朝

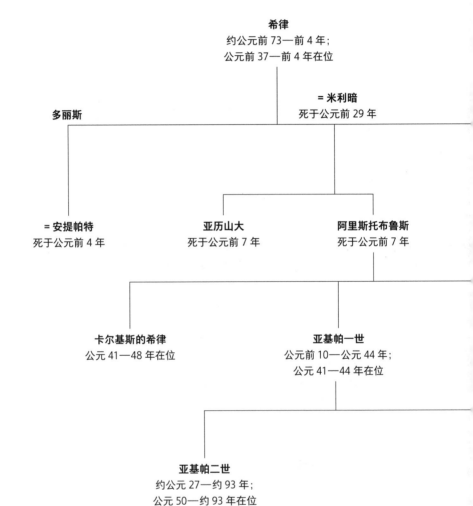

希律
约公元前 73—前 4 年;
公元前 37—前 4 年在位

= 米利暗
死于公元前 29 年

多丽斯

= 安提帕特
死于公元前 4 年

亚历山大
死于公元前 7 年

阿里斯托布鲁斯
死于公元前 7 年

卡尔基斯的希律
公元 41—48 年在位

亚基帕一世
公元前 10—公元 44 年;
公元 41—44 年在位

亚基帕二世
约公元 27—约 93 年;
公元 50—约 93 年在位

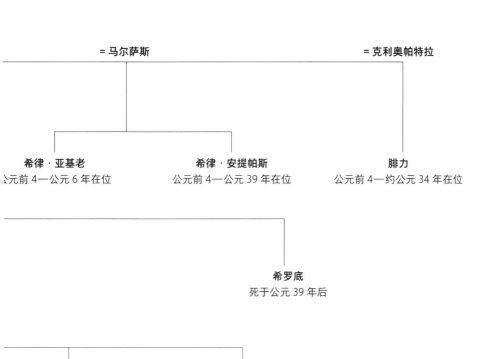

= 马尔萨斯   = 克利奥帕特拉

希律·亚基老
公元前 4—公元 6 年在位

希律·安提帕斯
公元前 4—公元 39 年在位

腓力
公元前 4—约公元 34 年在位

希罗底
死于公元 39 年后

贝瑞妮斯
生于公元 28 年

德鲁希拉
生于约公元 38 年

耶路撒冷的毁灭是如今史诗文体里唯一剩下的主题；这一主题就像弥尔顿（Milton）所描绘的"人的堕落"（Fall of Man）一样，会吸引整个基督教世界，正如荷马史诗里的特洛伊之战曾吸引整个希腊世界。就像在所有主题里一样，这里将会有困难；而它们必须被缓解、被丢到暗处，就像弥尔顿创作《失乐园》（Paradise Lost）时，面对无数困难所做的一样。但这一主题蕴含着比其他主题里所能找到的更多的宏伟和壮丽……预言将在这里完成——第一个可见的国家宗教在异教徒的猛烈攻击下终结，这一事件随即成了一个可见的世界性宗教传播的预兆和条件；接着你将看到罗马人和犹太人的性格，以及那威畏、完全和正义。

——塞缪尔·泰勒·柯勒律治（Samuel Taylor Coleridge）

主要见证人

在公元 70 年，伟大的耶路撒冷城是当时最为壮丽和著名的城市之一，而对于犹太人来说，它是他们宗教和民族理念的中心。它在一场可怕的围城后被罗马军队摧毁。接下来的几个世纪中，犹太人被推到了罗马社会的边缘。而犹太人也将罗马看作邪恶势力的缩影。两个曾经友好共存的古代文明间出现如此的对立，在早期罗马帝国是独一无二的。本书试图解释这一对立发生的原因，并探究它所引发的持续到当下的后果。

刚开始写作这段历史时，我最初的目的仅仅是探讨犹太文明与罗马文明之间的差异，而它们塑造了引发争议的犹太人教师耶稣所生活的，也是基督教在其中形成的那个世界。但这点变得清晰起来：对两个民族之间的相似与不同的静态描述将会带来误导。有这样一种既定观点，遍及古代和现代的历史书：因为双方在公元 70 年的冲突极其严重，所以这场冲突一定也是不可避免的。在我看来，这种对事件的阐释基于后见之明，值得怀疑。因此，我着手研究公元 1 世纪上半叶生活在耶路撒冷的犹太人，分析他们是否感觉自己是一个敌对帝国中受压迫的臣民，因为生活在 100 年后的犹地亚（Judaea）的犹太人显然是这样认为的——叛军领袖西缅·巴尔·柯西巴（Shimon bar Kosiba，后来的犹太传统称他为巴尔·科赫巴〔Bar Kokhba〕）领导他们参与了公元132—135年间的第二次血腥的暴动。

想要探索这个两千多年前发生的不幸故事的真相的学者，可以使用大量同时代的证据。在后文中，我将讨论这些证据中的许多内容，以及留存下来的证据为何数量如此之多。但是在本书开头，我应该向读者介绍这样一位古典作者，他丰富的作品与其他证据相比，不可避免地对于我对公元70年前这一小段犹太历史的重建有着更多的影响。

耶路撒冷的祭司约瑟夫斯（Josephus，公元37—约100年）记述了这些年的历史，正是为了解释这场灾难为何会降临在犹太人头上。他处于一个就了解答案而言格外有利的位置，因为他曾经亲身参与过这场战争，最初作为犹太叛军的将领，接着（在被俘后）作为身处罗马司令部之内的观察员。在战争结束后的10年内，约瑟夫斯作为一位罗马公民和诸皇帝的熟人，在罗马完成了他那七卷本的《犹太战争》。[1]

约瑟夫斯出生于耶路撒冷的统治精英家庭，早在战争爆发的公元66年之前，他就经常参与该城的政治密谋。仅几年之前，公元61年，他曾前往罗马申诉，代表几个作为囚犯被犹地亚总督押解到那里的朋友，向尼禄（Nero）皇帝提供一份说明；逗留罗马期间，他与帝国宫廷的一些边缘人物建立了联系。回到耶路撒冷时，他遭遇了城内日益动荡不安的气氛。当战争看似无可避免时，公元66年10月，他加入了暴动政府并负责加利利（Galilee）地区的防御任务。作为一名将军，他明显是不成功的，并在公元67年春被罗马军队俘获。根据他自己的记载，他曾考虑过自杀，以免落入罗马人之手，但是他被半夜梦中的神的指引所劝服了：曾创造了犹太民族的上帝自己已经决定破坏他的造物，而罗马人的胜利已成为定局。约瑟夫斯决定向罗马人投降，让上帝做证自己此去"不是作为叛徒而是作为您的使者"。

公元69年，约瑟夫斯是罗马军营内一名有声望的俘虏，而他的身份将被他曾预言的一个启示改变。早在公元67年，他就预言犹地亚战役的总司令韦斯巴芗（Vespasian）将上升至最高权力，成为罗马皇帝；韦斯巴芗正处于与其他觊觎紫袍的竞争对手争夺权力的过程中，而这一鼓舞人心的预测对他来说有可观的价值。约瑟夫斯此后的生涯完全取决于这一预言：公元 69 年 6 月，他被韦斯巴芗解除桎梏，然后在适当的时候——当韦斯巴芗在公元 70 年安稳地搬入罗马的皇宫内居住后——约瑟夫斯被给予城内的住所。这个房子正是韦斯巴芗本人登基前所住的。约瑟夫斯被授予了罗马公民权，并得到了一笔津贴，因此他可以在未来 30 年左右的时间里安心写作一系列关于犹太人、犹太教以及犹太人与非犹世界关系的书籍。

因此，约瑟夫斯对于导致公元 70 年灾难的事件的生动记述是身为一位参与者的记述，并在很多情况下，是作为一位目击者的记述。他了解地形以及领袖们的性格，也理解双方的冲动。尽管如此，期望他保持客观还是不合情理的。他自己就警告读者说他不打算掩饰他的私人情感，因为他为故国的灾难而哀悼；并且出于政治或修辞上的目标，他的叙事中有夸大和扭曲的成分，它们体现在《犹太战争》中的一些章节与他之后的两部平行作品：《犹太古史》(*Jewish Antiquities*) 和《自传》(*Life*) 之间存在的一些令人不安的差异之上。《犹太古史》共 20 卷，覆盖了从时间的开端到这场战争爆发前的所有犹太历史；《自传》于公元 93 年出版，成了《犹太古史》的补充，他在本书中极力开脱自己曾在战争开始之时担任叛军的一员领袖。[2]

约瑟夫斯的整个叙事都充满了他那复杂的政治生涯所难免带来的矛盾性，最开始他是耶路撒冷的守卫者，之后又为摧毁耶路撒冷的政权辩护。他自己声称，他之所以改变了立场，是因为得到了上帝的托梦。后世的犹太人倾向认为这种声称是自私的表现，这无疑也是事实。但是即使这种判断是正确的，也不能贬低他所提供的一手证言的价值，尤其是考虑到他为之写作的罗马读者本身也是他所记载的事件的目击者，并且可以获知他是否是在编造故事。约瑟夫斯对作品中犹太人和罗马人的动机和性格的评价往往带有偏见，将他们全盘接受会是轻率的，但是接受这些作品中的细节，特别是那些与他自己对于这场灾难的解释相抵牾的细节则是合情合理的：能在作品中留存下来只能说明它们确实曾经发生过。因此，耶路撒冷城直至公元 70 年的故事可以比当时罗马帝国任何一个城市的故事讲得更加深入，除了罗马城本身的故事。

耶路撒冷的毁灭

公元 66—70 年

公元 66 年 5 月，依雅尔月（Iyyar，犹太教历二月）十六日，盖西乌斯·弗洛鲁斯（Gessius Florus），这个在大约 2 年前接受罗马皇帝尼禄任命的犹地亚行省总督，让其军队冲进耶路撒冷的上城市场里，他们奉命杀掉所有遇见的人。约瑟夫斯在几年后令人胆寒地描绘了接踵而来的骚乱："那些士兵……不仅掠夺了他们被派往攻击的区域，而且冲进了每一所房子，并屠杀其内的居民。惊慌的人群沿窄巷奔逃，军队屠杀了所有抓到的人，所有类型的劫掠都发生了……那一天遇难者的总数，包括妇女和儿童——他们甚至连婴儿都不放过——大约 3600 人。"这就是不断升级的暴力循环的开始，直到 4 年后整座城市被彻底摧毁才结束。[1]

弗洛鲁斯要求耶路撒冷的居民在罗马的两个步兵大队抵达前出城列队欢迎，以此表示他们对他统治的服从。这是一场政治秀，一场预谋的羞辱，因此当一些犹太人开始对总督破口大骂时，士兵们猛烈回击，并带来了致命的后果：

> 一瞬间军队就将他们包围起来，用棍棒殴打他们，当他们逃窜的时候，骑兵追赶其后，并用马蹄践踏他们。许多人倒在了罗马人

的殴打之下，但更多的人却倒在了同胞间的推挤之中。城门周围拥挤的情况十分糟糕，每个人都想第一个通过，反倒减慢了所有人逃生的速度，而那些互相绊脚的人的命运也是可怕的；踩倒他们的人群使他们窒息，并将他们碾压。而且由于尸体的面貌遭受了严重的破坏，亲人们甚至无法将他们分辨出来，以为他们举行葬礼。[2]

主要的温和派犹太人由亚基帕二世（Agrippa II，约公元27—约93年）领导，他是大希律王（Herod the Great，约公元前73—前4年）的曾孙，不但被罗马人任命为犹地亚北部和东部许多狭小领土的国王，而且也负责监察耶路撒冷圣殿的维护和运行。他们试图阻止有如潮水般的抗议，但没有成功。耶路撒冷人分化成了主战派和主和派，圣殿的首领，被约瑟夫斯称为"非常勇敢的年轻人"的祭司以利亚撒（Eleazar），通过劝说圣殿神职人员拒绝接受任何更多的外族人带来的礼物和献祭激化了问题。约瑟夫斯写道，"这一举动奠定了与罗马人开战的基础"，因为这等于终止了长久以来通过代表皇帝和罗马在圣殿献祭以表达忠心的传统。[3]

罗马人自身并没有直接卷入最初几个月里接着发生在耶路撒冷城里的冲突。犹太人内部的派系斗争导致了大量的伤亡，一些反对叛乱的耶路撒冷富人在城中的豪宅被彻底摧毁。一部分主和派人士遭到谋杀，其中就有以利亚撒的父亲，前大祭司亚拿尼亚（Ananias）。一支600人的罗马步兵队驻守在城市西缘，尝试支援这些仍然努力阻止全面战争爆发的人，但是他们却被暴动者包围，困在了自己位于大希律王宫的总部之中。直到8月底9月初，他们终于被打败，并且同意交出武器，以换取可以自由地离开城市。约瑟夫斯明白接下来发生的暴行的严重性，于是他列出了那些（不然无从得知的）发誓做出必要安全保障的犹太人的名字：尼科梅德斯（Nicomedes）之子葛利安（Gorion）、撒督（Sadok）之子亚拿尼亚、约拿单（Jonathan）之子犹大（Judas）。他们发下誓言后，罗马指挥官梅蒂利乌斯（Metilius）带领他的人从要塞中走出：

只要士兵们还拿着武器，就没有反叛者骚扰他们，或表现出任何违背诺言的迹象；但是，当罗马士兵按照约定放下他们的盾和剑，消去怀疑并准备撤离时，以利亚撒的党徒蜂拥而上，将他们包围然后屠杀；罗马人既没有抵抗也没有请求怜悯，他们仅仅是大声呼喊着"协议"和"誓言"，作为申诉。就这样，一场残忍的屠杀后，除梅蒂利乌斯以外的人全部殒命；他独自通过乞求保住了性命，并承诺皈依犹太教，甚至同意进行割礼。对罗马人来说，这一事件带来的伤害是微小的——罗马只是损失了其无尽的军队中的一小股人马；但是对于犹太人来说，它却像是他们走向毁灭的序幕。在他们看来，发动战争的理由已经形成并无法挽救。而这座城市已经被罪恶的斑点所污染，无法不畏惧来自天国的某种拜访——哪怕不是来自罗马的报复。于是，他们举行了公祭；整个城市都被沮丧的情绪所笼罩，所有的温和派中，没有一个人不被他自己将要为暴动者的罪行受过的想法折磨。[4]

这些事情是在叙利亚总督凯司提乌斯·伽卢斯（Cestius Gallus）抵达耶路撒冷前发生的。差不多一个月之后，伽卢斯带着一支庞大的军队从安条克（Antioch）出发，在初秋的犹太住棚节（Feast of Tabernacles）时抵达耶路撒冷。在他进军的过程中，针对平民的随意的屠杀时有发生：在其他人去耶路撒冷庆祝节日时留在吕大（Lydda）的50个平民都被杀害，一些村庄也被焚毁。他的意图很明显，为了就罗马的损失进行报复，而对犹太人进行连带惩罚。反叛军的回应是迅速发起攻击，并取得了可喜的成功，以损失仅仅22人的代价消灭了515名敌人。尽管在这种后期的阶段，亚基帕二世仍试图商谈出一个和平的解决方案。他派遣两位朋友，以凯司提乌斯的名义提出了一项条约。条约的条件十分慷慨（约瑟夫斯宣称），它反映出了罗马人在第一次交战中遭遇的困难，而且犹太人还控制了罗马人临时驻地所在谷地之上的高地。条约称，如果反叛者放下武器并重新效忠罗马，他们的罪行便可以得到原谅。但它来得太迟了。提案被以暴力回应，亚基帕的使节一死一伤。因此，伽卢斯继续向耶路撒冷进军，并在斯科普斯山（Mount Scopus）安营扎寨，这里可以从东北方俯视耶路撒冷圣殿。最终，他们进入城市，先是占领了城郊，并纵火焚烧了圣殿区以北的贝吉塔（Bezetha）"新城"。为了包围内城和圣殿，他们在上城中的王宫对面扎营。在龟形盾牌墙的保护下，罗马士兵开始从根基处破坏内城城墙，并放火焚烧圣殿大门。围城引起了恐慌，据说，一些人建议干脆打开城门，向凯司提乌斯投降。

正是此时，凯司提乌斯突然停止了行动，"没有遭到任何的挫败，并不同于任何预期，从城里撤退了"。[5] 约瑟夫斯宣称这是由于一笔贿赂，这是对这种令人费解的行为最自然的解释：凯司提乌斯的营地长官被盖西乌斯·弗洛鲁斯所腐化，因此使凯司提乌斯错过了其本该取得的快速胜利。弗洛鲁斯的动机并没有被提到，但是约瑟夫斯的记载给人的印象是，这个邪恶的总督为了掩盖自己罪行的证据而愿意见到骚乱。无论如何，其结果是糟糕的："因此战争被这样长期拖延，而犹太人则吃下了这场不可挽回的灾难的苦果。"[6] 换句话说，相比于他们最终的命运，给凯司提乌斯·伽卢斯一场快速的胜利本将对犹太人带来没那么严重的后果。

也许伽卢斯止步的原因是认为自己已经取得了足够的成绩。通过进攻到圣殿的大门口，并毁坏所到的地区，他已经清楚地展示了罗马的力量。暴动者也陷入了混乱之中。没有必要进行更大规模的破坏，以避免罗马人出现更多损失。他可以返回更加安全、舒适的驻地——那里他的补给线会更加安全，并在驻地展开谈判。如果这是他的计划，那事实证明这是一个完完全全的错误。重装步兵要从耶路撒冷的丘陵撤退到地中海岸边，必须通过狭隘的隘道，而这时他们非常脆弱。轻装的犹太叛军对罗马步兵进行持续杀伤，直到有序的行军沦为血腥的溃散。凯司提乌斯损失了5300名步兵、480名骑兵和他的重型武器——投石机、攻城槌以及其他攻城武器都和剩下的辎重一起被遗弃了。在这样的失败后，议和的可能已不存在。罗马帝国想要回击这样公开的羞辱，只能全面并彻底地惩罚这座暴动的城市。在这之前，一直希望妥协，并留在耶路撒冷帮助促成和平的犹太人中，包括亚基帕王的亲属和部下。如今他们都逃到了罗马的阵营。

那些留在耶路撒冷的人在前大祭司亚拿努（Ananus）之子亚拿努的

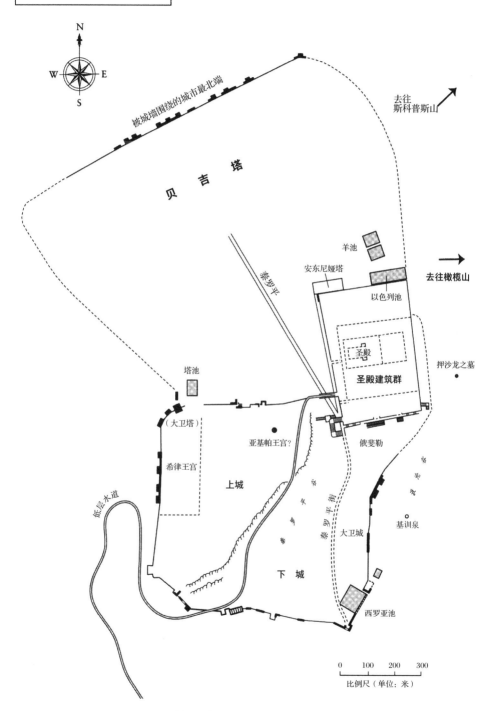

公元 66 年的耶路撒冷

去往
斯科普斯山

去往橄榄山

羊池

安东尼娅塔

以色列池

押沙龙之墓

圣殿

圣殿建筑群

塔池

（大卫塔）

被城墙围绕的城市最北端

贝吉塔

泰罗平

俄斐勒

希律王宫

亚基帕王宫？

上城

低层水道

基训泉

泰罗平街

大卫城

下城

西罗亚池

0   100   200   300

比例尺（单位：米）

书中地图系原文插附地图。

领导下着手组织耶路撒冷城的防御工作。全国各区域都任命了将军，其中包括约瑟夫斯，他被任命为加利利的指挥官。在首都耶路撒冷，据约瑟夫斯记载，"所有非亲罗马派的权势人物都忙于修补城墙和收集大量的军事装备。城市里到处都在锻造盔甲和枪矛，大批年轻人接受军事训练，一片喧嚣的景象"。[7] 有很多预兆可以被悲观的人视为即将到来的毁灭的证据，但是那些挑起战争的人却找到了一种有利的方式来诠释它们。

对像耶路撒冷这样防备完善的城市发起全面围攻并不是一件轻松的事情，结果就是，在凯司提乌斯·伽卢斯失败后又过了三年半的时间，罗马军队才再次对耶路撒冷的城墙发起进攻。凯司提乌斯本人似乎已经于（第一次围城的）次年初就在叙利亚死去——罗马历史学家塔西伦（约公元 56—约 120 年）非常冷淡地记载他"也许是善终的，也许是愁死的"，不过如果他在去年秋天就已经病重，也许能帮助解释当时他拙劣的指挥。[8] 不管怎样，尼禄皇帝决定将犹地亚战争的指挥权委托给一名可靠却不起眼的战士，他成名于 20 多年前的不列颠征服战争。提图斯·弗拉维乌斯·维斯帕西阿努斯（Titus Flavius Vespasianus），即未来的皇帝韦斯巴芗，耗费了数月的时间来召集一支庞大的军队。他的儿子提图斯（Titus）从亚历山大里亚（Alexandria）带来了一支军团。所有部队包括 3 个军团以及大量的辅军和同盟军，总计 6 万人，于公元 67 年初春在地中海沿岸的多利买（Ptolemais，今阿科［Akko］）集结。接下来的两年里，他们谨慎地完全控制了耶路撒冷的周边地区——公元 67 年占领加利利、撒马利亚（Samaria）和犹地亚北部；公元 68 年占领了耶路撒冷东部和南部地区，包括以土买（Idumaea，希伯伦［Hebron］附近地区）和死海周围地区。但是从公元 68 年 6 月开始，由于政治上的不确定性与野心，任何进一步的行动都变得迟缓。尼禄在那个月的死亡使韦斯巴芗继续进行战争的正当性受到质疑。接下来的一年里，罗马陷入了政治动荡，两位有志继承皇位的人在公元 69 年的前几个月内分别死亡，第三位被日耳曼诸行省的军团宣布为皇帝，而当年 7 月，韦斯巴芗也在自己军队的拥护下称帝。耶路撒冷的围攻战将不得不因此暂停。

我们很难知道，在耶路撒冷的暴动者了解多少有关罗马内部的政治

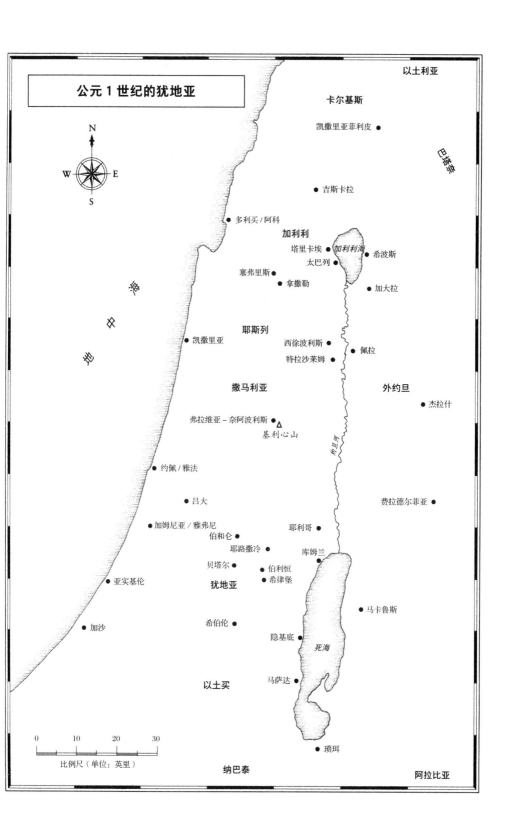

公元 1 世纪的犹地亚

斗争结果的信息。他们不太可能理解罗马城内的剧变的意义，尤其是因为，在过去的一百年里，没有发生过类似的事件。对更乐观的人来说，罗马军队在凯司提乌斯·伽卢斯溃败之后并未返回耶路撒冷的这一事实，似乎证明了罗马已经失去了重新征服耶路撒冷的兴趣或者意志，尽管难民从城外带来的有关灾难的故事仍然提醒着守军，入侵者将带来何等的恐怖。

能够反映当时耶路撒冷革命政府的政治精神的最好证据是当时铸造的大量钱币。它们表明这个国家对自己的独立和民族自由十分自豪：尽管暴动者们可以取得罗马钱币，包括面额最大的币种（"黄金制成的"奥里斯 [aurei]），但是他们在冲突发生的早期就开始打造谢克尔（shekels）银币、谢克尔碎钱和他们独特的铜制零钱。他们铸造的银币十分厚实，银的纯度格外高。所有钱币上的铭文都用希伯来语写成，而非希腊语或阿拉姆语（Aramaic）——虽然这两种语言在当时耶路撒冷的铭文中是最普遍的。它们使用了古希伯来书体，大多数生活在 1 世纪的犹太人并不熟知这种书体，但它带有古老传统的韵味。钱币上的标语由制造它们的当局选取——"神圣的耶路撒冷""自由的锡安（Zion，意为天国）""为了锡安的救赎""以色列的谢克尔"——用来宣称这个被命名为耶路撒冷或以色列的政治实体，抑或是像在暴动发生后 2 到 4 年间发行的铜币上的那样，被称为锡安。总而言之，在 5 年的暴动中，钱币在类型上出现了十分显著的变化：带有圣餐杯（指代圣殿祭祀）和住棚节时使用的棕榈枝和香橼图案的钱币被频繁重制。[9]

很明显，耶路撒冷政权相信自己是一个以圣殿为中心的独立而独特的犹太国家，而它的口号是"自由"与"神圣"。钱币上的图像没有任何一处能让人联想到罗马，甚至没有模仿或对抗式的对立图画。钱币规则地标注着的新时代的纪年（"元年""二年"等）则宣布了这是一个自我认可的新国家，并有一个自我认可的新名字：不是"犹大（Judah）"，这个名字太过像犹地亚（罗马为这一行省所取的名字），而是"以色列"。[10]

过去 50 年间，学者在犹地亚沙漠中的穆拉巴特河谷（Wadi Murabba'at）的洞穴里发现了在犹太独立时期用希伯来文和阿拉姆文书写的文献，这些文献详细记载了在公元 67 年到 69 年间一些土地买卖合同的条款，而它们显示当地人预期的是一个安定的未来。每份文件对时间的记述都遵循着相同的程式："以色列在耶路撒冷得到救赎的第二年，厄路耳月（Elul，犹太教历 6 月）十四日""以色列在耶路撒冷得到救赎的第四年，提市黎月（Tishri，犹太教历 7 月）二十一日""耶路撒冷自由的第三年，赫舍汪月（Marcheshvan，犹太教历 8 月）……日"。[11]

从公元 68 年到 70 年初，犹太国家基本不用担心罗马人的攻击，但却被自己内部的派系斗争搞得焦头烂额，这甚至比前者更加粗暴，因为每个派系都是全副武装的，虽然表面上这是为了对抗罗马人而做的准备。似乎就在这时——如果不是更早的话——耶路撒冷的基督徒放弃了这座城市，"遵照一项神谕——它在战争来临之前借着启示降临到那些配得领受的人"（两个半世纪后的教会史学家尤西比乌斯［Eusebius］写道）。根据后来的一个传说，他们逃到了外约旦（Transjordan）的非犹太城市佩拉（Pella）避难。[12]

有关这次在独立的耶路撒冷城内发生的内斗的详细经过，我们只能参阅约瑟夫斯的记载，虽然就城中发生的事情而言，他并不是完全可信的目击者，因为他从公元 68 年起就已经成了韦斯巴芗的囚徒，只能通过逃兵或俘虏带来的传闻了解内乱的情况。对于那些没有像他本人一样因为神意而停止对抗罗马的犹太人的命运，他一定是往最坏的方向上想的，而且我们不需要复杂的心理分析就能指出，他对以前叛军同袍的敌意出自对自身行为余留的怀疑。无论如何，那个约瑟夫斯曾经效忠的，并在公元 66 年 10 月任命他为加利利地区将军的暴动政府，在公元 68 年春已经输给了它的政敌。约瑟夫斯之前的总指挥，前大祭司、亚拿努之子亚拿努，这个被约瑟夫斯盛赞为"在每个方面都为人所尊敬的最公正之人"，被由以土买叛军和狂热分子组成的联盟杀害，该联盟（在 68 年）以圣殿的内院为基地；他们由一群祭司领导，得到了犹地亚北部难民和一部分加利利人的支持——他们跟随一个叫吉斯卡拉的约翰（John of Gischala）的人来到耶路撒冷。这个约翰在一年前是当时担任加利利将军的约瑟夫斯的政敌。[13] 因此，约瑟夫斯对这些狂热分子的描述中带有恶意，充满那个时期罗马政治论述中带有侮辱性的陈词滥调：

他们对劫掠的渴望无法被满足，他们洗劫富人的房屋；谋杀男人、侵犯女人是他们的乐趣；他们拿获得的赃物狂欢，和着血将它们喝下肚去。他们仅仅因为无聊就厚颜无耻地沉溺于女人化的举止：把头发编成辫子，并穿上女人的衣服。为了更引人注目，他们把全身泡在香水里，在眼睛下面涂上眼影。他们不仅模仿了女人的穿着，还仿效女人的激情，极为淫乱地设计非法的欢乐，仿佛像在妓院中一样在城市里放纵，以他们肮脏的行为彻彻底底地污染了这个城市。然而，尽管打扮着女人的脸面，他们双手却充满杀气。他们迈着小碎步缓缓走来，顷刻之间就能化身战士，从染了色的披风下面拔出利剑，捅刺任何他们遇见的人。[14]

约瑟夫斯对于特定犹太暴动群体，比如狂热派的记载不一定是完全可靠的，但是他大体记载了城市被几个相互竞争的派别所分割，同时它们的效忠对象不断变化。这一点倒是在比他更年轻的同时代人塔西佗有关破城前的耶路撒冷的记载中得到了附和：

这里有三个统帅、三支军队：最外围也是最大的一道城墙由西蒙（Simon）控制，中城由被叫作"巴尔吉奥拉斯"（Bargioras）的约翰领导，而圣殿则由以利亚撒防守。约翰和西蒙在人力和装备方面都很强，以利亚撒则在地形方面占有优势：在这三个势力之间不断出现战斗、叛变和纵火的事件，而且大量的粮食被消耗掉。接着，约翰控制了圣殿，他以祭祀为名，派一队士兵杀掉了以利亚撒和他的军队。所以市民分成了两派，直到罗马人迫近的时候，外患才使他们言归于好。[15]

约瑟夫斯本人在对这些派别的粗暴特点进行苦涩的回顾性总结时，将它们最为清晰地区分出来，并将即将到来的灾难归咎于此：

他（约翰）不仅将那些提出公正且有益的建议的人处死了，将他们当作所有公民中最可怕的敌人对待，还以公共权力给他的国家带来无数的罪恶，就像一个已经敢于对上帝不敬的人会给人们带来的那些罪恶一样……还有，吉奥拉斯（Gioras）的儿子西蒙也是这样：有什么罪是他不曾犯下的？或者说，他可有克制过丝毫的愤怒，不去加害那些使他成为独裁者的自由民吗？然而，即使他们如此着魔，也不及以土买人的疯狂。因为那些最可恨的恶徒，在杀了大祭司长后——所以没有任何的宗教崇拜可以进行下去——开始消灭我们国家体制仍残存的所有痕迹，并让违法者充斥各个政府部门。在这方面，那些所谓的狂热者更是有过之而无不及，这群人用行动为自己正了名；因为他们照搬了每一个邪恶的行为，历史上也没有一件恶行没被他们狂热地效仿过。然而，他们以对美德的自诩的热忱为自己命名，要么是为了嘲弄他们冤枉过的人——他们的本性就是如此残忍——要么是把最大的恶认作了善。相应地，他们每个人都得到了合适的结局，上帝给予了他们所有人相应的惩罚。[16]

耶路撒冷城内的政治纷争在公元 70 年春结束，那时罗马军队在新皇帝之子提图斯的率领下最终抵达耶路撒冷城墙外围。与之前一年半那犹豫不决的政策不同，这次围城一开始就以不同寻常的速度和力量进行。罗马为此投入了大量的军队。在前三个军团部署完毕后，韦斯巴芗又调遣了第四个军团前来支援，盟国国王极大地加强了前来助阵的盟军，一大批叙利亚辅军也被征募。罗马人行事的变化让犹太人十分惊讶。无数男女老少从周边乡村前往圣城参加逾越节（Passover）庆典，在途中被周边的罗马军捕获。几天之内，那些不断争吵的犹太各派系就同意选出唯一的将军来领导大家，这个人就是吉奥拉斯之子西蒙，他以极大的精力和技巧在接下来的几个月内指挥着圣城的防御。

由于身处罗马军营内的有利位置，约瑟夫斯得以描述耶路撒冷攻城战的血腥细节，尽管他本身所能做的只是对守城者进行不成功的劝降。在围攻过程中，提图斯命令军队围绕城市建造一圈石墙，并用卫士把守，以此来切断耶路撒冷的供给并饿死其居民，这一战术反映了《路加福音》中耶稣所做的一个预言："耶稣快到耶路撒冷看见城，就为他哀哭……因为日子将到，你的仇敌必筑起土垒，周围环绕你，四面困住你。"[17]约瑟夫斯对饥荒的恐怖做了令人毛骨悚然的描绘：

> 很多人偷偷拿他们的财产交换仅仅一计量的粮食——如果他们富有，会换小麦；如果贫穷，则换大麦；然后他们把自己关在房屋中最深的暗处，一些人由于极度饥饿而吞食未磨碎的谷物，另外一些人在必需和恐惧的支配下将这样的谷物烘烤。没有桌子，他们从火上取下半熟的食物，把它撕成碎片，狼吞虎咽。饭菜少得可怜，情景则引人叹息，强壮的人拿的比他们的份额多，弱者只能呜咽。饥饿确实压倒了所有人类的情感，但没有任何情感比羞耻心遭到更严重的破坏：在其他时候受崇敬的东西，如今被待以鄙夷。因此，妻子抢丈夫的食物，孩子抢父亲的食物，而最让人悲哀的一幕莫过于母亲从婴儿嘴里抢走食物；并且，当最亲爱的人在他们怀里奄奄一息时，他们也会毫不犹豫地抢走能使其活命的一丁点食物……日益严重的饥荒整个整个地吞噬着大小家庭。屋顶群集着精疲力竭的妇女和婴儿，巷子里满是老人的尸体。由于饥饿而身体浮肿的儿童和少年，像幽灵一样在广场上闲逛，他们之中随时随地都有人因虚弱晕倒。生病的人没有力气埋葬他们的亲人，而还有活力的人也不敢动手，他们被死人的数量和对他们自己命运的不确定性吓倒。因为很多人在埋葬别人的时候自己却倒下死去了，还有很多人在命运降临之前就走进了自己的坟墓。苦难中听不到哀悼声或哭泣声，饥饿抑制了情感。这些慢慢死去的遇难者瞪着干涩的眼睛、咧着苦笑的嘴，看着那些在他们之前就已经安息的人。

那些逃到罗马军营的叛逃者所讲的故事可能经过了夸张：

> 拉撒路（Lazarus）之子曼纳（Mannaeus）当时向提图斯寻求庇护，告诉他说从散提苛月（Xanthicus，即尼散月［Nisan］，犹太

教历一月）十四日（此日在公历 4 月）罗马人在城市附近扎营开始，到帕内穆月（Panemus，即坦木兹月［Tammuz］，犹太教历六月）一日（此日在公历 6 月）期间，仅通过一扇由他所把守的大门，就有 115 880 具尸体被抬出……在曼纳之后，又有很多有名望的公民逃离，他们报告说，总共有 60 万具下层民众的尸体从各个门里被扔出来；剩下的数目就不得而知了。他们还说……一计量的谷物要价一个塔伦特（talent），而由于城市被包围，他们后来无法采食草本植物，一些人由此陷入这样的境地，他们寻找下水道里的老牛粪，吃掉其中的杂碎，原来他们连看到都觉得恶心的东西，现在却变成了他们的食物……本能迫使受害者啃咬任何东西。即使是最肮脏的野兽都会拒绝的东西，他们却收集起来并吃下肚去：因此，最后他们也没有放过腰带和鞋子，甚至盾牌上的皮也被他们剥去并咀嚼。另一些人则吞食枯萎的草丛……[18]

最骇人听闻的故事和一个名叫玛丽（Mary）的女人有关，她是以利亚撒之女。她和其他居民一起从家乡外约旦的贝斯则巴（Bethezuba）逃到了耶路撒冷。约瑟夫斯写道，由于饥饿和愤怒，她杀了自己的儿子，"一个还在哺乳期的婴儿"，并烤熟了他。她吃掉了部分尸体并将剩下的部分储藏起来以备下次食用，但却由于烤肉的味道而被别人发现。[19]

仅仅等待物资匮乏给守城者造成损失，并迫使其寻求和平，似乎就足够了；而提图斯确实允许把那些因饥饿逃离城市的人当众钉死在十字架上，以"期望这种景象促使犹太人出于恐惧而投降，以免因持续抵抗使自己陷入相同的命运。士兵们出于愤怒和仇恨，把囚徒钉成不同姿势来取乐"。[20] 提图斯没有选择等待投降，而是冀望通过直接进攻取得更加迅速的胜利。他开始进攻城市最北部的城墙，与其他三面陡峭的地形不同，北面城墙坐落在较为平坦的土地上。依雅尔月七日，即公元 70 年 4 月下旬，在 15 天的围城后，罗马人使用投石车和投射机进行激烈战斗，并建造了三个攻城塔，以便弓箭手、标枪手和投石手能够骚扰防守方。城墙被攻城槌攻破，（根据约瑟夫斯的说法）犹太人（也许是讽刺地）给它取了个绰号叫"尼孔"（Nikon），即"胜利者"。[21] 城北郊的贝吉塔区，这个在四年前已经被凯司提乌斯·伽卢斯摧毁过一次的地方，再次被夷为平地。犹太人退到第二道城墙，它保护城市的其余部分免受来自北方的袭击，只是在五天后这道城墙也被攻破。提图斯带领着一千名军团士兵进入狭窄的小巷中，这里曾有城市的羊毛店和服装市场。

提图斯似乎希望这种对力量和意图的展示就应该足以促使守军投降。他禁止军队滥杀无辜或放火烧房。暴动者得到自由撤离这个城市的机会，好让普通民众安然无恙——或者说，回头看来，这些是约瑟夫斯的说法。他断言在围城阶段，提图斯的最高目标是"为自己保护城市，为城市保护圣殿"。[22] 这一策略因那些犹太激进分子的不妥协而没有奏效，他们拒绝了提图斯的提议并展开反击，经过了一场历时四天的激烈战斗后，罗马军队重新夺回了第二道城墙，并将其拆毁。

提图斯试图通过炫耀他那令人震撼的军事实力来恐吓守军，以此削弱城市其他地区的反抗，约瑟夫斯（作为目击者）写道：

> 为士兵们发放军饷的日子到了，他命令军官让其部队在敌人的注视下列阵，然后给每个人发钱。根据惯例，士兵们将他们之前不曾出鞘的武器拔出，穿着全套甲胄行进。骑兵则牵着他们全副披挂的战马前进。城前的区域远远地闪耀着金银色的光芒。没有什么比这场景更让罗马人兴高采烈，又更让敌人敬畏的了。整个旧城墙及圣殿北部站满了围观的人群，城墙对面房屋的窗户里全是伸着头看的人，而城里每处可见的土地都有观众驻足。当他们看到整个军队队列集合，其盔甲绚丽无比，其士兵们军律严明时，连最凶猛的人也被可怕的担忧所击中……[23]

另一个心理战的手段是让约瑟夫斯亲自劝降抵抗者，用他们的母语对话，"期望这些抵抗者可能向自己的同胞投降"。这定然是一场艰难的演讲。据约瑟夫斯自己的记载，在绕着城墙"一再地恳求他们放过自己和人民"时，保持一个既能让自己的声音被对方听见、又在对方的投掷物射程之外的距离是很困难的。嘲笑和咒骂声在城墙上此起彼伏，对他的劝降毫无帮助。约瑟夫斯声称，他声泪俱下的恳求打动了一些普通民众弃城出走，而提图斯允诺大部分逃亡者前往任何他们想去的犹地亚乡村，但是那些固执的武装人员却无动于衷。[24] 于是罗马人开始准备对城市核心区进行下一次大规模进攻。

在不到两周的时间里，四个军团每个都修建了一座壁垒，两个针对坐落在耶路撒冷西面山丘上的上城，另两个针对圣殿北面的安东尼娅（Antonia）要塞，但是暴动者们修建了地道以破坏这些壁垒，并放火烧了它们。这对罗马军队来说是个重大的挫折，尤其是因为当地的木材十分短缺，但是在三周后四个新的木制壁垒又被建造出来。这次四个全部对准安东尼娅要塞周围的城墙。攻城槌开始工作，并产生了破坏性的效果，到了午夜，城墙倒塌了，罗马人这才清楚地发现守军早已在其后面又筑起了一道墙。作为一个临时建筑，它无疑远不如刚刚倒下的城墙坚固，同时成堆的碎石构成了通往墙顶的路，但这种情况需要一个勇敢的人用云梯带头冲锋。

坦木兹月三日（6月下旬），提图斯招募志愿者。一个叫萨比努斯（Sabinus）的人率先接受了这个挑战。他是"一个土生土长的叙利亚人，不仅武艺出众，精神上也是众人里最勇敢的"。约瑟夫斯带着钦佩记述了他的功绩：

　　任何一个此前见过他并依据外表评判他的人都觉得他甚至不像一个普通的士兵。他皮肤黝黑、肌肉萎缩、身体瘦弱，但在这纤细的、相对于他天生的武艺过于窘迫的身躯中，却住着一个英雄般的灵魂……差不多就在这天的第6个小时，他左手执盾高举过头，右手执剑向城墙走去。11个人紧随其后，仅有他们敢仿效他的英勇。但是这位英雄在某种超自然的刺激的驱使下，远远地超过了那11个人。城垛上的守卫用长矛刺向他们，从四面八方发射弓箭并且往下抛大石块，把他们当中的一些人打倒了。但是萨比努斯冒着箭雨和飞镖，一步不停地爬到城墙顶端并击溃了敌人。犹太人被他的力量和决心所震撼，同时以为其他罗马人也攀登上了城墙，于是转身而逃……正当这名英雄完成目标时，他脚下一滑，被一块石头绊倒，头朝前重重地摔在它上面。犹太人转过身，看见他孤零零地躺在地上，便从四面八方攻击他。他以单膝撑起自己，用盾牌掩护并还击，打伤了许多接近他的人。但是没过多久，他多处受伤，手臂因此不能动弹，最后，在失去生命前，他被飞矢所掩埋：一个这样英勇的人应该有更好的命运，但是他的死与他的事业是相配的。[25]

萨比努斯的战友们不是战死就是负伤，但是安东尼娅要塞也无法坚守更久。两天后，罗马人在深夜偷袭成功占领了城墙和要塞，并很快将其夷为平地。

现在，通往圣殿的道路已经打开，可以攻击，但是它外围仍有坚固的防御工事，内外廷之间也建有城墙保护。罗马人试图再次像早前那样采取小股部队夜袭的战术，但被击退。于是他们准备建造四个新的木制壁垒以及进行一轮全面的轰击。在亚比月（Ab）八日，也就是公元70年7月下旬，围攻进入最后阶段。巨大的攻城槌开始猛烈撞击圣殿外围西面的城墙，但由于城墙是由体积巨大、连接紧密的石材建成的，并没有取得明显的效果。之后罗马人又试图破坏北门的地基。它却岿然不动。"最终"，约瑟夫斯写道：

对所有器械和铁锹都没了信心，罗马人才开始倚着柱廊搭梯子。犹太人并不急于阻止他们，但是当他们一登上梯子时，犹太人就猛烈地攻击他们。有些人被犹太人冲退，头朝地摔下来，其他遇到他们的人则被杀死；很多人刚下梯子，还未来得及用盾牌保护自己，就被剑砍倒了。一些梯子上面挤满了全副武装的士兵，从上方倾翻，倒向地面。而犹太人也损失惨重。擎着军旗上来的罗马士兵异常勇猛，他们明白丢失军旗是莫大的灾难和耻辱。但最后，这些旗帜被犹太人缴获，他们还杀死了每一个爬上来的人。剩下的人看到倒下的士兵的命运，全部丧失了斗志并撤退了……提图斯看到自己保护异族圣殿的意图唯一导致的结果是己方士兵的伤亡，便下令焚烧殿门。[26]

很快，围绕圣殿外廷的柱廊熊熊燃烧了起来。

一天后，也就是亚比月九日——这一天对犹太人来说充满意义，因为这是公元前586年巴比伦人摧毁所罗门（Solomon）建造的犹太第一圣殿的周年纪念日——罗马军队的一支小分队被派去扑灭外廷的大火并清理通向内廷的道路，为最后的攻击做准备。这一天，暴动者们留在了建有墙垒的内廷里，他们太疲惫也太沮丧，因此没有主动出击。亚比月十日，一些人试图夺回圣殿外围的控制权，但一队精锐骑兵紧急增援了罗马士兵，之后犹太人只能退回内廷。

提图斯决定在第二天黎明带领全部军队对圣殿内廷发起进攻，但是他的计划却被火势所打断，大火从外廷一直烧到了内廷，结果他的军队可以不受阻挡地开入。约瑟夫斯生动地描述了防御者的恐慌与混乱：

> 圣殿燃烧之时，胜利者掠夺他们所见到的一切东西，所有被抓者统统死于剑下。没有对老幼的怜悯，没有对等级的尊重，小孩、白发人、普通教徒和祭司全部被屠杀；每个阶层的人都被追击，被战争的铁腕扼住咽喉，无论是自我防卫的还是哭喊着饶命的人。大火咆哮着，与倒下的受难者的呻吟声交织在一起，向更远的地方翻滚。因为山的高度以及着火建筑的数量，看起来整个城市都在燃烧。然后是吵闹声，令人想象不出比这更震耳欲聋、触目惊心的响动。到处充斥着罗马军团集合进军扫荡时的战吼和被大火与利刃包围着的暴动者的号叫。被困在上城的人们狂奔逃命，惊慌之下投进了敌人的怀抱，随着死亡的到来尖叫。从山上传来的喊叫声与拥挤在下城的人们的呼喊声此起彼伏。那些被饥饿折磨得面黄肌瘦、连话都说不出的人看到熊熊燃烧的圣殿，也有了呻吟和号啕的力气。隆隆的低鸣声回荡在约旦河外和附近的山峦间，回声加强了轰鸣。但是，比噪声更可怕的是人们的苦难。被包裹在火焰之中的圣殿山像是从

底部沸腾了一般。但是，火海在血海面前算不了什么，屠杀者比被杀者更多。地面上堆满了尸体，找不出任何空地。追赶逃跑者的罗马士兵不得不翻过一座座尸堆。[27]

现在圣殿里已几乎没有叛军了，罗马军队在东门对面的庭院竖起了军旗并向其献祭，他们"山呼海啸"般地高呼提图斯为"英白拉多"（Imperator，"总司令"的意思）。[28] 一些圣殿的祭司仍然在圣所的城墙上避难，尽管他们中至少有两人选择纵身火海，以这种引人注目的方式结束了生命。到了第五天，剩下的人都饿得再也撑不住了。他们向罗马人投降，不过却被提图斯以"祭司应该和他的圣殿一起毁灭"的理由处死了。[29]

耶路撒冷的其他区域很快就投降了。早已处于罗马控制下的部分下城地区被蓄意纵火焚烧。为了摧毁上城城墙而建造的新攻城塔在厄路耳月七日（公历 8 月中旬）完成，然后士兵们凭借它强攻而入。八日，整个城市落入罗马人手中——但它已化为废墟。作为对经历过残酷战斗的士兵们的回报，他们被允许自由掠夺和杀戮，直到最终提图斯下令将城市夷为平地，"只留下法赛尔（Phasael）、希皮库斯（Hippicus）、米利暗（Mariamme）三座最高的塔楼以及城市西部的城墙：后者保留下来作为驻军的营地，而高塔则向后代展示这座城池的本质以及它坚固的城防——最终仍屈服于罗马的武力。城市其余部分的城墙全部被夷为平地，以至于后世的游客很难相信那里曾经有人居住过"。[30]

为什么这场灾难会发生？犹太社会和罗马社会中的什么本质矛盾使得罗马与耶路撒冷无法共存？在公元 70 年 8 月出现的巨大而突然的紧张局势，是否在公元 30 年，基督在耶路撒冷传教并被罗马总督下令处死时就已经很明显了呢？以及，当早期基督徒开始把他们的信仰从耶路撒冷传播到更广阔的罗马帝国时，犹太人和罗马人之间的冲突对罗马世界中犹太人和基督徒之间的关系产生了什么影响？寻找这些问题的答案将是本书的任务。

第一部

地中海世界

第一章

双城记

数世纪以来，罗马和耶路撒冷在西方的想象中代表着两种截然相反的，关于壮丽和神圣的典范。罗马，这座"永恒之城"，长久以来一直被认为是以军事实力和法治著称的强权的典型，也是对道德败坏的危险的警示。帝国都城那如画的遗迹既让人痴迷又让人反感，并激起人们对前人辉煌成就的钦佩以及对人类渴望荣誉的缺陷的反思。此种印象甚至在今天的文学、艺术和电影中依然保留着。相比之下，耶路撒冷被理想化为启示、奇迹和精神力量的圣地。这些理想化形象源于这些城市在耶稣生活的年代的真实历史。在第一个千年之初，这两座城市都处于各自繁荣和伟大的顶峰，两者都在整个地中海世界和其他地区享有盛名。两座城市的居民也接触密切：罗马人作为士兵、政治家和游客来到耶路撒冷；而犹太人则作为请愿者、奴隶和淘金者来到罗马。这两座城市在文化上是部分相通的：从夏日艳阳下闪着微光的神圣的白色砖石建筑，到两者都将希腊语作为学术权威用语，并受到希腊哲学和建筑的影响。这两座城市共同享有一个通过友谊、联盟和庇护制建立起来的政治世界。但结果是，这两座城市陷入冲突之中，并造成了可怕的后果。

我们知道很多关于这两座 2000 年前的城市的知识，并不完全是一种偶然。罗马人和犹太人都高度重视写作的艺术，并且都创作了大量的文学作品。同样重要的是，双方的许多文献都是通过手稿抄写和保存的传统幸存至今的，这一传统从古典晚期一直延续到文艺复兴时期印刷术的发明。在犹太方面，用希伯来语和阿拉姆语写作的文献保存了拉比文学传统，其教义在公元后的第一个500年间形成，并奠定了中世纪和现代正统犹太教的基础。用希腊文写成的犹太著作被拉比忽略，但却被基督徒保存下来。这些基督徒，为了自身的宗教教育，挪用了大量在公元100年之前写成的犹太文本，包括《圣经》七十士译本（Septuagint，《希伯来圣经》的希腊语译本，并附当下通常作为《次经》[Apocrypha] 收入英文版《圣经》的额外内容）、斐洛（Philo）的哲学论著、约瑟夫斯的历史著作，以及最初用希伯来语或阿拉姆语写成的更富神秘色彩的犹太著作的希腊语版本。

基督徒保存了许多古罗马文献。从公元4世纪起，基督徒将异教的希腊和罗马文学改为己用。一些异教徒，如尤里安皇帝（Julian，公元361—363年在位）认为，如果基督徒自己不信异教诸神，就不能彻底地教授关于异教诸神的文学；而基督徒圣哲罗姆（St. Jerome，约公元347—420年）担心在拉丁散文写作中坚持西塞罗式的文风会使他不忠于自己的信仰。但到了5世纪，希腊和拉丁文学的伟大作品与基督徒撰写的文本一同被许多基督徒视为罗马基督徒教育的核心要素。因此，许多文本通过僧侣虔诚的努力得以幸存，从公元6世纪意大利的卡西奥多罗斯（Cassiodorus），到15世纪拜占庭勤勉的学者们，都认为抄制手稿是一种奉献行为，并几乎不在意其内容；基督徒保存下来了许多异教著作，如维吉尔（Vergil）的《埃涅阿斯纪》（Aeneid）和塞内卡（Seneca）的哲学沉思。他们迟早会从这些著作中得到适当的道德教诲。

耶路撒冷和罗马的居民都不可避免地分享了地中海气候的自然变化所赋予他们的许多体验。对犹太人来说，地中海是 ha Yam ha Gadol，即"大海"；yama，这个词在希伯来语中代表"西方"，反映了以犹地亚为原点的海洋观。对罗马人来说，地中海不过是 mare nostrum，译为"我们的海"，有点像英国人将拉芒什海峡（La Manche）看作英吉利海峡一样。

　　两座城市在盛夏都有令人窒息的热浪，但是在耶路撒冷，雪是十分罕见的，冬天也比罗马的温和，而结冰的温度在后者并不是未知的。耶路撒冷的年降雨量比罗马少，干旱的夏季从 5 月一直持续到 11 月底，比罗马更长也更完整。因此，犹地亚山区的农民更多依靠因夜间气温骤降而凝结的大量露水生活工作。但在这两座城市，人们都非常清楚干旱的潜在影响。公元前 24 年和前 23 年耶路撒冷的干旱导致粮食短缺，进而引发瘟疫，还在冬天出现了严重的衣物短缺，因为羊群已经死亡，没有"羊毛或其他任何材料可以帮助人们保暖"。生活于奥古斯都时代的李维（Livy），在他的罗马史中加入了这些他所认为有价值的信息：大约 200 年前的公元前 181 年"由于干旱和农作物歉收而被人铭记，据说当时接连六个月没有下过雨"。[1] 这两座城市的居民都在山间台地上种植大量的葡萄、水果和橄榄，并通过放牧活动来补充在适于浅耕的沿海平原和谷地上种植的粮食作物。罗马人能够理解来自上帝的赐福：例如如果以色列人服从上帝的诫命，"我必按时降秋雨春雨在你们的地上，使你们可以收获粮食、酒和油，并使田野为你们的家畜长草"。先知弥迦（Micah）期待着到时"人人都要坐在自己的葡萄树和无花果树下，没有人可以使他们害怕"。[2]

　　但是远离大海的犹地亚的生态环境与意大利完全不同，而在一些方面，耶路撒冷更是处于地中海生态圈之外。以色列的独特地理是由东非大裂谷造成的，大裂谷从叙利亚向南一直延伸到非洲，包括了狭长的约旦河谷地区，最终结束于低于海平面许多米的死海。在古代，从耶路撒冷向东，梯田迅速地变为半沙漠。在通往耶利哥（Jericho）的下坡道路上，完全干旱的地貌仅被耶利哥、隐基底（En Gedi）和恩费卡（En Feshqa）泉这样稀有的绿洲所点缀，而这些绿洲养育了居住在发现死海古卷（the Dead Sea scrolls）的库姆兰（Qumran）地区奇异的犹太社群。约瑟夫斯有理由称赞裂谷中能够得到充分灌溉的区域的土地异常肥沃：他声称，加利利海边的果树一年四季都可以结出果实。[3]

　　约瑟夫斯有理由去夸大以色列地区的繁荣，这既出于自然的爱国情绪，也为了展示其赞助人韦斯巴芗和提图斯皇帝的丰功伟绩，但是他的地理信息应该是可信的，令人震惊的是，他并没有把犹太人的国土划分为两个区域，即犹地亚和加利利，而是划分为三个区域：犹地亚、加利利和佩里亚（Peraea，即外约旦）。犹太人的领土不仅西朝大海、北抵加利利，而且还东接沙漠。约旦以东地势不断上升，最终通向一个玄武岩基底的高原，这里的土地因为从西面获得的充足雨量而变得肥沃，在罗马时期养育了少量城市——其中包括费拉德尔菲亚（Philadelphia，即现今的安曼［Amman］）、杰拉什（Jerash）和佩拉——此地以种植谷物和畜养牲畜，特别是养牛为生。从这再往东仍然是半沙漠地形，那里只适合放绵羊和山羊（《圣经》中称二者为"小牲"）。在公元前1世纪，离佩里亚更远的叙利亚沙漠成了来自美索不达米亚的主要国际贸易通道。巴尔米拉（Palmyra）绿洲的日渐繁荣印证了骆驼商队的成功，这一交易中心在《圣经》中被称为达莫（Tadmor）。在罗马时期，尤其是在罗马于约公元17年控制此地后的两个半世纪内，帕尔米拉的财富达到了顶点；帕尔米拉人花费大量财富，建造了许多金碧辉煌的陵墓和神殿，这些建筑融合了帕提亚（Parthian）、希腊、闪米特（Semitic）和罗马的艺术特征，至今仍可以看到。[4]

与东方的联系对耶路撒冷的居民来说很重要。为了回应"犹太人不可能有过辉煌的古代历史，因为古希腊人没有记载过他们"的诬蔑，约瑟夫斯甚至宣称，"我的国家不是一个有海岸的国家；临海所带来的商业或是与外族交往的机会对我们都没有任何吸引力，我们的城市建在内陆，远离大海……"当然，犹地亚的犹太人在1世纪还和他们在巴比伦的犹太同胞保持着密切的联系，并没有因为巴比伦被帕提亚统治，不在罗马的控制范围内而感到畏惧。大希律王在加利利海以东的巴塔奈（Batanaea）建立了一个由巴比伦犹太人构成的军事殖民地，以此来保护那些从美索不达米亚前往耶路撒冷圣殿的朝圣者免遭抢劫。据约瑟夫斯记载，希律在公元前37年入主耶路撒冷后任命的第一任大祭司名叫安内尔（Ananel），本是巴比伦下级祭司。根据后来的拉比传统，活跃在公元1世纪初的耶路撒冷的大学者希勒尔（Hillel）也来自巴比伦。[5]

另一方面，如果说犹地亚并非完全属于地中海文化，那么它也不能简单地归入从这里延伸到美索不达米亚的新月沃土地带的类别当中。这一地带的通用语言，阿拉姆语，起源于上美索不达米亚，在公元前 5 世纪到 4 世纪时，它主要通过作为波斯帝国的皇家与行政语言传播到黎凡特（Levant）地区；但是没有证据显示新月地带的居民像地中海沿岸的一些社群，特别是希腊人那样自认是一个命运共同体。在罗马征服并统治前的近东地区，这种归属感——哪怕是对一个较小的区域性实体的归属感——并没有在犹太人以外的社群得到广泛的证实。后来出现的区域性身份认同似乎常常是对罗马或希腊范式的采纳。在公元后头三个世纪中，罗马通过在帝国东部集中大量的军事资源，以及赋予现有城市罗马殖民地地位等奖励手段，使近东地区逐渐地罗马化了，但是在公元 1 世纪初，这个过程仍处于起步阶段。在地中海世界的其他地区看来，丰饶的新月地带——它被赋予叙利亚、亚述（Assyria）、阿拉伯或其他富于异域风情的名字——大体上仍然是一个没有太大差异并且鲜为人知的荒蛮地区。在某种程度上讲，耶路撒冷在罗马统治下不幸的命运是其处于地中海文明与近东文明之间的暧昧位置所引发的后果。[6]

　　尽管这两座城市存在不少文化差异，但在公元前 1 世纪的最后几十年访问罗马和耶路撒冷的普通游客可能会为它们之间的相似性感到惊讶，毕竟就是在这些年中，两者从破烂不堪的群居地，蜕变成了大规模公共支出光芒四射的见证者。直到公元前 1 世纪中叶，罗马都是一个非常不起眼的城市，这里充斥着以弯曲的小巷隔开的砖瓦建筑，它们簇拥着市政广场（Forum）和卡皮托山（Capitoline hill）上的狭小公共区域；之后，罗马城经历了大规模的改建，一系列新建纪念性公共建筑和大型公共空间随之诞生。相似地，耶路撒冷由大希律王扩建和改造，以使其成为罗马人老普林尼（Pliny the elder）在城市于公元 70 年毁灭后宣称的"迄今为止最著名的东方城市"。两座城市都采用了最新的城市规划技术，借鉴了上一代最令人印象深刻的城市，即埃及的亚历山大里亚的建筑风格，并利用拱门，从山丘的侧面搭建平台，形成平整的公共空间。这两座古城在同一时间以相同的方式重生，但是罗马荣耀的来源与耶路撒冷辉煌的基础是完全不同的。[7]

罗 马

当约瑟夫斯于公元 1 世纪 60 年代初从耶路撒冷到罗马进行短期访问时，这座城市正处于富丽的顶点。它伸展着巨大的身体，躺在台伯河（Tiber）畔，靠近意大利的西海岸，并在拉丁姆（Latium）平原之上。到公元 1 世纪，这座城市的真正起源早已从集体记忆中消失，对建城神话的猜测使得历史学家和诗人的想象力得以自由发挥。在公元前第一个千年的早期，一些与周边拉丁姆地区的其他村庄相类似的孤立村庄，已经出现在那些山丘之上，这片土地之后将会变为罗马。在随后的几个世纪里，这些定居点规模越来越大，越来越复杂，但是作为一个政治单位，罗马城的起源时间最有可能是在公元前 600 年左右，这时，作为公共集会场所的市政广场出现在各丘之间的谷地上。从那时起到公元前 1 世纪中叶，这个城市的力量势不可挡地增长。在吞并了整个拉丁姆之后，罗马对意大利其他地区的影响力也逐渐扩大。公元前 3 世纪，罗马与腓尼基人的贸易城市迦太基（Carthage）进行了一场漫长、痛苦的斗争，最终取得胜利。迦太基本土坐落于非洲北海岸，今突尼斯一带，而且还在西西里岛和西班牙拥有大量的海外利益。罗马的胜利使其控制了西地中海大部分的海岸，并通过使用一支新建立的、充满自信的海军控制了连接他们的海上商路。这场冲突还留下了一些词汇和概念，以表达对危险敌人的敌意和蔑视——他们因其布匿（Punic）人的语言和习俗被认为是不可轻信的骗子。这种早期的遭遇将对后来罗马人对来自叙利亚以东地区的蛮族的态度产生影响。

罗马人早在公元前 4 世纪就与布匿文化和意大利北部的凯尔特文化发生了激烈的接触，但是他们几乎没有采纳这些文化里的任何元素。相比之下，从公元前 200 年到公元前 31 年亚克兴战役（Battle of Actium）之间，罗马对东地中海的征服明显改变了这个城市的文化。我们将在第二章看到，罗马对希腊大陆上的希腊城邦的政治控制，如何反过来导致罗马人普遍接受并承认希腊人在艺术、建筑、文学和哲学上的优越性。希腊艺术对罗马的影响最近可以追溯到公元前 6 世纪早期的建城之初，当时希腊的陶器已经进口到了城中。人们可能逐渐喜欢上了希腊的艺术品，并且受到了附近两种邻近文明喜好的影响，其中一种是位于罗马北部的伊特鲁里亚人（Etruscans）的更加发达的城市文明，另一种是希腊在意大利的殖民城市文明，如奈阿波利斯（Neapolis，今那不勒斯），这种现象也许贯穿罗马的整个早期历史；但是毫无疑问，自从公元前2世纪，罗马对希腊人的霸权开始后，希腊的物品和思想对罗马人的吸引力和有益性大幅提高了。但是在罗马征服东地中海的过程中，它对希腊艺术的热情却以最野蛮的方式体现了出来。在公元前146年，摧毁了科林斯（Corinth）的罗马将军路奇乌斯·穆米乌斯（Lucius Mummius）掠夺了大量的艺术品，并把它们在意大利，特别是在罗马展出。

由于近乎接连不断的征战，到了公元前1世纪中叶，罗马在政治军事上几乎完全征服了整个地中海世界。甚至埃及，这个直到公元前30年还没有正式并入罗马的国家，也在此前一些年里被罗马贵族视为一个罗马的保护国——其最后的女王克利奥帕特拉七世（Cleopatra VII）也只能通过操纵罗马的政治家来保住自己的王位，其中最著名的就是尤里乌斯·恺撒（Julius Caesar）和马克·安东尼（Mark Antony）。对罗马来说，最大的危险不来自帝国所统治的各个民族，而来自罗马贵族的个人野心。

公元前49年，野心勃勃的贵族们之间的紧张局势逐渐升级，这使得在该世纪初就早已发生在意大利本土的零星内战，爆发为一场两败俱伤的斗争，交战的战场和向双方提供军队和钱粮的根据地几乎遍及地中海的每个角落。战争缘起于一位富于野心的贵族，尤里乌斯·恺撒，他要求维持自己的权利并分享统治权。但是当他战胜了自己的敌人之后，出于对荣誉的渴望，他于公元前44年初宣布自己为终身独裁官（dictator），随后在当年的3月望日，他被一伙元老暗杀了，其中一些还是他之前的朋友。在随后的几年里，为争夺他的政治遗产，恺撒最亲密的政治盟友马克·安东尼与恺撒年轻的继承人——他的甥孙屋大维（Octavian）展开了激烈的斗争。

公元前31年9月2日，决战在希腊西海岸以外的亚克兴附近的海域展开。屋大维不仅战胜了其直接竞争对手安东尼及其情妇克利奥帕特拉，也终结了整个共享权力与权威的体系，而自从约五个世纪前驱逐早期国王以来，罗马的政府正是建立在这个体系之上的。从公元前 31 年开始，罗马将由单个统治者统治。屋大维自谦地称呼自己为"元首"（princeps），暗示他只是地位平等的人群中的第一人，在随后的几个世纪中，他的继承者们都效仿他的先例。但是英语中的"皇帝"（emperor）一词，起源于罗马对其获胜将军"英白拉多（imperator）"的欢呼，更能表现出其独裁统治的本质。而他的家族名"恺撒"，继承（尽管屋大维是被收养的）自尤里乌斯·恺撒，并在之后用来指代罗马皇帝（这也是近代德国皇帝［Kaiser］和俄国沙皇［Tsar］名称的由来）。因此，罗马城在公元前 1 世纪最后几十年内的改造归根结底是一人的成就和愿景。到了亚克兴海战的时候，长期的战争已经使罗马世界疲惫不堪且充满恐慌。当时的文学作品真实地反映了意大利对和平的渴望，无所谓要付出多少自由作为代价。就像其后继诸皇帝一样，屋大维的统治最终依靠对军事机器的控制：他维持着一支庞大的常备军，并将其分散部署在边疆行省，以使它们相互制衡，以此来确保军团指挥官的忠诚。尽管如此，新政权看到了改变自身形象的价值，这有助于人们忘记新统治者夺权之路上的腥风血雨。公元前 27 年，元老院授予了屋大维一个新的名字，"奥古斯都"，即"备受尊敬的人"，这个名字被刻在钱币上，广而告之。它宣告了一个和平、繁荣和富裕的时代的到来。罗马城被改造成可以和希腊化地区最伟大的城市 —— 其昔日敌人克利奥帕特拉女王的都城亚历山大里亚相媲美的宏伟城市。

奥古斯都亲自总结且高度筛选地记录了他的成就。在这份文件中，他宣称自己在罗马修复了许多神殿 —— 仅仅在公元前 28 年就有 82 座之多 —— 并且还建造了许多令人印象深刻的新神殿。一百年后的传记作家苏维托尼乌斯（Suetonius）解释了他的动机："既然罗马未被装饰出应有的帝国尊严，而且还遭受过洪水和火灾，他于是对它大加美化，以至于他可以理直气壮地夸口说，他找到的是一个砖坯造的城市，而交付的是一座大理石的城市。"苏维托尼乌斯指出奥古斯都最令人印象深刻的建筑成就是：一个可以容纳更多人并且可以处理复杂法律案件的新市政广场、帕拉丁山（Palatine）上的阿波罗神庙、卡皮托山上的雷神朱庇特（Thundering Jupiter）神庙、复仇者马尔斯（Mars the Avenger）神庙、收藏拉丁语和希腊语书籍的图书馆、以其家族成员的名义建造的柱廊（colonnade）和长方形会堂（basilica），以及玛尔凯路斯（Marcellus）剧场。做这些事情的不仅仅是奥古斯都一人，因为显然，迎合般地模仿元首的行为是一种政治上的远见。"当时，好多人建造了这样的工程：例如，赫拉克勒斯（Hercules）和缪斯神庙由马尔奇乌斯·腓力普斯（Marcius Philippus）建造，狄安娜神庙由路奇乌斯·科尔尼菲奇乌斯（Lucius Cornificius）建造，自由之神神殿（Hall of Liberty）由阿西尼乌斯·波利奥（Asinius Pollio）建造，萨图尔努斯（Saturnus）神庙由穆那提乌斯·普兰库斯（Munatius Plancus）建造，一座剧场由科尔奈里乌斯·巴尔布斯（Cornelius Balbus）建造，一座圆形剧场由斯塔提里乌斯·陶鲁斯（Statilius Taurus）建造，尤其是许多宏伟庄严的建筑，它们是马尔库斯·维普萨尼乌斯·阿格里帕（Marcus Vipsanius Agrippa）建造的。"马尔库斯·维普萨尼乌斯·阿格里帕是奥古斯都最亲密的政治盟友，在奥古斯都获取权力的过程中，大部分的军事胜利都要归功于阿格里帕的军事指挥能力，而这项能力正是奥古斯都本人所始终欠缺的。[8]

新罗马提供的公共设施与私人享受同样绚丽。公元前 20 年左右阿格里帕在战神广场（Campus Martius）为罗马公民修建了当时历史上最豪华和傲人的公共浴场。尤里乌斯·恺撒已经将其位于台伯河畔的私人花园赠予罗马公众共同使用；现在奥古斯都的好朋友和大臣梅塞纳斯（Maecenas）也将他在埃斯奎利诺山（Esquiline）上的奢华花园开放给民众。在私人纪念物里面，皇室建筑最为耀眼，尤其是奥古斯都为自己陵墓所修建的宏伟的丘冢，以及位于帕拉丁山顶，可以俯视整个广场的奥古斯都宅邸。并且从公元前 12 年开始，罗马女灶神维斯塔（Vesta）的神殿也被并入这个建筑群中。在接下来的一个世纪里，皇室住宅变得越来越奢华壮丽。到了公元 1 世纪末，它演变成为宫殿的原型——"palace"（宫殿）这个单词本身就源自皇家住宅所处的山丘的名字。[9]

财富和权力的集中吸引了大量各式各样的人来到罗马。在公元前的最后两个世纪里，战争和帝国的需求使得意大利出现了规模空前的人口流动。这是一个习惯于人口大规模迁徙的社会。在奥古斯都统治前的一个多世纪里，意大利的居民就已经源源不断地移民到罗马，部分原因是较富裕的农民能够利用城市市场对农产品的需求兼并土地，因此对土地较少的小农造成压力。到了公元前 1 世纪晚期，这些贫困的意大利人在何种程度上仍然保留着他们原先独特的身份意识？伊特鲁里亚人、萨莫奈人（Samnites）以及其他族群无疑会给出不同的答案。现在保存下来的证据主要涉及富人，他们在享受着城市贵族生活的同时也保持着与原籍地区的联系：奥古斯都之友梅塞纳斯被他的门徒诗人贺拉斯（Horace）颂为伊特鲁里亚王室的后裔。但是其他更容易被识别的群体，如叙利亚人、高卢人、日耳曼人、西班牙人和非洲人也都参与到了罗马城的生活当中。他们或他们的祖先作为奴隶来到这座城市，但在被释放后，汇入了更广大的人群中的他们仍然会不同程度地保留其原本民族的习俗和特征。在其中尤其明显的是当地的犹太社群（他们的情况会在第十章得到更多说明）。

因此，在公元 1 世纪罗马可能拥有 100 万多样化、世界性的人口，他们中有许多人都生活在惊人的贫困之中，依赖着定期从意大利其他地区，以及越来越多地从西西里和后来从埃及横渡地中海运来的廉价食品为生。富人住在宏伟的城市房屋中，而穷人挤在高层公寓楼里（见下文第 40 页），或在街上乞讨，两者之间的贫富差距与今天第三世界大都市中的情况最为相似。这个城市充斥着刺激与肮脏、权力与绝望。富人的私生活穷奢极侈，并由成百上千的奴隶伺候着，而紧邻其豪宅的穷人却在挨饿。整个不稳定的社会由一支强大的驻军所控制，他们从奥古斯都时代开始就驻扎在紧靠城市边界外的地方。

火灾的危险一直存在，但它很难被彻底解决。奥古斯都建立了一支常驻的半军事部队来应对火灾，但是这也只能部分地解决问题，因为在地中海的炎炎夏日中，有这么多居民，房屋又建得这么密集，完全解决问题是不可能的。公元 64 年在尼禄治下爆发的罗马大火只是众多类似火灾中最严重的一次，在这场火灾后，政府为了寻找替罪羊，指责大火是基督徒的阴谋。许多条水道（aqueducts）把大量的水从亚平宁山脉（Apennines）引入罗马，而庞大的排水系统把城市污水引入台伯河。它们在帝国早期得到了不断的改善和维修。但是这个城市仍然由于人口过多而散发恶臭。[10]

尽管人口过多给罗马带来许多弊端，一位在公元 1 世纪初到访罗马的游客仍能发现许多值得欣赏的地方。来自阿马西亚（Amaseia，现代土耳其阿马西亚［Amasya］）的希腊地理学家斯特拉波（Strabo）在奥古斯都时代曾多次前往罗马，他指出罗马的地理位置并不是特别有利——"这个城市不仅无险可守，而且其周边的土地也不足以满足城市发展的需要"——但他同时认为这是一种变相的祝福，是建城者有意为之。他解释道："罗马人相信保护他们安全和公共福祉的，不是他们的防御工事，而是他们的武器和勇力，他们相信不是城墙保护着人，而是人保护着城墙。"这种理念导致罗马人从其早期历史开始，就不断地征服其周边地区。斯特拉波又注意到这一做法的结果是，在他生活的时期，大量供给品源源不断地涌向罗马，"不仅在食物方面，而且还有用于建造房屋的木材和石头方面……过剩的矿石和木材通过河流被运输，提供了充足丰富的原料"，除了这些"自然地理提供给城市"的"祝福"外，斯特拉波还提到，罗马居民的远见也给城市带来了实用的设施：

> 如果说希腊人是借建城时的出色选择扬名——他们关注美、有利的城址、港口和富饶的乡间——这些人（罗马人）在那些人（希腊人）很少顾及的事情上却具有高瞻远瞩的看法，即道路、水道以及可以洗净城市污垢的下水道的建设……他们的道路连接城乡，穿山越岭，这使得他们的车可以运载从船上卸下的货物，抵达各地。而那些由密集的石头铺就拱顶的下水道，在有些地方，即使是满载干草的货车通过，也留有足够的空间。[11]

与斯特拉波同时代的希腊历史学家哈利卡纳苏斯的狄奥尼修斯（Dionysius of Halicarnassus）特别提到，在他看来"最能体现罗马霸权的伟大之处，也是罗马最宏伟的三大工程，是水道、铺砌的道路和下水道。我这么说的原因不仅是因为这些工程的实用性……还是因为这些工程花费巨大"。[12]

相比之下，同时代的意大利诗人奥维德（Ovid，公元前 43—公元 17

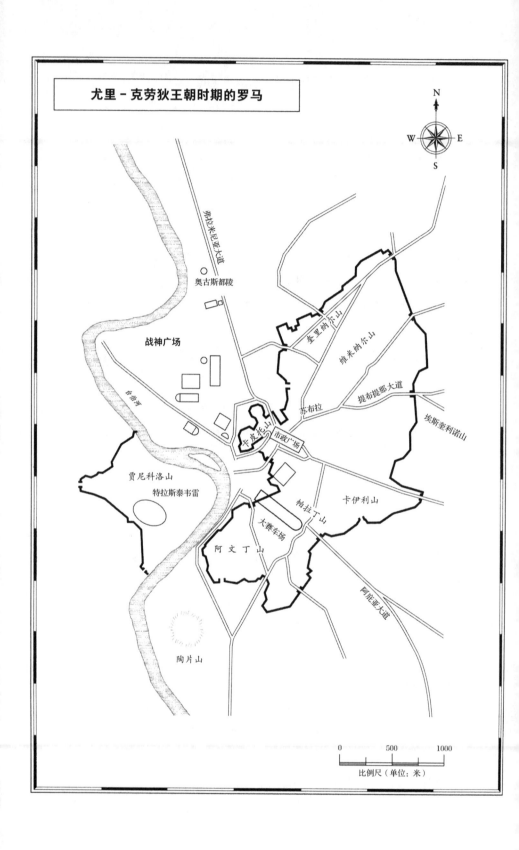

尤里－克劳狄王朝时期的罗马

N
W　　E
S

弗拉米尼亚大道

奥古斯都陵

战神广场

台伯河

奎里纳尔山

维米纳尔山

苏布拉

提布提那大道

埃斯奎利诺山

卡皮托山

市政广场

贾尼科洛山

特拉斯泰韦雷

帕拉丁山

卡伊利山

大赛车场

阿文丁山

阿庇亚大道

陶片山

0　　　500　　　1000

比例尺（单位：米）

年）在描述罗马城时却选择了不同的角度，这发生在他被流放到黑海（离斯特拉波的故乡阿马西亚不算太远）沿岸的托米（Tomi，现代康斯坦察[Constantsa]）时期。对于奥维德，拥有"城市生活的便利"的罗马才是自己的归宿，他在远方哀叹属于这座"美丽的城市"的种种景观。他的思绪"用自己的双眼审视着每一个事物。广场、神庙、大理石装饰的剧院、每个带着平整地面的门廊现在都来到我的眼前；还有那（战神）广场的草地，面朝着美丽的花园、水池和运河"。[13]斯特拉波也不能免于赞叹他见到的罗马建筑，但是只限于那些最近才建立的："早期的罗马人很少顾及罗马城的美，因为他们忙于其他的、更必要和更重要的事物，但是后来的罗马人，特别是如今的、和我同时期的罗马人，在……对建筑的热情和在建筑上的花费超过了以往任何人。"[14]这意味着，对于像斯特拉波这样一个习惯于希腊化世界的优雅城市规划的旁观者来说，罗马那些令人印象深刻的纪念建筑主要是最近才在城市内区建立的，比如战神广场就坐落在城市边界之外，直到奥古斯都对城区进行的行政改革之后，它才成为罗马十四个城区中的第九城区的一部分：

> 这一广场的规模是惊人的，因此它在给人们提供公共空间的同时还能不受干扰，在这里不仅可以进行战车比赛和其他马术活动，而且还能让许多人进行球类、滚铁环和摔跤运动；战神广场的四周摆满了艺术作品，地面上终年覆盖着青草，河流上方能看到的是一些小山尖，它们的山坡一直伸展到河床，目之所及皆为画卷——这一切是那么让人流连忘返。在这个广场附近还有另一个广场，它有大量的柱廊，以及圣所、三个剧院和一个圆形竞技场，以及许多价值连城的神殿，一个接着一个。你会觉得它们正在试图宣布城市的其他部分都只是它的附属品。

罗马最初的宗教和政治中心是卡皮托山，这里坐落着奉祀朱庇特的宏伟神殿，以及元老院召开其会议的广场，卡皮托山在过去的几个世纪里得到了诸多装饰，即使在老广场旁建造新的大型公共空间的尝试时不时出

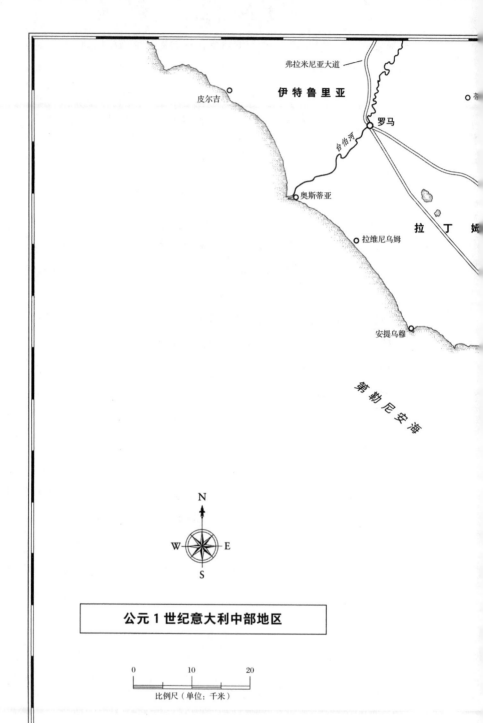

弗拉米尼亚大道

伊特鲁里亚

皮尔吉

罗马

台伯河

奥斯蒂亚

拉维尼乌姆

拉　丁　姆

安提乌穆

第勒尼安海

N
W　　E
S

公元 1 世纪意大利中部地区

0　　　　10　　　　20

比例尺（单位：千米）

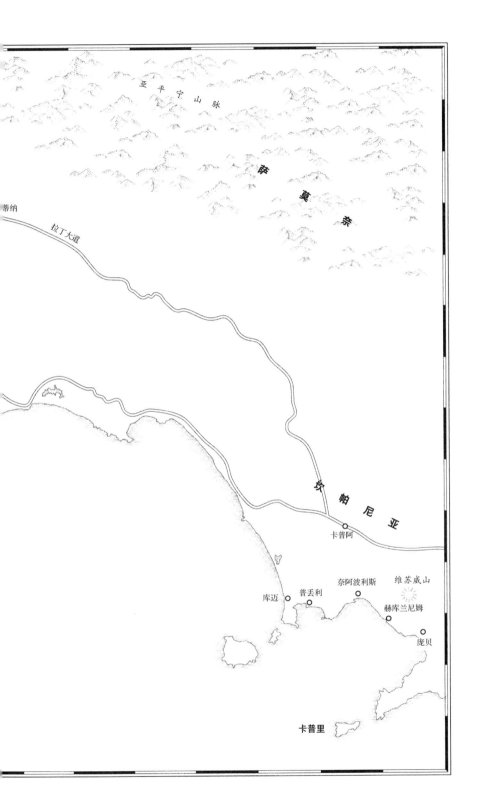

亚平宁山脉

萨莫奈

蒂纳

拉丁大道

坎帕尼亚

卡普阿

奈阿波利斯

维苏威山

库迈

普丢利

赫库兰尼姆

庞贝

卡普里

现（皇帝的统治加速了这一趋势，尤其鉴于奥古斯都自己就修建了一个新广场），卡皮托山有机的演变限制了发展，使它不像老城外的区域那样日新月异。斯特拉波写道："如果你路过老广场（罗马市政广场［*Forum Romanum*］），你就会看到挨着老广场而建的一个又一个广场、会堂、神殿、卡皮托山和山上的艺术品，以及帕拉丁山上的和李维娅（Livia）柱廊里的艺术品，这些都能让你流连忘返。"[15]

如果奥古斯都将郊区空间纳入新城的边界内，那么由于没有现代交通系统带来的便利，城市的扩张会受到物理因素的限制；生活在公元1世纪70年代的老普林尼写道，客观地讲，"在全世界曾经存在过的城市中，没有任何一个在规模上是可以和罗马相媲美的"。他也指出安置如此大规模的人口不仅要依靠大面积的居住点，还要通过高居住率的高层住房。[16]当访客经过一条两侧矗立着古老贵族的家族墓碑、铺设精良的大道来到罗马时，所见之景便从点缀着小农庄与被花园环绕着的宏伟别墅的乡村，变成由蜿蜒的街道和公寓楼群组成的紧密混合体。作为建筑师和工程师的维特鲁威（Vitruvius）在恺撒时期或奥古斯都执政的最初几年间相当乐观地写道：

> 我们有必要为这座伟大的城市和异常拥挤的市民提供大量的住宅。因为平房无法接纳数量如此巨大的城市人口，现实的环境使我们不得不采取提高建筑物高度的方法。因此，石柱、烧砖墙、碎石墙和塔楼被修建起来，并用大量木板与它们拼接起来，从而形成更高的楼层。这种高层有城市最好的风景。所以墙体一层一层地被盖得更高，而罗马人民得以毫无障碍地享有优良的住宅。[17]

房屋的高度在之后的几个世纪中急剧增高，三层成了标准高度，五层或六层的房子也并不罕见。

供应罗马进口货物的港口奥斯蒂亚（Ostia）的建筑物发掘工作显示，在罗马帝国时期，街区的标准化建设的方案是，一层（底楼）被作为商铺，或作为一个富人家庭的居所，而其上的楼层则在不卫生的环境中挤满了租户。安逸的生活在公元 1 世纪的庞贝（Pompeii）和赫库兰尼姆（Herculaneum）更为放松的环境下出现；由于公元 79 年维苏威火山的喷发，这里居民的生活方式被完整地保留了下来。而在帝国首都的核心地区，在这个租金极度高昂的地方，那种生活方式只有极少数人可以享受。对于罗马的普通居民来说，他们要忍受黑暗、发臭且烟雾弥漫的公寓、白天城市贸易的喧嚣和夜晚时货车的隆隆声，通过狭窄的街区到水道取水，之后再抬到楼上用来洗漱和做饭，走在夜晚的狭窄小巷里则会有被抢劫或更糟糕的危险；他们带着嫉妒，注视富人奢华的房子外的空白墙壁，在酒馆或公共厕所里与朋友聚会，这些都构成了有时会惹人反感、厌倦但是仍然吸引着数十万人希望留下来的罗马城的生活方式，而他们（像奥维德一样）将注意力转向城市更令人愉快的一面——神殿、广场、花园以及从喧嚣闹市中流过的台伯河。它只有偶尔在强降雨时才会造成危险的洪灾。

军事征服带来的政治霸权是促使罗马城走向辉煌并形成庞大规模的直接且唯一的原因。罗马在地理上不是特别适合从贸易中获利，尽管（据斯特拉波记载）货物可以通过繁忙的台伯河轻松地运抵城市。该区域天然的贸易中心位于该河更下游的地中海沿岸，奥斯蒂亚港因此在帝国时代繁荣起来。罗马并无特殊的矿产资源，拉丁平原出产的农产品也仅够满足当地市场。要使罗马城那远远超过当时大多数城市的庞大人口生存下来并继续增长，就只有通过剥削帝国的其他地区。大部分的剥削是直接的。罗马行省的臣民向国家缴纳定期税款，这些税款根据定期人口普查所确定的他们土地所有权的规模而定。以这种途径收取的税赋大部分用于维持军队开销，后者是皇帝个人权力的来源，但是剩下的大部分被运抵罗马供居民消费。讽刺作家尤文纳利斯（Juvenal，约公元 67—约 130 年）讥讽道："人民只渴望两样东西：面包与马戏。"这句诗十分准确地反映了帝国政府在首都的支出。[18] 这些补助确保了政府能够向居住在罗马的成年男性公民定期提供免费粮食，他们都被登记在官方名单上，因此有权用票券来换取粮食救济。公元前 2 年，奥古斯都将受益人数限定在 20 万左右，但由于救济券是可以买卖的，许多贫困居民实际上并没有从这一方案中得到帮助；但是皇帝会派官员来监视粮价，并在必要时干预市场，例如出现因粮食短缺导致的价格过快上涨和潜在的混乱的时候。一个强有力的统治者能够保障定期准时的粮食供给，这是皇权统治在罗马普通民众中受欢迎的一个重要因素。

国家开支也为各种不同层次的人提供了大量的就业机会，比如成为托运人或其他中间商，或成为码头工人、搬运工、车夫或其他劳工。考古发掘显示城中、郊区和奥斯蒂亚都有着储存粮食和其他产品的巨大仓库。其中一些是通用的储藏库，但是另一些更加专门，比如埃斯奎利诺山上的仓库被用于储藏纸莎草和羊皮纸。铭文显示罗马有种类极多的进口商品可供销售，也存在类型众多的罗马商人，其中许多显然是自由职业者，他们凭借技术成为鞣皮匠、编绳者、木匠、敛缝工，或者仅凭体力成为建筑工、搬运工或其他体力劳动者。我们能列出一百五十种以上的职业，这一方面是因为罗马手工业者有组织公会的惯例（这点对后世历史学家十分有益），另一方面，这些公会倾向于在石碑铭文上宣示自身的存在，而这些铭文仍然大量存在。城市经济因本地商品的供给和罗马居民互相提供的服务而繁荣，来自帝国其他地方经常性和可预期的谷物、原材料和奢侈品的涌入则加剧了城市的经济活动。[19]

皇室的慷慨保障了罗马城公共娱乐的辉煌程度远远超过帝国其他地区。这种娱乐活动是真正人人可享的，尽管最好的座位自然是留给那些地位更高的人。众多项目的建设资金不仅来自国家也来自政客，他们积累财富，尤其在行省总督的任期内，而这些工程也同时为许多穷人提供了工作机会。在帝国早期，罗马城并不总是生活上最舒适的地方，但毫无疑问，这座城市不仅提供刺激，也有着独特的魅力，尤其是当皇帝及其随扈在此居住的时候。

耶路撒冷

罗马城存在的原因是，一个宏伟帝国的首都应该有具备夸耀性质的凯旋门以庆祝人类的成就，与供奉诸神的众多神庙和圣所相竞争；这与圣城耶路撒冷存在的原因可谓天差地别。耶路撒冷也十分依赖远超其附近地区资源的收入，但是它的财富与地位不是通过军事征服，而是通过宗教热情获得的。

青铜时代早期出土的遗址显示基训泉（Gihon Spring，它是耶路撒冷唯一的可靠水源）附近早在公元前 4000 年前就有人类开始定居，远远早于地中海对面那个最后会成为罗马的村落。到公元前 2 千纪，这里已成为一个据点，坚固的城墙使得崎岖地貌所创造的天然防线更加坚固。这便是耶路撒冷，据后来圣经理想化的记载，大卫王（King David）于公元前 1000 年左右征服此地，并将其作为其两个王国的首都。他的领土从埃及边界直达幼发拉底河，因此 —— 从大卫王时代到公元前 586 年被巴比伦人所摧毁 —— 耶路撒冷一直是一个十分重要的政治文化中心。而大卫（据说）也将上帝与犹太人关系的象征，契约之柜（Ark of the Covenant），从以前不起眼的安置点转移到耶路撒冷，而他的儿子及继任者所罗门搭建了耶路撒冷的第一座圣殿，并以此作为约柜的永久安放点，也作为以色列人聚在一起通过献祭来进行集体崇拜的唯一圣地。耶路撒冷作为宗教崇拜中心的未来就此奠定。

对这一未来图景最严重的打击发生在公元前 586 年。耶路撒冷被巴比伦征服，圣殿被毁，众多的居民被带走流放。但在公元前 539 年，巴比伦帝国本身却被波斯国王居鲁士（Cyrus）所灭，不久犹太人就被允许返回故土重建家园。圣殿重建的进度似乎很慢，但是，由于耶路撒冷现在是一个不太重要的波斯行省的中心，而不是一座皇家都城，宗教逐渐成为城市最重要的功能，而在圣殿中服务的祭司也逐渐开始支配起居民的生活。公元前 331 年，这座圣城落入马其顿（Macedonia）的亚历山大大帝（Alexander the Great，公元前 356—前 323 年）的控制之下，并成为他从近东到印度边界的非凡征服的过程中一个并不显眼的地方。民间传说称，在亚历山大视察耶路撒冷时，信仰犹太上帝的异教团体给他留下了十分深刻的印象。从那一天起，该城就安全地生存在亚历山大希腊化帝国的政治范围内，并将希腊文化奉为上宾。希腊的思想和价值观对耶路撒冷犹太人的深刻影响，与其在同一时间对罗马的影响相当。

亚历山大在三十岁出头时就去世了，他的王国迅速被继任将军们的王朝所瓜分。公元前 3 世纪时，犹地亚处于埃及托勒密王朝（Ptolemaic Dynasty）统治之下，其末代女王克利奥帕特拉未来会在亚克兴与屋大维作战。塞琉西诸王（Seleucid kings），即亚历山大大帝的另一位继业者塞琉古（Seleucus）的后人，从公元前 301 年起统治着叙利亚和美索不达米亚。他们试图夺取黎凡特南部地区，于是展开了对托勒密王朝的一系列战役。在公元前 198 年，塞琉古诸王中最具活力的安条克大帝（Antiochus the Great）终于成功了。

统治耶路撒冷的王朝更换了，虽然也是希腊-马其顿人的王国，却将带来危险的结果：约瑟夫斯记载安条克大帝向耶路撒冷的居民保证，他们世代相传的宗教将得到保护，并且祭司将获得更多的特权。但是他的儿子，"神显者"安条克四世（Antiochus IV Epiphanes）试图彻底终止对犹太上帝的崇拜，并因此在公元前 167 年引发了一场暴动。我们很难分析出安条克四世行为的确切原因。当时与安条克四世同为罗马人质的希腊历史学家波里比阿（Polybius）声称，国王被普遍认为不是"神的化身"（*epiphanes*），而是"疯子"（*epimanes*）。[20] 在大概一代人的时间后创作《马加比一书》（*1 Maccabees*）的犹太人，对于那些试图融入希腊化世界的顺从的犹太人加以指责。一些非犹太作者则认为安条克四世的行为是因为在他征服埃及的野心被罗马挫败后，需要通过掠夺耶路撒冷圣殿来简单快速地获得金钱。但是无论安条克四世的动机如何，他攻击犹太信仰的行为激起了一些犹太人坚定的抵抗，并导致了"铁锤"犹大（Judas Maccabee）和他的兄弟们发起游击战（后世用其远古祖先的名字将他们称为哈斯蒙尼家族［Hasmonaeans］）。这场战争持续到公元前 164 年圣殿被再度献给犹太人的上帝为止。有一种相对有道理的观点认为，反对"神显者"安条克亵渎圣殿的整段惨痛经历确保了之后的几个世纪里犹太人决定完整地保留其祖先的习俗，而不像其他一些近东民族那样移风易俗。[21]

在公元前 2 世纪剩下的时间里，哈斯蒙尼家族利用并发挥了犹大在反安条克过程中获得的荣誉，尽管犹大自己的功绩只是解放并净化了圣殿，且似乎从未在犹太社会获得任何显赫的正式官职：公元前 161 年，他在对抗塞琉古军队的战斗中牺牲，其位置由弟弟约拿单接任。通过操纵竞争塞琉古王位的人的利益，约拿单在公元前 152 年，从其中一名王位觊觎者亚历山大·巴拉斯（Alexander Balas）那里取得了大祭司的任命。到了公元前 1 世纪 20 年代，约拿单的侄子约翰·西卡努斯（John Hyrcanus）如同独立的统治者一样，管理耶路撒冷城以及犹地亚剩下的山地郊野，而后在公元前 104 年，他的儿子阿里斯托布鲁斯（Aristobulus）成了哈斯蒙尼家族第一位自封为国王的人。哈斯蒙尼政权开始作为一个独立的势力出现，到了公元前 1 世纪初，它成为首要的地区性强权。这个过程伴随着塞琉古王朝的逐渐解体，后者同时为前者提供了便利。罗马对塞琉古事务的干涉大大加速了塞琉古的解体，不过哈斯蒙尼家族自然强调犹太内部因素在他们权力崛起的过程中的作用。他们自认是犹太上帝的正义使者，抗击邪恶的外邦人和那些准备向外邦人让步的犹太人。《马加比一书》记载了公元前 175—前 134 年的犹地亚政治史，这本书本身就是一个将王朝的政治宣传包装为虔敬的非常明显的例子。[22]

哈斯蒙尼家族不是没有对手，尤其是一些犹太人质疑他们是否有权利夺取大祭司的职位。12 月中旬的光明节，直到今天还是从基色娄月二十五日起庆祝 8 天；这个节日起源于公元前 160 年纪念马加比家族战胜塞琉古国王的仪式，但是在哈斯蒙尼家族统治时期，这也成了犹太国家的公民在公共场合表达忠诚的机会；这一表达的核心是在一个可以被公众看到的地方展示点燃的灯芯。灯光的能见度是至关重要的：《密释纳》（*Mishnah*，约公元 200 年完成的犹太拉比法律意见典籍）引用了一位拉比的规定，如果街上着火的原因是店主将点燃的灯放在了商店之外，店主通常被罚缴纳一只骆驼所驮的量的农产品，但是光明节时期点燃的灯除外，这个时候街上明火的危险远远不及赞扬"铁锤"犹大取得的奇迹般的胜利的宗教义务重要。我们可以很容易地想象到哈斯蒙尼政权的反对者被迫在公共场合表达忠心时的心情。[23]

到了公元前 1 世纪早期，亚历山大·耶奈（Alexander Jannaeus）——他在位长达 27 年（公元前 103—前 76 年），是犹地亚的哈斯蒙尼统治者中最具侵略性和扩张性的君主——的行为与希腊化世界中的其他君主已别无二致。他就像在他之前的塞琉古王朝和托勒密王朝的君主一样专制。他使用雇佣军来扩大他的领土，征服沿海平原的城市，包括多利买（古代的阿科）和加沙（Gaza），以及外约旦诸城市，其中的许多城市长期以来一直是希腊文化的中心，如加大拉（Gadara）和佩拉。亚历山大的目的似乎是荣耀本身：他并没有像父亲约翰·西卡努斯在公元1世纪一二十年代对待以土买，或其兄阿里斯托布鲁斯一世在公元前104—前103年间对待加利利那样，把新征服的地区并入犹太国家，而是将其作为附庸国来统治，这就使得他的臣民认为他和他的继任者都是暴君。他住在设计和装饰都是希腊风格的富丽堂皇的宫殿里，包括位于耶利哥的用于享受死海地区特殊气候的冬宫。[24]

亚历山大·耶奈的王国是一个十分独特的犹太国家，希伯来语仍然是公众使用最多的语言，而他最宏丽的形象并不出现在穿着国王或将军的装束时，而是在他担任耶路撒冷圣殿大祭司的时候，特别是当他穿上专为礼仪年中最庄严的一天即初秋的赎罪日（the Day of Atonement）而准备的华丽礼服的那刻，这一天举国斋戒以忏悔自己的罪恶，而大祭司则举行精心设计的献祭仪式，以确保他们的忏悔可以为神所接受。另一方面，哈斯蒙尼家族到公元前1世纪已经充分世俗化，足以将政治权力与宗教权力分开行使。按照亚历山大·耶奈的遗嘱，他的遗孀撒罗米（Salome）于公元前76年继承王位，也就是犹太传统中的莎乐莫兹（Shelomzion）。作为女人，撒罗米被禁止担任大祭司，于是她将这一职位给了她的长子西卡努斯，意图让他在她死后成为唯一的统治者。这一计划在她于公元前67年高龄去世前就已经受到了挑战，在她去世后不久，她的小儿子阿里斯托布鲁斯就在耶利哥附近的一场战斗中打败了西卡努斯，同时夺取了神权和王权。西卡努斯最初倾向于默认自己的失败，但是，他又被自己的顾问所煽动，试图重新夺回自己的王国和在圣殿的领袖地位。

这场兄弟之争后来被证明对王朝的命运是灾难性的。[25]公元前60年代，罗马的势力几乎已经遍布所有与地中海东部相邻的土地，两兄弟都意识到自己的命运取决于罗马的支持。公元前2世纪里罗马的干涉致命地削弱了那个曾经西至安纳托利亚、东到伊朗的塞琉古帝国。两个结盟的王朝在公元前 1 世纪早期填补了这一地区的权力真空，他们是本都（Pontus）的米特拉达梯（Mithradates）和亚美尼亚的提格拉奈斯（Tigranes），其领土野心被后来的历任罗马将军所挑战，他们之间进行了一系列战役。到了公元前 66 年两位国王都被决定性地击败。公元前 64 年，叙利亚成为罗马的一个行省，阿里斯托布鲁斯和西卡努斯于是在行贿方面展开竞争，他们都想要贿赂驻扎于此的罗马将军庞培（Pompey）。公元前 63 年，庞培将这种接触看作是插手犹太事务的邀请，并向耶路撒冷进军，表面上是来支持西卡努斯的。城市的许多地区望风而降，但是圣殿在阿里斯托布鲁斯支持者的防守下坚持了三个月，直到深秋才被攻破。大屠杀接踵而来。成千上万的俘虏成为奴隶，并被带到罗马。公元前 61 年，阿里斯托布鲁斯本人在庞培的凯旋游行中，作为战败国的代表在罗马被游街示众。西卡努斯重新成了大祭司，但却没了国王的头衔，而且他统治的领土也大大缩小了。但无论如何，他的权力只是名义上的。耶路撒冷及其领土被要求向罗马进贡。约瑟夫斯的评论很贴切：

> 这场不幸降临到耶路撒冷头上，西卡努斯和阿里斯托布鲁斯要负主要责任，因为他们之间存在纷争。我们失去了自由，成为罗马人的臣民，我们用自己的武器赢得的领土和从叙利亚人那里夺得的领土都不得不归还给他们，此外，罗马人还在短时间内向我们索取超过 2000 塔伦特的钱币，从前授予那些生来就是高级祭司的人的王权成了平民的特权。[26]

约瑟夫斯的观点反映出他不仅作为一个犹太人也作为一名耶路撒冷祭司的视角。在公元前 63 年后的一个多世纪里，圣殿当局的政治影响力将被削弱，因为统治权集中在罗马任命的世俗政府手中。公元前 50 年代西卡努斯在犹地亚行使的权力被叙利亚的罗马总督的频繁插手所限制，后者的注意力也被从罗马监禁中逃回来的阿里斯托布鲁斯和他儿子们领导的叛乱吸引到了犹地亚。公元前 57 年，叙利亚总督奥路斯·加比尼乌斯（Aulus Gabinius）将犹地亚交由了一些地区议会管理。西卡努斯现在只剩下对圣殿的管辖权了，但是他在内战期间支持恺撒反对庞培的精明举动暂时有效地加强了他在耶路撒冷的地位。公元前44年，因为恺撒遇刺身亡，所有的政治计算都重新陷入混乱。趁着罗马精英内斗，一支帕提亚军队在公元前40年入侵了叙利亚北部。帕提亚的指挥官被阿里斯托布鲁斯之子安提柯（Antigonus）劝服，南下进击耶路撒冷，助他夺取犹地亚的王位。而安提柯在前几年里就做了许多扳倒西卡努斯的努力。西卡努斯被擒，作为囚犯被带到了帕提亚的权力中心巴比伦尼亚（Babylonia），他的双耳被割掉，使他永远不适合再度成为耶路撒冷圣殿的大祭司。安提柯在帕提亚支持下的统治是短暂的。公元前37年末，罗马在跟随西卡努斯时间最长、最有活力的追随者，以土买的冒险家希律的帮助下重新收复了耶路撒冷。

罗马元老院选择希律成为犹太王，只是因为没有更好的选择。罗马在颠覆和控制落入自己的势力范围内的国家时，常规做法是把控制权交给一个选定的当地王朝的子孙，理由是这些统治者的感激之心能够确保他们对罗马的忠诚，而他们所继承的威望则将确保对被统治人民的权威。正是这种政策使得西卡努斯从公元前63年到公元前40年间可以一直担任耶路撒冷的大祭司。但是在公元前40年，即希律出现在元老面前寻求帮助时，哈斯蒙尼家族已经没有成年男性继承人可供罗马挑选，除了那个被囚禁在美索不达米亚的西卡努斯，以及罗马的敌人帕提亚所支持的安提柯。如果罗马要在犹地亚恢复影响力，就必须放弃正常的做法；在公元前40年的罗马剧变当中，这只不过是众多政策创新中的一个。就后来的情况而言，从罗马的角度来说，选择希律的确是神来之笔。希律的祖先来自以土买，这一地区位于耶路撒冷以南，那里的居民由于某种原因仅仅在公元前2世纪末才被迫改宗犹太教，因此他的血统并不会为他在犹太同胞眼中带来多少声望——哈斯蒙尼家族的安提柯曾讥讽地称他是一个"半犹太人"。在罗马人眼中，他缺乏当地支持的这一点使得他在维护罗马国家的利益方面更加可靠。他在耶路撒冷的统治依赖于罗马的力量，这一点从公元前37年罗马军团以他的名义征服该城的那一刻起就开始了，而他又好不容易贿赂了罗马军团，使其没有放纵天性，去掠夺和破坏这座城市作为胜利的奖赏。[27]

在公元前 40 年，罗马元老院做出任命希律为犹太国王的重大决定时，希律在罗马贵族中主要的保护人是马克·安东尼，他曾经是尤里乌斯·恺撒最紧密的副手，现在则是恺撒的继承人屋大维（未来的皇帝奥古斯都）的竞争对手和同僚。随后的几年中，希律保持着与安东尼的友谊，尤其是通过明智地献上精心挑选过的礼物。也正因此，当公元前 31 年安东尼在亚克兴被屋大维打败后，转换阵营对希律来说并非易事。希律好歹足够幸运，抑或是经过了仔细的算计，并没有出现在战场上，而是留在了耶路撒冷附近处理公务。他以谨慎而有效的誓言获得了屋大维的喜爱，保证他将作为屋大维忠实的仆人，就像他从前对待屋大维战败的对手一样。

因此，正当屋大维——公元前 27 年后，他被称作"奥古斯都"——着手改造罗马时，希律谄媚地模仿。他投身于重建耶路撒冷，以反映他抱负的宏大。当奥古斯都的朋友马尔库斯·维普萨尼乌斯·阿格里帕在公元前 15 年前往耶路撒冷造访希律时，他会发现虽然这座城市的一些地方仍然是建筑工地，它却已经部分地转变成为一块现代建筑风格的样品。当然耶路撒冷比罗马小很多，尤其是因为它没有相当于亚平宁山脉或台伯河的地方：基训泉在哈斯蒙尼王朝时期就已被证明供水量不足，更大量的给水必须通过水道从远处调来。沿着地势建造的狭小、曲折的街巷，除非进行大规模的拆迁，是无法被重新设计改造的。而希律并未做此尝试，但是在一些地方，崭新的硬路面覆盖了哈斯蒙尼时期破损的道路。新的要塞和塔楼拔地而起，每座都用希律家族成员的名字，或像圣殿旁的安东尼娅塔那样以他朋友的名字来命名。这些要塞和塔楼完全覆盖了城市的战略要点，它们精确的方形砖石块也让那些早期粗糙的砖石建筑相形见绌。在距离耶路撒冷几英里 * 远的希律堡（Herodium）——此地曾在公元前 40 年发生过一场小规模冲突——希律在一座天然的小山上为自己修建了宏伟的坟墓，山顶被削平，以营造出和已经在罗马建成的奥古斯都陵墓一样令人惊叹的轮廓线。希律自己的宫殿是十分奢华的，约瑟夫斯描述道：

---

* 1 英里约为 1.6 千米。——编者注

从奢侈程度和家居设备的角度讲，没有建筑能超过它。30 腕尺（约 15 米）高的宫墙将它完全环绕，前者每隔一段相同的距离就有一个装饰性的塔楼，宫殿内拥有巨大的宴会厅，众多卧室则可以容纳一百名客人。而宫殿内部的装潢也是难以形容的奢华——多种多样的石头（在其他任何国家都很罕见的石头被大量收集于此地），天花板无论以房梁的长度论还是以表面装饰的华丽论都达到了美轮美奂的地步，众多套间有着各不相同的设计，全部都布置得很好，而且每一套房子里的大多数物品都是银制的或是金制的。四周有许多圆形的回廊，彼此相连，柱子各不相同，开放的庭院里全是绿地；这里有一丛丛树木，长径交错，沟渠深密，池塘周边到处都镶嵌着铜像，溪水就从这里流出，围绕着溪水边是许多饲养着鸽子的小屋……

在耶路撒冷内或附近有一座剧场，饰有颂扬奥古斯都的碑铭，而在"平原上"则是一座圆形露天剧场（amphitheatre）。到了公元 1 世纪 60 年代，这座城市也建成了一座竞技场（hippodrome）和一座以"希律纪念碑"（Memorial of Herod）之名为人熟知的纪念建筑，尽管我们并不清楚它建于希律的时代，还是更晚。但是那个在至今所有建筑项目中最雄心勃勃的计划，使这些宏伟的建筑物都相形见绌，它就是耶路撒冷圣殿的重建。希律几乎完全拆除了现有的建筑，并在原址上矗立起一座崭新的大厦。工程开始于公元前 20 年末或公元前 19 年初，并持续了数十年之久。一方面，希律一定希望这么做能给他的罗马恩主留下好印象，就像他建造其他建筑时所想的一样，但另一方面，圣殿的重建也是对他的虔诚信仰的纪念，以及对犹太臣民认可的争取。[28]

早在公元前 2 世纪中叶，一位来自埃及的亚历山大里亚的犹太人希望让耶路撒冷的奇迹深深留在他外邦读者的印象中，他强调了早先的圣殿对于城市其余区域的统治地位。《阿里斯提亚斯书信》（*Letter of Aristeas*）的作者掩饰了他本人的犹太人的身份，将自己描述成一个托勒密国王的非犹太廷臣，以使他颂赞犹太圣典和律法的宣言更加有力。他声称自己曾是托勒密国王派往耶路撒冷的使团的一员，他们的任务是把有学识的翻译家带回亚历山大里亚，从而将犹太法律翻译成希腊语。他为读者描述了耶路撒冷城郊的全景："当我们走近该地时，我们看到这座城市坐落在整个犹太领土的中心，在一座极高的山上。矗立在山顶的圣殿则被建造得那么华丽壮美。"接下来的文字热情洋溢地记述了圣殿的装饰，以及为城市服务的供水系统，还有祭司们在虔诚的寂静中的不懈工作。有人颇有道理地怀疑，这部作品的作者从未真正到访过以色列，而只是在重复犹太侨民的幻想。约旦河"从不干涸……就像尼罗河一样，当河水上涨之时，就意味着丰收的季节到了，河水浇灌了大部分的土地……"的记载，很可惜，与事实相去甚远；这也是为什么供水在该地区经常是一个重大的政治问题。"耶路撒冷基本上是个圣殿城市"的认识更加令人震惊。与他同时代的非犹太历史学家波里比阿也持这一认识，他提到"名为耶路撒冷的圣殿"与居住在其附近的犹太人声名卓著。[29]

因此，如果希律希望在他的都城耶路撒冷留下自己的印记，最有效的方法就是对其中枢机构，即圣殿，做出惊人的贡献。王位稳固之后，他立刻相应地投身于对圣殿建筑群进行大规模的装饰改造，其富丽堂皇的水平足以在后世为他的名字带来荣耀。约瑟夫斯关于希律的成就和动机的记载，并不是无可指摘的，尤其是因为约瑟夫斯的主要信息来源是希律的宫廷史学家，也就是非犹太博学家大马士革的尼古劳斯（Nicolaus of Damascus）。他后来逃到了奥古斯都的宫廷当中，但是他所记录下来的情绪是真实的：

在他统治的第十八年……希律承担了一项非凡的任务，那就是以其自己的财力去重建上帝的圣殿，并且还要拓宽圣殿的外围，增加它的高度，使之更为雄伟。因为他相信，这项任务的完成将是他最显著的成就——事实的确如此——并将保证他永垂不朽。但是因此他知道民众没有准备好、也不会轻易加入如此伟大的创举，他认为最好在整个工程开工前对他们先做一次演讲。于是他将人们召集起来，并如此说道："同胞们，到目前为止，我在位期间所取得的其他成就都没有被谈论的必要，尽管它们给我带来的声望并不如给你们带来的安全感更多……但我现在要讲清楚，当下我提议开展的是我们这个时代最虔诚、最美丽的事业。因为这个圣殿是我们的祖先从巴比伦归来后为最伟大的上帝建造的，但是它的高度还差了60腕尺（约30米），这是所罗门所建的第一圣殿所超出的高度……不过既然，按照上帝的旨意，我现在是统治者，并且这里持续享有长期的和平、丰富的财富和巨大的收入。而且最重要的是，罗马人——他们可以说是世界的主人——是我们忠实的朋友，我将尽量补救由于早先的奴役和匮乏所造成的疏忽，同时通过这一虔诚的举动充分回报上帝，因为他赠予我这个王国。"[30]

民众对此感到担忧，因为他们担心国王可能会拆毁圣殿并且缺乏完成重建的手段，但事实证明他们没有必要缺乏信心。这座建筑是一个奇迹，

由坚实的白石建造，每块大概都有25腕尺长、8腕尺高和12腕尺宽……入口大门的过梁（在高度上）与圣殿本身相等，希律在其上面装饰了五彩的帷幔……过梁往上，门楣下蔓生着挂满葡萄的金藤，对于所有看出它是用何种奢侈材料营建的人来说，它在尺寸和艺术技巧上都令人惊叹。此外他围绕圣殿建造了非常大的柱廊，所有这些都按相应的比例修建，并且他在花费上超越了众前任国王，所以人们都觉得没有人曾把圣殿装饰得如此富丽堂皇。[31]

巨大的石头被外面所看不到的铁夹子固定起来，围成了一个大庭院，庭院的南侧则是王家柱廊（Royal Portico），这一登峰造极的纪念建筑几乎与圣祠本身一样引人注目。圣殿以及它的祭坛与只有大祭司可以进入（即使是他，一年中也只能选择一天进入）的至圣所（Holy of Holies），都是献给上帝的，但是环绕圣殿庭院南侧的皇家柱廊，是希律享受自己慷慨之举的硕果的地方，也为他在圣殿留下了核心的存在感，即使他本人永远不能担任祭司：

这是太阳底下最值得关注的结构。一方面，沟壑是那么深，从上面弯腰往下看的人都不敢直视沟底，而矗立其上的柱廊又是如此之高，如果有人从廊柱顶向下看，两段高程的结合会让他眩晕，而他的视线也将无法到达这无法测量的深渊底端。现在（廊）柱分四列矗立着，只有一列在其余三列的对面——第四列柱子与石墙相连接——每根柱子都如此粗壮，三个胳膊伸开的人手指相触才能把它环绕起来。

这一点对耶路撒冷的希律和对罗马的奥古斯都是一样的——表面上为神明的荣耀捐赠出的花费，同时也为统治者带来荣誉。[32]

圣殿的日常活动塑造了城中每个人的生活，尤其是源源不断地被供给以作屠宰之用的动物发出的噪声，以及家畜和生肉的味道。每一天从黎明到黄昏都有大量的工作人员处理并准备祭品，他们既经手用于日常公共献祭的供品，也处理个人为纪念私人生活中的事件而带来的成千上万头的牲畜。负责主持的祭司和从旁协助的利未人（Levites）被分为24 "路"（courses），前后相继，每路一周，以团队形式从事祭仪。每一路都与特定的一部分在俗人群有关，来自这部分人群的代表团则受命参与公共祭祀，当与他们相关的那一路祭司举行祭礼时，他们代表整个国家作为见证。圣殿是一个充满活力、经常人满为患的地方。拉比们在圣殿被摧毁的一个多世纪后纪念道："在圣殿里奇迹为我们的祖先出现"，包括人们所声称的 "闻过祭肉的女人没有流过产，祭肉没有变质腐败过，屠宰区没有出现过苍蝇……（而人们）摩肩接踵地站在一起，却能轻松自如地弯腰"。大量的私人祭品的需求吸引了成千上万祭司及侍从的注意，尤其在主要节日期间。圣殿是城市里主要的聚集地点，也是一个多种不同类型的公共集会的场所，但是这里也是一个充满并渴望强烈宗教情感的地方。[33]

圣殿的存在使耶路撒冷成了一颗吸引犹太人的磁石，他们不仅来自犹地亚乡村，还来自整个犹太世界。"那些居住在耶路撒冷的虔诚犹太人，来自天底下的每一个国家……有帕提亚人、米底人（Medes）、埃兰人（Elamites），以及美索不达米亚、犹地亚和卡帕多西亚（Cappadocia）的

居民，来自本都和亚细亚的居民，来自弗里吉亚（Phrygia）和潘菲利亚
（Pamphylia）的居民，来自埃及的居民和昔兰尼（Cyrene）周边的部分利
比亚居民，以及从罗马前来的游客，包括犹太人和皈依犹太教的人、克里
特人和阿拉伯人。"《使徒行传》的作者记载，他们各自都使用自己的语
言。围绕地中海世界旅行在罗马的保护下变得更加容易且相对安全，因而
促进了跨国的朝圣，尤其是庞培在公元前 67 年将海盗赶出他们在奇里乞
亚（Cilicia）海岸的老巢后——这样做极大地减少了海盗用来出海掠夺的
安全海港。朝圣者带来了他们在其他国家积累的一些财富，并在耶路撒冷
花掉它们，以此作为一种虔诚的表现。结果是耶路撒冷城与多姿多彩的罗
马城一样拥有了文化上不同质的人口，除了一个重要的不同点。在耶路撒
冷，几乎所有人，除了少量的罗马戍卫部队，都虔诚地忠于犹太上帝。我
们将看到，这种虔信可以采取许多不同的形式，但耶路撒冷的每个人都知
道这是一座犹太城市。[34]

　　公元 1 世纪的耶路撒冷人口在经济水平上也是异质的，很穷的人与
很富的人相邻着生活。农民离开村庄来寻找更赚钱的工作，尽管并不总能
获得成功。一些人变成了乞丐，但是约瑟夫斯也记载了公元 1 世纪 60 年
代亚基帕二世为耶路撒冷的 18 000 名居民创造工作时所受的压力，他们
曾经依赖建造圣殿获得收入：现在由于建筑最终完工了，他们的服务变
得多余，因此亚基帕二世以一种政府补助的形式，出钱雇佣他们铺设城
市街道。财富的另一个极端是富裕的侨民，如阿迪亚贝尼（Adiabene）的
女王海伦娜（Helena），她是一个虔诚的皈依者，并以对民众的慷慨而著
名。海伦娜连同美索不达米亚北部小王国阿迪亚贝尼的统治王朝的其他
成员，改宗皈依了犹太教。然后她搬到了耶路撒冷以表现自己对新宗教的
虔诚。她的宫殿和陵墓成为著名的城市地标。她那包括三座小型金字塔的
葬礼纪念建筑是如此出名，以至于公元 2 世纪中叶的希腊作家保萨尼亚斯
（Pausanias）在提到著名的摩索拉斯陵墓（Tomb of Mausolus）时，同时
提到了它："我知道很多精妙绝伦的陵墓，我将提到其中的两个，一个在
哈利卡纳苏斯（Halicarnassus），另一个在希伯来人的土地上。哈利卡纳
苏斯的那个是为该城市的国王摩索拉斯修建的。它的规模如此之大，装饰

品如此引人注目，故罗马人出于钦佩，也把他们国家宏伟的陵墓称为'摩索拉斯'。希伯来人也有个坟墓，是海伦娜的……它在耶路撒冷城内，被罗马将军夷为平地。"保萨尼亚斯接着描述了一个机关，它使得陵墓的石门在每一年中特定一天的特定时刻才能打开。这座陵墓将被几乎一定地确认为是列王墓（Tombs of the Kings），至今在耶路撒冷仍可被看到。[35]

城市的定居人口的总规模则更难估计。估算结果差距很大，主要因为使用的方法和数据都不相同。有些学者认为在希律王统治时期耶路撒冷一共有 35 000 名居民，另一些学者认为是 70 000。所有学者都同意，人口数字很可能在接下来城市扩大时的几十年里增加，但关于增加的幅度他们并未达成一致。一种计算人口数量的方法是根据其居住区的大小，但是这种方法由于居住区人口密度的不确定性受到了质疑，尤其是城市北部的贝吉塔区，那里仅仅在公元 1 世纪中叶才开始逐步建造：希律王的孙子亚基帕一世开始修建新的北侧城墙，它在公元 70 年被提图斯首先攻破。其他学者从输入城市的供水量来统计人口数量，他们注意到这个量在公元 1 世纪必然有所增加：当时的总督本丢·彼拉多（Pontius Pilate）由于挪用圣殿宝库的钱资助水道建设，陷入了与当地居民的矛盾。但是这种计算方法也存在不确定性，尤其是在一个受到罗马"浴室热情"影响下的社会中，很难说水被奢侈地使用到什么程度。[36]

即使常住人口只有几万人（这样在古代社会已经够得上一座大城了），耶路撒冷城的人口数目每年也会爆炸性地增长三次——当整个犹太世界的朝圣者到来的时候。在春季、初夏和初秋，在逾越节、五旬节（Pentecost）和住棚节，耶路撒冷挤满了人。在公元 70 年圣殿最后的日子里，约瑟夫斯称死于耶路撒冷围城中的共有 110 万人。这些人中大部分是犹太人，但不是本地的居民，

　　　　因为从全国各地聚集过来过除酵节（逾越节）的人们突然发现自己被卷入了战争之中……这座城市显然是能容纳这么多人口的，这点来自凯司提乌斯的统计。由于急于让藐视这个民族的尼禄相信这个城市的力量，他通知各大祭司尽可能地进行人口普查。因此，

在一场被称为逾越节的盛宴上，他们从第九时到第十一时进行献祭，围绕着每场献祭都有一个小兄弟会，其人数不少于10人（独自饱餐是不被允许的），通常多达20人。清点后，祭品总数达255 600；按平均每10个参会者就有1个祭品算，我们得出共有270万人。

约瑟夫斯的计算（或文本）有问题，毕竟，总人数应该是2 556 000人，可能他夸大了数字或是手稿有误，也可能两者都有，但他故事的含义足够清楚：朝圣者的数量大得惊人。由于妇女和儿童也参加了节日，尽管人数较少，临时人口的规模在这些场合甚至会更大。这些朝圣者来自整个犹太世界：依照犹太哲学家斐洛的说法，"无数人从无数城市而来"。[37]

因此，耶路撒冷像罗马一样，有着很大比例的贫穷居民，他们和很富有的人毗邻而居，这一社会依赖于外部输入的财富来维持自己；但是，耶路撒冷有一个额外的不稳定因素，即大量临时居民的定期涌入。他们带来了经济机遇，但也可能造成政治和社会的动荡。就像后来在麦加一样，朝圣者的节日是"城市的收获季"，耶路撒冷的居民从犹地亚的同胞和其他犹太族群身上获利匪浅。《密释纳》描绘了来自全以色列各地的第一批果实是如何被人流带入耶路撒冷的：

> （耶路撒冷）附近的人带来新鲜的无花果和葡萄，远处的人带无花果干和葡萄干。双角用金包裹、头顶橄榄叶花环的牛走在他们之前。笛子在他们前面吹奏，直到临近了耶路撒冷。当他们走近耶路撒冷时，他们先派出（信使），并装饰第一批果实。统治者、官员和（圣殿的）财务官会前去迎接他们。根据他们的头衔地位，来者将依次进城。耶路撒冷所有的工匠都站起来迎接他们，并说："同胞们，某城某地的兄弟们，欢迎你们。"[38]

朝圣活动确保耶路撒冷是一座国际城市，尽管它既不沿海也远离主要贸易路线。耶路撒冷周围的乡村无疑是精耕细作的，但这样的农业本身并不是这座城市在公元70年灭亡前一个世纪里的惊人繁荣的基础。耶路撒冷在耶稣时代的伟大并不源于战争的胜利或商业的成功、政治上的阴谋或对自然资源的利用，而是源于生活在罗马帝国东部及更远地区的数百万犹太人的宗教热情。

第二章

罗马统治下的世界

推行政治统一

在导致耶路撒冷被毁的一系列重要事件中，一个简单的事实最不使人困惑——意大利的政治变化可以对遥远的犹地亚产生如此巨大的影响。从政治角度来说，在公元 1 世纪和 2 世纪，罗马统治下的地中海世界比它之前和之后的任何时候都要统一。罗马帝国的残酷现实是，皇帝的权力几乎可以到达这个世界的每一个角落。在西班牙做出的决定可能会影响到土耳其的居民；意大利或希腊的动乱可能会改变叙利亚和北非海岸人民的生活。

在公元 66 年春耶路撒冷叛乱爆发之前，耶路撒冷出现了一个戏剧性的场面：国王亚基帕二世在其妹贝瑞妮斯（Berenice）的陪同下站上了宫殿屋顶，热情洋溢地发表了演讲，恳求他的犹太同胞不要让灾难落到他们头上。根据约瑟夫斯所保存的版本，他向他的犹太观众详细介绍了罗马在征服和控制如此多的已知世界领土中所表现出来的非凡军事实力：

> 你们现在对自由的渴望——要我说它来得太迟了。时机已过，

当时你们就应该努力争取，使其永不失去……在过去的某个时刻，你们本应该竭尽全力把罗马人赶出去；那就是庞培入侵这个国家的时候。但我们的先辈和他们的国王们，尽管在财富、体质和智力上都远远超过你们，却连罗马军队的一小部分都无力抵抗。你们，从父辈那里袭得了奴隶的身份，在资源上也远不能和最早称臣的那些人相比，你们会站出来反抗整个罗马帝国吗？看看雅典人……看看斯巴达人……看看马其顿人……无数的其他民族被更大的自负所充斥，彰显他们的自由，现在也屈服了。难道只有你们不屑于为整个世界的主人效力吗？你们将要依赖的军队和武器是什么？你们扫荡罗马海域的舰队在哪里？支撑你们作战的费用在哪里？你们真的以为自己是要跟埃及人或是阿拉伯人打仗吗？你们要对罗马帝国的力量视而不见吗？你们不会衡量一下自己的弱点吗？他们的军队在整个有人居住的世界里从未遇到过挫折，而我们的军队是不是甚至经常被邻国击败？甚至那个世界还不能满足他们的雄心。幼发拉底河还不够靠东，伊斯特河（多瑙河）还不够靠北，利比亚和无人之境不够靠南，加德斯（Gades）不够靠西。越过海洋，他们发现了一个新的世界，进而以军队战胜未为人知的不列颠人（Britons）。你们是比高卢人更富有，比日耳曼人更强壮，比希腊人更聪明，还是比世界上所有民族加起来的人都多？是什么让你们有信心反抗罗马人？

接下来是对帝国各区域的逐个考察，他在每一个例子里都详细说明了，即使约束住最叛逆的民族，罗马也只需要极少的军力：

> 达尔马提亚人（Dalmatians）也是这样，他们多么经常为了自由高昂着头，而他们不断的失败却只使得他们集中兵力掀起一次新的暴动，现在他们不也在一个罗马军团的监护下和平地生活了吗？……再者，想想不列颠人有着怎样的防御屏障吧，你们这些相信城墙能保护耶路撒冷的人：大海环绕着不列颠人，他们所生活的岛并不比我们生活的这一部分世界小；但是罗马人仍然跨过大海并

奴役了他们，现在四个军团确保那个巨大岛屿的和平。[1]

　　据说，这个强有力的演讲的修辞结构并不是出自亚基帕之手，而是出自约瑟夫斯，因为在古代历史作品中，对于现实中发表过的演讲，乃至应该发表却没发表的演讲进行修辞学上的扩述与润色，被认为是历史作者工作中的一个重要元素。约瑟夫斯可能是从罗马的官方资料，而不是从亚基帕事实上对一群愤怒、激动的犹太造反者所说的话的记录中，收集了罗马行政部署的详细信息。但是无论这场演讲是亚基帕还是约瑟夫斯的产物，它完美地总结了罗马世界的文化多样性以及罗马强加给这整个世界的牢固印记。不过也有一些偏远地区是罗马力量无法有效抵达的，如在今天土耳其东南部的奇里乞亚丘陵（Rough Cilicia [Cilicia Tracheia] ）的山区，但总的来说，罗马通过纯粹的军事力量控制着庞大的帝国。因此，帝国的政治统一归根结底更多的取决于中央的控制，以及不同社群（被迫或自愿地）对自身臣服于这种控制的首肯，而不是取决于任何这样一种自主意识——即罗马臣民认为他们属于一个单一的自然社会。公元 2 世纪中叶，希腊演说家埃里乌斯·阿里斯提德斯（Aelius Aristides）颇为乐观地暗示，罗马应该被视为一群分散但又互利的城邦的女王，组织模式上与希腊传统悠久的城邦联盟有异曲同工之处。但是在帝国的许多地方，罗马连一种地方自由的外表都很难保持，尤其是在公元 1 世纪，当时行省的叛乱太过经常地刺破罗马的和平。[2]

　　通过残酷的武力强加的政治统一，其潜在的脆弱性在帝国的地理边缘上最为明显。当水手向东航行到黑海，他就抵达了历史学家阿里安（Arrian）在公元 2 世纪中叶所说的"罗马势力之尽处"。[3] 罗马人很清楚东边的帕提亚以及日耳曼和其他地区的各种蛮族都在罗马的枷锁之外，尽管周期性的战役试图纠正这种状况。而在靠近帝国中心的地方，公开承认缺乏政治支配就不那么容易了。大多数的行省叛乱从公众的视野中被隐去，因为政府不愿意传播不受欢迎的消息。在帝国的前两个世纪期间，我们获知的诸多暴动里——从罗马士兵的职业铭文、文本文献中不经意的评论、其他零散的证据中——只有一小部出现在了政府的宣传中。如果奇里乞亚丘陵无法被征服——或者，更确切地说，因为太贫瘠而没有必要征服——国家可以完全忽略它。这个政权统治着一些经常十分难以通行的地区，因此，在没有自由媒体和调查记者的情况下，它可以直接宣布罗马世界的某些地区是罗马的，而不需要采取任何军事行动。因此亚美尼亚有了这样的命运：源出伊朗的当地王朝统治着它，而它成功地以友谊取信于罗马，并同时与帕提亚保持和睦。继任的罗马皇帝欣然接受这种政治假象，尤其是因为在亚美尼亚的山区进行任何军事行动都十分困难。奥古斯都时期，当亚美尼亚人暗杀了自己的国王阿尔塔什斯（Artaxias），并拥立了受罗马人保护的提格拉奈斯（Tigranes），奥古斯都发行的钱币宣布"亚美尼亚被征服"（*ARMENIA CAPTA*）或"亚美尼亚被收复"（*ARMENIA RECEPTA*），尽管罗马军队事实上什么也没做。[4]

在大多数罗马臣民的眼中，皇帝代表了帝国。事情并非总是如此。在未来的皇帝奥古斯都于公元前31年在亚克兴取得胜利前，罗马共和国的公共形象在罗马城以外有时是相当模糊的。行省居民所接触到的个别元老可能只代表一个分裂的统治阶级中某一派系的政治意愿。哪怕在公元前1世纪中叶，国家陷入几乎接连不断的内乱之前，"罗马元老院与人民"（*Senatus Populusque Romanus*）也并不能经常用一个声音说话。长期以来惯于与国王谈判的东地中海希腊城市的当地精英，将人格化的罗马作为神祇来崇拜，赋予这种掌控他们政治生活的新力量以性格。"罗马"一名在希腊语中意为"力量"（$\dot{\rho}\acute{\omega}\mu\eta$）的巧合，很大程度上助长了这种做法。但亚克兴海战以后，崇拜很快转向了"罗马与奥古斯都"，当奥古斯都去世时，接受歌颂的只有他的神格。皇帝崇拜（imperial cult），这种对死了的和活着的皇帝的崇拜，很快成为将罗马世界一致化最为有力的武器之一。

皇帝的形象主宰了传播国家标语的主要媒介——钱币。钱币不仅得到大规模的发行，类型变化也较大，每次变化都反映着国家管理层的官员所做的决策。但是，无论钱币的其中一面会出现什么图案，皇帝的头像或（不频繁，但仍然常见）其家族成员的头像普遍会在钱币的另一面。在皇帝登上皇位的几个月内，所有帝国臣民就知道了他的样貌——或者，更确切地说，他和顾问们所希望他呈现在臣民眼中的样子。皇帝的半身像或是被放在神殿里和其他神祇一起崇拜，或是被放在纪念浮雕上供人瞻仰，哪怕缺少约定俗成的特征——从奥古斯都时代开始，只有皇帝才能头戴桂冠，而传统上这是在共和国时期凯旋将军的特权——也总能被立即辨认出来。一个在身陷险境时通过紧握皇帝雕像来寻求庇护的偏远行省的居民，也许是把皇帝的形象看作了国家的化身：公元 2 世纪早期，在比提尼亚（Bithynia）的尼科美底亚（Nicomedia，现代伊兹米特［Izmit］），某个名叫卡里多慕斯（Callidromus）的人从囚禁并强迫他工作的面包师身边逃走；他在一座图拉真（Trajan）雕像前成功躲过一劫，并及时地将他的故事告诉了当地官员和行省总督。[5]

　　因此，皇帝的性格，或者在某些情况下，他被塑造出来的公众形象，对于那些即使生活在罗马世界最边缘的人来说都很重要。盖约（Gaius，即卡里古拉［Caligula］）从公元 37 年到 41 年的暴政与尼禄从公元 54 年到 68 年间的暴政都被人唾弃，而图拉真从公元 98 年到 117 年的仁政则为人颂扬，甚至那些从没有可能亲眼见过任何皇室成员的行省居民也会这么做。公民们选择赞美的皇帝品质，似乎很有可能，至少部分地源自他和他的政权所强调的品德，尽管一项研究——关于公元 69 年至 235 年间的第纳尔银币（denarii）上各种皇帝美德的出现频率——揭示，一些标准意义上的品德竟然很少被提及，例如"仁慈"（clementia）和"正义"（iustitia），以及着重强调的"平等"（aequitas，可能指的是造币厂的公正管理）、"慷慨"（liberalitas，赞颂皇帝的大方），以及刻有皇室女性肖像的钱币上印铸的"贞洁"（pudicitia）。一个模棱两可的概念（这种模糊是有益的）也许能够部分诠释这一现象——它经常被使用、出现在高达五分之一的所有钱币上——"虔敬"（pietas）。这个古老的罗马美德通常指对神灵、父母或眷属的忠诚、尊敬或义务。[6]

　　偶尔，在帝国中心发生的事件会在各个行省引起不大受皇帝欢迎的反响。公元 19 年，皇帝提比略（Tiberius）的侄子和养子日耳曼尼库斯（Germanicus）死在了叙利亚。他死前确信（可能没有什么理由）自己是被叙利亚总督格涅乌斯·卡勒普尔尼乌斯·皮索（Gnaeus Calpurnius Piso）毒死的。二人间有过严重的公开分歧，进而导致他们的友谊正式破

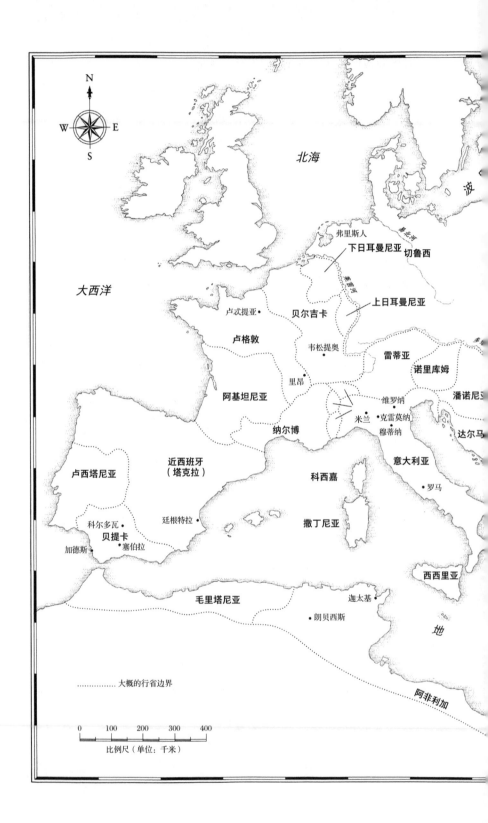

北海

大西洋

弗里斯人
下日耳曼尼亚　切鲁西
上日耳曼尼亚

卢忒提亚·
贝尔吉卡
卢格敦
韦松提奥·
雷蒂亚
诺里库姆
里昂·
阿基坦尼亚
维罗纳·
潘诺尼
纳尔博
克雷莫纳·
米兰·
穆蒂纳·
达尔马
近西班牙
（塔克拉）
意大利亚
卢西塔尼亚
科西嘉
·罗马
科尔多瓦·
贝提卡
廷根特拉·
撒丁尼亚
加德斯·
·塞伯拉
西西里亚
毛里塔尼亚
迦太基
·朗贝西斯
地
阿非利加

.... 大概的行省边界

0   100   200   300   400

比例尺（单位：千米）

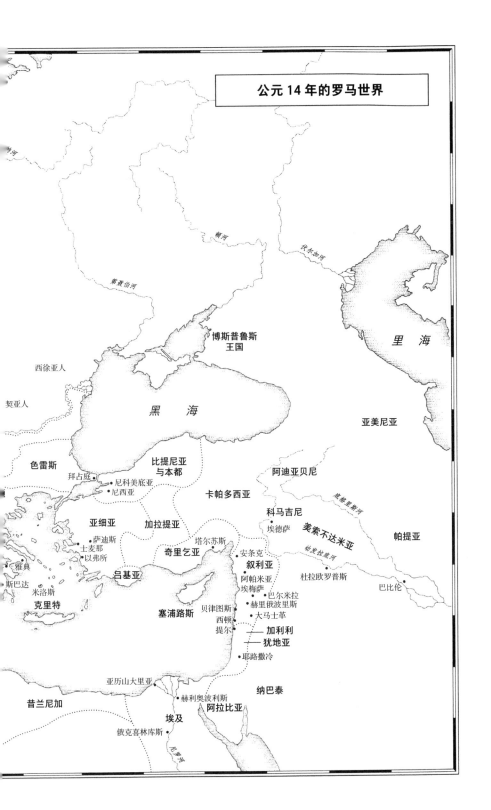

公元 14 年的罗马世界

裂。日耳曼尼库斯死的时候才 30 出头。他和蔼可亲的性格令他广受欢迎，尤其是因为这与年老的提比略所偏好的疏离的贵族风格形成了反差。有证据表明，如此好的人缘并不完全受到提比略的欢迎，人们普遍认为，他对日耳曼尼库斯之死的哀悼并不真诚。尽管如此，在公元 20 年，提比略允许在元老院起诉皮索。皮索抗议称自己是无辜的，但是当他看到案件变得对自己不利时，就自杀以保护自己的家人，使他们不因自己被定罪而受到骚扰。最近，在西班牙发现了至少六份在皮索受审和死亡后元老院商议的抄本，这证明对发生在政治精英间的事件，哪怕是极小的细节，都被广泛地传播到各个行省当中。这与元老院的期望一致："这一裁定应被镌刻在青铜上，并被矗立在各个行省最繁忙的城市里，并且在那个城市人流最多的地方。"[7]

在公元 1 世纪 70 年代，帝国东部的行省居民对另一个年轻的、有魅力的皇帝表达了同样的热情，这导致了一系列的人冒充并宣称自己是正在返回罗马并将继承帝国遗产的尼禄皇帝。而真正的尼禄（见第十一章）早在公元 68 年就已经不光彩地死去了，他倒台部分是因为在边远的高卢驻扎的士兵对尼禄弑母的恶名深恶痛绝。皇帝的所作所为是流言蜚语的内容，就像现代八卦小报的消息一样。犹太文献中的寓言故事有时发生在与罗马宫廷大体相似的王宫中。这些故事反映了皇帝在遥远的外人眼中的半神化地位。它们对想象的影响可能不会因为不够精确而减弱。[8]

精英政治有时候会更直接地影响到行省居民，最明显的是在内战时期，比如从公元前 49 年开始的庞培与尤里乌斯·恺撒之间毁灭性的权力斗争，以及之后从公元前 44 年到前 31 年的恺撒政治继承人之间的战争，以及，我们所看到的，韦斯巴芗在犹地亚战争期间的举动——公元 68 年尼禄去世后动荡的一年里，一系列军团指挥官试图夺取和保有权力。在这样的混乱时期，行省贵族不得不做出艰难的选择，不仅要决定是否支持罗马，而且决定支持哪一派的罗马人。对于一个行省居民来说，面见皇帝是非常困难的，除非他代表当地社群作为被派往罗马的大使。很少有皇帝会前往意大利以外的地方旅行，除了到前线去为国家的荣耀而战，但甚至这种战斗都可以交给有能力的下属来指挥。那些亲临前线的皇帝一般都是因为其军事能力受到怀疑，以至于他们认为一次个人的出现十分必要：克劳狄（Claudius）皇帝率军在公元43年入侵不列颠，就是为了在公元51年的一块可能被放置于凯旋门上的铭文中宣称，他"毫无损失地赢得了十一位不列颠国王的归降"，并声称"他是第一个将大洋彼岸的蛮族人置于罗马人的统治之下的人"。[9]

　　一般来说，皇帝都喜欢在罗马城内过舒适的生活，而公元117—138年在位的哈德良（Hadrian）是个例外。他亲自前往各省视察，并有条不紊地处理臣民的事务，并在过程中宣扬他的仁慈。其他皇帝则满足于只干预那些行省居民主动递交的问题，他们所递交的大量的请愿书，如果结果是成功的，都被记录在了铭文中：例如，公元78年，在西班牙的塞伯拉（Sabora）城，两名主要的政务官制作了一个铭文，并将它"以公共费用"嵌刻在青铜上，上面记载了韦斯巴芗对城市精英的问候："因为你们告知我，你们的弱点被许多艰难所困扰，我允许你们以我的名字在平原上建造这个小镇，正如你们希望的那样。"[10] 行省总督也倾向于等待来自下级的提议。约瑟夫斯在《犹太古史》第14和16卷中保存下来的犹太特权清单，似乎源自小亚细亚诸城市内建立的铭文档案，这里记录了为回复犹太请愿而颁布的、有利于犹太人的罗马法令。他引用以弗所（Ephesus）人的法令：

> 城里的犹太人向庞提乌斯（Pontius）之子、同执政官（proconsul）马尔库斯·朱尼乌斯·布鲁图（Marcus Junius Brutus）请愿，他们想要遵守安息日的规定，做所有符合他们家乡风俗的活动，而不受外人干涉，然后总督同意了这一请求。因此，执政官和人民已经决定，鉴于这一问题是罗马人民所关心的，不得阻止任何人遵守安息日，也不得因此罚款，他们要被允许做那些与他们自己的律法相符的事情。[11]

哈德良的做法更加主动，他通过打造一系列钱币广泛宣传并庆祝他抵达了各个行省，并在所有这些行省里新建城市和建筑以纪念自己，和其他皇帝形成了鲜明的对比。[12]

对于许多行省居民来说，帝国的地方代表是罗马士兵，而他们两者之间的关系自然是多样的。公元124年5月6日，驻扎在死海岸边的隐基底（En Gedi）椰枣树园边上的军营中的百夫长马格尼乌斯·瓦伦斯（Magonius Valens），给一名叫犹大的犹太人提供了一笔紧急短期贷款，年利率12%。罗马士兵会定期得到工资，却没有机会在隐基底这样荒无人烟的地方愉快地花钱，所以他很可能会发现自己有多余的现金，而借贷给行省居民并获得良好的回报是有吸引力的。像这样的交易里，占好处的一定是罗马士兵。在记录给犹大的贷款的文件中，外部文本（在未开封情况下可见）显示犹大将得到60第纳尔银币，但是在协议的起草过程中，内部文本发生了变化，写有40第纳尔银币的原始文本被抹去，替换成行间加入的"六十"字样。看起来，犹大可能成了某种欺诈行为的受害者。无论如何，如果认为这种社会接触的证据表明双方关系友好，那就太天真了。[13]

并不是地中海的所有地方都被同等程度地军事化了。大多数罗马军队都驻扎在边境行省，表面上看是为了保护它们不受跨境袭扰，或是为扩大罗马势力范围而准备攻势。实际上，许多士兵在他们整个职业生涯中都没有参加过任何一场战役。一些行省几乎没有军队。大约在公元111年，担任本都和比提尼亚总督的小普林尼（Pliny the Younger）在他与图拉真皇帝的通信中提及了一系列关于士兵部署数量极少的问题，比如是否给予代理人（procurator）马克西姆斯额外的六名士兵以助力他从帕夫拉戈尼亚（Paphlagonia）收取谷物的特殊任务（皇帝的回复是马克西姆斯应当保留那六名士兵，直到任务结束，之后"你之前派给他的两名士兵就应该足够了，还要加上他所效力的、我的代理人韦狄乌斯·盖美里努斯［Virdius Gemellinus］的同样数量的士兵"）。驻有军队的地方经常会组成一个独立的社会，士兵和他们的家人可能一辈子都在这里，并"在军营中"（in castris）养育他们的孩子。他们进入单个行省居民的生活时可能会造成极大的破坏。在阿普列乌斯（Apuleius）的小说《金驴记》（The Golden Ass）中——这本书在很多方面都反映了2世纪帝国，也就是其成书年间的现实生活状况（当然，并没有很多倒霉的年轻人被魔法变成驴子）——当一个士兵遇到了驴子和它的主人，并因为国家事务征用驴子的时候，叙事过程就突然改变了。[14]

为防范政府人员的这类武断的举动，罗马公民可以向皇帝上诉，就像保罗于约公元 60 年面对罗马的犹地亚总督费斯图斯（Festus）时所做的那样，当时后者想要把他送到耶路撒冷，接受犹太当局审判。[15]是否允许保罗上诉显然是由费斯图斯自行决定的；非公民甚至没有这样的权利，而在帝国早期只有少数帝国居民拥有罗马公民身份。他们只能向总督寻求平反。在实践中，总督是皇帝在地方的代表，尽管他们只是有些时候才由皇帝直接任命——在其他情况下，总督的任命权在罗马元老院手中。在自己的行省内，总督拥有巨大的权力。总督在向其请愿的行省居民面前的仪貌和举止就如同帝王一般，好像出席庭审的法官，在案件中的争议双方之上。他不受制于任何人，除了皇帝和元老院，但是后两者往往看上去距离太远，无法起到作用。犹太哲学家斐洛描述了公元 1 世纪 30 年代埃及亚历山大里亚的犹太人与希腊人之间社会关系的恶化，其中充满了针对总督弗拉库斯（Flaccus）的无法令人取信的情绪，后者（在斐洛的眼中）未能充分地制止暴行，以利于犹太人。但是，我们没有理由去质疑斐洛描绘的关于犹太社会在试图与身在罗马的皇帝直接联系时所面对的实际困难的画面：当犹太人希望向皇帝盖约发出一个谄媚的信息时，弗拉库斯不允许他们通过使团来传送，而且，尽管做出了承诺，他也没有以犹太人的名义亲自将它发送。[16]

腐败的总督有理由期待自己能够逃避任何惩罚，因为在大多情况下，只有另一位同僚元老才能起诉一名元老级别的总督，而皇帝或元老院已经对后者表现了充分的信任，方才任命他为总督——指控这样一名同僚在政治上也许不算精明。只有那些由于一些其他原因，而在政治上易受攻击的，或犯下了特别严重罪行的人，才会害怕在任期结束后面临审判。小普林尼告诉他的朋友凯奇里乌斯·马克里努斯（Caecilius Macrinus）自己是如何在公元 100 年被贝提卡（Baetica，位于西班牙）的民众所说服，作为律师代表他们在元老院指控他们的前总督，某个凯奇里乌斯·克拉斯库斯（Caecilius Classicus）。小普林尼最初的不愿意被他自发的满足感战胜，因为他的元老同事们希望他能承担这个艰巨的公共任务，而且，关键是，"额外的影响因素是克拉斯库斯现在已经去世了，也就是说这类官司中的最苦恼的内容——威胁一位元老——已不复存在。我当时就注意到，接手这个案子将会赢得同样多的感谢，仿佛他仍在世，却不会冒犯任何人"。小普林尼显然不觉得自己的逻辑有什么古怪，因为他把这封信选入了自己编辑的书信集里出版；但书信集的最后一卷展现了——此卷似乎在他死后才出版——他政治和文学形象的一个不那么光鲜的画面。他（或许是无意地）给读者提供了一个更好的见解，来了解他在生涯晚期担任本都和比提尼亚总督时所面对的问题。在他写给图拉真的信中，在祝贺皇帝生日、为朋友和同事求情、检视部队的部署情况之间，小普林尼就弃儿的法律地位等棘手问题征求建议，以及抱怨当他把自己的意愿强加给行省时所面临的问题。[17]

对于像小普林尼这样几乎没有军队又要控制一大片区域的总督来说，持续的苦恼是人力短缺，以及缺乏关于行省之内都发生了什么的可靠信息。他没有任何行政部门来提供建议。在行政管理方面，他所能依靠的职员就是从意大利带来的家内奴隶和被释奴，即他自己的家眷。当他想要一位专家就一个重大建设项目——开凿一条连接大海到尼科美底亚附近大湖的运河——的可行性提出建议时，他要求图拉真从罗马派来一名合格的专家。图拉真回复同意派人过去，但也建议小普林尼可以向邻近行省的总督要一名工程师。而小普林尼此前关于派遣一名土地测量员来检查比提尼亚的公共工程的请求则被完全拒绝了："至于土地测量员，我几乎都无法满足罗马及其附近地区公共工程的需求，但是每个行省都应该能找到一些可靠的测量员，毫无疑问，如果你愿意花时间认真调查，就不会缺少这样的专家。"[18]

拥抱政治统一

没有官僚系统的政府只有在其统治被认可的情况下才能成功运转——即使这种认可的动机最终是对国家使用极端暴力惩罚公开反叛的恐惧。许多行政事务，比如地方一级的税收征管，事实上是由当地的城镇精英代表罗马进行的，他们以此来换取罗马对自己在当地地位的支持。因此，政府的成功依赖于当地贵族在何种程度上接受当地人民授予的、并为罗马所认可的荣誉与头衔。这个"荣誉帝国"的许多现存的证据似乎证实了这种共识。帝国各地的纪念碑上的铭文都在夸耀地方政务官的地位，以及他们被授予的恩惠，这些恩惠来自总督和皇帝，并通过地方官员流向他们的社区。这样的证据表明一个由行省居民组成的融合的社会，愿意与一个仁慈而又有求必应的国家合作。但是当然，只有那些接受这种系统并从中受益的人，才会出资建造这些纪念碑。[19]

我们同样很难知道广泛传播的帝国的宗教习俗，包括对皇帝和罗马本身的崇拜，到底在其参与者中普遍产生了多大程度的团结感。一些专门用于这种崇拜的神殿和祭坛是地方主动建立的，这可以被看作当地居民将侵入到当地社会生活的罗马力量宗教化的手段，但是在其他地方（特别是在帝国西部地区），对皇帝的崇拜是由国家强加的，这可能被罗马臣民看作是另一种形式的征服。

比起行省居民公开认可自己在罗马权力体系中的地位，更重要的是几乎普遍存在的庇护关系，它使各种背景的人都能感觉到他们与皇帝之间的联系，不管这种联系是多么薄弱。在罗马帝国，几乎每个人都能借助庇护制链条中的重重环节，通过自己所认识的某个人，认识另一个能够站在国家权力中心、可能拥有干预能力的人。大量的碑铭为恩主们代表各社群进行的干预提供了证据。人们可能通过写信获得恩典，成千上万这样的书面请求幸存了下来，从原稿保存在纸莎草上的农民们向罗马埃及的官员递交的耿直请愿，到小普林尼在经过高度润饰的书信里为他的朋友们向元老院同僚或是皇帝求取好处。但是对于那些远离罗马权力中心的行省居民来说，最有效地获得庇护关系的方式或者是以个人名义前往罗马，或者是向罗马派遣使节。约瑟夫斯，正如我们之前所看到的，在公元1世纪60年代初前往罗马，希求释放一群来自耶路撒冷的祭司，这些祭司是他的朋友，是"非常优秀的人"，他们"以微不足道的罪名"被扣押至罗马以"向恺撒交代"。在经历了一次冒险的航行（如果约瑟夫斯没有美化自己的记载以使读者钦佩的话），其中包括在亚得里亚海（Adriatic）的一次海难之后，约瑟夫斯在意大利的普丢利（Puteoli）安全登陆。到达之后，他很快就和一名叫阿利图鲁斯（Aliturus）的演员建立了友谊，"他的种族是犹太人，也是尼禄特别喜欢的人"。通过阿利图鲁斯，约瑟夫斯成功设计将自己介绍给了尼禄（当时）的妻子波佩娅（Poppaea），通过她让两名被囚禁的祭司获得了自由，并带着来自新任女恩主的大量礼物返回耶路撒冷。[20]

　　庇护制度根本上源于皇帝向罗马十分倚重的地方领导人赋予权力，其作用在亚基帕一世非凡的职业生涯中尤其明显，他是那位在公元 66 年时努力和徒劳地试图阻止耶路撒冷叛乱的亚基帕的父亲。亚基帕一世在公元 41 年由克劳狄皇帝任命为犹太国王。在公元 1 世纪 30 年代和 40 年代，他那丰富多彩的职业生涯——既出现在耶路撒冷也出现在罗马城的政治生活的中心——引人注目地显示了两座城市在现实权力之间的紧密的互动关系，以及在地中海世界某个地区发生的事件对另一个地区的影响，因而值得我们详细地叙述一下。这一叙述能够实现，主要源于约瑟夫斯对亚基帕一世的兴趣，而约瑟夫斯很有可能是在罗马从他的家庭成员，包括他的儿子亚基帕二世那里获得的信息。早期的拉比将亚基帕一世描绘成一位虔诚的国王；相比之下，早期基督徒认为他是"用剑杀死了约翰的兄弟雅各"并将彼得囚禁在耶路撒冷的"希律王"。对亚基帕来说，罗马和耶路撒冷同样是他的家乡。他的父母从一开始，即他出生的公元前 10 年，就标出了他的罗马身份——通过为他取了一个完整的罗马名字，马尔库斯·尤里乌斯·阿格里帕（Marcus Iulius Agrippa）。这是为了纪念奥古斯都皇帝最亲密的同僚马尔库斯·维普萨尼乌斯·阿格里帕，他在两年前去世。但是亚基帕也是个犹太人：他的祖父是大希律王，他的祖母是哈斯蒙尼王朝的公主米利暗（Mariamme），这个希律既爱着的，又因为过度嫉妒而处死的女人。[21]

　　亚基帕在公元 41 年成为犹太国王时获得虔诚的声誉并不是偶然的。《密释纳》保存了他在耶路撒冷圣殿中获取犹太人认可的方法，当时他履行了举行《申命记》（Deuteronomy）阅读仪式的义务，这是一项每七年就要由国王执行的任务：

> 他们在圣殿廷中为他准备了一个可供坐着的平台……集会上的牧师拿着律法的书卷交给了集会上的领袖，集会领袖又把书卷交给行政长官（prefect），之后行政长官又将其交给大祭司，大祭司又把它交给国王，国王站着接过它，然后坐着宣读。（但是）亚基帕国王站着接过它并站着宣读，为这一点他得到了智者们的称赞。当他宣读到（《申命记》中所记载的）"不可认你弟兄以外的外国人为王"，他热泪盈眶（因为他是改宗者的后代）；（但是）他们对他说："不要担心，亚基帕。你是我们的弟兄！你是我们的弟兄！你是我们的弟兄！"[22]

这种以鼓掌欢呼表现出的认可，对于一个主要通过在帝国宫廷中扩展人脉来获得权力的投机分子来说，不管是不是虚假做作的，都是一个很大的成就。

亚基帕一世是哈斯蒙尼王室和希律王室共同的后代，但是当父亲阿里斯托布鲁斯在公元前 7 年被他自己的父亲希律以叛国罪处决后，他就失去了在家乡获得任何影响力或者地位的真正希望。他的边缘性被成长经历所加强。从 6 岁起，他就被送往罗马生活，并与皇室的许多年轻成员关系密切。在宫廷中他的母亲是安东尼娅的密友，而安东尼娅又是奥古斯都的姐姐屋大维娅与马克·安东尼的女儿。亚基帕与小德鲁苏斯（Drusus），即未来的提比略皇帝之子成为密友：两个男孩年纪相同。当奥古斯都于公元 14 年去世后，德鲁苏斯成了提比略在日耳曼尼库斯之外的另一个继承人（显然这两个人被假定会以某种形式来共享权力），当日耳曼尼库斯在公元 19 年早逝后（正如我们所见，他的死在帝国中得到了广泛宣传），亚基帕的朋友看起来一定会从已经年老的父亲提比略那里继承至高无上的权力。但是亚基帕与在帝国心脏的影响力的联系十分脆弱，正是因为这一联系是私人的。公元 23 年，德鲁苏斯在他 35 岁左右去世，亚基帕离开罗马返回自己的故乡，面对一个不确定的未来。接下来的风险主要是因为他需要出资维持一种奢侈的生活方式，但却缺乏固定的收入。他丑闻缠身，包括关于贿赂的指控、欠债入狱以及与其叔希律·安提帕斯（Herod Antipas，公元前4—公元39年在位）之间公开的紧张关系，后者被罗马授予从前希律王拥有的部分领土的控制权，以及他与东地中海许多不同行省的罗马官僚的关系中的问题。最终，亚基帕在亚历山大里亚从"首席行政官"亚历山大（Alexander "the Alabarch"）那里，借到了一笔足够为他的目的服务的巨额贷款：亚历山大是哲学家斐洛的兄弟，一名虔诚的犹太人，事实上他拒绝把钱借给亚基帕本人，因为他（有充足的理由）担心亚基帕挥霍无度，但是他把贷款给了亚基帕的妻子希普罗（Cypros），"因为他赞叹她对自己丈夫的爱以及她所有其他的好品德"。带着这些钱，亚基帕在公元36年春乘船回到了意大利。[23]

　　亚基帕不在的这13年间，罗马的政治生活在很大程度上处于停滞，在这期间我们可以看到提比略的密友赛扬努斯（Sejanus）的起落，他一直担任提比略的禁军长官，直到提比略在元老院戏剧性地谴责赛扬努斯，突兀而致命地指责他背信弃义，随后赛扬努斯就立即被推翻并被处死了，这些内容我们将在第九章讲到。提比略自己现在已经老了，并已在卡普里（Capri）岛隐居大约9年了，他对罗马的事务不感兴趣，对帝国其他地区也不采取任何行动。亚基帕写信请求前往卡普里岛觐见皇帝，得到了正面的回应。他被允许登岛，并受到欢迎，这是亚基帕与提比略之子德鲁苏斯之间很久以前的真正友谊的证明。这也许更能证明安东尼娅对亚基帕和他母亲的喜爱：当亚基帕因为未能偿还一名皇帝代理人的巨额债务威胁到了他重获皇帝的欢心时，她借给了他30万德拉克马（drachmas）。提比略请求亚基帕照顾好他十几岁的孙子提比略·盖美路斯（Tiberius Gemellus），也就是亚基帕的老朋友，13年前去世的德鲁苏斯的儿子。

　　由于皇帝已经任命提比略·盖美路斯为他两个财产继承人之一，且这位老人可能活不了太久了，亚基帕可以合理地祝贺自己回到了帝国权力的中心。但是在提比略去世的公元37年3月16日之前的几个月里，在卡普里岛上炙热的气氛中，人际关系极少是这么简单的。与提比略·盖美路斯一同被指定为继承人的是盖约，他是非常令人惋惜的日耳曼尼库斯的儿子，以及亚基帕的女恩主安东尼娅的孙子。盖约 25 岁左右，并显得雄心勃勃，如果提比略很快去世，他看起来一定会使他年轻的堂弟黯然失色，于是亚基帕全力讨好，希望能获得他的友谊。这又需要一大笔花费，但是这一次，皇帝的一个被释奴，一个撒马利亚人，给了他 100 万德拉克马贷款。显然，亚基帕的前途很被看好，足以让他的未来值得这笔投资。至于亚基帕和盖约是如何巩固他们的友谊的，我们只能猜测。约瑟夫斯只提到了他们在一起共进晚餐或外出时一起乘坐亚基帕的战车，但是卡普里岛上宫廷生活的隐秘性却助长了流言蜚语，而盖约最终成功掌权时显现出的古怪品味则使人联想到一种相当放荡的生活方式。根据苏维托尼乌斯带有敌意的传记，盖约"在肆无忌惮的挥霍上超出了所有时代的败家子的创造力……用热或冷的香油洗澡，饮用溶解于醋中的高价珍珠，给客人分发金子做的面包和肉块……"他的淫乱——异性恋、同性恋和乱伦——是臭名昭著的。至少，很难想象亚基帕会试图在这样的环境下做一名品行端正的犹太人，限制自己只吃合礼的食物或者遵守安息日（Sabbath）的规定。[24]

事实证明，纵容盖约狂妄自大的野心是危险的。在对这个年轻人的奉承中，亚基帕表达出了一种愿望，即提比略很快就不再是皇帝了，而盖约则可以接替他的位置。对亚基帕来说不幸的是，这种对话被他的一个被释奴，战车手尤提库斯（Eutychus）听到——约瑟夫斯记载，当亚基帕和盖约独处的时候他才说出这样的言论，即使尤提库斯就坐在他们脚边，这显示出人们对这些家内仆役的态度。在一段时间后，这个事情被揭发出来，因为尤提库斯偷了他主人亚基帕的一些衣服，然后从亚基帕家里逃跑了。当他被捉拿，并被带到城市长官（city prefect）面前时，他试图通过向提比略告密来确保获得释放。皇帝习惯性的拖延推迟了事情的曝光，但是，当这个不满的被释奴揭发真相后，亚基帕被投入禁军的监狱，并用铁链锁住。

尽管亚基帕由于对即将到来的政权更迭进行了过于轻率的猜测而受到公开处罚，但实际上，皇帝身边的每个人一定都为老皇帝死后的事情制订了计划。根据约瑟夫斯的说法，马克罗（Macro），这位禁军长官，在执行提比略的逮捕命令时行动迟缓。如果盖约可能很快就要掌权，那么亏待盖约的朋友就是不明智的。亚基帕在被关押期间获得了非同寻常的特权——每日沐浴、接受他的被释奴和朋友的造访、最喜欢的食物、合适的衣服、舒适的床，由于马克罗和他士兵的纵容，所有这些都能提供。6个月后，提比略去世了，最后陪在他身边的是马克罗，根据谣言，是他下令将这位老人以窒息的方式解决。亚基帕的苦难现在变成了他的优势。盖约作为新皇帝，为了体面，在提比略的葬礼后等了几天才下令释放他的朋友，并任命亚基帕为他叔叔腓力（Philip）在公元34年去世前曾经统治地区的国王，还赠送给他一个和当时束缚过他的铁链一样重量的金链子。亚基帕将金链奉献给了耶路撒冷圣殿以示庆祝。约瑟夫斯警句似的评论："所有人都惊讶于他如今的王室气派。对于那些看到并思索着他昔日的灾难与今日的富足之间反差的人来说，他仿佛一堂实物教学课，展现了命运支配人类的巨大力量。"[25]

重要的是，当亚基帕在公元37年春首次被任命为国王时，他并不急着亲自去处理王国的事务，到了公元38年他确实去了的时候，也没有去很久。国王的地位给他带来了声望和收入，但是行使真正权力和影响力的地方最好还是罗马。另一方面，当盖约越来越多地表现出非理性的专制迹象时，帝国宫廷就成了一个十分危险的地方，即使对皇帝的朋友也是如此。盖约是否被权力冲昏了头脑，在古代就有争论。人们普遍认为盖约统治的第一年，或许更长，大体上是不错的，但是也有人相信他的残忍和凶残是与生俱来的。他在统治后期的一些奇怪的"功绩"也许是可以借助理性来解释的。即使他对自己应该被当成神来崇拜的坚持，也可能是在为一个真正的政治目的服务。与他的前任，尤里乌斯·恺撒、奥古斯都或提比略不同，他没有任何军事征服可以吹嘘。在公元39年到40年的冬天，一名军队指挥官的阴谋浮出水面，证实了他统治的脆弱性。他仅有的能强调的东西就是他那无可置疑的贵族血统，给予他的姐妹们过高的荣誉更突出了这一点，尤受重视的是德鲁希拉（Drusilla），有传言说盖约与她有过乱伦的关系；当她在公元38年于二十出头的年纪早逝，她被圣化为潘西娅（Panthea）女神。盖约有理由期待，通过将在世时的自己描绘成凌驾于凡人政治之上的样子，来加强他政权的权威，而对一些臣民来说，这一做法绝非不可能成功。[26]

　　然而，对犹太人来说并不是这样：他们对盖约计划在耶路撒冷圣殿里设置一尊他自己的雕像来崇拜感到惊恐。任性的盖约拒绝接受犹太人"不愿意把他当作神来崇拜并不意味着不忠"的说法，这表明在公元40年，坚持被赋予神圣荣誉对他来说已经成了原则问题，不管他的政策会产生怎样的政治影响。叙利亚总督佩特罗尼乌斯（Petronius）被皇帝委派前去亵渎圣殿，但他冒着生命危险极力劝说皇帝不要推行此种不必要的煽风点火的政策。盖约回复强硬，拒绝做出让步或任何方式的妥协，这都反映了一个坚持将自己的意志强加给臣民、不管结果如何的暴君形象。

　　当亚基帕在罗马人和犹太人中间的双面生活因此陷入冲突时，他似乎以坚定而无私的决心做出反应，这一点要想从他早期投机的职业生涯中预测出来是很难的。他与盖约之间友谊的强度在最近才经受了考验，被证明是牢固的。这给了他独特的机会，使他得以在他们的中心圣坛面临巨大危险的时刻帮助他的犹太同胞。尽管对自己有危险，亚基帕并没有逃避责任。他的同代人斐洛——他是几年前贷款给亚基帕，让他有钱乘船去意大利的亚历山大里亚的富人的兄弟——在这场危机的时期，正代表亚历山大里亚的犹太人出使罗马；他在几年后的一篇文章中详细地记载了亚基帕对这件事的干预，其中记录了亚基帕给皇帝的信：

　　　　正如您所知，我生来是犹太人，我的故乡是耶路撒冷，那里有最崇高的神的圣殿。恰好我的祖父和先祖曾是国王，他们中的大多数都有大祭司的头衔，他们认为自己的王权不及神职，认为大祭司之职比国王之职更加卓越，正如神是超过人的。因为一职是崇拜上帝的，另一职是管理众人的。我的命运落在这样的一个国家、城市和圣殿，我因此为了他们恳求您……我的大人盖约，这个圣殿从建成以来就从来没有接受过任何由凡人之手制作的形象，因为它是真神的圣殿。因为画师和塑像师的作品是通过感官所感知的诸神的表象，但是我们的祖先认为，为不可见的存在绘画或塑像违背他们的宗教。你的外祖父阿格里帕造访过圣殿并对其表示尊重，奥古斯都也是这样……你的曾祖母也是这样……

这封信对亚基帕从皇帝那里得到的好处表示了充分的感激，但接着断言："我以所有这些只换取一件事，那就是我祖先的制度不受干扰。要不然，我在同胞或世人中间的声誉将会怎样？要么我一定会被视为祖国的叛徒，要么我将不再像以前那样被算作你的朋友；没有别的可能……"[27]

斐洛对亚基帕的友谊或奉承可能诱使他夸大了亚基帕在拯救圣殿免遭亵渎过程中的作用：斐洛的侄子娶了亚基帕的女儿。但是对亚基帕来说，反对像盖约这样任性的暴君时还是需要相当大的勇气的。而（更非同寻常的是）盖约同意了这一请求，并写了一封信给佩特罗尼乌斯，指示他不要在耶路撒冷做任何改变。不久以后，盖约改变了他的想法，但是亚基帕的成功，即使是暂时的，也足以证明他与罗马世界最强大的人之间亲密的个人联系。在公元41年初，亚基帕的权力通过这种联系得到了更富戏剧性的展示。他的关系网一度使他不仅对犹太教的未来产生了极其巨大的影响，而且还影响了整个罗马帝国的命运。

公元41年1月，盖约日益增加的傲慢导致他沉溺于一系列最终且致命的玩笑中。当他作为最高指挥官被要求为当天的守卫设置口令时，他选择了"普里阿普斯（Priapus）"或"维纳斯（Venus）"这样侮辱性的词汇来嘲笑禁军某队护军官卡西乌斯·卡瑞亚（Cassius Chaerea）的软弱和女人气，因此确保了来自卡瑞亚的敌意。当盖约从帕拉丁竞技会离席，并穿过一条狭窄的通道时，卡瑞亚和同谋们攻击了他。盖约措手不及，他的日耳曼卫队无法抵抗装备精良的禁军。皇帝当场死亡，他的妻子和女儿不久后也被杀害。国家陷入了混乱。在卡皮托山会面的元老宣布恢复共和制，由选举出的执政官实行贵族统治，终结一人统治国家的时代。看来，杀死盖约的禁军自己并没有制订任何关于继承人的计划。摆脱暴君的统治就已经足够了。但是对于像亚基帕这样的人来说，他们的生涯一直依赖于统治者个人的喜爱与支持；在国家的中心出现权力分化和互相竞争的贵族——这种政治系统在一个世纪前以灾难性的流血事件结束——显然是不理想的。

在盖约被刺杀后的混乱中，亚基帕带领一小队禁军前往皇宫，发现了盖约的叔叔，身患残疾的学者克劳狄，因为害怕他自己有生命危险而躲藏在那里。亚基帕很了解克劳狄：他是日耳曼尼库斯最小的弟弟，也就是亚基帕家族的朋友兼女恩主安东尼娅的儿子，他和这位犹太王子的年龄大致相仿，并且在奥古斯都统治时期的最后几年里一起在罗马长大。在亚基帕的煽动下，禁军宣布克劳狄为新的皇帝。亚基帕可能提醒了他们，如果想要保住生计，拥有一位皇室恩主于他们有利：没有了皇帝，禁军也就不再有必要了。亚基帕找到仍然在闭门会议中的元老，向他们建议说放弃关于恢复共和统治的讨论会是明智的，因为此时一位已经得到禁军效忠的、如此优秀的新皇帝正等待着他们的热情支持，并且禁军已经包围了元老院。常识很快占了上风，克劳狄被欢呼为罗马世界的新统治者。[28]

亚基帕的回报也是非常可观的。克劳狄在他现有的领土之上增加了犹地亚和撒马利亚，于是他所统治的犹太王国就和之前他祖父希律王的王国一样大了。在自己的王国里，他拥有绝对权力，不受邻近罗马行省总督的干预。与此同时，根据卡西乌斯·狄奥（Cassius Dio）在他 3 世纪初写就的《罗马史》（*Roman History*）里的记载，克劳狄"赐予巴勒斯坦（Palestine）的亚基帕……执政官的级别，赐予他兄弟法政官（praetor）的级别以及一个封地（位于黎巴嫩［Lebanon］的卡尔基斯［Chalcis］），并且允许他们进入元老院并用希腊语表达感谢"。亚基帕是一位伟大的外国国王，他和罗马元老院与人民间的条约在罗马市政广场的中间正式订立。根据传记作者苏维托尼乌斯的记载，克劳狄喜欢用罗马古老的方式，即献祭一头猪来正式订立这种条约。我们不知道亚基帕对于这一祭品的选择（犹太人认为猪是不洁的，译者注）有怎样的想法。[29]

尽管如此，由于他新的官职，亚基帕似乎决定他的未来不应该在罗马，而是在他的新首都耶路撒冷，于是他几乎立刻就动身前往犹地亚。几个月内，他就参与了一项工程，即扩大耶路撒冷的防御城墙，将新的北部郊区包围在城内。亚基帕的雄心是显而易见的——这引发了该地区罗马人的嫉妒和担忧。无论如何，在亚基帕统治耶路撒冷的三年里，叙利亚总督维比乌斯·马尔苏斯（Vibius Marsus）向皇帝提出了一系列的控告，对亚基帕不断增强的实力感到担忧。尽管他的朋友对他有恩，克劳狄给予了这些警告充分的关注，叫停了城墙的工程。马尔苏斯更加公开的干涉发生在当亚基帕在加利利的太巴列（Tiberias）召开有五位国王参与的大会的时候：与会的有科马吉尼（Commagene）国王安条克、埃梅萨（Emesa）国王萨姆佩奇格拉姆斯（Sampsigeramus）、下亚美尼亚（Lesser Armenia）国王科蒂斯（Cotys）、本都国王波勒莫（Polemon）和卡尔基斯国王希律。所有这些国王都与亚基帕有血缘或婚姻的联系——卡尔基斯的希律是他的兄弟——但是马尔苏斯选择将他们的集会解释成一场阴谋，而非对亚基帕地位提升的庆祝："他认为如此多的国王间如果达成某种一致，将不利于罗马的利益。"国王们被草草地遣返回他们的领地。怀疑亚基帕可能想要脱离罗马保护是几乎没有道理的，但是，作为克劳狄核心朋友圈里的一员，亚基帕与皇帝的关系比维比乌斯·马尔苏斯在内的大多数总督都要亲近，而他的野心可能将会难以控制。[30]

公元 44 年的那些事件之后不久，亚基帕就为时过早且十分仓促地去世了。他穿着他那闪闪发光的银色袍子出现在凯撒里亚（Caesarea）的公共场合，看起来是如此雍容华贵以至于人们奉承地大喊道：他仿佛一位神祇。面对这种亵渎上帝的行为，亚基帕并未做出惊恐的反应，而是表现得很高兴，但（后来人们认为）神罚是迅速的。几天之内他就死于肠道疾病：用《使徒行传》作者的话来说，"希律不归荣耀给神，所以主的使者立刻罚他。他被虫所咬，气就绝了"。在他死后竖立于豪兰（Hauran）西部山麓的碑铭上，亚基帕被描述为"伟大的国王、恺撒的朋友、虔诚者、罗马的朋友"。犹太人在圣殿中尊亚基帕为国王，罗马人则将他视为控制政局的工具；亚基帕的中间地位是通过个人友谊运行的庇护制度的普遍流程中的突出例子，这类个人友谊跨越整个罗马世界巩固了关系。[31]

很少有人能像亚基帕那样，拥有足够的关系、技巧和魅力来成功操纵这一体系为自己谋利，但是，正如我们看到的，无论通过村庄或城市或其他社群当局，几乎每个人都能够在理论上尝试让统治者听到他们的声音，让他们的不满得到解决，请求得以满足。只有当公元 2 世纪，犹太人在罗马世界中变得如此边缘化，以至于他们缺乏任何进入这个友谊和义务的网络的资格时，寻求帮助以对抗罗马政府武断不公的虔诚的犹太人才无法找到任何恩主，甚至无法找到一位朋友的朋友的朋友在帝国宫廷里代表他们的利益。我们几乎无法想象在公元2世纪30年代，一位代表犹太人利益的亚基帕一世的后人，能像100年前代表他的人民和宗教，勇敢面对盖约的愤怒的亚基帕一样面对哈德良。

共同市场

在公元1世纪，地中海世界在相当大程度上是一个经济和政治的统一体，尽管当时它大多数的居民都是农民，而大多数经济活动都是为满足当地消耗而进行的食品生产。繁荣、丰产、生命本身都取决于四季的有序变化。在炎热干燥、降水不足的夏天出现饥荒的威胁笼罩在古代世界每个人的头顶，这种恐惧的程度对于发达世界的人来说是难以理解的。这样的威胁只能通过从地中海其他地区进口粮食，并以此减轻灾难带来的影响才能得到部分缓解。但是，我们不应过分夸大这种由地中海气候产生的共同的规律性变化对于人们看待世界的态度以及对社会的塑造产生的影响。现代的游客在一个个阳光明媚的遗址间匆匆游览，经过无数蔚蓝大海映衬下的岩石海滩，可能会觉得从直布罗陀（Gibraltar）到亚历山大里亚或拜占庭（Byzantium）的地中海世界没有什么变化，但这种连续性是一种幻觉。海洋及内陆构成了大量不同的生态系统，需要非常不同的开发方式，这一事实被长期以来人类对自然地貌所做的改造掩盖了。构想地中海地区最好的方式是将其当作一个由地方区域组成的网络，而海洋将它们相互连接，但是另一方面，它们在生活方式上差别巨大：在靠近海边的地方，林地被用来种植果树、获取木材和畜牧养殖，如西班牙南部；在冲积平原，湿地生产了大量的芦苇，如埃布罗河（Ebro）三角洲；整个海岸线上的渔湾提供了总体可靠的海上收获；山区社群的繁荣依靠当地的粮食供应以及（有时的）长距离迁移性放牧，如在意大利亚平宁山脉的中部地区；甚至，在有可能依靠尼罗河（Nile）每年泛滥的埃及，灌溉经济需要国家的干预，以确保供水能最好地分配到农田里。

将罗马帝国早期的地中海经济统一起来的与其说是气候，还不如说是整个地区货物交易的相对便利。老普林尼（他是小普林尼的舅舅，小普林尼的书信生动地展示了一名行省总督生涯的沉浮）在他庞大又不同质的巨作《自然史》（*Natural History*）中描述了公元 1 世纪 70 年代罗马世界及其境外多种多样的手工制品和制造工艺。他能够告诉读者如何将大理石切割成薄片作为装饰面使用，"这种效果看起来是由铁，但是实际上却是由沙造成的，因为锯子只是把沙子压在一条很细的线上，然后由于快速的前后移动，仅仅器械运动本身就足以将石头切开"，或者黄金开采"在我们这部分的世界——不是说从蚂蚁那里得到的印度黄金或者在西徐亚（Scythia）靠狮鹫挖出的金子——有三种方式：在河流的岩屑中……通过下沉的竖井；或在山上掉落下来的碎石中"。他详细地描述了整个罗马世界的工业流程，例如近来发生重大变化的玻璃制造：

> 将一种轻的、干燥的木材点燃，用于准备熔化物，之后加入铜和苏打，最好是埃及的苏打。玻璃，就像铜一样，在一系列的熔炉中熔化，形成了暗黑色的团块……在被还原成块后，玻璃在工坊里被再次熔化并着色。有些是吹制的，有些是在机械上加工的，有些像银一样被雕镂……这是生产玻璃的老方法。然而，现在在意大利的库迈（Cumae）和利特尔努姆（Liternum）之间六里长的海滩上也发现一种在沃尔特努斯河（Volturnus）里形成的白沙。取来其中最细软的，把它们磨碎……混进三份的苏打……熔化……形成纯玻璃……有个故事说，有人在提比略时代发明了一种混合玻璃的方法，使玻璃变得柔韧。由于担心如铜、银和黄金等金属的价值会因此降低，这位匠人的工作室被彻底地摧毁了。

但是，老普林尼补充道，最后那个故事"在很长一段时间以来被讲述的频率比其准确性更高"。

尽管他愿意相信印度的黄金蚂蚁和西徐亚的狮鹫，但老普林尼对家乡附近的手工业的描述是基于大量的知识。对于从帝国边境外进口的异域产品的性质，他也是一个可靠的向导：

> 收集完毕的乳香被骆驼商队运往（位于也门的）塞博塔（Sabota）……在塞博塔，祭司为他们称为萨比斯（Sabis）的神征收按照尺寸而不是重量来估算的十一税……货物只能途经吉巴尼塔（Gebbanitae）国出口，因此也要向这个民族的国王交税。这个国家的首都是托姆拿（Thomna），距离地中海沿岸犹地亚的加沙（Gaza）镇有1 487.5里远；为了方便骆驼休息，这段旅程被分为了65段。固定比例的乳香也会给予祭司和国王的近臣……事实上，他们沿途一直在付钱……接着他们还要付钱给我们帝国的包税人。因此，最上等的乳香要价每磅6第纳尔，第二等的5第纳尔，第三等的3第纳尔。

无论如何，很明显，对于奢侈品和中等价值的产品来说，大规模生产和远距离分销经常被证明是值得的。[32]

即使简单地看一眼对公元1、2世纪地中海世界的考古记录，也可以证实老普林尼关于大规模贸易的论断。陶器比起其他材料留存的概率更大——彻底摧毁一个陶罐以至于无法发现它原本外观的任何线索是很难做到的。通过数以百万计的陶瓷碎片，考古学家们追踪精美的红色萨米安（Samian）陶器的分销情况：从它们在意大利和高卢南部的制造基地，到地中海沿岸的许多地方及欧洲北部。这一时期不断增加的海难事故证明了大量海运贸易的存在，除非（这是不太可能的）这时期的船只相比其他时期要么更不适合海运，要么更加不幸。在某些情况下，不同货物的一小部分留存了下来，生动地显示出它们主人的雄心壮志：开采出来的大理石，成千只堆叠的双耳细颈罐装满橄榄油或葡萄酒，意大利的搅拌碗，罗得岛（Rhodes）的装满了无花果的双耳细颈罐，还有一些可能来自非洲的不同种类的双耳细颈罐，里面装满了大枣。陆路运输要贵得多，但对于高价值的商品来说显然是值得的（这点从考古遗址的分布中可以清楚地看到），即使是更便宜的产品，如批量生产的陶制灯具，如果它们不是太重或太庞大的话，也是值得的。

泛地中海贸易对早期罗马帝国整体经济的贡献是相当可观的，但不应被夸大。如果将罗马世界作为一系列相互联系的地区性市场而非一个单一市场来分析，人们就能最好地理解贸易商品价格间的波动。大多数地中海地区的城市依赖于邻近地区直接提供的产品来养活城市人口；在这方面，罗马城本身则是个例外。大量的贸易是和邻近地区进行的。大多数的航运紧贴海岸，很少会离开母港超过几天。通航河流是产品供应的重要途径：希腊历史学家哈利卡纳苏斯的狄奥尼修斯在奥古斯都时代写道，西拉山（Mount Sila，在现代的卡拉布里亚［Calabria］）上生长的树木是如此紧密地交织在一起，以至于它们"将这座山一整天都笼罩在阴影中"，而且他们"数量充足，足以供全意大利建造船只和房屋……最靠近大海和河流的地方生长的树木全部被从根部砍倒，并被拖拽到最近的港口……那些生长在内陆、远离海岸和河流的树木被分段切开……扛在人们的肩上运输出来"。[33]

但是另一位希腊观察家斯特拉波，在狄奥尼修斯记述意大利的同一时间段描述了西班牙南部的部分地区，他了解真正意义上的国际规模的贸易：

> 整个地区（塞维利亚附近）所有的贸易都是和意大利与罗马进行的。有一条很好的（大西洋）航线通往石柱（直布罗陀海峡）……也通往我们的海（地中海）；因为海上航线都要经过一个天气晴朗的地区，尤其如果水手们始终在远海行驶，这事实上十分有利于商业货运。此外，海面上的风是有规律的。再加上现在天下太平，海盗们已经被消灭，水手就可以完全放心了。

对于斯特拉波来说，宣称黑海附近的地中海东部边界到地中海的最西端为"我们的海"，是他在自己的时代所感受到的地中海世界的统一性的实例。当他强调镇压地中海海盗——这一成就在公元前1世纪由罗马将军们通过一系列战役获得——的重要性时，他可能会沮丧地想到，在他自己的家乡黑海沿岸的阿马西亚（Amaseia）附近，海盗活动依旧猖獗：

> 这些民族（亚该艾人［Achaei］、济吉人［Zygi］和赫尼奥基人［Heniochi］）以海上劫掠为生。他们的船细长、狭窄、轻巧，只可容纳大约 25 人，尽管在少数情况下也可容纳 30 人……无论如何，通过装备舰队……有时出海劫掠商船，有时劫掠村庄甚至城市，他们掌控着海上的主动权。有时候他们甚至得到了掌控博斯普鲁斯海峡的人的协助，后者为他们提供停泊地、市场以及处置赃物的方法。由于他们在回到自己的土地时没有锚地，他们用肩扛着船把它们带到森林中，这里是他们居住的地方，这里他们耕种着贫瘠的土地。当出海的时候到来时，他们又把船带到了海岸。他们也在别人的乡间做着同样的事情，因为他们十分熟悉森林；在这些地方，这些人首先会把自己的船藏起来，然后他们夜以继日地徒步游荡，为的是绑架他人。但是他们很快就提出释放俘虏，以得到赎金，在出海以后便通知人质的家属。如今在那些被地方首领统治的地区，统治者会去援助那些受到屈辱的人，经常攻击这些船民并把他们带回，等等。但是罗马治下的地区却很少得到援助，这是出于被派往当地的总督的疏忽。[34]

用于跨地中海贸易的一些船只吨位达到 400 吨，大小接近 16 到 18 世纪的欧洲商船。它们可以在大部分的风向上航行，但是恶劣的天气可能会使它们停航很长一段时间，而且它们也从不在冬天出海。对货物的投资本质上是有风险的，罗马法律通过公司组织推动了风险和利润的分散，而个人可以购买这些公司的股份。这些都是需要大量资本的复杂运作。在一些情况下，这是靠代表其主人或前主人谈判的奴隶或被释奴的法律能力推动的，但是在有关商人（在拉丁语中是 negotiatores，在希腊语中是 emporoi）的大多数铭文中，相关的个人是被释奴，最有可能的是，这些交易涉及的努力和风险对于那些向上流动的人来说最有吸引力，尽管有大量证据证明，更富有的罗马人可能会通过向这些企业借贷来获取收益，以此增加自己的财富。

对不同产品贸易的定量统计一定只能是十分粗略的。大量的橄榄油不仅用于食用，还用于照明，以及作为肥皂、化妆品和药物的原料。它们被从地中海西部出口到意大利中部，尽管它们会与意大利当地的橄榄产品竞争。同样，大量高质量的葡萄酒被运往帝国各地的大城市。在意大利中部的庞贝发现的幸存的双耳细颈罐表明，向意大利进口大量鱼露（*garum*）即发酵的鱼酱作为调味料已经成为一种更加繁荣的生意。这些产品的贸易可以靠储存它们的罐子追踪，但是陶罐本身也值得被运输到遥远的市场，虽然可能通常作为附属品而不是一类主要货物。老普林尼记载，在他的时代受欢迎的陶器来自不同的制造中心："在生产餐桌用器方面，萨米安仍值得称赞。意大利的亚雷提恩（Arretium，阿雷佐［Arezzo］）也保留了这种声誉……小亚细亚的特拉雷斯（Tralles）和意大利的穆蒂纳（Mutina，摩德纳［Modena］）都有各自的产品，因为有人甚至因此成名，而这些来自杰出工坊的产品从陶轮上被运输到陆地和海上相互往来。"[35] 整个帝国的城市乡镇里的金匠、银匠和其他手工工匠所依赖的金属供应，包括贵金属和基本金属，都由私人商船负责运输。大理石贸易引起了普林尼在道德问题上的反思：

> 然而，山脉是大自然为自己创造的，作为一种框架，将大地的内部牢牢固定在一起，同时也使自然可以制服河流的愤怒，打破巨浪的威力，而因此用她的最坚硬的材料来抑制她最不安定的元素。我们只是一时兴起就采掘这些山并将它们运走；然而曾经有一段时间，仅仅成功翻越山峰就是非凡的成就。我们的祖先认为翻越阿尔卑斯山的汉尼拔（Hannibal）和后来的辛布理人（Cimbri）完成了几乎不可能的事情。现在，完全相同的阿尔卑斯山脉成了上千种大理石的采石场。岬角被剪开，以使海道通畅，自然被夷平了。我们消除了被当作国家边界的障碍，建造了只为运输大理石的船舶。就这样，横跨大海的波涛——自然最疯狂的元素——山脉被来回运

输……当我们听到这些船只的价格时，当我们看到大量的被装载或拖拽的大理石时，我们每个人都应该反思一下，同时想想，如果没有它们，许多人的生活会快乐多少。人们竟然会去做，甚至容忍如此般的事情，仅仅是为了躺在斑驳的大理石之间，除此之外没有任何目的或是快感，就好像这些快乐没有被夜晚的黑暗从我们身边夺走一样，而它占据了我们生命尺度的一半！[36]

普林尼对来自埃及的纸莎草的广泛贸易更为同情，"因为我们的文明，或者说我们对于所有事件的记忆，很大程度上依赖于纸的使用"。木板条、蜡片和动物皮也被用作书写材料，但是纸莎草最受欢迎，因此容易出现短缺。"早在提比略时代，"普林尼写道，"纸莎草的短缺导致国家指派法官对其分配进行监督，否则生活将会陷入混乱。"[37] 相比之下，繁荣的奴隶贸易不太可能受短缺的影响，它更担心过剩，因为市场上充斥着战俘。更常规的奴隶供应来自现有奴隶的繁殖、出售父母不需要的孩子，以及穿过帝国的边境进口"野蛮人"，例如从黑海边境。斯特拉波提到塔内斯（Tanais）"是一个大型公共市场，一部分人是亚洲和欧洲的游牧民，一部分人从博斯普鲁斯海峡那边的大湖航行过来，前者带来了奴隶、兽皮和其他游牧民族拥有的东西，后者则以衣物、葡萄酒和其他属于文明生活的物品作为交换"。[38] 有关贩奴市场规模的一些迹象，我们可以根据卡西乌斯·狄奥关于公元 7 年奥古斯都对每笔交易征税的记载估计："因为战争需要更多的钱，并且也为了支付守夜卫队的开销，他向奴隶交易征收五十分之一的税。"[39]

贸易的流动尤其被来自罗马城和意大利其余地区消费市场的庞大规模所影响。陶片山（Monte Testaccio）是一个巨大的人造山，位于台伯河附近的阿文丁山（Aventine）南部地区，它完全是由陶器的碎片组成的，而这些曾用于容纳商品的陶制容器在公元 1 世纪到 3 世纪中期之间被运往罗马，而它们主要来自西班牙。斯特拉波指出来自高卢的羊和猪"不仅为罗马，也为意大利大部分地区供应了充足的衣物和咸肉"。[40] 在的黎波里塔尼亚地区（Tripolitania，在利比亚［Libya］西部），人们通过使用当地技术管理稀缺的水资源，成功地实现了橄榄的专业化生产，但是这种生产的动力来自进入罗马帝国市场的许可。自由贸易并不能使所有人获益。斯特拉波指出，竞争已经减缓了在波河河谷（Po valley）的维切里（Vercelli）附近的开采活动，这里曾经是一个主要的黄金产地："至于这些矿山，目前人们已经不再像以前那样认真地开采了——也许是因为开采山北高卢（Transalpine Celts）和伊比利亚（Iberia）的金矿更加有利可图。"[41] 政府对保护主义没有兴趣，或者说它对经济运行中的任何干预措施都没有兴趣，除非它影响到政府本身的收入。苏维托尼乌斯记载过图密善（Domitian）皇帝曾经"颁布敕令，不准任何人在意大利种植更多葡萄，并削减行省的葡萄园，那里最多只能保留一半"。[42] 有趣的是，意大利得到了优待，但其原因可能更多出于政治而非经济，因为正是在罗马城中，皇帝要寻求公众对他们的受欢迎度和权力的承认。不管怎样，这条法令的动机是有关道德的：葡萄大丰收和谷物短缺恰好同时出现，促使人们思考重新回到罗马古老的价值观——清醒——的必要。而现实中，这一措施从未付诸实践。

大多数跨地中海贸易是由个人企业家利用私人资本运作的，但是如果低估了国家的需求在促进货物运输方面所带来的影响，就会产生误解。文献资料对谷物贸易描述最多，在帝国鼎盛时期，成队的船只从西西里、北非和埃及向罗马运送粮食，以确保城市的粮食供应，但是有关这个特别的国家干预行为的主要证据反映了它的政治意义至少与经济意义一样多。政府为了造币而提炼金属和为了建设公共建筑而采集大理石的行为对经济的影响可能同样重大。在西班牙和葡萄牙山丘上发现的古代金矿开采方法的痕迹揭示了利用水力开采矿石的过程，即利用释放积蓄的溪水冲碎岩石。这证明了政府在山岭区修建绵延数英里的水道的功效，它将水重新导向那些可以发挥最大商业利益的地方。埃及东部沙漠山区的一个要塞化的村庄克劳迪安山（Mons Claudianus）发掘出了成千上万的陶器碎片，显示这里在公元初的前三个世纪里一直有一个皇家采矿场在进行大规模作业，其中包括在 2 世纪初向罗马供应的花岗岩柱——用于图拉真皇帝建造的新市政广场。[43]

即使我们不可能知道帝国的经济中有多大比例是直接由政府的支出或引导而推动的，也不知道它在多大程度上依赖成千上万将罗马世界政治上的统一转化为他们商业上的利益的个人的决策，所有这些手工业活动对地中海世界的累积影响，竟然——相当意外地——在遥远的北极圈内得到了阐明。对古代以来逐年积聚的浮冰的分析表明，释放到全球大气中的金属残留物水平在公元最初的两个世纪里达到了峰值，这个水平直到工业革命时期才将被再次达到。[44] 从某种程度上，新技术的发明会鼓励——如果不是开启——生产率的提高。对技术进步的迷恋体现在维特鲁威（Vitruvius）在奥古斯都时代早期所著的建筑书中，或者是一个世纪后著名元老赛克斯图斯·尤里乌斯·弗龙蒂努斯（Sextus Iulius Frontinus）关于罗马城水道和军事谋略的作品中。维特鲁威的专著《建筑十书》中，不仅涵盖了建筑学，还包含科学和工程领域的许多其他内容（还奇怪地掺杂了数学、天文学、医学、气象学和哲学），并且还包括对一些复杂机器的详细描述，比如一套操作很像起重机，可以用来装卸船只的滑轮——"这个机械相当机巧，并适合快速使用，但是只有熟练的工人才能操作它。三排人拉，不用绞盘，便可很快将一件重物拉到顶。这种机械被称为多组滑车（polyspaston），因为它有许多组旋转滑轮，使用起来非常轻松和快速"。[45] 苏维托尼乌斯在他的皇帝传记中讲述了这样一个故事：一位工程师向韦斯巴芗承诺，他将以最小的花销把圆柱拉到卡皮托山，估计是通过利用某种机器。根据苏维托尼乌斯的记载，韦斯巴芗拒绝了这个计划，理由是它会让太多工人失业，但他为这个发明奖励了工程师。苏维托尼乌斯记载的这则逸事表明，拒绝利用新技术是不寻常的事情，而非惯例。[46]

所有这些具体的私人和公共举措在一个从多方面来说经济统一的世界里蓬勃发展，而这是通过罗马国家的政治意志实现的。经济统一的象征是，帝国几乎所有的地方都使用一个通用的货币标准。罗马和里昂（Lyons）的造币厂为全帝国打造奥里斯金币，并为西部行省生产第纳尔银币和掺有部分青铜的第纳尔硬币。在东地中海，行省造币厂打造德拉克马标准的银币，这与在罗马发行的第纳尔银币的标准是相当的，当地城市的造币厂则打造价值相当于德拉克马几分之一的铜币。奇特的是，这种地方造币厂在帝国早期已经存在，他们各自拥有独特的地方性设计，但是从经济角度上看，重要的是这些硬币在原则上都可以自由交换，其价值也受到人们的认可。罗马打造的金、银和铜币之间的关系在不同时期被不同的皇帝重新定义——尼禄降低了奥里斯的金含量和第纳尔的银含量。似乎只有埃及拥有完全独立的货币体系，它以亚历山大里亚的四德拉克马（tetradrachm）银币为基础，尽管在其他许多地方仍存有当地的计量系统。最重要的是，在罗马世界的大部分地区，罗马军队为货物的运输安全提供了保障。尽管东地中海的大规模海盗活动在公元前 1 世纪 60 年代庞培的讨伐后停止，但是海上航行永远无法做到完全安全，而贯穿整个帝国时期，土匪在许多山区是很普遍的，于是，开始是为了军队安全通行而修建的军事道路成了贸易的主要动脉。那些受益于政府开支和行为的商人，在看到纪念性质的里程碑时可能会有一些感激。这些里程碑如今即使在相当偏僻的地方仍然大量留存。刻在罗马尼亚奥尔绍瓦（Orşova）附近天然大石上的铭文会提醒路经多瑙河畔的旅行者："恺撒·涅尔瓦·图拉真·奥古斯都·日耳曼尼库斯皇帝……命人开凿山峦、平整崎岖，修建此路。"[47]

军队也以不太明显的方式刺激着经济生产力。在那些有驻军的省份，一群从国家那里获得有保障的可观收入的消费者促进了当地的生产以满足他们的需求，这一进程在帝国北部地区，如切斯特（Chester）这样的军团要塞特别明显。这些基地最初用墙与当地居民区隔开，但随着时间的推移，它们渐渐被随军者搭建的棚户区包围。为了给士兵发放军饷，国家需要有效征收高额的税金，而这又反过来刺激了支付税金的行省居民进行更多生产，以便在向罗马纳税的同时也能继续养活自己。军饷的发放和军人的消费既确保了硬币的大量供应，也确保了硬币从帝国中心被分配到广大边疆行省。交通运输的相对安全促进了跨区域商业活动的出现。据老普林尼记载，"尼禄皇帝曾将当时拥有非洲行省半数财富的六个富人处死"。[48]这些地主并不住在自己的田地上，他们利用罗马城的市场对来自非洲的谷物和其他经济作物的巨大需求发家，尤其是橄榄油；他们中的许多人，就像皇帝自身一样，都是意大利人。奥古斯都的朋友马尔库斯·维普萨尼乌斯·阿格里帕的财产包括整个色雷斯切索尼斯（Thracian Chersonese）半岛，在他死后，这里成了皇帝的私有财产。在几乎所有的行省，皇帝与其家族都是最大的地主，他们将规模巨大的田产委托给当地的代理人经营，代理人可能通过出租土地给佃户来开发农业用地，或者直接利用奴隶开矿和采石。在所有这些情况下，对地方管理人员的控制可能是零星的。一道在阿尔及利亚（Algeria）的迈杰尔达（Medjerda）谷的苏克赫米斯（Suk-el-Khemis）城发现的碑文，记载了公元 2 世纪 80 年代早期一些来自北非的一座皇室庄园的佃户向皇帝康茂德（Commodus）的请愿。佃户们声称，皇帝的代理人和主要的承租人相勾结，侵犯了他们的利益，使他们提供了超出义务的无偿劳动：

> 请帮助我们，而且——因为我们是依靠自己双手劳作以维持生活的贫穷的乡下人，在与您代理人的关系上，我们和承租人也不平等，他的地位非常高，因为他在礼物上出手阔绰，而且因为租约他与每个代理人都很熟悉——请怜悯我们，并赐予圣谕，声明我们不必提供那些超出自身义务的服务……也就是，每人三段为期两天的工作。[49]

犹地亚在许多方面都融入了这个更广泛的经济世界，尤其是通过由朝圣者带入该国的或作为祭品送入圣殿的财富。位于死海附近的隐基底的香脂园从公元 1 世纪早期开始就成了皇帝利润丰厚的私人产业，正如在这之前，它们曾是希律王的私人财产（在希律之前，这里曾短暂地属于埃及女王克利奥帕特拉）。希律的一个妻子撒罗米，将地中海沿岸的加姆尼亚（Jamnia）的一处房产遗赠给奥古斯都的妻子李维娅；李维娅又将其遗赠给她的儿子提比略皇帝，之后，这里一直是历代皇帝的财产。这个特殊的皇室财产将在犹地亚的政治历史中扮演十分重要的角色。正是提比略在加姆尼亚的一个名叫卡皮托（Capito）的代理人，在公元 1 世纪 30 年代中期差一点就囚禁了作为皇帝债务人的亚基帕一世。大约 30 年后，加姆尼亚又成了囚禁那些在反罗马叛乱最后几个月中抛弃耶路撒冷的犹太贵族的地方。公元 1 世纪 70 年代早期，据说这里是最有影响力的拉比学院的所在地，因此它的希伯来名字"雅弗尼"（Yavneh）成了在后来的拉比传统中在圣殿被摧毁后犹太教拉比重建时期的同义词。

由于犹地亚除了香脂树外缺少其他特殊的自然资源，除了皇帝外的外国地主的投资既没有过记载，也不太可能。除了香脂，这里也鲜有机会为更广阔的地中海市场专业有效地生产经济作物。老普林尼和其他非犹太观察家记载了这一区域的一些特产：产于加利利海（Sea of Galilee）的塔里卡埃（Tarichaeae）咸鱼；从死海收获的有医药用途的沥青；以犹地亚棕榈林生产的非常甜蜜多汁的椰枣（这一点也许很重要：公元 66 年至 70 年间，罗马和独立的犹太国家发行的钱币上常见的犹地亚的符号就是一株椰枣树）。一封起草于公元 127 年 12 月 2 日的文献记载，毛扎（Maoza）4 个椰枣林的主人在死海以东的拉巴特（Rabbat）政府办公室进行了登记。这是当时罗马总督下令进行的行省人口普查的一部分。并且每个椰枣林都被明确定义和描述了："位于毛扎边界的椰枣林的名字叫贝丝-法莱阿（Beth-phaaraia），这里种植着 20 萨塔（sata）的大麦……毗邻泰姆斯（Thamous）之女塔马尔（Tamar）（的田产）以及一条路。"这些椰枣园的所得赋税大多以实物形式上缴："把椰枣作为税上缴……3 卡波斯（kabos），'裂的' 2 歌珥（koros），8 个 '黑的' 和 45 个小钱用来缴纳'国王税'（*aurum coronarium*）。"[50]

文化连续体

尽管罗马国家在政治和经济上具有强大实力，但地中海世界的基本文化统一性更偏向希腊，而非罗马。从公元前 3 世纪到公元 2 世纪，公元前 4、5 世纪的古典雅典文化对于地中海世界的许多居民来说代表着人类成就的巅峰，尽管到了公元 1 世纪时雅典已成为政治上的死水，而希腊文化的仰慕者也可能永远不会到此拜访，甚至不会与希腊本身产生丝毫的历史联系。亚历山大大帝东征以后，希腊文化在近东地区的传播是政治驱动的，这是因为亚历山大和他的继承者们对那些公开拥护希腊文化的地方贵族给予优待。雅典演说家伊索克拉底（Isocrates，公元前436—前338年）在亚历山大前一代人的时候就过度恭维地指出："我们的城邦（雅典）在智慧和口才方面把别的人远远抛在后面，使她的学子成为剩下人的教师，她使'希腊人'这名称不再作为种族的代称，而是作为一种思想的方式，因此，那些与我们有共同教育的人，比起那些相同种族的人，更应该被称为'希腊人'。"[51]

这种共同的希腊文化对于现在那些接受欧洲传统教育的人来说是如此自然，因此只有当它与完全不同的社会——如中国或新几内亚——进行对比时，人们才会更清楚地意识到从古至今西方社会一直存在的那些与众不同的特征，例如对逻辑论证的高度重视。古典雅典拥有一种高度政治化的文化，在这种文化中，演讲或写作受到重视，尤其因为它们可以作为政治说服的工具。视觉艺术颂扬了理想化人类形态的外在形象。戏剧和诗歌试图概括个人在极端情况下的困境，尤其是当对家庭或对社群的责任与彼此相冲突时，哲学家们努力为社会的道德和政治结构找到逻辑依据。

公元前4世纪，柏拉图（Plato）和亚里士多德（Aristotle）就是在雅典执教的，在亚历山大大帝去世后，这座城市成了全希腊最著名的哲学家们的聚集地，他们在此建立学派。以学园（Academy）为根据地的柏拉图学派不再专注于他本人的兴趣，而主要研究伦理，从公元前3世纪中期开始，则转变成对各种教条主义的批判。亚里士多德曾执教的吕克昂（Lyceum）成了科学研究的中心。伊壁鸠鲁（Epicurus，公元前341—前270年）建立了一个紧密的团体，其成员寻求从平静中获得的快乐，获取平静的办法则是意识到宇宙的运行基于其自身的意志，而人仅仅是原子的集合；他们还避免任何可能引起情绪的活动。最具影响力的是芝诺（Zeno，公元前335—前263年），他的斯多亚学派（Stoicism）得名于"带彩绘的斯多亚柱廊"（*stoa poikile*），他们在这里讲学。在希腊化时期，斯多亚主义开始流行起来并获得了极大的发展，但它始终是基于同一个原则，即唯一的善在于美德（virtue），这意味着人们的生活与自然的意志相符。这些哲学家的思想在整个希腊语世界传播开来，同时流传的还有爱利斯的皮罗（Pyrrhon of Elis，约前365—前275年）所教授的更特殊的怀疑主义——他主张不做出任何积极的判断。四处游荡的犬儒们（Cynics）则猛烈抨击人类做作的虚荣心。他们都从锡诺普的第欧根尼（Diogenes of Sinope，约公元前 412—约前 321 年）那不依惯例的一生中汲取灵感，即使他们具体的学说经常有明显的分歧。

因为这份多彩的遗产，对理性、解释、秩序和美的探索，至少在非常普遍的意义上来讲，成了后来所有欧洲文明不可或缺的一部分。所有在罗马统治下的地中海世界的不同群体都在各种意义上采用和接受了这种希腊文化的一些部分，尽管在帝国西部这一般是通过拉丁语传递的。事实证明希腊文化的适应性非常强。希腊的教育模式高度重视教授少儿阅读和写作，在中等教育阶段则强调对文学文本的阐释；这一模式在整个罗马世界的城镇都得到了遵循。文学经典的主要组成部分在 1 世纪的希腊世界被普遍接受：首先是荷马的史诗，接着是欧里庇得斯（Euripides）的悲剧、米南德（Menander）的喜剧和德摩斯梯尼（Demosthenes）的演说；但是孩子们也学习了其他的史诗、戏剧和抒情诗，以及（尽管较少的）历史学家（尤其是修昔底德［Thucydides］）的散文、伊索（Aesop）和巴布里乌斯（Babrius）的寓言。在帝国西部，一套与之相似的拉丁著作经典取代了希腊版本。在罗马埃及发现的教科书中乏味的教学方式似乎就是当时的标准方法。大量的学习都是通过背诵、不断重复、将清单铭记于心完成的：在鉴赏《伊利亚特》（Iliad）的过程中，一个孩子可能会被问到"哪些神是帮助特洛伊人（Trojans）的？"（应该按字母顺序回答"阿佛洛狄忒［Aphrodite］、阿波罗［Apollo］、阿瑞斯［Ares］、阿尔忒弥斯［Artemis］、勒托［Leto］、斯卡曼德罗斯［Scamander］"）或者"谁是特洛伊的国王？"（答案："普里阿摩斯［Priam］"）。[52] 科学和数学也被教授，但是在一个高度重视书写文字（包括对镌刻在碑石上的纪念性文字的保存）的社会中，文学研究得到了更多的关注。与此同时，希腊的修辞学教育，包括对连贯论证和公共宣讲的训练，在许多层面上是为城市的政治生活服务的，这尤其是因为口头请愿在联系帝国臣民和政府代表时起到了重要的作用。普通学校很少教授希腊哲学——这种高等教育是富人的专利——但是哲学思想所激发的俗语常常被刻在墓碑上，它们或是提及灵魂、财富和命运的概念，或者声称人的一生是由神纺成的线，或者认为死亡是对暂时贷出的生命的偿还。在罗马西班牙的城镇里，一个学生仅仅是通过学习维吉尔史诗中安基塞斯（Anchises）对其儿子埃涅阿斯（Aeneas）的讲话，就可能在不经意间接受了斯多亚学派和柏拉图学派关于灵魂世界以及它与个体间关系的基本教育。

这是地中海两边共同的文化：没有一个受过一星半点教育的人不知道荷马在《伊利亚特》和《奥德赛》（Odyssey）中讲述的故事。与此同时，荷马的诗歌虽为数百万人尊崇，荷马式的价值体系或生活方式并没有被强加给那些将其视作智慧源泉的人。与此相反——在这方面，与中世纪欧洲对《圣经》的使用非常相似——在公元 1 世纪，没有人希望真的生活在阿基琉斯（Achilles）或奥德修斯（Odysseus）的道德标准里。

称赞希腊主义的文化共识，确保了公元 1 世纪地中海世界所有地区的行省贵族，都能与其他地方的贵族有许多共同之处。当一个旅行者从一个城市中心到另一个城市中心，从西班牙到叙利亚，他所看到和感受到的大多数城市都是十分相似的：小城镇，居民人数很少超过 1 万人，配备有标准化的市场、神殿、剧场，通常还有体育场和浴场；当地精英致力于参加地方政府，后者基于共同责任，通过城市议会和被选出的行政官行使权力；纪念碑式的柱状幕墙和柱廊继续使用传统的希腊建筑范式（多利克式［Doric］、爱奥尼亚式［Ionic］和科林斯式［Corinthian］）。即使在通用语为拉丁语的西部，只会希腊语的商人也能生存——在罗马和高卢（Gaul）的早期基督徒中也是如此。事实上，早期基督教运动显著的世界性，本身就是对希腊主义无处不在的证明。来自奇里乞亚（现代土耳其境内）的保罗在书信中使用老练的希腊文所表达的复杂观点，不仅在小亚细亚、叙利亚和希腊，还在罗马和耶路撒冷，都可以被他的信徒所理解。

然而，希腊文化的盛名，以及希腊生活方式和思维方式的广泛采纳，并不意味着公元 1 世纪地中海世界的每个人都认为自己是希腊人。正相反，在表面上的希腊文化可能掩盖了各种各样的当地文化模式，而其本质有时正是在希腊语中得到了最为优美的描述：1 世纪中叶，埃及祭司亚历山大里亚的开瑞蒙（Chaeremon of Alexandria）用希腊文记载了埃及的宗教和习俗,以此来教育其余的埃及人以及外部世界。接受希腊文化给这些人提供了机会,使他们不需要放弃自己本地的传统,而是用不同的方式将其表达出来。比布鲁斯的斐洛(Philo of Byblos)所著的《腓尼基史》(*Phoenician History*)明显完成于公元 2 世纪初,但作者(虚假地)宣称它是特洛伊战争前某时一个名叫桑枯尼阿同(Sanchuniathon)的人所著的、关于腓尼基诸神的作品的希腊语翻译,但是他对于神的本性和起源的大部分描述以及对词源的大胆诠释(通常与希腊名字有关)似乎源自他所受到的希腊教育,并希望用希腊语解释这些腓尼基人自己都不能准确理解的术语。[53]

罗马人和犹太人与希腊文化之间的关系和其他地中海民族相比没有什么不同,而且罗马和耶路撒冷都是在公元 1 世纪普遍接受希腊文化的好例子,即使它们在我们的研究中并不占特殊的地位。如此,尽管罗马从未被希腊人征服过,但就像贺拉斯所说的,"被征服的希腊俘获了其野蛮的征服者,并将艺术带到了粗野的拉丁姆":这就像一个美丽的女奴隶,一个战俘,抓住了她主人那粗野的心,并教他文雅。[54] 至少从公元前 3 世纪晚期开始,罗马人倾向于通过希腊类别的历史编纂、民族志和神话来看待他们自己和整个世界。他们的艺术、建筑、雕塑、诗歌、戏剧、修辞技巧、哲学传统甚至他们的一些宗教活动,在一定程度上都是从希腊借取的。罗马人清楚这点,这主要是因为,自罗马从公元前 3 世纪末开始征服希腊世界以来,罗马贵族不安地意识到自己那注重军事与农业的文化,与经过了几个世纪稳定的城镇繁荣而成熟起来的复杂文明之间的巨大差距。

到了公元 1 世纪,罗马人自己争论的只是希腊化在多大程度上增强或淹没了传统的罗马价值,以及希腊的影响究竟应该受到欢迎还是拒绝。伟大的道德家老加图(即"监察官加图"[Cato the Censor])是典型的"古典罗马人",他主导了公元前 2 世纪上半叶的罗马政治和文化生活。他曾激烈地反对外来思想的渗透,认为后者可能会削弱他同胞的道德精神,但是他能够这样做正是因为借助了从希腊人那里学来的修辞技巧,而通过他的著作《起源》(*Origines*),他成了第一个将希腊的历史编纂技艺引入拉丁语散文领域的人。敌意与接受的结合成了反复出现的模式,尽管罗马人自己都没有意识到——有些时候希腊习俗被吸收为罗马习俗。历史学家李维（公元前 59—公元 12 年）知道阿波罗崇拜在公元前 5 世纪被罗马人首次接受——那时一个神庙被献予他"为了人们的健康"——之前许久就存在于希腊，但是当李维的同代人奥古斯都把阿波罗作为自己的特别神祇，并在靠近皇宫的帕拉丁山上为他修建一座新神殿时，阿波罗崇拜就完全被视为是罗马式的了。[55]

犹太人将希腊文化移植过来并加以改造，而他们对于它的态度同样是矛盾的。亚历山大征服后建立的世界政治秩序激发了对希腊人的厌恶，这种厌恶在创作于公元前 2 世纪的《但以理书》（Daniel）的最后一章倾泻而出，化为关于希腊帝国——上帝向先知透露的计划中四国的最后一个——即将衰落的说辞。这种谩骂在许多犹太教文献中都能发现，它针对所有非犹太人的活动，认为它们构成了实际或潜在的异教崇拜。有些时候，这种谩骂特意针对了希腊异教徒，尽管当犹太人受到希腊文化威胁的意识达到顶峰时——马加比暴动时期（详见第一章）——犹太作家在抨击非犹习俗时仍更倾向于泛指。《马加比一书》的作者所挑选出来作为敌人的具体外邦人，是像亚扪人（Ammonites）和基列人（Gileadite）这样的邻居。《所罗门智慧书》（Wisdom of Solomon，现收入《次经》[Apocrypha]中）在大约公元前 2 世纪由一个具有哲学思想的犹太人所著，他将自己尖锐的意见留给了埃及的动物神："他们十分可悲，将希望寄托于死去的事物，他们崇拜那些由人手做成的东西，以金银展现艺术，且有着野兽的模样……"[56]

犹太人对希腊人更具体的攻击目标是对方的文化特质，我们能找到的最早的具体证据只有辩文《驳阿庇安》。这是约瑟夫斯最后的作品，写作于公元 1 世纪 90 年代中期，驳斥希腊和罗马世界对犹太人和犹太教的误解，以及抨击那些散布这些谎言的希腊作家。约瑟夫斯笔下的希腊人反复无常，容易忘记或改变他们的法律，缺少性道德，过分热衷于创新，比起历史记述的准确性更倾向于修辞风格的优美，不能把他们的花言巧语付诸实践，甚至对待他们自己民族的著作都缺少真正的重视，当谈及自己的历史时都互相矛盾。正如约瑟夫斯所言，在柏拉图的著作中我们发现了对希腊本质的批判，"在希腊人当中，一切都是新的，可以说，都能够追溯到昨天和前天"。希腊人的恶习清单看起来似乎更多是来自罗马人对希腊人的嘲笑，而不是约瑟夫斯可能从他的犹太文学遗产中获得的任何信息。在约瑟夫斯时代的罗马大都市，来自各行省的知识分子都激烈地争夺帝国宫廷贵族和其他富有恩主的注意。各个作者之间，以及各个群体之间的相互抹黑都是普遍的。3 个世纪前老加图对希腊人的夸张描述如今可以在拉丁作家尤文纳利斯（他本人来自西班牙）的一首讽刺诗中见到，他并非完全是在开玩笑："有这样一个民族，他们在我们最富有的人中间非常受到欢迎，而我却避之不及。关于这个民族我有话想说，并对自己的看法毫不羞愧。公民们，我无法容忍罗马城变成一座希腊的城市。同时，我们城市的败类中有多少来自希腊？"尤文纳利斯攻击希腊人是油腔滑调且自以为是的——这可能是出自个人原因。但是他希望他的罗马读者也能够领会到这种情感。[57]

犹太人和罗马人都希望能够两头受益。他们想随心所欲地采纳和借鉴希腊文化，同时还可以鄙视着希腊人。犹太人所著的希腊语作品有时会大胆地宣称希腊文化中最好的东西来自犹太人。一位生活在公元前 2 世纪中期的犹太作家欧波勒摩斯（Eupolemus）承袭了希腊人众所周知的传统——希腊人从腓尼基人那里学来了自己的字母。但增加了一重新奇的转折——腓尼基人的字母则来自犹太人。阿尔塔帕诺斯（Artapanus）可能是欧波勒摩斯的同代人，前者称摩西（Moses）——"希腊人称他为缪塞俄斯（Mousaios）；这个摩西成了俄耳甫斯（Orpheus）的老师"——发明了"船、举起石头的机械……和哲学"。人们可能会依据约瑟夫斯在《驳阿庇安》中对希腊人粗鲁的评论，就判断他可能希望犹太人跟希腊人取得的成就划清界限，但不一致的是，他描述柏拉图时在某种程度上遵循了摩西的例子。这种奇怪的想法——柏拉图的哲学体系只是对犹太律法的阐述——支撑了斐洛的整个宗教和哲学议程，这位来自亚历山大里亚的犹太贵族在公元 40 年危机时，作为他所在集体的大使面见盖约皇帝，约瑟夫斯描述他"在哲学上并非毫无经验"。[58]

罗马人没有如此声称自己比希腊人优越。在维吉尔的《埃涅阿斯纪》

某种程度的激励下，一些罗马人热情地采纳了这样的观念，即罗马的建立与早期希腊英雄时代的历史是相互联系的，因为埃涅阿斯在特洛伊战争结束后逃离了被洗劫的特洛伊城。犹太人偶尔也以相同的方式把自己的起源与希腊人联系起来，特别是《马加比一书》中出现的不寻常的主张——犹太人和斯巴达人（Spartan）拥有共同祖先。而且更加难以置信的是，马加比暴动时期，在作为对犹太使团的回应而寄往犹地亚的信中，斯巴达竟然非常情愿地肯定了这一观点："斯巴达国王阿柔斯（Areus）向犹太大祭司奥尼阿斯（Onias）致意：'我们在关于斯巴达人和犹太人关系的文字中发现，二者是兄弟，并且属于亚伯拉罕（Abraham）家族。'"在地中海世界中，像罗马人和犹太人这样在希腊史前史里寻找自身起源的线索，是寻常的事情。除了罗马人之外的许多民族都宣称自己与特洛伊有联系，而且宣称自己祖先是斯巴达人的也很常见。[59]

在公元前 2 世纪的第一次文化融合后，犹太或者罗马人的证据中没有任何迹象显示他们担心过接受希腊文化可能会导致当地传统被消灭。罗马人抛弃了加图的论战式的腔调，转而支持有关改变与吸纳的言论：罗马人不需要拒绝希腊文化，但是他们必须确保它没有侵犯罗马人所珍视的价值观。在这个过程中，罗马人构建了一些对立的特质，而它们在之后的几个世纪里一直牢牢地保留着对罗马人自我形象的强烈影响，如我们能在西塞罗（公元前 106—前 43 年）的并置修辞中找到这种观念——他将希腊人理论科学上的成就与罗马人在工程上的专业知识相比较。也就是说，希腊人只关心思想，而罗马人注重实用。

到了公元 1 世纪，对希腊文化的矛盾心理也同样适用于犹太人。在公元前 2 世纪马加比暴动之前和期间的斗争，催生了犹太人对希腊文化更强硬的辞藻，更甚于罗马。犹太人和非犹太人都把"神显者"安条克那惨痛的迫害描述成一场将希腊文化强加于一个不愿改变祖先习俗的当地民族的尝试——根据罗马史学家塔西佗记载，安条克四世"试图消除犹太人的迷信，并且把希腊的文明介绍过来"；《马加比二书》的犹太作者则称——本书是对革命斗争故事的一种情绪化的复述，目的是为大流散时期的犹太后裔提供教化——这也是两个抽象概念之间的斗争：一个是

"犹太精神"（*ioudaismos*，也可能是"犹地亚精神"），这是《马加比二书》作者的新词；另一个是希腊精神（*hellenismos*），也就是希腊人做事的方式。[60] 但是，在犹太社会中反对希腊方式——这曾是马加比家族集结呐喊的一部分——并没有持续太久。《马加比二书》攻击耶孙（Jason），这个被马加比家族取而代之的大祭司，因为他

> 以极大的狂热，在圣殿山附近修建了一座体育场，引导我们最优秀的年轻人戴上宽边的毡帽（petasos hat，运动员所戴）。追求希腊生活方式的狂热达到了极点……祭司们对他们神圣的职责失去了兴趣。他们无心过问圣殿的事务，对祭献更是漠然处之。一接到信号，他们便急急忙忙跑出去，参与那些律法禁止的活动。他们对祖先珍视的任何事情都漠不关心，只看重希腊的荣耀。这一切后来证明是他们所有灾难的来源……

但是，与这篇文章作者对"法律所禁止的新习俗"所表达的恐惧形成鲜明对比的是，到公元前 2 世纪晚期，哈斯蒙尼王朝已经充分地将其自身与希腊文化相融合了——以至于公元前 104—前 103 年在位的阿里斯托布鲁斯一世（Aristobulus I）会标榜自己为"希腊事物爱好者"（*philhellene*）。哈斯蒙尼王朝的陵墓在建筑风格上完全是希腊化式的。在公元前 103—前 76 年在位的亚历山大·耶奈（Alexander Jannaeus）时期的许多钱币上，一面刻有希伯来神话传说，另一面刻有希腊语的"亚历山大王"。在经过了短暂的对希腊文化的公开对抗之后，犹太人和罗马人一样，也因为自己的目的而接受了希腊文化，并将其看成是完全自然的事情。[61]

人们曾认为耶稣时代的犹太教与希腊主义之间存在冲突，这与其说是古代犹太证据的产物，不如说是其他问题的产物：19 世纪的思想家建立欧洲文化的基础、欧洲解放时期犹太人的自我认同，以及构建早期基督教的历史的尝试。海因里希·海涅（Heinrich Heine）在 1840 年写道"一个人要么是犹太人，要么是希腊人"，声称这两种人本质上是对

立的：犹太人的阴郁、禁欲、理智的灵魂性与希腊人的乐观、实用、现实、积极向上的感官性形成鲜明的对比。这一对比由英国诗人马修·阿诺德（Matthew Arnold）攫取、修改并在英国推广，他相信当历代一直处于紧张状态的希伯来文化和希腊文化最终和睦共处时，欧洲文明将会得到完善："希腊主义最重要的思想就是要看清事物的本质；而希伯来主义最重要的思想则是引导和服从。"但是阿诺德对现实中的犹太人并不感兴趣——除了对来自遥远过去的那些。海涅对自己犹太属性的矛盾心理，使他对犹太教的态度变得复杂，尽管他已经皈依了基督教，犹太身份在他的一生中仍很重要。对这两个人来说，古代历史的研究之所以重要，正是因为它对当下的意义。在 18 世纪晚期和 19 世纪，"希腊主义"在不同的欧洲国家代表着不同的文化姿态，它通常被理想化和浪漫化，尤其是在德国。获得了政治自由的犹太知识分子开始将自己视为更广泛的欧洲文化的一部分，他们兴致勃勃地复活了冲突的语言，要么是追随"正统"（19 世纪的新名词），警告人们不要与现代世界有任何牵连，要么是作为世俗犹太人的现代性象征，对后者来说，犹太人想要生活，就必须从犹太教中解放出来，成为希腊人——一个耶路撒冷的雅典人。这种关于犹太身份真正本质的激烈辩论在现代的以色列国中仍在继续。[62]

在一些基督教学者中，犹太主义和希腊主义之间的对比有时掩盖了残酷的反犹主义：基督教必须被从它的犹太起源中拯救出来；教会俘获了罗马帝国的心，仅仅因为圣保罗的基督教是希腊化的，而不是犹太式的。康德（Kant）早在 1793 年就提出，犹太教不是真正的宗教，而基督教诞生于"希腊思想"。然而事实上，在 1 世纪的早期基督徒中，犹太教和希腊主义的对比似乎并不是一个主要问题；在当时的犹太人中也是如此。在保罗笔下，犹太人和希腊人的对立有时就好像是男人与女人一样，但在他的书信中，"希腊人"仅仅是"非犹太人"的意思："将患难、困苦，加给一切作恶的人，先是犹太人，后是希腊人。却将荣耀、尊贵、平安，加给一切行善的人，先是犹太人，后是希腊人。"[63]用"希腊人"指代"非犹太人"的情况，也可以在公元 1 世纪末的约瑟夫斯的作品中找到。但到了公元 1 世纪，在犹地亚以及流散海外的犹太人的文化中融合了非常多的来自希腊世界的元素，以至于它也被正确地称为"希腊化犹太教"。[64] 所有犹太人，不管在耶路撒冷还是其他地区，都在某种程度上接受了希腊的语言、艺术、商业、哲学和文学。在马加比时代之后的犹太教和希腊文化的关系中，犹太人明显缺乏自我意识，这使得希腊化变得很容易。《密释纳》中的费解段落和后来的拉比文献试图限制向犹太儿童教授希腊语和希腊智慧，这在一段普遍接受希腊主义的历史中是例外的。我们唯一可以有效地提出的问题是，一些犹太人是否比其他人更多地吸收了希腊文化，以及可以在多大程度上追溯在不同地区和时期中的这种差异。[65]

希腊文化的罗马改版给地中海世界的影响主要受限于大多数罗马文学作品使用了拉丁语，而非希腊语。拉丁语，这一属于军队和罗马法律人的语言几乎没有传播到地中海东部。想要进入罗马元老院的雄心勃勃的行省人需要掌握足够多的拉丁语，才算过得去。但是在帝国早期，只有人口中极小的一部分人可以走上这样的仕途。在大多数情况下，罗马帝国在巴尔干半岛以东的所有地区使用的官方语言是希腊语。这个事实本身就证明了希腊文化的非凡威望；很难想象有多少其他国家会以这样的方式给予一个从属民族的语言以特权。罗马人对待希腊语的态度与拉丁语在帝国西部的普及形成了对比，在大约公元 1 世纪初仍在使用中的本地语言 —— 如凯尔特语（Celtic）或布匿语（Punic）——则遭到了国家的忽略。尽管如此，在这个时期，罗马文化的一些方面，而不仅仅是普遍的希腊文化，在整个地中海世界的确广泛地传播开来。新的罗马建筑技术，如拱顶结构，很快就传遍了整个罗马世界，其他技术进步也是如此，比如玻璃吹制（可能发明于公元前 1 世纪的叙利亚）和火炕式供暖，后者经常被用来加热浴场。罗马风格的公共浴场在东西部行省都被广泛接受，在东部，浴场被当作一个特别豪华版本的希腊体育馆。为达到这些目的，罗马人通过修建水道提供充足的水源，这是罗马政府对它许多臣民的巨大恩惠：水道给人留下印象，不仅是由于它们的功能，也因为它们在原野上留下的壮丽身姿，这正是罗马帝国实力与恩泽的有力证据。但在地中海的共同文化中最具特色的罗马元素是皇帝崇拜的庆祝活动 —— 伴随着角斗比赛这一特殊的罗马娱乐形式——在公元后的前两个世纪里，它在整个地中海世界被积极地采用：在西部行省，专门建造的圆形竞技场从公元前 1 世纪末开始变得常见起来，而东地中海地区的剧院经常因为这个目的被改造。曾经有一种被广泛接受的观点认为，希腊人对这种罗马特有的野蛮奇景不曾有任何兴趣，但这种观点经不起推敲。[66]

社会联系

在一个显著的程度上，生活在这个统一的地中海世界里的男男女女可以接触到来自其他地区社会的所有阶层的人——极富裕者作为土地所有者和政府官员；其他人则以士兵、商人和奴隶的身份出现。罗马行省的行政管理者在他的生涯中可能会巡访相隔数百甚至数千英里的地方。原籍翁布里亚（Umbria）福尔吉尼埃（Fulginiae）的提图斯·哈特瑞乌斯·奈波斯（Titus Haterius Nepos），在公元 2 世纪初图拉真统治时期被派往不列颠协助行省的人口普查，之后被派往亚美尼亚，然后他在罗马城组织举办了一段时间的公共竞技比赛和其他官方活动，之后又被派往埃及，到了哈德良时代，他成了这里的总督：一通碑文记载，公元 121 年 2 月 18 日，他听到了著名的旅游景点底比斯（Thebes）的门农（Memnon）雕像发出的声音。像他这样重要的官员会与当地富有的地主相熟，这不仅是因为成为他的朋友符合这些人的政治利益，也因为当总督和其职员处于巡回审判中时，他们需要仰赖当地人的热情招待，尽管他会在该行省拥有一个主要宅邸。

对于更靠下的社会阶层来说，军队是将大量人员转移到帝国各地的主要动因。新兵们将在远离家乡的地区服役。在奥古斯都时代大量的军团调动之后，在同一个地方驻守多年对军团来说在公元 1 世纪时逐渐变成了常态，但士兵们仍然经常驻扎在远离他们被招募之处的地方，尤其是在公元 70 年以后。而士兵个人有时会连同其所属的专门化小队被派驻至其他地区：因此，在公元 136—137 年时，驻守在不列颠哈德良长城上的辅军来自叙利亚，他们是"哈米安（Hamian）弓箭手第一联队"。士兵的家属可能会随军迁徙：我们发现了提图斯·弗拉维乌斯·维瑞里斯（Titus Flavius Virilis）的墓碑，服役45年后，他在公元3世纪初死于非洲的朗贝西斯（Lambaesis），享年70岁，他的妻子名叫洛利娅·玻狄卡（Lollia Bodicca），这暗示他们是在他驻扎在不列颠的时候结婚的。士兵在行省社会的声望地位，以及他们来自国家的有保障的工资，极大地增加了他们寻找伴侣的优势。"行省的居民已经习惯与士兵生活在一起，并乐于同他们来往；事实上，许多平民通过友谊或婚姻的纽带与士兵联系在了一起"，历史学家塔西佗如此描述公元69年驻扎在叙利亚的军团。[67]与之相对，除非犹太人放弃犹太习俗，否则他们不能在罗马军中服役，这阻碍了这类社会融合的进程。犹太人自愿加入罗马军队的证据少之又少，很可能是因为他们反对需要参加异教宗教仪式的要求，尤其是对军旗的献祭。这对罗马士兵来说很正常，他们以此展示他们对军队总司令即皇帝的忠诚。根据约瑟夫斯记载，哈斯蒙尼王朝统治者西卡努斯二世在公元前43年对罗马总督郑重声明，犹太人"不能够承担兵役，因为他们不能在安息日携带兵器或行军；他们也无法获得自己习惯的本地食物"。[68]

尽管如此，犹太人仍然与当时地中海世界的许多其他民族存在联系，因为这种联系是建立在几个世纪前既已存在的广泛而又完备的犹太散居侨民之上的。公元1世纪初，犹太人已经遍布地中海东部许多沿海城市、埃及乡村、叙利亚安条克附近、现代土耳其的安纳托利亚高原以及其他许多地方。一些散居的侨民社区以巴勒斯坦地区战争后的俘虏安置活动为核心，这些战争要么发生在极遥远的过去——例如犹太人的祖先在公元前586年被带到了巴比伦（见第一章）——要么在希腊化时期：公元前2世纪中叶，《阿里斯提亚斯书信》的作者很可能准确地记载了在公元前4世纪末，犹太人被托勒密一世（Ptolemy Soter）作为囚徒带到了埃及。到了公元1世纪中叶，据斐洛所记载，亚基帕一世可以运用夸张的修辞宣称："圣城……不仅仅是犹地亚一地的母城，也是大多数其他地方的母城，因为殖民地于不同时期被派往紧邻的土地上……以及那些遥远的土地……亚洲的大部分地区，直到比提尼亚和本都海角，以及在欧洲……不仅在大陆上而且在大多数受人尊重的岛屿上都遍布犹太人的殖民地……幼发拉底河另一面的地方我就不说了。"[69]

其他犹太人一定是自发成为侨民去寻找生计的——今天我们称之为经济移民。尤其是犹太人独有的对堕胎和杀婴行为的反感,导致了人口过剩,使他们被迫离开自己的家园。他们对移民目的地的选择很大程度上取决于距离:最大的海外移民群体在埃及和叙利亚这两个最靠近犹地亚的地区。已经建立起来的海外犹太社区可能提供慈善援助、宗教框架、社会基础或就业机会,而加入这些社区的前景吸引了许多人。在埃及乡村发现的托勒密时期(公元前301—前30年)的纸莎草显示,犹太人曾担任牧羊人、农民、园艺工、陶工和织工。斐洛提到在公元38年,当一些犹太商人把商品带到尼罗河上的一个港口时,货物被希腊人扣押;以及同年,一群工匠在亚历山大里亚的作坊被一伙希腊暴徒洗劫。根据《使徒行传》的说法,亚居拉(Aquila)——一个来自本都、在前往科林斯前曾在罗马居住过一阵的犹太人——与塔尔苏斯(Tarsus)的保罗一样是以做帐篷为业的。在前罗马时代,犹太人也曾出售他们的服务,在埃及担任波斯帝国的雇佣兵,之后在埃及和昔兰尼为托勒密效力,而塞琉古诸王让他们在小亚细亚做相同的工作。希腊化时期的国王们有很好的理由去相信犹太人如约瑟夫斯描述的那样,是"忠诚而优秀的守卫者",不仅仅"因为他们对上帝的虔诚……他们在完成任务时的真诚和热忱":生活在外邦土地上的犹太人,自身的安全需要当地国家的支持和保护,因此国家也可以反过来依赖他们的忠诚。就这样,到公元1世纪,犹太人已经广泛地散布在了东地中海世界——事实上,愤怒的克劳狄皇帝在公元41年11月10日曾给亚历山大里亚送去一封斥责信,试图终止城中犹太和希腊社区间的纠纷;对他来说,犹太人似乎无处不在。[70]

正如亚历山大里亚的例子所清楚显示的那样,住在同一座城市中并不一定会带来良好的邻里关系。在与非犹太人的交往中,犹太人回避了两种主要的社交方式,这使得他们声名狼藉。公元2世纪初,塔西佗以他特有的简洁指出了这两点:犹太人"在吃饭时分隔开,在床榻上分开……不同外国女人发生关系"。这一漫画般的描述大体准确,但不完全是事实。对于虔诚的犹太人来说,与非犹太人同桌共饮虽然可能,但却是困难的。《阿里斯提亚斯书信》描述了在亚历山大里亚将犹太律法翻译成希腊语的七十二贤士，他们在晚宴中坐在国王托勒密的身边，每人都为国王提供了一则个人的明智建议。很明显，他们被描述成与国王共享晚餐，但是正如作者明确指出的那样，这次宴会的食物是依照国王命令而特制的洁食："一切……都将按照你们的习俗来提供；我和你们一起享用。"但这种针对犹太食物禁忌的实用而又包容的解决方案并非常态——如果这是常态的话，人们将很难理解在安条克的基督教早期社区所面临的难题，根据保罗对彼得的指控，事情是这样的："从雅各那里来的人，未到以先，他和外邦人一同吃饭。及至他们来到，他因怕奉割礼的人，就退去与外邦人隔开了。"《马加比三书》（3 Maccabees）的虔诚的犹太作家——可能在公元前 2 世纪末于埃及写作——记载犹太人"尊敬上帝，按照他的律法行事，他们关于食物的方面使自己与他人保持不同，而出于这个原因，他们在一些人眼中很可憎"。公元前 1 世纪中叶的历史学家西西里的狄奥多罗斯（Diodorus Siculus）在记述公元前 1 世纪 30 年代末哈斯蒙尼家族与塞琉古国王安条克七世（Antiochus Sidetes）之间的关系时，收录了一条极其敌视犹太人的叙述："犹太人把他们对人类的仇恨变成了一种传统，并因此推出了古怪的律法：不与其他任何种族分享一张桌子，也根本不展示任何善意。"许多犹太人似乎不太可能通过在公民宴会上选择素食来与他们的非犹太人邻居谋求共生。[71]

通婚的问题更为复杂，因为尽管犹太人和非犹太人都认为二者间的婚姻是不可能发生的，但事实却并非如此。这类婚姻最好的证据就是那些具有政治重要性的联姻，如大希律王为子女从相邻王国的统治家族中挑选的配偶。公元前 4 年到公元 39 年间统治加利利的希律·安提帕斯（Herod Antipas，根据《路加福音》，他被耶稣称为"那个狐狸"）与纳巴泰（Nabatea）国王阿雷塔斯四世（Aretas IV）的女儿结婚，这段婚姻的政治意义变得十分明显，因为他出于对自己兄弟之妻希罗底（Herodias）的情欲而与她断绝了关系。不出所料，阿雷塔斯对女儿受到的轻视怀恨在心，并在公元 36 年凭借边界纠纷的借口开战，这一仗让安提帕斯的军队彻底败北。通过皈依犹太教的法律拟制，这种异族通婚被伪装成正常的犹太内婚制习俗（在第四章中会有更多介绍）。外邦女人为了成为犹太人到底必须做哪些事，我们并不确定，不过计划跨族通婚的非犹太人的皈依至少包含割礼，因为有些时候这被证明是个问题。亚基帕一世的两个女儿都嫁给了罗马近东区域的国王：贝瑞妮斯（Berenice）的丈夫是奇里乞亚国王波勒莫（Polemon），德鲁希拉（Drusilla）嫁给了埃梅萨（Emesa）国王亚兹素（Azizus）。这两位非犹太国王都为了他们的婚姻而接受割礼。就亚兹素来说，他赢得他的妻子，是因为她第一任未婚夫——科马吉尼的安条克（Antiochus of Commagene）的儿子——"不愿意奉守犹太习俗"。然而，这两段婚姻都破裂了。贝瑞妮斯留下了一系列臭名昭著的风流韵事，首先（据传）和自己的兄弟亚基帕二世，接着相当公开地与罗马的将军以及未来的皇帝提图斯发生关系。德鲁希拉抛弃了亚兹素并嫁给了被释奴菲利克斯（Felix），后者通过他兄弟对克劳狄皇帝的影响成了犹地亚的罗马总督。约瑟夫斯对最后这段联姻表达了特别的厌恶，尽管我们并不清楚他反感菲利克斯是因为他的被释奴、非犹太人，还是已婚女性引诱者的身份：

> 在以下情况的影响下，德鲁希拉与亚兹素的婚姻被解除了。菲利克斯任犹地亚的行政长官时看到了她，由于她的美貌超过了所有女人，他产生了对她的爱欲。他派他的朋友，一个塞浦路斯犹太人阿托穆斯（Atomus），假扮成巫师，试图劝说她离开丈夫并嫁给菲利克斯。菲利克斯发誓，如果她不鄙视他，就会使她得到超越一切的幸福。由于她并不快乐，以及希望摆脱她姐姐贝瑞妮斯的怨恨，她被说服违背祖先的律法，嫁给了菲利克斯。

约瑟夫斯还补充了一个悲伤的后记。菲利克斯和德鲁希拉生了个儿子，也许为了纪念她的父亲，她给儿子取名为亚基帕。这个年轻人和他的妻子在公元 79 年维苏威火山（Vesuvius）爆发时，消失在了被吞没的庞贝城中。[72]

使得希律的公主能够嫁给非犹太人的法律拟制也同样适用于其他犹

太人，但是有多少人利用了它，就不为人知了。我们缺少具体的证据证明这种婚姻存在于希律王室以外的地方，但这并不说明这种婚姻不存在，因为并不是所有改宗者都希望在他们墓碑或其他文件上宣传自己曾经是异族人。当然，一些犹太人由于婚姻原因一定已经脱离了自己的信仰，如在《使徒行传》（简称为《行传》）中提到的提摩太（Timothy）的犹太母亲，根据《行传》记载，她的父亲是希腊人，但是同样地，现存的材料中很难找到这种异族婚姻的证据，除非这对夫妻的孩子被认为是犹太人，这点我们将要在第四章里讨论。最引人注目的是犹太人和非犹太人对于犹太族内通婚这条铁律的一致认同。斐洛警告道："不要和外族人建立婚姻关系，以免被敌对的习俗所击败，然后总有一天你会无意中错过通往虔诚的道路，转而进入一个没有通路的地方。"[73]

因此，在公元 1 世纪，如此多的事物在地中海世界的居民间促进一种一体的感受。经济联系、社会联结和丝丝缕缕的共同文化确保了居住在西班牙的人会认为他们和居住在希腊、小亚细亚、叙利亚或犹地亚的人的生活有很多相似之处。加强这种统一感的是一个严酷的事实——一个个人，也就是身在罗马的皇帝，在政治上的主宰。然而，正如下一章所要展示的那样，这种一体的背后存在着大量不同的社群，他们的价值观和生活方式常常与规范相悖。

第三章

多样性与宽容

从上方观察

历史学家阿庇安在公元 2 世纪编写关于罗马于公元前 1 世纪发动的战争，为公元前 59 年罗马城大街上正在举行的凯旋式提供了不同寻常的全景式描述，这次凯旋式是为了庆祝庞培打败本都国王米特拉达梯六世（Mithradates Eupator）。

他被授予一个凯旋式，其显赫豪华的程度是前所未有的……凯旋式连续举行了两天，在游行队伍中，除阿尔巴尼亚人（Albanian）、赫尼奥基人、西徐亚的亚该艾人和伊比利亚半岛东部的人（Eastern Iberian）外，还有来自本都、亚美尼亚、卡帕多西亚、奇里乞亚和叙利亚的许多国家的代表们参加……在凯旋游行中，有……担架运载黄金……大群的俘虏和海盗，他们没有一个人是捆绑着的，只是都穿着他们本地的服装。在游行队伍的最前面，是那些曾经跟庞培作战的国王们的首领、王子和将军，他们在庞培的前面走，当时在那里的人……达 324 人……在游行队伍中也抬着那些没有在那里的国王的肖像……还有按照他们国家的习惯装饰起来的蛮族神祇的肖像。[1]

很少有公共庆典能像凯旋式一样，捕捉到罗马人对于自己所征服而来的帝国的本质的设想。凯旋式是胜利的一种戏剧化表现。它的组织形式反映了罗马政治家的看法，即哪些外邦民族的特点以及征服途中的遭遇最能打动城市居民。最值得赞赏的自然是作为战利品而被带走的财富，以及勇气和胆量的证明物，但是在这之后，人民的注意力首先被吸引到了那些壮观和不寻常的事物上。罗马人知道他们的帝国是一个由各种各样的民族和文明组成的马赛克艺术品，并自豪于这种多样性。维吉尔笔下的奥古斯都被绘制在伏尔坎（Vulcan）神的盾牌上，检视着从他面前经过的各国人民的赠礼："被征服的各族人列着长队从他面前走过，他们说的是不同的语言，正如他们穿的是不同的衣服，携带的是不同的武器。"[2]

　　通过将帝国划分成数个行省，罗马将其统治的多种多样的民族进行分类，并给每个地区和每个种族分配一个名字。如果没有本地的名字可用，或者如果这个名字不为罗马行政人员所知晓，又或者如果它不符合罗马的战略区划，就可以给它强加（以及如果需要，可以更改）一个新的名字：在奥古斯都时代，地理学家斯特拉波记载西班牙的卢西塔尼亚人（Lusitanian）的名字从前属于杜罗河（Durius）以北的加利西亚人（Callaicans），但是"卢西塔尼亚"现在被用来特指更南的地区。[3] 这种命名方式可能是武断的，所以更加值得注意的是——当地居民所采用的民族和地区的名称经常是罗马行政长官的决定。因此，举例而言，当庞培在公元前 1 世纪 60 年代中期打败米特拉达梯后——他是公元前 6 世纪在黑海海岸建立王国的一个波斯贵族家庭的后裔——罗马创造了新行省本都，囊括了米特拉达梯的领土，但这一罗马指定的名字是做作的："本都（Pontos）"在希腊语中仅仅是"海"的意思，所以用它来命名一块陆地区域很是奇怪。来自这一地区——阿马西亚坐落在现代土耳其的黑海南部海岸的山丘上——的斯特拉波正好出生在罗马设立这个行省的时候，他写道："那些住在欧克辛斯海（Euxine，即黑海）附近的人，他们现在被叫作本都人。"对于《使徒行传》的作者来说，与被逐出罗马的圣保罗在科林斯相遇的基督徒亚居拉，就是"一个本都犹太人"。[4]

这种命名方式对行省人的自我身份认同产生了如此大的影响，但它仅仅是罗马管理系统的副产品，这一系统并非为行省人的利益而设计，而是为了避免罗马行政官员之间的权力冲突。每位总督都被皇帝或被元老院指派了一项具体的任务，拉丁语单词"*provincia*"最初的意思只是单纯地指代这个任务，它通常是与军事行动有关，但也不总是如此。但是到了共和国晚期，这个词有时被用来指代罗马统治下的一个特定的地理区域，而到了公元 1 世纪，这已经成了它的标准释义。每个行省在罗马人眼中都具有可以通过视觉形象概括的独特个性。哈德良皇帝发行了大量的钱币来纪念他的旅程，在钱币上以不同的方式将各个行省描绘成理想化的女性形象，并通过当地的一些特质来加以区分。埃及被描绘为斜倚在地上，并靠着一个装满麦穗和果实的大篮子（意指该行省的土地肥沃）的女性，而她右手拿着一个叉铃（*sistrum*），这是埃及的民族乐器，也是属于伊西斯（Isis）女神的乐器。与之形成鲜明对比的是不列颠尼亚（Britannia）行省，她坐着，衣褶垂落，右手支撑着她的头，左手拿着长矛，身侧是一个巨大的盾牌，盾牌的边缘有装饰，而中间则嵌有巨大的长钉。毛里塔尼亚（Mauretania）通常被描绘成一个手持一或两支标枪，并有一匹马伴随的女性形象，这个图案可能反映了该地区的军事声望，尽管在另一个钱币版本中她戴着大象头饰，手持两个麦穗，这似乎指代了毛里塔尼亚在谷物和大象方面的自然生产力。[5]

罗马人也可以将人物性格赋予行省内的个体民族，这点在 20 世纪 70 年代末于现代土耳其的阿弗罗狄西亚（Aphrodisias）出土的一系列令人惊叹的浮雕上显示得很清楚。这些浮雕是君主庙（Sebasteion）装饰的一部分，当地的居民把它献给阿佛洛狄忒女神和尤里-克劳狄王朝（Julio-Claudian）诸帝。该址还发现了一系列描绘皇室的雕像。这些雕像中，有一个系列的人物被塑造成有精细个人特色地站立着的、穿着褶皱衣服的女性，每个人都有着不同的姿势、衣服、发型、头型和特征：很有可能，这些代表各个民族的肖像学惯例是从罗马借来的，据说奥古斯都在罗马专门建了一处柱廊，"在其中他放置了所有民族的雕像；这个门廊被称为'致各民族'"。现存的雕像基座中有一个属于"犹太民族"，但遗憾的是，将他们人格化的雕像却没有留存下来。[6]

阿弗罗狄西亚的君主庙里呈现了不同民族的表现物，而对民族的选择几乎肯定地反映了在公元14年奥古斯都去世后出版的、纪念他功绩的回忆录中所宣称的征服成就：

> 我将罗马人民的所有行省——与那些还未归服于我们帝国的民族相邻的行省——的边界扩大了。我平息了高卢行省、西班牙行省以及日耳曼地区……我未对任何民族发动非正义战争而平定了从接近亚得里亚海的区域到托斯卡纳海（Tuscan）的阿尔卑斯地区。……辛布理人、卡里德斯人（Charydes）、塞姆诺尼斯人（Semnones）以及该地区的其他日耳曼部族通过使节寻求与我及罗马人民的友谊。几乎与此同时，两支军队在我的命令和指挥下被带进埃塞俄比亚（Ethiopia）和被称为"福地"的阿拉伯地区……我军深入埃塞俄比亚直达麦罗埃（Meroe）附近的纳帕塔（Napata）城；我军攻入阿拉比亚，直达塞巴人（Sabaean）疆域的马里巴（Mariba）城。我将埃及归到罗马人民的治下。尽管当国王阿塔薛西斯（Artaxes）被杀后我可以将大亚美尼亚设为行省，我宁愿将那个王国交给提格拉奈斯（Tigranes）……我将潘诺尼亚（Pannonia）各部族控在罗马人民的权威之下，在我统治之前罗马人民的军队从未进入此地……并将伊利里库姆（Illyricum）的边界推进至多瑙河岸边。[7]

阿弗罗狄西亚的各民族雕像包括一些相对不那么有名的民族：安迪泽特斯人（Andizeti）、卡莱亚人（Callaeai）、雅波德人（Iapodes）、皮儒斯提人（Piroustae）、贝息人（Bessi）、达达尼人（Dardani）、瑞提亚人（Rhaeti）等等。选择少见的部族似乎是为了强调罗马治下各民族间非同寻常的距离与多样性。许多民族来自帝国的边疆地区，但展示这些民族的目的并不是，或不仅仅是为了展示罗马的强大。更重要的是，它暗示罗马和皇帝是所有这些地区和民族的赞助人。这一呈现罗马统治的方式与在一个世纪后为战神广场上的哈德良神殿制作的一组浮雕本质上没有变化，在那里，一群穿着多褶衣袍并站立着的女性再次代表了帝国的不同地区，但是到了这个时期，人们显然不认为有必要给这些雕像贴上标签，因为与阿弗罗狄西亚的雕像相比，这些雕像在服装上的区别更加明显。[8]

罗马人在地理方面相当不精确：老普林尼在试图计算意大利的长度时，出现了大约 400 罗马里 * 的误差。比较准确的地理数据只有在军队已经修建过公路的地区才有可能获得，因为修路时建筑者会系统地测量城镇或驿站之间的距离。许多罗马官员本质上将帝国看作一系列文明的城镇中心和军事要塞，它们通过道路连接起来，而在道路上的通行则越快越好。对于那些远离主要道路的乡村居民的生活，他们只有最基本的概念。然而，了解帝国之内和帝国周边各民族性质的渴望足够刺激共和末期和帝国初期的民族志学者，他们尤其出现在当时地理学的文学形式中，但不仅限于此。[9] 因此斯多亚博学家波西多尼（Posidonius）的著作问世了，他最初来自位于叙利亚奥龙特斯（Orontes）河畔的阿帕米亚（Apamea），但是多年来他都在罗得岛担任教师，最后在公元前 1 世纪 80 年代作为一个有影响力的访客前往罗马。

波西多尼的作品只有部分残篇留存了下来，但几乎可以肯定的是，他对当时的土著民族尤其是凯尔特人的描述成了后世作者对这些民族分析研究的基础，这些人里包括了尤里乌斯·恺撒（在他的《高卢战记》中）和斯特拉波。他充分地记载了罗马在共和国末期对西班牙和高卢地区的凯尔特领土的征服，甚至包括恺撒征服之前的内容，而且显然他自己曾走访过凯尔特地区——很可能在这些征服刚刚开始之后。因此，斯特拉波写道，尽管波西多尼最初对凯尔特贵族房屋入口处钉着的人头感到不安，他很快就习惯了。这些第一手材料似乎并没阻止波西多尼传播一种对凯尔特社会带有风格化的分析，这种分析几乎没有考虑到时间的变化，也没有考虑到凯尔特人族群之间的差异。他所描述的凯尔特人的社会有着严格

---

* 1 罗马里约为 1.49 千米。——编者注

的等级制度，贵族拥有大量门客，并遵守严格的荣誉准则，发放慷慨的赠款；军事领袖的权力被诗人、先知以及特别是德鲁伊祭司的影响力所抵消，后者提供了道德和宗教上的领导力，行使正义，并且宣扬与斯多亚学派在某些方面相像的哲学思想，宣称"人的灵魂和宇宙是不可摧毁的"。这些希腊民族志学者的作品是罗马帝国主义的产物，但是也增加了罗马人关于他们所控制的新社群的概念：与波西多尼同时代，但更年轻的拉丁人马尔库斯·特伦提乌斯·瓦罗（Marcus Terentius Varro，公元前 116—前 27 年）是一个在视野上与前者相当的学者，哲罗姆（Jerome）称此人也研究过凯尔特人社会。另一方面，罗马政治家可以从学术性质的民族志中选择与自身政策相宜的内容：当西塞罗的当事人马尔库斯·冯泰乌斯（Marcus Fonteius）被山外高卢的居民指控收受贿赂时，博学的西塞罗可以在法庭辩论上相当随意地诋毁他们。[10]

波西多尼或瓦罗可能给恺撒提供了许多帮助他在高卢战役中理解他所征服的社会的信息，但与罗马权力的现实更紧密相贴的作品并不出自以上两者，而是斯特拉波的地理学著作，他是波西多尼的学生以及更年轻的熟人，也是奥古斯都独裁统治的辩护者。尽管斯特拉波出身于安纳托利亚，并似乎在晚年回归故土，但他游历甚广，而且足够了解罗马城；他曾多次作客罗马，因此在记载帝国情况的时候能够意识到什么是罗马政府所关切的。他在提比略统治早期完成的著作《地理志》结尾处所做的最后评论，表现出他对罗马统治方式的敏锐认知：

> 在受罗马人统治的整个世界中，有些地区是由国王统治，有些由罗马人以"行省"领土的名义直接统治，并向其派遣总督和税务官员。也有一些自由城市，其中一些从一开始就依附于罗马人，另一些则由罗马人授予自由，以示荣耀。也有一些统治者、部落首领和祭司身份的统治者臣服于罗马；这些人根据特定的祖宗律法规范他们的生活。各个行省在不同时期曾有不同的划分方式，但现在都是在恺撒·奥古斯都的旨意下安排的。因为当他的祖国把帝国中最高的权力托付给他，然后他成为战争与和平的终身主人的时候，他

把整个领土分成两部分，一部分分配给自己，另一部分分配给人民。他留给自己的部分需要大量的军队驻扎：也就是，与那些尚未被征服的民族接壤的荒蛮地区，或者是不适合耕种的贫瘠土地，这些地方以大量的要塞补充了其他资源的缺乏，它不安分，也不顺从。他将其余的部分分配给人民，所有这些都是和平的，并且不用武力就能轻松管理。[11]

斯特拉波非常清醒地对各地的信息进行了汇编，其中的大部分内容（就像继承自波西多尼的对凯尔特社会的分析一样）是从更早的资料中挑选出来的，他避开了奇迹传说，但提取出了每个地区社会的特点。他所描述的一些民族对他来说显然带有异国情调，尽管他们是他所在的罗马世界不可或缺的一部分，就像他对非洲一些部分的居民的描述一样：

> 虽然毛鲁西亚人（Maurusian）居住的大部分地区都有十分肥沃的土地，但即使到了现在这个时间，大多数人仍然过着游牧生活。不过，他们会通过编织自己的头发、蓄须、佩戴黄金饰品以及清洁牙齿和削指甲来美化自己的外表。你很少能看见他们走路时彼此接触，因为害怕发饰受损。他们的骑兵大多用标枪作战，使用草编的辔头，骑在无鞍的马背上；但是他们也携带匕首。步兵将大象皮作为盾牌列在身前，并以狮皮、豹皮和熊皮作为衣服，晚上就睡在它们之中……在穿越沙漠时，法鲁西亚人（Pharusian）几乎不与毛鲁西亚人混在一起，因为他们把皮制水袋装在马的肚子下面。然而，有时候他们甚至会经过一些沼泽地区和湖泊，来到锡尔塔（Cirta）。据说他们中的一些像特洛格罗狄特人（Troglodytes）一样生活，掘地而居。据说这里夏季的雨水也很普遍，但是冬天干旱，而且生活在世界这一部分的野蛮人也用蛇皮和鱼皮制作外衣和床罩。而有一些人说毛鲁西亚人（"法鲁西亚人"之误？）是和赫拉克勒斯（Heracles）一起来到这里的印度人。[12]

　　斯特拉波——与波西多尼一样——是一个为罗马精英写作的希腊局外人。相比之下，塔西佗所著的《日耳曼尼亚志》则是罗马精英自己的产物。科尔奈里乌斯·塔西佗的家族几乎可以确定是起源于阿尔卑斯以南高卢地区的行省贵族。这位历史学家在其家族中似乎是第一个以元老的身份进入罗马公共生活的人，凭借作为演讲家的卓越品质，他不断升迁，并在公元 97 年成为执政官。他带有一些同情地记载了欧洲中部的日耳曼人的习俗，并描述了他们居住地区的地理位置、名字的由来（"现代的和新添的"）、身体特征（"他们都有着凶暴的蓝眼睛、金黄色的头发、高大的身躯，只适合突然发力"）、军事策略、政府模式、宗教、服装、房屋、社会习俗等等。每当不战斗之时，日耳曼人"将很多的时光消磨在狩猎上面，而更多的时间则无所事事，整天睡觉和大吃……他们几乎是野蛮人中唯一有一个妻子就满足的，除了他们中极少数的人……他们的一种饮料是用大麦和其他谷类酿造的，发酵以后，和葡萄酒颇为相似……如果让他们纵饮：他们想喝多少酒，就供给他们多少；那么，他们自身的恶习就会将他们征服，就如同敌人的刀剑一样"。他们沉迷赌博，容易发生争执，也容易过于奢侈地招待客人。在某种程度上，这本论著成了罗马社会的一面镜子，在其中，罗马人与日耳曼人的比较让人看到了罗马人行为的变化："在借钱时收取利息和靠高利贷增加财富，在他们中是不为人知的，比起禁止这种行为，这是更为有效的保障……诸神不曾将金银赐给他们，是出于垂怜还是降怒，倒是很难说了……将贞洁出售是不可饶恕的罪行……没有人对秽行付之以嗤笑，也没有人将使人堕落的或已经堕落的行为视为一种时髦风气。"但是本书后半部分对特定的日耳曼部落的长篇描述并没有明显的道德目的，很可能这只是出于对民族志学的兴趣。[13]

　　塔西佗《日耳曼尼亚志》中第一部分的读者可能很容易会获得这样的印象，即这些高贵的野蛮人生活在一个与罗马元老们完全隔离的社会中，但是塔西佗和他同时代的读者都知道这不是真实的。在他对日耳曼各个部落制度的分析中，塔西佗明确提到了乌比人（Ubii，活动于现代的科隆地区），他们"已经获得了作为罗马殖民地的荣耀，并更喜欢被称为阿格里皮嫩斯乌姆人（Agrippinenses）"，但仍然为他们的日耳曼血统感到

骄傲，此外还有巴达威人（Batavi），他们

> 占据莱茵河中的一个岛屿以及河岸的一小部分。他们本是卡狄
> 人（Chatti）的一个部落，后来因为内乱才被迫迁移到现在的住处，
> 因而成为罗马帝国内的一部分。他们仍然保留着古代盟约的光荣徽
> 记，因为他们不受进贡之辱，也不受包税人的压迫。我们为了自己
> 的战争将他们保存，让他们免除一般的赋役，独处一方，就像我们
> 的武器库一样。

日耳曼部落的头面人物开始得到罗马公民权和帝国的认可，尤其是担任军
团下属的特种辅助部队的指挥官，这些行为距离塔西佗所写作的年代已经
有几乎一个世纪的历史了。当公元 9 年日耳曼切鲁西（Cherusci）部落的
头领斯基墨尔（Sigimer）之子阿米尼乌斯（Arminius）带领同胞发起反
抗，并成功消灭了三个罗马军团，将莱茵河两岸所有的日耳曼地区从罗马
税收的枷锁中解放出来时，他是一位罗马公民，长期在罗马军队中服役，
并获得了骑士阶层的地位：塔西佗在他的《编年史》中描述他"毫无疑问
是日耳曼的解放者"，但在此之前，他作为一名战士为罗马效力多年。在
罗马军队旁边或中间，部署拥有独特武器和战斗方式的各民族辅军的习
俗，本身就体现出了罗马社会中对多样性带来的优势的认可。日耳曼和高
卢的骑兵、阿拉伯骆驼骑兵和叙利亚弓箭手拥有的技能，补充完善了作为
主要战斗单位的罗马步兵军团的战术。[14]

　　那些爱思考的罗马人为他们庞大帝国疆域内各种各样的民族、地域和
自然现象而着迷，而尽管大多数现存的帝国早期的志怪（Paradoxography）
作品，也就是从地理、植物学、动物学以及人类行为中挑选出的各种陌
生的奇迹的故事集，是用希腊语写成的——活跃于奥古斯都时代的伊斯
格努斯（Isigonus）来自尼西亚（Nicaea），哈德良皇帝的被释奴佛勒工
（Phlegon）来自特拉雷斯（Tralles）——它们都有罗马读者。佛勒工讲述
了一些关于鬼魂、巨人、半人马和类似现象的奇怪故事，为证实一些小报
故事的准确性，他声称这属于自己的个人知识：

在阿拉伯的城市桑尼（Saune）一座长满致命毒药的高山上，发现了一只半人半马的怪物（hippocentaur）……它被国王活捉，并连同其他礼物一起送到埃及献给恺撒。它以肉为食。但它没有适应气候的变化，然后死了，所以埃及的长官将其做了防腐处理后送往罗马……它的脸比人类的脸更凶猛，它的手臂和手指毛茸茸的，它的肋骨与前腿及腹部连在一起。它有马一样坚实的蹄子，它的鬃毛是黄褐色的……任何不相信的人都可以自己去调查，因为，正如我上面所说的，它已经被做过防腐处理了，就躺在皇帝的仓库里。[15]

皇帝可能并不总是热衷于收到这些善意的礼物：

文法学家阿波罗尼奥斯（Apollonios）报告说，在提比略·尼禄时期发生了一场地震，许多著名的小亚细亚城市都完全消失了，随后提比略自己掏钱重建了这些城市……在地上的裂缝中出现了多具巨大的尸体，当地居民不愿将其搬移，然而给罗马送去一颗取自其中一具尸体的牙齿，作为样本。它不仅仅有一尺长，甚至比这个尺寸还要大。大使们将其展示给提比略，并问他是否希望将这个英雄运送到他这里。提比略设计了一个精明的计划，使他既可以让自己得到关于其大小的知识，同时又能避免对死者的亵渎。他召见了某个名字叫普尔彻尔（Pulcher）的几何学家，他有一些名声，提比略因他的技能而欣赏他，并命令他按照牙齿的大小来塑造一个人脸。这位几何学家通过牙齿的重量估计了整个身子和脸的大小，很快就造出来一个模型，并将它呈现在皇帝面前。提比略说这对他来说就足够了，并命令将这颗牙齿送回到它来的地方。[16]

志怪这种文学体裁似乎并没有怎么被拉丁作家所采纳，尽管盖约·李锡尼乌斯·穆奇阿努斯（Gaius Licinius Mucianus）——公元69年时，他是叙利亚强大的总督，并为韦斯巴芗称帝提供了至关重要的政治支持——写了一本关于地理奇观的书，名为《奇迹》（Mirabilia），这本书是根据他担任行省的行政管理者时所搜集的资料写成的。但是一种普遍的感觉是，随着罗马人因征服而对这个世界了解得越多，世界就越显得令人称奇。这种感觉也出现在博学的瓦罗和老普林尼对世界更清醒的描述中。老普林尼记载他看到过佛勒工提及的用蜂蜜保存的阿拉伯半人马，但对公元47年向罗马公众展示的埃及不死鸟表示怀疑。在分析政客的政治动机时表现得极为现实的历史学家塔西佗，报道了人们对提比略时代出现在埃及的不死鸟的真实性的质疑，但对"人们一致同意"的普遍的不死鸟神话却没有怀疑：

> 那些描述过它的人都认为，它与其他鸟不同的地方在于它头部和它羽毛的五彩斑斓的色彩……当它享尽天年并且临近死亡的时候，据说它要在自己的国做一个窠，把一种具有生殖力的物质洒在上面，这样一只小凤凰就从那里产生出来。小凤凰长大之后，第一件事就是把它的父亲埋葬起来……关于详细的情况，人们的说法都含混不清，它们都经过了传说的润饰；不过这种鸟时而在埃及出现，这一点却是毋庸置疑的。[17]

在这个色彩斑斓的世界里居住的罗马观察家中，最富影响力的是老普林尼，他对手工业生产过程和长距离贸易的观察，本书已经有所引述。[18]他百科全书式的《自然史》在37卷的篇幅里，包括对当代知识的汇总："我的主题是事物的本质，也就是说——生命。"他声称向读者提供他从两千卷书中学到的两万件重要事实。他的作品是一座信息的宝矿，有些是真实的，有些是虚构的，有些则是混乱不清的。老普林尼详细地描述了犹地亚地区的香脂产业——三个品种，香脂籽的味道（"非常像葡萄酒，拥有红颜色和很腻的浓稠度"），利用小绺羊毛在树皮的小口处收集汁液（opobalsamum［麦加香脂］），通过煮沸树的细枝来熬制香水，如何检验香脂是否掺假，以及不同的香脂产品的价格；但是普林尼也讲述了一个关于犹地亚一处溪水的并不那么可信的故事：大概是同情于当地人那些声名狼藉的宗教禁忌，溪水会在安息日里干涸，每周一次。他的外甥对老普林尼学术习惯的记载展现出他是一个自觉地寻求几乎任何知识的人。他不浪费一天中的一刻，天还没亮，就起身就着油灯工作。在完成公务之后"他把任何空闲的时间都花在了他的作品上……在乡下，他从工作中抽出的唯一时间是为了洗澡，而且我说的洗澡，指的是他真正浸入水中的时候，因为当他被按摩和擦干时，他会让人给他朗读一卷书或者口述一些批注。在旅行时，他觉得可以从其他责任中解脱出来，就抓紧每一分钟工作；他让秘书拿着书和笔记本跟随在他身侧"。这样的工作方法显然给同时代的人留下了深刻的印象（虽然它们一定让这位学者成了糟糕的同伴）。他从自己浩繁的知识中传递信息给读者，而检查这些信息的真实性，既不可能，也不被普林尼认为是非常重要的。他所面向的读者愿意将奇迹按原文中的样子接受，正如他笔下那些在一个多世纪之前围观海怪骨架的人们，根据神话传说，安德洛墨达（Andromeda）被其父刻普斯（Cepheus）束缚在它的面前，以平息波塞冬（Poseidon）的愤怒。这具从犹地亚的约佩（Joppe）镇带来的骨架估计属于一头鲸鱼。在斯考卢斯（Scaurus）担任罗马市政官（aedile）的那年，它在罗马城与其他的奇迹一起被展出："它有 40 尺长，肋骨的高度超过了印度的大象，而脊骨有 1 尺 6 寸厚。"老普林尼的特点是经常提供统计数字。他更善于传递数据，而不是评估——他曾极为热情地转述的——信息的合理性。[19]

老普林尼也用类似的方法来分析人类社会。如果我们对犹太人习俗的所有知识都来自老普林尼的《自然史》，我们会知道有一个源自犹太人的巫术派别，以及一种鱼露——它由一种没有鳞的鱼制作而成——专门用于犹太仪式，但没有多少别的了。甚至这条有关鱼露的信息，都因为《利未记》（Leviticus）中对食用无鳞鱼的明确禁令而显得十分奇怪。惊人的是，当 1 世纪 70 年代的老普林尼在《自然史》的第五卷中描写犹地亚及其周边地区的地理时，他提到约旦河的源头是加利利海和死海（"动物的身体不会沉入水中，连公牛和骆驼都会漂浮"），并给出了犹地亚的十个行政区，然而他对于犹太社会却只字未提，尽管他顺便提及了最近战争的影响，指出东部（原文为 Oreine，疑似错误）地区中"耶路撒冷曾（注意他用的是过去时）是迄今为止东方最著名的城市，而不仅仅是在犹地亚"。相反，他选择详细记录艾赛尼派信徒（Essenes）的奇怪风俗：

> 在（死海的）西面，艾赛尼人已经将自己与不健康的海岸拉开了必要的距离。他们是一个独一无二的民族，比整个世界中所有其他人都更可敬，他们没有女人，完全摒弃爱情，没有钱财，只有棕榈树为伴。由于新来者的涌入，这个宗派的人数每天都翻一倍；的确，被命运的波动弄得疲惫不堪后，生活引导他们采纳艾赛尼人的习俗，并大量地迁入。因此，尽管看似不可思议，几千个世纪以来，这个宗派一直存在，如同永恒，却没有人出生在它其中：对他们来说最丰产的，是他人对过去生活所感到的懊悔！

一个有趣的问题是，老普林尼或他的信源是否把这些艾赛尼派信徒看作犹太人。他没有明确说明，而通过称他们"是独一无二的民族，其比整个世界中所有其他人都更可敬"，他可能暗示了相反的情况：艾赛尼人是一个永恒的种族，却"没有人出生在它其中"。另一方面，这段话以"这就是犹地亚的边界"结尾，并将犹地亚区别于腓尼基、以土买、叙利亚、阿拉伯和埃及，这表明该地区的居民是犹太人，无论艾赛尼人被认为是谁。将普林尼的话看作是局外人对犹太教的艾赛尼派分支的记述是合理的——它也被约瑟夫斯和斐洛热情洋溢地描述——他们强调了艾赛尼人的苦行主义和哲学倾向。但是如果这的确是普林尼所想要提及的群体，他的几句赞美之词揭示的，更多是一位罗马贵族愿意相信在他所生活的时代，罗马帝国里存在着非凡的民族，而不是艾赛尼人本身的真实情况。[20]

实地考察

对罗马世界的现代研究者来说，幸好对这个世界的多种文化抱有兴趣的人都出现在世界的中央，否则，除了可以从考古记录中挑选出的属于这些民族的物质遗存以外，历史就没有多少关于他们生活的记录了。帝国大部分地区的行省居民从未书写过堪与约瑟夫斯的犹太史相提并论的作品——或者说，如果他们曾经书写过，这些作品也没能流传至今。因此，指望这三个行省社会——西班牙、希腊和埃及——的快照能够像犹太文字传统中的图画一样丰富，并为公元最初的几个世纪提供对比材料，将太过乐观，但我们所能拼凑起来的记载至少可以清楚地表明，在罗马统治下，这些地方本地文化多样性仍然继续存在。

老普林尼对西班牙的评价是，其物质资源的丰富程度仅次于意大利，其居民所展现的"身体的坚韧和心灵的热切"，比起高卢人更加优秀。这个评价无法被验证，因为没有本地文献来表达那些居民自己的看法。这并不是因为在元首制早期时代没有来自西班牙的作家。相反，在公元 1 世纪，一些重要的拉丁作家都来自一个科尔多瓦（Cordoban）的家族：演说家路奇乌斯·阿奈乌斯·塞内卡（Lucius Annaeus Seneca）；他的儿子——同名的哲学家；他的孙子，马尔库斯·阿奈乌斯·卢坎（Marcus Annaeus Lucanus），写了一部题材为共和国晚期内战的史诗（以及其他作品）。而弗洛鲁斯（Florus）——他在 2 世纪中叶创作了李维罗马史的缩略本——在叙述中偶尔称赞西班牙的频率，比人们预期中的还要多一点，这可能也表明他与该行省有一定的联系。农学作者科卢梅拉（Columella）出生在加的斯（Cadiz），诗人马提亚尔（Martial）出生在比比利斯（Bilbilis，现代西班牙的卡拉塔尤德［Calatayud］），修辞理论家中的杰出人物昆体良（Quintilian）出生在卡拉古里斯（Calagurris，现今卡拉奥拉［Calahorra］）。更值得注意的是，这些西班牙作家的现存作品中没有一部以西班牙或其居民为主题，也没有一部以西班牙读者为目标群体。相反，他们作品关注的焦点是罗马城，他们中大多数人的大部分职业生涯都在那里度过。[21]

前罗马时代的西班牙受到多种不同文化的影响——当地文化、凯尔特文化、腓尼基文化和希腊文化。比利牛斯（Pyrenees）山脉地区居住着土著的伊比利亚人（Iberians），他们一直保留着自己的非印欧语言——巴斯克语（Basque）直到现代。公元前 4 世纪，凯尔特人越过比利牛斯山脉入侵西班牙，并定居在半岛的东部和南部。从远古到汉尼拔时代的布匿人移民浪潮给半岛的最南端地区留下了强大的腓尼基印记。斯特拉波记载，在奥古斯都时代，图尔德塔尼亚（Turdetania，相当于现代的塞维利亚和科尔多瓦地区）大多数城镇的居民都是腓尼基人。对城市遗址的调查展示了典型的罗马统治中心——如塞维利亚附近的意大利卡（Italica），罗马皇帝图拉真和哈德良在这里出生——与贝罗（Baelo，今博洛尼亚［Bolonia］）这样的土著社区的差别，这里在公元 1 世纪有了巨大的、里程碑式的发展，而卡蒂尔（Carteia，在今圣罗克［San Roque］附近）的考古发掘显示，这座城市的外观从布匿时代一直到帝国早期都有很强的连续性。考古出土的珠宝和雕像，以及对于带有精美马赛克地板的私人住宅和乡村别墅的发掘，反映出了罗马富人的品味和偏好，至少是在他们选择室内装饰和提高房屋舒适度的方面——这些财富来自地中海贸易，包括葡萄酒、橄榄油、鱼露、高档餐具和矿产的金属（尤其是黄金、白银、铅、铜、锡和铁）以及采石场的建筑石料。但帝国时代早期的拉丁碑铭暗示，至少有一些中部和更北部地区的居民继续使用本地的凯尔特方式，而非罗马的方式来思考，尽管他们已经成了这个世界性帝国的一部分：这些铭文将西班牙北部和中部的人记录为一个社会群体的一部分，这个群体被定义为一个"民族"（gens、gentilitas 或 cognatio），它们有时或通过复数属格指代这个群体，或使用一个像侧躺着的马蹄铁的符号来指代。没有人完全知道这些词汇象征着什么样的组织，但它们很有可能表示铁器时代的种族身份，或其他前罗马时代社会群体内部的土著居民间的关系，而当地人借用这些拉丁词汇来指代那些对他们来说如此不言自明，以至于没有必要在碑文上阐明自身性质的群体。在帝国时期，讲布匿语的人在石碑上留下了他们的印记，而在加德斯（Gades，今加的斯），拉丁语铭文里所记载的人名约有 28% 与布匿有关。城市墓地的发掘表明，富人在靠近城镇入口的地方建立了罗马式的高质量的纪念物，此外就像罗马帝国西部的大部分地区一样，很多地区在公元 2 世纪都出现了由火葬到土葬的转变。除了他们给予自己的神祇的名字以及为它们建造的圣所之外，几乎没有关于这些人宗教信仰的证据：在穆尔西亚（Murcia）的新迦太基（Carthago Nova）附近的洞穴圣所中，洞壁上绘制的文字表明人们将当地的仙女（nymphs）与罗马和东方诸神置于一处崇拜。[22]

从塞内卡及其亲属的仕途中可以看出，西班牙的知识分子能够写出高质量的拉丁语文章，而考古证据显示西班牙拥有一个复杂的社会，在其中，各类异质文化与罗马文化以多种方式融合在了一起。因此，为什么几乎没有关于西班牙本土文化的文学表达留存了下来，是一个奇怪的问题。一个相当特殊的文本可能有助于为此提供解释：庞波尼乌斯·梅拉（Pomponius Mela）的地理作品精确地构成了一个行省居民眼中的世界，这是一种帝国早期的西班牙人对地中海世界独特的看法，"能够以一千件文物都无法做到的方式，向世人展示罗马行省居民的世界"。[23]

庞波尼乌斯·梅拉可能在奥古斯都时代生于西班牙南部贝提卡行省的廷根特拉（Tingentera，今阿尔赫西拉斯［Algeciras］）。他流传至今的一部作品，几乎肯定写于克劳狄统治的时期——他似乎提到了公元43年克劳狄在不列颠的战事——是三卷式的《地方志》（De Chorographia，"论地方"），以沿海岸航行的形式描述了整个世界：从面向地中海的土地；到环绕地中海和黑海中岛屿的旅行；最后是对遥远广大的海岸的记述，从西班牙、葡萄牙和北欧的大西洋海岸，到亚细亚东部的边缘以及非洲南部的海岸，最后再回到西班牙。庞波尼乌斯的主要资料一定来自希腊语，因为这是大多数之前地理著作的语言，但是他没有对希腊的文学经典表现出热情。他也没有太多书写有关罗马和意大利的内容。相反，让他感兴趣的是他自己在廷根特拉的文化背景，"这里生活着从非洲被运来的腓尼基人，而我们自己也来自那里"。庞波尼乌斯对世界的观察集中在他的腓尼基血脉和他的西班牙出生地。因此，他对提尔（Tyre）和西顿（Sidon）过去的辉煌给予了积极的评价，而略过了它们最近作为专门的希腊学术中心的历史；相比对希腊和意大利描述的总和，他给了曾被腓尼基迦太基帝国控制的北非地区更多的篇幅。当梅拉在描述迦太基以东的北非海岸时，他指出"海岸上居住着按照我们的习俗生活的人"，而"我们的习俗"意思是腓尼基人的习俗。小岛对面的赛尔提斯湾（Gulf of Syrtis）被描述为"值得铭记的罗马灾难"，这并不是指罗马人的失败，而是罗马人在第一次布匿战争中对迦太基的决定性胜利。[24]

如果梅拉的文化观是腓尼基的，那他的地方爱国主义情绪则指向了西班牙；在非洲以外，他对西班牙的描写超过了任何其他地方。并不是梅拉详细描写了西班牙任何地区，但当他谈到自己的家乡时，他所提供的信息比对其他地方的描述要更多。"西班牙的人口、马匹、铁、铅、铜、银和金也很丰富，它的土地是如此肥沃，哪怕环境改变，由于缺水而贫瘠的土地上仍然可以生长亚麻或野草。"这是一份梅拉家乡最新的指南，尽管它很简短。梅拉也评论了罗马的势力，但对记述的形式有所选择。因此，他完全没有记载罗马殖民地、军队、堡垒和道路这些罗马帝国主义的明显标志，反而语及了将行省人和罗马联结起来的宗教机构——祭坛和神殿；当谈到文学作品时，他认为其他拉丁语作家（相对于希腊语作家）是"我们的作者"。这个来自西班牙的行省人希望坐拥两个世界的好处，既强调对腓尼基历史持续的自豪又欣赏当下因罗马的存在而产生的益处。赫拉克勒斯——他在传统上被认为是腓尼基神麦勒卡特（Melqart）——在书中的反复出现，将赫拉克勒斯之柱，即梅拉的地理记载开始和结束的地方，与地中海另一端的提尔和西顿的古老文化联系起来：

> 加德斯（加的斯）扼守着海峡。这个岛与大陆之间隔着一条狭长的地带，仿佛一条河，在距离大陆更近的地方有一条几乎笔直的海岸。在岛屿面对海洋的一面有两个海角伸入大海之中，其间的海岸线则向后回落。一个海角上有一座同名的、富饶的城市，另一个海角上有一座埃及赫拉克勒斯的神殿，它以其建造者、祭仪、年代和财富而闻名于世。提尔人建造了神殿，而赫拉克勒斯的尸骨埋在那里，以示此地神圣的原因。神殿修建于特洛伊时代，而时光增加了它的财富。

看起来，梅拉最初的读者应该包括他在西班牙南部的同胞们。他们可以与他在第三卷结尾处提到的"本书及大西洋海岸的终点"产生共鸣，它处在"安佩鲁西亚（Ampelusia）的海角，面朝我们的海峡，这里是我们开始的地方"。"我们的海峡"指的是直布罗陀海峡。梅拉在吸引一群共同身份的人；他的读者也是他的邻居。

那么，为什么这位西班牙作家的地方文学保存下来了，而其他人的却没有呢？梅拉的文本之所以能在 6 世纪的拉韦纳（Ravenna）被某个叫儒斯提奇乌斯·赫尔皮狄乌斯·多姆努路斯（Rusticius Helpidius Domnulus）的人抄录（现存所有手稿最终都来自他的抄本），接着又被欧洲不同地区的修士们抄录，最可能的解释为，它不仅关乎西班牙，也构成了一种十分少见的、用拉丁语书写世界地理的尝试，对读者们来说，它比在普林尼《自然史》等百科全书式的作品中所能找到的希腊地理传统的选段更加容易理解。也就是说，梅拉的作品之所以能幸存下来，主要是因为后代人并没有将它看作一部反映当地西班牙人自豪感的作品。[25]

铭文在帝国早期的广泛使用表明了整个帝国的识字率相当之高，至少在城市精英中是这样。如果说所有这些行省居民的文学品味，完全局限于那些在罗马写作、或为罗马读者写作的作家，会是非常不合理的。如果说他们为地方读者所写的作品都在过去两千年间散佚了——我们将在这一章的剩余部分看到些许的例外——这更有可能反映的是在印刷术发明前抄写者的品味和兴趣，而非文学创作的匮乏。犹太文学作品从古典时代晚期幸存下来，但这种对比不应被视为其他地方的人对自身独特文化身份的坚持不如犹太人的那么强烈的证明。至少在这方面——古典时代以来连绵不绝的文学传统使得大量文字作品幸存了下来——犹太人是一个奇特的民族。

奇特，但不唯一。希腊人自身的特殊性也使许多证据留存下来，它们证明了在公元后两个世纪里希腊人如何看待他们自己。他们的作品与使用拉丁语的罗马精英的作品一起保存了下来，因为在中世纪那些抄写古代文献的人眼中，公元 2 世纪的雅典或小亚细亚的文本，与 7 个世纪前古典文化鼎盛时期的作品没有太多差别——公元 1、2 世纪的希腊古典化倾向使它们更加难以区分。希腊主义成为公元 1、2 世纪地中海世界中强势文化的非凡成功，使得希腊核心地带——希腊本土和土耳其西海岸——的居民，在控制自己政治命运的力量陷入最低谷的时候，获得了文化上公认的优胜。热爱希腊文化的罗马皇帝可能会出席奥林匹克运动会，甚至像尼禄一样参与竞技。公元 67 年 11 月 28 日，尼禄的热情达到了顶峰，他在一场特别的科林斯地峡运动会（Isthmian games）上宣布，即刻起希腊将从罗马帝国的管理和税收中解放出来，一块现存的铭文记录了他演说的希腊语文本："其他领袖曾经解放城市，只有尼禄解放行省。"但是依靠尼禄一时兴起而得到的自由并不是真正的自由。可以被轻易授予的，也可以被同样轻易地拿走（事实上确实被韦斯巴芗夺走）。这些在几个世纪前孕育了政治艺术的城市，如今已对罗马政府的要求唯命是从。正如道德家普鲁塔克（Plutarch，约公元 50—约 120 年）在《治国方略》（*Precepts of Statecraft*）中所评论的那样，在他身处的时代，一个有抱负的希腊年轻人不再希望指挥一场战争或推翻一个暴君的统治；他将必须投身于公共诉讼或加入面见皇帝的使团来寻求荣誉。[26]

　　普鲁塔克在他自己的生涯中展示了一种希腊人能够释怀政治自主权丧失的方式。整个地中海世界的人都可以接受希腊文化，但是他们不能仅仅通过自我定义的方式成为雅典人或斯巴达人（或忒拜人、以弗所人、士麦那人、帕加马人或其他骄傲的古代希腊城市的原住民）。普鲁塔克来自维奥蒂亚（Boeotia）地区的喀罗尼亚（Chaeronea）城，位于雅典西北。很多年前，喀罗尼亚是维奥蒂亚同盟（Boeotia Confederacy）一员；公元前 338 年，马其顿国王腓力二世（Philip II），即亚历山大大帝之父，在此地以一场大战获得了对希腊人的统治权。在普鲁塔克时代，这座城市仿佛一潭政治重要性极低的死水。尽管如此，普鲁塔克虽然是一名罗马公民，在罗马政府中担任公职并在罗马语境中有相当的地位，他却选择在著作中强调自己身份中属于希腊而非罗马的那部分。他为希腊人和罗马人编写对比列传，是为了将古典时期希腊人的品质与罗马历史上相似的伟大人物做对比。这两套传记都对人物的缺陷和优势进行了分析。23 组传记中，有 19 组在其结尾的人物对比中清楚地表明了作者的目的，即从来自两种不同传统的伟人的生涯中，提取美德和恶习在实践中的例子。他和许多有权势的罗马人都很熟悉，包括资深元老卢奇乌斯·马斯特里乌斯·弗洛鲁斯（Lucius Mestrius Florus）——普鲁塔克因此获得了他的罗马名字（即 Lucius Mestrius Plutarchus）。而更晚的资料显示，他被图拉真授予同执政

官级别的荣誉（*ornamenta consularia*）——克劳狄皇帝曾在 60 多年前将
这个荣誉授予犹太国王亚基帕一世。但是在他生命的最后 30 年里，他是
一名德尔斐的祭司，他的哲学对话篇中充满了他来自喀罗尼亚的家庭成
员的名字，如他的祖父拉姆普里阿斯（Lamprias）和他的父亲奥托布鲁斯
（Autobulus）。这是一个从故乡文化中寻找灵感的人，与同时代那些采用
罗马视角的西班牙知识分子形成了鲜明的对比。[27]

　　普鲁塔克家乡喀罗尼亚骄傲的历史与雅典相比微不足道，雅典——
在亚历山大大帝改变了世界以前——是希腊传奇的城市中最伟大的。雅
典的文化复兴在公元 2 世纪初达到顶峰，当时哈德良用一项慷慨的建筑
计划改变了城市的面貌。哈德良成了这个城市的荣誉市民，并被雅典人
视为第二个建城者（雅典人创造了第 13 个部落，将其命名为"哈德良尼
斯［Hadrianis］"），而且，在雅典人的要求下，他通过他的法学家重新起
草了德拉古（Draco）和梭伦（Solon）的古代法律，不仅包括一般的民法
和刑法，也包括宪法本身。哈德良的资助，是渴望向雅典辉煌的过去致敬
的罗马元老和皇帝对雅典城的一系列馈赠的高潮。市政广场（agora）的
东部原先是市民中心，现已经被尤里乌斯·恺撒和奥古斯都改造成一个
市场。奥古斯都的朋友马尔库斯·维普萨尼乌斯·阿格里帕曾出资建造了
一个小剧场（odeum，一个用于音乐比赛的大厅）以反映雅典文化的重要
性，一批图书馆也被建造起来。这些罗马资助者自然也在为雅典追求荣誉
的同时，为自己追求荣誉。公元前 6 世纪开始建造的奥林匹克宙斯大神殿
被哈德良以雄伟华丽的风格完成。靠近它要通过一个拱门，而这个拱门把
"哈德良建造的新雅典"与忒修斯（Theseus）的旧雅典分隔开来。所有这
些来自外部的崇敬无疑有助于提升雅典人的自豪。在 3 世纪早期创作《智
者列传》（*Lives of the Sophists*）的斐洛斯特拉图斯（Philostratus）这样记
载，以作为"与城市公民交谈时宛如对待下级，与皇帝交谈时不像对待上
级，与诸神交谈仿佛对待平级"的演说家劳迪西亚的波勒莫（Polemo of
Laodicea）狂妄自大的证据："因为他很清楚雅典人的本性需要被约束而不
是鼓励，他以此作为开场白：'别人都说，雅典人，你们是明智的倾听者，
我将找出答案。'"[28]

相比之下，斯巴达人的骄傲在于他们宣称拥有一种孕育其传奇军事才能的独特生活方式。在公元 1 世纪，他们"复兴"了许多古老的习俗，尽管"复兴"通常包括制造一种传统，并将其起源虚假地归结到斯巴达式生活方式的创始人吕库古（Lycurgus）身上。斯巴达人向自己和外面的世界强调他们的古老传统，从波斯战争中英勇的忍耐力到"吕库古式"的风俗；这样做部分是为了帝国早期时的罗马游客，但更是为了在公元 2 世纪寻求自我肯定的希腊人自己。他们的地方爱国主义得到了其他希腊人强有力的支持。普鲁塔克写了一篇吕库古的传记，关于这个人，今日和当年都没有多少能够完全确定的信息；普鲁塔克把他写成了一个哲学和政治学的先知，但他也承认古典时期的斯巴达对待下层阶级黑劳士是出了名地不公和残忍，因此他认为这并不是真正的斯巴达行为："根据吕库古温和的性格以及在其他场合表现出的正义来分析，我实在不能将这个如此令人痛恨的措施归咎于他。"总的来说，斯巴达人吹嘘的生活方式似乎只触及了他们生活的表面，其许多方面与罗马统治下的希腊其他地区有相似之处；值得注意的是，例如，斯巴达的女性在铭文中得到了赞扬，这是因为她们的节制、她们对丈夫的爱、她们的尊严和她们的端庄，这与古典时期斯巴达女性众人皆知的独立形象形成了鲜明的对比。但是仍然保持着与众不同（或者可能是在罗马时期又复兴了）的是斯巴达培养教育青少年的体系。公民监察官组织唱歌、跳舞、体育和军事训练的比赛。阿尔忒弥斯·奥提亚（Artemis Orthia）神殿的大量铭文显示，这种训练以不同的年龄段被组织起来，从公元 1 世纪末开始每一组又被进一步分为"群"或团队，如果这些残存的铭文属实的话，这种组织方式提供了一种强烈的团队认同感。"忍耐力比赛"似乎是一项特别暴力的活动，普鲁塔克在其中目睹了一个男孩的死亡。年轻人要对阿尔忒弥斯·奥提亚的祭坛发动攻击，而防御者是带着鞭子的成人。斯巴达人宣称这些习俗来自古代，为了使之变得更加可信，他们使用古老的术语，并在给女神的献言中使用希腊的一种多利安方言。[29]

希腊地方爱国主义以及它的基础——对比现在更加辉煌的遥远过去的记忆——都在公元 2 世纪中叶保萨尼亚斯所著的《希腊志》（*Description of Greece*）中清晰呈现。保萨尼亚斯本人来自吕底亚（Lydia，今土耳其）的马格涅西亚（Magnesia），但是他的旅行指南涵盖了希腊本土的大部分地区：阿提卡（Attica）、迈加拉（Megara）、整个伯罗奔尼撒半岛（Peloponnese）、维奥蒂亚和福基斯（Phocis，包括德尔斐）——他所生活时代的罗马亚该亚行省的所有地区，除了埃托利亚（Aetolia）山地地区和岛屿。他热情洋溢地描写了希腊古城中仍然可以看到的古风和古典时期的雕像和绘画，但只是偶尔提到在他的时代来自罗马皇帝和其他人的艺术资助，而且也对被罗马征服前的衰落时期没有什么兴趣。他博学地点评了那些他所描述的古迹的历史背景，以及一个悠闲的旅行者会在这些古老的城市中目睹的宗教派系和仪式，这证明了即使是来自爱琴海对岸的人，也能对希腊的过去产生认同。对保萨尼亚斯来说，希腊历史中有意义的部分，是由公元前5世纪初的波斯战争到300年后的罗马征服之间的辉煌岁月："西蒙（Cimon）之子米太亚德（Miltiades）在战场战胜了那些在马拉松登陆的蛮族入侵者，阻止了米底人前进的步伐，因此成了全希腊的第一个恩人，正如克拉乌基斯（Craugis）之子斐洛波门（Philopoemen，公元前3世纪末公元前2世纪初亚该亚联盟的领袖）是最后一个。"保萨尼亚斯写道："从这以后，希腊就不再产出优秀的人了。"保萨尼亚斯的读者可能是其他像他一样来自小亚细亚的希腊人，对于他们来说，这些城市的名字——雅典、斯巴达、德尔斐和奥林匹亚这些在《希腊志》中占据显著地位的城市——会与英雄般的荣耀产生回响。[30]

当保萨尼亚斯在2世纪写作的时候，使人回想起古典时代的修辞学表演已经成了一种大众娱乐。演说家们在满怀仰慕的众人面前，用固定的片段演绎伯里克利（Pericles）或德摩斯梯尼的精神，他们的精彩演讲为希腊城市的文化定下基调。一个成功的修辞学教授可能会因表演"以阿里斯托革同（Aristogeiton）的方式，要求有权谴责德摩斯梯尼与波斯密谋，要求有权谴责埃斯基涅斯（Aeschines）与腓力密谋"，或者围绕"许珀瑞得斯（Hypereides）在腓力来到厄拉忒亚（Elatea）时只听取德摩斯梯尼的建议"的这些主题演说而收获赞誉。城市精英所共享的希腊文化，通过在奥林匹亚和其他地方的传统体育比赛中体现的国际主义，以及通过如"世界狄奥尼索斯艺术家行会"（Worldwide *Synodos* of the Artists of Dionysus）这样的机构得到巩固，其成员为大型宗教节日提供专业的娱乐活动。所有这些对辉煌过去的怀念促使城市精英们向自己的家乡城市投入了大量的开支：有时是通过建立一些仿古的纪念建筑，如在雅典；有时是通过铸造他们自己的基础金属硬币，而其上忠实地反映了当地的传统。公元 1 世纪晚期，小亚细亚的尼萨（Nysa）的硬币所使用的设计，主要指向对普路托（Pluto）和科瑞（Kore）的崇拜，因为这些神祇一个很重要的圣地就在此城附近；同一时期帕加马的硬币也提及了当地的宗教崇拜，在这里的崇拜目标是阿斯克勒庇俄斯（Asclepius）与雅典娜，但这些硬币中也存在展示与该城同名的英雄帕加马（Pergamos）头像的类型，他据称是此城的创建者。仿古式设计在公元 2 世纪里变得更加普遍。但是比硬币和建筑更耐久的是文字的记录。斐洛斯特拉图斯详尽地描述了"第二次智者运动"时期（他在《智者列传》中首创了这个提法，为了将公元前 5 世纪巡游希腊世界的高等教育的教授与约公元 60—230 年间在希腊世界盛行的公共修辞学教师联系起来）的演说家们，他们围绕古典主题创作了大量文学作品，从狄奥·克里索斯托（Dio Chrysostom）和埃里乌斯·阿里斯提德斯（Aelius Aristides）的演讲，到普鲁塔克的传记集，以及尼科美底亚的历史学家、哲学家阿里安所著的亚历山大大帝的历史。我们关于古典时期希腊世界的画面，大部分都由这些记录上色，它们在一个罗马统治下的世界里，以伤感的、回溯性的眼光写就。[31]

　　阿里安（约公元 86—160 年）的生涯可能有助于解释为何如此多的这类作品得到了保存，而帝国其他地区行省居民的作品却都失传了。作为一名比提尼亚的年轻贵族，阿里安在他的家乡担任了地方行政官，并跟随斯多亚学者爱比克泰德（Epictetus）全身心地投入到哲学研究当中，后者于公元 1 世纪 90 年代曾在希腊西海岸的尼科波利斯（Nicopolis）开办了一所学校。在这种追求真知的过程中，在公元 108—112 年间的某时，阿里安与未来的皇帝哈德良建立了友谊；当时哈德良是图拉真皇帝的被监护人，且此刻已是一名执政官级别的元老。他们兴趣相投，包括都有打猎的爱好。当哈德良在公元 117 年掌权后，二人的友谊使得阿里安成为一位重要政治人物。阿里安被任命为元老，被授予执政官之位，并在公元 131—137 年间担任卡帕多西亚行省总督。他以古典时期前辈的文风记载了自己的当代生涯。他的希腊文文风有意模仿了色诺芬（Xenophon）和其他的古典史学家，而即使在履行他卡帕多西亚总督职责的时候，他也设法完成了《论战术》（*Essay on Tactics*）和一篇关于黑海沿岸的地理的文章。他以色诺芬的风格，在《迎击阿兰人的战场命令》（*Order of Battle Against the Alans*）中记述他如何击退游牧民族阿兰人对他的行省的攻击，后者曾试图从高加索地区渗透到南方。阿里安在罗马视角下的突出地位，与其作为古典希腊传统的继承者的自我认知并不冲突。相反，他的行为越希腊，就越有可能从哈德良那里得到更多青睐，因为哈德良自己就对希腊文化研究十分热爱，以至于被人称为"小希腊人"（*Graeculus*）。阿里安最后为人所知的作品中，包括 8 卷本的著作《比提尼亚》（*Bithyniaca*），这本书记载了比提尼亚的历史——从最开始到被纳入罗马版图为止。[32]

在罗马统治下，这些希腊人的生活是什么样的呢？对于在农村耕种的农民，我们知之甚少：哲学家狄奥·克里索斯托在公元 1 世纪晚期描绘了一群埃维亚岛（Euboea）南部的农民，他们过着自给自足又与世隔绝的生活，他们贫穷但快乐，与最近的城镇也保持着距离——然而这一看似现实的画面并非民族志式的描述，而是一堂给那些喜欢奢华、不爱简朴的人的道德教育课。那些认识到自己的希腊属性的希腊人所拥护的文化是城市的文化。[33]

相较于古典时期的城市生活，这种城市文化有很大的不同。那些长期以来都是政治对手的城市的居民——在罗马和平下，除了在罗马总督的法庭上之外——被剥夺了互相攻击的机会。希腊人深刻地意识到曾经作为公民生活焦点的政治自由已经丧失，于是把自己的精力和资源转而投入到美化和享受他们城市的公共空间中。

这些城市通常的外观和功能，在保萨尼亚斯对帕诺珀乌斯（Panopeus）的嘲笑中显露出来：这座城坐落在希腊中部，而并没有达到人们的期望——"仿佛一个人能把'城市'之名给予那些没有政府机构、没有体育馆、没有剧院、没有市场、没有流水进入喷泉，只有像山间小屋一样的光秃秃收容所的地方"。[34] 更富裕的希腊人把多余的财富更多地花在建造这类建筑上，以赢得同胞的赞许，而非花在购买私人奢侈品和豪华的乡间别墅上。在公元 1 世纪罗马统治下的希腊，地方公民的身份认同和以往任何时刻一样强烈。大量的铭文证明属于小孩、年轻人和老人的传统组织仍然被十分重视，它们让一个希腊男性感觉到自己在公共社会中的位置。但公民自豪感与和其他希腊人的一种团结感结合在了一起，与罗马的外来者形成对比。泛希腊的庆祝活动，尤其是在希腊西北部的奥林匹亚举行的奥林匹克运动会，比希腊历史上以往的任何时候都更受欢迎，明星运动员以及演讲、戏剧和歌唱界的明星，在整个希腊世界赢得了声誉。罗马政府对这种文化团结的表现给予了积极的支持：在公元 43 年和公元 48—49 年，克劳狄皇帝再次重申了奥古斯都曾给予"狄奥尼索斯节的神圣比赛优胜者及其竞争对手的国际行会"（Worldwide Guild of Crowned Victors in the Sacred Contests of Dionysus and their Fellow Competitors）的特权，这些舞台艺术家的表演使整个希腊世界的剧院爆满。[35]

在所有罗马统治的外省人中，只有希腊人能够希望他们的当代文学作品被罗马精英视作佳作并加以保存。而如果有关当地人对于他们自身世界态度的证据，在其他地方留存了下来，那只是运气的结果。在这方面，埃及人的幸运在于尼罗河流域的气候和环境，他们在纸莎草上保存了成千上万的文本，使后人得以阅读。

埃及文化植根于几千年前，这是古代世界中几乎每一个受过教育的人都知道的事实。对任何不了解这一点的希腊人，埃及祭司马涅托（Manetho）在公元前 3 世纪用希腊语以编年史的形式记述了埃及早期法老王朝的历史。在希腊化时期，希腊的精英控制了埃及的政权，这鼓励了埃及人接受希腊文化，就像在曾经被亚历山大大帝统治的其他国家一样，但是奉行排他性种族主义的托勒密王朝的统治者使得本土居民难以取得政治权力上的成就：托勒密王朝倾向于将所有权力委托给马其顿人和希腊人。在奥古斯都将埃及"加入罗马人民的帝国"之后，罗马对当地的行政调整使得种族差异进一步加强，埃及人的劣等身份仍然被刻入到行政法中。尽管在公元 1、2 世纪，希腊语是埃及纸莎草上的主要语言，我们仍然可以对希腊精英和普通埃及人的态度和信仰进行许多讨论，后者的文化背景，即使是在希腊语的文献中，也经常通过他们的名字显露出来："珀托西里斯"（Petosiris）、"涅斐尔索尔科斯"（Nephersorchos）、"忒忒穆提斯"（Teteimouthis）、"泰奇斯"（Taychis）。纸莎草显示埃及人仍继续着一些与罗马人的正常行为完全相反的社会习俗，最引人注目的是对兄妹婚的认可。这种结合在法老和托勒密王室中间都有发现，西西里的狄奥多罗斯在公元前 1 世纪中叶记载道，"据说，埃及人……制定了一项与人类的普遍习俗相反的法律，允许男子与他们的姐妹结婚"。人口普查记录、婚姻契约、离婚协议、私人信件以及其他罗马时期的文件中都存在许多的证据，这表明这种习俗不仅在埃及农民中广泛流传，也在埃及的希腊精英中普遍存在。一份涉及某个叫克洛尼翁（Kronion）的人、时间跨度从公元前 107 年到公元前 53 年并由 69 份文件组成的档案，表明在他五个孩子中的两个——同样名叫克洛尼翁的长子，与他的女儿塔俄尔森努菲斯（Taorsenouphis）——结婚并生育了他们自己的后代。一份公元 173—174 年间的人口普查文件列出了彭特柏乌斯（Pantbeus）、提托恩涅西斯（Tithoennesis）、法拉克里斯（Phalakris）和哈洛诺西斯（Haronoesis）四兄弟的财产和家庭，并记载兄弟中有两人娶了自己的姐妹。罗马公民被禁止这种结合，当公元 212 年罗马公民权被授予埃及的居民时，它也一定是受到压力最大的当地习俗之一：兄妹婚最终在公元 295 年以皇帝敕令的方式在整个帝国中被禁止了。[36]

在维护传统习俗的同时，埃及人也很擅长在需要法律和秩序的时候利用罗马的行政部门来维护自身利益。一个名叫俄尔森努菲斯（Orsenouphis）的村民正是这样做的，他在公元 28 年向当地治安长官提出的控诉被详细地记录在了纸莎草上：

> 在提比略·恺撒·奥古斯都统治的第 14 年的墨索瑞（Mesore）月，我房子里的一些旧墙被建筑工珀忒苏科斯（Petesouchus）之子珀忒苏科斯拆除了，当时我在外谋生，并不在家。在拆除过程中，

珀忒苏科斯发现了我的母亲在（奥古斯都）恺撒执政的第 16 年秘密藏在一个小盒子里的财宝，包括一对 4 夸特（quarters）重的金耳环、一个 3 夸特重的金制新月饰品、一对相当于 12 德拉克马的未加工的银子那么重的银臂钏、一个价值 80 德拉克马的带银质装饰物的项链和 60 德拉克马银币。为了转移他助手和我族人的注意力，他让自己未婚的女儿将贮藏物送回他自己的家里，把这些东西倒出来后，他把空盒子扔在了我的房子里，他甚至承认找到了这个盒子，尽管他假装说那是空的。因此我请求，如果您同意，把被告带到您的面前，以使他受到相应的惩罚。[37]

大量文献、考古资料以及纸莎草材料显示埃及在宗教上对罗马统治的妥协。今天游客们仍能参观到伟大的埃及神庙，它们的墙壁上留存的献给罗马皇帝的祈福与献给埃及法老的一样多，有时候甚至更多。浮雕显示奥古斯都皇帝以埃及人的方式向动物神祇献祭。但宗教也为当地文化在罗马统治时期的延续提供了最有效的试金石之一。许多文献证明人们将大量的精力、人力和财力投入在对独特的埃及诸神的崇拜上：塔沃里特（Thoeris）、伊西斯、塞拉皮斯（Sarapis）、荷鲁斯（Horus）、阿努比斯（Anubis）、阿皮斯（Apis）、奥西里斯（Osiris）。这种崇拜并不妨碍对希腊和罗马诸神的崇敬。在俄克喜林库斯（Oxyrhynchus），埃及的诸神崇拜包括了宙斯-阿蒙（Zeus-Ammon）、赫拉-伊西斯（Hera-Isis）、塞拉皮斯、奥西里斯和塔沃里特；希腊诸神包括了得墨忒耳（Demeter）、科瑞（Kore）、狄俄斯库里兄弟（the Dioscuri）、狄奥尼索斯、赫耳墨斯（Hermes）和阿波罗；在罗马诸神中，有朱庇特和马尔斯。目前不是很清楚，在不同神灵的身份间，这种公然和明显的交叠对于崇拜者来说有什么确切的意义。[38]

尽管存在这样的复杂性，很明显，传统的埃及宗教仍然强势。在罗马统治下，埃及祭司阶层的政治身份和财政地位，与他们在托勒密时代的特权相比明显下降，但是他们仍旧继续发挥作用（并从国家获得特权）。一张公元 107 年的纸莎草提到了 5 位俄克喜林库斯的象形文字雕刻师的工作，尽管他们特别宣称自己的地区仅有 5 名这样的匠师：

> 致皇室书记（*basilicogrammateus*）克劳狄乌斯·墨南德鲁斯（Claudius Menandrus），来自忒俄斯（Teos）……和阿斯克拉斯（Asklas）……2 个俄克喜林库斯城的雕刻师，受到他们的同伴的委派：在目前我们的主人图拉真·恺撒统治的第 11 年，在名单上列出我们自己以及其他象形文字雕刻师，如下：……共 5 人。而且我们对皇帝发誓……我们真诚地呈上上述清单，而此外没有更多的人，我们没有学徒，也没有陌生人将这门技艺带到了今天……[39]

在公元 2 世纪中叶，索克诺派欧岛（Socnopaiou Nesos）的祭司们每年有 153 天在神殿中举办节日庆典。大多数普通民众继续相信埃及神——按描述，他们完全或部分地是动物的形态——这一点似乎是不可否认的。即使亚历山大里亚的开瑞蒙——他的学生包括年轻的尼禄——关于埃及宗教的论文残片没有留存下来，所有这些也可以通过推断得到。开瑞蒙依据埃及传统写作，将带有斯多亚哲学色彩的本土习俗，呈现给有时持怀疑态度的外部世界，正如一位后世作者写道：

> 斯多亚学派的开瑞蒙在自己的报道里谈到了埃及的祭司，他说这些祭司也被认为是埃及人中间的哲学家，并选择寺庙作为谈论哲学的场所……他们放弃了所有的工作机会和世俗的收入，把整个生命献给了对神灵的思考……人们总是在神的附近看到他们，或者说在神的雕像附近。他们的每一种行为都指向某种寓言性的真理，而非空洞的姿态……他们走路的方式是有纪律的，并设法保持平静的面容，这样他们就能在想要眨眼的时候避免这种行为。他们很少笑……他们不被允许触碰在埃及以外地方生产的食物和饮品……他们不吃任何种类的鱼，也不吃任何未分蹄或有脚趾的或没有角的四足动物，也不吃任何食肉的鸟类……在净化时期和斋戒时期所有祭司都是洁净的。在这一段时间内，他们要执行与神圣仪式有关的事

情。然后他们花几天的时间准备……在这段时间里，他们不吃任何肉食、蔬菜和豆类，但最重要的是不能与女性交合，（不用说）他们在任何时候都不可以和男性发生性行为……这些关于埃及人的事情都被一位热爱真理、记述准确的作家所证实，同时这位作者也是斯多亚学派中一位非常聪明的哲学家。[40]

圣书体（hieroglyphs）和僧侣体（hieratic script）的使用仅限于埃及的祭司群体，而他们也只在宗教和庆典的环境里使用这两种书体，但是用其他书写体表达的埃及语也在商业文件和普通民众的私人信件中被广泛使用，即使规模不如希腊语的那么大。广泛应用于托勒密时期和罗马统治的第一个世纪的世俗体（demotic script），转变为在公元 3 世纪末基督教文献中开始出现的科普特语（Coptic），这表明了希腊文化的影响力：科普特语本质上是用希腊文字书写的埃及语（加上几个额外的字母，用来表示那些希腊语无法提供的埃及语发音）。科普特语基督教的最终出现，本身就证明了埃及语持续的生命力，它不只是世俗生活的媒介，还被用于思想和文化创造的领域。许多现存的、用世俗体文字撰写的文本都抄写于罗马统治早期。尽管大多数作品的创作时间可能要追溯到托勒密时代，但这并不是不可能的，而其中的一些作品在公元 1 世纪仍处于创作中。今天，大英博物馆里一份罗马时期的世俗体纸莎草的手抄本，记述了塞腾·哈姆瓦斯（Setne Khamwas）的故事以及他对阴间的访问，他在那里见证了义人受祝福的生活以及恶人受到的折磨：

> 塞腾说："我的儿子西-奥西勒（Si-Osire），我在阴间看到了许多奇景。现在告诉我那些正在编织绳子，而绳子却在被驴啃食的人是怎么回事吧。"……西-奥西勒说："事实上，我的父亲塞腾，那些你所看到的正在编织绳子，而绳子却被驴啃食的人，是一群在地上受到上帝诅咒的人。他们为了生计昼夜劳碌，同时他们的女人在背后抢劫他们的果实，接着他们便找不到面包可吃。当轮到他们来到阴间的时候，被发现他们的罪行比他们的善行更多。于是有此命令，

他们在地上遇到的事，在阴间也应该遇到。"

一份公元 1 世纪的世俗体纸莎草手稿现存于莱顿（Leiden），其中包含了一系列的智慧教导，这类教导显然很受欢迎，因为许多另外的抄本也以残篇的形式流传了下来："教导说做任何事都要有分寸，所以什么事都不要做，除了最适合的……不要贪吃，免得你成为贫穷的同伴……教导说不要做一个傻瓜，所以人们不会不在家里接待你……教导说要知道诸神的伟大，要把这一点放在心里。"在公元 2、3 世纪，一些这类埃及文学作品被翻译或改编成希腊语，正如约瑟夫斯这样的犹太人从《圣经》中改编出犹太人的历史。泰芙努特（Tefnut）的传说——它包括托特（Thoth）劝解泰芙努特的任务，后者由于一场争吵，退到了努比亚沙漠之中，并化身母狮子的形态——被记载在两个地方，一是一份 2 世纪的世俗体纸莎草，二是一份现存于大英博物馆的 3 世纪的希腊语纸莎草，在后者中，托特被唤作赫耳墨斯。在这个时期显然有对这种翻译的需求。其他现存的此类文本包括一篇对伊西斯女神的祈祷词和一篇伊姆特斯-阿斯克勒庇俄斯（Imuthes-Asclepius）神的传记。[41]

大量的证据表明，埃及人对自己的文化十分执着，但同时也愿意接受和适应外来的希腊和罗马文化。没有什么比现存的大量木乃伊画像更能清楚地体现这一点了。对死者的照料作为埃及文化几千年里的一个显著特点，即使在罗马统治下也继续存在。墓穴绘画和裹尸布描绘着奥西里斯和豺头的阿努比斯，后者是掌管木乃伊制作的神灵。但是死者的画像实际上是用罗马风格逼真地绘制而成的，它们通常十分迷人，可能是死者理想化的形象。

这些材料的幸存是由于考古发掘的运气，而不是凭借那些评论家的认可，他们决定一部分文学作品值得在中世纪被传抄，而其他的作品则在那时候散佚了；因此埃及也比帝国其他地方更有可能保存有当地反对罗马统治的证据。罗马方面的资料只提及了一场需要镇压的地方暴动，即在公元 172 年部科罗人（Boukoloi，"牧人"）在埃及三角洲掀起的叛乱；他们并没有记载异见的原因。具有民族主义性质的世俗体预言故事《陶工的预言》(*Oracle of the Potter*)最初是在公元前 2 世纪为反对托勒密王朝而写就的，它预言了孟斐斯（Memphis）未来的荣耀和亚历山大里亚的灭亡，"那时埃及人将看到外国人像树叶一样从枝干上飘落"，这个作品的希腊语版本到了公元 2、3 世纪仍然在流传。但也许令人惊讶的是，罗马埃及所保存下来的最激烈的反罗马文献，并不是埃及语的，而是希腊语的。亚历山大里亚城的希腊人认为他们在这个国家内的权威 —— 在托勒密统治时期，他们拥有特殊的影响力 —— 由于罗马强加的统治，已经受到了致命的威胁，他们因此创作了一系列描述英勇反抗皇帝的叙事的合集，对象从 1 世纪的提比略一直到 2 世纪晚期的康茂德，而反抗者则是亚历山大里亚的异见者，有时也被描绘成城市中最杰出的公民。这些烈士的行为以审判报告的形式传播，有些是基于真实事件，其中包括公元 1 世纪三四十年代犹太人与希腊人在城中的斗争，这件事让斐洛在公元 40 年成了前往罗马向盖约求情的使节，也将亚基帕一世卷入其中，就像我们在第二章里看到的那样。一篇由一系列纸莎草残片组成的文本记录了某个叫伊西多鲁斯（Isidorus）的人向克劳狄皇帝的抗议："我的主人恺撒，你喜欢像亚基帕这样低廉的犹太人吗？……我控告他们（犹太人）意图颠覆这个世界……他们与亚历山大里亚人的本质不同，而是像埃及人那样生活……我既不是奴隶也不是女乐手的儿子，而是光荣城市亚历山大里亚的体育官，而你是被犹太的撒罗米遗弃的儿子！"如果现存纸莎草抄本的年代和数量是不错的线索，那么亚历山大里亚希腊人的反罗马文学体裁将一直流行到 3 世纪，尽管到了那时真正的政治反抗已经变得微不足道。[42]

在帝国的其他地方，罗马统治下地方文化的延续不得不从不太直接的迹象中拼凑出来：铭文所使用的语言、艺术风格、人名和地名。在帝国的许多地方，不管日常生活中使用哪些语言，希腊语或拉丁语都是官方通告的语言，就像在早期现代，欧洲各地的纪念碑都使用拉丁语一样。一个独特的地方文化，比如大流散时期的犹太人，可以通过希腊语的媒介进行自我表达，就像庞波尼乌斯·梅拉在用拉丁语写成的作品中传播腓尼基人的观点一样；因此，当地语言在碑铭证据中的缺失并不能告诉我们多少信息，尽管使用这一种语言的决定可能很重要。承认地方艺术偏好的重要性在某种意义上甚至更加困难，这是因为很多现存的考古证据都是在陶器上发现的，而在古代，像今天一样，陶器并不是一种明显用来表达政治情绪的物件。对名字的研究似乎更有前景。一位父亲给予他的儿子一个听起来完全属于罗马人的名字，比如马尔库斯·尤里乌斯·阿格里帕（犹太国王亚基帕一世的全名），并非就是否定了他的本土文化，但是选择一个有特色的当地名字，很可能意味着文化上的骄傲。在亚基帕一世统治时期的耶路撒冷，高级祭司们的名字明显都是犹太式的。在公元 6 年担任大祭司的塞斯（Sethi）之子亚拿努有五个儿子，每个人都担任了一段时间的大祭司。他们叫作以利亚撒（Eleazar）、约拿单、提阿非罗（Theophilus）、马提亚（Matthias）和亚拿努：在一些环境下，给孩子起一个希腊或罗马名字似乎不太合适。地名也是当地文化是否强势的证明——这不是说那些罗马当局强加给城市的名字，它们会随着政权的突然变换而改变（这很像 20 世纪圣彼得堡名字的转变），而是那些从古代幸存下来的名字。坐落在帕里西人（Parisii）土地上的卢忒提亚（Lutetia）作为一个拥有广场、神殿和标准街道规划的罗马城镇，如今却以巴黎（Paris）而非卢忒西（Lutèce）的名字为人所知，这大概说明了帕里西人的部落身份认同。

　　尽管证据如此有限，还是有足够多的材料幸存了下来，证实了帝国中存在五花八门的地方文化。地方语言从前罗马时代一直坚持到中世纪，并以威尔士语或巴斯克语的形式再次出现。以特有的字母体系书写的北非本土语言，在公元最初几个世纪里，在从大西洋沿岸到突尼斯东部的铭文上留下了痕迹。当奥维德被昔日的恩主奥古斯都驱逐的时候，他记载黑海沿岸的当地人说盖塔语（Getic）和萨尔玛提亚语（Sarmatian）。精通双语是常见的，精通三语（希腊语、拉丁语和某种当地语言）也并不罕见：罗马伟大的律师乌尔比安（Ulpian，死于公元 223 年）来自提尔，想必也熟悉腓尼基语和希腊语；在这座城于他生活的时代成为罗马殖民地之前，也于他投身罗马的仕途和撰写拉丁法律著作之前，腓尼基语和希腊语是提尔城的碑铭所使用的语言。在安纳托利亚，许多不同的当地语言继续为人所使用，最明显的证据是大量于公元 1 世纪到 3 世纪用希腊字母书写的新弗里吉亚（neo-Phrygian）铭文，它们包括葬礼的文稿，以及给安纳托利亚的神祇"门"（Men）和给抽象道德品质之神（如虔诚神、正义神）的宗教献词。但是大多数语言可能都没有被写下来。考古记录中并没有留下关于路司得（Lystra）居民的语言的痕迹，《使徒行传》称他们在公元1世纪见证了保罗治愈跛子的奇迹："众人看见保罗所做的事，就用吕高尼（Lycaonia）（地区）的话，大声说，'有神借着人形，降临在我们中间了'。"[43]

至少有一个行省的居民从多样的习俗中得到了安慰。巴·达伊臣（Bar Daisan）是埃德萨（Edessa，今土耳其东南部的乌尔法［Urfa］）的阿布加尔八世（Abgar VIII）宫廷中好奇的基督教哲学家，他在2世纪末用叙利亚文写作了专著《论命运，或不同国家的法律之书》（*On Fate, or the Book of the Laws of Countries*），在此书中他通过（并不完全准确地）展示各民族的风俗如何不同，来反对占星学决定论：

> 现在听着，并试着理解，并不是全世界所有人都在以同样的方式，做那些星星通过它们的命运和它们的星域所决定的事。因为人们凭借上帝赋予他们的自由，在各国设立了法律……在罗马，偷了一些小玩意的人会被鞭打，然后释放。在幼发拉底河往东更远的一边，没有人会因为被叫作小偷或杀人犯而感到愤怒。但如果一个男人被指控与男孩发生性行为，他会为自己报仇，甚至不惧谋杀……然而，在北方，在日耳曼人和他们的邻居们那里，帅气的男孩像妻子一般侍奉男人，人们也为此举行婚宴……在不列颠人那里，许多男人一起娶一个妻子……

巴·达伊臣认为，从这样的证据来看，显然人类掌控着自己的命运，而这一命运既不是由星象也不是由地理决定的。此观点的另一个证据，就是人们可以改变自身的习俗，根据巴·达伊臣的说法，最明显、最有效的就是当他们皈依基督教的时候。[44]

罗马世界似乎是一个今天我们会称为"多元文化的"社会，就像其统治者和被统治者共同承认的那样。在不同时期，对罗马帝国境内万花筒般的风俗习惯进行观察，会引出说教、幽默、轻蔑、厌恶或仰慕，但不会有惊讶。每个人都知道罗马世界的各民族都遵循着当地独特的传统，这种多样性是不可避免的，而人们显然视其为理所当然。

宽　容

总的来说，罗马人乐于允许他们的行省臣民继续以这种异质的方式生活。罗马人清楚地知道国家能从改变当地文化中得到实际利益，却仍然允许行省居民保留非罗马式的生活方式，使得这种宽容显得更为惊人。历史学家塔西佗声称，他的岳父阿古利可拉（Agricola）在担任不列颠行省总督时，用公元78—79年的冬天试图"使一个迄今为止分散、未开化所以好战的部族，逐渐愉快地习惯于和平和安逸"。根据塔西佗的说法，通过鼓励建造神殿、市场和大房子，以及推广拉丁语、穿戴托袈，并引导他们使用"使恶习变得愉快的便利设施"，如浴场和宴会，上述的目标得以实现。[45] 正如长期以来被指出的那样，靠一个总督在如此短的时间内，这样有意识地强制推行罗马文化是不可能成功的，而塔西佗在这件事上的记载是不可靠的。尽管如此，沿着阿古利可拉的思路制定长期政策，应该会是完全合理及可行的，而如果罗马不列颠的城市化进程在公元前两个世纪是缓慢且参差不齐的——这点可以通过众多遗址的考古证据得到充分证明——这说明这一政策没有得到遵循，尽管罗马人知道它也许会成功。换句话说，罗马政府对行省文化的一般态度是自由放任的。

但是自由放任不意味着所有文化在罗马人眼中都具有同样的价值。罗马人并没有种族偏见，他们不认为一些民族天生低劣，但是罗马人对于"野蛮人"有着清晰的概念，认为他们是文明社会的对立面，处于真正的人性（humanity）的边界之外。野蛮人的整个概念，是从其最初的希腊语用法中借鉴来的，表示使用希腊语以外的语言的人（因此，讽刺的是，也包括说拉丁语的罗马人），这个概念提供了一种有效机制，使文明都市中可以被接受的文化与其隐含的对立面分开。野蛮人偶尔会被犬儒拿来赞赏，以谴责罗马道德的沦丧；因此，塔西佗在《日耳曼尼亚志》中，会对简朴的日耳曼社会的一些方面进行称赞。但是更为常见的是，野蛮人被认为是愚昧的，只有通过融入罗马的文明世界才能够得到拯救（如果还有救的话）。涉及野蛮人的语言，以及对他们的物理描绘都可能是非常粗暴的。位于罗马的图拉真记功柱是为了庆祝皇帝在公元101—102年和105—106年间在达契亚（Dacia）取得的胜利而建造的，其上的一系列浮雕记录了罗马军队在多瑙河地区的行动。它们所描绘的场景明显是供一般罗马大众欣赏的（即使不是所有的细节都能从地面上充分地观赏到）。它们展示了对敌人的大屠杀，对妇女和儿童的奴役，甚至把头颅作为战利品展示出来。对这些敌人的消灭可以用令人不寒而栗的语言来庆祝。根据历史学家卡西乌斯·狄奥的记载，当公元85—86年非洲的纳萨蒙人（Nasamones）被消灭时，其非战斗人员也全部被屠杀。图密善皇帝向元老院胜利宣布："我已禁止了纳萨蒙人存在。"[46] 只有某些人在特定的时间或出于特殊的目的，也许才会将民族和团体定义为"内部野蛮人"，作为对他们的孤立和诋毁，但是这种语言和概念是危险却可用的。基于"科学"的、对不同民族的夸张讽刺，比如在公元2世纪中叶写作的大天文学家克劳狄乌斯·托勒密（Claudius Ptolemaeus［Ptolemy］）的占星地理学，很容易就退化成为系统性的敌意：

剩下的四分之一地区，坐落在整个人类世界的中心，以土买、柯里-叙利亚（Coele-Syria）、犹地亚、腓尼基、卡尔迪亚（Chaldaea）、奥尔喀尼亚（Orchinia）和阿拉伯福地（Arabia Felix），它们位于这整个四分之一世界的西北方向，对西北三角，白羊座、狮子座和射手座更加熟悉，此外，还有共同的统治者木星（Jupiter）、火星（Mars）和水星（Mercury）。因此，与其他民族相比，这些民族更倾向贸易和交流；由于上述星座站在了相互对立的位置上，这些民族更不择手段、卑鄙懦弱、奸诈、具备奴性而且极为善变。当然，在其中，柯里-叙利亚、以土买和犹地亚的居民更加熟悉白羊座和火星，因此这些民族一般都大胆冒失、不信神而且诡计多端。[47]

罗马人可能要花很长时间才能得出结论，认定某种特殊的习俗超出了他们所定义的文明的可接受范围。高卢和不列颠的德鲁伊教习俗在提比略时期被宣布为非法，克劳狄皇帝则采取行动来镇压他们。记载这些国家行为的罗马史料对德鲁伊教的野蛮表达厌恶：苏维托尼乌斯记载克劳狄"彻底废除了高卢人中残酷且非人的德鲁伊宗教——在奥古斯都统治时期只有（罗马）公民被禁止参加"。生活在与之相近年代的老普林尼，在讨论巫术在世上无处不在时，把变化归功于提比略："巫术确实在高卢诸省扎下了根，而且还在活着的人的记忆里。因为提比略皇帝统治时废除了他们的德鲁伊教和这个先知和医者的部族……不可能算得出他们欠罗马人的情有多大，后者把这些可怕的仪式都废除了：在他们的仪式中，杀死一个人是最虔诚的行为，而将他吃掉是最有利于健康的。"[48] 不管这些指控是全部还是部分错误，罗马人的厌恶显然是缓慢浮现出来的。早在克劳狄之前一百多年，西塞罗和尤里乌斯·恺撒都与爱杜伊人（Aeduan）的德鲁伊祭司狄维契阿古斯（Divitiacus）建立了密切而友善的关系，在恺撒征服高卢的公元前 1 世纪 50 年代，他似乎没有发现德鲁伊教有什么问题。

在公元 1 世纪，这种对行省习俗的禁令是非常不寻常的，而重要的是，普林尼试图通过指控他们食人——这项指控经常被施加给任何看起来对正常社会怀有敌意的群体——来证明镇压是合理的。很有可能，对于罗马人来说真正的问题在于，德鲁伊教在普通高卢人中间十分受欢迎并拥有大量的追随者，这可能会破坏当地贵族的权威，而罗马已经在该行省将权力下放给了这些贵族。当没有类似的政治问题出现时，行省居民可以按照自己的喜好行事，就像他们在埃及可以和兄弟姐妹结婚一样。

因此，行省居民接受罗马人的习俗（mores）的主要动力不是自上而下的强制力，而是行省居民自己的雄心。罗马的精英们非常愿意接纳几乎任何背景的有能力的人加入他们的行列，只要他们以罗马人的方式生活。在尼禄统治时期，大多数罗马元老来自意大利，尽管已经有不少出身西班牙南部和高卢南部的人，但是到了公元 1 世纪末，大量元老来自帝国的希腊语地区，大多数来自土耳其西部的亚细亚行省，到公元 2 世纪初，许多来自非洲北部海岸的元老家族开始出现。到了公元 2 世纪中叶，当某个叫作提比略·克劳狄乌斯·戈狄安（Tiberius Claudius Gordianus）的人进入了罗马精英阶层时，他成了第一个出身于罗马统治的最东方边界的卡帕多西亚行省泰安那（Tyana）城的元老，帝国很少有地区——在这个仍然被罗马人看作是国家中央机构的里面——没有代表。[49]

当然，罗马人很清楚个人能够拥有不同的肤色；拉丁文学作品中散布着这些言论，表达美学上的评价：黑皮肤的"埃塞俄比亚人"，以及北欧人苍白的脸和"过分"的身高，但它们更多是品味的问题，而不具有道德或社会意义，而如果一个人有足够的才华，其种族背景可能会被忽视。因此罗马元老塔西佗在描述提比略·尤里乌斯·亚历山大时——他是公元 1 世纪 60 年代的埃及长官，也是未来皇帝提图斯在公元 70 年围攻耶路撒冷时的参谋长——有一个明显的遗漏，即没有在任何地方提到他的犹太血统。提比略·亚历山大的父亲事实上是亚历山大里亚犹太社区里最杰出的人物之一。父亲马尔库斯曾为罗马帝国担任过一个非常有权势的行政职务，阿拉巴尔克（alabarch，这个职位很可能涉及监管尼罗河的阿拉伯一侧的关税征收），并因为向耶路撒冷圣殿捐赠镀金的大门而出名。他还是在公元 1 世纪 30 年代中期向亚基帕一世提供贷款的恩人，这笔钱让这位犹太国王得以在罗马重新开始他的政治生涯。提比略的兄弟（与父亲同名，也叫马尔库斯）娶了亚基帕的女儿，犹太公主贝瑞妮斯。他的叔伯是伟大的犹太哲学家斐洛，曾在公元 40 年作为使团领袖之一面见卡里古拉皇帝，代表亚历山大里亚的犹太人请愿。[50] 提比略·亚历山大在公元 46 年被克劳狄皇帝委派为犹地亚总督，据推测，他的犹太背景会给治理耶路撒冷提供优势，就像他的兄弟的岳父亚基帕一世那样。然而，尽管他与犹太人有这么多的联系，当他于公元 63 年在亚美尼亚担任罗马将军科尔布罗（Corbulo）的军官时，塔西佗还是描述提比略·亚历山大是"一位杰出的罗马骑士"。更引人注目的是，刚刚在《历史》（Histories，涵盖公元 69—96 年）的开篇告诉读者，公元 69 年"对犹太人的战争是由韦斯巴芗·弗拉维乌斯指挥 3 个军团进行的"之后，塔西佗马上接着描述埃及的政府，"从神圣的奥古斯都的时代起就由罗马骑士代替他们之前的国王进行管理……这时的总督是提比略·亚历山大，来自同一国度（即，一个埃及人）"。讽刺作家尤文纳利斯与塔西佗差不多同时写作，他嘲笑提比略·亚历山大——对着后者的凯旋雕像"不只可以尿尿"——是"某个埃及的阿拉巴尔克或者别的"，这是指提比略父亲的职位。对于这两位罗马作家来说，提比略·亚历山大的犹太血统显然是无关紧要的。他的仕途证明了罗马精英们乐于忽略那些希望被看作罗马人的行省居民的民族和种族出身，只要此人完全接受罗马的习俗。[51]

当这些多样化的社会不受干扰，繁荣发展时，为什么耶路撒冷的生活会被认为比帝国其他地方的对罗马更有敌意？我们现在必须通过审视罗马人和犹太人对他们共享的世界的态度之间的差异来寻找答案。

第二部

罗马人与犹太人

第四章

身　份

做罗马人与做犹太人

罗马与耶路撒冷之间的关系变得更加复杂——因为一个罗马人可以是犹太人，而一个犹太人也可以是罗马人。因此，根据《使徒行传》，在公元 1 世纪 50 年代末，使徒保罗——一个来自奇里乞亚地区的塔尔苏斯城的犹太人——在耶路撒冷被捕时，可以通过透露自己的身份是罗马公民来（至少暂时）确保他的人身不受侵犯：

> 千夫长（或译为护军官）就吩咐将保罗带进营楼去，叫人用鞭子拷问他，要知道他们向他这样喧嚷，是什么缘故。刚用皮条捆上，保罗对旁边站着的百夫长说，人是罗马人，又没有定罪，你们就鞭打他，有这个例吗？百夫长听见这话，就去见千夫长，告诉他说，你要做什么？这人是罗马人。[1]

一些怀疑者质疑过这个故事，但缺少根据:《行传》最后部分的整个叙事都围绕着保罗的这个身份展开，结果是他最终作为囚犯被送往罗马，在皇帝面前为自己辩护。当保罗揭示自己的身份时，其他人对此的反应——根据《行传》作者的描述——是很有启发性的。他们非常惊讶：没有想到一个像保罗那样让自己身陷困境的犹太侨民竟然会是一名罗马人。另一方面，事实证明保罗不是当时在场的唯一罗马人。护军官告诉保罗他也有罗马公民权，"是用大量金钱买下的"。相比之下，保罗申明他生来就是罗马公民。

罗马人的身份认同，最终取决于罗马政府对一个人公民身份的承认。这点有明确的规定。如果男性罗马公民想要生育具有公民身份的合法后嗣，其配偶必须本身是罗马人，或来自帝国内某个获得罗马国家特别承认的拥有与罗马人跨族通婚（conubium）的权利的社群。女性罗马公民，如果丈夫不是罗马人，就不能保障新生儿的公民权利。但是罗马的高级行政官能够将公民身份作为一种优待给予来自帝国境内行省的非罗马人，或是作为对其所提供的服务的奖赏或是（不那么可敬地）作为对贿赂的回报（比如与保罗谈话的护军官显然就是以这个目的行贿的）；而他们确实也这样做了。在一个像耶路撒冷这样的国际都市中，人们永远不知道谁是罗马人，而谁不是。无论是外表、衣着、语言还是名字，都不是确定的标识。这里有很多奇怪的罗马人。他们数量和籍贯的多样性，在保罗被捕的时期正处于前所未有的变化之中。[2]

在古代世界里，罗马人对其公民身份的慷慨是极不寻常的。尽管到了公元1世纪，罗马在物理上得到了巨大的扩张，帝国总人口中却只有很小的一部分可以居住在罗马城里。不要紧：虽然成为罗马公民的主要途径是血缘出身，但是在共和国早期，也就是公元前5世纪，罗马人已经把他们的一些拉丁邻居纳入到自己的政治体系之中。到了公元前1世纪初，这种整合的进程包括了整个意大利。一旦迈出了接受与罗马城没有物理或家庭联系的人成为公民的第一步，就很容易进一步扩展公民身份，首先是给治下社群中的特权人物，然后是给整个民族和地区。在法律上，成为罗马公民的每个案例都需要罗马政府机关的批准，但在实践中，到公元前1世纪中叶，授予罗马公民身份的权力往往被下放给最有权势的行政官。特定政客作为新公民的恩主所获得的好处，或者如果具体的个人不适合拥有公民身份，偶尔会引起争议，但这一普遍原则——罗马公民权会无限期地向外传播——似乎并没有受到任何人的质疑。在公元前 62 年，诗人阿尔基亚斯（Archias）的罗马公民身份受到了政敌在技术层面上的质疑，而在西塞罗代表他所做的演讲中，前者可以通过提及阿尔基亚斯写过"庆祝罗马人民的名声和荣耀"的诗歌这一模糊的成就，为他委托人（在法律上很可疑）的主张提供帮助。[3]

这种慷慨最明显的证明之一是接受被释奴为罗马公民。这意味着多么巨大的地位上的转变，人们恐怕难以理解。罗马公民的奴隶不是法律意义上的人。他们是东西、财产，就像是在现代社会中的动物或无生命的物体一样。但就连他们也可以成为罗马公民。要完成这一步，需要的只是一场在罗马官员面前举行的正式仪式，标志他们从奴隶身份中解放出来，并加入了罗马人民的行列。有时候这个程序甚至可以更加简单，已故主人的遗嘱就能赋予奴隶自由和全部的公民权利。

罗马人很清楚这种对公民身份的授予的价值，而一些奴隶可能会被非正式释放，因此得不到他们的公民权，这或是因为主人希望重新控制被释奴挣得的财产，或是主人认为他或她不配成为公民。一个令人吃惊的事实是，哪些奴隶应该成为罗马公民的决定极大程度上落在了其主人的个人职权内，不论主人是男性还是女性。一个不能自己投票的罗马妇女，可以在一位地方长官的面前通过简单的程序释放自己的男性奴隶，并将投票权利赋予他。在奥古斯都时代，人们颁布了一系列法律来监管异常富有的奴隶主通过遗嘱一次释放大量奴隶并给予其选举权的行为——因为他们不希望自己的继承人继承这部分财产——以及监管将公民权授予曾作为罪犯被主人或国家惩罚过的奴隶。一个世纪后，苏维托尼乌斯很有趣地将这些法律归结为一种"为保持人民纯洁无瑕，不受任何外国人或奴隶的血统玷污"的愿望，但它完全没有实现：只有犯过罪的奴隶才完全失去了公民权的资格，而一个男子或女子一生中能释放奴隶的数量并未得到限制。因此，在共和国末期和帝国初期，罗马城奴隶居民种族的多样性，在短短几代人内，改变了罗马公民人口的种族构成。这些被释奴中，有相当一部分是犹太人。[4]

意大利之外，在公元前 1 世纪时，将公民身份授予受青睐的个人，在帝国西部相比于东部更加普遍，但是在接下来的两个世纪里，东部行省的获益逐渐增加，直到公元 212 年，卡拉卡拉（Caracalla）最终将公民身份授予了罗马世界的所有居民。据说卡拉卡拉的直接动机是增加国家的税收，但公民身份的普及发放是一个长达几个世纪进程的高潮。《使徒行传》中记载的保罗与其逮捕者之间的对话表明，对于这些地方居民来说，罗马的公民身份值得争取，因为它能够带来实际的好处，它更像一本护照，而不是一张罗马身份的声明，但这种好处——虽然在保罗被逮捕时发挥了足够的作用——除了给人在罗马和行省当局武断行事时向皇帝上诉的权利外，就没有多少别的作用了；而且这种权利的价值，也随着公民身份的普及逐渐稀释了。到了哈德良时期，罗马政府对不同社会阶层的罗马公民获得法律保护的权利进行了区分。对那些更富有、"更光荣"的人，将给予更宽容的处罚；一个地位更卑微的人如果因同样的罪行而被判有罪，可能会面临更屈辱的、通常是肉体上的惩罚。我们并不清楚，这些地位卑微的公民觉得自己有多"罗马"——或者说，他们有多清楚作为罗马人意味着什么。正如我们看到的，普鲁塔克成了罗马公民，但仍然是一个希腊人。这种对非罗马身份的持续忠诚是常见的。但是任何一个地区或族群的态度都可能会随着时间而改变。亚平宁山区的一些居民曾经强烈反对罗马文化，并在公元前 90 年建立了自己的意大利（Italia）国家，他们于公元前 87 年失败，而之后不到 60 年，就完全以罗马公民的身份卷入了安东尼和屋大维之间纯粹的罗马内部冲突当中：在公元前 1 世纪 30 年代的战争中，许多屋大维的支持者，以及他在公元前 27 年宣布重建的罗马国的受益者，都是这些意大利人。

公元 1 世纪，一部分的罗马城居民是外国人或奴隶，并因此不是罗马公民，他们的看法和社会关系在很多方面都与公民不同，而且很大程度上也是未知的。历史学家们试图构建罗马人对他们世界的看法，但是罗马身份的流动性给他们制造了困难。在任何一个复杂的社会中，必然存在着各种各样的观点，因此，如果没有民意调查作为证据，所谓的多数或普遍观点必然源自主观臆断。更棘手的问题是，一个罗马作家表达的观点可能无法很好地反映他作为罗马人的观点，而是反映了他（其中一个）非罗马身份的观点。保罗的书信集就是一个著名的例子。它们在某种意义上是罗马文学，表达了一位罗马作者的视角，但是如果要从中提取关于罗马的宗教和文化的概况，显然会是荒谬的。在帝国早期，所有用希腊语写成的罗马文献，也多少可以这么说。在公元 3 世纪初，写作多卷本《罗马史》的卡西乌斯·狄奥也许认为自己是个罗马人，理由仅为他曾是一名元老和两届执政官，尽管他的历史著作是用希腊语写成的；但我们没有信心对他生活在一个世纪前、与他同名的比提尼亚人做同样的推断，也就是狄奥·科切亚努斯（Dio Cocceianus，后来被叫作克里索斯托［Chrysostom］，"金口"），尽管他作为一名演讲家和哲学家长期住在弗拉维王朝时期的罗马，并在之后与图拉真皇帝建立了友谊。公民在生活中有时会更强烈地感受到自己的罗马身份，其他时候则不然。环境至关重要。在军队中，拉丁语是军事命令的语言，也是士兵墓志铭上的语言；一位军团士兵可能比他的非军人亲属更加充分地认同罗马，无论他来自哪个地区。公元前 15 年，奥古斯都派遣讲拉丁语的军团驻扎在腓尼基地区，建立新的罗马殖民地贝律图斯（Berytus，现今贝鲁特），这些人可能把自己看作一个陌生世界中的罗马文明的堡垒：并不意外，贝律图斯在公元 3 世纪成为（以拉丁语）研究罗马法的一大中心，并吸引了罗马近东各地讲希腊语的行省居民。相反，在罗马城，一个讲希腊语的罗马公民可能会更强烈地感受到他的希腊出身，因为他将发现自己身处在意大利人的海洋中。

　　承认罗马人与非罗马人之间的界限非常模糊，并没有使寻找罗马人的态度这件事变得不可能，只是让它变得更加困难。一种危险总是存在，即文本描绘了理想型而非真实人物，但是这可能不完全是一件坏事。社会需要理想型来评判他们自己的表现。即使许多罗马人——像保罗和约瑟夫斯一样——通常根据从罗马人的常规假设之外挑选出的标准来评判自己，仍然值得查明的是，他们在进入罗马人的角色时对自己可能有什么看法。*

---

* 　由于我的目的是在下面的章节中描述罗马文化中特别罗马的内容，我将保守地使用那些具有双重身份的人提供的证据。只有当希腊文的著作来自那些可以被证明认为自己是罗马人的作者时，我才会使用它们，而我的分析会尽可能地依赖来自罗马城或关于罗马城本身的证据，或者靠使用罗马独特的语言——拉丁语——的罗马人的文献和碑文。

"谁是犹太人？"这个问题在罗马帝国早期和现在一样难以回答。的确，由于缺乏定义犹太人的明确界限，当代世界——或更准确地说，自18、19世纪欧洲犹太人的解放以来，欧洲和美洲的犹太人所居的世界——变得更像异教罗马帝国的多元社会，而不是这两者中间的任何时期。整个中世纪里，在基督徒和穆斯林的统治下，犹太社区的限制通常由犹太人自己与其所生活的国家共同商定。在公元1世纪的罗马世界，如此清晰的界限是不存在的。犹太身份在当时就像现在一样，既是宗教身份，又是种族身份，而造成这种不确定的根本原因是——对犹太人和罗马人来说是一样的——这种身份被自由地拓展给外部人员。还不清楚，犹太人具体何时及为何开始认为，加入他们当中并接受他们习俗的异族人不应该仅仅被视为可被容忍的外来客，而应该凭自身因素被视作犹太人。然而，对此类皈依者的概念在七十士译本，即《希伯来圣经》的希腊语译本中就已根深蒂固；因此我们有理由认为，当七十士译本在公元前3世纪和公元前2世纪被完成时，希腊裔犹太人已经将异族人皈依犹太教当作是理所当然的了。有很多人支持这一假设，即犹太人采取这一观念是对于希腊文化普世主义的回应。正如任何想成为希腊人的个人都可以通过遵循希腊的生活方式成为希腊人，任何想要成为犹太人的人也可以通过遵循犹太人的习俗成为犹太人。[5]

皈依犹太教不仅仅是一种理论上的可能性。从古代晚期犹太世界的不同地方出土的铭文，保存了那些被认定为皈依者的名字。对于大多数这样的改宗者而言，使他们成为犹太人的确切机制尚不为人知，但针对美索不达米亚北部的阿迪亚贝尼国王阿扎特斯（Izates）以及他的母亲海伦娜皈依犹太教的情况，约瑟夫斯留给了我们一段完整而富有启发性的叙述——毫无疑问，一部分的原因是当海伦娜（正如在第一章中所见的那样）在耶路撒冷成为一位著名人物的那些年中，约瑟夫斯曾是儿童和青少年。[6]

约瑟夫斯讲述的故事具有浪漫元素。阿扎特斯是兄妹（或姐弟）间近亲结合的后代，当他还在子宫里的时候，一个神圣的声音提前对他父亲标示了这个孩子的命运：这个婴儿"因上帝的眷顾，已经有了一个幸运的开端，也会有一个幸运的结局"。因此阿扎特斯已经成了父亲的最爱，并且被送到一位邻国国王斯帕西努·卡拉克斯的阿本涅里格斯（Abennerigus of Spasinou Charax）的宫廷中，那里位于底格里斯河与幼发拉底河的河口附近。当他在那里时，一个名叫亚拿尼亚的犹太商人拜访了王室的后宫，并"教会他们按犹太传统的方式崇拜上帝。通过她们的介绍，他获得了阿扎特斯的注意，并在女人们的配合下，以同样的方式赢得了他的青睐"。当阿扎特斯返回阿迪亚贝尼时，亚拿尼亚陪伴他一起回了家。"再者，说来也巧，海伦娜（他的母亲）同样受到了另一个犹太人的教导并被带到了犹太教的律法之下"——当他的母亲皈依犹太教时，阿扎特斯并不知情，但是"当他得知他的母亲对犹太人的习俗非常满意时，他自己就狂热地皈依了他们"。故事发生到这里时，出现了僵局：

> 因为他认为除非自己受过割礼，否则就不能安心地成为一个犹太人，所以他已经准备好采取相应的行动了。然而，当他的母亲得知他的意图时，她试图阻止他，告诉他这是一个危险的举动。她说，因为他是国王，如果他的臣民发现他献身于对于他们来说奇怪又陌生的仪式，将会引起许多不满，而且他们也不会容忍一个犹太人在他们之上统治。除了这个建议之外，她还试图用所有其他的方法阻止他。而他则把她的观点告诉了亚拿尼亚。亚拿尼亚表示同意国王母亲的看法，并威胁说，如果他不能说服阿扎特斯，他将抛弃他，并离开这片土地。因为他说，他担心如果这件事情变得广为人知，自己十分可能会受到惩罚，因为他将为指导国王做出不体面的行为负个人的责任。他说，即使没有受过割礼，国王也可以崇拜上帝，只要他确实已经完全决定，要成为犹太人祖传规矩的忠实信徒，因为这件事比割礼更重要。他还告诉他，如果国王出于必要和对臣民的担忧没有履行这一仪式，上帝会宽恕他。

在当时，国王似乎是被亚拿尼亚的观点说服了，但是这并没有持续多久：

后来，因为他还没有完全放弃他的愿望，另一个犹太人劝说他去做那件事；这人名叫以利亚撒，来自加利利，以严格遵守行祖先的律法而闻名。他来到国王面前，向他表示敬意，并发现他正在读摩西律法。所以以利亚撒说："王啊！因为无知，你犯了最大的罪，违背了律法，所以违背了上帝。因为你不仅应该阅读律法，而且更应该照律法的吩咐行事。你要什么时候才能行割礼呢？如果你还没有读过关于这件事的律法，现在去读吧，这样你就能知道自己的行为是多么不虔诚。"听到这些话后，国王就不再推迟这件事了。他走进另一个房间里，叫来他的医生，执行了规定的行为。之后他派人到他的母亲和他的老师亚拿尼亚那里，告知他们自己已经完成了仪式。他们立刻惊慌失措，非常担心……他们自己也会有危险，因为国王的行为会被归咎于他们。是上帝阻止了他们的恐惧成为现实。因为尽管阿扎特斯自己和他的孩子们经常遭受死亡的恐吓，但是上帝保护了他们，从绝境中为他们打开了一条通往安全的通道。上帝因此证明，那些只关注并只相信他的人不会失去他们虔诚的回报。[7]

在约瑟夫斯和后世的拉比眼中，阿扎特斯和海伦娜因此不仅仅是信仰犹太上帝的外族崇拜者，即"敬畏神者"，而是成了真正的犹太人。更令人印象深刻的是，关于他们皈依过程的叙事，并没有说明他们成为犹太人是通过了谁的授权。显然不是通过以利亚撒（他在那振奋人心的演讲之后，就再没有出场过）或阿扎特斯的老师亚拿尼亚，后者对国王行割礼的消息感到恐惧。割礼的行为是由宫廷医生私下进行的，这个医生也没有被描述为犹太人。向犹太教大规模皈依的故事——如公元前 1 世纪 20 年代以土买人的大规模皈依，或公元前 104—前 103 年间在加利利地区的以土利亚人（Ituraeans）的大规模皈依——假定了负责向这些异族人传教的大祭司拥有以法令形式将他们转变为犹太人的权力。我们可以想象，当地的犹太社区，或其领袖，或一位多识的犹太智者，也可能做出同样的事。在犹太历史的晚期，这项任务落到了拉比的法庭上。但是在阿迪亚贝尼，当阿扎特斯在其宫殿的隐蔽之处举行割礼时，似乎没有犹太祭司、拉比、智者或当地的社区参与其中。与罗马身份不同，犹太身份在某种程度上，是个人自我认同的问题。从本质上说，阿扎特斯是犹太人，主要是因为他认为自己是犹太人。[8]

缺乏任何单一的外部权威来界定谁是犹太人，最大程度上影响了这些从外族人向犹太人转变的例子，但是它也影响了一些——绝大多数的——这样的犹太人，他们的犹太身份不是来自选择，而是来自出生。在古代与在今天一样，大多数的犹太人生来就是犹太人，而对于他们中的大多数人来说，他们的身份是无可置疑的。犹太夫妇之间合法结合而产生的后代是犹太人。但是如果父母中只有一方是犹太人，情况就更加复杂了。对于公元 1 世纪的犹太人来说，没有像罗马公民身份规则那样的清晰度。相反，从公元前 3 世纪到公元 3 世纪，一种普遍的假设是，只有父亲的犹太身份是重要的，而它逐渐让位于一种观念，即母亲的身份才是决定性的。早期的《圣经》叙事讲述了犹太英雄与非犹太妇女通婚，并且与她们生下合法的犹太后代。《创世记》中庆祝了族长约瑟（Joseph）的两子——玛拿西（Manasseh）和以法莲（Ephraim）——的诞生，而并不为他们的母亲亚西纳（Asenath）是安城（On）祭司波提非拉（Potipherah）的女儿而感到丝毫尴尬。在公元 1 世纪末，约瑟夫斯仍然特意提到了迎娶希律家族公主的外族人的皈依，但是他没有说明有关嫁给希律家族王子的外族女人的犹太身份问题——如果希律家族认为母系原则是最为重要的，那后者本应该得到更多的关注。正好相反，《托赛夫塔》（Tosefta）中的一段讨论——此书与《密释纳》类似，是一部拉比法律意见合集，成书于公元 3 世纪中叶——可以被理解为在暗示一位犹太妇女与一位非犹太父亲的孩子是犹太人，而这一观点到公元 4 世纪成了拉比律法中的标准。从父系向母系制度转变的过程中存在一段不确定时期，《使徒行传》中记载的一桩异族婚姻可能对其有所反映。当保罗前往小亚细亚的特庇（Derbe）和路司得（Lystra）时，"那里有一个门徒，名叫提摩太，是一位犹太妇人的儿子，她是信徒，但他父亲却是希腊人。路司得和以哥念的兄弟们都称赞他。保罗想让提摩太和他同去；就带着他，并给他行了割礼，因为那些地方的犹太人都知道他父亲是希腊人"。[9] "安布罗西–阿斯特尔（Ambrosi-aster）"，一位 4 世纪的佚名评论家，在注解《保罗书信集》时认为《使徒行传》的作者在这段话中暗示，保罗一定因为提摩太的母亲是犹太人，所以认为提摩太是犹太人，因为保罗出了名地坚持非犹太人不需要接受割礼。[10] 我们可以想象圣殿里的祭司面对成群结队的朝圣者时所面对的困难——他们急切地想要进入以色列人的圣堂。把那些不是犹太人的人排除在外是祭司的职责，可他们如何才能分辨呢？

至少可以肯定的是，那些前往耶路撒冷去参加节日的人，想要树立自己的犹太身份。在耶路撒冷之外的地方，犹太性在犹太人看待自己和世界的观念里并不是第一重要的，不如所有把罗马身份作为生活核心的罗马人（也不如现今所有最为看重自己犹太身份的犹太人）。当公元 66 年耶路撒冷发生暴乱时，西徐波利斯（Scythopolis，又名伯珊［Beth Shean］，在加利利的南部）的犹太人并没有选择站在耶路撒冷的同胞一边，而是与西徐波利斯的同伴站在一起。约瑟夫斯讲述了在危机时刻中一个关于双重身份效忠的故事，这场危机由西徐波利斯的犹太人无法有效控制的、在犹地亚的事件所引发：

> 到目前为止，犹地亚人对垒的只是外族人，但在他们入侵西徐波利斯城时，他们发现那里的犹太人拿起了武器抵抗他们；因为这个地区的犹太人都站在了西徐波利斯人这一边，而且，对他们来说，自己的安全比血缘关系更重要，于是他们在战场上迎战自己的同胞。然而，这种过分的热情使他们受到怀疑：西徐波利斯人担心犹太人为了弥补他们对同族兄弟的背叛，会在夜间袭击这座城市，并给他们带来严重的灾难。因此，他们命令城中的犹太人说，如果他们想要确认二者间的同盟并且展示他们对外族人的忠诚，就得带着家人到邻近的树林里去。犹太人服从了这些命令，没有任何怀疑。前两天，西徐波利斯人没有采取行动，以使犹太人感到安全，但是到了第三天的晚上，当一些人失去了警惕，而另一些人沉入梦乡时，西徐波利斯人看准机会，将总共 13 000 多犹太人全部屠杀，并掠夺了他们所有的财物。

在暴动的这一时期，坚定站在了犹太反叛军一边的耶路撒冷人约瑟夫斯对这些西徐波利斯犹太人的困境表示不解。他指责他们把自己的安全放在第一位，而对他们最终的命运只表现出了很少的同情。他们的行为悲剧而清晰地显示出，耶路撒冷犹太人的政治观点并没有得到所有其他地区，甚至是以色列本土的犹太人的认同。[11]

那么，有什么证据可以用来理解耶稣时期耶路撒冷犹太人的观点呢？任何约瑟夫斯所写的内容显然可以是某个耶路撒冷人的想法，尽管，正如我们看到过的，他的观点可能有倾向，以反映自己曲折的生涯，并吸引他的非犹太读者。斐洛的作品也可以拿来用，但是要小心谨慎，因为他生活在海外的侨居区，可能只去过耶路撒冷一次。拉比文集中最早的文本可以追溯到公元3世纪初，而且前者中大部分是在更晚的时候抄录的，所以使用这些材料可能面临一种危险，即它们所反映的世界与公元1世纪相差甚远；我们也不能确定《所罗门诗篇》（*Psalms of Solomon*，写于公元前1世纪中叶）、《以斯拉四书》（*4 Ezra*，写于公元1世纪末）中的启示预言，以及其他通过基督教传统才得以保存下来的犹太宗教文本，体现的是否为主流犹太人的观点，或是在基督徒发展自己独特神学的过程中，恰好对他们有用的少数派观点。这样的风险——即证据经过了筛选以契合后世宗教运动的目标——也许存在于拉比或基督教的文本中，但不存在于在犹地亚沙漠发掘出的手稿中被偶然发现的犹太作品上，如发现在库姆兰的《死海古卷》，以及来自穆拉巴特河谷的洞穴里和其他地方的私人法律文件，但是这些文稿在人迹罕至的地方被发现，可能表明他们的犹太作者是来自主流之外的。[12]

那么，我们能否至少把《希伯来圣经》的指令看作是公元1世纪所有犹太人生活的坚实基础呢？不完全能。所有的犹太人都同意《圣经》尤其是《摩西五经》所收录的律法，应当用来管理他们所思及所做的一切，但这并不是说他们在实践中准确地做了《圣经》所嘱咐的事情。相反，在公元1世纪，犹太人解读《圣经》的方式比犹太历史上任何时候都要多，直到在19世纪的欧洲，犹太教改革和自由派兴起时才被超越。有一个例子足以说明这种分歧，即使此例所涉及的《圣经》律法，在我们看来并不完全是犹太生活方式的核心。《圣经》中的《申命记》明确要求所有犹太人随时携带一个挖掘厕所的铲子："你在营外也该定出一个地方作为便所。在你器械之中当预备一把锹，你出营外便溺以后，用以铲土，转身掩盖。因为耶和华你的神常在你营中行走，要救护你，将仇敌交给你，所以你的营理当圣洁。"[13] 一个犹太人团体——艾赛尼派——在这方面显然完全按照摩西五经的要求行事，正如约瑟夫斯写道：

> 那些想要加入本教派的人并没有被立即接纳。在一年的时间里，申请者要生活在团体以外，他们给他规定了他们自己的生活准则，并提供给他一把小斧子……他们用鹤嘴锄头刨开一个 1 英尺（约为 30 厘米）深的洞——这就是他们提供给新门徒的小斧头的本质——然后，把他们的披风裹在身上……蹲在上面。之后，他们将挖出来的土放回沟中。为了这个目的，他们选择了更僻静的地点。虽然释放泄物是一种自然的官能，但是他们却制定了一个在其之后清洗自己的规则，就像被玷污了一样。[14]

因为艾赛尼派这一具体的生活方式——不像他们别的生活方式——只不过是遵从了《圣经》文本的原本含义，所以当约瑟夫斯将其描述为一种奇怪特质时，这是令人惊讶的。显然，其他同时代的犹太人并没有像艾赛尼人那样随身携带铲子。斐洛没有按字面意思去理解这个规定，而是从《圣经》的这一段落中提取了一个寓意："'当预备一把锹……挂在腰间，用它挖掘'，也就是说，理性应该控制激情，把它挖出来，把它埋起来，不要丢掉它，以免它覆上你。因为上帝要求我们束缚好自己的情绪，不要让它像飘飘荡荡地穿在身上的衣服一样。"[15] 据称公元 2 世纪上半叶的两个拉比教师，在讨论以色列孩子们在荒野中所吃的吗哪（manna）的本质时提及了这一律法：如果吗哪是天使的食物，而天使不排泄，为什么吃了吗哪的以色列人需要用铲去挖土厕呢？（答案是：他们一定是从其他民族的旅行商人那里购买了其他食品。）[16] 另一种拉比的解读发生在一次为反对造谣而做的布道中。通过故意改变希伯来文本的发音，将它读作"你们的耳朵里要有个塞子"，它传达给现代读者这样的信息，即它暗示律法是必需的，"这样你们就听不到杂音了"。[17]

因此，1世纪的犹太教差异很大，但是所有类型的犹太人都有一个共同的观念，那就是耶路撒冷是崇拜上帝的理想圣地。否认这一原则使得撒马利亚人不再是犹太人，无论是在他们自己眼中还是其他犹太人眼中。在撒马利亚人这方面，问题很简单。他们从不称自己是犹太人（在希腊语中是 ioudaioi，希伯来语中是 yehudim）。他们是"在基利心山（Mount Gerizim）崇拜上帝的以色列人"。对他们来说，yehudi 意思是"犹地亚人"，也就是来自犹地亚行省——即 Yehud——的人，这一地区在波斯和希腊化时代都与北部的撒马利亚不同。但是对犹太人来说，对方坚持在撒马利亚的基利心山上的圣所——这个圣所是耶路撒冷神殿的对头——献祭，让他们显得出格。问题似乎在于撒马利亚人被认为违背了《圣经》的训导，因为他们更情愿在耶路撒冷以外的地方向上帝献祭。犹太人知道他们的犹太同胞可能会有其他的神庙，而并不会因此丢失他们的犹太身份，约瑟夫斯也确实描述了位于埃及尼罗河三角洲的赫利奥波利斯（Heliopolis）的犹太神庙的一些细节，这个神庙从公元前2世纪中叶被犹太人使用，直到耶路撒冷陷落后的不久，罗马人才在公元70年关闭了这个神庙。约瑟夫斯，作为一位耶路撒冷的祭司，对这座神庙并不热情，但是他也没有将其谴责为非犹太的。然而，撒马利亚人却被排除在犹太人之外，因为他们声称，他们的神庙不应该被看作是耶路撒冷教派的附加物，而是它合法的替代品：在他们眼中，基利心山，而不是耶路撒冷，才是上帝所选择接受崇拜的地点。这两个民族间存在着敌意和猜疑，而他们都彼此感觉到，尽管他们有着相似的地方，但他们的命运却是分开的，我们从约瑟夫斯对撒马利亚人的挖苦中可以很好看出这点："他们根据情况改变他们的态度，当他们看到犹太人繁荣的时候，就把他们叫作亲戚……但是，当他们看到犹太人陷入困境时，便说他们与自己毫无共同之处，称两者既没有友谊，也不是同族，他们宣布自己是另一个种族的外族定居者。"[18]接受耶路撒冷的显赫地位，是作为犹太人关键的一部分。

位置的重要性

从另一个角度看，罗马城对罗马人的身份认同，就像耶路撒冷对犹太人的一样重要。罗马人遍布公元 1 世纪的帝国各地，但是对他们来说，最重要的还是那座城里的事情——在罗马里的事情。在政治层面上，诸皇帝在元老院与人民——他们权力的公开形象——面前举行游行庆典，并将帝国多余的财富投入城市的美化，以此展示这座城市的中心地位。这座城市的居民享有特权：罗马是世界的都城。

从奥古斯都时期开始，世界就被认为是罗马的，驯服于帝国的力量之下。比奥古斯都更早一代的西塞罗，在罗马人中普及了"大地之环"（*orbis terrarium*）——希腊语中的"被居住的地区"（*Oikoumene*）——"仅仅是被水包围的小岛，这些水被叫作大西洋，或是大海，或是海洋"的这一希腊观念。[19] 在帝国早期，斯特拉波和庞波尼乌斯·梅拉都试图证明他们的世界完全被海洋环绕。几乎没有地方还未被探索和征服，包括日耳曼的北边，埃及的南边（尼罗河在那里发源），以及据说不列颠以北六天航程的半神话土地"图勒"（Thule）。图勒是地球上距离文明生活最远的地方，但是即使是这个遥远的地方也被罗马舰队（他们声称）于公元 1 世纪末见到了。

"海洋"是没有尽头的水体，其间未受控制的大海的巨大潮涌，产生了拥有可怕力量的水流。这一图景无疑反映了地中海世界诸民族面对大西洋的浩渺时的看法。在如此接近地球边缘的地方，航海活动是不可预测的：在图勒附近，"这里的大海对于船桨而言是缓慢而沉重的，不像其他海洋一样浪随风起"。[20] 更加令人震惊的是，奥古斯都声称他的伟大成就之一，是他的舰队"从莱茵河口穿越海洋，向东部地区最远航行到辛布理人的边界"。[21] 我们并不清楚罗马民众对这些遥远地方的地理有多少了解，但是皇帝这番自夸的修辞意义是更容易解释的。奥维德殷勤地将它用简洁的方式表达出来："其他国家的土地有固定的边界；罗马的空间是全世界的空间。"[22]

但是在罗马的地理范围内，罗马城的中心地位取决于罗马的实际力量。相比之下，耶路撒冷在犹太人心中的中心地位，是一个宗教上确定无疑的事实。在《圣经》七十士译本中，耶路撒冷已经被描述为世界的肚脐（就像德尔斐对于希腊人一样）。犹太人的行为和律法都证实了他们对世界的理解，其中最纯净、神圣和重要的地方是圣殿里的至圣所，只有大祭司才被允许进入这里，而且每年只有一天，而且即使是这样，他也要先经过一个多星期严格的净化仪式。至圣所之下，次一级神圣的场所是祭司宫，接着是以色列宫、女人宫、异族人宫、圣殿之外的耶路撒冷城、耶路撒冷之外的以色列土地，最后是世界剩下的部分。这样的观念产生了现实的后果。大约公元 26 年，本丢·彼拉多在将军旗带入耶路撒冷时，引发了一场骚乱，而当军旗被存放在犹地亚的其他地方时，犹太人都毫无顾忌地接受了。被允许进入圣殿外廷的异族人收到此番威胁——如果他们冒险接近至圣所，就会被立即处死。[23] 以色列对其边界的声明也有实际的后果，因为有些戒条——尤其值得注意的是那些有关农产品的十一税和遵守安息年的规定——只适用于以色列的土地而不适用于世界剩下的地区。

《圣经》中关于边界的文本，例如在《民数记》（Numbers）中迦南被征服之前，上帝给摩西描述了迦南的边界，为后世犹太人提供了一个可以使用的框架，但是它们是相互矛盾的，有些领土比其他的更加广阔，而要让它们与现实世界相对应，则需要巧妙的解释。保存在《死海古卷》中的《创世外传》（Genesis Apocryphon）是一篇对《创世记》的拓展阐述，它很可能创作于公元前 2 世纪，其中上帝向亚伯拉罕展示了在定义上最大范围的土地，从尼罗河到幼发拉底河："之后的早晨我走到拉玛–夏琐（Ramath Hazor），站在这个高地上，我看到了从埃及的大河到黎巴嫩和示尼珥（Senir）的土地，以及从大海到浩兰的土地，以及迦巴勒（Gebal）的所有土地，远至加低斯（Kadesh）和浩兰东部所有的大沙漠，以及示尼珥直到幼发拉底河。主对我说：'我要把这所有的土地赐予你的后裔，他们将要永远拥有这里。'"[24] 相比之下，拉比们对国土的边界制定了一系列不那么雄心勃勃的定义。在《申命记》11：24 的讨论中，"凡你们脚掌所踏之地都必归你们，从旷野和黎巴嫩，并伯拉大河，直到西海，都要作你们的境界"，大概在公元 3 世纪编写《申命记释义》

（*Sifre on Deuteronomy*）的解经者（midrashist）列出了一份"被巴比伦来的人所占领的以色列土地的边界范围"，它包含了一个小得多的区域："亚实基伦（Ashkelon）的道口，斯特拉图塔（Strato's Tower）的城墙，多珥（Dor），阿科（Acco）的城墙……凯撒里亚的上塔拉戈纳（upper Tarnegola）（菲立皮［Philippi］）……亚实基伦的花园，以及通往荒野的大路。"[25] 这些似乎是真实地方的名字，在当时或者更早的时候，在它们围成的区域内，犹太人在最近几个世纪里是当地的多数居民。在这种世界观中，以色列的土地具有特殊的地位，并由于她的神圣性而需要被尊重对待，就好像它本身具有一种人格一样："不要在这些事上玷污自己，因为我在你们之前所逐出的各个民族，都在这些事上玷污了自己……你们玷污那地的时候，地就把你们吐出，像吐出在你们以先的国族一样。"[26]

与罗马人不同——帝国统治的需要刺激了他们写作民族志的兴趣——犹太人不太被鼓励去猜测世界其余部分的地理知识，后者在拉比思想中经常被简单地混称为"外国的""国土之外"。异族人（*goyim*，"各民族"）的世界很大程度上是无差别的，拉比写的关于其他民族的民族志几乎很少超过讽刺画的水平：波斯人"像熊一样吃喝，他们的肉体像熊一样肿胀，像熊那样养长头发，也像熊那样焦躁不安"。这一时期的犹太人没有创作出像同时代希腊和罗马地理学著作一样的文本。约瑟夫斯以波里比阿的方式，在自己的历史中插入了地理详论，为读者提供了足够的地理信息，以理解历史叙述，但他并没有像希腊历史编纂学之父希罗多德（Herodotus）那样，为了它本身而专门探究过世界的地理。[27]

在他们所处的时代背景下，解释《圣经》文本的需要，有时促使犹太人形成了自己对世界的地理观念。有时候，《圣经》文本的字面解读在地理上说不通：由于《申命记》里，寻找正义的犹太人被敦促"站起来，去耶和华你神所选择的地方"，《申命记释义》的作者推测圣殿一定是以色列土地上的最高点，而以色列的土地一定比世界的其他地方都高。[28] 但其他犹太人成功地将《圣经》文本与当时盛行的希腊人的地理观念联系了起来。《创世记》第十章所记载的各国名单，是用来解析的基础《圣经》文本，"挪亚三个儿子的宗族，各随他们的支派立国。洪水以后，他们在地上分为邦国"。[29]《禧年书》（Jubilees）的作者在公元前 2 世纪中叶描绘的世界 —— 和罗马人的一样 —— 是一块被海洋环绕的、基本上呈圆形的大陆，但是对《禧年书》的作者来说，锡安是世界中心，极东之地是伊甸园（Garden of Eden），极西之地则是直布罗陀海峡。《创世记》提及的所有民族的相对位置都被谨慎地划定出来。挪亚的儿子们郑重地同意对这些土地的划分，这一观点暗示着所有领土征服都违背了上帝的意志。因此，犹太人对以色列土地的征服，似乎在道德上是暧昧的，但他们通过以下（心照不宣的）主张，将这一征服合理化了：被授予北非的迦南人曾暴力夺取上帝分配给亚伯拉罕的祖先亚法撒（Arpachshad）的黎凡特。[30] 约瑟夫斯也试图将这一《圣经》文本中的地理内容合理化，而他的努力更多是考据性质的，他把《圣经》中的名字与当代地名匹配起来："刻提摩斯（Chethimos，《圣经》中的基提［Kittim］）在刻提玛（Chethima）诸岛上，即现今的塞浦路斯，由此希伯来人将所有岛屿和大多数海洋国家都称为刻提（*Chethim*）；在这里我提出一个塞浦路斯的城市作为例证，它成功地保留了古老的称谓，即使它的希腊化名字克提昂（Cition）（拉纳卡［Larnaka］）也与刻提摩斯这个名字相差不远。"约瑟夫斯的地理对犹太人来说也许是非典型的，因为他是在调查民族起源的希腊传统中，为那些非犹太的精英读者写作的。他不得不提醒他的希腊读者，在希伯来语中，正常名字的词尾总是相同的，这点不像希腊语，因此"诺科斯（Nochos）（在希伯来语中）被叫作 Noe（挪亚）"。他很清楚，在希腊化时期，很多原住民族被强加了新的身份认同："正是希腊人改变了命名法；因为……他们甚至挪用了过去的荣耀，用他们（希腊人）所能理解的名字来修饰这些民族。"[31]

约瑟夫斯和其他犹太作家都没有像罗马人那样详细说起过世界的边缘。当犹太人像《以诺一书》（*1 Enoch*）的作者那样确实对此进行推测时，他们似乎认为海洋之外的世界外部极限是混沌和黑暗，尽管正好在边缘的地方是天堂："从那里我去到大地的尽头，我看到了一些巨大的动物，它们彼此不同，还有鸟类，它们的形态、美貌和叫声都不尽相同。在这些动物的东边，我在地球的尽头看到了天堂，和天堂打开着的大门。我看到天堂的星星是如何出来的，我数着它们所出的门，并记载下所有它们的出路……"[32]

记忆、时间和对过去的理解

共同的身份认同是共同历史的产物，这并不是在不可证实的意义上说一个社群基因上的祖先们都参与了过去被记住的事件，而是说在当前的现实中，社群里的每个人都认为过去的事件与他们自己有关。在罗马人和犹太人中都是如此。

直到帝国早期，对罗马遥远过去的知识都是朦胧不清的，这甚至让人感到尴尬，尽管历史学家从公元前 3 世纪以来一直在努力填补记忆的缺失，在需要时还使用了机敏和博学的创造发明。这个城市的起源可以追溯到两个主要的传说。在广为流传的故事中，罗慕路斯（Romulus）儿时是由一只母狼喂养的；他和他的孪生兄弟雷穆斯（Remus）因为城址的选择而产生争吵；雷穆斯在翻越罗慕路斯划定的城墙时被杀死；接着罗慕路斯以奎里努斯（Quirinus）之名成了城市的守护神。另一个与之相对的传说，把建城与埃涅阿斯的旅行联系起来，这位特洛伊战士在特洛伊被希腊人打败之后，穿越地中海的大部分地区来到拉丁姆：在早期的版本中，埃涅阿斯建立了罗马，但是，在之后成为正典的维吉尔的《埃涅阿斯纪》中，他被描述为另一个城市——拉维尼乌姆（Lavinium）的建城者。他的后代成了这里的统治家族，其中产生了罗慕路斯。这两个传说在公元前 3 世纪已经分别确立，但到了共和国晚期，却经常被合并在一起传颂。罗慕路斯被认为是一系列罗马国王中的第一个，博学的瓦罗利用传承下来的关于国王的数量和在位年限的故事，在公元前 1 世纪计算出了建城时间，相当于公元前 753 年。

当屋大维，即未来的奥古斯都皇帝，在共和国晚期的动乱之后恢复了罗马的和平时，"有些人表示，他应被称作罗慕路斯，仿佛他也是罗马的缔造者"，[33] 但是埃涅阿斯的故事对早期帝国产生了更大的影响，尤其是因为维吉尔诗歌的力量，而这部作品在诗人于公元前 19 年 9 月 20 日去世时已经大受欢迎。"敬神的埃涅阿斯"成了模仿的榜样：他总是忠于职守，认真而坚定，在众神的帮助下，与巨大的困难战斗，最后赢得了胜利。这些故事提前假定遥远过去是辉煌的，共和国晚期的不确定性和危机——与之相对——鼓励了这一观点。罗马先民的质朴在维吉尔的同代人，历史学家李维的想象中是一个反复出现的主题。古代的罗马人是直率、诚实的农民，只在祖国遇到危机时才冲向保卫它的战斗，正如早于李维五个世纪前的英雄"独眼"贺拉提乌斯（Horatius，或译贺拉斯），他守卫住了台伯河上进入罗马的桥，以此来抵抗伊特鲁里亚人拉尔斯·波尔塞纳（Lars Porsenna）的侵略军，一直到大桥被摧毁，城市转危为安为止。

每个罗马的学童都知道这些遥远英雄的事迹。在共和国晚期的政治漩涡中，在政治演讲中提到过去时代的辉煌事迹，可以保证观众能够明白所选例子的重要性。当西塞罗试图在演讲中提到一个由完全负责任的政治家所实施的宗教举措的最佳案例时，他只需要提到马尔库斯·贺拉斯·浦尔维路斯（Marcus Horatius Pulvillus），"尽管许多人由于嫉妒，以妨碍宗教事务这种虚假的托词来阻挠他的行为，他仍然坚持自己的立场，坚定地专注于卡皮托山上的事业"。这个故事据信发生在大约 5 个世纪以前的共和国初年，也是众所周知的：根据李维记载，当贺拉斯给卡皮托山上的朱庇特神殿进行献祭时，他的敌人向他宣布了他儿子的死讯，但是"他只是被死讯分散了一点注意力，便下令将尸体埋葬"。[34]

对家族和祖先成就的指涉，是政治话语的正常组成部分，而它提前假定人们对罗马崛起的历史有普遍的认识。固执的小加图于公元前 46 年 4 月在非洲的塔普苏斯（Thapsus）自杀身亡，以免落入他的政敌尤里乌斯·恺撒手中，这在一定程度上是由于他的曾祖父监察官加图的名声，后者正以其不可动摇的刚直而闻名（或臭名昭著）。几个世纪以来的战争和政治斗争的共同记忆，部分通过在共和国中期采用的历史编纂法的希腊概念而得以保存了下来，但是在一定程度上，这也是政治家们在当代的政治漩涡中的一种假设，即祖先的成就可以提供灵感、辩护，在一些时候也可以提供重要的警示。这种对遥远过去的回忆在其他社会中并不罕见，哪怕它们显得十分做作——每当在数个世纪前的政治纷争与现代的问题几乎没有什么共同之处的时候。[35]

　　这种对过去英雄成就的高度评价，鼓励了政治家去寻求对于自身的纪念。西塞罗急切地想要确保公元前63年他任执政官时期的英雄行为能为后人所铭记，并提出将原始文件材料寄给一位考虑创作这段时期历史的朋友。对历史的重要性的认同，鼓励了政客们在描绘自身仕途时弄虚作假，或至少鼓励了有偏向性的强调。公元前46年的内战将尤里乌斯·恺撒带到了权力巅峰，他记述自己在这场战争中的行动，旨在为自己开脱非法行为和野心过大的指控。他的同代人撒路斯提乌斯（Sallust）的政治生涯以耻辱告终，他被指控作为非洲总督玩忽职守。撒路斯提乌斯的历史作品有意揭示了那些拒斥他的贵族的道德沦丧。这些政治故事使罗马人能够用在当时找得到意义的人物和成就来填充过去。学童不会学习日期的列表，但李维的历史作品是以编年史的形式组成的，每一年用它执政官的名字标注。很多信息最初都摘取自《大年代记》（annales maximi），这是一部包含行政官的名字和诸如日、月食等公共事件的年度记录，尽管到了李维的时代，编年传统的历史编纂法已经在罗马存在两个世纪了，因此他可以使用费边·皮克托（Fabius Pictor）、加图和其他人所著的早期编年叙事。每年的执政官列表提供了一个基本的年表——即使它并非万无一失的，因为有时同名的执政官可能会相隔许多年出任执政官的位置。

　　在其他方面，罗马人对时间的测量非常着迷。罗马最初的年历确保了每年特定时间的宗教仪式的正常进行，它需要置闰以保持历谱与季节同步，但这个行为在公元前2世纪和前1世纪里被如此糟糕地完成，以至于当尤里乌斯·恺撒在公元前46年作为大祭司改革系统时，不得不置闰如此长的一段时间——一年总共有了445天。在每个月里，有些日子是吉利的，而有些绝对不是，但是如果不方便的话，在坏日子里进行活动的禁忌也会被忽视，不会招致责难（除了这么做本身的轻率）。在意大利，从帝国早期开始，就有历表被涂在石膏上或刻在石头上，它们中的一些幸存至今，区分了官方法庭事务可以或不应该进行的日子。"节庆是献给诸神的日子；在工作日，人们可以处理私人和公共事务；而在这之间的日子则是人类与诸神共享的。"博学的马克罗比乌斯（Macrobius）公元5世纪这样写道，并称各日的区分归功于努马（Numa），传说中的第二位罗马国王。[36]

　　这些历法的公开展示，表明时间的划分在构建罗马人生活的方面很重要，但是对历法中禁忌的力量的考验出现在战争时期。马克罗比乌斯记载了一些日子，比如在农神节（Saturnalia）的日子里，在宗教上是禁止（nefas）发动战争的，但是他也特别指出，在危机中，为了保卫国家或个人，任何事情都可以在它被禁止的日子里做。如果事态发展顺利，那就证明这个决定是正确的。如果所有事都出了差错，那这就是诸神不悦的证据。在共和国晚期，当路库卢斯（Lucullus）将军与亚美尼亚王提格拉奈斯（Tigranes）约定在这样一天决战，"有些将领劝告他要注意这一天是什么日子。原来那一天正是一个不祥之日——罗马人把这些日子称为'黑色'。因为凯皮奥（Caepio）与他的军队在这天与辛布理人的战斗中全军覆灭。但路库卢斯回答了一句令人难忘的话：'确实如此，可是我也要使这一天成为罗马人的幸运日。'"[37]

　　这类禁忌得到了耶路撒冷的犹太人更多的重视。的确，犹太人非常严肃地对待他们历法的要求，这在古代世界是臭名昭著的。约瑟夫斯记载了革尼土（Cnidus）城的历史学家阿伽撒尔基德斯（Agatharchides）对犹太人的嘲弄，因为他们在公元前2世纪中叶防守他们城市的时候仍谨守安息日的规定：

　　　　犹太人住在最坚固的城市里，这座城被当地人称为耶路撒冷，他们有一种习俗，即每7天里有1天不工作；在这样的日子里，他们既不携带武器，也不从事任何农业活动，也不从事任何其他形式的公共事务，而只是在神庙里伸出双手祈祷，直到黄昏。结果，因为居民们不去保护他们的城市，而是坚持他们的愚蠢行为，拉古斯（Lagus）的儿子托勒密带着他的军队，被放进了城；于是，这个国家就被交给了一个残酷的主人，而律法所规定的习俗也暴露出了缺陷。这个经历给了这些人之外的所有人一个教训，那就是不要依赖关于律法的美梦和旧时幻想，不要让它带来如此多的困难，以至于迷惑了人类的理性。[38]

同样的问题在约瑟夫斯年轻的同代人普鲁塔克的著作《论迷信》中也被提及："但是犹太人由于这天是安息日，穿着未洗的衣服坐着，而敌人正靠着城墙搭建云梯，并占领了城墙，可他们并没有站起来，仍然留在那里，被他们的迷信紧紧束缚着，仿佛像在一张大网里。"[39] 对于犹太人来说，历法不仅仅是一种用来组织他们的活动及与上帝间关系的工具。它还是上帝给予以色列人的一种神圣的指令。改变它，或忽视它的要求，会严重违反神的律法。犹太人的历法精确地塑造了日常生活的样子——每一天、每个星期和每个月。崇拜必须在每天特定的时间限制内进行，正如《密释纳》的开篇关于晚上时段——宣告上帝单一性的施玛（Shema）应在这时被念诵——的句子："'从祭司进入（圣殿）去吃他们的祭品时起，一直到第一轮守夜结束为止。'这是以利以谢（Eliezer）拉比所说的。但是智者们说：'直到午夜。'"星期的整个制度是安息日的副产品，而在这一天规定要从劳作中完全休息下来。自然，有关完全休息确切指的是什么，有很多争议，但是安息日的原则和与之相随的时间表是无可置疑的。[40]

这种星期模式被叠加在一个年历上，后者对大多数犹太人来说，基于月亮的周期，月相变化决定常规节日的时间，尤其是逾越节、五旬节和住棚节这三次伟大的朝圣节日。逾越节标志着大麦收割的开始，并纪念早期以色列人离开埃及；五旬节是为了庆祝大麦收割的结束和小麦收成的开始；在住棚节期间，崇拜者被要求住在临时搭建的棚内，标志着庄稼收获的最后时段。鉴于历法的重要性，值得注意的是，在公元前2世纪到公元1世纪之间的第二圣殿晚期，犹太人中至少存在着两个不同的历法体系：写作《死海古卷》的宗派使用的阳历，与圣殿当局以及后来的拉比所使用的月历系统是不同的。拉比的文本自身揭露了历法是一个激烈争论的问题，尤其是在五旬节的日期上，根据《圣经》，它是第一个俄梅珥（omer，即第一批水果丰收时提供的献祭仪式）后的50天，而后者是在逾越节的庆典后发生的事："你们要从安息日次日，献禾捆为摇祭的那日算起，要满了七个安息日。"那么如何解读"安息日次日"呢？不同的宗教团体给出了不同的结论。其中一个团体，撒都该派（Sadducees）认为逾越节后第一个安息日之后的星期日应该是提供献祭的俄梅珥日："安息日"意味着"安息的日子"。其他的团体，包括法利赛人（Pharisees）和拉比们，认为"安息日"是逾越节献祭日本身，这种解读也出现在《圣经》七十士译本以及斐洛和约瑟夫斯的记载中。由于法利赛人和撒都该人共享一个圣殿，他们中的一些人经常发现，自己被要求在其认为是错误的一天庆祝五旬节。不像《圣经》解读中其他可能只关乎个人良心的问题，历法的正确计算有着重大的公共影响。在一些犹太人眼中——比如死海教派的成员——如果耶路撒冷大祭司在他们认为的赎罪日，即一年中最神圣的斋戒日里吃饭喝酒，他们将无法认为他是自己所属民族合格的宗教领袖。[41]

相对于关于如何划分神所规定的年历的讨论、争论和分歧，犹太人对较长时段上的纪年模糊不清。《圣经》的文本将时间划分为 7 年一个时期，其中最后一年，即安息年，将以停止在土地上的农业工作为标志。在经历了 7 个安息年的循环后，第 50 年是一个禧年（Jubilee）："第五十年，你们要当作圣年，在整片土地向所有的居民宣告自由……你们要将每个人归还他自己的产业，并且你们要将每个人归还他的家庭。"在约瑟夫斯引用的一份文件中，尤里乌斯·恺撒在重申前任统治者所给予的特权时，提及了耶路撒冷的税收豁免："在第七年，他们称之为安息年，因为在这段时间里，他们既不从树上摘取果实也不播种。"后来的犹太作品也零散地提到，七年周期是一种公认的纪年方法。在犹地亚沙漠中发现的一份在纸莎草上的阿拉姆语文本记录了一笔"尼禄皇帝统治的第二年"，即公元 55 或 56 年的债务，其附带条件是"我将加上五分之一来偿还你，直到我完全还清为止，即使那一年是安息年"。《密释纳》中的一则短文专门阐述了这些实际的问题，引起它们的原因是，在这一年里必须避免耕种土地，或者违反律法种植农产品并获利。[42]

禧年的周期循环构成了《禧年书》的作者重写《创世记》的年代基础，《禧年书》可能成书于公元前 2 世纪的某个时间，约瑟夫斯热情地写到禧年是"摩西从上帝的口中得知并写给希伯来人的法典"的一部分，却没有提及这一致力于犹太社会公正的标杆与安息年的制度有何不同。因此，我们惊讶地发现，在他的时代，与安息年不同，禧年似乎已经被废弃了——如果它的确曾经被付诸实践过的话。没有任何来自第二圣殿时代的现存资料，依据其在禧年周期中的位置来记录某个特定的年份，而作为一种塑造过去不久记忆的方式，禧年被遗忘了。的确，约瑟夫斯对长时期的时间计算经常不一致，所以他写的历史中的一部分年份与他在其他地方的断言不相洽。看起来，犹太人似乎对过去的 10 年左右的时光有很好的理解，但是其早期历史——除了《圣经》中所写的——并未得到很好的区分。[43]

因此，公元 1 世纪的犹太人最终远不如他们同代的罗马人了解过去300 年间的历史，尽管他们知道，或自以为知道更多关于遥远的过去和他们民族起源的知识。从公元前 2 世纪开始，一些犹太人在希腊历史编纂法的部分影响下，像他们同时代的罗马人一样记载了近期的政治史，尽管《马加比一书》的作者倾向于模仿《希伯来圣经》中历史卷的严肃叙事风格，以期这能使他的叙述对犹太读者来说更具预兆性。在希腊化时代晚期和罗马时代早期，大多数其他关于过去的犹太作品都集中在对《圣经》中叙事的重述上，以达到宗教教化或增强修辞效果的目的。更近期事件的故事，偶尔可以用戏剧性的语气来讲述，以展示上帝的眷顾在保护犹太人方面的作用，或是通过《马加比二书》的"悲惨"历史，让读者去想象和同情主要人物的情绪，或是讲述了打败并惩罚暴政的故事，它们来自斐洛记录与重述的亚历山大里亚犹太人与希腊人间痛苦的斗争，而他自己也参与了这个事件。像《福音书》这样的传记叙事，展现了在更大的政治事件的背景下，对普通人的心理冲突和复杂动机的洞察，这种文体在犹太人的作品中并非标准，不比在希腊和罗马人中的更多；不过这种体裁作为一种传播耶稣的人生故事和教导的方法在早期的基督徒中流行，可以部分地归因于这类作品的新奇。我们明确知道的（至少是基本上）以希腊和罗马历史编纂学的目标来解释政治事件以及尤其是战争爆发的原因，整理较近历史的犹太历史学家只有约瑟夫斯和太巴列的尤斯图斯（Justus of Tiberias），他们都记载了反抗罗马的大暴动。

一种说法认为，犹太人总的来说并没有书写过希腊罗马式的历史，这当然是无力的，正如所有的"默证法"一样，而现存的犹太作者用希腊语书写的《圣经》故事的残篇则表明，他们就像罗马的编年史家一样，试图将本土传统与希腊人"科学"的历史编纂法相协调。大约在公元前 2 世纪中叶，历史学家阿尔塔帕努斯（Artapanus）将摩西与穆赛俄斯（Musaeus）等同。与阿尔塔帕努斯身处同一个时期，以伪欧波勒摩斯（Pseudo-Eupolemus）之名为人所知的作家称"阿特拉斯（Atlas）和以诺（Enoch）是同一人"。先知克里奥德穆斯（Cleodemus），"亦名马勒古（Malchus）"，也是阿尔塔帕努斯的同代人，约瑟夫斯从公元前 1 世纪中叶亚历山大·波利希斯托（Alexander Polyhistor）的学术辑录中转引了他的文字，但他本人的出身无人知晓；此人称亚伯拉罕的后代是亚述和非洲的殖民者。这些残篇都以《圣经》而不是以更近的历史为主题，这一部分反映了作者有局限的兴趣，但也部分反映了那些将他们作品保存下来的人的关注点：这些作者的大部分现存文段被保存下来，是因为它们被基督教作家所引用，尤其是亚历山大里亚的克莱孟（Clement of Alexandria，公元 2 世纪末 3 世纪初）和凯撒里亚的尤西比乌斯（公元 4 世纪初），这两个基督教神学家对《圣经》故事的兴趣远远超过对犹太人后来历史的兴趣。[44]

无论如何，令人惊讶的是，约瑟夫斯在叙述最近 300 年的历史时——在其 20 卷本的《犹太古史》的最后 8 卷——引用的都是非犹太作家，而在记述公元前 2 世纪末和公元前 1 世纪的大部分时期时，他严重依赖非犹太史学家——大马士革的尼古劳斯。相比同时代的其他希腊知识分子，尼古劳斯应该对犹太人有更多的了解，因为他曾在大希律王的宫廷任职。似乎犹太人自己除了口述传统之外，没有太多别的信息。公元 2 世纪及以后的拉比文献揭示出犹太人对在公元前 5 世纪（以斯拉和尼希米）与公元 1 世纪（伟大的拉比智者）之间事件的巨大无知。封存在《密释纳》的记述中，关于传统的传承——从摩西到现在——的历史观没有表现出对后《圣经》时代的知识或兴趣，除了一些（非常少的）智者的名字：

摩西从西奈得到了《托拉》（Torah，或译为《律法书》），并把其传给了约书亚（Joshua），约书亚又将其传给了诸长老，诸长老又传给诸先知；诸先知再将其传给了大集会（Great Assembly）……正义的西缅（Shimon the Just）是大集会的最后成员之一……正义的西缅把（《托拉》）传给梭哥（Sokho）人安提柯（Antigonus）……他们又传给撒利但（Zeredah）人约兹·本·约则（Yose b. Yoezer）和耶路撒冷人约兹·本·约哈南（Yose b. Yohanan）……他们传给约书亚·本·佩拉亚（Joshua b. Perahyah）和阿贝拉人尼太（Nittai the Arbelite）……他们传给犹大·本·塔白（Judah b. Tabbai）和西缅·本·设塔（Shimon b. Shetah）……他们传给设玛雅（Shema-iah）和阿布塔里昂（Abtalion）……他们传给希勒尔（Hillel）和沙买（Shammai）。

一些人认为拉比很少记述哈斯蒙尼家族，是反映了他们在政治或宗教上对该王朝的敌意，但对该王朝的无知可能是更好的解释：一些哈斯蒙尼统治者，尤其是公元前 76 年至公元前 67 年在位的撒罗米，得到了拉比的认可。[45]

约瑟夫斯在公元 1 世纪末所著的《犹太古史》，似乎可能是第一部试图详细记载后《圣经》时代犹太历史的作品。《希伯来圣经》各卷为他提供了从创世到公元前 5 世纪，关于犹太人命运或多或少连贯的叙述，但是对公元前 4 世纪和前 3 世纪的大部分内容，他几乎完全无法仰赖任何来自犹太资料的证据，所以他从自己能掌握到的极少的材料里来编制叙事，例如《阿里斯提亚斯书信》中关于七十士在亚历山大里亚将《圣经》翻译为希腊文的故事。在不太遥远的过去里发生的大段的犹地亚历史是根本不为人知的——约瑟夫斯在痛苦地掩饰这一点，因为他觉得这不会给犹太人带来多好的印象。约瑟夫斯知道《圣经》的记述在亚历山大大帝以前的波斯统治者阿塔薛西斯在位时就已经早早结束，但是，他声称，"从阿塔薛西斯到我们自己时代的完整历史已经被人记述，但是这些历史并不具有与早期记载同等的引用价值，这是因为先知的准确的传承还没有发生"。约瑟夫斯对犹太人流散的了解甚至更少。他意识到，自公元前 586 年的流放开始，犹太人就到了巴比伦，但是他只能偶尔提供一些小插曲——关于从那时起，巴比伦犹太人经历了什么——例如在提比略统治时代，犹太兄弟亚西老（Asinaeus）和亚尼老（Anilaeus）在幼发拉底河流域的尼哈底亚（Nehardea）地区统治的一个强盗国家获得了成功，当时他们长达几十年脱离了帕提亚的统治。[46]

犹太人对最近几个世纪的无知与对遥远过去的确信形成了鲜明的对比，这是因为，正如约瑟夫斯所称，幸存的记载被认为是完整、连贯、一致的，也是神的启发：

> 因此，我们自然，或者说必然（鉴于在我们这里，不是每个人都有记录的权利，而且所记的内容没有差异；另一方面，鉴于只有先知有这个特权，通过上帝给予的启发，他们获得了对最遥远和古老的历史的了解，并献身于将他们自己时代的事件如实地记录清楚）没有无数各不一致、相互矛盾的书。我们的书，那些被正确地信赖的书，只有二十二卷，包含了对全部时间的记载。

对约瑟夫斯来说，缺乏分歧可以被视为真实性的证据。犹太人可以拿出很长一份关于他们起源的本地书面记录，里面有光荣（和不那么光荣）的国王和其他领袖的详细故事。对于犹太人来说，就像对于罗马人一样，遥远人物的事迹可以作为当前行为的经验教训。斐洛明确地把每个族长的人生解读为一个道德教训的象征性寓言：“‘耶和华对亚伯拉罕说，离开你的地、你的族、你的父家’……‘土地’或‘国家’是身体的象征，‘亲族’是感知的象征，‘父家’是言语的象征。”死海教派的信徒将哈巴谷（Habakkuk）的预言当作是解读正义导师（Teacher of Righteousness）的辛劳的密码，他们将自己与上帝的特殊关系归因于正义导师的领导：“‘因为你们杀人流血，摧毁土地、城市和人民。’解读后，这涉及邪恶的祭司（Wicked Priest），上帝将其交到其仇敌的手中，因为他对正义导师和他集会中的人犯下了罪孽。”生活在第二圣殿时期的人们经常为犹太男孩选择《圣经》里的名字：许多人叫作西缅、犹大、约瑟、约书亚和约拿单（尽管很奇怪的是，亚伦、大卫、所罗门和以利亚，这些在犹太历史的其他时期非常流行的名字，在这个时候却很少被使用，对于女孩来说，只有《圣经》名字撒罗米和米利暗比较常见）。这是一个了不起的事实：几乎没有其他古代民族和犹太人一样，就自己的过去有着从创世到大约公元前 400年的历史记录。[47]

尽管犹太人对他们古老的历史感到自豪，但他们对过去的态度却有一种奇怪的永恒感。他们并不使用共同的犹太纪元来追溯事件。犹太人的法律文件用的是世俗的、非犹太人的纪年方法：罗马皇帝的执政年份、当年的罗马执政官的名字、直到中世纪都流行于近东地区的塞琉古纪年。如《禧年书》或《世界的次序》（*Seder Olam*）这样的编年体作品没有使用犹太纪元，而是给出了从创世到巴尔·科赫巴暴动这段时间里，事件之间的时间间隔。这些年代学家感兴趣的是事件之间的关系，而不是任何绝对意义上的时间。可能很重要的一点是，拉比们在关于宗教仪式的正确时间的讨论中，总是把一天中的时刻视为所有人的一种体验（比如在早上是"一个人可以分辨出蓝色和白色"的时间）。犹太人似乎觉得，对时间精准的计量——比如罗马战神广场上巨大的奥古斯都日晷所提供的——并没有太大用处。对犹太人来说，重要的是，他们通过西奈山上的摩西得到了律法，并把它作为了生活的依据。摩西时代和当前之间发生的事情可能会引起人们的兴趣，尤其是在与一些非犹太批评家的讨论过程中——他们对犹太习俗的历史和价值表示怀疑——但是这段历史本身并不十分重要。

确实有人给出过令人信服的论证，认为那些在这一时期使用希伯来语和阿拉姆语思考和写作的犹太人还没有这样一种概念，即把时间作为一个可以被花费、被浪掷，或是可以流动、飞逝或慢慢流淌的主体，而这种概念在英语和希腊语里，以及在早期罗马帝国当中都是存在的。[48] 维吉尔曾经写道，"时光飞逝，无法复及"，塞内卡写了一整封关于时间的价值的信："时间是一笔贷款，即使是心存感激的人也无法将它偿还。"相比之下，这种关于时间的观念——如时间可以作为一种流体、一个行为人、一项资源或一类商品，相对于事情发生的特定时间点——在《希伯来圣经》、早期拉比文学或《死海古卷》中很难找到。时间的人格化确实出现在了一些犹太著作中，但它们都是用希腊语写成的，而且带着希腊文学的做作，如约瑟夫斯的《驳阿庇安》，这是一部面向希腊和罗马读者的作品："现在，既然时间在所有情况下都被认为是价值最可靠的检验者，我就把时间看作我们立法者（摩西）美德的见证……（批评者）将我们的立法者贬低为一个无足轻重的人，但是他的美德已经被一位古老的证人——被上帝见证，并在上帝之后，被时间见证。"[49]

公元 1 世纪的犹太人与罗马人一样，对遥远的过去充满怀念。前代比这一代是更好的人，正如《托赛夫塔》中的一个故事巧妙表达的那样：

> 当后来的先知，也就是哈该（Haggai），撒迦利亚（Zechariah）和玛拉基（Malachi）死去后，以色列的圣灵就此终结。即便如此，他们还是听到了一道回声（上帝的声音［bat kol］）。有一次，智者们聚集在耶利哥的古里亚（Guria）的房子楼上，上帝的声音出现，并对他们说："在你们当中有一个值得接受圣灵的人，但是他身处的这一代不值得这样的荣誉。"

先知不再像以前那样发挥作用了。有预言功能的乌陵（Urim）和土明（Thummim）不再通过它们在大祭司胸牌上闪耀的样子显示上帝的意志：根据约瑟夫斯的记载，它们"在我完成这部作品之前两百年就已经停止发光了，因为上帝对违反律法的行为感到不满"，尽管《密释纳》写道，它们停止发光的时刻是"第一代先知们去世的时候"。[50]

但是令人吃惊的是，公元 70 年后的大多数怀旧情绪，都集中指向第二圣殿时期的最后几年，而不是向另一段过去的年代——对后者的记忆已经迷失在了古代的迷雾中："自从圣殿毁灭的那一天起，没有一天未曾带来它的诅咒；露水并没有在祝福中落下，果实也失去了它们的滋味。"这样一个理论可以解释发生在遥远过去的苦难：历史主要由上帝对其子民安排的展开组成，以色列人会为服从得到奖励，因罪恶而被惩罚，尤其是公元前 586 年所罗门圣殿的毁灭以及巴比伦之囚，但是犹太人在公元 70 年前并不觉得自己应当遭受任何这一类的痛苦。在希律统治时期和罗马统治的早期，圣殿完全没有被侵夺，而犹太人可以沐浴在圣殿重建的荣耀之中，它的宏伟程度等同于所罗门时代的圣殿。第二圣殿时期的犹太人认为自己是永远受到上帝惩罚的罪人，并且需要从流亡的苦难和罗马的统治中得到拯救——这个概念是《新约》学者尤其主张的一种虚构。它是为了给耶稣在以色列的使命提供神学上的基础。最多只能说，一些邪恶的行为——比如公元前1世纪60年代哈斯蒙尼家族间的自相残杀和其他罪行——可以被解释成带来了具体的国家性灾难，例如在公元前63年耶路撒冷被庞培攻占，就像同时期的《所罗门诗篇》所讲到的：

> 上帝把他们的罪恶暴露在阳光之下；全世界的人都知道上帝公正的决断……没有罪是他们不曾犯的，没有一样不超过外邦人的罪。因此上帝使他们的精神混淆，并给了他们一杯未稀释的酒，使他们醉了。他从世界的一端带来一个人，这个人给耶路撒冷带来重击；他向耶路撒冷和她的土地宣战……他占据了坚固的城楼和耶路撒冷的城墙，因为上帝在他们迷失的时候把他领进了城。他杀了他们的领袖和每一个明智的人，他倾倒耶路撒冷居民的血，就像不洁净的水。

可以肯定的是，哈斯蒙尼王朝的尾声是一个充满灾难的时刻，就如公元前37年希律夺取耶路撒冷时一样，但是很难说接下来的100年（前37—公元70年）也是如此，在此期间，尽管偶尔会有恐慌，但是这座城市仍然保持着繁荣与发展。[51]

期 望

没有人知道这世界上的一切会在哪里终结，无论是民族，还是整个人类。推测可能看起来毫无价值，甚至比毫无价值更糟，存疑是唯一明智的选择。伊壁鸠鲁学派的卢克莱修（Lucretius，约公元前94—约前51年）提供了一丝安慰，因为他觉得这个不重要："一些民族蒸蒸日上，然而另一些民族在衰弱，生物的世代在短暂的时间内就会发生变化；就像奔跑者一样，他们传递着生命的火炬。"可能生活在公元前 3 世纪的《传道书》（Ecclesiastes）的犹太作者也是如此："虚空的虚空，传道者这样说，虚空的虚空。凡事都是虚空。人在日光之下苦干带来的一切劳动，有什么益处呢？一代过去，一代又来，土地却永远长存。"但是这些悲观的哲学思绪，并没有阻止希望的学说在罗马和犹太两个社会中发展。[52]

罗马哲学家，如斯多亚派的塞内卡，可能会想象到罗马消亡后的时代，注意到"在所有曾经统治过的城市中……人们总有一天会问他们过去在哪里，而他们会被各种各样的破坏吞噬：有些人会被战争摧毁，其他人会被无所事事和带来懒惰的和平所摧毁，或被奢侈这种巨大财富所带来的祸根所摧毁"，但是其他人，比如维吉尔，可能认为遥远过去的黄金时代将会回来，并且，在奥古斯都时代，提布鲁斯（Tibullus）和奥维德就已经把罗马称为"永恒之城"。韦斯巴芗时代打造的第纳尔银币上铸有"永恒的罗马"（*ROMA PERPETUA*）的字样；在哈德良时代，帝国的钱币上则出现"不朽的罗马"（*ROMA AETERNA*）。罗马社会普遍默认，这座城市和它的帝国将永远存在下去。[53]

要巩固这种关于未来的假设，就需要个人采取行动，保存他们自己的记忆和成就，以供后代瞻仰。这样的行动的前提是，将来确实会有这样的后代，而且这些后代的价值观念和理想与当前的相似。帝国早期的许多罗马人对未来表现出了极大的信心，这种信心通过碑文习惯非同寻常的增长体现出来：刻在石头上的，成千上万记录荣誉的铭文和墓志铭显示了普通罗马人的一种期望，即他们的后代，或与他们曾经有过联系的其他人，会在数百年后阅读这些文字。

相比之下，公元 1 世纪的大多数犹太人都对历史的尽头有一个明确概念。在上帝选择的某一时刻，世界将会终结。那时会是什么样子，它什么时候发生，都还停留在猜测，但是它将以某种形式在将来发生，是被广泛接受的。对外族人直言，这一信仰对罗马帝国的最终命运意味着什么，并不一定是得体的行为。约瑟夫斯在他的《犹太古史》中叙述了但以理对尼布甲尼撒二世（Nebuchadrezzar Ⅱ）的预言，后者是巴比伦的国王，于公元前605—前565年间在位。他梦到一个由不同金属制成的雕像，但以理称这意味着他的巴比伦王国将要落入米底人和波斯人之手，后者又被亚历山大大帝所征服，而亚历山大的权力最终会终结于"另一个民族，就像铁一样，它将以铁的属性永远统治"。但以理对未来的认识是很了不起的，并证实

> 伊壁鸠鲁派是多么错误，他们把上帝的意志从生活中排除，拒绝相信上帝掌管着世间万物，或宇宙处于一个受祝福的、不朽的存在的管辖之下，直到终结，这样它的全部才能持续下去；却说世界是由它自己的运动而运行的，并没有一个计划或是受谁的照管……因为如果宇宙是在无意识地自动运行，我们不可能看到所有这些事情会依照他的预言发生。[54]

更让人吃惊的是，约瑟夫斯选择不向他的读者解释但以理关于由不同金属制作的雕像被一块石头压碎的预言："于是铁、泥、铜、银、金都一同被砸得粉碎，成如夏天禾场上的糠秕，而风将它们吹散，无处可寻。"[55] 但以理解释，这是指永远不会被毁灭的上帝之国的建立。但是约瑟夫斯对此绝口不提：

> 但以理也向国王透露了石头的含义，但是我认为讲述这个并不合适，因为我应该写的是过去和已经发生了的事情，而不是未来会发生什么；但是，如果有谁对确切的信息有如此强烈的渴望，以至于他不会停止更深入的探究，并希望了解即将到来的未知的事物，让他不辞劳苦地去读《但以理书》吧，他会在这一神圣的著作中找到答案。[56]

犹太人似乎已经设想了这样一种历史发展的趋势，它不是直线地迈向已知的最终目的地，而是会以螺旋的方式，通往（到目前为止）一直看不到的顶峰。历史的螺旋发展解释了在一年中的特定日子里发生的重大事

件的重复。《密释纳》记录了在特定的日子里以色列所遭遇的重大事件："五件大事降临在我们祖先的时代……在亚比月九日（7月或8月，取决于当年的情况）……在亚比月九日，我们的先祖被下令不得进入（以色列的）领土，圣殿被第一次和第二次摧毁，贝塔尔（Bethar）被占领，整个城市被夷为平地。当亚比月来临的时候，快乐也随即减少。"约瑟夫斯将圣殿被毁灭的日期定在了亚比月十日，也就是其后一天，但他也认为这个"命中注定的日子，这个月的第10日……过去的耶路撒冷被巴比伦王焚毁的日子"有重大意义：

> 尽管我们需要为我们所见过和听到过的最伟大的建筑深深哀悼——无论是从它的结构、它的大小、它的每个细节的丰富性，或者是它的神圣性上考虑——然而，我们可以从这种想法中获得极大的安慰，那就是：没有什么能逃脱命运，艺术作品、宫殿楼宇和活着的人都是如此。人们可能会惊叹于命运的轮回是如此精确；因为，就像我所说的，她一直等到了那一月和那一日，而圣殿曾经就在这一天被巴比伦人烧毁。[57]

末日之前，正义与邪恶之间会有一场斗争，尽管关于其明确的属性，犹太人并没有共识。在库姆兰《洞穴一书》（Cave I）中的第19卷古书描述了"光明之子与黑暗之子之间的战争"。光明之子，是从利未、犹大和便雅悯（Benjamin）部族中招募而来的，并将要在天使的帮助下，迎战彼列（Belial）的军队，其军队由基提及他们的同盟（以东人［Edomites］、摩押人［Moabites］、亚扪人、非利士人［Philistines］）及"签订不敬神的约的人"，也就是邪恶的犹太人所领导。《战法》（War Rule）记载了作战时间表的细节、军队所应擎的旗帜、战场列阵和服装的规定，以及对确保军队的纯洁和神圣的需要："所有这一切都是为了追击敌人并摧毁他，在这场上帝的战斗中将他永远毁灭。"来自《洞穴四书》（Cave 4）的同一文本的抄本残片表明，这个派别中存在普遍的猜测，即以色列人在最终胜利前需要经历血腥的战斗。[58]但是其他的犹太文本显示出各种完全不同的画面，很难与这个相对朴实的军事记录相洽。因此，在公元 70 年后不久成书的《以斯拉四书》中：

> 播过种的地方将突然间变得没有播种，充盈的仓库将突然间变得空空如也；号声响亮，而当所有人都听到它时，他们将突然被恐惧吓倒。在那时（朋友将像敌人一样自相残害），大地（以及居住在上面的人们）将提心吊胆，喷泉的泉水也将静止，一连三个钟头，它们都不流动。在我所预言的事之后，所有还活着的人都会得救，都可以看到我的救赎和我世界的终结，接着他们会看到那些被救赎的人们，他们从出生后就没尝过死亡的滋味。那时，地上居民们的心会被改变，皈依一种不同的精神。因为邪恶会被抹除，欺骗将被消灭；忠贞将兴旺，腐败将被克服，而还未结果的真理必将显露出来。[59]

《以斯拉四书》中的先知预言全世界各地的敌对之人会聚集起来攻击锡安山。这些敌对势力的毁灭有时会直接由上帝造成，有时会由中间人施加。胜利之后，人们将建立一个崭新而辉煌的耶路撒冷。流散的以色列人将会从各个散居地返回耶路撒冷，正如公元前 1 世纪中叶的《所罗门诗篇》中所设想的那样：

> 锡安的号声召集圣徒；带来好消息的声音在耶路撒冷这样宣布，因为以色列人的上帝是仁慈的，并在照看着他们。耶路撒冷，屹立于高处，注视着你的孩子——通过上帝——从东方和西方聚集过来。因他们神的喜悦，人们从北方前来；从遥远的岛屿上，上帝引导他们聚在一起。他为信徒把高山削为平原；山丘在他们到来时逃散了。当他们经过时，树木为他们遮光：上帝使每一棵芬芳的树为他们生长；所以以色列人可以在神的荣耀显现时通过。耶路撒冷，穿上你荣耀的衣裳，准备你圣洁的长袍，因为上帝已经永远祝福了以色列人。对于以色列人和耶路撒冷，愿上帝照他所说的做；愿上

帝以他荣耀的名字来激励以色列人。愿上帝的慈爱降临在以色列人身上，直到永远永远。[60]

最后，天国（Kingdom of heaven）将在神圣的土地上建立起来，正如保留在拉比传统中的每日祷告所请求的："从我们这里带走悲哀和叹息，你以恩典与怜悯统治我们，唯一的主。"这个新的王国将使正直的人充满喜悦和幸福，并为邪恶的人带来灾难，正如《禧年书》所宣扬的：

> 他们将赶走他们的敌人，正义之人将要看见并给予赞美，且永远开心快乐，他们将看到自己对敌人的所有审判和诅咒。他们的骸骨会在地下安息，他们的灵魂会非常快乐，他们将会知道上帝是一位审判的执行者；但是他会怜悯成百上千的人，以及所有爱他的人。[61]

在这特殊的宴会上，菜肴将包括神话中的怪兽利维坦（Leviathan）。[62]

犹太信仰中有关末世的复合图景，是由不同时代和不同地点所著的多种来源的书籍汇编而成的，而这完全不是巧合。没有证据表明，在任何一个古代犹太族群中，存在一种一致并连贯的末世论。然而，令人震惊的是，这种对世界发生重大变化的预期是如此普遍，即使是哲学家斐洛——他对《托拉》的解读通常牢牢集中在个人崇拜者的心理需求上，以此来专注于律法更高层次的意义——也偷偷释放了一个不寻常的希望，即上帝总有一天会终结"由天然的厌恶所激起的野兽的敌意"并创造一个时代，其中自然将是平静的："当这一刻来临的时候，我相信熊、狮子、黑豹，以及印度的动物、大象、老虎和其他所有拥有不可战胜的活力和力量的生命，将改变他们孤立和孤独的生活，变得与彼此相伴，并逐渐地通过对群居动物的模仿，使自己在被带到人类面前时表现得温顺……然后，蝎子、巨蛇和其他爬行动物的毒液也将毫无用处。"斐洛通过将这些野兽与灵魂中的野兽进行类比，确实得到了一则道德教训，但这一理想化的画面，与《以赛亚书》中狮子和羔羊躺在一起的预言非常接近，而这似乎在很大程度上要归功于人们对末日到来时的完美时代的普遍概念。[63]

在一些犹太文献中，末世事件的核心人物叫作弥赛亚（Messiah），"受膏者"。一些文本，比如《所罗门诗篇》将弥赛亚描述为一个人类形象，他是大卫的后裔：

> 主啊！请看吧，请指令大卫的儿子成为他们的国王，在你所预见的时刻，统治你的仆人以色列。以力量武装他，去摧毁不义的统治者，并将耶路撒冷从那些践踏它的民族中净化出来，使他们毁灭……而他必接受上帝的教训，成为他们公正的王。在他的时代里不会有不公正的事情，因为万物都是圣洁的，他们的王必是受膏的主。[64]

然而，在其他文本中，弥赛亚被描述为一个超自然的人物，这与他所参与的事件相符合。《巴录二书》（2 Baruch）据称描述了先知耶利米（Jeremiah）的文书助手巴录所经历的一系列幻觉，但事实上此作品由犹太人所写，可能还是在公元 1 世纪末用希伯来文完成的，现在仅仅保留在古叙利亚文和阿拉伯文的基督教译本当中：

> 这些事情之后，受膏者显现的日期已到，而他满载荣誉地归来，在这之后，凡在对他的盼望中沉睡的人都将复活。那时，那些保存着大量正直灵魂的府库必然被打开，它们必将出去，然后成千上万的灵魂必将一起显现，合为一体，合为一意……相反，邪恶的灵魂一遇此事，必然全部消亡。[65]

在死海教派中，可以发现关于弥赛亚本性的各种各样的、相互冲突的观点。有时候古卷中只会出现一个出身王室、来自大卫后代的、胜利的弥赛亚，但有时候又把以色列的弥赛亚与亚伦（Aaron）的弥赛亚相对比，后者又转而与"先知"相区别："他们不该脱离律法的建议，随着内心的倔强行走，而应受那些最初训导大众的人的诫命所管辖，直到先知、以色列和亚伦的弥赛亚到来为止。"[66] 一篇据称是摩西死前将其交给约书亚的演说《摩西升天记》(*Assumption of Moses*)中，描述了完全没有弥赛亚出现的末日。同样的情况也适用于库姆兰的《战法》中对战斗的详细描述上——胜利不是通过出身王族的弥赛亚，而是通过天使长米迦勒(Michael)的干预获得的。早期拉比犹太教的基础文献《密释纳》对弥赛亚的记载是如此稀少，以至于被描述为在呈现"没有弥赛亚的犹太教"。这有点夸张，因为事实上里面有几处提到过弥赛亚——弥赛亚的稀缺可能更多是由于《密释纳》的风格，这是一部律法意见的汇编，而不是对编纂者广阔愿景的描述。毫无疑问，在这样的作品中，弥赛亚的概念是一个前设，而不会得到详细的阐述。[67]

尽管基督教最终出现在犹太教第二圣殿时期，在这一时期的许多犹太教文献中，弥赛亚的形象要么缺失，要么不重要。基督徒对弥赛亚主义的兴趣也许可以解释，为什么基督徒保存下来的早期犹太文学中，关于末日中的弥赛亚的形象，要比由拉比保存下来的公元 2、3 世纪犹太文学中的更多。然而，为死海教派的一些仅通过偶然机会幸存下来的作品所强调的，并且出现在许多涉及弥赛亚或弥赛亚特质("大卫之子")的不同库姆兰文献中的末世论证明了，关于弥赛亚的推测即使在丝毫不为后来的基督教传统所知的犹太人群体中也是常见的。重要的是，备受期盼的弥赛亚形象缺乏连贯性，即使是在被基督徒当作具有宗教价值的文本而加以保存的犹太著作中也是一样。人们本来会以为，早期教会会强调所有他们所能找到的，展示犹太人沉迷于弥赛亚猜测的文献，毕竟公元 1 世纪时，唯一通过对弥赛亚的虔诚来定义自身的犹太人群体就是基督徒本身，"基督徒"名字的意义就是"热衷追随基督(*Christos*)，即弥赛亚的人"。事实上，出现在他们所保存的所有文学作品中的弥赛亚形象都如此混乱、破碎和相互矛盾，表明这种困惑在犹太人当中的确比较常见。

对历史终结的期待阻碍了犹太人为后代建造纪念物。不像那些花得起钱的罗马人所钟爱的令人印象深刻的墓碑和纪念荣誉的铭文，许多希律时代的耶路撒冷犹太人使用骨罐来保存亲属的尸骨，刻上死者的名字，但并不提供有关此人生平成就的信息。在公元 1 世纪的犹地亚社会，用碑文记录捐赠和荣誉的方式几乎不为人所知，在那里，碑文习惯从未流行起来（就像在后来几个世纪里流散的犹太人一样）。第二圣殿时期的许多文学作品，包括死海教派的所有文献，要么是匿名的，要么使用了假名，而且它们通常取自一个来自遥远过去的人物：这些作品的真正作者更感兴趣的想必是传播他们的想法，而不是记录他们作为个人的任何事情。相比之下，早期拉比则声称要保护他们所传承的每种律法传统起源人名字的记录，但是在公元后最初的两个世纪里，他们很少保存名字之外的东西：在最早的拉比文献中，拉比个人性格和成就的记录是如此之贫乏，甚至不可能为他们中的大多数人写简单的传记。

对保存记忆缺乏兴趣的一个例外是大希律王。约瑟夫斯明确表示希律花费巨资重建圣殿就是由于他关心自己和后代的声誉。就在他死前，希律召集犹太领袖们到他面前，并讲述了"他为他们所做的一切努力，告诉他们，自己建造的圣殿花费巨大……他说，他也曾用值得注意的献祭来装饰（圣殿），出于这些原因，他希望即使在他死后，他也会留下属于自己的纪念物和显赫的名字"。希律在希律堡的陵墓是为了强调和保护人们对他的记忆，就像《圣经》中族长们在希伯伦的陵墓一样，希律自己也为了美化这些陵墓，修建了一座宏伟的新围墙，它至今仍矗立在那里，这使人们一直记得他们对犹太人是多么重要。其他一些富有的犹太人也把钱花在了耶路撒冷附近令人印象深刻的墓穴上，尤其是在汲沦（Kidron）溪谷。但大多数人似乎对一个从犹地亚的山坡上往内挖，藏在错综的廊道和岩架中的石冢里的最后安息地感到满意。人们很容易把希律的态度归因于他身份认同中罗马的一面——或者，更具体地说，他对罗马恩主奥古斯都的模仿。[68]

如果大多数犹太人更关心的是上帝安排的世界秩序的变化，而不是人类后代的看法，这是因为他们感兴趣的主要的人类纪事，在未来和在过去一样，是以色列人与上帝的关系构成的戏剧。就像过去，国家的命运是由以色列人试图履行与上帝的契约所决定的一样，在未来也是如此。正如约瑟夫斯在他的巨作《犹太古史》的开头所写的那样，"任何愿意细读这段历史的人，从中得到的主要教训就是，遵循上帝意旨、不敢违背所有已被精心安排的律法的人，将会在所有事情上获得超乎想象的成功，而幸福是上帝给他们的回报；但是，当他们远离了对律法的严格关注时，所有可能的事都会变得不可能，而他们渴望做的任何好事，都会变成无法挽回的灾难"。[69]

因此，许多犹太人的末世论都是异世的，并会被富有同情心的罗马人理解为对逝去的黄金时代的追思，正如当时犹太人希望有一天异教徒会向弥赛亚致敬，因为他们将认识到上帝已经赐予了他力量："（上帝）要怜悯他面前所有虔诚的民族"，正如公元前 1 世纪中叶《所罗门诗篇》作者的末世论所言。[70] 在其他时期，犹太人对于世界其他民族的期望是更为黑色的，尤其是在最近灾难的阴影下：

> 当各民族陷入困境，而我的受膏者到来的时候，他会召唤所有民族，其中一些人他将宽恕，而另一些人他会杀死。这些事情必须在他所拯救的民族中降临。所有没有统治过以色列的民族，没有践踏过雅各（Jacob）后裔的民族都将要存活……现在，所有那些统治你的人，或与你相识的人，都将被交予刀剑。[71]

但这一切都在遥远的未来。无论如何，一些犹太人的末世论愿景中包括为善良的异教徒准备的角色，并预言在末世时，所有人类都将承认犹太上帝的统治。以赛亚（Isaiah）很久以前就写道：

> 末后的日子，耶和华殿的山必坚立，超乎诸山，高举过于万岭，万民都要流归这山。必有许多国的民前往说："来吧！我们登耶和华的山，奔雅各神的殿；主必将他的道教训我们，我们也要行他的路。因为训诲必出于锡安；耶和华的言语必出于耶路撒冷。"[72]

犹太人所渴望的新耶路撒冷是一座天堂般的城市，它与地上的城市只有松散的联系。当上帝认为合适的时候，就会让它显示出来。与此同时，犹太人只能描述关于其非凡外表的愿景：一份天使对末日城市的房屋、大道和大门的详细测量的记录在库姆兰的五个不同的洞穴中被找到，它们是公元 1 世纪阿拉姆语文本的残篇，保持着与多年前先知以西结（Ezekiel）所记载的景象相一致的规律。在古代结束后的几个世纪里，犹太人继续怀有这样的希望，这一时期他们生活在和平之中，但却被其他民族统治。从原则上讲，他们可以保留自己的末世论期望，同时在罗马的统治下和平地生活。[73]

第五章

社　群

公事和神治

DULCE ET DECORUM EST PRO PATRIA MORI. "为国而死，甜蜜且合适。"[1]贺拉斯以一反常态的忧郁情绪这样写道，描写古罗马人忍耐、勇敢、独立和缄默的美德。如此，历史上那些为罗马而死的伟大英雄被人们记住。相比之下，光荣的犹太死者，据信是为了上帝而放弃了自己的生命，就像据说在公元前 2 世纪 60 年代，在马加比暴动前的迫害中遭受可怕折磨的人：

> 还有一次，七个兄弟和他们的犹太母亲被捕了。国王逼迫他们吃律法禁食的猪肉，并命用鞭子抽打折磨他们。这时，其中一个年轻人说道："你们这样做，希望得到什么？我们宁死也不抛弃祖先的律法。"这使国王暴跳如雷，他命令准备大锅大盆，烧热烧红……[2]

尽管如此，犹太人和罗马人一样把他们的国家看作是一个人。代表罗马的是一个女神，"罗马女神"（*Dea Roma*），对她的崇拜大多数发生在罗马城之外，但是从哈德良时代起，在城内也存在。对犹太人来说，把以色列或耶路撒冷视为类似的神灵当然是不可能的，但是《出埃及记》（Exodus）记载，在上帝——通过摩西促成的——与以色列订立并封在西奈山（Mount Sinai）的契约中，以色列被设想为上帝的配偶，或者就像一个任性的孩子，有着一位慈爱的父亲。在这两个社会中，人们都可以通过健康和疾病的隐喻来理解政治体。撒路斯提乌斯这样描述罗马共和国晚期的道德崩溃："起初，这些恶习蔓延得不快；它们不时受到惩处；但是到了最后，当这种疾病像致命的瘟疫一样流行时，这个国家就发生了变化，一个在公平和卓越方面首屈一指的政府竟变得残暴而又令人无法忍受。"[3] 约瑟夫斯也是这样，他在记载战争爆发前犹地亚社会情况时的如下表述，可能也像撒路斯提乌斯一样受到了修昔底德历史编纂方面的影响："那段时期，犹太人当中各种各样的罪行层出不穷，无恶不作……因此，无论是在私人场合还是公共场合，每个人都生病了。"在公元1世纪50年代，只要一类社会紊乱在犹地亚减少，"另一部分就会再次爆发，就像在一具令人作呕的身体里一样"。约瑟夫斯向罗马围攻下的耶路撒冷发表了自己的演讲，当时尸体的血在上帝的庭里形成了水池："最可怜的城市，你在罗马人的手里遭受了怎样的痛苦？他们用火来净化你内部的污垢。"[4]

　　罗马人和犹太人之间的差异存在于这个概念中——国家的意义是什么。这两个社会的人，都没有像古典和希腊化时期的希腊人那样，沉迷于抽象的政治哲学和对完美国家的结构的分析，但是他们共同的希腊背景确保了一些犹太人和罗马人至少对这些问题有所反思，而每个社会的词汇和修辞习惯，都揭示了他们各自的政治概念。在罗马人中，更广泛的政治哲学思考并非未知，但是在帝国时期，它倾向于采用这种形式——就像塞内卡的作品那样——即对统治者在道德行为上提出个人建议，以及对臣民在被剥夺权利时，应该如何保持尊严和道德提出建议。西塞罗的著作《论共和国》（On the Republic）写作于共和国晚期的政治混乱中，书中包括了按照柏拉图和亚里士多德的风格写作的对理想政府构成方式的分析，他倾向一种将君主制、寡头制和民主制相结合的结构，这一分析很大程度上归功于他对早期罗马历史以及他所处时代的政治动荡的判断，但是在皇帝的仁慈统治下，这样的理论讨论并不是很受欢迎。

对于罗马人来说，国家就是 *res publica*，字面意思是"公共事务"，这是一个为了共同利益而团结起来的个人的集合体，但在私人所有权和个人政治行为上，它允许最大可能的自由，特别是对于那些政治精英。这就是"共和国"的本质，在公元前 27 年发行的硬币之上，奥古斯都宣称，在经历了漫长的内战之后，他将它恢复了原状。一个客观的观察者，在事后看来，可能会把奥古斯都的统治看作是君主制的复辟，这的确也是历史学家卡西乌斯·狄奥在 3 世纪早期所描述的，但是奥古斯都将自己的政权描绘为保守和传统的，排除了任何革命变革的形象。因此，奥古斯都在回忆录中对自己成就的吹嘘，与狄奥的记载形成了鲜明的对比，奥古斯都声称他"拒绝接受（给他）任何与祖先传统相违背的公职"，而狄奥的记载则是

> 人民和元老院的权力都完全交到了奥古斯都的手中，而从那时开始，严格地说，君主制出现了；因此君主制才是它最真实的名字，即使后来有两三个人同时掌权。现在，罗马人对君主制度之名深恶痛绝，所以他们把自己的皇帝，既不称作独裁者，也不称作国王，或任何类似的东西。然而，既然政府的最终权力归于他们，就必须有国王存在。[5]

狄奥的冷嘲热讽，反映了在他写作时已经过去 250 年的帝国统治带来的后见之明。在公元 1 世纪，元老院"殉道者"们炫耀性的死亡表明，他们宁愿死去，也不愿意向一种虚假的自由牺牲自己的权利，从本质上讲，这种自由仅仅包含了在公共场合说出自己想法的权利，这表明，一些政治精英仍然怀有对于贵族政治下的古老理念的记忆——这种贵族政治致力于国家，并准备为了共同利益而分享政治权力。西塞罗所设想的混合政体的第三个要素，民主，在帝国时期几乎不能算是一个问题，尽管人民大会继续开会选举执政官（在共和国时代的正常情况下，这是国家的高级行政长官，在任何一个任期内都是两人）、其他高级官员和通过法律。在对图拉真皇帝的称颂中，小普林尼赞扬了皇帝在选举拉票过程中表现出的

严谨态度，但是在他的时代，即公元 1 世纪末，选举就是一场字谜游戏，结果实际上是由皇帝的恩惠决定的，而真正的选择权只委派给了元老们，而即使如此，他们也不能通过选举角逐最高的职位。剩下来的，只是名义和词汇上的民主。决定是由"元老院与罗马人民"做出的。皇帝以担任平民保民官为荣誉，并以获得保民官权力的年数作为记录他们统治时间的标准。在竞技场或其他公共场合露面，赢得在场民众的认可，对皇帝的形象非常重要，这足以证明在"面包与马戏"上的巨大开销是合理的；只有鲁莽的皇帝才会故意激起人民的敌意，正如盖约在愤怒中喊出的那样，"我希望罗马人民只有一个脖子"。民主制的正式程序，在共和国的权力斗争中，有时给人民大会提供真正的权力，但在皇帝统治下，它现在的功能只是独裁统治的一块门面。[6]

约瑟夫斯受到修昔底德的影响，称赞前任大祭司亚拿努之子亚拿努 —— 他在公元 66 年秋成为耶路撒冷叛军的总司令 —— 是一位独特的自由与民主的爱好者，但是无论是个人自由还是多数投票所代表的民意授权，对犹太人来说都没有其对希腊人和罗马人那么重要。甚至有人曾经宣称，在《希伯来圣经》中，个人自由的概念是无处可寻的，除非是狭义上的从奴役中的解放。离开埃及创造的民族自由，把以色列人从法老的奴隶变成了上帝的仆人。犹太人没有能与罗马人民大会相匹配的正式公共集会，在危机时刻给领袖提供了表面上的权力的公共集会，并没有遵从任何的民族律法，而仅仅是一伙热情的群众在大声支持他们喜爱的政客：在公元前 140 年，哈斯蒙尼家族的西蒙寻求从一个"聚集了祭司、人民、国家统治者和国中长老的伟大集会上"获得让他的家族篡夺大祭司职位的许可；公元前 12 年，希律召集了耶路撒冷的人民，向他们展示自己的三个儿子，他们将是他的继承人。民众的唯一作用就是听他演讲 —— 在其中他表达了对自己后代的爱和希望。从公元 66 年到公元 70 年间，野心勃勃的政客们在这座独立城市里尔虞我诈，而大规模聚会似乎在权力的转移中扮演了重要的角色，但是，在所有情况下，聚起的人群的力量只是一个残酷的政治事实，而不是一种理想。对犹太人来说，所有对完美国家的理想都通过信仰和服从上帝来表达。[7]

约瑟夫斯的辩文《驳阿庇安》包含一个对犹太主义的分析，而这种分析曾是任何犹太人最接近于在政治上论证一个完美国家本质的尝试：

> 一些民众把最高的政治权力委托给了君主，另一些人则给了寡头，而其他的给了大众。然而，我们的立法者却没有被任何这些政体所吸引，但却给予他的基本法这样一种模式——如果不自然的表达方式可以被接受——可以称为"神权政治"，即把所有的主权和权威都交给了上帝。作为所有祝福的创造者，包括全人类共有的祝福，和那些他们在历史危机中通过祈祷为自己赢得的祝福，他说服所有人都看向自己。[8]

在这段话中，约瑟夫斯似乎创造了"神权政治"（*theokratia*）这个词，而它从这时起开始了它漫长的历史，被许多欧洲语言吸纳。这个词不太容易翻译成古典希伯来语，但是《圣经》和犹太教的崇拜仪式经常提及上帝作为国王的形象，在《撒母耳记上》（1 Samuel）中的反对声音称以色列人民要求"一个王治理我们，像所有民族一样"，这明显是基于人类君主统治和上帝统治间的冲突："耶和华撒母耳说：'百姓向你说的一切话，你只管依从。因为他们不是厌弃你，乃是厌弃我，不要我做他们的王……'"[9]在《驳阿庇安》中有关犹太政体的讨论中，约瑟夫斯明确表示，对于犹太人来说，上帝的统治最好是通过祭司，尤其是大祭司来协调："将上帝置于宇宙的顶端，将对最高事物的管理分配给全体祭司，将带领其他祭司的职责委托给大祭司，有一种比这更美好或者更公平的政体吗？"无独有偶，在他的《犹太古史》的末尾，约瑟夫斯把这种大祭司的统治称为贵族政治："当这些国王（希律和亚基老）去世后，政体变成了贵族政治，大祭司们被委任为国家的领袖。"这个术语可能有一种针对他的非犹太读者的辩护性的意图，因为"贵族政治"意味着"最卓越者的统治"，在《犹太古史》第四卷中描述摩西立法时，约瑟夫斯显然还没有想到"神权政治"这个概念，他把摩西的政体称为贵族制："贵族政体，以及在其之下的生活，无疑是最好的：不要让你被对另一种政体的渴望所占有，而是要

满足于此，以律法作为你们的主人，并以其管理你的一切行动；因为上帝
足以成为统治者。"[10]

约瑟夫斯并没有声称犹太人实际上一直生活在这个理想的政体之下。
相反，他清楚地意识到，多年以来他们已经有了许多不同的政府形式，正
如他写到第二圣殿时期——即从公元前6世纪末，被流放到巴比伦的一
些犹太人回到耶路撒冷，到公元70年圣殿被摧毁——的开始时所阐述的
那样：

> 他们居住在耶路撒冷，在一种贵族政治加上寡头政治的政府形
> 式之下。大祭司主管政务，直到哈斯蒙尼家族的子嗣成为如同国王
> 一样的统治者。在被囚禁和驱逐之前，他们被国王统治，从扫罗王
> （Saul）和大卫王开始，共经历532年6个月10天；在这些国王统
> 治他们之前，管理他们的统治者叫作士师和君主，在摩西和约书亚
> 死后的500多年里，他们生活在这种政府形式下。[11]

因此对于犹太人来说，祭司贵族并不总代表上帝的旨意——事实上，随
着圣殿的毁灭，在约瑟夫斯写作的时候，这个制度已经不再运作了——
但是这是犹太式的理想。犹太人的政体足够有特色，在公元前4世纪末
的亚历山大大帝时期，富有同情心的希腊学者阿夫季拉的赫卡泰俄斯
（Hecataeus of Abdera）就关注了这点：

> 他（摩西）挑选了最有教养并且最有能力领导整个国家的人，
> 任命他们为祭司；他规定他们应该将自己完全投入于圣殿和荣誉，
> 以及奉给他们的上帝的牺牲。他也任命他们为最重要的法律案件的
> 法官，委派他们监护律法和习俗。因为这个原因，从来没有一个犹
> 太人之王，人民的领导权经常被授予在智慧和美德方面优于他同侪
> 的任何一位祭司。他们将这个人称为大祭司，相信他是上帝诫命的
> 信使。因此他们说，是他在他们的大会和其他集会上宣布诏令，而
> 犹太人在这样的事情上是如此温顺，以至于当他向他们阐明诫命的

时候，他们就立刻倒在地上，向大祭司敬拜。在他们律法的末尾甚至还写着，摩西从上帝那里听到这些话之后，就把这些话告诉给了犹太人。[12]

很明显，至少对于约瑟夫斯来说，祭司作为上帝对他子民统治的媒介的角色至关重要，因此他责备了某个叫"加利利人犹大"（Judas the Galilean）的人的追随者，此人在公元 6 年"煽动他的同胞造反，谴责他们是懦夫，同意向罗马人进贡，而且在上帝之后，他们还容忍凡人的主。这个人是一个诡辩家，他创立了自己的教派，与其他派别毫无共同之处"。[13] 正如我们将要在第十一章中所看到的，约瑟夫斯描绘了犹大的"第四哲学"、它的起源、影响和与其他类型的犹太教的关系，但这个画面的准确性是可疑的，因为他对犹大学说的两次简短的描述包含了明显的矛盾，并且没有其他来源的证据支持，但是约瑟夫斯对于没有中介的神圣统治缺乏信心——这一点也体现在他对奋锐党（Zealots）的谴责中，他们在公元 68 年时，以抽签而非世袭方式任命了一位新的大祭司，

> 他们称在过去，大祭司是由抽签决定的；但是在现实中，他们的行动是对既定惯例的废除，也是通过将这些任命掌握在自己手中使自己变得至高无上的伎俩……碰巧，抽签结果落在了这样一个人身上，他如示例一般证明了他们的堕落……这个中签的乡巴佬几乎不知道大祭司代表着什么。不管怎么说，他们把不情愿的受害者带出了乡下，并把他打扮成他要扮演的角色，就像在舞台上一样，把神圣的衣服穿在他的身上，并指导他如何行事才能与这个场合相符。对他们来说，这种可怕的不虔诚是一种玩笑和游戏，但其他在远处注视着他们对律法的嘲弄的祭司们无法抑制他们的眼泪，并为神圣荣誉的堕落而叹息。

尽管约瑟夫斯通过引用古代习俗，否定了奋锐党为这一程序的辩护，但是在他们看来，抽签是一种虔诚的方式，因为这意味着选择权被交到了上帝

的手中。[14]

在犹太古代历史的许多时期，这种对以祭司为中介的神权统治的依赖，与对君主统治的接受共存。《圣经》描述了撒母耳对以色列长老们要求他"立一个王治理我们、像列国一样"的抱怨，但尽管不情愿，他仍然同意了他们的要求。[15] 大祭司的权力，哪怕在约瑟夫斯的描述中，也是准君主式的，正如在公元 3、4 世纪的拉比运动中的族长（或称，纳西［nasi］），也如主持圣会大会的玛斯克（maskil），即守护者（Guardian）或大师（Master），这个等级严格的大会组成并管理着死海教派。半个多世纪以来，哈斯蒙尼家族的大祭司们擅自持有了"国王"的头衔，毫无疑问，这一定程度上是在模仿同时代其他希腊化国家的统治者。犹太人大概能够通过称扬君主的美德来为这种君主统治辩护，这与斯多亚派对王权的辩护一样：因此，斐洛赞扬摩西是出埃及的犹太人当中的领袖，因为他"是被赋予此职和王位的，不像有些人是通过武器、战争机械以及步兵、骑兵、海军的力量去强行夺取的，而这是由于他无时无刻不流露出来的善良、高尚的品行以及他对一切事物的博爱。此外，他的职位是热爱美德和高尚的上帝所赐予的，作为他应得的回报"。[16] 但是如此明显地为君主制辩护是罕见的。个人统治发生在犹太社会，就像在罗马社会一样，似乎不是意识形态的产物，而是个人对权力渴望的副产品——祭司阶层的哈斯蒙尼家族、以土买的希律家族，以及一系列"僭主"们：吉斯卡拉的约翰、西蒙之子以利亚撒、吉奥拉斯之子西蒙，约瑟夫斯带着惊惧的反感描述了他们在公元 70 年春天之前的独立热潮中，为争夺耶路撒冷城的控制权而钩心斗角、自相残杀，直到——正如我们所看到的那样——罗马围城带来的外部压力，迫使这些最有野心的人为了共同的利益结成同盟，但这为时已晚，灾难已经无法避免。[17]

这两个完全不同的社会是如何构成的？作为公民社会的罗马和耶路撒冷所依托的不同的机理，是否反映在对普通犹太人与罗马人来说十分重要的社会关系当中？而存在差异的方面，是否对这种致使耶路撒冷毁灭的敌意负有任何的责任？

亲属关系

如果那些在墓碑和其他纪念物上表达情感的人能指导我们发现真正重要的亲密关系，那么在罗马帝国，人们最为关心的就是核心家庭。当然，制作墓志铭的委托可能只是出于一位亲属或者遗产继承人对死者的责任感，但是也有许多铭文揭示了生活中，配偶、子女、父母和兄弟姐妹之间的真情实感。

配偶之间的亲密关系是惊人的，因为在实际操作中，罗马的婚姻法律框架十分宽松。婚姻不是圣礼。从技术上讲，一男一女只要同居就可以成为丈夫和妻子，同时彼此都把对方看作自己的配偶，而婚姻可以在几乎不会引起任何实际剧变的情况下缔结和破裂。另一方面，正如现代的经验显示，情绪上的反应可能更为复杂。 个婚姻的开端是精心设计的庆祝活动——至少在上流社会是如此——以及对围绕在这对新婚夫妻周围的诸神的祈求，以确保他们的幸福和生育力。婚礼上，新郎和新娘戴着鲜花制成的花环，一起坐在用羊毛绑在一处、并用当天早晨献予诸神的羊的皮覆盖的椅子上，享受婚礼宴席并忍受新婚致辞，典礼之后，他们可能不得不提醒自己，这一天的本质是见证和签署一份总能被撕毁的契约。另一方面，一些墓碑会自豪地夸耀一个女人是"一夫之女"（univira），表明在一生中不止一个伴侣是很普遍的事情，这既是因为年轻人的高死亡率，又是因为离婚十分容易，很少或几乎不会引起公众的反对。离婚的技术细节同样简单：所需要的只是丈夫或妻子向自己的伴侣宣布，他们不再希望一起生活在婚姻中了。在共和国晚期和帝国早期，离婚在贵族中是如此常见，以至于罗马的习俗似乎不像一夫一妻制，而更像连环多偶制，即一段时间一个配偶，但是把这种行为假定为广大罗马民众的行为习惯则是错误的，在当时，至少在某些情况下，婚姻是由政治考量而非家庭因素造成的：例如，在公元前 12 年，奥古斯都要求未来的皇帝提比略与他挚爱的妻子维普撒尼娅·阿格里皮娜（Vipsania Agrippina）离婚，以便于迎娶奥古斯都的女儿尤里娅。[18]

离婚后，孩子们归父亲养育。我们只能推测与母亲分离对罗马儿童造成的影响，但罗马人很清楚母爱的重要。文学作品把理想的母亲描述为儿女的道德教育者。与现代西方社会相比，罗马母亲与孩子的关系可能不甚亲密，特别是如果他的婴儿时期被交给了奶妈，而孩童时期又交给了保育员（paedagogus）看管，但是有很多证据表明，母亲从孩子的青春期到母亲年老时都保有孩子对自己的爱和尊敬。塞内卡记载了他母亲在他开启公职生涯时对他的慷慨，而当他在安慰某个儿子过早离世的玛西亚（Marcia）时，他强调了玛西亚和她儿子间的亲密联系："在他14岁前，他一直是一个监护人照看下的无父的学徒，但是他母亲的保护持续了他整个的人生。"[19]

　　一个包括父亲、亲切的妻子和母亲，以及正合适数量的健康孩子的完美核心家庭，是罗马人的梦想，但很少是罗马人的现实。罗马诗人常常表达了男人和妻子会一起变老的愿望。因此马提亚尔在一则柔和的讽刺短诗中写道："愿她在他老时爱他，愿她老时在丈夫的眼中不老。"然而，事实上，一个典型的婚姻很可能会在结婚后不到20年的时间里由于一方的死亡而结束——如果不是在此之前就以离婚的方式结束的话。因为再婚很普遍，很多孩子都和继父母一起长大。在拉丁文学中，邪恶的继母经常被妖魔化。冲突通常有关财产：小普林尼发表的最好的庭上演讲之一（据他自己估计）是为支持一位贵族女性，"因为她80岁的父亲在陷入爱河，迎娶继母之后10天就剥夺了女儿的继承权……父亲们、女儿们和继母们都焦急地等待着判决的结果……最后，依据遗嘱应继承六分之一遗产的继母输了案子"。但是也有许多例子证明了孩子与继父和继母之间的友好关系。在史料中，明显缺乏涉及继子嗣间及有一半共同血缘的子嗣间冲突的资料，也许正是因为有着这种关系的儿童在一起长大是十分正常的。[20]

　　罗马人对基因遗传的关注程度，比对法律定义的家族关系的关注要少得多，这种意愿从包含继亲关系的家庭数量上可以明显看出，也体现在男性愿意将其与女性奴隶产生的后代作为奴隶看待，以及至少在精英中，被普遍使用的收养关系上。收养是罗马长期以来就有的一种习俗，并有法律上的规定：在法官面前进行一项私人仪式，就可以把被收养人纳入与在婚姻中自然出生的孩子一样的法律关系当中，在进入新家庭的时候，这个孩子会获得他或她的新父亲的名字和地位，并处于新家长（paterfamilias）的法律权力之下。很多关于收养的现存证据都涉及对成年人的收养——养父可能会认为这是一个明智的举动，因为他可以避免被收养人在童年时期能否存活下来的不确定性，并且能很好地了解他将要把一个什么样的人带入自己的家庭。奥古斯都自己就被尤里乌斯·恺撒收养，尽管这一收养是依据后者遗嘱中的条款在恺撒死后完成的，并且从公元 96 年的涅尔瓦（Nerva），到公元 161 年的路奇乌斯·维鲁斯（Lucius Verus）之间，所有皇室继承都是通过皇帝对适合成为继承人的年轻人的一系列收养而完成的。

对成年男性的收养行为表明，收养人的动机通常是对财产或权力的转移和控制。即使一个单身的罗马公民也可以领养一个儿子。几乎没有什么迹象表明罗马人会希望像一些现代社会那样，为了获得组建家庭的快乐而收养一个孩子。有些家庭会抚育养子养女，后者在铭文中被称为 alumni，但是有时这一安排仅仅是临时的，并且可能更多的是为了分担家务，而不是为了满足情感需要或创造情感依恋；在罗马，众多记录了死者儿女虔诚伤感的碑文中，几乎没有一个是由养子养女设立的。一些由养父母抚养长大的孩子一出生就被自己的亲生父母所抛弃，他们中的一些人将要作为奴隶生活在新家里。像奴隶一样对待这些婴儿是否为法律所准许，是小普林尼向图拉真皇帝提出的问题之一，他想知道，当自己统治的行省中的弃婴们宣称自己享有自由权的时候，他该如何裁决这类案件；一个附加问题是，是否应该要求被宣布自由的弃婴向他们前主人偿还成长过程中的花费。图拉真回复说这个问题"经常被讨论到"；这显然是一个实际存在的问题。在现实中，一个自由民出身的弃婴和一个奴隶出身的弃婴在贫寒的家庭中可能过着非常相似的生活。[21]

除了最贫穷的家庭外，总有至少一些奴隶会像自由儿童一样被当作家庭的一部分来对待，即使他们免受身体虐待的权利在法律上处于较低的等级。许多罗马作家认为对孩子的体罚管理是理所当然的，如果不是由父母动手，那么就是由奴隶保姆或保育员或任何认为惩戒有利于孩子教育的成年人来实施。塞内卡在一篇关于愤怒（以及如何控制愤怒）的文章中认为，"孩子们应该以正确的方式被抚养，即使这意味着严厉的惩罚，这一点最为重要"，这条观点将会赢得罗马人的广泛赞同。[22] 罗马儿童被认为是脆弱的、需要保护的，但也同时作为不成熟的人被加以控制、培养和社会化，好为进入成人世界做好准备。罗马人和当下的我们一样把童年看作一个人生中的与特定仪式和情感联系在一起的独立阶段，尽管对他们童年内各时期的划分与那些现代世界中人们所熟悉的不同；例如，他们似乎并没有意识到青春期对于未婚女孩来说是一段特殊而艰难的时期，尽管人们意识到男孩在青年（iuventus）时期需要被给予更多室外活动的自由。"不说话的人"（infans）是指 7 岁以下的孩子——可以简单地翻译成"婴儿"的拉丁词语并不存在。新生儿先经过沐浴，然后被用襁褓裹住肢体，塑造成形：对年轻一代身体的护理不可避免地优先于其他问题，因为对已经活到了他们第一个生日的孩子而言，至少有一半会在 10 岁前死亡。几乎没有多少家庭是多代同堂的，因为大多数祖父母在他们的孙辈到达一个足以建立亲密关系的年龄之前就去世了，但是也很少有家庭是由一个核心家庭组成的。奴隶、被释奴、继子女和其他与父亲和母亲的家庭有关系的人都住在一起，并为这个家族的生活做出贡献。

在拉丁语中，familia 一词经常被用来指奴隶的家庭，而他们的劳动保证了这个家庭的运转，但 familia 在更正式的意义上也意味着，所有处于家长（paterfamilias）法律权力之下的人，无论他们是亲属还是奴隶，或者所有其他通过父系关系，曾一度处于他的权力之下的血缘亲属。在很多方面，约束罗马公民私人生活的法律最显著的特征就是，家长在他的大家庭中拥有非常广泛的法律权力，这种权力穿过数个世代，并可能会影响到那些表面上看并不与家长一起居住的亲眷的命运。依据"家长"的定义，不在任何年长男性亲属权力之下的罗马男性公民就是家长，他通过他的男性子嗣，使他所有的后代都处于他的权力之下。无论婚姻关系的流动性如何，无论独立家庭是如何建立的，这一制度都确保了很大程度的社会稳定。当涉及重要的决定时，家长说了算。他完全控制着他权力范围内的那些人：从技术上讲，他们不能拥有自己的任何东西，如果他们"获得"了任何东西，此物就会立即归家长所有。这种关系是终身的，除非家长选择释放一个孩子，或像有时发生的那样，在一个女孩结婚后将她的管辖权转让给她的丈夫。结婚只有在家长允许时才行，而且家长也可以坚持要求离婚。

因此，所有成年罗马女性公民和一些成年罗马男性公民都在无法完全控制自己命运的情况下度过了一生。这对成年男性来说并不常见，原因是预期寿命较低：因为 20 岁到 40 岁之间的成年人死亡率要比现代社会高得多，而能活到 60 岁以及更大岁数的人很罕见，20 多岁的年轻人可能会发现他们自己没有年长的男性亲属来对他们的生活施加法律上的约束。当年轻的成年男性发现自己仍然没有权力做出有关婚姻和金钱的决定时，两代人之间的紧张关系可能会变得尖锐起来。罗马人很清楚这种可能性，并在罗马人的演讲技巧练习中给这种可能性提供了常备的练习场景，就像老塞内卡在他的《争议》（*Controversiae*）一书的开头部分为学生们提出的一个棘手问题一样：

> 孩子们应该支持他们的父母，或者被囚禁。两个兄弟互相争吵。其中一个有一个儿子。叔叔陷入了困境。虽然他的父亲禁止他这样做，但这个年轻人仍为叔叔提供了经济支持；由于这个原因，他的父亲剥夺了他的继承权，而他没有反抗。他的叔叔收养了他。他的叔叔继承了一笔遗产，变得富有起来。他的父亲开始陷入困境。尽管他叔叔禁止他这样做，但这个年轻人还是供养了他的父亲。他的叔叔现在剥夺了他的继承权。

这个年轻人该用何种理由为自己的所作所为辩解呢？[23]

在法律理论中，家长对生死有着更加极端的权力，罗马人讲述了他们品德高尚的祖先为国家利益处决儿子的故事。即使到了公元 1 世纪，奥古斯都婚姻法也允许家长在特定情况下杀死他的女儿，如果女儿被父亲捉奸的话。但是在帝国早期，这种在法律上对暴力的纵容大多属于民间记忆的范畴，并在亲情和更温和的风俗习惯下有所缓和，除了在一种仍然很常见的案例中：家长对新生儿的态度决定了该婴儿会被抚养长大还是会被抛弃死亡（详见第六章）。对于罗马人来说，像殴打奴隶一样随心所欲地殴打他的妻子和孩子，虽然以"惩戒"之名是合法的，但显然不常见。罗马人以成为善良、温和的父亲和丈夫而自豪。传记作家普鲁塔克记载，在公元前2世纪中叶，监察官加图"曾经说过，打他妻子或孩子的人伤害的是他最神圣和庄严的东西"。[24] 显然这样对待自己的妻儿是可以想见的，但是它似乎并不会得到社会上的尊敬。对大多数青年或成年罗马人来说，比身体暴行更真实的是被剥夺继承权的可能。家长有广泛的权利在遗嘱中随心意处理他的财产，并可以在遗嘱中明确地剥夺一个儿子的继承权：在帝国早期，儿子可以向地方法官上述，控告这样的遗嘱是"不尽责的"，但并不一定能胜诉。

　　家族（*familia*）——父系血缘方面的兄弟姐妹、堂兄弟、叔伯、侄子和侄女——为大多数罗马公民提供了他们可以期待的，即使并不是总能得到的支持和庇护。更广泛的族属关系尽管被正式承认，却对社会关系的影响较小。罗马公民都属于一个提供给他或她名字的核心要素的氏族（*gens*）：因此在公元1世纪的尤里、克劳狄、弗拉维诸位皇帝，代表着他们是尤里、克劳狄和弗拉维家族的成员。在共和国晚期，属于同一特殊氏族的罗马贵族可能偶尔会互相寻求支持，相信他们自己来自同一个祖先，被共同的宗教仪式或祖坟联系在一起："共同的血缘纽带能通过善意和情感将人紧紧联系在一起；因为分享相同的家族纪念物、使用相同的神圣仪式、拥有共同的陵墓有着重要的意义。"[25] 西塞罗如此写道，但是在一个世纪后的罗马，几乎没有证据表明共享氏族名字的人仍在共享除了名字本身以外的任何东西。火上浇油的是，被释奴可以获得他们前主人的名字，而最近获得公民权的新公民可以自由选择他们喜欢的名字，并通常选择当时统治国家的皇帝的名字——因此大量罗马人的名字中有尤里乌斯、克劳狄乌斯或弗拉维乌斯。

　　那些生来就是罗马公民的人也继承了罗马部落成员的身份。在共和国早期，部落的划分以居住地为标准；公元前3世纪中叶，罗马的领土被划分为4个城市部落和31个乡村部落，但是从公元前241年开始，公民权开始向意大利甚至以外的地区扩展，没有新的部落被创造出来，所以新公民就被分配到现存的部落当中，因此部落代表特定地区的意义多少被冲淡了。无论如何，在共和国时期，隶属于部落最重要的意义在于它是政治集会的投票单位，而到帝国早期，这成了形式主义。对于罗马公民来说，在正式碑文上的自己名字中包含部落名是标准做法，并且行省居民在获得罗马公民权后仍可以被分配给某一个部落，但如何将一个新公民指派给某个特定部落的规则是模糊不清的，而在实际操作中，属于这个或那个部落根本就没有差别。[26]

尽管在表面上有一些相似之处，犹太社会结构与罗马的截然不同。犹太人与罗马人一样，都认为他们曾经被分成几个部落，并且这 12 个部落的象征意义对他们来说仍然很重要，尽管他们相信 12 个支派中的 10 个在公元前 8 世纪被亚述人带离以色列的土地后就没有再回来。正如约瑟夫斯记载："亚洲和欧洲的 2 个部落处于罗马人的支配之下，而到现在为止，还有 10 个部落生活在幼发拉底河对岸——人数极多，具体数字无法确定。"[27] 根据《密释纳》所引述的拉比阿基瓦（Akiva）的话，"这 10 个部落再也不能回到"以色列的土地。[28] 其他人则更乐观：根据《使徒行传》的作者所述，保罗在犹太国王亚基帕二世面前对他说过："这应许，我们 12 个支派，昼夜切切地侍奉神，都指望得着。"[29] 但这只是对末世未来的虔诚愿望而已。在当时，公元 1 世纪的耶路撒冷，很少有人提到他们自己的部落。保罗自己是个相当惊人的例外，他描述自己是"以色列人，亚伯拉罕的后裔，属便雅悯支派的"以及"以色列族、便雅悯支派的人，是希伯来人所生的希伯来人"；他自己的部落归属也许是这些自我描述的一种古老的风格，目的是强调他作为犹太人所该得的尊重。[30]

部落归属的重要性的普遍下降很可能是几个世纪以来犹太教皈依的部分结果。与罗马新公民不同，新的犹太人似乎并没有被分配到任何一个部落当中，事实上，（例如）大希律王，他是来自以土买地区的改宗者，属于没有部落的人，但这并不意味着他不是一个犹太人。部落的从属关系只对利未部落的成员起作用，因为，正如我们所见，利未人和祭司们（该部落的子群，亚伦的后裔）因生来带有的权利在耶路撒冷圣殿中行使祭祀这一重要的责任，因此他们享有与此相符的相当大的特权。在另一方面，没有什么可以表明祭司之间的社会关系是稳固的，更不用说祭司和利未部落成员之间的关系了。正好相反，约瑟夫斯描述了当富有的大祭司们当权时，其仆人是如何"前去打谷场，用武力夺取其他祭司的什一税……所以在那个时候，那些从前依靠什一税过活的祭司都饿死了"。约瑟夫斯本人就是一名祭司（他是自豪地告诉读者这一点的），他带着厌恶评说了公元1世纪60年代早期的、让非祭司的利未人穿得像祭司的创新做法："这些利未人——这是个部落——本是圣歌的咏唱者，他们怂恿国王召集一次会议，允许他们穿戴与祭司一样的亚麻长袍……这一切都违背了祖先的律法，这样的违法行为必然会使我们受到惩罚。"[31]

在罗马帝国早期，犹太社会与罗马人的巨大不同之处在于大家庭所扮演的，或所不扮演的角色。事情并非一直如此。在《创世记》之后的《圣经》文本中，叫作本家（mishpaha）的大家庭扮演了一个与罗马家族相似的中心角色，在这个意义上讲，家庭不仅包括血亲，还包括奴隶和雇佣仆人，从某种意义上讲，那些拥有共同的父亲形象的人会感到一种与其他人紧密团结的感觉。《利未记》中的律法设想，如果一个亲戚受贫穷所迫将自己卖身为奴，"或伯叔、伯叔的儿子、本家的近支，都可以赎他"。雅各的家庭被描述为包括他的儿子们、他们的妻儿、他的孙子们、他的女儿们和他的孙女们，"凡从他所生的……一共66人"，并不包括他的儿媳妇们。人们对《申命记》中这一条律法态度的改变能够很好地说明作为犹太社会核心单位的大家庭的衰落——如果一个男人没有孩子，他的兄弟就有义务"在以色列兴起他弟兄的名字"，迎娶死者的遗孀（这一过程被称为"利未婚"）。《密释纳》所援引的拉比们明确地指出这条律法在他们的时代已经不再使用了。[32]

因此，除了在王室宫廷的历史中，公元1世纪的犹太社会里，作为整体生活在一起的大家庭几乎无迹可寻；除了希律家族，也没有堂表亲作为一个社会单位一起行动的情况。希律依靠家族成员获得政治支持，然后任命他的兄弟非罗拉（Pheroras）和他的叔叔（兼妹夫）约瑟担任要职，并通过婚姻将他的大家庭成员联系在一起，但是他这样做并非因为这是同时代犹太人的标准做法，而是因为他不想把权力交给外人，后者在犹太人中可能比他这样来自以土买的外乡人拥有更多的自然权威。无论如何，作为专制君主和罗马公民，希律可以行使作为罗马家长的所有权力，但是一般的犹太男性并不能。《申命记》关于如何对待忤逆儿子的令人恐惧的描述并不是对父母权力的肯定，而是对其的限制，因为被冒犯的父母将惩罚权交给了更广大的社群：

> 人若有顽梗悖逆的儿子，不听从父母的话，他们虽惩治他，他仍不听从，父母就要抓住他，将他带到本地的城门、本城的长老那里，对长老说："我们这儿子顽梗悖逆，不听从我们的话，是贪食好酒的人。"本城的众人就要用石头将他打死。这样，就把那恶从你们中间除掉，以色列众人都要听见害怕。

早期拉比对此习俗的解释，正如在《密释纳》中所说的那样，清楚地表明这一习俗在他们的时代并没有被执行。他们将这一做法限定在即将成年的青少年男孩身上，"从男孩长出两根头发一直到他长须为止（下身的须，而不是上面的，虽然智者使用了委婉的言语），因为书里写的是'人若有儿子'；——是儿子而不是女儿"。尽管《密释纳》中表达了乐观的观点，认为律法如果被应用，最终应该使儿子受益——"因为不敬神者的死对他们是有益的，对世界也是有益的"——公元 3 世纪中叶的《托赛夫塔》所引述的拉比相信"顽梗悖逆的儿子从来没有过，将来也不会有"。[33]

犹太人和罗马人对待可能被理解为乱伦的性结合的不同方式，清晰地反映了这两种社会中的亲属关系所基于的不同假设。耶路撒冷和罗马都有一部分人认为拥有这种亲属关系的人不应该结婚，其他人则允许这种情况：犹太人和罗马人都禁止男人和他们的姨母结婚，但是对于一个男人是否可以娶他的侄女，他们则更为矛盾。这样的婚姻在罗马是非法的，直到克劳狄更改法律，允许自己和侄女阿格里皮娜（Agrippina）结婚为止。她是他的兄长日耳曼尼库斯的女儿，而日耳曼尼库斯的名望可以为他带来急需的政治支持。塔西佗记录了民众的怀疑："叔父同侄女结婚的事情是

无例可循的 —— 更何况这是一种乱伦的关系。如果不顾这一点的话，就会有引起全国性灾难的危险。"质疑声被路奇乌斯·维提里乌斯（Lucius Vitellius）在元老院的演讲克服，他代表克劳狄回应了审查："过去我们这里从来没有过叔父和侄女通婚的事情。可是在别的国家，这样的做法是正常的，是任何法律都不禁止的。同表亲结婚的事情虽然曾经是未知的，但已渐渐随着时间变得频繁。时代的要求变了，人们的习惯也将随之改变，而这种创新也将萌芽。"最后的那句评论可能是塔西佗式的讽刺，因为在塔西佗自己的时代，公元 97 年，皇帝涅尔瓦禁止了叔父与侄女结婚。相比之下，在犹太社会中，叔侄婚姻问题主要是围绕着对《圣经》的解读。《利未记》中列出的禁忌关系包括一个女人和她的侄子，而死海教派显然从这条推论出一个男人不应该娶他的侄女，这是他的"近亲"："虽然禁止乱伦的法律是写给男性的，但也适用于女性。因此，当一个兄弟的女儿发现了她父亲的弟弟的裸体时，她是近亲（因此被禁止）。"相比之下，在《托赛夫塔》中，拉比坚持认为不仅叔叔娶他的侄女是合法的，而且"直到他姐妹的女儿长大后，男人才可以娶妻"。[34]

比罗马社会更甚的是，犹太人的主要家庭生活单位是核心家庭，并且也经常有经济作用：早期的拉比文献设想一个男人可以让妻子开设店铺，或一对夫妇可能会一起去收割庄稼或采摘橄榄或葡萄；与罗马不同的地方在于，他们并没有提及一个女人和她的婆婆之间或者一个男人与他父亲之间的财产关系，尽管在犹太律法中，与罗马不同，一个犹太男人可以完全拥有自己的财产，终身独立于其父亲的权力之外。一个核心家庭的父亲的职责仅仅是保障自己妻儿的福利：不管他的妻子挣到多少都属于他，尽管拉比文献假设女性会参与公共经济生活，比如在市场上销售商品，但其对妻子的标准职责的要求完全是家内劳动，"磨面粉、烤面包、洗衣服、做饭、给她的孩子喂奶、整理床铺以及织羊毛"；女性确实可以获得一定的经济独立，但是只有在男人的监督下才行。[35]

近年来发掘和出版的犹地亚沙漠洞穴中的大量律法文献，极大地丰富了有关家庭法在公元初几个世纪的犹太社会中施行的证据：婚姻契约、遗嘱、离婚文件和买卖契约显示了公元 2 世纪上半叶阿拉比亚行省的犹太人的真实生活状况,虽然很难知道这些并非生活在犹太定居点中心的犹太人的习俗在多大程度上反映了圣殿被摧毁前耶路撒冷城犹太人的生活状态。存在这样的危险,即我们对犹太社会中家庭是如何运作的整个画面可能依赖于一批属于一个名叫巴巴萨(Babatha)的妇女的文件,及其揭示出的错综复杂的家庭关系。巴巴萨把她最重要的文件藏在一个皮袋里,并在公元 132 年 8 月 —— 这个日期就是皮袋里的文件所提到的日期中最晚的 —— 后不久把它们存放在一个洞穴里。巴巴萨曾两次婚后丧偶,十分富有。她的文件显示她在自己名下拥有大量财产,但只能通过男性监护人来控制她的财产,因为她没有权利在法庭上代表自己。[36] 至少这一点对所有的犹太女性来说可能是真实的。

总的来说,从这些文件和在拉比传统中保存下来的法律裁决来看,在公元 1 世纪里,犹太人的家庭法在很大程度上或多或少地遵循着他们同时代的非犹太人的做法,他们只是强调了《圣经》中对某些做法的要求,以便让它们看起来更犹太。在犹太社会中,就像在罗马社会一样,婚姻是一种契约而不是基督教意义上的圣礼,但是犹太人的结婚过程在《密释纳》中以 kiddushin 为人所知,即新娘对新郎的"祝圣",这可以"通过金钱、文书或交媾"来实现 —— 也就是说,男人可以仪式性地交付一定数量的钱或订立结婚的文件,或者是以订婚为目标而同居在一起;根据拉比的裁决,这些行动需要有新郎对结婚目的的声明:"你与我通过这枚第纳尔银币订婚。"婚姻契约的条款需要落实到纸面上并由新娘的父亲或其他男性监护人同意。该契约赋予新娘最重要的权利是在她丧偶或离婚的情况下可以获得生活费用。这样的契约,体现了女性从娘家嫁到婚后家庭过程中的重要保障措施,它并不在《圣经》的要求中,但显然成了标准做法,至少在第二圣殿晚期的以色列领土上的犹太人中间是这样的。在犹地亚的沙漠中发现了许多这样的文献,包括被巴巴萨秘密保存的那份。它们在术语上表现得多种多样,并且也在契约规定的具体条件上有所不同,不过我们很清楚的是,这种与同时代来自埃及希腊人的婚姻契约有着很多相似之处的模式普遍存在。在早期拉比文献中,这样的婚姻契约被认为是理所当然的,只有一些细节是有争议的。这种契约被简单地称为"凯图巴"

（*ketubah*），即"书面文件"，就好像这是犹太社会中唯一一种书面文本的标准一样。这个词也被转用来指代离婚文件中妻子能确保得到的金钱的数额："处女的凯图巴是 200 第纳尔，寡妇是 1 迈纳（*mina*）。"[37]

由此，有着离婚条款的婚前协议到这一时期成了犹太人婚姻的标准，这表明人们和同时代的罗马人一样，普遍接受了婚姻破裂的可能性，但是也有很多证据表明，正如在罗马一样，婚姻的纽带被认为远比枯燥的法律细节所暗示的东西更具感染力。婚礼本身包括游行、宴会和舞会——《密释纳》记载了拉比在公元 66—70 年间的战争中禁止了这种狂欢："在与韦斯巴芗的战争中，他们禁止新郎的头冠和（婚礼上敲响的）鼓。"更重要的是，《圣经》中的先知和拉比都把婚姻作为完美关系的象征，比如以色列和《托拉》、以色列和安息日、以色列和上帝："你幼年的恩爱，婚姻的爱情，你怎样在旷野，在未曾耕种之地跟随我，我都记得。"[38]

因此，离婚不被认为是可取的，但是犹太人认为这件事是可能的，是被《托拉》所认可的，尽管偶尔也会谴责男人抛弃了"幼年所娶的妻。她虽是你的配偶，又是你盟约的妻，你却以诡诈待她"（先知玛拉基这样写道），但任何一方都没有理由感到羞耻。[39]对妻子相当重要的一点是，离婚过程的一般规则与罗马不同，离婚只有在丈夫的要求下才能完成。在《申命记》中列出的这一过程很是简单："人若娶妻以后，见她有什么不合理的事，不喜悦她，就可以写休书交在她手中，打发她离开夫家。妇人离开夫家以后，可以去嫁别人。"[40]根据《马太福音》，约瑟想和玛丽离婚，因为当时她被发现从圣灵怀了孕："她丈夫约瑟是个义人，不愿意明明地羞辱她，想要暗暗地把她休了。"[41]早期拉比的讨论只集中在妻子身上的、足以使离婚正当的"不雅"的本质上，其内容范围从细微的不当行为到严重的出轨："沙买（Shammai）学派说：'一个男人除非在她的身上发现了不贞，否则就不该和他的妻子离婚'……希勒尔（Hillel）学派说：'即使她给他弄坏了一道菜……'拉比阿基瓦说：'即使他找到了比她更漂亮的女人。'"每一种观点自然都得到了一段《圣经》文本足够的支持，在每种情况下以不同方式解读，以使它符合解释。[42]

希律家族的撒罗米公主主动与她的丈夫，以土买人科斯托巴（Costobar）

离婚，但是她所依据的大概是罗马法而不是犹太律法，因为她至少按父亲一方算是一名罗马公民：用约瑟夫斯的话来说，她"一次和科斯托巴争吵起来，很快就给他发去一份文件解除了他们的婚姻，这与犹太律法不一致。因为在我们这里只有男人才允许这么做，即使一个离婚的女人也不能按她的想法结婚，除非得到她前夫的同意"。[43] 可能早期拉比反对妻子单方面提出离婚的原因是担心身为罗马公民的犹太女性可能会因此利用罗马法更宽松的条款。而另一方面，一些早期的拉比设想一个更大的社区会强迫一个丈夫在某些情况下应妻子的要求向她提出离婚的请求："这些人可以被迫和他们的妻子离婚：他可能是生疥的人，或者患有脓疮的人，或收（狗粪）的人，或是一个铜匠或皮革匠……曾有一次在西顿一个皮革匠死了，他的一个兄弟也是皮革匠。智者说：'她可能会说："你的兄弟我可以容忍，但是你我不能容忍。"'"[44]

犹太母亲，像罗马妇女一样，在离婚的时候很容易失去与孩子的联系，因为这段婚姻的后代会和父亲住在一起，这一剧烈的打击，连同她们因为从婚后家庭回到数月或数年之前还充满庆祝和欢乐气氛的父母的家庭而失掉的自尊，有时可能会通过丈夫的重婚而非离婚得以免除，而重婚对于同时代的异族罗马人来说是不可能的。在这一时期，最臭名昭著的犹太多妻主义者是大希律王，他有 10 个妻子这件事显然被认为是不寻常的，因此他们的行为激起了约瑟夫斯这样的评论，说所有人都是"凭借其美貌而非家世被选中的，因为多妻为犹太习俗所允许，并且国王享受自己有多个妻子"。然而，希律并不是唯一的一个，因为约瑟夫斯以不那么反感的方式记载了其他地区的行为，"同时有几个妻子是我们祖先的习俗"。[45]《密释纳》中的拉比设想一个娶了 4 个妻子的男人去世时会引发的问题："第一个妻子的要求优先于第二个，第二个优先于第三个，第三个妻子的要求优先于第四个妻子……"[46] 基督教殉道者查士丁（Justin Martyr）在公元 2 世纪中叶谴责犹太人特里弗（Trypho）"你们瞎了眼的导师，现在仍然同意你们每个人都可以有 4 或 5 个妻子"。[47] 对基督徒来说，这么多的配偶是令人震惊的，这一观点至少得到了一部分犹太人的赞同：发现于库姆兰地区的《圣殿古卷》（Temple Scroll）提到，在关于国王的现行律令中，

"要从他父亲的族、父亲的家中为自己选一任妻子。除了她以外，他不能娶另一个妻子，因为她要一辈子都和他单独在一起"。[48] 相比之下，《密释纳》中提到一个观点，即在《申命记》中规定的国王不应该"为自己多立妃嫔"应该被解读为他必须把妻子数目限制在 18 个以内。[49] 可能反映了希腊人，或者甚至是罗马人影响的是，在犹地亚的犹太人当中，多配偶的行为实际上是相当罕见的。据我们所知在希律的男性后裔中，没有人同时迎娶超过一个妻子，所有关于早期拉比的故事都是假定一夫一妻制的。然而，富裕的寡妇巴巴萨——她的文件在犹地亚沙漠中被发现——所嫁的第二任丈夫犹大，已经有了一个妻子米利暗（Miriam）。这两个女人似乎是分开过的：在公元 131 年 7 月 9 日的一封要求于行省总督面前出席的传票中，巴巴萨指控米利暗在犹大死后攫取了犹大房子里的所有东西，米利暗则回答她曾经警告过巴巴萨离犹大的财产远一些。[50]

在犹太人中，就像在罗马人当中一样，核心家庭的组成可能相当复杂，有继父母、前几次婚姻的孩子以及其他家庭成员。犹太人和罗马人一样，除了最贫穷家庭之外，都可以指望雇佣得起奴隶。这一时期所有犹太人的资料表明犹太人把拥有奴隶视为完全正常的事情，除了艾赛尼派信徒，根据斐洛的记载，他们"谴责奴隶主的不义，因为他们冒犯了平等，但他们更是不虔诚的人，因为他们违背了自然的律法，自然就像母亲一样平等地生育和哺育了所有人，使他们成为真正的兄弟，不是名义上的，而是现实中的兄弟"；[51] 约瑟夫斯也说过艾赛尼派信徒自己没有奴隶，"因为他们相信（拥有奴隶）会导致不公正"。[52] 与此不同的是，拉比文本将奴隶纳入家庭生活中，并讨论法律该如何保障他们的幸福。塔比（Tabi）是拉班·迦玛列（Rabban Gamaliel）的奴隶，并且是一名家内仆人。为了证明逾越节的祭品可以在烤架上烤，《密释纳》引用拉比撒督（Zadok）的话，称拉班·迦玛列曾经告诉他的奴隶塔比去这样做。塔比住的地方离他的主人很近。"如果一个人睡在苏克棚（Sukkah，这是在住棚节中作为临时住所的小房间）的床下，他就没有履行他的义务……拉班·迦玛列的奴隶塔比就睡在了床下，拉班·迦玛列对长老们说，'你们见过我的奴隶塔比，明白他是一个有学问的学者，他知道奴隶不能使用苏克棚（的律

法 ）；所以他睡在床底下 ’ 。”然而，塔比是个非同寻常的奴隶。当他去世时，拉班·迦玛列 “为他进行了哀悼。他们对他说：‘主人，你不是教育过我们自由人是不会为奴隶哀悼的吗？’他回答道：‘我的奴隶塔比不像其他奴隶，他值得 ！ ’ ”。[53]

奴隶因此成了家庭的一部分，但是，与罗马家庭不同，犹太家庭不太会有一群奴隶孩子，即主人和女仆的后代。毫无疑问，对女性奴隶的性侵犯是发生过的，但是这种行为通常被认为是可耻的。尽管《圣经》中存在亚伯拉罕和夏甲（Hagar）这组原型和许多其他案例，到这个时候普通犹太人已经不再公开地拥有妻子之外的女奴妾侍了。根据约瑟夫斯的记载，在公元前 1 世纪，哈斯蒙尼王朝国王亚历山大·耶奈，“在一个引人注意的地方与嫔妃宴饮”，并且同时下令对 800 名犹太反对者实施酷刑，他的做法似乎遵循了希腊化君主的传统，而非犹太人的做法。没有证据表明，普通犹太人会把他们的女奴当作事实上的同居伴侣安置在家里，而这种行为在比较贫穷的罗马人中是比较常见的。[54]

在罗马家庭中普遍存在的一个问题似乎并不存在于犹太人当中，那就是收养另一个家庭成员。《希伯来圣经》中找不到这种收养的律法，尽管，像古代近东的任何地方一样，父亲可能会决定从他与姜所生的儿子中 “收养”一个合法继承人。在《路得记》（Ruth）中拿俄米（Naomi）与路得的婴儿俄备得（Obed）之间的实际关系就像是收养 —— “波阿斯（Boaz）娶了路得为妻……生了一个儿子……拿俄米就把孩子抱在怀中，作他的养母。邻舍的妇人说：‘拿俄米得儿子了。’就给孩子起名叫俄备得”。—— 但是由于利未族的婚姻律法，俄备得已经是她的孙子了，这里 “儿子”可能仅表示养子的意思。[55]《以斯帖记》认为末底改（Mordechai）抚养了他成为孤儿的表亲以斯帖，并 “对待她像自己的亲女儿一样”，这看起来更像是收养，但是值得注意的是，希伯来文献始终把他们之间的关系称为表亲；如果她按照罗马人的观念被收养，她应该管末底改叫爸爸，而不是她的亲生父亲亚比孩（Abihail）。[56] 无论如何，在第二圣殿晚期和拉比文献中，收养并不为人所知。一个弃儿可能会被收养，但是他或她不能获得收养家庭正式成员的身份。对犹太人来说，保留真正父母的记忆始终是至关重要的。在理论上，那些改信犹太教的异族人变成了全新的个体，并且断绝了与他们之前家庭的联系，但是，这并没有阻止拉比智者之间的争论，正如《巴勒斯坦塔木德》（Palestinian Talmud）记载的那样，一个异族人与他的姐妹乱伦结婚，如果他成为一名改宗者，是否应该和她离婚。他的姐妹仍然是他的姐妹，即使他已经"重生"了。[57]

在核心家庭中，教育孩子主要是父亲的责任，而对孩子进行体罚教育的做法，犹太人和罗马人都认为是理所当然的。拉比文献要求父亲给予实践和道德教育："智者说：'根据《托拉》的律法，一个人有义务给他的儿子行割礼，去救赎他（如果这是他第一个孩子），去教他《托拉》，教他手艺，去给他找个妻子。'拉比阿基瓦说：'也要教他如何游泳。'"马加比暴动的高度道德化版本可以在有启迪意义的哲学著作《马加比四书》中找到，7个将要殉难的儿子的母亲劝勉他们不要退缩，让他们回想起教给他们律法和《先知书》（the Prophets）的父亲，"他给你们读被该隐（Cain）杀害的亚伯（Abel），被献作燔祭的以撒（Isaac），狱中的约瑟。他教你们狂热的非尼哈（Phineas），教你们关于哈拿尼雅（Hananiah）、亚撒利雅（Azariah）和火中的米沙利（Mishael）的故事"；她没有提到她自己提供的教导。母亲和女儿之间的关系可能会更亲密一些，但是就像在罗马社会中一样，这种关系会随着女孩在青春期过后不久就搬到她们丈夫家里去居住而削弱。[58]

因此，犹太社会中的核心家庭和罗马社会中的一样，都是由父亲控制的，但是在生活中的另一方面，也就是在宗教事务上，犹太女性在家庭中的作用要远远比罗马主妇（matronae）重要得多。在罗马家庭中，大多数的宗教活动都是由男人来完成的，但是对于犹太人来说，遵循《托拉》中的许多律法从本质上讲要求人以特定的方式完成家务，而犹太人如同罗马人一样，认为家务是女人的工作。最明显的例子就是有关准备洁食的律法，它使这种劳动落在家中的妇女身上。这在实践上意味着什么，将取决于家庭信奉哪一派的犹太教（反过来讲，这也会使得大多数女性很难依附于他们丈夫以外的群体）。一个虔诚的"会士"（haver）只吃保证缴纳过什一税的食物，而且他在洁净上的要求与通常食用神圣食物的祭司相当，这样的人的妻子大概会比一个只践行《圣经》记载的律法的撒都该派人的妻子过得更艰难；但是，即便如此，在很大程度上，把家变成一个神圣的地方的任务也是要由他妻子来做的。据《密释纳》记载，女人死于难产并非偶然，而是以下三种罪过导致的，即婚床的洁净、食物的准备以及在安息日的神圣时间里是否将房子收拾得得体："不注意关于月经、奉献祭品和点灯的律法。"另一方面，尽管那些宣告节日开始、所有的工作都将停止的灯光是由女性点燃的，但是拉比还是认为，是她的丈夫告诉她要这样做的："在安息日的前夜，当夜幕降临的时候，一个人必须在他的房子里说三句话：'你交什一税了吗？'，'你准备埃鲁赫（eruh）了吗？'以及'点灯'。"[59]

友谊、恩庇和社群

在公元 1 世纪，犹太人和罗马人都没有我们现在认为理所当然的对公共和私人生活加以区分的强烈意识，因此，犹太家庭秩序上的这些差异可能在原则上是为罗马人所知的，尽管很难知道为什么他们会对此产生敌意（而且没有证据表明他们这么做了）。更有可能引发评论、赞赏或鄙视的是犹太人即使并非亲戚也互相帮助的方法。但事实上，罗马人朋友间的纽带可能和犹太人的一样具有约束力，即使他们是基于不同的原则。

罗马人的友谊可以是很正式的，尤其是在上层社会中，并由此创造出可以延续一生并传给下一代的责任。西塞罗的著作《论友谊》（On Friendship）揭示了一种关于友谊是什么以及应该包含什么的完整论述："我们现在必须在对友谊的讨论中确定什么是边界，也就是说，感情的边界线……在任何场合，你都要仔细考虑你对朋友的要求，以及当他对你提出要求时，你会允许他获得什么。"友谊的建立和破裂是清晰明确的。罗马人很清楚地知道他们把谁当作朋友。友谊的标志被普遍地接受——被允许进行"致候"（salutatio），这是早晨在富人家里进行的问候礼仪；受邀共进晚餐；在遗嘱中被提到，即使只是一笔小小的遗赠。在小普林尼罗马的朋友圈里，似乎有不少人全心全意地希望获得遗赠，这可能并不是因为他们需要钱，而是因为他们重视自身的社会关系网。如果说帝国早期的拉丁文学在很大程度上强调了这一尊重的象征，这在一定程度上是因为它们指向了更具社会意义的关系——仕途晋升的途径，成功的联姻的中间人——但也因为不平等的友谊非常容易反复无常。在实际上，朋友经常要么是恩主（patron），要么是门客（client），要么会被帮助，要么是提供帮助的源头。在真正地位对等的关系中，为了避免冒犯，则需要额外的技巧。[60]

与他们朋友之间所要求使用的友好词汇相比，罗马人在对第三方描述他们之间不平等的友谊时会毫不犹豫地使用属于恩庇制度的话语，奥古斯都时代的希腊人观察家哈利卡纳苏斯城的狄奥尼修斯称，这一罗马人的显著特征可以追溯到罗慕路斯时代，罗慕路斯"通过允许每一个平民为他们自己选择所希望的贵族成为他们的恩主，将平民托付到贵族手中……（以及）为双方都分配到理想的职能，使他们之间的关系成为友好的纽带"。狄奥尼修斯记载，这是一种比希腊人类似的关系更可取的做法，在希腊人的这种关系中，对穷人的虐待或蔑视常常导致阶级间的斗争。尽管如此，这种不平等的关系可能会有损门客的尊严，因为他们不得不等待被贵族注意到；羞辱有时候可能是为了强调他的低人一等。像小塞内卡这样有美德的罗马人会抱怨这种"致候"时的粗鲁的行为：

> 有多少人是通过高卧不起、自我放纵或举止粗鲁来赶走他们的门客的？有多少人是在利用一段漫长的等待折磨了门客后，才匆忙地伪装成有紧急事务需要匆匆离开？有多少人为了避免穿过挤满了门客的中庭（atrium），而从隐蔽的侧门中逃离，就好像欺骗并不比排斥更加粗鲁？有多少由于昨夜的酒会而宿醉未醒、半睡半醒的人，他会对那些为了等待他醒来而打断自己睡眠的人打出鄙视的哈欠，或用半开的嘴唇来表达问候，只有在仆人通过耳语告诉他们后才能叫出正确的名字？[61]

小普林尼记载道，一个熟人根据他晚宴客人的身份提供了不同的食物，这让他深恶痛绝："因为他给自己和一些客人提供了最好的菜肴，但是却给其他人上了便宜又少量的菜……他给自己和我们提供一种葡萄酒，给予他的次要朋友另一种酒（因为他将他的朋友们分等级了），而第三种酒是给他自己和我们的被释奴的。"普林尼继续坚持他自己主张的在晚餐时的平等："我也为每个人提供相同的食物，因为当我邀请客人赴宴时，不会按照阶级来划分客人。我带他们平等地坐在一张桌子上，因此我以相同的方式对待他们——即使是被释奴，在这些场合，我也把他们看作是与我共同进餐的人，而不是被释奴。"[62] 在谈到生来自由的罗马人之间的恩庇制度时，部分微妙之处在于，我们需要将其与被释奴形式化的责任感区别开来，后者在实际上可能更多的是他恩主家庭的一部分，而不是他自己家庭的，并有可能——如果他始终为恩主所青睐——葬在恩主的家族陵墓中。

除了这种个人之间的友谊，一些罗马人把自己和自愿参加的团体联系在了一起，这些团体可能为他们提供一个与家庭完全分离的社会圈（虽然不一定和它有冲突）。在罗马社会中有许多不同种类的社团，从密特拉（Mithras）或伊西斯的狂热崇拜者团体，到更平凡的穷人公民的自助团体——他们联合起来为彼此支付丧葬费。许多这样的团体仅仅是从当时它们留给成员的团体详细规则的记录上才为我们所知的，他们常喜欢将这些规则以罗马人的风俗刻在石头上：

> 大家一致认为，任何想要加入这个团体的人都应该支付 100 塞斯特斯的入会费和一大陶罐好酒。之后他每个月还要支付 5 阿斯。同样，如果任何一个成员连续 6 个月没有支付公平分配的份额，等他死后，即使他已经留下了遗嘱，也不会安排他的葬礼。团体还决定，如果团体中的任何成员定期支付会费，然后死亡，将会从团体的资金中拿出 300 塞斯特斯作为他的丧葬费。并从这一金额中拿出50 塞斯特斯用于补偿参加葬礼的人。这 50 塞斯特斯将在火葬的地点分给参与者。然而，参与者必须步行前来。

很多这样的团体似乎都是从一种特殊的生活轨迹当中吸收成员的，有着特殊日常活动的人显然有一种集体认同感，就像庞贝城里为地方选举而画的政治涂鸦一样："所有的金匠请求你选举盖约·库斯皮乌斯·潘萨（Gaius Cuspius Pansa）为市政官。"共和国晚期的团体经常被政客们利用来煽动骚乱，并在公元前1世纪50年代被罗马一度禁止，但是自从奥古斯都以来，皇帝对国家的严密控制有效地防止了类似事件的再次发生。[63]

因此，罗马社会中的很多行为都是建立在友谊和社会团体的基础上的，与商人、银行家、雇主或雇员之间的商业关系截然不同，而普通的罗马人也会被卷入其中，但是他们寻求的解决之道不是社会习俗，而是诉诸法律的可能性。你应该帮助你的朋友，或者相反，如果你帮了某人的忙，比如在法庭上帮他辩护，他就成了你的朋友（在未来特定的情况下站到他的对立面则令人感到不舒服）。西塞罗和普林尼的信件中充满了他们对自己朋友和朋友的朋友的支持。相反，罗马人对那些与他们没有社会关系的人没有任何社会责任，甚至是连间接的责任都没有。这并不是说给朋友带来好处是一个简单的互惠问题：正好相反，小塞内卡写了七卷《论恩惠》（On Benefits），以解开送礼物的目的和态度这个复杂问题，因为这二者可以将送出的礼物转化为贿赂，或因为施惠者的傲慢态度而使之无效——尽管"我们没有理由认为，众多忘恩负义之举应该让我们慷慨大方的行为变得更加不情愿"。但是道德学家越是坚持认为"任何在给予帮助的时候拥有任何有关回报的想法的人都活该受骗"，就越说明这正是大多数罗马人的态度，因为对他们而言，慷慨的主要目的是互惠。因此，对富人和中等富裕的人来说，十分贫穷的人是隐形的。作为一种独立美德的、施舍给穷人的慈善并不是罗马人所能理解的概念。罗马确实有乞丐，他们依赖在寻找救济过程中唤起的他人的怜悯，但他们的日子过得很艰难。当诗人奥维德在诗中猛烈地抨击一名曾嘲笑过他在奥古斯都时代最后几年里遭遇被流放的不幸的诽谤者时，他曾乐观地指出，命运是可以被逆转的："那个曾经拒绝向可怜人提供廉价食物的人，现在却只能吃乞讨而来的面包。"[64]

希腊和拉丁作家在描写犹太人和犹太教时提到犹太人在他们的会堂里团结一致，而这些犹太会堂里到处都是乞丐，这几乎已经成了老生常谈；尽管他们并没有试图去追问为什么犹太人比其他民族更应该如此。

　　毫无疑问的是，犹太社会里的乞丐也过着艰苦的生活，但是至少，犹太人对待乞丐的态度并不取决于怜悯，也不像罗马人那样取决于互惠的关系，而是取决于神的命令。慈善是所有犹太人的义务，即使受惠者以前甚至不是熟人。《密释纳》制定了给予一个急需救助的人的最少钱数，以及可以使一个人能够接受《圣经》中列出的各种各样的救济的不同的贫困程度，这些救济从田地里收获者留下的粮食——无论是在角落里，还是在被遗忘的禾捆上，或者是作为落穗——到为了减轻贫困最严重的影响而设立的公共膳食和基金："一名从一个地方到另一个地方旅行的穷人，应该得到一条价值不低于 1 个蓬狄翁（pondion）的面包……如果他在晚上过夜，就应该给他可以支持一晚上的物品。如果他在安息日的时候留下来，他就应该得到足够 3 顿饭的食物。"在任何这样的慈善捐赠中，捐助者既没有必要也不期望会认识接受者，尽管人们普遍都认为获得此类捐助的穷人应该是他们的犹太同胞，《托赛夫塔》中规定的例外情况的附带条文显示："一座城市中，有以色列人和异族人：收取资金保障穷人……为了寻求和谐，为异族人和以色列的穷人一同提供帮助。"马提亚尔列举的罗马城特有的、促使人离开城市前往平和和安静的乡间的种种滋扰，就包括"从母亲那里学会乞讨的"犹太乞丐。尤文纳利斯也抱怨过犹太乞丐。犹太人并不是罗马唯一陷入贫困的社区，但是在犹太社会中，将乞讨作为一种谋生手段比在罗马的其他地方更有价值，因为犹太人认为对穷人的施舍是正常的行为。[65]

　　然而，我们不应该就此推断这种对犹太同胞的广泛责任与承认私人朋友们对某个人所提出的特别要求相排斥。《圣经》中关于友谊的经典故事是关于大卫和约拿单的，当时"约拿单的灵魂与大卫的灵魂紧密联系在一起，约拿单爱着大卫就像爱着自己的灵魂一样"，以至于约拿单为了保护他的朋友故意去激怒父亲扫罗王。约瑟夫斯记述了在公元 66—67 年犹太反叛罗马的战争初期，一场针对担任加利利犹太叛军指挥官的自己的阴谋，这些记述经常能够解释他自己和其他犹太统治精英所做出的政治决策是友谊的自然结果。吉斯卡拉的约翰，即约瑟夫斯在加利利的主要竞争对手，希望法利赛人西蒙之子迦玛列能说服耶路撒冷的公民大会罢免约瑟夫斯的职务，并由迦玛列代替，因为他"是约翰亲密的老朋友"。约瑟夫斯也有他可以信赖的朋友：在耶路撒冷孵化的一场针对他的阴谋的细节由他的父亲写信寄给了他，而他的父亲得到的信息是通过"我亲密的朋友"加马拉（Gamalas）之子耶稣（Jesus）泄露给他的。这种对政治忠诚的描述，就个人友谊而言十分接近罗马人的系统。在公元66—70年耶路撒冷短暂独立的期间，在野心勃勃的犹太领袖们在耶路撒冷为了权力而斗争的这一令人担忧的环境下，他们争夺控制权时不是凭借着律法赋予的权利，而是通过个人魅力和政治朋友的网络，就像黑手党头目所拥有的非正式权力一样。[66]

　　和罗马人一样，犹太人也可以建立商业纽带，如果关系中的一方未能按预期行事，他们可以寻求法律，而不是社会压力获得赔偿。因此——举例来说——《圣经》禁止贷款利息的法律在实践中被各种各样的法律拟制（legal fictions）所规避，如确定还款期限，并在逾期的时候征收"罚款"，因此，复杂的金融交易可以发生在那些没有其他社会联系的个人之间。但是犹太人似乎缺乏的是横跨不同阶级和地位的广泛的恩庇关系，这种关系与商业利益无关，也与罗马社会中极其重要的政治权利的行使无关。恩庇关系似乎并没有从政治上最具有权势的人，比如希律家族的成员们，延伸到他们的追随者当中。约瑟夫斯是一位富有的地主，在耶路撒冷附近拥有多项地产。如果他在罗马有类似的地位，他会觉得自己对一群门客负有义务，后者则会陪伴他出现在公共场合，并在那里为树立他作为大人物的公共形象给予支持。约瑟夫斯记录到，一些耶路撒冷贵族在公元1世纪60年代初确实在他们周围聚集了一些随行人员，但是他谴责这种做法是出于恐吓的目的。在一位大祭司和他前任之间的争执中，"每个人都召集了一群最鲁莽的人，在互相辱骂之后，他们经常会做出更过激的举动，朝对方扔石头"。贫穷的犹太人似乎并没有像罗马人那样被吸引到富有的宗教人士的庇护下。甚至没有证据表明被释奴与其前主人之间有着正式的联系，而这在罗马是一种典型的恩庇关系，这不仅出于习俗，而且是法律规定的。贫穷的犹太人并不寄希望于恩主个人，而是寄望于整个社会的慈善行为，被释奴成了拥有完全权利的社会成员，与其从前受奴役的地方并未留有任何联系。[67]

但如果说犹太社会中人与恩主、门客或朋友的非家庭关系比罗马社会中的更弱，那么比罗马社会中更普遍的似乎是犹太人自发组织的团体内的团结感。在每周一次的礼拜仪式上，那些聚集在一起听《托拉》的团体都是自我管理、自筹款项的。在以色列的土地上，保证犹太会堂的存在是当地乡村管理人员的职责之一——或至少在《托赛夫塔》中所引及的早期拉比是这样设想的："城镇居民（应该）要求人们彼此建立一个犹太会堂，并购买《托拉》和《先知书》经卷。"在流散时期，当地的犹太人必须团结起来，购买一个合适的地方，并就管理达成一致。在罗马城不同的社区建立的每个犹太会堂都由其自己的官员领导，他们中的大多数人都只因地下墓穴中墓碑上的头衔为人所知："躺在这里的是安尼乌斯（Annius），他是奥古斯特西亚地方（Augustesia）犹太会堂的格鲁西阿奇（gerusiarch）。他安详长眠于此。"这些铭文可能都是公元3世纪以后的，但是早在公元1世纪奥古斯都就已经知道在罗马城的犹太人"有祷告的房子并且在那里相会，尤其是在神圣的第七天，他们整个社区都接受来自祖先哲学的教诲"。在耶路撒冷，流散犹太人也被发现会自发建立团体，其组织模式与侨居城市的一样，尽管其周边充斥着犹太属性。那些与早期基督徒司提反（Stephen）在耶路撒冷辩论的人是来自"叫作利百地拿（Libertinoi）会堂的几个人"，"利百地拿"即"被释之人"。很可能这些人倾向于共读《托拉》是因为他们更愿意听到希腊语的朗读。那些称自己为"被释之人"的人很可能是那些被庞培或在后来战争中被带到罗马的犹太人的后裔，他们在被释放后回到了耶路撒冷；如果是这样的话，他们在犹太会堂中保留的拉丁名字表明他们因为与帝国首都有所联系而产生了某种自豪感，尽管他们的祖先经受着奴役。因为不是每个犹太会堂社区都需要拥有一座壮观的建筑，原则上他们可以在私宅甚至户外会面，在公元1世纪的耶路撒冷城有成百上千个这样的团体。一些团体依赖于富人的慷慨捐赠。一则幸存下来的犹太会堂碑文（根据其所使用的字体可追溯到公元1世纪）中，我们发现了这类捐赠的明确证据："维特努斯（Vettenus）之子狄奥多图斯（Theodotus），祭司兼会堂事务长（archisynagogue），他是会堂事务长的儿子、会堂主持的孙子，他建造了这个作咏诵律法和传授戒律之用的会堂，并为有需要的陌生人提供寄宿所需的客房、房间和水，这是他的父辈、长老和西蒙尼德（Simonides）所订立的规矩。"谁是这个西蒙尼德，现在无人知晓。[68]

其他的自发的犹太团体不仅聚集了那些使用同一种语言的人——比如耶路撒冷的那些讲希腊语的犹太会堂社区——还有对《托拉》的解读具有特定的、独树一帜的想法和重点的人。在后一种情况下，最著名的群体是艾赛尼派信徒，斐洛和约瑟夫斯把他们描述得相当详细。斐洛把他们的团体叫作"艾赛安人"（Essaeans），他将这个名字与希腊语词"虔诚"（hosiotes）联系在一起，并将艾赛尼派信徒作为美德的典范以支持他的观点，即"每个好人都是自由的"，并详细地描述了他们的公共生活：

> 他们由于城市居民的不虔诚而逃离了城市，住在了乡下；因为他们知道，就像有毒的空气会在那里滋生流行病，社会生活也用无法治愈的疾病折磨着灵魂……在所有人类中，只有他们的生活中没有商品，没有财产；这是由于他们的偏好，而不是破产的结果……没有一个人独有一处房产；的确，没有一间房子不是属于他们全体的，因为他们住在社区里，他们的家对来自其他地方的教派成员开放。其次，他们仅有一个共同的财政，以及共同的支出。

斐洛的描述当然是理想化的，不仅仅是为了让艾赛尼派信徒的生活方式和他自己关于虔诚的观念相一致——例如，他断言"指令是通过象征物的方式传递给他们的"，这是他自己的主张——在一篇供非犹太读者阅读的论文中，他带着歉意给出了不同的描述，例如，他在这篇里主张"艾赛尼派信徒"实际上生活在城镇里，而没有逃离这一道德疾病的温床。但是斐洛这两种言论的大部分内容也能在看似独立的约瑟夫斯《犹太战争》的第二卷中（相当长的篇幅里）找到。约瑟夫斯与斐洛一样，对艾赛尼派信徒集体禁欲主义表示赞赏，但他也把他们描绘为参与到更广泛犹太世界事务中的群体。在公元 66 年秋，反罗马战争开始前，耶路撒冷临时政府便指派某个叫"艾赛安人约翰"（John the Essaean）的人掌管犹地亚北部和西部。[69]

与此形成对比的是，一些死海教派成员——人们经常，但极有可能是错误地将他们与艾赛尼派信徒混为一谈——认为他们的社群才是真正的以色列人，应该与那些剩下的误入歧途的犹太民族隔离开来。在这些教派成员中，一个群体（他们创造了所谓的《大马士革文件》[Damascus Document]，这篇文献将道德规劝与系统性的法律法规相结合，在公元 10 到 12 世纪的开罗犹太人秘库 [Cairo Genizah] 的两份手抄本以及在《死海古卷》中一些残片抄本里被发现）居住在广大的犹地亚社会的城镇中，鼓励成员间通婚，并通过生活方式和精神态度而非物理的方式与其他犹太人分离开来。更崇尚隐修的狂热派成员创作了现在只见于库姆兰的抄本的《群体准则》（Community Rule），他们把自己组织起来，作为更广大犹太社会的楷模，就像《圣经》中设想的那样。他们先是把自己分成祭司和俗人，又进一步做出了内部的区分，至少从理论上讲，他们把自己分成了成千、成百、成半百、成十的单位："祭司首先进入，根据他们精神的完美程度的顺序，一个接一个；接着是利未人；第三是所有其他的人，都一个接一个，按照他们所属的成千、成百、成半百和成十的群体，因此每一个以色列人都能够知道他们依据神的永恒的设计在社会里的位置。没有人会从他所属的位置上下来，也没有人会从他被分配的位置向上移。"这些隐修宗派的人称自己为"神圣的人"。他们要使自己"远离不义之人所居之处"。他们高尚的生活方式由一个公正的集会所指导，并将为别人的邪恶而赎罪：

　　群体的议会中应当有 12 个人和 3 个祭司，他们非常精通律法所揭示的一切，他们的工作将是真理的、公义的、公正的、仁爱的和谦卑的。他们要以坚定和温柔的方式在这片土地上坚守信仰，他们要通过实践正义和忍受苦难所带来的痛苦来赎罪。他们要按照真理的标准和世代的法则与众人同行。当他们到达以色列时，群体的议会将要建立在真理之上 …… 当审判降临时，他们将要作为真理的见证者，他们将作为善意的代表，为这片土地赎罪，并且给恶人报应。

不可避免的是，这样一个群体中的生活必会受到严格的监管：

> 如果他对在书中记有名字的一位祭司发怒的话，他要用一年的时间忏悔，为了他的灵魂，在这期间，他将不会得到会众纯洁的食物。但是如果他是无意识地说出的，他将要忏悔半年。无论谁说谎都要忏悔半年。无论是谁故意侮辱他的同伴，都应当忏悔 1 年，并被遣出社团。无论是谁在语言或者行动上故意欺骗了同伴，应当做 6 个月的忏悔。如果他没有照顾好同伴，需要忏悔 3 个月。但是，如果他没有照料好群体的财物，由此造成的损失，他将要全数偿还。如果他没有能力偿还，他将要做 60 天的忏悔……无论是谁，在同伴讲话时打断对方：忏悔 10 天。凡在会众会议时期睡觉的：忏悔 30 天。同样地，在与会期间没有缘由地离开 3 次的，将忏悔 10 天……无论是谁，胆敢对群体权威嘀咕抱怨的，应当被驱逐出去，不得返回。但是如果他不公正地埋怨了同伴，当处忏悔 6 个月。[70]

我们没有理由认为这种对更广大犹太社会的退出是普遍的，但是在犹太社会里，这些志趣相投的狂热分子的团体可能一直存在。早期犹太基督教徒的集体生活方式在公元 1 世纪的耶路撒冷并不特别："那些信教群众是同心同德的，没有人说他所拥有的事物是属己一人的，而会说他们共同拥有一切事物。"[71]

第六章

观　念

人的本质

　　犹太人和罗马人对世界的看法是否本质上就是不同的？如果事实如此，那么这种对立的观点是否重要呢？二者对生日的态度可能会提供一个神秘的线索。在哈德良长城的文多兰达（Vindolanda）出土的木牍中，在那些更侧重于家庭事务的文件中，有一封写自约公元100年的信，一位罗马妇女在此信中邀请她的朋友参加生日聚会："姐妹，为了庆祝我在9月望日前3天的生日，我向你发出热忱的邀请，请务必到我们这里来，你的到来会使这一天变得更加令人愉快。"罗马人对待庆祝生日这件事是十分认真的。这是他们送礼物和宴请的场合，但同时也是向众神祷告、发誓和献祭的场合。从奥古斯都时代起，人们就开始流行以演讲和诗歌作为生日礼物，就像普罗佩提乌斯（Propertius）献给他的女友的诗句所说的那样："在黎明的赤色阳光下，当缪斯女神站在我的床前时，我好奇她们给了我什么预兆。她们送给我一件信物，说这是为了庆祝我心上人的生日，她们拍着手儿发出吉祥的声音。愿这一天无云地度过，愿风在天空中静止不动，愿那可怕的波浪在干燥的海岸上平静下来。"[1] 纵观罗马帝国的历史，皇帝和皇室成员的生日都是由数百万臣民共同庆祝的。相比之下，犹太人并没有特别的仪式来庆祝出生纪念日。在《希伯来圣经》中，唯一的有庆祝仪式的生日属于埃及法老。这一实践上的差异似乎并没有反映出对岁月推移的不同态度。正如我们（在第四章中）已经注意到的，犹太人可以在不同年份同一日期重复发生的事件的意义上大做文章。据说古代作家们没有评论过这一差异，但它可能反映出人们对于变老和在人生事业中取得进步的重要性有着相当不同的看法。

不同观点的影响早在出生前就已经开始了。大多数罗马妇女在青春期后不久就结婚，有时候甚至更早。尽管采用了避孕技术——并非所有都是完全无效的——她们仍可能会频繁怀孕。然而，结果却是很少有大家庭出现。这主要是由于婴儿的死亡率很高，但也可能部分取决于有意识的选择。罗马人没有写太多关于节育的事情。这个话题和污水处理一样，属于当时人们认为理所当然的生活中的那些不可或缺但并不愉快的方面。老普林尼在他的巨著《自然史》中提到，避孕"只是因为一些妇女的生育能力太好了，她们生育了太多的孩子，以至于需要一些喘息的时刻"。这倒不是说他所提供的信息——节选自凯奇里乌斯的作品——会对我们很有帮助：他记述了"一种被叫作'长毛蜘蛛'的有着巨大的头的蜘蛛。据说，如果将它的头部切开，就会发现里面有两个小虫子。如果在日出之前将它们用鹿皮绑在女人身上，她们就不会怀孕……这种避孕措施会维持一年的时间"。[2] 堕胎在医学文献中实际上被记载为一种晚期的避孕。诗人奥维德斥责他虚构的情人科琳娜（Corinna）因为美观问题而流产了她的孩子，但这出自一部情色主题的抒情诗集，而且古代的堕胎也不太可能被盲目地进行："没有母狮胆敢杀死她未出生的幼子，然而温柔的女孩却能做到——但她并非没有遭受惩罚，因为杀死自己腹中的孩子的人经常本人也会死去。她本人也死了，并且散着头发被送上了葬礼的火堆上，每个看到她的人都喊着：'这是她罪有应得。'"尽管身体受到损伤的可能性很大，但几乎没有证据表明母亲或父亲在心理上受到医学手册所提倡的实际措施的困扰。内科医生以弗所的索拉努斯（Soranus of Ephesus）曾在罗马执业，并在图拉真和哈德良统治时期写下了一部一直留存到现在的有价值的妇产科医书。他在书中以一种非常实事求是的态度讨论了各种可能的方法："一个想要堕胎的妇女，必须提前两到三天进行长时间的沐浴，并吃很少的食物，使用有润滑作用的阴道栓剂，并且还要戒酒。然后你需要打开静脉，取出大量的血液。"罗马的斯多亚派哲学家穆索尼乌斯·卢福斯（Musonius Rufus）在尼禄和弗拉维王朝时期执教于罗马（除了他被当局驱逐的一段时期外）。据说他是禁止引入堕胎措施的，但是他关心的可能更多的是国家的福利，而不是胎儿或母亲的福利。[3]

到目前为止，在世俗的西方社会中，许多人会发现罗马人的态度很容易受到认可（如果不是总能被接受的话）。一个（自由）妇女的身体是她自己的；她有选择的权利。但是，当孕期结束，罗马父母的行为会使现代的观察者感到更加陌生。就像胚胎和胎儿一样，刚从子宫里出来的新生婴儿的处理，也是由父母自行决定的。一个孩子被罗马社会所接受的时刻并不是他的第一次呼吸，而是他父亲通过举起他从而正式承认他的合法存在的仪式。没有得到这种承认的婴儿可能会被杀死，或被遗弃受冻而死，或被卖为奴隶。在所有这些情况下，婴儿都不被视作一个完整的人对待。

新生儿的命运并未得到承认这点曾引发人们的悲痛，但是罗马人仍认为，相比堕胎，人们更能在公众面前承认这种悲伤。奥维德讲述了关于一个名叫伊菲斯（Iphis）的女孩的神话故事：她被母亲伪装成一个男孩，这是因为在她出生之前，她的父亲告诉她怀孕的母亲，他们没有钱来支付一个女孩的抚养费用："如果你生下一个女儿——我是很不情愿说出这种话来的；愿我的不虔敬能被赦免——如果你生下一个女孩，就杀了她吧。"通过窒息或其他手段的主动杀婴现象很可能比让婴儿被遗弃在无人照管的环境中受冻而死更少见一些。不管怎么说，就像我们所看到的那样，弃婴这一问题已经常见到足以引起人们对被遗弃孩子的法律地位的关注，也足以使得小说充分利用这种弃婴被他人抚养长大并在成年后与家人团聚的浪漫情节的可能性。这个主题在共和国中期已被纳入拉丁语喜剧的情节当中，并在之后的赫利奥多罗斯（Heliodorus）的《埃塞俄比亚故事》（Ethiopian Story）中仍然存在，故事的女主角卡里卡莉亚

（Chariclcia）被她的母亲埃塞俄比亚女王所遗弃，因为她生下来就是白人。这样的故事表明，人们对先天和后天因素的相对影响存在某种矛盾心理。一个贵族的弃婴既是又不是一个潜在的贵族。在这里，普遍的荣誉感作为一种继承自先祖的品质，与不承认那些不想要的后代，以及将孩子从一个家庭收养到另一个家庭的实际做法相冲突。[4] 尽管存在这样的浪漫小说，但遗弃的目的通常是为了达到一种适当快速的死亡，尽管一个健康的新生儿在较温暖的年份里可以在户外生存相当长的一段时间，而直接使用暴力可能会更仁慈一些。

与罗马人不同的是，除非在极端的情况下，犹太人憎恨堕胎，而且在所有情况下都憎恨杀婴行为。根据约瑟夫斯的说法，"律法规定所有的后代都要被抚养长大，禁止妇女堕胎或杀死胎儿；被判犯下此罪的妇女被认为是儿童杀手，因为她毁灭了一个灵魂（psyche），并削弱了种族"。不那么同情犹太人的塔西佗也记载了犹太人"设法增加他们的人数，因为他们认为杀死一个不需要的孩子是犯罪行为"。犹太人的这种态度与穆索尼乌斯·卢福斯的并非完全不同，但是这在古代世界已经足够奇怪，以至于希腊作家阿夫季拉的赫卡泰俄斯（Hecataeus）在公元前 3 世纪初就注意到了这一情况："（摩西）要求住在土地上的人要抚养他们的孩子。"生育是《圣经》中的第一条戒律："生养众多。"人们普遍认为，既然人类是依照上帝的形象创造的，人类的生命也是神圣的。约瑟夫斯在《驳阿庇安》中所表达的态度是，杀死一个胎儿就是摧毁一个灵魂，这标志着犹太人和罗马人的不同，即使现实生活中经常涉及复杂的情况和妥协。[5]

犹太文献中没有太多关于避孕的内容——在这条生育戒律的命令下，这并不令人意外——但是它们显示了人们对使用各种手段的意识。俄南（Onan）在与妻子性交时"把自己的种子撒在地上"后死去，这通常被解释为对体外射精的禁忌，但《巴比伦塔木德》也记载了公元 2 世纪末 3 世纪初的拉比圣人海雅（Hiyya）在女性健康出现问题时曾设想过使用女性避孕法的例子："拉比海雅的妻子犹滴（Judith）曾遭受到……剧烈的分娩疼痛，她换了衣服，出现在拉比海雅的面前。'一个女人，'她问道，'是否有传宗接代的义务——（还是说律法是否只适用于男性）？''不。'

他回答道。接着她走开去喝了一种绝育药剂。"对堕胎的态度也不完全清楚。在拉比们设想出的案例中，哪怕是极其晚期的堕胎都能得到准许，这与约瑟夫斯在《驳阿庇安》中断言的全面禁令和许多早期基督徒所采取的强硬路线形成了鲜明的对比。在《密释纳》中，杀害已经出生的孩子被视为谋杀，但堕胎不是：只有当"头部的大部分"从子宫中出来的时候，胎儿才会成为一个人。这一规定衍生出了更明确的教规，即如果母亲的生命在孕期遭受危险，堕胎便是可以允许的："如果一个女人处于艰难的阵痛中，他们就将在子宫里的胚胎切开，再一块一块地取出，因为母亲的生命比胚胎的生命重要；但如果胎儿的大部分已经出现，他们可能就不会触碰新生儿，因为一个生命的价值不能凌驾于另一个生命的价值之上。"另一方面，斐洛似乎把杀死已经成形的胎儿视为谋杀：

> 如果一个男人殴打一个孕妇，击打到她的腹部并使她流产了……如果这个胎儿已经成形，四肢已经有像样的特征和在人体中的位置，这个男人必须得死，因为符合这一描述的胎儿已经成了一个人，他在自然的实验场中把这个生命毁掉了，而自然只是认为把这个生命带到阳光下的时刻还没有到来，它就像一个躺在工作室里的雕像，仅仅需要通过分娩被运送和释放到外界中来。[6]

另一方面，所有的犹太人似乎都理所应当地认为，孩子一旦出生，就不可以被杀死。《圣经》中没有明确禁止用早期罗马帝国最常用的方法——遗弃——来处理不想要的孩子，但是斐洛极力宣称，异教徒所实行的遗弃是被摩西暗示禁止的：

> 至于谋杀指控……为谋害亲生孩子的真相提供了最清晰证据的正是父母。他们中的一些人亲手做了这件事；他们以极其残忍和野蛮的方式扼杀了婴儿的第一次呼吸，使其窒息致死，或是把他们扔进河里或大海深处，并在其身下绑上重物以便他们在重量下更快地下沉。另一些人则把婴儿们带到某个沙漠地区，自称希望婴儿们能

够获救，但真实情况将让他们遭受最痛苦的命运……（与之相反的是）摩西在宣布对那些导致完全成形胎儿的母亲流产的人的判决时，含蓄而间接地禁止了抛弃孩子……当孩子出生的时候，他与所属的器官组织相分离，成为一个独立的、自给自足的活的生命，他作为一个人已经不需要任何的补充物。因此杀婴行为无疑是谋杀，因为律法的不满与年龄无关，而是在于对种族信仰的违背。

根据这样的评论，关于犹太人相比其他族群抛弃不需要婴儿的可能性更小的假设很有可能是合理的，但是《密释纳》也许暗示了弃婴的做法并不完全不为人所知，即使犹太父母更有可能通过把孩子留在可能被发现的地方而非"荒凉之地"来使其生存下去。在讨论那些使犹太人无法与其他族人通婚的出身情况时，《密释纳》提及了一类被称为阿苏菲（asufi）的人，这一称呼被解读为"从街上捡来，并且不知道他的父母是谁的人"。换句话说，弃儿。[7]

希望婴儿能被捡到、得救、成为另一个家庭的奴隶的想法，想必在一定程度上减轻了抛弃孩子的父母的悲痛，但是，在许多罗马人眼中，奴隶并不是完整意义上的人。在罗马法中，奴隶的生活被设想为与为主人工作的动物一样，有时作为宠物，有时为了展示，更多的时候是从他们的体力劳动中得到好处。当小说家阿普列乌斯想象笔下变成驴子、无法自专的男主角的生活的时候，他描述的是一个可以随主人心意被殴打、强奸或者从一个地方转卖到另一个地方的奴隶的生活。正如我们所看到的，奴隶是财产，就像动物是财产一样。老加图建议精明的地主把价值被榨干的公牛、虚弱的家牛和山羊，以及病弱的奴隶都作为多余的东西处理掉。这些活物一旦离开了他的庄园会遭遇到什么，不在他的考虑范围内。这并不是说奴隶的非人属性在古代罗马时代完全没有受到挑战。就像杀死婴儿一样，像对牲畜一般对待奴隶不可避免地会引起一定的不安，即便仅仅是因为，正如婴儿会长大成人，奴隶们在获得自由时就可以"成为"完全意义上的人，并且即使是最伟大的罗马人也可能有一天成为奴隶。尤里乌斯·恺撒在二十几岁时曾被爱琴海的海盗俘获。在同行伙伴成功筹集到海盗所要求的 50 塔兰特赎金之前，他被海盗扣留了近 40 天；如果钱没有被送到的话，他本会被当作奴隶卖掉。亚里士多德认为奴隶的奴性是"天生的"，但是这一观点很难与他们自己社会中这种地位的变化相调和。一些有名望的知识分子，比如斯多亚派学者爱比克泰德（他杰出的学生中有些是元老），曾经就是奴隶。斯多亚派学者尤其担心对奴隶的侮辱会贬低他们的主人，因为所有人都是宇宙中平等的公民："有些人说，'他们只是奴隶'。但是他们和我们同是人类！'他们只是奴隶。'但是他们和我们住在一起！'他们只是奴隶。'事实上，我们和他们一样是奴隶，如果你停下来想一想，命运对我们的控制和对他们的控制是一样多的。"塞内卡这样写道。他是尼禄皇帝的一位非常富有的老师和朋友，而他自己的家庭也依赖于许多奴隶的工作。塞内卡可以鼓励奴隶们对自己的生活感到满意，正如他对自己的生活感到满意，也正如所有的斯多亚主义者至少都试图去做的那样。但是斯多亚主义者们把奴隶当作人的呼吁正是对一个不把奴隶当作人的社会的回应。一些罗马奴隶戴着有身份识别标签的项圈，比如"我逃跑了。把我抓住。当你把我交给我的主人佐尼努斯（Zoninus）时，你会得到奖赏"。如果他们试图逃跑，所有的奴隶都可能会受到可怕的惩罚，被殴打、被钉死在十字架上或者作为角斗士被卖掉，后者几乎可以肯定意味着死亡。[8]

犹太人和罗马人一样把奴隶看作是理所当然的家内劳动者，不过作为犹太人拥有的奴隶，可以期待得到更人道的待遇。《圣经》的律法把奴隶当作完全属于主人的财产，如果奴隶受到来自第三方的伤害，主人就可以得到赔偿，但是主人虐待奴隶的权力也受到律法的限制。如果一个奴隶因被殴打而永久残废，作为补偿，奴隶必须被解放："主人若打他男奴隶或女奴隶的眼睛，并使其失明；因为其眼睛的原因，他应该给予对方自由。"如果奴隶被主人打死，主人也会受到惩罚。后《圣经》时代的犹太文学评论偶尔会表明，许多要求人道对待奴隶的律法实际上被忽视了，比如（可能的）拉比格言"女性奴隶越多，淫行就越多"，这句话可能反映了这样一种假设，即奴隶在犹太社会中和在罗马社会中一样可能会受到性侵犯，而施暴者却不受惩罚。但构成犹太人把奴隶当作人来看待的态度的基础，是一项罗马人的社会观念所不能想象的原则。《圣经》主张善待奴隶，尤其是要解放他们，"你也要记念你在埃及地作过奴仆。耶和华你神用大能的手和伸出来的膀臂，将你从那里领出来。因此耶和华你的神吩咐你守安息日"。在逾越节的第一个晚上的圣餐仪式前，所有的犹太家庭都要咏诵《哈加达》（*Haggadah*），即犹太人迁出埃及的故事，这个文本在公元 200 年《密释纳》成书时就已经存在，并粗略具备了当下的形态。它的开篇就是这一针对个人的提醒："我们曾在埃及作过奴仆……"对过去奴隶身份的认同肯定会对一个家庭产生较大的影响，在这样一个家庭中，家内奴隶们自己也参加这个仪式，当主人们躺在长榻上庆祝他们现在的自由时，他们会给在场的每个人倒上四杯酒。[9]

在罗马人和犹太人关于究竟什么是人类的观念中看到明确的区别并不容易。两者的观念都是很令人困惑的，尤其鉴于他们对希腊人的灵魂概念（在希腊语中是 *psyche*，在拉丁语中是 *anima*）的吸收不完整且不连贯；在罗马人心中，"灵魂"的概念与早期时代遗留下来的观念艰难共处，例如罗马的精神（*genius*）的概念，即造就了一个人本身样子的"自我"。在罗马，这种困惑在人们对死者的态度中表现得最为明显。人死后的存在本身并不是罗马人的主要关注点，这与埃及人和距罗马更近的伊特鲁里亚人形成了鲜明的对比，后者在古风时代对罗马文化的其他方面影响相当巨大。罗马人对他们死后会发生什么持有在根本上十分相异的观点。伊壁鸠鲁学派否定了任何灵魂不朽或冥世的可能性，正如他们在墓碑上宣称的 NFFNSNC（*non fui, fui, non sum, non curo*，"我曾不在，我曾在，我如今不在，我不在乎"）那样。维吉尔以感人的笔调描写了在幽暗的冥界居住的"鬼影，像一阵清风，又像一场梦似的飞去了"。人们普遍相信鬼魂（*lemures*），作为未被埋葬的死者的可怕的影子，会在每年 5 月举行的为期三天的亡魂节中（Lemuria）得到抚慰。[10]

人们普遍认为，只有少数出类拔萃的人可能会在死后作为值得崇拜的神化后的个人继续存在。在他的哲学著作《论共和国》的最后一卷中，西塞罗（Cicero）在斯多亚哲学的框架下为这样的信念提供了一个理论基础。此卷收录了《西庇阿之梦》（*Dream of Scipio*），这是赋予西庇阿·埃米里安努斯（Scipio Aemilianus）的一个愿景。根据西塞罗富有想象力的文字，在这个梦境中，西庇阿的养祖父，伟大的"征阿非利加者"（Africanus）消除了他对未来的担忧，"天堂已经为所有那些保卫了、援助了、开拓了祖国的人准备了一个固定的地方，在那里他们可以幸福地享受永恒的生命"。这并不是纯粹的理论：公元前45年，西塞罗的女儿图里娅（Tullia）在30余岁的年纪去世了；在深深的悲痛中，西塞罗计划建造一座神殿来将她当作女神供奉起来。他在给朋友阿提库斯（Atticus）的信中说明了意图："我想建造一所神殿，并且无法将这个想法从脑海中根除。我急切地想要避免建造类似坟墓的东西，并不是因为害怕法律上的处罚，而是想尽可能地实现'神化'。"（他并没有使用拉丁语，而使用了希腊语中的 apotheosis 一词来表达神化的概念，这是很重要的。）[11] 对更广泛的罗马大众来说——复杂难懂的斯多亚哲学对他们并不那么重要——死后成神的可能性在公元前42年尤里乌斯·恺撒死后正式神化为神不久后就被强有力地带回了罗马。记载这一事件的方式表明，它并未被看作一件小事，尽管我们要牢记恺撒只是罗马人崇拜的众神之一：称皇帝为神这件事对于一个信仰多神教的罗马人来说是完全不同于基督徒的，因为基督徒否存在任何其他的神，并宣称耶稣的神性。恺撒的特殊地位得到了上天的认可："他不仅由法令列入众神行列，而且平民百姓也深信他真的成了神。因为，在其继承人奥古斯都为庆祝他被尊为神而举行的首次赛会期间，彗星连续7天于第11小时前后在天空出现。人们相信它是恺撒升天的灵魂。"这种神化一般会被限定在接下来的几代皇帝和他们的家庭成员中：这已经不是普通罗马人可以希望和期望的事情了，尽管西塞罗早先对他已故的女儿做过这样的计划。[12]

　　罗马人的葬礼仪式为这些不同观念的和平共处留下了空间，但这种和平并不稳定。在共和国晚期，非常贫穷的人被简单地埋葬在巨大的露天坑里，富人却被火化，他们的骨灰被安置在家族坟墓中。到帝国早期，火葬已经成了标准的处理措施，这可能是人们财富普遍增长的反映。确保葬礼的体面对于许多较贫穷的罗马人来说是非常重要的，他们为此加入需要入会费和逐月捐赠的丧葬团体或互助社会组织，而它们可以帮助他们支付丧葬费用，做好后事的安排。骨灰瓮被安置在形似鸽屋的拱顶砖石坟墓里。葬礼本身就是为了将死者尽可能清晰地从属于生者，尤其是他或她的家人的空间中分离出来。最后的安息之地必须在城外，"以免罗马城的圣地被污染"；因此，通往罗马城外的道路两边竖起了一排排的墓地。[13] 火化或埋葬如果被正确地执行了，死者会被允许加入阴间诸神（*di manes*），也就是亡灵的行列。坟墓上都刻着程式化的语言 *Dis Manibus Sacrum*，"献给阴间诸神"。在帝国时期，死者的名字经常被添加上去。在某种意义上，在适当的处置之后，死者成了鬼魂这一神圣团体的一部分，社会则将其作为一个整体，在每年 2 月敬先节（Parentalia）的最后一天向他们敬拜；敬先节的前半部分为期 8 天，是人们为他们死去的亲人尤其是父母祈祷的时候。关于过世皇帝的神圣性是否应该得到承认的担忧——它在塞内卡描绘克劳狄（Claudius）皇帝死后神化过程的《升天成瓜》（*Apocolocyntosis*）中得到了最为有趣的反映——表明，与神化的皇帝相比，那些属于阴间的诸神在某种程度上被视为一种更低级形态的神灵。伊壁鸠鲁主义者肯定觉得很难将这些普遍存在的假设与他们的怀疑论观点相吻合，但这些观点大概不会比他们社会中关于宗教作用的其他一般性假设更令人难以接受。

也许最能揭示人们对死亡的态度，以及那个自我也许已经（也许没有）和肉体一起死亡的人的本质的态度的，就是那些被用来安慰失去亲人的人的话语。因此吊唁信成了一种独立的文学体裁。小塞内卡在与一位名叫玛奇娅（Marcia）的失子妇女的对话中尝试了各种可能的安慰方式，从奉承（"假使我不知道你，玛奇娅，是个尽可能远离了女人精神上的软弱和其他所有缺点的人，或者不知道你的品行被看作是古老美德的典范，我是不敢触及你的悲伤的……"）到声称死者现在到了一个更好的地方：

> 因此，你不必急着去到你儿子的坟墓前；躺在那里的是他最卑下的部分和他一生许多麻烦的来源——就像他的衣服和其他覆盖物，骨头和骨灰也都不再是他的一部分。他是完整的——他逝去了，完完全全地离开了尘世，没有留下任何东西；有一小段时间，他逗留

在我们头顶，这是他被净化的时候，他摆脱了所有那些来自尘世生活的、尚附着在他身上的污点和缺点，然后，他升入高空，疾驰而去，加入了被祝福的灵魂之中。一群圣洁的人对他表示欢迎。

这类信件包含了所有可以用来减轻悲伤的陈词滥调，谈及死者的品质，所有认识他或她的人的悲伤，以及克服悲伤所需要的坚强。正如一位朋友在写给痛失爱女的西塞罗的信中所说的那样，"没有一种悲伤是不会随着时间的流逝而减轻和缓和的"。塞内卡的安慰是建立在希腊哲学灵魂不朽的哲学概念基础之上的，这个概念在共和国晚期成了罗马人常用词汇的一部分，出现在了以韵文写就的墓志铭之中。但是，这些墓志铭并没有显示出关于灵魂的冥世的本质的清晰描述。他们表达的是愿望和猜想，而不是信条。[14]

第二圣殿时代晚期的犹太人对希腊哲学中灵魂不朽观念的吸收和同时代的罗马人一样零星片面。在《希伯来圣经》中，人类被认为是有灵的肉体而不是肉身的灵魂。根据《创世记》的记载，"耶和华神用地上的尘土造人，将生气吹在他鼻孔里，他就成了有灵（nefesh）的活人"。《圣经》各书的大部分作者都把"灵"看作是生命的实质，它把生命赋予了肉体，而没有把它想成是离开肉体还能存活的东西。对于大部分《圣经》作者来说，个人并不"拥有"一个肉体。他或她本身就是肉体，而生命实质使其有了生气。[15]

许多第二圣殿时代晚期的犹太人持续对这种简单的人类学保持赞同，当灵魂不朽的概念被采用时，它往往是前后不一致的。最令人困惑的是《所罗门智慧书》的作者；这个文本可能是用希腊语写成的，于公元前2世纪中叶到公元1世纪初之间成书。本书以一位不知名的国王的口吻撰写，显然意指所罗门，描述如何"在孩童时代，我天资过人，我抽签取得了一个善美的灵魂，或者说，我进入了一个洁净的躯体，因为我是善美的"。作者似乎无法判断他的本质是存在于肉体（前者得到了一个善美的灵魂）还是存在于灵魂（灵魂被赋予了一个健全的、纯洁的肉体）。斐洛接受了更为严格的柏拉图主义理论，认为灵魂是个体唯一重要的部分，并需要从身体的枷锁中解放出来，约瑟夫斯认为艾赛尼派信徒也抱有类似的观点，并称这一观点是"希腊的子嗣"所共享的：

> 因为他们坚信自己的身体是可以腐朽的，它的组成物质是暂时的，但是灵魂是不朽不灭的。从最好的以太出发，这些灵魂被缠住了，困在了肉体这个监狱中，它们被一种物质咒语所拖累；但是，它们一旦从肉体的束缚中解脱出来，就像从长期的奴役中解放出来一样，它们欢欣鼓舞、飘入高空……他们的目的首先是要建立灵魂不朽的学说，第二是要鼓励美德，远离罪恶。的确，好人因为希求死后的回报而在现世中成为更好的人，恶人的激情则会被恐惧所抑制，他们害怕即使自己活着的时候没有被发现，也会在死后受到永久的惩罚。这就是艾赛尼派关于灵魂的神学观点，一旦接触他们的智慧，所有人都不可抗拒地被其所吸引。

约瑟夫斯可能在某种程度上美化了他的记载，以吸引他的希腊和罗马读者，他把艾赛尼派作为一种值得赞扬的犹太哲学实践者的例子，但是我们也没有理由完全否定他关于这个教派的陈述。在另一方面，他明确地写到这些是由一个特定的犹太团体所支持的学说，从他的描述中，我们不能推断出这些思想实际上传播得更加广泛：人类本质上是肉体的——是一个被一个灵魂驱动的身体——在拉比中更为普遍。[16]

所有犹太人似乎都接受了《圣经》的假设，即在这个世界上的物质生命是一种至高无上的祝福。在《申命记》中，以色列被描述为在生与死之间，在祝福和诅咒之间作出选择："所以你要选择生命，使你和你的后裔都得存活。"人的生命是神的计划的结果。人类之所以存在，是因为主耶和华"用地上的尘土造人，将生气吹在他鼻孔里"。现世的生命是宝贵的，而希望生活在另一个不同的世界以弥补这个世界上的失望不是一般的想法；在这方面，早期教会中一些人所信奉的教义，标志着一个重要的突破。事实上，关于人死后会发生什么，犹太人和罗马人存在着同样多的内部分歧。相信后世并不明显是《圣经》各书作者的世界观的一部分，除了

《但以理书》12 章（可能写作于公元前 2 世纪）的作者，本章记载，在末日到来时，"睡在尘埃中的，必有多人复醒，其中有得永生的，有受羞辱、永远被憎恶的"。《诗篇》的作者更悲观地叹息道："死人不能赞美耶和华，下到寂静中的也都不能。"《传道书》的作者说道："与一切活人相连的，那人还有指望，因为活着的狗比死了的狮子更强。"[17]

更值得注意的是，到公元 1 世纪，对死后某种形式的生活的相信至少在犹地亚的犹太人中间得到了普遍传播，尽管人们在基本问题上没有达成一致意见。根据《使徒行传》，法利赛人和撒都该人在这个问题上争论得很激烈，以至于保罗可以简单地通过大叫"弟兄们，我是法利赛人，也是法利赛人的子孙。我现在受审问，是为盼望死人复活"来中断大祭司议会的会议。诸《福音书》描述了耶稣和撒都该人在同一个问题上争论不休，这是一个罕见的案例；在与撒都该人进行学术交流时，耶稣的论点被描述得更像法利赛人：

> 撒都该人常说没有复活的事。那天，他们来问耶稣说："夫子，摩西说：'人若死了，没有孩子，他兄弟当娶他的妻，为哥哥生子立后。'从前，在我们这里有弟兄七人。第一个娶了妻，死了，没有孩子，撇下妻子给兄弟。第二、第三，直到第七个，都是如此。末后，妇人也死了。这样，当复活的时候，她是七个人中哪一个的妻子呢？因为他们都娶过她。"耶稣回答说："你们错了，因为不明白《圣经》，也不晓得神的大能。当复活的时候，人也不娶，也不嫁，乃像天上的使者一样。"

到了公元 3 世纪初，《密释纳》和《托赛夫塔》所引述的拉比坚持相信后世的重要性，但是他们对否认这一教义的异端者的强烈谴责，表明这个问题仍然存在争议："所有以色列人将要共享天堂的到来……这些人将无法分享到来的天堂：不承认死人会复活（《托拉》如此规定）的人。"拉比，甚至是基督徒，都设法从《圣经》中推导出复活的教义，但只有通过非常巧妙的解释才行。[18]

　　所有的证据都认为，与撒都该人不同，法利赛人宣扬人死后是可能复活的，然而，哪怕是自传中声称自己"从头到尾经历"了学习法利赛学说的艰苦工作，并在 19 岁那年决定"按照法利赛学派的要求，管理他自己的公共生活"的约瑟夫斯，在精确表述法利赛人眼中的复活时，也陷入了自相矛盾之中。有时，他暗示他们相信"灵魂有能力在死亡中幸存，而地上之人会因为他们的美德或邪恶获得奖赏和惩罚"。在其他时候，他将法利赛学说描绘得更像灵魂的转世："他们维护的每一个灵魂都是不朽的，但善良的灵魂会进入另一个肉体，而恶人的灵魂则受到惩罚。"在这两种描述中，约瑟夫斯都可能粉饰了法利赛人的观点，以吸引希腊和罗马的非犹太人读者，在他们面前，至少在这些段落里，他把法利赛人描述得像艾赛尼人一样，是一种值得尊敬的哲学的追随者。在《犹太战争》里关于自杀行为的道德性的高谈阔论中，约瑟夫斯借自己之口表述了将灵魂看作个体的本质的观点："你是否知道，按照自然法则结束这条生命并且（只有）在神希望收回债务的时候偿还他们从上帝那里得到的债的人，会赢得永恒的声望；他们的房子和家庭是安全的；他们的灵魂仍然是纯洁无瑕的，被分配到天堂中最神圣的地方，在时代变迁的时候，他们又由此回来在贞洁的肉体里找到一个新的居所？"[19] 这番在公元 1 世纪 70 年代作于罗马的言论，是为罗马读者所写的，他们都非常熟悉当代就是否应该推崇或贬低塞内卡、特拉塞亚·派图斯（Thrasea Paetus）和其他生活在尼禄时代的罗马精英们惊人的自杀行为的辩论。约瑟夫斯在这篇文章中提出的反自杀观点很好地平衡了他以伊尔（Yair）之子以利亚撒之口表达的对自杀的赞同，以利亚撒是公元 73 年马萨达（Masada）犹太军领袖，正如我们将要在第十二章看到的，这些犹太人杀死了彼此，以免落入罗马人之手。博学的罗马读者将会喜欢这两个结合了修辞和文学性的虚构演讲。这些争论对大多数犹太人的影响则要小得多，他们理所当然地认为自杀是完全错误的，除非显然是为了避免更糟糕的命运（就像扫罗在被非利士人打败后所做的一样）或是为了达到另一个理想的目标，就像参孙（Samson）自我造成的死亡一样，它带来了许多敌人的毁灭。拉比允许自杀只是为了避免犯下谋杀、通奸，或盲目崇拜这三种大罪之一。在一篇拉比专著《塞马秋》(*Semachot*)中——此文成于 6—11 世纪之间，但却是除了约瑟夫斯的文章外最早记载犹太人有关自杀的讨论的作品——自杀得到了和谋杀等同的对待，通过对《创世记》中的诗句的巧妙解读而被禁止："流你们血、害你们命的，我必讨他的罪。"这一点似乎很重要：与罗马对理性、冷静的决定下的高尚自杀行为的颂扬相反，《塔木德》所引述的犹太拉比们似乎并不认为这种态度是可能的。在后来的犹太律法中，人们普遍认为，自杀者的头脑定然是不健全的。生命被认为对所有人都是至高无上的，即使，如约瑟夫斯在强调犹太人对他们作品的崇敬时所主张的，这是"每一个犹太人的本能，从他出生的那天起……如果有必要，愿意为之而死"。这位历史学家区分了这种显然是为了给他的希腊和罗马读者留下深刻印象的有原则的殉道与带着虚荣味道的不正当的自杀，这反映了罗马当时关于"高贵的死亡"的价值的争论。[20]

大多数像约瑟夫斯这样用希腊语思考或写作的犹太人选择使用"灵魂"一词指代人的本质，但是对许多犹太人来说，希腊的术语只不过是一种时尚的光泽，就像如今日常对话中常用的心理学和其他行话一样。因此，哪怕是约瑟夫斯，当他在《驳阿庇安》——此文是对犹太教所做的辩护，其中明确地将犹太教义的卓越与希腊文化的不足做了对比——中提到复活时，他证明自己在不依赖灵魂不朽观念的前提下，也有能力描述未来的生活：

> 而另一方面，对于那些按照我们的律法生活的人来说，他们得到的奖励不是金银，也没有戴有野橄榄枝或香芹制的王冠这样公开地宣示他们的出色的标识，而是每一个人都依赖于自己的良心和制定律法者的预言，他们被上帝的见证坚定地说服了，对于那些遵守律法，且如果他们必须为它而死，将心甘情愿地面对死亡的人，上帝将赋予一个新的生命，并在时代变革时将一个更好的生命予人做礼物。

正如我们看到的，早期拉比们教条式地断言，死者的复活会是肉体的形式。在开罗发现的一份文件中发现了巴勒斯坦校对本的犹太人每日标准祈祷文《阿米达》（*amidah*），并追溯到第一个千禧年晚期，其中提到上帝是"强大、使骄傲者卑微的……你永远存在并可以起死回生……你为活着的人提供生命，使死人复活……"。死者的尸体应当受到最尊敬的对待。埋葬尸体是一项伟大的宗教职责：《托比传》（Tobit）中的同名英雄，其一个引人注目的虔诚行为就是埋葬被国王杀死的人。被绞死的人应当在死亡之日举行葬礼，以免玷污土地。尸体会污染所有接触过它们或者进入停尸的建筑物或帐篷的人，但是，尽管如此，埋葬死者尤其是近亲的责任，比避免被污染更重要：即使是祭司，也要在会遭遇尸体污染时参加他最"亲近的亲属的葬礼：为他的母亲、父亲、儿子、女儿、兄弟和他的处女姐妹……"。[21]

所有犹太人都通过仔细埋葬尸体来保存尸体的完整性。罗马人塔西佗声称犹太人"按照埃及人的习惯，对死者大多是埋葬"，但是事实上，犹太人与埃及人行为一样的地方只是两个民族正好都"对死者施以同样的照料"，这意味着，对于这两个民族来说，罗马人的火葬习俗才是令人厌恶的。对土葬的偏好并不是因为犹太社会简单的保守主义，因为葬礼上所采用的处理尸体的实际方式有很大的不同。大多数犹太人被埋葬在公共的石制坟墓里，尸体被放在棺材里，放在从中央房间延伸出来的壁架上，但是有一些人，包括那些葬在死海附近的库姆兰地区的人，被埋在单墓中，一堆石头放在其表面上作为记号。不同的埋葬方式有可能反映了个人在社会中的不同角色，比如对家庭关系重要性的不同评估，但这种猜测很难被证实。公元前1世纪中叶，许多犹太人在耶路撒冷和耶利哥地区采用捡骨礼的行为也没有任何确切的解释；捡骨礼即在肉体腐烂后收集死者的骨头，以便将其小心地放在盒罐里。在耶路撒冷地区发现了数百个这样的骨罐，大部分是石制的，但也有一些是陶制的。在古墓中发现的那些骨罐，可以追溯到从希律统治初期到圣殿被摧毁之间这一段很短的时间内。学者们为提供一些宗教或其他意识形态方面的解释做出了勇敢的努力，但没有成功。拉比保存的文献资料表明他们了解这一习俗，但没有提供任何理论依据。这种骨罐的使用也出现在其他一些地方，例如小亚细亚西部，但并不存在于任何其他可能与犹地亚犹太文化有密切接触的文化中。一种令人信服的可能的解释是，使用骨罐的行为反映了较富有的犹太人希望更清楚地标明家庭墓穴的个人愿望，以避免以往匿名的做法，但是最好的解释（尽管对于那些认为应该有更严肃的理由来对如此重要的改变加以解释的人来说，它是很难接受的）就是这一转变和罗马人在公元 2 世纪从火葬转向土葬的解释相同——也就是说，这仅仅是潮流。在一个富人非常重视罗马风俗的社会里，犹太人使用骨罐是和罗马人使用骨灰盒来存放死者骨灰的最为接近的方式。如果这一解释是正确的话，它就更加强调了犹太教的火葬禁忌。像罗马人一样行动并没有什么问题——只要不涉及焚烧尸体。[22]

宇宙观

犹太人和罗马人因此不太可能在他们对人的理解上出现强烈的分歧，但是当他们评价人类在宇宙中的位置时，他们的观点就更加不同了。对犹太人来说，《创世记》中的创世神话起到了核心作用。这个世界由唯一的真神所创造，他对每件事都自始至终保持着观察，并且偶尔也会根据一项人类只能部分理解的计划进行干预。所有犹太人每年都要听一次创世的故事，即每年，《托拉》各篇章都会经历一次循环读诵，并最后回到《创世记》的开篇。根据《密释纳》，当祭司和二十四"路"（course）轮流在圣殿里服务的利未人中的一路前往耶路撒冷的时候，"那一路的以色列人聚到一起，来到他们的诸城市，并诵读创世记的故事"。这个故事被讨论和阐述，正如公元前 2 世纪的《禧年书》的作者所言：

> 因为在第一天，他创造了顶上的天，还有地和水体，以及一切灵，现在都在他面前了：存在天使、圣洁天使、火灵天使、风灵天使和云灵天使，以及黑暗、雪、冰雹和霜冻的天使，回音（？）、打雷和闪电的天使，冷与热、冬与春、丰收与夏的灵的天使，他所有的造物的灵，都在天上和地上。

约瑟夫斯以"在开始的时候上帝建立了天和地",开始了他在 20 卷的犹太"古代历史与政治法制"中的叙述。在这一点上,他写道,他遵循了"我们的立法者摩西"的典范性的智慧,当他制定律法的时候,他把他的同胞公民的思想引导"至上帝和世界建设当中,让他们相信,上帝在地上的所有造物中,我们人类是最美的杰作……"。在公元 1 世纪早期,约瑟夫斯的前辈斐洛将他对摩西律法的系统介绍即《阐述》(Exposition)的开篇定为一篇专门描绘创世记的文章。根据斐洛的说法,摩西暗示着"宇宙与律法是和谐的,律法与宇宙和谐,而遵守律法的人因此成了'世界的公民(cosmopolites)',并以自然的目的和意志来规范他的行为"。这位哲学家谴责那些人,他们"赞美宇宙而非造物主,宣称宇宙是没有开始的和永恒的,而且以不虔诚的谎言,他们假定了上帝伟大的无为;相反,我们应该对上帝作为创造者和万物之父的力量感到惊讶,而不是赐予宇宙与之不相称的威严"。[23]

与约瑟夫斯相反,李维"自建城以来"的罗马史大约在公元 1 世纪初完成,一共 142 卷,完全忽略了宇宙论,直接进入了埃涅阿斯的神话和罗马建城本身。关于宇宙创造的描述在历史作品或道德哲学作品中是找不到的,而在奥维德的《变形记》(Metamorphoses)中才能发现,这部作品是在他于公元 8 年被驱逐流放到黑海之前刚刚完成的。《变形记》将一系列的神话故事编织在一起,它们都是奥维德从荷马和赫西俄德(Hesiod)直到最近时代的希腊文学作品中挑选出来的:

> 在海、陆以及覆盖一切的苍天尚不存在之前,大自然的面貌是浑圆一片,到处相同,名为"混沌"。它是一团乱糟糟、没有秩序的物体,死气沉沉,各种彼此冲突的元素乱堆在一起……上帝和更仁慈的大自然终止了这种斗争。他把陆地和天空分开,把海洋和陆地分开,又把清虚之天和沉浊之气分开。他解开了这些纷纭纠缠的元素,从盲目混乱的状态把它们解放出来,然后各给以一定的地位,使它们彼此和谐相处……但是还缺少一种生物,比万物更有灵性,擅长高奥的思维,并能辖治万物,因而产生了人。究竟是创造一切

的天神想要把世界造得更完美，所以用他自己神躯的元素塑造了人呢？还是那刚刚脱离苍穹而新形成的土地还带着些原来太空中的元素呢？总之，伊阿珀托斯（Iapetus）的儿子普罗米修斯用这土和清冽的泉水掺和起来，捏出了像主宰一切的天神的形象。其他的动物都匍匐而行，眼看地面，天神独令人类昂起头部，两脚直立，双目观天。因此，泥土本是朴质无形之物，瞬息之间却变成了前所未有的人的形状。

奥维德的伟大成就在于他将完全不同的神话统合成一个单一的叙事，它由诸神带来的"奇迹般的变化"这一松散的题目组织起来。

奥维德讲述的故事中的一些元素与《创世记》的叙述相似，但二者的差异更为重要。奥维德对创造宇宙的造物主的身份并不清楚：他是"上帝和更仁慈的大自然"或者"天神中的某一个"。像西塞罗这样的哲学家接受了斯多亚主义提倡的观点，即天上的规律证明了创世思维的运作；伊壁鸠鲁派否认宇宙是有序的，并声称它是由一组毫无意义的原子构成的，这是对普遍观点的刻意否定。但是在他们的普遍观点中缺乏的而在犹太人中大量存在的，是这样一种强烈信仰：创造世界的神圣力量这么做是为了一个目的，并且这个神圣的力量继续关心和干涉着其造物。[24]

在罗马人的想象中，神的王国是一个充满竞争、联盟、冲突和友谊的社会——换句话说，就是一个人际关系和人类社会非常相似的地方。神介入自然世界时，通常不是出于对人类、动物或地上其他居民的关心，而是由于他们之间的争吵和阴谋诡计。在罗马人从希腊人那里继承的创世神话中，世界的早期历史被想象成原始诸神之间的争夺，强大的泰坦神（Titans）被奥林匹亚诸神推翻，后者自己也受到过巨人的攻击。奥林匹亚众神之间纷争不断，比如在家庭争吵中，赫拉之所以对抗宙斯（在罗马的版本中，是朱诺［Juno］对抗朱庇特［Jupiter］），是因为他的风流韵事；又或者，在罗马神话中被称为伏尔甘（Vulcanus）的瘸腿的赫菲斯托斯（Hephaistos）对抗阿瑞斯（马尔斯），因为对方是他妻子阿佛洛狄忒（维纳斯）的情人。创造宇宙以及现在影响宇宙中相互冲突行为的力量，已经超出了我们的理解之外。

罗马人对神的看法，就像如今的科学文盲看待细菌、微生物和病毒一样。我们并不完全知道这些实体是什么，也不能看到、触摸、听到或闻到它们，但是我们相信，在我们的身边围绕着数百万的它们，足以从根本上影响我们和我们的整个世界。有些神是"已知的"，可以叫得出名字的，并被人们期望仅仅或主要在一定范围内干预世界：罗马人在 4 月 25 日庆祝属于罗比古斯神（Robigus）或罗比古神（Robigo）的罗比古斯节（Robigalia），在拉丁作家的描述中，这一崇拜是为了避免新播种的麦苗病疫枯萎，尽管他（或她）其他的特征显然是模糊的。因为宇宙中包含了无限的诸神，大多数的神都是人类所不知道的——因此向神圣祈祷时称呼"*sive deus, sive dea*"（"无论神还是女神"），罗马国家祷词列出了一系列的神，但是仍然在最后谨慎地写下"和所有其他诸神"。罗马人认为这些超自然的存在属于不同的类别：*deus*（始终永生的神），*divus*（曾经做过人类的神）、山泽仙女或神灵。有些比其他的更有力量，有些（比如山泽仙女）一般对人类仁慈，其他则不然。有一些，如优斯提提亚（Iustitia，正义）或菲得斯（Fides，信念）这样内在于抽象品质的神祇，没有真实的性格或人物故事。

崇拜和神话都把朱庇特描绘成一个由诸神组成的等级制度中的统治者，但是他的统治不是绝对的，这种等级体系也不是绝对安全的。奥林匹亚诸神通常比其他的超自然存在更加强大，但关系可能会有所不同。因此，罗马人崇拜多种形式的福尔图娜（Fortuna），而在普莱内斯特（Praeneste，现今帕莱斯特里纳［Palestrina］），她被认为是"最初的福尔图娜"（Fortuna Primigenia），朱庇特和朱诺的母亲，但是总的来说，她和她希腊的对应物堤喀（Tyche）哪怕融入了奥林匹亚神话当中，也是模糊而有限地融入的。约瑟夫斯对希腊宗教的攻击同样强烈地适用于罗马人——而且，就像希腊人一样，有一些罗马知识分子就像犹太人约瑟夫斯一样不赞同异教徒的普遍观念：

> 事实上，在希腊最受尊敬的智者中，谁没有因为他们在大众心中播种了关于诸神意识的第一粒种子，而指责过他们最著名的诗人

和最值得信赖的立法者？他们由着自己的心意描绘诸神，说他们有无穷数目，以各种方式一个接一个地诞生。他们给诸神分配了不同的地方和习惯，仿佛他们是动物一般，有的生活在地下，有的生活在海洋，最古老的都锁在塔尔塔洛斯（Tartarus）。那些分配到天堂的诸神获得了一个名义上的父亲，但他在现实中却是暴君和独裁者；结果，他的妻子、兄弟和从他自己脑袋里诞生的女儿，都密谋反对他，逮捕并囚禁他，就像他对待自己的父亲一样。这些故事理应受到他们的知识领袖的严厉的谴责。

对罗马人来说，神的存在几乎被每个人都认为是真实的，但是关于神的传说却被自由地描述为诗人的发明。我们很难想象朱庇特会赞成或鼓励广泛传播有关他本人不检点的性生活的故事；这些故事不是为了增加对神的敬畏而设计的。罗马人并不经常质问自己这些神话的作用——在社会中，从基本的信念和态度中后退一步以提出这样的问题是很困难的——但是一个看似合理的解释可能是，这些神话有助于理解世界，或者他们眼中的世界：它只是一大堆相互竞争的、相互矛盾的势力，缺乏任何整体框架或目的，在任何时候，地震、风暴或死亡的灾难性变化都有可能在人类未知和不可知的情况下发生，它是众神之争的产物。[25]

　　生活在这样一个变化无常、不确定的宇宙观之下是不容易的，许多罗马人从恒星和行星的规律运动中寻找到宇宙更稳定的证据。人们经常根据他们在出生时或者被怀上时的太阳、月亮、行星和固定星体的位置进行占卜，以判断未来会发生什么。支持这种行为的基本概念是这样一种信仰，斯多亚学者将其表达得最为条理清楚，即"宇宙精神"将宇宙的各个部分连接起来，从而使天上的事件和地上的事件之间的联系并不难理解：对于公元 2 世纪的伟大天文学家亚历山大里亚的托勒密（Ptolemy of Alexandria）来说，占星术仅仅是将有关天上的知识应用在世界里而已："关于利用天文学进行预测的手段……有两个是最重要的和最有效的……我们理解太阳、月亮和星星运行时偶尔形成的彼此关系以及与地球的关系；（以及）……通过它们这方面的自然特性，我们调查了它们为周边所带来的变化。"在奥古斯都晚期和提比略早期的罗马城,斯多亚诗人马尔库斯·马尼利乌斯(Marcus Manilius)在 5 卷本的著作《天文学》(Astronomica)中教导了占星术的价值。除了这部有些晦涩的作品之外,我们对马尼利乌斯一无所知,他显然对希腊和拉丁文学造诣很深,但是他对拉丁语的奇特的使用方式可能更多是由于他那使人抗拒的主题而不是语言上的陌生:"通过歌声的魔力从天上引下神赐的技能和命运的密友——星星,它们通过神的推理,使人类的命运多种多样;成为第一个用这些新旋律搅动赫利孔山(Helicon)上枝叶摇曳的树林的人,把前人从未讲过的奇特知识带到我面前——这就是我的目标。"有些人对占星预测的价值的怀疑并非出于理论上的原因,而是那些受欢迎的占星师的"不称职",因为他们的预言被证明是错误的。[26]

因为占星术是一门把宇宙的一部分与另一部分联系起来的富于技巧的艺术,它不需要任何特殊形式的崇拜,或者任何关于天体是如何形成的特定信仰,犹太人像罗马的多神论者一样,有可能将其看作一种艺术,他们也可能和罗马人一样,从巴比伦和希腊化时代的亚历山大里亚学到必要的技术和支撑它们的思想。事实上,在希腊化时代之前,占星术似乎并没有被犹太人所实践过。《希伯来圣经》提及占星术的少数章节似乎仅仅把它看作巴比伦人的习俗。因此,埃及犹太作家阿尔塔帕努斯(Artapanus)在公元前 2 世纪声称亚伯拉罕曾向埃及法老法瑞托忒斯(Pharethothes)传授了占星术的这一事实就更值得注意了。我们在第二圣殿晚期一些比较深奥的犹太著作中发现了占星术思想,最引人注目的来自《死海古卷》的一些篇章,其中有一篇在公元前 1 世纪末用简单密码写成的希伯来文本用占星术术语描述了某人的特征和命运及在其出生时的星象:"他的灵由光之屋的六个(部分)和暗之屋的三个部分组成。这是他出生的时间:在公牛的末尾……"在公元 4 世纪和 5 世纪的许多拉比文献中,天上行星对地球的影响被认为是理所当然的:"每一种香草在天上都有一颗对应的星(mazal),后者敲打它,并说:'快快生长!'"(出自《大创世记》[Genesis Rabbah],巴勒斯坦修订本)以及"产生影响的不是这天的行星,而是这一刻星象的组合"(出自《巴比伦塔木德》)。[27]

与此同时，一些犹太人对占星预测的价值表达了保留意见，因为任何将影响力归于恒星和行星的做法，似乎都会削弱人们对全能的独一上帝的认知："对以色列来说没有星（*mazal*）。"根据《禧年书》记载，亚伯拉罕最早的发现之一就是占星预言毫无意义：

> 在第 5 年的第 6 个星期，亚伯拉罕在 7 月 1 日坐了通宵，从晚到早地观察星星，以便发现这一年降雨的情况会怎样。他独自坐在那里观察；一句话进入了他的心里，他说："众星的迹象、月亮和太阳的迹象，都在耶和华手中。为什么我要去寻找？只要他愿，早晨和晚上下雨，就会下雨，只要他不愿，就不下雨；万物皆在他的掌控之中。"

耶路撒冷圣殿所悬挂的蓝色、朱红色和紫色挂毯描绘"除了黄道十二宫以外的天空全景"，可能是为了避免让人们相信星体具有控制人类生命的力量，尽管（根据约瑟夫斯的说法）至圣所外面放置的艺术品包括了代表行星的七枝大烛台和桌子上代表着"黄道带圈和年"的十二块饼：把这些天上的标志放在上帝圣殿的中心，表明"一切都属于上帝，为了上帝"。坚持为圣殿里圣物的描述赋予象征性的普遍意义似乎是一个常见的犹太题材，尽管寓言的细节有所不同。[28]

所有的犹太人（也许除了撒都该人之外）都认为上帝关心并照顾他的创造。约瑟夫斯在一篇文章中以一种有趣的方式颠覆了"天体的规律性证明了它们是一个创造性思想的杰作"的标准论点：根据他的说法，亚伯拉罕是

> 第一个，他大胆地宣称上帝，宇宙的创造者，是独一的……这是他从陆地和海洋的变化，从太阳和月亮的轨道，从所有的天体现象中推断出来的。因为，他称，如果这些物体被赋予力量，它们就会为自己提供良好的秩序，但是，因为它们缺乏这最后一种，那么很显然，即使是那些为了我们更大的利益而合作的服务，它们也不

是凭借自己的权威提供的，而是通过至高无上的主，我们只有向他表达我们的敬意和感恩才是正确的。

由独一的上帝创造的宇宙不仅包含了自然的、合理的世界和天上的现象，还有许多超自然的存在。《创世记》中关于创世的叙述主要集中在上帝与人类之间的关系，二者是宇宙事件中最重要的两个角色，但到了公元前 1 世纪，犹太人和异教徒的多神论者一样，设想出了一个神圣的王国，其居民可能以意想不到的方式对他们的生活产生影响。犹太人只崇拜一个神，但是把这个时期的他们看作是纯粹的一神论者是错误的。他们经常写关于上帝的事，就好像他是独一的神圣的力量，但这是一个被异教的多神论者广泛共享的做法，尤其是斯多亚主义者，他们即使参与多神教的崇拜，也可以并且确实提及单数形式的"神"。被严格遵守的一神教——相信世界只会受到一种超自然力量的影响——是很难维系的，尽管在后来的时期，在伊斯兰教的影响下，一些犹太人试图这样做。在公元初的几个世纪中，一些犹太人，比如斐洛，差点将上帝描述为具有两种性质的存在，这种倾向使上帝的概念保持完美和未受玷污的同时也允许他对人类事务的神圣干涉；这样的语言（比如保存在《次经》的《所罗门智慧书》中对智慧［Sophia］的描绘）同时也使犹太人能够设想神祇在男性面之外的女性面。如果遭受关于这些想法和上帝的统一性之间的冲突的质问，这些犹太人会辩称这种表达是比喻性质的。更具体、更广泛的是，犹太人将他们的世界解释为不仅仅是来自以色列人的上帝（无论他被如何描述的），而且也是来自其他超自然存在（它们被描述为天使或魔鬼）的干预的产物。[29]

在《希伯来圣经》中，天使是上帝的使者——在最后时刻，让亚伯拉罕避免献祭他唯一的儿子以撒；在沙漠中给以利亚食物；用一切方法保护信徒。他们能以人类的形态出现，但也可以随意出现和消失。在对雅各天梯的想象中，天使被设想为在天堂和地上之间往返，但是其他文本把他们设想成天上的军队（host），伴随着上帝在天堂里飞过时所踏的智天使基路伯（cherubim）和站在上帝宝座的旁边唱颂赞的六翼的炽天使撒拉弗（seraphim）。到了公元 1 世纪，许多犹太人更加详细地描述了想象中的天军。根据《使徒行传》，撒都该人不相信天使或灵魂；但是，即使这个说法是正确的（这个说法很难与撒都该人接受《圣经》的权威这一点相协调），这也使他们在这个天使和神灵的干预被认为是理所当然的世界上成为例外。在《以诺书》中，就像在这一时期的其他作品中一样，天使被认为是控制天体、风和四季还有一些如和平和治愈等抽象的概念的神灵。天使被描绘成一个有等级制度的集团，由一小群大天使所带领，他们有着特定的名字——在《以诺书》中，是米迦勒（Michael）、拉斐尔（Raphael）、加百利（Gabriel）和法纽尔（Phanuel）。其他天使也有名字：艾赛尼派的新信徒宣誓"小心保存……天使的名字"，许多起源不明的天使的名字都在《塔木德》和犹太奇迹文学中得以保存。

天使不仅被视为从神到人的使者，也被视为从人到神的使者：当上帝的天使在托比（Tobit）和他的儿子托比雅（Tobias）面前现身时，他描述自己是"在主的圣廷上随侍他的七天使之一——拉斐尔"。《巴录二书》的作者想象天军在上帝的宝座附近，准备像听话的军队一样采取行动。死海宗派的人似乎对想象天使的国度有特殊的兴趣。有些人甚至认为，这个教派相信他们自己既是人类又是天使，或者甚至既是人类又是神。这种观点很难被证实，但并非不可能，因为至少有一个犹太人，即摩西，成了以色列"称名的神"，关于他曾经是准神或变成不朽之人的证据在大量的犹太教早期作品中都能找到：阿尔塔帕努斯断言摩西"被认为配得上与诸神同等的荣誉"；斐洛大概是受到了《申命记》对摩西去世时奇妙景象的描写的启发，写道："他不得不走上从人间到天堂的朝圣之旅，离开凡人的生命走向永生的时候到了"；大概知道这个传统并且热衷于重申摩西的人性的约瑟夫斯断言摩西"在圣书中写到自己死了，因为他害怕人们胆敢说，由于他超凡脱俗的美德，他已经回归于神"。

8 份手稿在库姆兰的 4 号洞穴中保存了下来，此外还有来自第 11 号洞穴的较小的残片，以及来自马萨达的《安息日献祭歌》（*Songs of the Sabbath Sacrifice*）的大量残片，这是太阳历的第一个季度的安息日上天使对上帝的赞美：

（基路）伯跪倒在上帝之前并祝福。当他们起来的时候，（听到了）诸神的低语，接着是赞美的高呼。当他们放下翅膀，就会出现诸神的（低语）。他们祝福基路伯的穹顶之上的王座战车的形象，他们赞美在他的荣耀宝座下面发光的天空。当轮子转动之时，神圣的天使来来去去。从他那荣誉的车轮之间，仿佛有一种最神圣神灵的炽热的幻象。在它们周围的是琥珀金一样的火流。

一个被识别为天使长米迦勒的特殊天使麦基洗德（Melchizedek）被描绘成最终审判的主持者："在末日降临之时，关于被俘者（将有如此宣告，他说：'向被俘的人宣告自由。'这句话的解释是说他）将他们分配给麦基洗德；因为他要将他们的运（与麦基洗德）相连，后者则将他们送回，宣告他们自由，赦免他们一切的罪愆。"[30]

并非所有天国居民对人类都很仁慈。在《希伯来圣经》中有一些特殊的邪恶形象，比如莉莉斯（Lilith），《圣经》七十士译本则将希伯来语的 shedim 译成希腊语中的 daimonia，即"恶魔"。这些恶魔被认为是一群与上帝的力量作战的邪恶灵魂。这个观点在《十二族长遗训》（Testaments of the Twelve Patriarchs）的希腊文手稿中已然清晰，但是这可能并不能准确地反映出《遗训》犹太原本作者的世界观，因为希腊版本显示出后来的基督教编辑者大量重写的迹象。《死海古卷》中也出现了类似的观点，正如《社会准则》所言："所有正义之子都被光明之王所统治，在光明的道路上前行，但是所有不义的孩子都被黑暗天使所统治，在黑暗的道路上行走。黑暗的使者使一切公义的儿女迷失道路，直到他的灭亡，他们一切的罪、愆、恶和他们一切的不法行为，都依照上帝的神秘意志，由他的统治所引发。"死海宗派和其他犹太人有时会把这些黑暗势力的首领描述为一个有着特殊恶意的生物，在古卷中通常是梅尔基瑞沙（Melkiresha）或彼列（Belial），即"毫无价值的人"，在《禧年书》中则是马斯特马（Mastema）。事实上，《禧年书》确实提供了一个创世神话来解释上帝在挪亚时代赐予马斯特马的力量，此时挪亚正祈祷那些开始使他儿子的子女误入歧途的被污染的恶魔能被禁锢住。

那些灵的首领马斯特马过来了，说道，"我主上帝，造物者，请求你使其中的一些人留在我的面前，使他们听从我的声音。让他们做我告诉他们的每一件事，因为如果有一些不留给我，我不能在人类的儿女中施展我的权威，因为他们（注定）腐化，在我的审判前被领入歧途，因为世人的罪孽甚大"。然后他说，"让十分之一的人留在他面前，让剩下十分之九的人进入到惩罚的地方"。

这个世界由此充满了恶魔，它们中只有少数几个被明确地指认了出来，如阿斯摩得（Asmodeus），根据《托比传》记载，恶灵扼杀了拉格尔（Raguel）的女儿撒拉（Sara）的七个丈夫。[31]

在现存的犹太文献中，用恶魔附身来解释疾病的说法并没有被广泛接受，但是约瑟夫斯在赞美所罗门的智慧时描写了一场他亲眼所见的驱魔：

> 上帝赐予他（所罗门）关于抵御魔鬼的技艺的知识，以造福和医治人类。他还编写了一些使疾病减轻的咒语，并留下了驱魔的方式，那些被魔鬼附身的人借此成功将魔鬼赶了出去，并永远不会回来。在这个时代，这种治疗在我们中间非常有效，因为我看到了一个叫以利亚撒的同胞，在韦斯巴芗、他的儿子、护军官和其他一些士兵面前，释放那些被恶魔附身的人，就是用的这种治疗方法：他把一枚戒指放到被附身的人的鼻子下面，这枚戒指的图章下面有着所罗门所定的草根，然后，当这个人闻到它时，它从他的鼻孔里赶出恶魔，一旦这个人倒下，他严令恶魔再也不回到他的身边，说出所罗门的名字，念诵所罗门所写的咒语。然后，为了说服旁观者并向他们证明自己有这种能力，以利亚撒把一个装满水的杯子或脚盆放在稍远的地方，然后给魔鬼下令，让它把容器推翻，并让旁观者知道它已经离开了那人。当这事完成以后，所罗门的聪明和智慧就淋漓尽致地展现在人们的面前。

类似的驱魔在早期基督教文献中被归于耶稣及其使徒。这个过程被《使徒行传》的作者视作理所当然，而在驱魔中提到的唯一问题是驱魔者的权威是否足以对付恶魔："那时，有几个游行各处、念咒赶鬼的犹太人，向那被恶鬼附着的人擅自称主耶稣的名，说：'我奉保罗所传的耶稣，敕令你们出来！'做这事的，有犹太祭司长士基瓦的七个儿子。恶鬼回答他们说：'耶稣我认识，保罗我也知道。你们却是谁呢？'"[32]

因此，在这一时期，一种改良的二元论渗透到了大多数犹太人对世界的理解之中，但是这是一种有限的二元论。"撒旦"（satan）这个词的意思是"指责者"，它在《希伯来圣经》中出现过多次，"撒旦"是负责考验约伯（Job）的，但只有在第二圣殿晚期，撒旦才开始经常作为一个恶魔的名字出现。即便如此，这个名字的使用频率也低于彼列、马斯特马和其他名字。在《巴比伦塔木德》中，撒旦有时只是影响人类的邪恶倾向，尽管在新年的时候吹响公羊（ram）角来迷惑撒旦的做法表明一个更具体的恶魔之力的概念已经出现。没有其他的犹太文献给予撒旦在《新约》中所享有的显要地位：在《新约》中，他的名字被提及35次。所有的犹太文献在清楚表明撒旦的起源（这并不常见）时，都明确指出他和其他恶魔一样都是上帝创造的，最终，他与上帝的斗争会以失败和臣服告终：它被上帝的圣灵所束缚，扔进烈火之中。[33]

"善的力量总会最终获胜"这个假设，最能区分犹太人和罗马人对宇宙的看法。因此，对于犹太人来说，自然世界天生就是优秀的，因为上帝对它有着永恒和直接的责任。在创世的第六天，"神看着一切所造的都甚好"。在挪亚时代的大洪水过后，上帝与世界立约："地还存留的时候，稼穑、寒暑、冬夏、昼夜就永不停息了。"用《诗篇》作者的话就是："上天述说上帝的荣耀，苍穹传颂他的作为。"对西塞罗和塞内卡来说，就像对柏拉图来说那样，造物主作为世界的工匠的角色也很重要，但是对于大多数异教罗马人来说，自然的奇迹并非为整体的设计提供证据，而是证明了诸神个体的存在，比如伏尔甘；对他的崇拜从罗马建城就已经开始，他是司掌毁灭性的、吞噬性的火焰的神祇，正如斯特拉波在奥古斯都时代写道，他的存在在凶险的维苏威火山附近特别明显，这里在公元79年发生了灾难性的火山爆发。[34] 在另一方面，这种特定的神对自然界的干涉虽然可以解释任何自然现象，但是罗马人与犹太人不同，有时也会寻求其他可能排除神的直接行动的科学解释。公元 2 世纪的杰出医学作家盖伦（Galen）在讨论睫毛的本质时，明确而正确地比较了自己的观点（与"柏拉图和其他在自然科学中遵循正确方法的希腊人"相同）与"摩西所采取的立场"，即上帝可以也确实能做到不可能的事情："对后者来说，似乎上帝只要意图安排某事，它就会按计划被安排好；因为他相信对于上帝来说一切都是可能的，即使他想要从灰烬中创造出一头牛或一匹马。我们却不持有这种观点；我们说某些事情从本质上讲就是不可能的，上帝根本不会尝试这样的事情，而是从事情发展的可能性中选择了最好的一种。"塞内卡的《自然问题》（*Natural Questions*）的第六卷整卷都致力于科学地推测地震的原因，其研究的起因是公元 62 年庞贝和坎帕尼亚其他地区发生了地震，大约 17 年后，维苏威发生了火山爆发，并摧毁了庞贝城和周边的许多地区。塞内卡的基本结论是面对灾难和必然的死亡，人需要会听命。

> 如果我们相信世界上有任何地方可以幸免于（地震的）危险，我们就错了。所有地区都处于同样的法则之下：大自然并没有创造出任何它无法移动的东西……也要记住，诸神是不会造成这些事情的，也不会因为愤怒而推翻天空或大地。这些现象有其自身的原因；他们不会因为命令而肆虐，但会被某些缺陷所搅乱，就像我们的身体一样。[35]

无论是罗马人还是犹太人都不对自然景观的美学特征感兴趣，他们对山脉的庞大和奔涌的河流的力量感到敬畏。罗马人对田园诗的兴趣，比如维吉尔的《牧歌》（*Eclogue*，写作于公元前 1 世纪 40 年代）和尼禄时代的卡尔普尔尼乌斯·西库卢斯（Calpurnius Siculus）的七首田园诗，都揭示了城市精英们的怀旧，他们希望经营一个自然简单的乡村世界。在罗马的实践中，这种对被驯服的自然的欣赏体现在对规则式园林的热情中，不管是接近城市中心的花园，就像在罗马城中埃斯奎利诺山上著名的梅塞纳斯花园，还是在乡间别墅花园中有组织的"自然"空间，就像在蒂沃利（Tivoli）的哈德良别墅。"自然"特征，如溪流、山丘和洞穴，被改造或创造出来，并利用大量的水和阴影营造出一种令人愉快的气氛。灌木修剪、花卉种植、精心布置的雕塑和其他感官刺激都是有闲的城市居民对想象中的一部分乡村生活乐趣的一种欣赏。这种对管理自然带来的愉悦的美学欣赏从根本上来说源于罗马人——透过希腊化的影响——对来自古代近东宏伟仪式和皇家园林的吸收，因此值得注意的是，相似的品味似乎并没有在犹太文化中发展到同样的程度，而他们也（或更多）受到了相同文化的影响。犹太人对伊甸园这一最初的花园有所想象，但只将其看作一个非同寻常的富饶之地。约瑟夫斯通过巴比伦历史学家贝罗索斯（Berossos）的记录，知道了尼布甲尼撒所建的巴比伦空中花园，它建造在"高大的石阶上，复制出山的景色，通过种植各种各样的树来完成与山的相似之处……因为他的妻子在米底长大，对山峦情有独钟"，但是犹太人似乎并未试图模仿这种园艺上的壮举。希律的宫殿里有草坪、树林、精心布置的小径，还有大量的水，用于营造溪流、池塘和喷泉，这显示出他继承了罗马人在观赏性花园上的品味，即使在耶路撒冷有限的空间里，有限的水供应下，他也可以负担得起这一享受，但是客西马尼（Gethsemane）花园，即耶稣被捕受难的地方，只是一个厨房花园或果园。对犹太人来说，自然所带来的愉悦通常仅限于对花园的功用性的欣赏：耕种过的田地、施过肥的葡萄园或精心照料的无花果树。[36]

但是犹太人和罗马人对自然态度的最大不同在于犹太人认为上帝非常关心以色列土地的健康。罗马人和犹太人一样意识到，如果要保持生产效率，农业用地需要周期性的休息，在罗马农业作家的作品中，可以找到关于作物的产量和轮作的详细讨论，以及这种做法与产量之间的关系。但是，这种罗马式的做法在意识形态上与犹太人所信奉的在以色列土地上的安息年的概念没有什么共同之处。每七年"地就要向耶和华守安息……因为地是我的；你们在我面前是客旅、是寄居的"。不管这个犹太习俗最初出于什么实际原因，到公元 1 世纪，犹太人认为这么做的理由是宗教的，以色列的土地归上帝所有，有权像以色列人一样在安息日休息。犹太人注意到，尤里乌斯·恺撒知道犹太人的安息年习俗，正如我们看到的，由于这个原因，罗马人在这些年里免除了他们的税，尽管在后来的岁月中，塔西佗认为这种行为不是出于虔诚，而是出于懒惰。[37]

犹太人似乎也没有对动物世界多愁善感。根据《创世记》，动物已经被提供给人类使用了。这样的使用必须附有同情心：在《希伯来圣经》中，一系列故事和裁决限制了人们对动物的残忍行为，最引人注目的是当巴兰（balaam）的驴子带着理由抱怨自己被杖打："我向你行了什么，你竟打我这三次呢？……我不是你从小时直到今日所骑的驴吗？"根据《巴比伦塔木德》中的一种的观点，当目的是减轻动物的痛苦时，一些安息日被禁止的行为是可以做的："拉比犹大以拉的名义说：'如果一个动物掉进沟中，你就要把枕头和床上用品，放在动物下面，如果它向上爬，它就会爬起来。'"然而，大多数关于犹太律法或伦理的文献所提到的家畜都是作为畜力或作为食物饲养的。犹太人似乎没有把动物作为宠物或同伴的强烈观念。猫被视为野生动物（这与它们在同时代的埃及社会中的神圣地位形成鲜明的对比），狗只是牧羊犬和守卫犬；一个可能的有趣例外是《托比传》记载，一只狗陪伴着主角托比前往米底的土地并返回，也许是为了保护他的旅程。《圣经》上的要求是，在把幼鸟从鸟巢中带走之前，先让母鸟离开，"这样你的日子得以长久"，这可能是把鸟父母的感情拟人化，但它更可能反映出一个不那么感性，但更基本的概念，即神对待人的方式与人对待动物是一致的。[38]

罗马人对动物的态度似乎更加残忍，也更感情用事。曾有一场激烈的哲学辩论，是关于动物是否有理性以及是否（因此）需要被公正地对待。在罗马世界中，为亚里士多德所得出并为伊壁鸠鲁主义者和斯多亚主义者所遵循的结论是否定的，而罗马人则从目睹各种动物的痛苦和死亡中获得了极大的快乐。对于有闲阶层来说，乡村运动，比如狩猎野猪、牡鹿、狐狸和野兔等，都很受欢迎，而非常富有的人，比如哈德良皇帝，就喜欢对狮子和熊的大型狩猎活动。普通的罗马人负担不起参加这样的活动，但是他们可以在圆形竞技场观看精彩的斗兽，在这里，大量的来自异域的动物被杀死。西塞罗记录了公元前 55 年的一个场景，当时大象被长矛刺死的痛苦唤起了观众的某种同情，"以及大型野兽与人类种族之间的一种友谊"，但是这种同情是非常罕见的——如果它更常见的话，那些花费巨资组织这种展示公开屠杀的活动以此吸引大众的贵族们将会节省不少开支。在第二圣殿晚期，唯一与罗马人分享了这种罗马人对狩猎的热情的犹太人就是大希律王。希律"在追猎中总是冲在最前面，在这方面，他最突出的是高超的骑术。有一次，他在一天之内打下了 40 头野兽：因为这个国家盛产野猪，以及更多的鹿和野驴"。约瑟夫斯提及野猪和野驴，这很清楚地表明了，如果需要的话，希律在这方面的形象并不是为了突出他的犹太身份。《希伯来圣经》中两位伟大的猎人是宁禄（Nimrod）和以扫（Esau），他们都在犹太传统中被视为非犹太人。在《密释纳》中所设想的狩猎并不是希律所热衷的贵族运动，而是更平常的做法，即用网来诱捕动物来获得食物：因为，为了适合被犹太人食用，动物必须在仪式上被屠宰，所以按罗马风格以弓和矛狩猎动物是无法达到此目的的。[39]

　　罗马人以打猎和观看壮观的野兽死亡为乐，同时也把驯养的动物当作伙伴来看待。罗马人和犹太人一样，养狗来看家护院，但是他们也养狗作为宠物，根据一些人写的墓志铭，他们对狗可能怀有真正的感情："我满眼是泪地抱着你，我们的小狗……现在，帕斯库斯（Patricus）（？），你将再不会给我一千次的吻，也不能在我的脖子上幸福地躺着了……"小塞内卡和老普林尼都假设他们作品的读者熟悉作为家庭的一部分而生活着的猫。人们会养耗子、蛇和各种各样的鸟，特别是那些可以教他们说话的鸟。老普林尼记录："克劳狄乌斯·恺撒的妻子阿格里皮娜有一种画眉鸟，它模仿人们的话，这是前所未有的。在我记录这些案例的时候，年轻的王子们（布里塔尼库斯 [Britannicus] 和尼禄）有一只椋鸟八哥和多只夜莺，这些被训练出来的鸟会说希腊语和拉丁语，每天都要努力练习新的词组，并说出更长的句子。"卡图卢斯（Catullus）描写了他的莱斯比娅（Lesbia）对她的小麻雀表现出的深厚情感。这种对驯服动物的关怀是人类控制下的自然的完美范例。[40]

道 德

也许犹太人和罗马人对世界的看法最鲜明的不同在于他们对道德根源的理解。一些善于思索的罗马人找到了方法来证明他们保守的道德本能来自希腊化哲学学派的教义，它很少规定特定的行为模式，但却鼓励对日常生活采用道德的态度，并以不同的方式强化了这种标准的偏见。因此，伊壁鸠鲁派尽管有着鼓励享乐这一不应得的名声——这是基于伊壁鸠鲁的格言"享乐是幸福生活的开始和结束"——在实践中却可以采用一种非常苦行的生活方式：既然寻求快乐本身就是痛苦的，那么最好的希望就是避免痛苦或远离干扰。在逻辑上，这样的哲学应该鼓励避免公共生活，正如伊壁鸠鲁确实主张的那样，但是一些伊壁鸠鲁主义者对信念有所妥协，且这种妥协足以让他们担任公职：约瑟夫斯描写了盖约时代的一位元老"历任几乎所有的官职，但在其他方面则是一个伊壁鸠鲁主义者，过着不受世事打扰的生活"。寻求公共认可的罗马精英需要这种妥协，这可能是伊壁鸠鲁主义在帝国早期衰落的主要原因。在共和国晚期，诗人卢克莱修在他伟大的拉丁诗歌《物性论》（On the Nature of Things）中，为伊壁鸠鲁学说做出了强有力的辩解，而他略年长的同代人，来自叙利亚的加大拉（Gadara，在加利利海的东南角以南）的菲洛德穆（Philodemus），使得伊壁鸠鲁思想在以公元前 58 年的执政官路奇乌斯·卡尔普尔尼乌斯·皮索·凯索尼努斯（Lucius Calpurnius Piso Caesoninus）为中心的罗马年轻贵族圈中广为流行。菲洛德穆的哲学著作在公元 18 世纪于赫库兰尼姆（Herculaneum）的一个别墅的图书馆里被发现，大约有 1000 个纸莎草卷，它们有些烧焦但仍然可辨，这个别墅可能曾归皮索所有，并在公元 79 年维苏威火山爆发时被摧毁。也许这种厌世主义的信条特别吸引在共和国最后的动荡岁月中成年的那一代贵族，尤其当时政治生活中的道德准则是如此难以捉摸。无论如何，在接下来的几个世纪里，伊壁鸠鲁派道德的影响力就越来越小了。[41]

在公元 1 世纪，那些更为常见的声称自己倾心于哲学的人都是斯多亚主义者，正如我们在第二章所见，这一学派与伊壁鸠鲁派于同时期起源于雅典。斯多亚派的理论在公元前 2 世纪中叶由希腊哲学家们带到罗马。因此，大多数幸存下来的斯多亚派作品都是公元初的两个世纪的产物，大部分都是由与罗马城有密切联系的哲学家写的，特别是小塞内卡和一个世纪后的皇帝马可·奥勒留。盖约·穆索尼乌斯·鲁弗斯是一名来自沃尔西尼（Volsinii，现今奥尔维耶托［Orvieto］，在伊特鲁里亚）的富有的绅士，他的学说在公元 1 世纪 60 和 70 年代盛行一时，他的学生爱比克泰德是来自弗里吉亚的被释奴，他曾经属于尼禄的被释奴埃帕弗洛迪图斯（Epaphroditus）；他们二人的学说只有通过他们学生的记录才为人所知。爱比克泰德的许多论述都是由一位杰出的学生发表的，那就是历史学家、元老阿里安，后者被他的魅力所倾倒。两位教师由于献身哲学而遭受的苦难，使他们的道德地位得以提高，因为这两个人都遭到流放，被要求离开罗马。爱比克泰德吸引了很多狂热分子，当他离开罗马来到亚得里亚海岸的尼科波利斯时，身边跟随着许多被图密善从罗马驱逐的哲学家。斯多亚派观点的精髓在于美德，即道德的完美，是自成一类的；品德高尚就是快乐的；只有在道德上完美的才是真正好的。所有其他显而易见的"好"，比如财富和快乐，都不是真正的好，因为它们可以被用来做坏事。知道什么总是道德上正确的需要智慧，所以品德高尚的人必须是明智的。大多数通常被认为是好或坏的事情，实际上在道德上都是无关紧要的，并没有真正影响到智者的美德或他的幸福。另一方面，一些道德上无关紧要的特征（健康和财富）比其他的（疾病和贫困）更受欢迎，因此，对更受欢迎的东西的追求在哲学上是合理的，但与追求道德高尚相比，这最终被认为是微不足道的。这样的学说非常适合用来宽慰塞内卡这样的人，他雄心勃勃、非常富有，是皇帝的老师和顾问，但他却清楚地知道，这样的命运可能会如何破碎：

> 把我放在最豪华的房子里，在这里用的都是金和银：我不会因此而自视甚高；它们可能会在我的房子里，但它们不在我心里。把我移到苏布里科桥（Sublician Bridge）下居住并让我陷入贫困：我不会因为自己坐在伸出手讨要施舍的人中间而轻看自己。人若终有一

死，那么如果他只少了一片面包，又有什么呢？但是接下来会发生什么？我还是更喜欢那个漂亮的房子，而不是那个桥……[42]

在生活中就有这样的哲学的内在矛盾，它要求人们致力于自我提升，追求荣誉、财富和权力，而又同时宣扬这些价值并不重要，这种矛盾被那些坚持愤世嫉俗、毫不妥协的道德准则的犬儒主义者所抛弃，就像塞内卡的朋友德米特里乌斯（Demetrius）那样。他由于说出了自己的想法而被从罗马城流放出去，首先被尼禄，在短暂的回归之后又被韦斯巴芗流放。犬儒学派鼓吹生活应该"按照自然的方式"，那些全心全意地贯彻这一原则的人对所有的社会规范都不屑一顾，对于超过最低限度的物质财产毫不理会。所有来自社会、性和种族的干扰都是毫无价值的，权力、权威、艺术和学术思考也是一样。不出所料，那些试图按照这种信仰生活的人有时会被当局视为危险的无政府主义者，但他们的态度是矛盾的。犬儒主义者对传统行为的谩骂对许多并不认为自己是犬儒主义者的人产生了深远的影响，比如小塞内卡本人或普鲁塔克，而这些犬儒主义的观点也经常出现在罗马讽刺作品中。许多按犬儒主义的方式生活的人，就像流浪的佩雷格里努斯（Peregrinus）——他的人生经历和在奥林匹克运动会上的惊人自杀被琉善（Lucian）所嘲笑——无论是自我认知还是在别人眼中，都是正常社会之外的人。[43]

在所有关于伦理和克制激情与快乐的讨论中，宗教几乎没有起到什么作用。并不是说众神对人类所做的事情都没有兴趣——只有伊壁鸠鲁派这么想，他们因此常常被不公正地描述为无神论者。也并不缺乏敬拜神的承诺。相反，宗教实践被编织进了每个罗马人的生活中。一般来说，众神被认为会赞成良好的行为，并对不道德的行为感到愤怒。但是这一切都很模糊，尤其是因为神并没有为人类的行为制定任何特别的规则，宗教实践和道德话语之间存在着奇怪的分离。当罗马人参观神坛和祭坛，举行或观看献祭、带来祭品时，没有人布道或朗读促人向好的经文。并不是所有的罗马人都对这种情况感到高兴。在提比略统治时期，一个叫瓦勒里乌斯·马克西姆斯（Valerius Maximus）的人写了一部关于"令人难忘的言行"的出名例子的简洁手册，带着明显的情感提出，宗教问题影响生活的方方面面。他提倡仿效的行为之所以被认可，是因为它们与诸神有着共同的特征，尤其是那些本质上是被神化了的抽象概念，例如友谊（Amicitia）；他反对的行为在几个世纪里受到了众神的惩罚。爱比克泰德持斯多亚主义的观点，他认为有一种神圣的力量可以塑造和构成一切事物，包括人类，他必须就这一抽象概念和他们每天所做的宗教活动之间的联系给学生留下深刻印象：

> 你为什么连自己是从哪里来的都不知道？当你吃饭的时候，难道你会忘记这是谁在吃饭，而你喂的又是谁吗？当你与女人性交的时候，难道你已经忘记了与女人性交的这个人是谁吗？当你与别人交往、对话或者锻炼自己的时候，难道你没有意识到，你现在正在培养和锻炼的是一位神吗？可怜的家伙，你随身携带着神，可是，你却不知道。你会不会这么认为，认为我说的神是一个外部的、用金子或银子做的神呢？不，你随身在自己的身体里带着他，可是却不知道你一直都在用不洁的思想和肮脏的行为亵渎着他。只要有一尊神像摆在你面前，你就不敢这样胡作非为，而你却不为自己有这样的思想和行为而觉得可耻和惭愧。噢，了解了解自己的本性吧，你这个招神怒的家伙啊！

驱使爱比克泰德演讲的激情正是来源于这样的一个事实，即这种关于神的概念对他所提到的那些人是不明显的，对所有普通罗马人来说，崇拜的目的与其说是为了加强人类的道德，不如说是单纯地想要给众神他们所应得的祭品。[44]

相比之下，以色列人的上帝已经为犹太人安排好了他们应该如何生活：人与人之间，以及人与神之间的关系。正如约瑟夫斯在他的辩文《驳阿庇安》中表达了《托拉》的特殊性质，摩西立法的本质"比其他任何东西都有用；因为他没有把虔诚作为美德的一部分，而是把各种各样的美德——我的意思是社会成员之间的正义、节制、坚韧和相互间和谐——

都作为虔诚的一部分。虔诚支配着我们所有的行为、职业和言语；我们的立法者没有留下任何未经检验或不确定的东西"。早在公元前 4 世纪，亚里士多德的门徒，哲学家狄奥弗拉斯托斯（Theophrastus）就曾称赞犹太人为"全族都是哲学家"。因此，在其他人眼中，犹太教有时被视为一种哲学，一种像斯多亚主义、伊壁鸠鲁主义或犬儒主义一样的一种虔诚的生活方式，但是对于犹太人来说，好的生活就是按照上帝所要求的去做，要想发现这在实践中意味着什么，原则上，他们只需要知道神圣的经文上写着什么，以及如何正确地解释它。当然，在实践中，解释有很大的不同，因此在犹太教的哲学中出现了许多哲学类别——法利赛派、撒都该派、艾赛尼派以及其他派别。这些犹太哲学团体的许多教义与同时代的希腊人和罗马人有一定的联系。约瑟夫斯指出法利赛派是"一个与希腊人叫作斯多亚学派的有一些相似点的教派"，而艾赛尼派是"一个遵循毕达哥拉斯教导希腊人的生活方式的团体"。他从来没有叫过撒都该派为"伊壁鸠鲁派"，但是他的确声称撒都该派"把上帝放在了做或看到任何不好的事情之外"，"他们完全放弃了命运"，并说人有完全的自由意志，这个观点非常接近伊壁鸠鲁主义者的学说，他们正如他在其他地方所写的（但是这种情况下，带着明确的反对），"将上帝从生命中排除，不要相信上帝管理着它的事务"。[45]

没有什么特别的理由怀疑希腊哲学学派所争论的道德问题也在耶路撒冷被犹太人讨论过。毕竟，在罗马共和国晚期，伊壁鸠鲁派学者菲洛德穆的教学法对罗马的影响非常大，他出生于加利利湖对岸的加大拉，而亚历山大里亚的伟大犹太哲学家、其哲学专长为约瑟夫斯所称道的斐洛，完全是通过柏拉图和斯多亚派思想的视角来解读《托拉》的。但是斐洛的著作也很充分地说明了犹太伦理与希腊和罗马的不同，因为他现存的大量文集中的所有观点都是基于《圣经》的文本，尤其是基于《摩西五经》。犹太人的道德是建立在神的指示、上帝之道的基础上的。[46]

正如约瑟夫斯所强调的，没有一个犹太人会对上帝所要求的道德行为一无所知，因为犹太教会制度的存在确保了他们能得到上帝的指示：

> 他（摩西）没有为无知留下任何借口。他指定的律法是最好的、最必要的指示，他规定它不应该被仅一次或两次或偶尔听到，而是规定每周（犹太人）应该放下他们其他的工作，集合起来倾听律法并获得对它全面和准确的了解……当我们民族的任何人受到关于律法的询问时，他会比重复他自己的名字更容易地重复这些事情。这样一来，我们的智慧从第一个黎明开始就彻底地根植于律法的基础上，就像根植于我们的灵魂上一样。违背律法者是罕见的；逃避惩罚是不可能的。

约瑟夫斯当然是夸张了，但是他关于犹太人与律法之间关系的独特本质的主张是真实的。犹太教会堂是大众道德的教育机构，这在罗马世界中的确是独特的，最重要的原因是与其最相似的哲学学派通常把他们的教育对象局限于知识精英。对于居住在以色列的犹太人与散居的犹太人来说，当地的犹太教会堂都是他们进行宗教教化的主要场所。它不是一个神圣的地方，祭祀形式的崇拜（就像在耶路撒冷的圣殿里一样）不能在那里进行，但它确实提供了一个公共祈祷的机会，最重要的是，它是用来教学的。鼓励犹太人在"第七天里对祖先的哲学进行哲学思考，把时间花在获得知识和研究自然上"，鼓励犹太人在这"审慎、勇气、节制、公正、虔诚、神圣和每一种美德的学校里，通过这些美德，对上帝和人类的责任都被了解，并得到正确的执行"（斐洛写道）的，不是对抽象的生活的哲学基础的兴趣，也不是像罗马哲学学校那样，为了幸福或美德本身而去追求它的本质，而是如果他们能正确地履行上帝和以色列人在西奈山上达成的契约，那他们就需要知道他们被上帝要求做出怎样的行为。[47]

宗教是犹太人各个方面道德的缘由，但是大多数犹太人相信，道德行为是上帝和人类之间契约关系的结果。根据约瑟夫斯的说法，艾赛尼派把一切都归于上帝的旨意，而撒都该派则"完全放弃了命运"。但是法利赛人的立场——这一立场也为后来的拉比和斯多亚派所认同——似乎更为普遍：他们"把一切都归因于命运和上帝；他们认为做出正确或不正确的行为主要在于人类，但在每次行动中，命运都是予以配合的"。《密释纳》中一句归于拉比阿基瓦名下的格言将这个悖论说得更加直白："所有的一切都是可以预见的,(然而)自由意志却被给予了。"对犹太人来说,亚当和夏娃被赶出伊甸园,标志着人类从童年的纯真转变为成年人的责任。这段时期的大多数犹太人似乎都缺乏原罪和堕落的概念,它们将在早期基督教时期得到发展。相反,上帝和以色列人的契约确保了上帝会对犯错的人展现仁慈,就像一个纵容的丈夫对待不忠的妻子,正如遭遇苦难的先知何西阿(Hosea)描绘的那样:"耶和华对我说:'再去爱一个被她情人所爱的女人和一个淫妇吧;就像耶和华还是爱以色列人,虽然他们偏向别神。'"就像在婚姻中,以色列人注定要守住她的契约,但当她犯了罪,她可以期待得到宽恕——的确,宽恕被保证给真正忏悔的人。但这必须是真正的忏悔:

> 赎罪祭祀和绝对的认罪忏悔可以起到赎罪的作用。在死亡和赎罪日,如果他们真心悔改的话,就能赎罪。忏悔可以让反对积极或消极指令的轻微过失得到赎罪;至于更大的过错,就只能等待审判,直到赎罪日的到来再赎罪。如果一个人说"我要犯罪,悔改,(再)犯罪,悔改",他就没有机会悔改了。"我要犯罪,等到赎罪日里再赎罪",那他在赎罪日就不能赎罪。因为这是在人类与上帝之间的罪,赎罪日能赎罪,但是人与他的同伴之间的罪,只有在他安抚了他的同伴后,赎罪日里才能赎罪。[48]

这种由过失、忏悔和神圣宽恕构成的道德框架,与罗马人关于荣誉和耻辱的道德论述相异。

第七章

生活方式

只要双方都不把自己的观点强加于对方，犹太人和罗马人对世界看法的差异就不太可能会产生摩擦，但更难以忽视的是人们每天生活的方式。服饰或烹饪上的小差异有时会标志着社群之间的巨大鸿沟。耶路撒冷和罗马居民的生活方式有何不同呢？

如果把犹太人和罗马人之间的差异，描述为清教主义和自由主义之间的差别，那就太粗略了，但是在他们对待身体和身体机能这一基本层面，尤其是对男女裸体的态度上，这样的对比也并非毫不相关。

在古典时代的希腊城邦中，身体健康的年轻男性公民被认为是国家的保卫者，而体育场也被作为训练场所，以此让男青年为服兵役做好准备，但是罗马军队在帝国早期的职业化使大多数罗马人躲开了这种义务。因此，男性身体的形象会以截然不同的方式进化。文学文本和肖像传统有时会重新提到一种有关远古时代农民的强壮身体的理想——因此涅尔瓦皇帝展现出坚毅的特征——但是，饱经风霜的特征和强壮的肌肉也很容易被认为是粗鲁或卑微职业的象征，因此一些皇帝选择了更柔和的形象。尼禄把自己塑造成一个胖乎乎的享乐主义者，皮肤光滑、体表无毛，是放纵的闲暇时光的无耻产品，尽管对保持年轻形象的尝试可能被认为是具有病态的同性恋倾向的危险证据，这些关于尼禄的谣言确实流传开来。在那些喜欢娇生惯养的模样——他们以此仿效矫揉造作的奢华，后者被认为是亚历山大里亚的托勒密宫廷中的常态——的人看来，超重并不羞耻。就像在 18 世纪的英国一样，肥胖可以被标榜为社会地位的象征，或者至少是富有的象征。[1]

　　罗马人对男性的裸体感到十分自然，它在公共浴场得到最引人注目的展示，这种娱乐形式吸引了社会的各个群体。通过描绘摆出英雄姿态的皇帝裸体来表达对他的尊敬是可能的，尽管有一些皇帝，特别是公元 2 世纪末的康茂德，似乎比其他人更鼓励描绘他们的裸体（就康茂德而言，他想被看作是赫拉克勒斯的化身），庞贝城出土的残存的壁画、马赛克镶嵌画和雕像揭示了一个会毫不掩饰地刻画阴茎和性交的社会：任何进入一个富裕家庭的人都要面对一个年轻人的雕像，他勃起的阴茎被作为一个喷泉。我们没有办法确定罗马女性对这种公开颂扬男性性征的反应，但是她们对男性角斗士表现出了性方面的兴趣，他们健壮的体格、发达的肌肉，都吸引了她们的赞赏。罗马女性理想的身体形象只能从男性的角度来看：裸体女人的雕像通常把她们描绘成年轻而苗条的，也就是适婚的。女性美的观念似乎全然来自希腊化世界，连带着对女性美的常规描述，比如没有体毛——公元 3 世纪，一个来自佩鲁贾（Perugia）的女被释奴的墓碑（也许不完全严肃地）赞美了她完美的外表："她有着美丽的身姿，光滑的四肢；凡有毛发之处，都被人细细寻觅过。"庞贝的色情壁画描绘了在男性性幻想中的理想女性形象。没有证据表明女性愿意让自己变得更有肌肉。很明显的是，许多罗马女性像男性一样毫不掩饰地展示自己。她们可能会去女性专用的浴场，但是从公元 1 世纪早期开始，男女都赤裸的混合浴场变得越来越普遍。正如基督教作家亚历山大里亚的克莱孟在公元 2 世纪末的抱怨："浴场为男男女女开放；在那里，他们为欲望而脱光。"[2]

　　总而言之，罗马人对身体的态度是异常开放的。确实有一些性行为可能会被认为是对参与者的贬低，但是没有什么是完全被禁止的。罗马人对性的界限确实有着非常明确的概念，但这些界限可能会被逾越，尤其是为了性的快感（就像尼禄所做的那样，他被指控阉割一个男孩并试图"把他变成一个女人"，以便于"按照平常一样的仪式"娶他，以及自己在与他被释奴的第二段"婚姻"中扮演女子的角色)，即使这样的行为引起了更保守的人的反对：在罗马男性精英中，控诉一个人行为女性化是一种普遍形式的谩骂，塞内卡抱怨道，在他的时代，女性受到脱发和痛风这些"男性疾病"的折磨，因为她们表现得像男人一样、熬夜太晚、喝得太多、和男人摔跤，以及在性交中扮演积极的角色。这种活动至少在私下里是被满足的。其他的人体生理机能以相当公开的方式运转。浴场一般都有厕所——带洞的长椅，在排水沟之上——为顾客使用。大的小便壶设置在街角，其内的尿液可以用于纺织业。没有任何迹象表明，罗马人认为排泄物、尿液、经血、精液或任何其他的身体排出物可能会造成任何形式的污染。[3]

犹太人对他们身体的态度截然不同。《摩西五经》中已经讨论了污染的概念。在《希伯来圣经》的其他部分中，洁净被认为是重要的，主要是作为对要进入圣所的人，尤其是对祭司的要求，在古典时期，许多希腊神殿的神圣律法中也发现了这一概念。但是，在第二圣殿晚期，有关洁净的律法及其意义已经被一些犹太人大大丰富了，他们把身体的洁净看作是精神洁净强有力的比喻。在公元 1 世纪，洁净对于许多不同背景和宗教信仰的犹太人来说是一个具有巨大意义的问题。[4]

主要的潜在污染源是来自一些体液（精液或经血）的排放，或者，正如我们之前所见，与人类尸体的接触，因为后者是最严重的不洁之源。在不同的案例和不同的犹太人眼中，遭受污染的意义是不同的。在《圣经》的洁净体系中，人们普遍认为不洁也是无可厚非的，并不令人担心。这种状态既自然又不可避免。它唯一的后果就是暂时被排除在圣所之外，直到适当的净化后才被接受。然而，在一些后《圣经》文本中，污染有时被认为是本质上不可取的，避免污染则被看作一种道德行为。我们很难区分污染的话语在这些例子中的隐喻性和实用性。在《死海古卷》中发现的宗派文献提到了洁净和污染。早期的拉比文本包含了一个复杂而连贯的洁净系统，在讨论和争辩其细微处的过程中不断演变，这些细节在近 2 个世纪以来，代代相传，并可以被追踪到。根据约瑟夫斯的记载，强调犹太教的这个方面，是艾赛尼派的一个特点："他们认为橄榄油会玷污身体，任何不小心接触到它的人都要冲刷自己，因为他们要保持干燥的皮肤，并且总是穿着白色的衣服……"正如我们在第四章所看到的，他们甚至把粪便当作一种仪式上的亵渎的形式，而不像其他犹太人那样。[5]

在《圣经》文本中，有关管理食物限制的律法与有关身体排泄和尸体污染的律法的阐释，在语境上是相对分开的，但是把身体看作是一个脆弱的容器，应避免受到污染的观点是共通的。《利未记》中列出的违禁食品包括骆驼、马、猪、鹰、猫头鹰、老鼠、蜥蜴、蜗牛和鼹鼠。关于这些特殊禁令的内在逻辑曾有过很多学术讨论，《圣经》的作者们将它们归入以下几类：没有脚爪的动物或不能咀嚼反刍的动物、无鳍和鳞的鱼、大多数"用四只脚爬行的"禽鸟。无论这些禁忌的理由是什么，其结果都是这些禁忌的力量或者倾向远远超出了《圣经》中所设想的限制，这一点是毫无疑问的。

在第二圣殿时期的某一刻，《圣经》中多次提到的——用乳羊的奶煮它的幼崽——禁令被许多犹太人扩大化，扩展到要求避免任何肉类与乳制品的混合物，只有少数例外。《密释纳》写道："除了鱼肉和蝗虫以外，没有肉可以在奶汁中煮熟……鸟在关于腐肉的律法下是被禁止的，这可以推断出一只鸟也被禁止在奶汁中煮熟，但是《圣经》却说，'在其母亲的奶汁中'，因此这只鸟被排除在外，因为它没有母乳。"但是，不管在3世纪早期曾有过什么不确定，后世的拉比们明确规定，禽类的肉和奶的混合也是禁止的。

《密释纳》涉及的更多的禁食有："异族人的这些东西被禁止……当没有以色列人注视他时，异邦人挤出的牛奶；他们的面包和橄榄油……他们按自己习俗加入了酒或者醋的炖菜或腌菜；剁碎的鱼，或不含鱼的盐水。"对异族人的橄榄油禁令特别重要，因为它与任何《圣经》文本或任何已知的异教习俗都不相关，然而，这似乎是一个被广泛遵守的禁忌。根据约瑟夫斯的说法，希腊国王塞琉古一世（Seleucus Nicator）给他王国里的犹太人赋予了特殊的权利："那些不愿意使用外地橄榄油的犹太人应该从体育官（gymnasiarch）那里得到一笔固定数额的钱来购买他们自己的橄榄油；当在目前战争（66—70 年的犹太战争）中的安条克居民建议撤销这项特权时，穆奇阿努斯作为当时的叙利亚总督，维护了这项特权。"约瑟夫斯把获得这个特权，归功于在公元前 312 年至前 281 年间统治的塞琉古一世，这是可疑的，因为对于所有犹太人特权的开始，这位历史学家都喜欢宣称时间最早的那个可能性，而事实上，这种特权可能来自一位后世的希腊化时期的国王；但至少到公元 1 世纪中叶，对使用"外族"橄榄油的反对在叙利亚的犹太侨民中是很常见的。甚至，对这个禁忌的了解为吉斯卡拉的约翰提供了一个为自己牟利的机会：

> 他宣誓要保护所有叙利亚的犹太侨民，使他们免于使用非自己同胞生产的橄榄油，他寻求并获得许可，将橄榄油在边境交给他们。然后，他买光了那种商品，用价值 4 阿提卡德拉克马的提尔钱币买入 4 个双耳细颈罐的油，然后以同样的价格卖出半罐。由于加利利是独特的橄榄之乡，此类作物丰富，约翰独享贸易垄断，通过向有需求的地区运送大量的商品，赚了一大笔钱。

也许这一禁忌最显著的特征是它事实上在公元 3 世纪初就已经销声匿迹了。根据上文引述的《密释纳》中的一段话，"拉比（犹大·哈纳西[Judah haNasi]）和他的法庭允许橄榄油"。《密释纳》给出的原因既不为最初的禁忌，也不为废除它，而两版《塔木德》所记述的接下来几代拉比的讨论都对此表达了困惑。禁止使用非犹太人生产的橄榄油产生了严重的后果，因为橄榄油被广泛用于肥皂、照明和食品，但是它似乎并非源于宗教条例，而是源于共同的本能。犹太人用对待自己身体的方式，在一定程度上定义了自己的身份。[6]

因此，尽管在罗马帝国时期，犹太人将培养出对罗马风格浴场的兴趣，但他们洗澡的目的比起为了愉悦，或是为了卫生，更重要的是为了洁净。身体的表面必须要经过清洁，去除污染。《圣经》要求那些不洁净的人把自己浸在"活水"里，《密释纳》时期的拉比认为这一表达指的是河流、大海或至少部分来自雨水供水的洗浴装置。这些拉比文本揭示了一些关于这种净化装置要达到被认为有效的程度，所需的精确尺寸和设计的争论。在公元 1 世纪，在耶路撒冷靠近圣殿的地方，以及在库姆兰、马萨达和许多犹太人居住的地方，都发现了台阶式水池，这表明拉比们经常试图为现有的行为制定规则，确定他们自己和他们的追随者满意——习惯行为何时应该或不应该得到认可。犹太侨民习惯以何种频率举行仪式清洗是很难确定的，而且其结果可能各不相同。根据《阿里斯提亚斯书信》，完成《圣经》七十士译本的虔诚的犹太人"遵循所有犹太人的习俗，在向上帝祈祷的过程中，把他们的手在海中清洗……以见证他们没有作恶，因为所有的活动都是用手来完成的"。这样的解释对非犹太异教徒来说是有意义的：彼拉多据说通过洗手来证明，在耶稣之死中，他是无辜的。[7]

《密释纳》中包含了一个生活在公元 1 世纪末的伟大拉比智者拉班·迦玛列和异教哲学家普罗克洛（Proklos）之间争论的故事，这场争论在他们于阿科的阿佛洛狄忒浴场偶遇后发生。在浴场内他们都赤身裸体，但是迦玛列在回答这个哲学家的问题前，坚持要他们到外面去，应该是为了着装，因为"一个人在洗澡时不能作答"。犹太人面对裸体的难为情是很明显的，这与希腊人和罗马人截然不同。这种羞怯（或故作正经）是大多数近东地区的特点，在那里现存的雕塑中，男性和女性都被描绘成穿着衣服的。两部《塔木德》中的很多拉比都以从来没有看过自己割过包皮的阴茎为荣；一个奇怪的事实是，男性犹太人认为他们作为犹太人最明显的身体特征，即割礼，在对男婴公开完成的手术后，就应该在公众面前隐藏。另一方面，早期拉比有很多关于性在男女生理差异上的记述，因为判断犹太个人的性别是很重要的，只有这样才能知道他或她应该履行哪些宗教职责。因此，他们详细地讨论了阉者、阴阳人和性别可疑者的性质和地位："阴阳人是那种一些方面像男人、一些方面像女人的人，在一些方面它们既像男人又像女人，而在一些方面他们既不像男人，也不像女人……"[8]

如果身体的洁净是受到保护的，那么身体的样子似乎并不是犹太人所关心的问题。公元 70 年，耶路撒冷的保卫者里想必包含了一些仪表堂堂的年轻人，根据约瑟夫斯的记载，在耶路撒冷沦陷后，在处理囚犯的过程中"最高的和最英俊的年轻人"被送往罗马以供凯旋式使用，他提及了其他非常强壮的战士，但是没有证据表明，犹太人认为应为身体本身而进行体育锻炼。在从希腊化世界接受来的文化中，体育竞技似乎是犹地亚的犹太人极力避免的，因为它在有关马加比暴乱的宣传里成了外来文化的象征。在早期的拉比文献中，理想的男人被描述为服从于上帝，依靠上帝的帮助获得成功，并准备忍受牺牲，而不是像一名战士一样去战斗。我们还不太清楚，这种被动的男性形象是否是非拉比犹太人的标准理想，因为这几乎不可能是军事指挥官西缅·巴尔·柯西巴留下的形象，作为公元132到135年间犹太暴动的领袖，他的坚强品质使他成了许多人的英雄。在《死海古卷》中发现的关于面相的片段中，有三则个人体格被归结于精神特质的描述，粗厚的手指、多毛的大腿、肥胖的脸颊、短小的脚趾和参差不齐的牙齿都与"黑暗之族"（邪恶势力）有关；黑色发光的眼睛、柔和的声音、细长的手指、整齐的脚趾、平滑的大腿和中等的身材都与"光明之族"（正义势力）有关。[9]

几乎没有材料讨论过犹太人对完美女性身体的概念。《密释纳》提到女人的头发和胸部可能对男人具有性吸引力：当一个被怀疑通奸的女人进行《民数记》中规定的仪式，以确定或驳斥她的罪行时，"一个祭司抓住了她的衣服……因此使她露出了胸部。并且他松开了她的头发。拉比犹大说：'如果她的胸部很漂亮，他就不会把它暴露出来；如果她的头发很漂亮，他就不会松开'"。"漂亮"如何定义，女人的胖瘦何者更好，对她们来说，锻炼出肌肉发达的身体是否是好事：这些都不太清楚。现存资料的兴趣点完全在于她们作为婚姻伴侣和孩子的角色，以及作为一个常规污染的来源——由于月经。她有宗教责任，去以一种方式去控制这个污染，使得其他人不会因为与之接触而变得不洁净。[10]

犹太人和罗马人对身体的这些截然不同的态度，突出了他们对待生活享乐截然不同的方式。在任何一种文化中，最主要的快感都是吃、喝、性和购物（或者至少是在自我满足和炫耀上的花费），但是，文化的不同之处在于它们的体验方式和这些享受所受到的社会限制。我们必须考虑到每个社会中观念的参差，以及时尚随着时间的变化——尤其是罗马的精英们偶尔会经历一些道德上的自我厌恶和自我约束，因此，如果把这些溜进了塔西佗和苏维托尼乌斯叙述中的关于贵族的耸人听闻的故事作为典型，会是错误的；并且，出现在流行比赛和歌曲等娱乐活动中，通过口头或传统习俗代代相传的罗马平民文化，只能偶尔在现存的证据中瞥见。但是在罗马，人们似乎普遍接受了炫耀性的消费主义，而对于耶路撒冷，希律家族以外的地方都无法与之比较。

更富有的罗马人喜欢异国情调的食物：马尔库斯·盖维乌斯·阿庇克乌斯（Marcus Gavius Apicius）是来自罗马以南，拉丁平原边缘的明图尔奈（Minturnae）城的居民，在公元 1 世纪初他创造了一门"食肆的学问"，因此声名远扬，以至于他的名字与后来的食谱集联系在了一起，例如现存的烹调书《烹饪事项》（On Cooking Matters），这部书是在他死后大约 3 个世纪或更长时间后完成的。阿庇克乌斯的专长，也是罗马烹饪的主要关注点，是发明重口味的酱汁，以掩盖主要原料的味道——从远处运来罗马的奢侈食材，到入口时很少能保持新鲜。高级烹饪的流行，在道德家和讽刺作家对过度饮食的抱怨中体现出来。在一封给他的朋友塞普提克乌斯（Septicius）的信中——塞普提克乌斯没能出席受邀的晚宴——小普林尼将他明显质朴的晚餐与塞普提克乌斯在其他地方享受的奢华体验进行了对比。普林尼的晚餐包括莴苣、蜗牛、鸡蛋、米仁汤、混合了雪来降温的甜葡萄酒、橄榄、甜菜、黄瓜、洋葱"以及其他上千种同样奢华的食物"。但是，普林尼写道，"你喜欢到别人家吃生蚝、母猪的子宫和海胆……"。普林尼自己的食谱——主要是不同品种的蔬菜——大概更接近普通罗马人所能负担得起的饭食，尽管那些有少量钱财的人可能会尝试模仿非常富有的人的宴会，但会使用更便宜的原料，而且只在特殊的场合。无论如何，掩盖食物味道的做法是普遍存在的。正如我们所见，有大量的考古证据证明发酵鱼酱的广泛贸易，这种有点像现代辣酱油（Worcestershire sauce）的腌菜被浇在各种各样的食物上。这是地中海文化很奇怪的一点：这种在整个罗马时期都很普遍的调味品在中世纪似乎完全停止了生产。[11]

聚会上最常见的饮品是葡萄酒，罗马世界产出了许多不同种类的葡萄酒，鉴赏家们就其品质欣赏且争论。罗马的宴饮（convivium）是聚餐和饮酒的正式场合，也是主人向朋友们展示慷慨大方的机会，他们男女混杂着，靠倚在围成方形的长榻上，按地位分配座次。在这样的宴会中，醉酒并不是名义上的主要目的，但是到了共和国晚期，罗马人接受了很多希腊会饮（symposium）中的做法——在会饮中，贵族男性以聚饮联络感情——而宴会也可能堕落为醉醺醺的骚乱。罗马人对酗酒问题十分关注，卢克莱修、塞内卡和老普林尼在作品中反对酗酒，这一关注反映出真实存在的社会问题。许多知名的政治家都被指责过量饮酒，其中在这个时期最著名的是马克·安东尼（他写了一本题为《关于他的酗酒》的小册子为自己辩护），以及（皇帝中的）提比略、克劳狄和维特里乌斯（Vitellius）。这也不仅仅是一种属于男性的恶习。传说奥古斯都的女儿尤里娅是臭名昭著的酒鬼，而她的父亲则恰恰相反，他"因为天性，对酒的使用最为节俭"。[12]

对于成年罗马男性来说，性是身体娱乐的另一个分支，庞贝城公共混合浴池中陈列的情色绘画生动地说明了人们对身体及其自然功能的无拘无束的态度。罗马人确实有与特定的（男女）公民发生性关系的禁忌，这些关系被冠以乱伦、通奸或 stuprum 即"放荡"或"亵渎"之名，但如果性伴侣是一名奴隶，另一方差不多可以对其做任何事情。罗马男性对任何形式的阴茎插入都没有表现出任何尴尬，也不为手淫难为情。人们通常假定，一个男人可以随心所欲地享受这样的快乐，前提是他没有侵犯一个与别人结婚了的罗马妇女或一个罗马公民儿子的尊严。嫖娼被认为是理所当然的，以至于国家对妓女的收入征税，同时也通过立法来确保对妓院投资的安全性。妓女是商品，是妓院老板的财产，后者通常但并不总是男性。在意大利中部的埃塞尼亚城（Aesernia）一家旅馆墙上刻写着一个旅店老板的账单，反映了普通罗马人实事求是的态度："你有 1 塞斯特斯的酒、1阿斯的面包、2 阿斯的佐料……8 阿斯的女孩。"大多数妓女都是奴隶，尽管我们不是不知道曾有自由公民让他的女儿甚至妻子卖淫。妓女应当不会引起爱慕，所有的文献资料都认为她们被人鄙视是理所当然的。从法律上讲，她被定性为"声名狼藉（infamis）"。[13]

罗马人对男性同性恋的态度同样是务实的，前提是顺从方的地位较低，最好是奴隶，尽管人们普遍认为同性之恋是一种希腊习俗，并在更简朴的远古罗马时代不为人知。诗人模仿希腊人的作品，把即将成人的美丽男孩描绘成男性情欲的对象，在某些社会圈子里，生活则模仿了艺术，其中尤其著名的，是上面提过的尼禄皇帝和他的奴隶，以及哈德良对其爱人安提诺斯（Antinous）的感情；哈德良为了纪念爱人过早离世，以他的名义在埃及建立了一座城市，即安蒂诺波利斯（Antinoopolis）。不是偶然，这两位皇帝都是希腊爱好者。罗马文献中通常认为最好的男孩来自亚细亚行省（今土耳其），亚细亚在罗马人脑中与奢华和软弱相关。罗马人不认为这种性行为是罪恶的。耻辱只属于被认为在同性恋关系中属于顺从方的成年男性。尤里乌斯·恺撒的军队嘲讽他们指挥官的性生活，据称他是比提尼亚国王尼科梅德斯的情人："恺撒征服了整个高卢呀，尼科梅德斯征服了恺撒；请看！恺撒现在凯旋了呀，所有高卢人的征服者；尼科梅德斯没有凯旋呀，可他制服了征服者。"屋大维，即未来的奥古斯都皇帝，也在他年轻时被他的政敌嘲弄有女人气，他的主要对手马克·安东尼声称，他把自己献身给舅公恺撒，为让对方收养自己。马克·安东尼的兄弟路奇乌斯·安东尼乌斯（Lucius Antonius）嘲笑屋大维"在被恺撒夺去贞操之后，又以30万塞斯特斯的价钱把自己出卖给了在西班牙的奥路斯·希尔提乌斯（Aulus Hirtius），还说他惯于用烧红的果壳燎烤自己的双腿，以使腿毛变软"。[14]

几乎所有把性视为消遣的材料都来自成年男性的视角。因此，苏尔庇西娅（Sulpicia）的诗歌就显得更加引人注目，她是共和国晚期一位高级元老兼著名法学家的女儿。现存六首由她创作的短篇挽歌，记录了她与某个相同背景的贵族"克任图斯"（Cerinthus）的爱情故事，这些诗作被保存在提布鲁斯的诗歌中。它们同时表现出了激情和性独立："爱情终于到来，流言啊，把它隐藏起来比向人透露更让我羞愧。我缪斯女神的祈祷赢来了他，库特拉（Cythera）的女神把他带到了我的怀里。维纳斯已经兑现了她的承诺……让所有人都知道，佳人与良人已经在一起了。"经塔西佗流传下来的关于皇室女性风流韵事的宫廷八卦，表明这些女性追求与男子相当的性自由，但是她们的行为引发的不是揶揄的容忍，而是丑闻，

▲ 一个在奥斯蒂亚（罗马港口）的典型的砖面公寓楼。一层用作商店，开向街道，而家用的公寓在商店的上方。在罗马城本身，三层楼是常见的，而一些修建于公元 2 世纪的建筑的遗迹也已经被发现，它们有五六层高，依靠陡峭的山坡作为支撑。

▲ 罗马大竞技场，第一个纪念碑式的竞技场，建于罗马。提图斯在公元 80 年 6 月将它用于不同种类的体育运动的表演，它可以容纳大约 5 万名观众。

▲ 带有圆柱的庭院，在位于庞培的银色婚礼之宅（The House of the Silver Wedding）。对这些房屋的发掘，大大揭示了公元 1 世纪罗马富人的私人品味。

▲ 耶路撒冷上城区一间被毁于公元 70 年的豪宅的内部。石头器皿的使用反映了其居民对洁净的考虑。

▲ 奥古斯都，在公元31年亚克兴的胜利后，开始修建他于战神广场的纪念碑式的陵墓（上图）。希律在希律堡的墓（下图）不久后在伯利恒附近修建，也有同样的圆形结构。

▲ 耶路撒冷圣殿山的南延，朝东面向汲沦谷和橄榄山。考古发掘出土了令人印象深刻的阶梯步道的遗迹，它穿过大门和希律皇家柱廊之下的台阶隧道，通向圣殿所立于的平台。

▲ 希律所建的圣殿建筑群西墙的遗址。建于公元 7 世纪的岩顶清真寺（The Dome of the Rock），现在位于圣殿山的中央。

▲ 阿佛洛狄西亚（今土耳其）的君主庙里的基座上的浮雕。"犹太民族"（左上）只是50个以浮雕形式被人格化的民族和地区之一，和达契亚人（右上）、克里特岛（左下）与塞浦路斯（右下）并列。对犹太民族的人格化没能留存。

▲ 哈德良以一系列硬币庆祝帝国各行省的特点。埃及（左上）斜倚在地上，并靠着一个装满谷物的大篮子，面朝一只朱鹭。不列颠尼亚（右上）带着警惕的神态坐着，穿着本地的裙子，拿着长矛和盾牌。这些庆祝皇帝到访毛里塔尼亚（左下）和犹地亚（右下）的硬币，属于一个为纪念他抵达每个行省而发行的标准的系列。在这两个硬币上，皇帝举起他的右手致意，而人格化的行省面对他，举起一个在祭坛之上的祭酒的容器。毛里塔尼亚穿着军装，并拿着一面军旗，可能是作为对该地区士兵的军事声誉的认可。犹地亚被描绘成一个穿着正常希腊罗马服饰的戴面纱的女性。她的特质没有一项是明显犹太的，而这幅图片也很可能暗指了新罗马殖民地——埃利亚卡皮托利那的建立，给该行省带去的好处。

▲ 一位埃及年轻女性的墓葬画像（公元 2 世纪）。罗马肖像画的现实主义风格，被采用到一个传统的埃及用途上。

▲ 在汲沦谷的所谓的押沙龙之墓，靠近耶路撒冷圣殿建筑群的东墙。这个坟墓，建于公元 1 世纪，融合了希腊建筑风格（爱奥尼亚式圆柱和多利克式雕带）与埃及的檐口。墓室在下方方形的结构内。

▲ 罗马士兵屠杀达契亚人，描绘在图拉真圆柱上。在帝国艺术中，蛮族敌人经常被非人化处理。

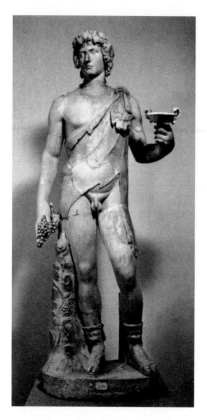

▲ 安提诺乌斯的雕像将他以希腊风格裸体描绘，并带着酒神的饰物，他是哈德良皇帝的爱人：安提诺乌斯被哈德良神化，在他于公元 130 年 10 月溺于尼罗河之后。

▲ 一幅来自家庭神龛的壁画，在庞培城的百年纪念之宅（The House of the Centennial）内。它描绘酒神被葡萄装饰，伴随着一只猎豹，在一座山旁边——也许代表了维苏威火山。这幅画，与其许多描绘自然的特征，来自公元 1 世纪 70 年代。

▲ 公元66—70年叛乱的象征符号。银谢克尔（上图），被叛军在公元68年铸造。在正面，它显示了圣殿使用的器皿；反面有一个带着三个石榴的茎。说明文字以古希伯来字母书写，意为"第三年。以色列的谢克尔。"以及"神圣的耶路撒冷"。这个浮雕（下图）来自提图斯拱门，建于公元81年或其后不久。它描绘了凯旋式，在其中，圣殿的器具被运过罗马的大街。

▲（上图）于公元 71 年，铸于罗马的铜塞斯特斯，带着庆祝击败了犹太人的图像。在正面，苇斯巴芗粗犷的面容，和"英白拉多·恺撒·苇斯巴芗·奥古斯都、大祭司、享有保民官权利、国父、第三次任执政官"的铭文；在反面，一个枣椰树和其下坐着的一位恸哭的犹太人。铭文是"JUDAEA CAPTA 犹地亚被征服，在元老院的建议下"。（下图）马萨达的鸟瞰图，显示了希律在巨百北角的王官。罗马的攻城坡道在图片右侧。死海在左侧。

▲（左上）耶路撒冷圣殿的正面，被描绘在由犹太叛军于公元 132 年的犹地亚铸造的四德拉克马上。
（右上）埃利亚卡皮托利那的铜币，表现一头狼给罗穆卢斯和雷穆斯喂奶；这个设计纪念这座城市作
为一个罗马飞地的地位，说明文字用拉丁语为它命名：COLONIA AELIA CAPITOLINA 埃利亚卡皮
托利那殖民地。（下）油灯，来自以色列博物馆，描绘了一头野猪，即第十军团的象征物。

▲（上图）大衮神庙的毁灭，被描绘在杜拉-欧罗普斯犹太会堂的一幅壁画上（公元 3 世纪中叶）。
（下图）一具在罗马的犹太石棺，可能来自 3 世纪的最后 25 年里。此类石棺一般会有死者的像，但
这个小圆盘——它被两个有翼的胜利女神托着，同时在三个于盆里踩着葡萄的丘比特之上，雕刻家
塑造了一个犹太教烛台。

▲ 太阳作为一位神，被描述为 SOL INVICTUS，"未被征服的太阳"，出现在异教皇帝维克多利努斯（Victorinus，他于公元 269—271 年间短暂统治西帝国的一部分，左上图）与基督徒皇帝君士坦丁（右上）的硬币上。也在一幅马赛克绘画（下图）的中心，展现了黄道图的标记，它位于加利利哈玛特 - 提比略阿斯（Hammat Tiberias）的犹太教会堂的地板上。

▲ 穿着胸甲的哈德良铜像，于 1975 年在约旦河畔的特拉沙莱姆被发现，位于古城西徐波利斯的南侧。这个皇帝的塑像是自古代留存下来的最好的帝国时期的铜像之一。头部和身体——这位裸体战士的这部分身体被描绘为战斗的姿态——的关系仍存在争议。

以及对通奸或不贞的谴责。公元 19 年，在提比略的统治下，元老院通过了反对通奸的更加严厉的法令，一个来自曾出过法政官的家族的名叫维斯蒂利亚（Vistilia）的女性被逐出罗马，因为她"到市政官那里去公开登记卖淫，这是我们祖先制定的惯例，而他们认为，不道德的女人将被这份声明本身足够严厉地惩罚"。也许维斯蒂利亚需要通过卖淫获得金钱，但鉴于她的贵族背景，这似乎不太可能。苏维托尼乌斯明确将这种行为解释为涉事女性过度纵欲的产物："一些无耻的女人开始公开宣布自己为妓女，放弃了特权及贵妇地位，为避免法律的制裁。"如果允许性自由，失去社会尊严（也许）是值得的。关于女同性恋关系，罗马人几乎从未说及。哲学家塞内卡写道他极其不喜欢身材魁梧的女性，以及她们使用假阳具来满足其他女性的行为，但整个帝国早期的宫廷流言从未表明过任何女性同性恋关系，这可能是在古代世界里女性消遣的私密性的副产品。[15]

对女性而言，不那么容易遭到道德说教的一种乐趣是为时尚消费：衣服、发型和化妆品在罗马都是专属于女性的，但是男性通常有其他照顾自己的方式。佩特罗尼乌斯被塔西佗描述为尼禄宫廷里的"雅致权威"，他在饮食、饮酒和性方面都是精致的享乐主义专家："对皇帝来说，除非佩特罗尼乌斯点头，不然没有什么东西是时髦和优雅的……"但是（就目前所知）对他来说，试穿服装并不是个问题。一般来说，男性的服装变化不大：笨重的托袈——一匹半圆形的布，绕得像毯子一样并用大头针别在肩膀上——是参加公共事务的标准制服，休闲时则穿一件简单的束腰外衣，为了保暖再加一件斗篷，尽管讽刺作家马提亚尔可以想象，一个早熟的少年会因为"提尔式的"衣服（大概是紫色的）和在他的头发上涂抹油膏的行为受到奴隶保育员斥责。男人通常不使用香水或化妆品；只有冒着被指责为娘娘腔的危险，他们才会脱毛或涂抹面膜，以此让皮肤看起来更年轻一些（根据苏维托尼乌斯的说法，于公元 69 年短暂统治的皇帝奥托［Otho］，每天将潮湿的面包敷在脸上，以保持皮肤的光滑和柔软）。更体面和更普遍的做法，是在浴场里用标准的方式来保持身体的清洁。一名侍从把橄榄油涂在皮肤上，然后用刮垢器（strigil）刮掉油和污垢，刮垢器是一种薄金属工具，在整个罗马世界都发掘出许多标本。但是去一次浴场不仅仅是为了清洁或锻炼——没有人会在浴池里长距离游泳。洗浴是一种自我放纵，整个罗马社会都在不加掩饰地享受这一奢侈。在元首制时期，进入公共浴场是免费的，因此所有人都可以去，尽管购买那些完善一场洗浴体验的橄榄油、香水和茶点是昂贵的。[16]

　　如果女性对香水、化妆品或服装过分关注，也会遭到批评，但是在这些问题上，她们的自由度比男性大得多。女性服饰的变化程度几乎和男性的一样小，但是对于富有和追求时尚的女性来说，发型在早期帝国成了一个充满创新，有时甚至充满了怪诞尝试的领域。标准的女性发型，即用辫子在脑后扎个结，被精心设计的发型结构取代了，它们以各种各样的方式堆积在头顶，而现代学者通过分析古代雕像的生产日期发现，其进化非常迅速。女性在化妆品和珠宝方面也付出了很大的努力。奥维德甚至设法写了一首关于"用于女性脸庞的化妆品"的说教诗，里面是一份秘方的目录："现在学习，如何在睡眠使你柔软的四肢放松时，让你的脸变得明亮而美丽……无论谁用这样的处方来对待她的脸，她都会焕发比自己镜子更柔亮的光。"[17]

　　道德家们对挥霍无度的贵族的抱怨，说明了在富人，特别是他们的年轻人中，流行着许多其他的乐趣。西塞罗指责负债累累的贵族喀提林（Catiline）在公元前 63 年向那些在性、暴食和赌博上浪费了祖先财富的人寻求对革命的支持，尽管在罗马，除了在 12 月农神节期间，赌博在理论上是非法的。但是最有效的挥霍方式是购买房产。在奥古斯都时代，贺拉斯曾悲叹道："很快，豪华的住宅将使可用于耕种的土地只剩下几亩而已。"大量的钱被用于购买别墅和花园，尽管在公元 1 世纪晚期之前，我们并没有发现赞扬而不是反对这种行为的文学作品，但是从那时起，我们可以看到诗人斯塔提乌斯（Statius）称赞装饰用的进口大理石，以及稍晚一些，小普林尼会自豪地描述他自己别墅的设施：他在劳伦图姆（Laurentum）的别墅靠近海边，离罗马很近，便于在处理完一天的事务后前往，别墅里有一间伸向浪花之间的特别精致的餐厅，以及为了冬暖夏凉而精心设计的套房；他在托斯卡纳山区房子的设计充分利用了这里壮观的景色，并可以在朝南的柱廊中晒太阳。接受委托的建筑师和室内设计师通常更着重表现男性而非女性的品味。在公元 64 年的大火灾之后，尼禄在罗马城中心建造了这类引人注目的建筑的巅峰之作，当时

> 他修建了一座从帕拉丁山一直扩展到埃斯奎利诺山的宫殿。起初他称这座宫殿为"穿堂"，不久，宫殿被大火烧毁，重建后，他命名为"黄金堂"……殿的前厅是那样高大，里面可容一尊 120 罗尺 * 高的尼禄巨像。殿的面积是如此之大，仅三排柱廊就有一罗里长。还有一个像海一样的池塘，周围的建筑物宛如一座座城市。旁边是乡村，装点着耕田、葡萄园、牧场和林苑。内有许多各种各样的家畜和野兽。宫殿的其余部分全部涂金，并用宝石、珍珠贝壳装饰。餐厅装有旋转的象牙天花板，以便撒花，并设有孔隙，以便从上部洒香水。[18]

在早期帝国，即使一般富有的罗马人也花费了大量精力和金钱在绘画和雕塑上。罗马城中心满是纪念过去伟大人物的雕像：竖立这样的雕像被广泛认为是对公共服务的荣誉性奖赏。雕塑用各种各样的材料制作，现存大多数的雕像都是大理石的，这一事实主要反映了浇铸的金属很容易被后人熔化并挪作其他用途，而只有雕刻过的石基座被留了下来，作为它们曾经存在的证据。在奥古斯都的统治下，罗马艺术家们发展出了一种独特的品味，他们喜欢从古希腊原作中复制克制的古典人体形象，尤其是男性的裸体，以及含有衣着正式的人物的叙事浮雕，就像在和平祭坛（Altar of Peace）的墙壁上描绘的庄严游行。带有鲜明的罗马风格，并与这些理想化的古典形象形成了对比的是对现实主义的，或者说看起来现实的肖像的关注。罗马贵族的形象，无论是在半身像（一种流行的艺术形式）还是在硬币上，在现代人的眼中有时候是非常丑陋的。我们不能确定这些肖像是单纯地反映了现实，还是（较为不可能地）体现了美的观念的改变，抑或是试图描绘世俗的智慧、经验或其他诸如此类的品质。

---

* 1 罗尺约为 29.6 厘米。——编者注

　　在公共场所和私人住宅中，我们都发现了这种雕像，它们被用作建筑装饰或表明所有者的身份，但是在私人住宅的室内装饰上，大部分的精力都被花费在马赛克和绘画上面。早期帝国的马赛克地板大多是黑白两色的简单几何或花卉图案，但我们偶尔会发现模仿一种成熟于公元前二三世纪希腊世界的绘画效果的奢侈马赛克作品，它们有时展现出壮丽的效果，就像在普莱内斯特（Praeneste，现今帕莱斯特里纳［Palestrina］）发现的杰出的尼罗河马赛克。马赛克被用在墙壁和拱顶上，公元 1 世纪的罗马和庞贝城里有许多喷泉使用贝壳、小块石头、玻璃碎片，用与壁画有关的图案来装饰。对于同时代罗马人壁画的发展，庞贝和邻近的赫库兰尼姆能提供很好的证据，在维苏威火山爆发后，房屋内部被层层的火山灰所保护，与罗马城本身幸存下来的遗迹相比，它可以使我们了解更多的情况。很明显，直接在墙上作画比希腊化世界所流行的可移动的艺术品更受欢迎，而意大利的壁画在公元前 1 世纪中叶之后经历了一个世纪的逐渐发展。属于共和国晚期的庞贝城的"第二种风格"偏爱在镶板上描绘色彩鲜艳、尤其富于红黑两色的建筑物，给人一种真实建筑的错觉。到了公元前 1 世纪末，人们的品味转向了更精致、更平面的图画，更关注描绘在风景中的一群人物的大型中央图像，对细节的刻画十分细致。之后，在公元 1 世纪，艺术家们又开始试图赋予画作以景深，而每一幅画中的中央图画都变小了。显然，艺术方面的时尚渐趋成熟，因此房主们花钱请人用新风格的壁画覆盖旧的风格。大概一幅不入眼的老画就像来自其他时代的墙纸，有时在现代的房子里显得格格不入一样。

　　其他的娱乐就没有那么昂贵了，至少对个人消费者来说是这样的。对于博学的人来说，有聆听朗读这一大脑的享受，被朗读出来的不仅是孩提时代学到的经典著作，还有新近创作的文学作品。在某些精英圈子里，公开阅读新作品是很受欢迎的，尽管小普林尼带着反感记录了一场名将亚沃勒努斯·普里斯库斯（Iavolenus Priscus）参加的、出了岔子的读书会："保路斯（Paulus）正在当众朗读，开篇说：'普里斯库斯，你的确下达了命令——'在这时，作为保路斯至交朋友的亚沃勒努斯·普里斯库斯惊呼道：'事实上，我并没有下令！'你可以想象得到这句话所引发的笑声和俏皮话。"[19]奥古斯都统治下的罗马帝国见证了非凡的文学成果的诞生，尤其是在诗歌方面：维吉尔的史诗《埃涅阿斯纪》，贺拉斯温和的讽刺诗、逃避现实的田园诗和聪明的说教诗，科尔奈里乌斯·伽卢斯（Cornelius Gallus）、提布鲁斯、普罗佩提乌斯（Propertius）和奥维德的爱情挽歌。对新文学作品的欣赏是一种时尚：诗人是公认的具有卓越创造力的智者，就像现代社会的小说家一样得到盛情款待。奥古斯都时代的作品本身就很快被认为是经典之作，成为在接下来的一个世纪里，诗人们要去模仿、超越或颠覆的目标。因此，有一大批史诗由斯塔提乌斯、瓦勒里乌斯·弗拉库斯（Valerius Flaccus）和西里乌斯·伊塔里库斯（Silius Italicus）创作，这些弗拉维时代的诗人都试图创作出可以媲美维吉尔的作品，而尼禄时代的佩尔西乌斯（Persius）和公元1世纪末2世纪初的马提亚尔和尤文纳利斯都尝试恢复了一些在贺拉斯的诗中丢失了的讽刺意味。这样的文学创作，很大程度上归功于赞助人——尤其是皇帝——的慷慨，以及奥古斯都时代的诗人们要创作出足以抗衡希腊文学的拉丁语文学的雄心壮志，但是更重要的是公众对这种艺术创造力的认可。在提笔撰写皇帝传记前，传记作家苏维托尼乌斯已经创作了一系列名为《名人传》（On Illustrious Men）的传记。记录的都是有名的文学人物，被分类排列为：语法学家、修辞学家、诗人、演说家、历史学家、哲学家（尽管苏维托尼乌斯作为一个文人，也许夸大了他们的重要性）。

　　没有其他的高雅艺术能像文学那样受到社会的尊重。音乐是上层社会男女童教育的必要组成部分。熟练演奏乐器和唱歌是女性的理想造诣。音乐是宗教仪式的常见伴奏和晚宴上提供背景娱乐的手段。塞内卡记录了一场大规模的管弦音乐会：他特别将当前与古代的习俗进行对比，并指出："我们歌手的数量比以往剧院里的观众还要多。所有的过道里都坐满了一排排的歌手；铜管乐器环绕着观众席；舞台上回响着笛子和各种各样的乐器发出的声响；然而，这不一致的声音中却产生了和谐。"更常见的是管乐或拨弦琴的独奏会。一些音乐家，比如撒丁岛的提格里乌斯（Tigellius）——据信，他在尤里乌斯·恺撒生命的最后阶段对他施加了很大影响——成了社会名流和奥古斯都的朋友，但是大多数人都满足于作为专业人士在某个音乐家协会内表演。作为例外的提格里乌斯，被贺拉斯描绘成爱慕虚荣的男人："所有的歌手都有这个毛病，朋友们请他唱，他总忸怩不肯唱；不想他唱，他总唱个没完。那个撒丁佬提格里乌斯就是这种人。"[20]

有很多证据表明，业余歌唱在所有阶层的普通罗马人的日常生活中都占据重要地位，跳舞也是如此。古代舞蹈在萨利（Salii）和阿尔瓦里斯祭司团（Arval Brethren）的宗教仪式中使用，但专业的舞者，尤其是那些在晚宴上提供娱乐的女孩，通常都是奴隶。在罗马社会中，最接近代表高雅艺术的古典芭蕾舞者的，是神迹剧（pantomime）艺术家，他们在歌队和器乐的伴奏下，仅仅使用舞蹈在舞台上表演神话主题：这门艺术是在公元前22年从希腊传入罗马的，很快就流行起来，而像诗人卢坎（Lucan）和斯塔提乌斯这样的文学人物则写作神迹剧剧本，可能是提供给歌队的。悲剧题材更受青睐，而表演则提供了一种严肃的娱乐形式，但是这并不能阻止小普林尼表达对老乌米迪娅·夸德拉提拉（Ummidia Quadratilla）的不满，她70多岁时拥有一伙神迹剧演员"并带着与她的社会地位不相称的热情享受他们的表演"。以古典雅典的悲剧作家为榜样的更严肃的拉丁悲剧，在罗马于公元前3世纪中叶开始表演，直到公元1世纪，人们还在为公共宗教节日创作和表演悲剧；但后人似乎并不认为它们是值得保存的伟大文学作品。诗人路奇乌斯·瓦里乌斯·鲁弗斯（Lucius Varius Rufus）为屋大维庆祝公元前29年在亚克兴战场的胜利举办的竞技会写了一部关于梯厄斯忒斯（Thyestes）的悲剧，奥维德则创作了一部关于美狄亚（Medea）的悲剧，但小塞内卡所著的悲剧——其中一部分幸存了下来——可能主要是为了朗诵或阅读，而不是舞台表演：这类冗长的戏剧并没有太多的观众。相比之下，阿普列乌斯的《金驴记》有一段关于帕里斯（Paris）选择维纳斯的神迹剧的描述，它表明对神话的描述可以作为情色舞蹈表演的幌子："接着来了一个年轻男子，他扮演弗里吉亚（Phrygian）的牧羊人帕里斯，打扮得很优雅，身披一件东方式的斗篷……之后维纳斯出现了，她展示着那完美的姿容，肌肤几乎裸露无遗，只有一条薄纱巾遮掩着可爱的含羞处，一阵好奇的风一会撩起纱巾的边角……一会又淫荡地朝她吹回去，让纱巾紧紧贴在肢体上，清楚地映衬出她肢体的美妙……”[21]

哑剧（mime）较少装腔作势，而性暗示则更多，其中，男演员和女演员会交谈和跳舞。哑剧剧团表演的是一些标准的戏剧化场景，比如通奸者的逃脱或对骗子的追捕。一些哑剧有专门创作的剧本，虽然没有一个能流传下来，对哑剧来说，剧本的重要性要小于表演场面。在这方面，它们与拉丁喜剧有所不同，许多拉丁喜剧最初建立在希腊的原型上，后者从公元前2世纪中叶到公元1世纪一直在上演，偶尔也有人创作新剧；哑剧与即兴创作的戴面具的阿特拉笑剧（Atellan farces）也不同，后者具有固定的角色，比如马克斯（Maccus），即“小丑”。一位阿特拉笑剧作家被盖约皇帝活活烧死在圆形竞技场的舞台中央，因为他写了一句一语双关的幽默台词。哑剧是吸引大量观众的主要剧种。罗马第一个永久性剧场在公元前55年才建立起来，但它却能容纳上万名观众，而且更多同样设计的剧场很快就建了起来。在这么大的剧场里，观众很难听到每一个字：这种表演的吸引力在于舞台上表现出来的现实性，以及在观众中引发的情绪。[22]

但是，所有这些娱乐节目里的观众数量都比不上圆形竞技场和赛马场里的。角斗比赛为纪念特殊场合而举行，尽管一些皇帝，比如盖约，如果想通过提供更多的表演来取悦大众，可能会创造出更多这样的场合。在公元前27年斯塔提里乌斯·陶鲁斯（Statilius Taurus）在战神广场建立一个小型的圆形竞技场之前，罗马都没有提供这种比赛的固定场所，之后更大规模的木质结构的建筑由尼禄在那里建成，当它在公元64年被大火烧毁后，采用巨石为材料的罗马大竞技场（Colosseum）于公元1世纪70年代由韦斯巴芗和提图斯皇帝建成。观众仅仅部分被目睹流血和死亡所吸引（尽管对每个人来说，目睹杀戮都是很重要的）。角斗士是训练有素、异常健壮的运动员，他们公开展示的勇气给了他们一定的魅力。因此，尽管许多角斗士都是被判处死刑的罪犯或奴隶，一些自由的志愿者以职业选手的身份参加战斗，而且奥古斯都和提比略都被迫去阻止更多社会贵族成员在这里追逐荣誉；皇帝们认为他们的参与贬低了整个上层阶级的尊严。这一职业选择并不完全是自杀式的，因为铭文证明了一些——根据定义，大概是最好的——前角斗士可以光荣退休。被带到罗马，在野生动物狩猎活动中展示给观众的珍奇动物——狮子、熊、大象、豹和其他许多动物——它们的命运则更容易确定。公元 80 年罗马大竞技场落成典礼上，有 9000 只动物死亡。通过确保某些人类在角斗过程中死亡，可以增加危险感，出于目的，可以使用一些罪犯。基督教的殉道故事让我们罕见地看到了一些受害者的态度，但是观众很少能对那些他们所目睹的苦难感到同情。正如圣奥古斯丁在很久之后的公元 4 世纪末所写的那样，进行中的暴力景象具有一种可怕的魅力。他写道他的朋友阿利庇乌斯（Alypius）本来不愿意去观看比赛，当到达那里的时候，他试着闭上眼睛，但是最后他还是被人群的吼叫声吸引着去看了——然后"爱上了打斗的野蛮，陶醉于血腥的快乐"。在更早的几个世纪里，它偶尔也会加入一些带有智慧或美感的老练内容，重演那些以预期的暴力作为结尾的故事。在公元 3 世纪时，基督徒德尔图良（Tertullian）带着厌恶记录，他看到一个罪犯扮演着赫拉克勒斯的角色被烧死，而另一个人扮演着神话中聚伯勒女神（Cybele）的配偶阿提斯（Attis）被阉割。一首大约由诗人马提亚尔创作的短诗——它来自为纪念提图斯皇帝举行的罗马大竞技场开幕式所写的讽刺诗集——将一幕壮丽的景观描述为"俄尔浦斯"，它被奇妙的树林、各种野兽、一群羊和许多飞鸟包围着——却"被忘恩负义的熊"撕成碎片，这大概是为了取悦观众。这种"致命的游戏"显然表现出了一种特别的魅力。[23]

与所有这些相比，罗马人对战车比赛的热情在我们看来似乎是相当天真的。城中容纳了许多巨大的赛车场——为了使竞争对手能够安全地进行比赛，并让成千上万的观众坐上座位，这样的尺寸是必要的。罗马大赛车场（Circus Maximus）就在帕拉丁山和阿文丁山之间的城市中心地带，尤里乌斯·恺撒为它设计了永久性的座位，图拉真以更加壮观的风格对其加以重建。战车车队由不同的派别管理，以颜色区分。蓝色和绿色是帝国早期最受欢迎的车队，虽然红队和白队也参加了比赛，到公元 1 世纪末，图密善皇帝试图引进一种新的"皇家"派别，以紫色和金色作为标志颜色。盖约皇帝对此所表达出的热情，只是把普通粉丝的激情提升到了臭名昭著的极端。正如苏维托尼乌斯回忆道：

> 他如此狂热地投身于绿队，以至于他常常在他们的马房里饮食和过夜……每逢比赛前夕，为了使赛马"迅捷（*Incitatus*）"的休息不受干扰，他派出士兵来命令邻里保持安静。他不仅为它造了大理石马厩、象牙食槽、给他披上紫色马被和戴珠宝项链，甚至还拨给它一处宫室房子，连同奴仆和家具，以便更讲究地以它的名义邀请和招待宾客。还听说，他打算任命它做执政官。[24]

赛车的刺激之处在于驾车员的技巧和对派别的忠诚：罗马的赌徒们赌的不是比赛的结果，而是掷出的骰子。

对于很多，也许是大多数公元 1 世纪耶路撒冷的犹太人来说，许多同时代的罗马人所追求的快乐都是罪恶或令人厌恶的，但是，至少有一小群犹太人不太容易受到刺激。希律和他的许多子孙在公元 1 世纪访问过罗马，看到并参与了帝国首都的寻欢作乐，而帝国宫廷中的一些做法也被带到了他们在犹地亚的宫廷当中。约瑟夫斯对发生在希律自己宫廷里以及亚基帕二世宫廷里的私通和丑闻进行了记录，后者被指控与他的妹妹乱伦，而这与尤里-克劳狄宫廷的气氛极为相似。《福音书》记载，在"受封者希律王（Herod the Tetrarch）"希律·安提帕斯的生日宴会上，他继女的舞蹈令他如此高兴，以至于他情愿赏赐给她任何想要的东西，而她则要求把施洗者约翰的头放在盘子上，这样的生日宴足以匹配最残暴的皇帝的心理。但事实上，生日聚会这件事本身已经体现出，安提帕斯的庆祝活动超越了正常的犹太习俗，因为正如我们所见，犹太人一般不庆祝他们的生日。

犹太人当然像罗马人一样，纵情享受盛宴，这既是宗教仪式的一部分，也是家庭场合的一部分，例如在一个男孩出生 8 天后举行割礼时。一些宗教仪式有固定的菜单，尤其是在逾越节的第一个晚上吃的烤羊肉，至少在圣殿还存在的时候，在安息日吃简朴一些的晚餐会获得很高的赞赏。

但是在其他方面，犹太人似乎并没有发展出独特的烹饪方式，除了为避免某些被律法禁止的食物时，而这些食物是从《利未记》中的原始清单内延伸出来的。这些详细的讨论保存在拉比的文献中，文献内许多食物的材料和制作方法没有过多地反映"食"作为一种行为的价值，因为避免违反禁忌才是更重要的。很偶然地，这些文献还提供了非常多关于食物制作技术的信息，但是在古代晚期，饮食并没有显示出任何使其成为犹太人身份认同手段的特殊文化魅力——这种文化现象在后来哈布斯堡帝国被同化的犹太人中被称为饮食虔诚（Fressfroemmigkeit）。

逾越节前夜的圣餐礼拜仪式很大程度上来源于标准罗马晚餐的形式，所有的参与者都向左斜靠，男人和女人在一张桌子上，在进餐的过程中会形式化地饮用四杯葡萄酒。"就是以色列中最穷的人，也必得坐下吃饭，也不可少给他们四杯酒喝，就是用（乞丐的）盘子盛的，也不可少。"葡萄酒也是其他庆祝活动的一部分，比如在安息日、婚礼和割礼上。适度饮酒被认为是有益于健康的。"给受冻的人喝烈酒，给遇到苦难的人喝葡萄酒。让他喝吧，忘记他的贫穷，不再记得他的痛苦。"《巴比伦塔木德》记载了一个传统：一些拉比在圣殿毁灭后想要彻底饮酒，但是这样的哀悼活动对普通人来说是无法忍受的。犹太人相信，酒能带来快乐，而对于那些通过发誓克己来表明他们对上帝的虔诚的人，禁酒是一种额外的虔诚的产物。另一方面，犹太人对酗酒的态度是矛盾的。在圣殿里礼拜时喝醉的行为在《摩西五经》中已经被禁止了，并且约瑟夫斯指出"律法不允许我们将孩子的出生变为大肆庆祝的场合和过度饮酒的借口"。习惯性酗酒是父母对叛逆儿子的控诉之一。尽管如此，据《塔木德》所引述的4世纪巴比伦的拉比拉瓦（Rava）所说，那里存在一个积极的禁令，禁止人们在普珥日（Purim）喝得酩酊大醉，以至于无法分辨出故事中的两个主角——哈曼（Haman）和末底改——谁是好人，谁是坏人。[25]

在对待性的态度上，犹太人与罗马人的享乐观念形成了鲜明的对比。除了那些像斐洛一样的受到柏拉图哲学影响的人，大多数犹太人认为婚内性生活是夫妻双方都能享受到的愉快活动；在古代晚期，对这种生活领域行为的观念将拉比派犹太人和基督徒区分开来。但是，婚姻中的性行为是唯一一种他们可以毫无顾忌地面对的类型。对于约瑟夫斯来说，"律法不承认任何性关系，除了男人和妻子的自然结合，而这仅仅是为了繁衍后代"。犹太男人可能会通奸或去找非犹太妓女，但是他们认为所有这些行为都是有罪的。对《圣经》历史进行重述的约瑟夫斯和《圣经》阿拉姆语译本《塔干》（Targum）的作者们都提到，拯救约书亚派去侦察地形的犹太斥候的女英雄喇合（Rahab）的职业是客栈主人而非妓女。在性观念中，犹太人与罗马人的差别更大，这包括对男性自慰的禁忌，也包括对男性同性恋的憎恶。禁止手淫的禁令是基于《圣经》中对俄南的记述，他把自己的种子"撒在地上"，以避免让他玛（Tamar）怀孕，从而为他死去的兄弟珥（Er）繁衍后代，基本原则是精子不应该被浪费在生育这一主要目的以外的地方。男同性恋关系在《摩西五经》中被更明确地谴责："不可与男人苟合，像与女人一样，这本是可憎恶的。"这与人兽性交一起被完全禁止。在约瑟夫斯的构想中，"男性与男性之间的性关系是（律法）不允许的，如果任何人想要尝试，死亡就是惩罚"。很重要的一点是，约瑟夫斯唯一提到的同性恋在犹太人中成为一个真正问题的情况，涉及一名罗马人。当马克·安东尼看到了年轻的哈斯蒙尼王子阿里斯托布鲁斯三世的画像时，他向希律要求把那个男孩送到埃及去，但是希律拒绝了："他做出决定，认为送阿里斯托布鲁斯去安东尼那里将是不安全的，他是那么地英俊——仅仅才 16 岁——并且出身于显赫的家庭，而安东尼这个当时罗马最具有权力的人，已经准备好利用他来享受性爱的乐趣了，因为他的权力，他能够纵情享乐。"根据《密释纳》记载，一位拉比，出于对性诱惑的担心，教导说："未娶的人不得放牛，也不得有两个未婚男子睡在同件斗篷下。"但是，《密释纳》又增加了，"智者们许可这桩事"。这样的宽容可能反映了一种观点，不是说同性恋无关紧要，而是"以色列人不被怀疑有鸡奸或兽交者"。女同性恋间的性行为没有得到《圣经》的特别禁止，与"浪费种子"的禁令无关，也几乎没有被提到过，它被认为是一种可悲的放纵，但并不如男性同性恋和女性卖淫那般邪恶。[26]

《巴比伦塔木德》记载，所有的犹太人，无论男女，在安息日都要穿特别的衣服，这是一种宗教义务："你的安息日服装不应该与你工作日的服装相同……"然而，总的来说，犹太人将个人形象方面的花销更多地看作是女性的特征，而不是男性的。犹太人的衣服，除了祭司和利未人的制服外，似乎和地中海东部的其他人一样。如果把犹太人的塔利（tallit）视为一种身份的标志，就像罗马人的托袈一样，那就错了；在希伯来语中，塔利仅仅是"斗篷"，而且把这种服装作为一种专用的祈祷披巾，是直到古代晚期才开始的。《圣经》中禁止穿羊毛和亚麻布的衣服，在《申命记》中被简单地表述为一条普通的律法，约瑟夫斯解释道，这是一种保留祭司独特地位的方法：这样的衣服"只供祭司们使用"。《密释纳》证实祭司确实穿着这种材料制成的衣服。当法利赛人选择"将佩戴的经文做宽了，衣裳的穗子做长"时，他们这样做的目的是"叫人看见"；但既然这样的卖弄据称引起了耶稣的批评，它一定是不寻常的，也许值得注意的是，没有任何一则非犹太的史料记载了任何关于这种独特犹太习俗的信息。在杜拉-欧罗普斯（Dura-Europus）的犹太教会堂的壁画上，一些犹太人物穿的斗篷边角上有流苏，但是如果这幅画反映了标准男性犹太人的做法，那么这种流苏通常是不引人注意的。犹太男性并不会特意遮盖他们的头部。犹太女性的服饰似乎也和非犹太人的一样；在公元 2 世纪末，迦太基的基督徒德尔图良评论，犹太女性可以通过在公共场合戴面纱被认出是犹太人，但这种面纱在地中海东部很常见，因此与其说标志了她们的犹太身份，不如说标志她们来自东方，在罗马帝国西部，女性通常都不戴面纱。根据《密释纳》的说法，对于已婚妇女来说，披散头发是不端庄的。《密释纳》指出女人不应该在安息日戴珠宝："她出门时不可以……戴着额环或者头箍，除非是缝起的，也不可以戴发罩……或者戴项链或鼻环……"[27]

男子过于自豪他们的长发是危险的不道德行为，正如押沙龙（Absalom）的故事所显示的：他为自己的头发而自豪，所以他被自己的头发吊死了。一些男性发型是拉比们在《托赛夫塔》中特别禁止的，因为这些发型让他们看起来非常不像犹太人，并且还带有偶像崇拜或魔法的味道："是什么东西构成'亚摩利人（Amorite）'的道路？'修剪他前面的头发的人，让头发长长的人，为了某一特定星星让自己脑门前光秃的人……"但是这些限制只是例外情况，证明了犹太人通常看起来与非犹太人相同这一定律。罗马人经常注意到外国人看起来与他们自己不同，但是（除了男性的割礼）他们从来没有注意到犹太人与他们不同。然而，一位罗马作家的偶然一语却表明，一些罗马人认为犹太人有一种独特的气味：历史学家阿米安努斯·马尔凯里努斯（Ammianus Marcellinus）在公元4世纪记录了公元2世纪哲学家皇帝马可·奥勒留（Marcus Aurelius）认为犹太人"难闻"的评论。这并不是罗马世界中对其他民族辱骂的一种标准形式。这甚至可能在某种程度上是建立在真实差异的基础上的。如果保持仪表端庄需要穿更多的衣服，在炎热的气候下，汗水湿透的衣服可能会变得难闻。如果每个人闻起来都一样，就没有人会注意到，在犹太文献中，关于体味（除了鞣皮匠的）的问题也没有出现过。[28]

耶路撒冷的犹太人能否在不旅行到首都本身的前提下，想象罗马人那样的公共娱乐呢？可以，毫无疑问。因为约瑟夫斯写道，希律在耶路撒冷建造了一座剧场，还在附近修建了一个很大的圆形竞技场，并且以奥古斯都的名义，举行了四场有运动员、演员和音乐家参加的赛会。在城市附近还有一个赛车场，希律在那里举行赛马和赛车，在圆形竞技场里，他主持上演了野兽间的搏斗，并公开展示了狮子和其他动物把被判有罪的罪犯撕成碎片的处刑。[29]但是希律死后，这样的娱乐在耶路撒冷似乎没有延续下去。记载伟大的运动员和其他竞争者在包括犹地亚海岸的推罗、西顿、凯撒里亚等罗马帝国东部城市取得的成就的碑铭，并没有包括在耶路撒冷举行的比赛。然而，正如我们在第二章所见，角斗比赛是一种罗马人的发明，在帝国早期希腊世界的大部分地区，这种娱乐很快就流行起来，但它在犹太城市却从来没有流行过。约瑟夫斯明确地指出，希律所建造的剧场和圆形竞技场，以及举行的体育竞赛，都与犹太人的习俗相悖；当地的犹太人认为这是一种"公然的不敬"，即"把人扔到野兽中，以取悦作为旁观者的他人"；它们激起了很多人的敌意，包括引发了一场刺杀国王的阴谋，因为他强行引入了"不符合习俗的行为，他们的生活方式将被完全改变"。在公元3、4世纪反对犹太人参与这类活动的拉比箴言可能说明，在后来的几个世纪里，部分巴勒斯坦的犹太人的确对这样的事情产生了爱好，但是在公元 1 世纪他们还没有这样。人们也不可能想象到，耶路撒冷的剧场会被用来制作希腊戏剧，更不用说在罗马很是流行的神迹剧了。斐洛写道，他曾在亚历山大里亚看过一次欧里庇得斯的戏剧的演出——当听众听到"'自由'之名值得一切"时，他们变得非常激动——但是在耶路撒冷，没有人组织上演过这样的戏剧。[30]

　　耶路撒冷的犹太人也有自己的娱乐活动，但这些似乎比较温和，尽管从现存的证据所显示的"犹太人只思考和写作有关宗教的主题"可能主要反映了这些证据通过后来的宗教传统传播的过程。犹太人可以被证明曾经用希伯来语和阿拉姆语创作了各种类型的文学作品——历史、法律、诗篇和圣歌、智慧文学、《圣经》解读、启示录式的想象、《犹滴传》（Judith）和《托比传》式的说教故事——但是除了历史编纂学，似乎没有任何一门学科的形成要归功于对当时拉丁文学的发展具有决定性影响的希腊背景，尽管希腊思想可能偶尔会对这些文本所表达的思想产生一些影响。另一方面，一些犹太人用希腊语为他们的犹太同胞写作，尽管相比于流散的犹太人，这种现象在耶路撒冷有多么普遍是有争议的。《马加比二书》的作者用当时希腊史学中流行的戏剧和情感风格写了关于"神显者"安条克四世治下的叛乱的故事，但是他明确地表示，他的作品依赖于昔兰尼的伊阿宋（Jason of Cyrene）篇幅更长的记录，而后者的名字（如果不是虚构的话）表明了他出生在北非的犹太社区。亚历山大里亚的斐洛写了一些严肃的哲学著作，至少被耶路撒冷的犹太人约瑟夫斯看作是哲学家，即使在公元 1 世纪的耶路撒冷，没有一个犹太人被证实获得了这样的哲学专长，或实际上产生了这样的哲学兴趣。在公元前 1 世纪中叶之前，某个斐洛（不是哲学家斐洛）用希腊文写成了一部名为《耶路撒冷杂记》（About Jerusalem）的生硬史诗，他对一眼冬季干旱、夏季充盈的泉水充满热情，但是这个斐洛可能是在任何地方写作的。以西结的情况也是如此，他那精巧的《出埃及记》以埃斯库罗斯（Aeschylus）的悲剧形式呈现出来。如果有一些或者很多耶路撒冷人可以讲希腊语、希伯来语和阿拉姆语中的两种或三种语言的话，正如约瑟夫斯所说，耶路撒冷的听众也可能会欣赏以西结努力的成果，但是如果耶路撒冷的犹太人参加过史诗的公开朗读或悲剧的公开表演——即使是如此无可指摘的犹太主题——也没有幸存的证据能证明它发生过。[31]

更难以确定的是犹太人对喜剧的欣赏，或者说是犹太人的幽默感。没有任何犹太文学作品能让人觉得幽默，也没有任何公开的喜剧或哑剧表演为人所知。《圣经》文本中的嘲讽往往是辩论性质的，通常指向盲目崇拜者，并针对他们愚蠢的信仰。有些人也从贝尔（Bel）的祭司们可悲的努力中看到了幽默，后者假装他们的神吃了他们的祭品，《但以理书》的希腊文新增部分的作者记载，他们在晨光中留下的脚印揭示了这一欺诈行为。苏珊娜（Susanna）的故事对人们期望的颠覆——两个老人贪恋漂亮的女孩，又由于他们自己的邪恶计划而陷入悲伤——从某种角度来看似乎是滑稽的表现。据约瑟夫斯说，公元 66 年，一群年轻的犹太人在耶路撒冷开了一个灾难性的玩笑，其中最主要的成分是具有争议性的讽刺。当时，他们为嘲笑一直要求他们缴纳未缴税款的罗马总督，四处传着一个乞讨碗为他乞讨；总督随后的报复行动是通往战争爆发初期的重要一步。几乎没有证据表明，当时存在属于更近期犹太幽默中的自嘲式风趣，或者同时代的罗马城人所青睐的鲜活甚至是下流的幽默（尽管《巴比伦塔木德》中保存的关于不同拉比的阴茎大小的深奥讨论，可能反映了犹太人欣赏荒谬事物的传统）。[32]

相比之下，舞蹈被认为是一种可以尽情参与和观看的艺术形式，尤其是在住棚节的最后几天，在圣殿里举行的水奠酒（Water Libation）节日中："虔诚善良的人过去常常手拿着火把在他们面前跳舞，唱着歌，唱着赞美诗，无数的利未人用竖琴、里拉琴、钹、锣、号角和其他乐器（演奏），在从以色列廷到妇女之廷的 15 个台阶上，对应《诗篇》中的 15 首诗歌；利未人过去常站在那上面伴着音乐、唱着歌。"这种类似于罗马社会中萨利和其他祭司舞蹈的仪式舞蹈有着悠久的传统，在许多《圣经》故事中反映出来，比如挪亚方舟前的大卫之舞。《犹滴传》描绘了何乐孚尼（Holofernes）死亡、亚述人逃走后女性的胜利之舞："以色列的妇女们全都赶来看她，她们唱着歌曲将她赞美，跳起舞来向她致意。在这喜庆的日子里，犹滴和其他妇女们一道手里挥舞着饰有常春藤的树枝，头上戴着橄榄叶编成的花冠。她走在队列的前面，引领着妇女们边舞边行。"女孩们要在每年亚布月的 15 日到男人面前跳舞，希望能赢得配偶："耶路撒冷的女儿们都出来，在葡萄园里跳舞。老话怎么说？'年轻人，抬起你的眼睛，看看你为自己选择了什么；不要把你的目光放在美貌上，而是要把你的目光放在家庭上。'"但是所有这些习俗都不同于罗马人在晚餐后观赏的技术娴熟的奴隶女孩的舞蹈，或哑剧的公开表演。拉比可以想象在晚餐或者在晚餐后唱《雅歌》，这据说是拉比阿基瓦特别反对的："以发颤的声音在宴会大厅里高唱《雅歌》，使它像一首普普通通的歌的人，无法进入天国。"但是，尽管饭后舞会的故事导致了施洗者约翰的死刑，拉比们似乎并没有把这种特殊形式的淫荡视为他们社会的一个问题。[33]

犹太人的文化更多的是口头上的而不是视觉上的：当犹太人用希伯来语表达自己理解一个真理或命令时，他们会说，他们听到了；相反，在拉丁语中——正如希腊语和英语中一样——对理解的比喻是"看到"真相。然而，在犹太人的思维中，这种听觉的比喻并非压倒一切的，用希腊语写作的斐洛反复提及"以色列"这个词的错误词源，即希伯来语的"伊什拉"（ish-ra'ah-el），意思是"看到上帝的人"。无论如何，耶路撒冷的犹太人在圣殿和室内装饰中表现出了对视觉美学的欣赏。考古发掘出的公元 66—70 年对罗马战争时期的房屋中装饰着带有图案的马赛克地板和以庞贝城第二风格绘就的墙壁灰泥。这些行省居民和帝国其他地方的居民一样模仿意大利的风格，即使他们落后于自己追逐的潮流。耶路撒冷的绘画与罗马的主要区别在于，画中完全没有人类的图像，而且只有极少的包含动物的图像，这显然是有意为之。图画的建筑结构被直接绘制在了灰泥上，而且颜色多用深红色和黑色，这些都是意大利风格，但是在罗马和希腊化艺术中，每一幅画的核心关注点都是描绘鲜活肢体间的相互作用，它在犹太人这里则完全缺乏。禁止这种描绘的禁忌在犹太人中绝不是一成不变或普遍存在的，因为在古代晚期，在以色列土地上的犹太人，会委托他人为犹太会堂制作精美的马赛克，上面有详细的人和动物的图像，在公元 3 世纪中叶，杜拉-欧罗普斯的犹太人在他们会堂的墙上描绘了一系列《圣经》场景。即使在公元 1 世纪，希律在完成圣殿重建时于入口竖立了一只鹰的形象，他一定认为这在犹太律法中是被允许的，因为他才花了几年的时间和大量的金钱，来确保他的臣民能看到这个建筑的伟大和洁净。然而，鹰的形象所引发的骚乱表明，公元 1 世纪的其他犹太人并不同意希律的解释。"两个智术师"——约瑟夫斯如此描述那些试图将鹰拉倒的群众领袖——很明显认为这是一种侮辱，大概是根据《出埃及记》中的戒律"不可为自己雕刻偶像；也不可作什么形象仿佛上天、下地和地底下、水中的百物"，尽管鹰是罗马象征的这一点可能加剧了他们的愤怒。后来的犹太人将会借助以下的话解释《出埃及记》中的戒律（"不可跪拜那些像；也不可侍奉它"），从而允许了各种各样图像的存在，只要人们不去崇拜它们，但是大多数 1 世纪的犹太人似乎采取了强硬的立场：在对罗马的反抗中打造的钱币上所铸的图案显示，人们愿意描绘诸如棕榈枝、石榴和圣餐杯之类的东西，但不愿意描绘人或动物。因此，犹太人的家庭缺乏同时代罗马家庭里那样丰富多彩的雕像、浮雕和其他肖像来点缀房屋，耶路撒冷的公共空间中也没有能将市民与过去的历史人物相联系的纪念雕像。[34]

因此，一个罗马人如果来到耶路撒冷，就会发现，这里不仅仅是他可能在帝国西部很多城市看到过的对都市文化的苍白模仿，而是这样一个社会——它的整个生活方式似乎都沉迷于它独特的宗教。公共表演集中在圣殿周围，而不是在剧场或竞技场。学术辩论是在宗教狂热者之间，而不是在演说家和哲学家之间展开。城市的节奏则随着圣殿的历法进行，每个星期六，全体民众都会安静地休息，每年春天和秋天，成千上万的朝圣者会被它迎接。

因此，习惯了把禁欲作为反文化宣言（如犬儒主义）或者作为自我控制的证据（如斯多亚主义）的罗马人认为犹太人出于宗教虔诚的克己行为是十分了不起的：在描述皇帝的节俭饮食习惯时，苏维托尼乌斯记载了奥古斯都曾经给他的继子，未来的皇帝提比略写信说，"亲爱的提比略，甚至一个在安息日的犹太人也不会像我今天节食得如此认真"。毕达哥拉斯派（Pythagoreans）在他们自己的社团中遵循着禁食和禁欲的做法，他们避免食用包括动物肉和豆类在内的一长串食物，这种行为几乎不被普通罗马人接受，后者认为遵守这些禁忌没有任何的道德或健康意义。耶路撒冷的拿撒勒信徒（Nazirite）则会让他们感到震惊，这些人在特定的时期或（更为少见地）一生中，都要致力于避免所有的葡萄制品，包括葡萄酒，并且在此期间发誓放弃修剪他们头发的权利。拿撒勒信徒（来自希伯来语 *nazir*，"节制者"）是发誓要把自己奉献给上帝并接受这些禁令的男人或女人，其禁令包含的内容超出了其他犹太人所接受的范围。这种自我奉献的价值在《摩西五经》所列出的管理拿撒勒信徒的行为规则中呈现出来。在《圣经》中，拿撒勒信徒们的原型是参孙。到公元 1 世纪，这种克己的逻辑在向前看的誓言和对过去恩惠的感激之间摇摆不定，并且在圣殿里，拿撒勒信徒的群体可以被辨认出来——很可能是由于他们的男子都会留很长的头发。改宗者阿迪亚贝尼的海伦娜成了一名拿撒勒信徒，希律家族的公主贝瑞妮斯也是这样。很明显，践行《圣经》七十士译本中所谓的"伟大的誓言"作为一种显眼的虔诚，对女性有很大的吸引力：当谈到饮食和饮酒时，成为美德典范的机遇是不分性别的。

　　更极端的禁欲主义以禁食的形式体现出来，这是犹太人最令异族人关注的一个特点：塔西佗声称，犹太人"甚至今天还经常斋戒禁食，这证明他们过去遭受过长期的饥饿之苦"，庞培乌斯·特罗古斯（Pompeius Trogus）是许多似乎错误地认为安息日是禁食日的罗马人之一："摩西……为所有的第 7 天祝圣……为一个斋日，因为那一天同时结束了他们的饥饿和流浪。"[35] 为了确保上帝的关注，以及确认对罪的悔改而进行的全国大斋戒在赎罪日，但是《密释纳》也描述了在干旱或其他灾难发生时的周期性的公共斋戒："如果一个城市遭受瘟疫，或者它的房屋倒塌，这座城市就会举行斋戒，吹响公羊的号角，周边地区也会斋戒，但并不吹响公羊的号角……长老们曾经离开耶路撒冷去自己的城镇下令斋戒，因为在亚实基伦出现了枯萎，其程度仿佛一个火炉的炉口。此外，因为狼在约旦河外吞食了两个孩子，他们也下令斋戒。"[36]

第八章

政　府

　　尽管，正如我们在第五章所见，犹太人和罗马人对他们政府所基于的最高权威有着不同的看法，但是两个社会都未曾质疑某种形式的国家和政府应该存在。但是政府该如何运作，又该如何联系到个体公民？社会利益何时当凌驾于个人权利之上？什么时候使用武力强行推行国家意志是合理的？

　　在政府的一个关键方面，即为国家活动而征收税款，犹太人和罗马人达成了普遍的共识，尽管在实践中，征税在公元1世纪对耶路撒冷居民的影响要远比它对罗马居民的影响大。从理论上讲，政府为了支付各种公共设施的费用而征税，这在两个社会中都被认为是理所当然的。但是与希律和罗马总督在犹地亚征收的土地税相比，直接征收的财产税——这个带给了罗马国家大部分收入的税种——并不存在于皇帝治下的罗马城或意大利其余地方。罗马人认为对公民财产征税只适用于在国家财政陷入严重困境时的紧急情况，自公元前2世纪中叶以来，罗马在海外的征服中获得了足够的收入，因此这种紧急情况非常罕见。鉴于此，那些住在罗马的人轻松地躲开了财产税，但罗马人就像耶路撒冷人一样，对销售支付间接的税金，而他们也会发现，进口到城市的货物价格也由于增收的赋税而提高。[1]

罗马人和犹太人期望他们的国家怎么处理这些收集起来的钱呢？

正　义

一个逻辑连贯、类别清晰的法律体系的构建是罗马帝国的伟大成就之一。查士丁尼（Justinian）的《学说汇纂》（*Digest*）中的大量的法律观点以及狄奥多西（Theodosius）和查士丁尼的法典中来自皇帝的法律决定直到公元5、6世纪才编纂完成，但是汇编的过程早在1000年前的共和国早期就已经开始了。根据罗马传统，《十二铜表法》（Twelve Tables）是这类汇编中最早的一部，它在公元前5世纪中叶由一个十位高级元老组成的委员会编纂，这是为了将习惯法的规定写下来，从而结束治安官武断判案的情况。不管这个传统的真实性如何，在共和国晚期用古体拉丁语写就的《十二铜表法》中的条例已经被大量地援引，而学者们针对其中的规定写就了评注：西塞罗年轻的时候，罗马的男孩被要求一字不差地记住法典中的话，比如"人们应当修补道路。假如他们没有保持道路上铺着石头，则一个人可将他的牲口驱赶到任何他想的地方"，或者"如果夜间行窃，就地被杀，则杀死他应认为是合法的"。哪怕其中一些条款已经停止实施几个世纪了且（正如西塞罗所抱怨的）"没有人现在学习这些条款"。其他罗马法学作品采取了对棘手的案件——案件或是真实或是虚构的——进行讨论的形式，并对城市法政官（urban praetor）就职时颁布的法令加以评论。多产而有影响力的法学作者马尔库斯·安提斯提乌斯·拉别奥（Marcus Antistius Labeo）和盖约·阿泰乌斯·卡皮托（Gaius Ateius Capito）都是奥古斯都时代的元老，但是从克劳狄时代开始，专业法学家对法律文献产生了更大的影响；公元2世纪末和3世纪是罗马法的黄金时代，这一时期法学家们的作品层出不穷。罗马法被罗马人认为是人制的，是大会和行政官员所做的政治决定的产物，是以判例法形式所表现的经验的产物，也是逻辑推理的产物。法学家的兴趣点在于实用性和精确性。很多法学家都精通希腊哲学，但一些根本的问题，比如苏格拉底

（Socrates）、柏拉图或亚里士多德专注于的公正的本质，并不是他们所关注的。他们在任何时候都没有声称自己的观点来自神圣的权威。对他们来说，宗教法由地方法官制定的规章制度组成，是为了确保人们能够避免冒犯到诸神，正如法学家盖尤斯在公元 2 世纪所阐明的那样：

> 事物的最基本分类是被划入两级：因为一些是神法管辖的，一些是人法管辖的。属于神法的物，一些是神圣的，一些是宗教的。神圣物是那些供奉给天上诸神的物品。宗教物是那些留给地下诸神（manes）的物品。但是，只有通过罗马人民的权威供奉给上天的物品才是神圣的，比如，为此颁布了一项法律或者制定了一项元老院决议。另一方面，当我们把亡者埋入自己的土地时，通过我们自己意志的行为，事物变为宗教物。[2]

大多数犹太律法的理论基础是完全不同的，因为铭刻在《摩西五经》中的律法覆盖了生活的方方面面，兼顾宗教和世俗，并且被认为是直接由上帝传给摩西的。《摩西五经》涉及所有种类的法律——私人的和公共的，民事的和刑事的，财产所有权问题和围绕着圣殿仪式行为的问题——《密释纳》也是如此，这部作品编写于约公元 200 年，是关于一些由《摩西五经》中的律法诠释引申出的问题的法律观点的集合，其中引用的观点来自那些非常严格的法学家，他们所共同忠于的这场运动后来变成了拉比犹太教，或者至少《密释纳》的编纂者认为这些法学家是属于这一群体的。他们对律法的看法是否为同时代犹太人中的标准看法，存在争议：许多在犹地亚沙漠的洞穴中发现的法律文书，比如我们在第五章中讨论过的属于巴巴萨的文件所反映的法律类似于早期拉比律法，但又不完全相同。

犹太人对《圣经》文本权威的普遍尊重，给人一种不同的犹太律法体系具有一致性的印象，然而这是相当具有误导性的。事实上，《密释纳》里的一些律法没有任何在《圣经》中的依据。《密释纳》明确声明，自己混合了宗教法和民法，"关于免除誓言约束的（规则）是悬在空中，没有任何支持的，安息日的规则……就像被一根头发悬挂起来的山峰一样，因为（与之相关的）《圣经》经文是贫乏的，而规则却有很多……"因此，例如，《摩西五经》中没有发现任何关于婚姻文书的记载，因此，犹太律法的这一元素不太可能来自对《摩西五经》中律法的阐述。认为自己才能提供律法最准确解释的法利赛人，相信自己通过接受祖先的习俗完全履行了成文律法"真正的"含义。到公元 3 世纪，拉比们将一个与之类似（但不完全相同）的原则编纂成法典，他们认为律法是以两种方式从西奈山传承下来的，一种是书面的，一种是口头的。这一信条被《巴比伦塔木德》的作者（不可靠地）归于公元前 1 世纪末的希勒尔和沙买，称他们主张上帝将"口述的律法"和书写版经文同时传给了摩西，然后再由值得信任的导师代代相传。[3]

有时候，犹太人甚至准备直率地承认，他们的一些律法完全是人为制定的。很难说死海宗派中有多少人相信，他们自己的特殊律法来自上帝"抚养……以让他按自己的心来引导他们"的正义导师的脑海，或者来自《社会准则》设想的导师，他"将依据时代的变化而获得所有智慧"，"要在不义人中隐瞒律法的教导，但（凭借）真知和公正判断，斥责选择这一道路的人"。早期拉比们说得更明确，他们将一部分——尽管不是全部——律法归于智者的权威判决。其中最大胆的是一项关于偿还贷款的法令，据称来自约公元 1 世纪初的伟大拉比智者希勒尔。《圣经》律法要求所有的贷款在每一个安息年（即每 7 年）开始时失效。"每逢七年末一年，你要施行豁免。这是豁免的方式：凡债主要把所借给邻舍的豁免了，不可向邻舍和弟兄追讨，因为耶和华的豁免年已经宣告了。"《申命记》已经设想到了这可能会导致贷款因安息年的临近而枯竭的危险："你要谨慎，不可心里起恶念说：'第七年的豁免年快到了'，你便恶眼看你穷乏的弟兄，什么都不给他，以致他因你求告耶和华，罪便归于你了。"但是显然，这一禁令并不总是生效，根据《密释纳》，希勒尔设计了"普罗兹布尔"（prozbul）这一法律程序，债权人可以借此强制偿还欠款："当他看到人们不再向别人借贷，违反律法里'你要谨慎，不可心里起恶念……'的内容时，希勒尔制定了普罗兹布尔。普罗兹布尔的书写程式是这样的：

'我申明，某人、某人、某地的法官们，关于应还我的债务，我将会在任何想要的时候收回。'后面是法官或者证人的签名。"在分析犹太律法的发展的过程中，确定希勒尔是否真的要对这项法令创新负责（他很有可能并不用）也许并不重要，重要的是后世拉比们毫无顾虑地将一件将与神的律法有直接抵触的措施归于这位伟大智者名下的这一令人惊叹的事实。[4]

犹太人和罗马人有时都被指责为过度的法律主义者，即其法律的细枝末节是为了他们自己的利益，而不顾公义的诉求。这种夸张本身就是不公平的——所有的社会都存在法律，指责他人法律主义可能只是一种滥用——但是它准确地反映出，罗马人和犹太人对于通过仔细分析字词来阐明法律这一过程的着迷。这种兴趣以一种非常学术的形式出现，法学家精心编造更复杂的情境，以考验自己在法律上的聪明才智：专业的罗马法学家属于一个自给自足的知识世界，在这个世界里，专家们与复杂法律难题带来的挑战相斗争，这些问题有时甚至与现实相当偏离。一些犹太人也可能分享尝试解决人造法律难题这种智力游戏的乐趣；除此之外，很难以另一种方式理解《密释纳》中更为吹毛求疵的讨论：

> 洗羊毛工取出的羊毛屑属于他自己；但是羊毛精梳工梳理出的羊毛属于他的主人。如果洗羊毛工拔出三根羊毛线，羊毛属于他自己，但如果不止这些，就属于他的主人。如果白毛中掺杂着黑毛（线），而他把它们都拔了出来，那这些就属于他。如果裁缝留下了足够用来缝纫的线或一块三根手指见方的布料，那么这就归主人所有。[5]

另一方面，贬低这种做出详细区分的行为可能会错过其真正的实际意义：在一个复杂的社会中，经济关系有时正需要这种非常精确的规则。庞贝城郊区穆瑞西尼（Murecine）的一座别墅中保存了公元 1 世纪普丢利（Puteoli）的苏尔庇奇乌斯家族（Sulpicii）在长达 35 年的金融交易中产生的 140 枚蜡板。它们揭示了非常普通的罗马金融家使用精确的法律术语作为手段，施行他们的权利，而罗马律师所研究的许多错综复杂的问题，对促进商贸具有潜在意义：

> 许多商人在同一艘船上有各种各样的货物……一场大风暴来了，他们不得不弃之而去。以下问题出现：是否所有人都必须为弥补损失做出贡献，即使一些货物，如宝石或珍珠，并没有增加船的重量？而分摊的基础又是什么？……通过怎样的行动才能达到这一目的？答案是：所有（金钱）利益受损的人都必须做贡献，因为这样一来诸事就由于贡献而得救；因此，船东自己也要承担一部分。损失的总和按比例分摊到各自货物的价值上……损失了货物的物主将根据其雇佣协议向船长，也就是船主发起诉讼。[6]

尽管如此，《圣经》有时候正确地将法律与公义区分，而复杂规则的存在不足以确保个人能得到公义，不管是在耶路撒冷还是在罗马。在这两个社会中，通向司法的入口被实际困难所限制，这种困难存在于执行民事案件中的个人权利时；也体现在，当司法者和执行者是一者时，缺乏对反对政府滥用职权的保护；体现在阻塞个人进入法庭的障碍；体现在缺少警察队伍去侦查和逮捕罪犯，除了针对那些对于政权自身最危险的人；以及没有任何公共机构来确保在法庭对民事案件的判决能够得到有效的执行。在现代的许多社会中，这些问题都是多少存在的，但是它们在古代罗马和犹太社会中尤其突出。

进入法庭以获得民事诉讼的裁决，在罗马城可能比在耶路撒冷更容易成为问题。在罗马，原告需要先说服一名地方法官，即法政官或市政官自己诉讼的性质可以立案，接着地方法官在清楚了问题所在之后，会指派一两个仲裁官来决定事实。鉴于城市的巨大人口数量，困难点主要在于地方法官能否确保有足够的时间开启诉讼进程。在很大程度上，罗马的法律行为要求当事人或其代表要在指定的地点出席，并用指定的词语做出表达：书面文件的作用是记录法律行为，但只是所说内容的证明。在由总督担任地方法官的行省，等待法庭的传唤需要令人沮丧的数月之久。很可能在罗马也是如此，富人和有关系的原告会想办法把他们的案件插在所有案件的最前面。这套系统似乎不太允许存在更多的地方法庭。毫无疑问，许多案件都是通过非正式的仲裁解决的，存在着被失败方在事后否定判决结果的风险。在帝国早期，一个不同而更简单的体系——指定一名官员来调查并负责整个案件——的使用频率有所增加，部分可能是对这一问题的回应。

相比之下，据目前所知，在耶路撒冷的民事或刑事案件中，并没有哪个法官必须由政府任命。早期拉比规定的唯一要求是法官应为男性犹太成年人。如果这是一种普遍接受的观点，那么从理论上讲，进入法庭是很容易的事情。但是，在实践中，可以上诉到非犹太人的审判机构的可能性却使得事情变得复杂起来：除了进入法庭较为困难以及可能招致来自犹太同胞的社会反对之外，没有什么可以阻止心怀不满的诉讼当事人无视犹太法庭的判决，并将案件交由罗马总督处理。这似乎正是公元 2 世纪初阿拉比亚行省（Arabia）的喜好争辩的巴巴萨的目的，她的诉讼文件（正如我们所见）在犹地亚沙漠中被发现。尽管她在文件中使用了犹太人的词汇和格式来管理她的私人事务，暗示她希望（举例来说）自己在离婚时的权利得到犹太法庭的支持，而当向她第一段婚姻所生的儿子的监护人寻求赔偿时（她的儿子在文件中被称为"孤儿"，这是很奇怪的，因为虽然他的父亲已经去世，母亲仍然健在），她却向罗马总督求助：在她的文件中发现的三份希腊版本的抄文，都是依据我们所知的法学家盖尤斯所著的《法学阶梯》（Institutes）中，法政官关于监护权的格式化语句稍做修改而来的。[7]

任何形式的法庭，只有在法官能够被信任的情况下才能实现公正。所有司法系统都必须应对偏见和腐败的危险。古典雅典采用在大型陪审团面前审理案件的方式，以通过扩大陪审人数来追求公正。罗马人和犹太人对此都熟知，却很少在他们的实践中采用。在罗马共和国时期，抗议地方法官不公的上诉被公民大会或是从罗马社会较富裕阶层中选取的陪审团成员听取，但是到了帝国早期，这种体系的少量残余部分，只有在涉及特别富裕的人的案件时才继续运转。公民大会面前的审判不复存在，几乎没有人听说过"常设陪审团"的运作，而它的运行和参与者选择在西塞罗时期曾是重要的政治难题。关于大宗遗产继承的争议在百人团（centumviral，字面意思为"百人"）大会上的 180 名陪审员面前进行，而元老和其亲属的审判有时候会在元老院本身进行，因此精英政客的事务是由其同僚来评判的；但是普通罗马人的一般上诉不再由任何民众法庭或陪审团审理，而是归于不可靠但具备决定性的皇帝的决断。卡西乌斯·狄奥记载，早在公元前 30 年，屋大维在被授予奥古斯都称号之前就被赋予了审理上诉的权力，并且能够自行决定是否给予特赦。因此有《使徒行传》中保罗对罗马总督非斯都的讲话："我站在恺撒的堂前，这就是我应当受审的地方……我若行了不义的事，犯了什么该死的罪，就是死，我也不辞！他们所告我的事若都不实，就没有人可以把我交给他们。我要上告于恺撒。"[8]

与此相反，《密释纳》指出，"罪不至死的案件由 3 个法官决定，可判处死刑的案子由 23 个法官决定……"在其他地方，也设想了一个更大的法庭，存在"大的犹太公会（Sanhedrin）……由 71 人组成"和"23 人的小公会"的对比。尽管目前还不清楚这些记载在何种程度上反映了任何存在于 1 世纪耶路撒冷，或是在犹太历史上任何其他时间或地点的真正机构，但是拉比讨论的条款假定了这样一条原则，即审理案件的陪审团人员越多，所得出的结论就越可靠：因此，早期希伯来语文献设想用较大的法庭处理更严重的问题，比如谋杀，以及处理那些较小的法庭无法处置的棘手法律问题，尽管他们似乎并没有通过向上级法院上诉来推翻下级法院判决的概念——在一般案件中，由三名或更多法官组成的小型地方法庭的判决可能是最终判决。类似的假设，即更多的法官能确保更大的公正，在约瑟夫斯记载自己于公元 66—67 年间任加利利地区起义军指挥官的生涯时，对司法程序的描述中被发现。他在《犹太战争》中声称自己"从国中选出了 70 位年纪最大、人品最高的人，并任命他们为全加利利地区的地方法官，每座城市有 7 个人审判小的争端，并指示更重要的案件和罪可至死的案件交由他自己和 70 人处理"，尽管在大约 25 年或更久后才出版的自传中，他表示这 70 名"地方法官"扮演的是限制较多、顾问性质的角色，在约瑟夫斯到来之前，他们在加利利已经很有权势："我使他们成为我的朋友和旅途的同伴，把他们当作我处理案件的顾问，并得到了他们对我的判决的认可；努力不使公正因为仓促的行动变成一纸空文，并在这些事情上确保远离所有贿赂。"另一方面，在《犹太古史》中，约瑟夫斯认为这种要求，即"每座城市应该由 7 个人来统治"，最初是由摩西自己制定的，而那些不小心丢失了一笔押金的人应该在"7 名法官面前，向上帝发誓，不是自己的意图或恶意导致这笔押金丢失"，这表明——因为把数字 7 作为法官的定额，没有在《圣经》的任何一处出现——在约瑟夫斯的时代，使用这种更大规模的法庭是普遍的。[9]

在古代文献里提到的法庭中，71 人的耶路撒冷公会的组织和职能在古代犹太人的司法运作史上是最难以确定的。《希伯来圣经》中没有出现这个机构的名字，事实上希伯来语中这个名字是来自希腊语单词 *synhedrion*，即"会议"，这表明它起源于公元前 4 世纪之后的犹太社会，而当时犹地亚的犹太人开始受到希腊文化的影响。拉比们设想了一个由像他们一样的智者组成的法庭，由拉比的"纳西"（*nasi*），即"族长"或"王子"主持。《新约》所描述的犹太公会的图景是与其背道而驰的，在《新约》中主审官被认为是大祭司，正如彼得被捕后，当"大祭司和他的同人来了，叫齐公会的人和以色列族的众长老，就差人到监里去，要把使徒提出来"，保罗要被带去的这个评议会，在设想中也包括法利赛人和撒都该人的成员。约瑟夫斯也认为大祭司可以召集公会——公元 62 年，大祭司亚拿努之子亚拿努"在耶稣基督叫作雅各的兄弟以及其他人之前，召集起法官的公会"——但是在其他地方，他使用 *synhedrion* 这个词指代亚基帕二世甚至是罗马皇帝奥古斯都的顾问会议。这可能是因为这个词所暗示的正是顾问会议：对于犹太领袖来说，就像对罗马贵族一样，接受适当的建议是很重要的。因此，当大祭司该亚法（Caiaphas）需要决定如何处置耶稣的时候，他被"众祭司长和长老和文士"所围绕，就像一个罗马地方法官身边围绕着他所信任的朋友们，也正如约瑟夫斯从他来自加利利的 70 个顾问那里，"得到了他们对我判决的认可"。因此，犹太公会在公元 1 世纪的耶路撒冷扮演着法官的角色，但仅仅是大祭司的附属，而关于大祭司的法官角色，约瑟夫斯的表述是明确的："他（大祭司）和他的祭司同僚们将会向上帝献祭，维护法律，在争端中裁决，惩罚那些被判有罪的人。任何违抗他的人都将因对上帝的不敬而受到惩罚。"[10]

　　在法庭程序中，犹太人和罗马人最显著的区别在于对证人的处理。任何一个人的证词在罗马的审判中都会得到重视，包括奴隶的，奴隶可以被施加酷刑以榨取真相，但不能做出对主人不利的证词。甚至这个例外也可以被规避：在审判中，一名叫马尔库斯·斯克里波尼乌斯·利波·德鲁苏斯（Marcus Scribonius Libo Drusus）的人被指控在提比略统治初年犯有叛国罪，由他的奴隶辨认他在一份有罪文件上的笔迹。要确认奴隶们没有误导法庭，唯一的办法就是折磨他们。因此皇帝下令将他们出售给国库。酷刑并不是标准做法，而且只有在刑事案件中使用，但是它也可能被施加在涉嫌阴谋的市民身上，如女被释奴厄庇卡里斯（Epicharis）只能通过英勇地自杀来逃脱尼禄持续的折磨。相比之下，犹太人对待证据的规则确实是非常严格的。在实际中，希律王用酷刑来调查他的儿子密谋陷害他的谣言，他的残忍行为有时导致受害者的死亡，但是没有文献材料表明酷刑在犹太律法中是可以被接受的。根据《圣经》和《密释纳》的说法，只有成年男性犹太人的证词是可接受的，而且，即使在这种情况下，也必须至少要有两名证人的证词。律法传统给那些拥有与案件相关知识的人提供了强有力的道德压力："若有人听见发誓的声音，他本是见证，却不把所看见的、所知道的说出来，这就是罪；他要担当他的罪孽。"道德压力自然会转化为社会耻辱，拒绝作证肯定是困难的。另一方面，证词必须基于亲眼所见、亲耳所闻，而非传闻。早期拉比文献对流言蜚语（"*leshon ha-ra*"即"邪恶的舌头"）是强烈谴责的，哪怕谣言传递的信息是真实的，并断言麻风病这样的皮肤病一样是神对散布丑闻的惩罚："'当记念耶和华你神向米利暗所行的事'：这与正在讨论的问题有何相干呢？这里的联系是为了展示瘟疫是由邪恶的谈话引起的……"在罗马的法庭案件中，对流言蜚语的态度似乎是非常不同的，在这种情况下，对被告的品行和既往史的每一个可能的方面都可以被争端各方援引。在罗马的公共生活中，使用未经证实的说辞来抹黑对手的名声是标准的程序，法庭上和政治上都是如此。没有任何法规禁止在法庭上将谣言陈述为事实或引入与本案无关的信息，其中经验丰富的佼佼者，比如西塞罗，常常会提出在大多数现代法律体系的审判中完全不可接受的论点。[11]

由于多数情况下妇女、儿童或奴隶的证词在犹太法庭上必然被忽视这一限制，加上法庭需要两个成年男性证人同意使用他们的证词，这可能经常使得犹太刑法无法被执行。一些学者确实认为，这一结果可能是拉比们在非犹太当局阻止他们将犹太刑法付诸实践时故意为之的。在《死海古卷》中存有许多残篇的《大马士革文件》的一处值得关注的文字，放宽了《圣经》律法关于单一证人的严格限制，从而支持了上文中的诠释：

> 一个人违背律法犯下罪，他的同伴所见证，而后者又是独自一人，如果这是一个足以判处死刑的问题，他应该当着对方的面向监察官（Guardian，该教派最高官员）揭发，并斥责对方；而监察官将亲自记录，直到犯罪的人再一次当着一个证人犯下此罪，而证人又一次向监察官揭发。如果他当着一个人的面再次犯罪并被当场抓获，他的判决就会完成。如果有两个（证人），每个人都指证了一件不同的事，那人就会被禁止提供纯洁的食物，前提是证人是诚实的并且在目击当天将事情告诉了监察官。在财产问题上，他们应当接受两个值得信赖的证人，如果只有一名证人的说辞，则禁止向犯错者提供洁食。

甚至，在一些涉及个人身份的案例中，早期的拉比也曾设想过偶尔依靠女性的证词，即使她是唯一的证人："如果一个女人和她的丈夫一起漂洋过海，并且他们俩在世上平时生活都很和谐，而她回来时说'我的丈夫死了'，那么她可以再婚。"[12]

无论是在罗马还是在犹太社会中，民事案件中法院判决的执行都是由胜诉方负责的，政府并不对此加以干预：从本质上讲，法律程序的结果可能仅仅是允许私人使用合理的暴力，在不招致当局愤怒的前提下取得应当属于他的东西。刑事判决后的刑罚执行则更加系统化。在罗马社会，惩罚的范围不仅取决于犯罪行为，还取决于犯罪方的地位。一些最残暴的惩罚是为奴隶而保留的。监禁本身通常不被视为一种惩罚性措施，而只是作为一种防止嫌犯在审判前潜逃的手段。向国家支付罚款（而不是对受害方的赔偿，就像对从当时臣民那里偷盗的总督的惩罚一样），或者肢体惩罚，比如鞭打（然而，这在整肃军纪时十分常用）——这些手段几乎没有被使用。对更显赫的公民的主要制裁是使其丧失地位，在这个成为一名元老或骑士（eques）意义重大的社会里，这一手段有着强大的威慑力，此外的制裁是将其降级到罗马以外的某个地方，或者（更普遍地）流放。更卑微的人则被遣派到矿井或其他需要大量体力劳动的公共项目中工作。对所有阶层的最高惩罚都是死刑，这可能会有各种各样的形式，从简单残酷的十字刑——处理普通罪犯的标准模式——到将叛国者从卡皮托山边悬崖上的塔尔培娅岩石（Tarpeian）抛下的仪式。判作角斗士进行搏斗，实际上是一种延迟的死刑。毫无疑问，这些完全公开的死刑方式履行了有用的社会职能，可以作为对犯罪行为的威慑。同样重要的是，每一种罪行的惩罚都应当显得恰当。在很多情况下，主要是基于传统来判断什么是恰当的：例如，在共和国时期，一个被定罪为谋杀近亲的杀人犯要被淹死在海里，并与一条狗、一只公鸡、一只猿猴和一条毒蛇一起装在一个袋子里。对于使用这种正当的暴力来保护社会，政府会预期公众的认可。法令、官方文件和皇帝的钱币上宣称这就是 IUSTITIA，即"正义"。[13]

犹太人也认识到罪罚应相称，原则上同意对谋杀等罪行判处死刑。《圣经》上劝告"以眼还眼、以牙还牙、以手还手"被解释为对人身伤害或财产损失，应给予适当的金钱补偿。约瑟夫斯声称，摩西所传的律法规定，"使人伤残的人，必定经历这样的惩罚，他的肢体也要遭受他人一样的伤残，除非那个伤残的人愿意接受金钱补偿；因为法律授权受害者自己去评估他所遭受的伤害并做出这一让步，除非他表现得太苛刻"。对拉比们来说，要支付的金额不是（如约瑟夫斯所说的）由受害者决定，而是由法庭来确定的。对于故意杀人罪的判罚上不存在这样的协商，正如在《圣经》的律法中，对一系列其他的性和宗教方面的罪行，也被要求判处死刑。因此，《密释纳》中设想的死刑类型几乎和罗马体系里的一样多种多样，"法庭可判处四种死刑：石刑、火刑、斩首和勒死"，尽管这些惩罚在第二圣殿时期在多大程度上施行过有很大的争议，尤其是因为记载于《约翰福音》中——耶稣去世前，"犹太人"在与本丢·彼拉多对话时——的明确言论：当彼拉多让他们"按照你们的律法"审判耶稣的时候，他们声称"我们没有杀人的权柄"。福音书的作者以旁白对这句话做出解释，即"这要应验耶稣所说自己将要怎样死的话了"。有可能，犹太人使用死刑的限制在那年只适用于耶稣审判发生时的特定时段，因为这时正好与逾越节的朝圣者节日相吻合。或者，根据早期天主教会的历史记载，一种犹太人不能够将耶稣处死的断言，向非犹太人基督徒解释了为什么耶稣所遭受的是一种独特的罗马式死亡，尽管传统认为，罗马总督判定他是无罪的，而且他被定罪的亵渎神明的指控不是罗马人而是犹太人所关心的。[14]

不论如何，我们可以合理地假设，哈斯蒙尼家族和希律家族在耶路撒冷掌权时，至少在某种程度上使用了犹太刑法，尤其是因为约瑟夫斯记录了希律为打击盗窃而进行的法律创新遭到了普遍反对：

> 国家在他的治理下，国王认真努力地制止城市和乡村中接连不断的不公正行为，因此制定了一条与之前没有任何相同之处的法律，并且亲自执法。这条法律规定，破坏房屋的人应该被出售（成为奴隶），并被驱逐出王国——这一惩罚不仅沉重地压在那些遭受它苦难的人身上，而且违反了国家的法律。这是因为接受（与犹太人）生活方式不同的外族人的奴役，并且执行那些人下达的任何命令是对宗教的触犯，而不是对那些被抓之人的惩罚，特别是鉴于自古以来就有后文中的法律。法律规定，小偷要支付四倍的罚款，如果他不能这样做，他就会被卖掉，但无论如何不会被卖给外族人，也不会终身遭受奴役，因为他将在六年后被释放。

这段话的含义是，在耶路撒冷正常的时候，法庭倾向于对盗窃行为处以罚款，而《圣经》和拉比律法都设想以鞭打这种体罚惩戒特定的罪行："他们打了他多少下？差一下满四十……他们把他的两只手绑在柱子两侧，议会的牧师把他的外衣放在一边……他就打他，用他所有的力量来攻击他。"我们有理由相信，这种司法性质的鞭打，在不同时期都或多或少被强制施行过，不管是当耶路撒冷是一个独立的国家时，还是当耶路撒冷的最高权力被掌握在一位罗马总督手中，且被告同意接受犹太法庭的管辖时，又或是在散居犹太人的社区中。保罗急于证明他的犹太性以及他为基督而受苦的意愿，因此扬言："被犹太人鞭打五次，每次四十，减去一下。"[15]

战　争

罗马人和犹太人在公元前 1 世纪和公元 1 世纪里频繁地进行战争。罗马帝国的扩张运动将会在帝国早期以不规则的间隔继续 —— 每当皇帝觉得需要一个伟大的军事成就来巩固形象时 —— 尤其是公元 43 年克劳狄入侵不列颠，公元 1 世纪 80 年代图密善入侵达契亚以及公元 2 世纪的第一个十年图拉真征服达契亚，并在第二个十年征服北美索不达米亚。在国境线内，镇压叛乱的战争则更加频繁。犹太人在哈斯蒙尼王朝末期进行了征服战争，以及正如我们所见，在公元 66—70 年进行了一场长期的解放战争。在公元前 2 世纪和公元前 1 世纪，犹太人也曾经担任托勒密王朝的雇佣军，而巴比伦和以土买犹太人都是希律供养的职业士兵。对于犹太人和罗马人来说，战争是生活中不可避免的一部分。

每年春天，罗马国家祭司都会打开雅努斯（Janus）神殿的大门，以表明战争季节的开始。通常只有当冬季的来临使得战斗停顿，神殿的大门才会再次关闭。在公元前 28 年，以及之后的两个场合，奥古斯都在一年中间仪式性地关闭了神殿大门，以象征当前的战役的结束，但这仅仅表明一种永久的战争状态里的暂时间断。事实上，罗马政治制度将全体公民按军事潜力分为两类，富裕的骑士处于顶端，穷人（他们不太能很好地武装自己）靠近底部，妇女和儿童被排除在战斗之外，也自然被排除在对政策的正式影响之外。从奥古斯都统治的早期，当他在亚克兴战胜了马克·安东尼之后，罗马军队在实际上就像托勒密王朝的军队一样是常备职业军了，但是，这种意识——罗马是一个依赖于全副武装的公民的国家——仍然存在于奥古斯都的同代人李维的历史作品，以及罗马人对理想社会的想象中。尽管存在这种潜在的军国主义思想，但罗马人不合情理地认为，他们进行的所有战争都是防御性的。只有这样才能保住神的认可。似乎令人惊讶的是，在公元前1世纪，任何罗马人都能相信或者部分相信，他们征服整个地中海世界的目的只是为了保卫他们在意大利中部的城市，但是，他们仅仅是在防御中作战的幻想是通过一种正式手续来实现的，尽管现在看来它可能只是一个借口，但是罗马将其看得非常严肃。从宗教法上来讲，如果敌人不合理地拒绝罗马人的要求，那么随后的冲突就被证明是正义的，就像西塞罗所说："关于战争，正义的规则曾经由罗马人民的法律做了最严格的规定。由此可以理解，除非事先提出要求或者预先通知和宣布了进行战争，否则任何战争都是不公正的。"西塞罗（或后来的篡改者）添加了一个精练的故事来诠释这一观点：

> 波庞利乌斯（Popilius）统率管理行省时，加图之子曾以新兵身份在他的军队中服役。当波庞利乌斯认为需要解散一个军团时，加图之子正在那个军团服役，他便解除了加图之子的军役。但当加图之子怀着强烈的战斗欲望，依然留在军队时，加图致信波庞利乌斯，要求波庞利乌斯如果同意让其子留在军队里，那就让他第二次宣誓效忠，因为第一次宣誓已经失去效力，他已无权与敌人作战。在发动战争时，执行规则是如此严格。

然而，如果需要，对敌人的要求可以是足够不合理的，以产生需要的敌对反应，例如，在公元前200年，罗马要求马其顿的腓力五世（Philip V）不对任何一个希腊城邦发动战争或者干涉托勒密王朝的领地，以及他应为自己对阿塔路斯（Attalus）和罗得岛所犯下的不公正行为接受仲裁，如果他不立即接受这样的条件，就会与罗马进入战争：腓力拒绝了这些要求，于是罗马宣战，并于公元前197年在狗头山（Cynoscephalae）战役中决定性地击败了腓力。尽管如此，到了帝国时期，罗马甚至连这种表面功夫都不再做了。元老阶层的历史学家塔西佗借笔下的凯尔特人酋长卡尔加库斯（Calgacus）之口——在 1 世纪 80 年代，他曾面对由塔西佗的岳父和崇拜对象阿古利可拉指挥的驻不列颠的罗马军队——讽刺地评论："所有的民族中，只有罗马人对于无论富裕还是贫穷的民族都怀着同样迫切的贪心。去抢、去杀、去偷，他们竟把这些叫作帝国；他们把世界变成一片荒凉孤寂之处，却称之为和平。"但是并不是所有罗马人都像愤世嫉俗的塔西佗那般清楚罗马势力扩张过程中那些不加掩饰的借口，他们沉溺于战争，并几乎没有感到什么罪恶感，毕竟它如此直接地和成功地实现了他们城市的繁荣。[16]

　　罗马人之所以对战争以及可怕后果持有漫不经心的态度，一个原因可能是许多罗马帝国早期的居民在整个人生中都未曾直接目睹过战争。凯旋式的队伍为人们营造了一种最激动人心时刻的感觉，队伍被精心挑选准备，以达到最壮观的效果，但是对观众来说，这就像是在观看一个故事，流血被拦在安全的情感距离以外，就像在去人性化了的角斗表演中的屠杀一样。因此，人们对在遥远国度的战争的热情与对承认战争带来的死伤会由每个受到影响的人承担的抗拒结合了起来。为纪念达契亚战争而建的图拉真记功柱上描绘的战斗场面，展示了征服敌人过程中极端暴力的时刻。对敌人的去人类化处理是罗马军事成功的关键，塔西佗在他的《阿古利可拉传》（*The Life of Julius Agricola*）中所做的努力——想象罗马（和阿古利可拉的）对手的情感，并将它们以一种爱国主义、荣誉和自由为主题的修辞艺术，借卡尔加库斯之口表达出来——像他不少其他历史著作一样，是不同寻常且具有颠覆性的：

　　　　当我一想起这次战争的起因和我们目前处境的窘迫时，我的心就激动得厉害，因为我相信：整个不列颠获得自由的开端就在今天，就在我们这个同盟。我们全都是还没有被奴役过的人。但现在，我们的后面已经再没有退路了……我们未见到那些被征服者奴役的忧郁的地区，我们的眼睛都还不曾受过暴政景象的污染……我们看到，在一个家庭里，新来的奴隶常常是老伙伴的嘲笑对象；同样地，在这一个早就被奴役的世界中，我们正是新来的奴隶，正是最不值钱的人，所以我们是注定了要任凭宰割的。

这种对被征服者的共情是罕见的，或者至少很少被表达出来。在罗马，没有人宣扬和平主义。[17]

取得如此征服成就的罗马军队有着著名的纪律和明确的指挥结构。全部由罗马公民组成的军团兵都是训练有素的步兵，配备同样的装备，并组成一个个百人队（centuriae），每队 80 人，由一名百夫长指挥。几个百人队又组成联队（cohorts，每队通常由 6 个百人队组成），10 个联队组成一个军团，每个军团通常（从奥古斯都时代起）由元老级别的军团长（legate）指挥。每个军团又得到由非罗马公民组成的辅军（auxiliaries）的支援，辅军也遵循联队编制，作为步兵及为其他军事目的使用，比如骑兵。在帝国时期，服役、服从和忠诚的风气盛行，战友可能一辈子都在一起，从在"军营"中一起出生，然后在军团中服役期满 20 年或更久之后退役，最后到老兵的殖民地上定居。其结果是，在联队和军团层面上的军事效率令人钦佩，尽管在以多个军团作为整体的战略行动中，他们的能力相对较弱：罗马人说"军团们"或"军队们"，而不是"军队"，这一点可能具有重要意义。在战争时期，驻扎在帝国边境的罗马部队过于分散，无法进行有效的合作。通信联络的迟缓使得当地指挥官经常被迫各自为战。因此，在帝国早期，军队被击败的次数是非常多的。最声名狼藉的失败是在公元 9 年的条顿堡（Teutoburger）森林战役中，普布利乌斯·昆克提利乌斯·瓦卢斯（Publius Quinctilius Varus）损失了 3 个军团，据说这让奥古斯都陷入了绝望的境地。同时代的历史学家维莱里乌斯·帕特尔库鲁斯（Velleius Paterculus）只能哀叹这场灾难中的"军队士兵们勇敢无畏，他们是纪律最严明、精力最充沛、在战场上经验最丰富的罗马军队，由于其将军的疏忽、敌人的背信弃义，以及时运不济而被包围了……他们被森林、沼泽和伏兵所包围，几乎全军覆没"。这些罗马士兵无法依赖新的步兵战术取得胜利，如帮助亚历山大大帝在公元前 4 世纪征服近东地区的马其顿方阵（phalanx），但罗马士兵在攻城战中表现出色，特别是使

用了"龟盾"（*testudo*）战术，在其中

> 使用长方、有弧度和圆柱面盾牌的重装步兵在外围支起了一个长方形的盾墙；盾牌都朝向外面，他们把手臂放在准备好的地方，将其他人包围起来。另一些持有扁平盾牌的人，在中间形成一个紧凑的队列，并将盾牌举到自己和其他所有人的头上，因此，在方阵的每一部分都能看到盾牌，而所有人都因他们阵形的密集，不受飞矢的伤害。

这一阵形"非常强大，以至于人们可以在它上面行走，每当他们来到一个狭窄的峡谷，就连马和车辆都可以被推到它上面"。在开阔的战场上，这种全副武装的军团步兵使用的有些僵化的作战方式，往往需要辅军更为流畅的作战技巧的支援，辅军不仅仅是轻步兵，而且还是骑兵、弓箭手或骆驼兵。[18]

　　实际中，战役的进程可能不由火力或军事技术决定，而由作战双方的心理决定，正如罗马人在公元前 202 年扎马（Zama）会战中的胜利，根据奥古斯都时代的李维——可能主要来自其想象——的描述："当步兵方阵相互冲击时，迦太基战线的骑兵力量已经被消灭，双方的希望和力量都不再相当。此外，还有一些看似微不足道的小事，但同时在战斗中非常重要：罗马人的呐喊声很是和谐，因而更加响亮和可怕；而对阵另一边的则是不和谐的呐喊声，这是由于许多民族各有其语言所致。"在一场漫长的战斗中，要积极地与敌人作战而毫无疲惫在生理上是不可能的。只有当敌人被罗马人展示的武力所说服，认为自己不可能赢过他们时，胜利才会到来。在任何一场古代战斗中，一方转身逃跑的时刻是决定性的。士兵们的背后很难受到保护，他们也很少能在撤退后重新列队。心理上的优势也帮助了罗马人赢得战争，即使他们输掉了一些战役：他们把在战斗中的失败当作暂时的挫折，拒绝放弃，他们确保敌人知道当罗马最终获胜时自己将遭受到的可怕的惩罚。无论罗马军事灾难的规模如何，援军最终总会到来，即使这需要数年的时间。哪怕是切鲁西人的军事首领——曾在公元

9 年成功地打败了瓦卢斯的著名的阿尔米尼乌斯（Arminius）——的杰出生涯，也显示出罗马的势不可挡。他的胜利导致罗马放弃了奥古斯都时期兼并的从易北河到莱茵河的所有土地，但是他自己也遭受了罗马和亲罗马军队的一系列打击。公元 16 年，他被打败并负伤，在一系列的阴谋之后，他在公元 19 年死于自己同族人手中。甚至罗马帝国在这一地区的战略变化也被两支罗马军队和两个行省的建立所掩盖，一个是上日耳曼行省，另一个是下日耳曼行省。每个行省的基地事实上都在莱茵河的西岸：对于罗马公众来说，"日耳曼尼亚"处于罗马的统治之下，尽管奥古斯都曾经征服过的或想要征服的大部分日耳曼土地事实上仍然是自由的。罗马人对待战败的敌人的冷酷无情在古代世界是罕见的。这与古代希腊人形成鲜明的对比，后者至少在理论上认同更温和的战争规则，而罗马士兵则希望在围城战结束时以极端的暴力纵情洗劫城市。他们将一段时间内的抢劫、强奸和不加区分地屠杀平民作为对士兵们努力的补偿和天然的奖励。因此，他们的许多对手更倾向于提出条件并投降，而不是冒着面临这种野蛮行为的风险，就并不奇怪了。[19]

并不是所有罗马人都对战争毫无顾忌。西塞罗声称，"进行战争是为了能不受侵害地和平生活，战争胜利之后应保全那些在战争中不残忍也不野蛮的人的生命"，他还敦促道，"对于摧毁和劫掠城市应该极其认真地考虑，以免轻率和残忍"，尽管这样的顾忌并没有阻止西塞罗因为自己在公元前 51—前 50 年担任奇里乞亚（在现今土耳其）总督时战胜了阿马努斯（Amanus）的山匪而扬扬自得，为此，他在罗马赢得了一场公众祈祷，并希望举办凯旋式，但没有成功。更正直的斯多亚哲学家盖约·穆索尼乌斯·鲁弗斯冒着生命危险，在公元 69 年 10 月 24 日的克雷莫纳（Cremona）战役开始前，向弗拉维军队宣讲和平："当他走在队伍中间的时候，他就开始告诫那些武装士兵，谈论和平的幸福和战争的危险。许多人听到他的话笑了起来，但更多的人是感到厌烦，还有一些人甚至准备把他推来推去，并且把他踏倒在地上。"即使在纯粹的哲学环境中，穆索尼乌斯·鲁弗斯也几乎没有机会成功进行这样的辩论。之后，在公元 1 世纪末，他的同行、斯多亚学者狄奥·克里索斯托认为，道德决定了义务的履行，这义务可能包括为国家而战。斯多亚学者皇帝马可·奥勒留在战争期间创作了他的《沉思录》(Meditations)。哲学对罗马人的作用不是为战争提供道德基础，而是将战争置于更广阔的视野当中。对于真正的哲学家来说，只有内在的自我才是真正重要的，而过于担忧周边世界的恐怖是一个错误的方向。[20]

　　和罗马人一样，犹太人认为战争是一种自然现象，但与罗马人不同的是，他们有时表达了对这种情况可能会改变的希望。《申命记》制定了征兵的规则，以及在冲突中军队的行为规范，这种冲突预示着全面战争。除了一小部分拥有豁免权的人外，所有以色列的成年男性都要去战斗。在"非常远离你"的城市里的敌人将面临完全服从或接受暴力战争后果的二选一："耶和华你的神把城交付你手，你就要用刀杀尽这城的男丁。唯有妇女、孩子、牲畜和城内一切的财物，你可以取为自己的掠物。"至于以色列土地上的城市，"但这些国民的城，耶和华你神既赐你为业，其中凡有气息的，一个不可存留"。因此，在犹太人和罗马人接触之前的1000年前，约书亚在他征服土地的过程中这样对待艾城(Ai)王国，正如《约书亚记》所记载：

> 以色列人在田间和旷野杀尽所追赶一切艾城的居民。艾城人倒在刀下，直到灭尽。以色列众人就回到艾城，用刀杀了城中的人。当日杀毙的人，连男带女共有12 000，就是艾城所有的人。约书亚没有收回手里所伸出来的短枪，直到把艾城的一切居民尽行杀灭。唯独城中的牲畜和财物，以色列人都取为自己的掠物，是照耶和华所吩咐约书亚的话。约书亚将艾城焚烧，使城永为高堆、荒场，直到今日。

那个赞同在公元前146年和前133年将迦太基和努曼提亚(Numantia)夷为平地的西塞罗，在这个毁灭艾城及其居民的残酷世界里不会有任何不适。与之形成鲜明对比的是，《圣经》中的先知以赛亚、弥迦和约珥(Joel)都期待这一段时间内不再有战争。

末后的日子，耶和华殿的山必坚立，超乎诸山，高举过于万岭。万民都要流归这山。必有许多国的民前往，说，来吧，我们登耶和华的山。奔雅各神的殿。主必将他的道教训我们，我们也要行他的路。因为训诲必出于锡安，耶和华的言语，必出于耶路撒冷。他必在列国中施行审判，为许多国民断定是非。他们要将刀打成犁头，把枪打成镰刀。这国不举刀攻击那国，他们也不再学习战事。

以赛亚所支持的这种永久和平（*shalom*）、战争休止的概念，与罗马的和平（*pax*）概念有很大的不同，后者不过是胜利和光荣的战役之间的短暂间歇罢了。[21]

在最初的两个世纪里，犹太人是这两种《圣经》传统的继承者。早期拉比意图探寻《圣经》的真正意义，将"宗教"战争和保卫圣地的"强制"战争，与以增加领土为目的的"可行的"战争区分开来，要求在强制性战争中，不能向敌人提供投降条件，与《申命记》保持一致。如果上帝要求他的子民去征服和杀戮，那这便不由得他们争论："拉比犹大说……'在一场强制性的战争中，所有人都出去作战，甚至新郎也走出他的房间，新娘离开她的婚房。'"《圣经》中关于扫罗王命运的故事是一个非常清晰的教训：他在他的以色列王国的权力被上帝剥夺，因为他反对执行上帝的旨意，赦免了亚玛力人（Amalekite）的国王亚甲（Agag），在先知撒母耳的诠释下，这旨意是"灭尽他们所有的，不可怜惜他们，将男女、孩童、吃奶的，并牛、羊、骆驼和驴尽行杀死"。另一方面，《申命记》所声明的所有世代的犹太人都有神圣的义务去消灭亚玛力人，并"从天堂里抹去亚玛力人的记忆"的命令被约瑟夫斯软化，后者遵循《出埃及记》里的版本，声称在摩西的预言中，亚玛力人事实上会被一个不明身份的施事者消灭，而这个人大概就是上帝。被认为出自希勒尔这样的智者之口的拉比哲言普遍鼓励犹太人应该寻求和平："做亚伦的门徒，热爱和平、追求和平，热爱人类，把他们都引向《托拉》。"尽管这很可能是指停止国内冲突以避免战争。[22]

从文献所反映的行为来看，似乎古代晚期的任何犹太人都不大可能会认为，他们参与的哪场冲突是像《申命记》中所描述的"强制的"战争，但是很明显，他们相信自己是带着宗教权威在战斗。"铁锤"犹大在公元前2世纪60年代的将圣殿从偶像崇拜中解放的斗争中，据说以一种与罗马行为相媲美的残忍方式摧毁并掠夺了以弗仑（Ephron）的敌对城市："犹大命人处死了城中所有的男人。"在《马加比一书》中，犹大召集军队的过程被以《圣经》式的英勇风格描述：

> 于是全体人民聚集在一起做战争准备，祈求上帝的怜悯……他们全天斋戒，穿起丧服，向头上扬撒灰烬，撕裂衣裳。异教徒在这种情况下总要请教他们的偶像，但以色列人却翻开律法书，寻求上帝的指导。他们带来祭司的长袍，献上初熟的谷物和什一税，然后领来几位虔敬笃诚、履行誓言的修士，全体大声祈祷……然后依据祖先律法，把那些新近结婚、新建了房子或刚种好葡萄园的，以及胆小害怕的人统统打发回家。

耶路撒冷反叛者于公元66—70年发行的钱币上使用了圣殿的形象，强烈表明这些犹太人至少相信自己是在带着神的认可战斗，但没有任何来自犹太人或者非犹太人的材料暗示，在以色列土地上的非犹太敌人，遭受了《申命记》里为强制的战争制定的残酷对待。正好相反，根据卡西乌斯·狄奥的说法，耶路撒冷的犹太人在围城的过程中，甚至欢迎来自罗马方面的逃兵。对圣战的引用似乎仅限于在末世的末日战争当中，正如从库姆兰出土的《战争古卷》（*War Scroll*）所设想的："所有人都要追击敌人，在神的战争中彻底地消灭他。祭司们要为他们鸣响追逐的号角，他们要以彻底毁灭敌人为目标对所有敌人发起进攻；骑兵将把他们推回到战场的侧翼，直到他们被完全消灭。"然而，总的来说，《战争古卷》中描述的战争并不现实。它更像是一种仪式性的舞蹈，由祭司们主持："当被杀的人倒下的时候，祭司要从远处吹号；他们不可接近被杀的人，以免被污血玷污。因为他们是圣洁的，他们也不可被毫无价值民族的血亵渎他们祭司的身份。" [23]

当犹太人参与被后来的拉比称为"可行的"战争时，他们似乎认为自己比罗马人更受战争规则的约束。约瑟夫斯在《驳阿庇安》中总结犹太人的律法时，选择了这样一种说法，即摩西要求犹太人"即使对那些被判为敌人的人也要考虑周全。他不允许我们烧毁他们的村庄或者砍伐他们的果树，甚至禁止掠夺阵亡的士兵；他已经采取措施保护战俘免受凌辱，尤其是女性……（他）吩咐我们，即使在敌人的国家里，也不要杀害作为劳力的牲畜。就这样，在每一个细节上，他都有怜悯之心"。其中一些描述是有选择性地从《申命记》中摘录的，还有一些 —— 不要焚烧敌人的领土、不要破坏尸体、节约畜力 —— 要么是传统的，要么（更小概率）是约瑟夫斯编造的。令人好奇的一点是，约瑟夫斯明显认为犹太人在战争中所表现出的这种仁慈会吸引他的罗马读者，因为在为同一批读者写作《犹太战争》时，他并未着明显的反对来描绘罗马将军在犹太世界里常规的暴力行为，其中引人注目的一处是，公元67年，在加利利海沿岸一个叫塔里卡埃（Tarichaeae）的小镇，韦斯巴芗如此对待被俘的犹太叛军：

> 战争结束后，韦斯巴芗在塔里卡埃举行了一次军事审判。他区分了居民和他认为应对战争负责的外来者，让他的部下考虑是否也要赦免后者。所有人一致认为，赦免他们会违背公众的利益；要是放了他们，这些无家可归的逃亡者恐怕是不会和罗马人和平相处的，此外，他们将可以煽动收留他们的人造反。韦斯巴芗认为他们不值得赦免，要是他们得到了自由，一定会伤害释放他们的人，但是他不知道该用什么方法处置他们：如果当下在那里杀了他们，他怕会招致居民的敌意，这些居民不会容忍针对这些苦苦哀求庇护的避难者的屠杀，但他也无法先释放他们，再违背诺言杀死他们。

但是约瑟夫斯记录道，韦斯巴芗被说服并战胜了他的顾虑：

> 因此，韦斯巴芗含糊地向那些注定要灭亡的人许下赦免的诺言，但只允许他们从一条路，即通往太巴列的路离开。这些可怜人马上

毫不怀疑地落入陷阱，不加伪装地带上自己的财物，踏上指定的路线。同时罗马人在通往太巴列的整条路上都设好埋伏，以避免任何人逃脱，在那些人到达的时候把他们关进了镇里。韦斯巴芗把他们集中在露天体育场。他下令处决 1200 名年老的和没用的俘虏；挑选 6000 名最强壮的青年派人送给正在地峡的尼禄。剩余的 30 400 人，除了作为礼物送给亚基帕的那些，即从前处于他治下的臣民，其余的都被出售。韦斯巴芗让亚基帕随心所欲地处置那些人，而国王随即把他们卖掉了。[24]

约瑟夫斯并不是唯一一个强调《托拉》命令犹太人保持仁慈的人。斐洛也在最大程度上强调《托拉》的这一面——在没有实际上直接反驳《申命记》中律法的情况下。他在书中写道，"将军命令他（立法者）向整个国家一并说明，指导他们该如何在朋友、盟友以及那些抛弃了他们同盟的人面前行事"。鉴于接下来的条例提及了所有那些不包含在《申命记》中——也就是上帝所要求的，为净化圣地发动的强制战争的类别——的律法，斐洛似乎不像早期的拉比，更不像罗马人，他甚至没有考虑《托拉》也许会允许征服战争的可能性。根据斐洛的说法，对待这些暴动者必须一直遵循理性的道路：

> 犹太民族已经准备好与所有志趣相投、寻求和平的人达成协议和友谊，但并非与那种因怯懦向不法侵略投降的卑劣之徒。当它拿起武器时，它区分了哪些是敌人，哪些相反。对所有人，即使是那些做得很少或没有错的人的屠杀，显示了我要称之为野蛮和残忍的灵魂，同样的话也适用于将天性和平且顾家的女性看作是那些带来战争的男人的同谋的行为。

斐洛在别处高度赞扬艾赛尼派的和平主义："在他们中间寻找制作箭支、标枪、剑、头盔、盔甲或者盾牌的人，都是徒劳的；简而言之，他们当中没有武器、军事机器或任何战争工具的制造者，甚至没有制造可能被转向邪恶目的的和平器具的人。"[25] 其他的希腊和拉丁作家并没有提到艾赛尼派的这一面，斐洛在对这个群体的其他描述中也没有提到这一点，他很可能是把他们的形象理想化了，但是，这一描述出现在一个犹太作家于公元 1世纪中期写作的、关于理想中虔诚的犹太人的作品中，本身就很重要。很明显，一些犹太人认为自己比大多数同时代的罗马人更少具有军国主义思想。但在实际中，当战争的机会出现时，二者行为是否有所不同，则当然是另一回事。但至少在犹太人中，对敌人福祉的伦理考虑有时候会被作为一个相关的道德问题提出，不论在实际激烈冲突时，保有这些顾虑有多么困难。犹太人不好战的观点对公元 70 年的罗马人来说会是很奇怪的，尤其是因为他们刚刚血腥地镇压了犹太人的叛乱，但是在斐洛的时代，这些不幸的事件都是在未来才发生的。

第九章

政　治

地　位

　　政府应该由谁来管理？罗马人和犹太人对他们的政治领袖所应具有的素质有多少共识？就像罗马人普遍对帝国主义战争的道德问题缺乏怀疑一样，成功地领导一场对抗被认作国家敌人的战争，是在罗马社会中获得政治声望的最可靠途径。遥远的过去的英雄是士兵，他们以勇气而闻名，功绩被满满当当地记录在李维于奥古斯都时代所写的罗马早期的历史里，譬如年轻的罗马贵族盖约·马略（Gaius Marius）的传奇故事。当他在公元前508年被俘至伊特鲁里亚敌军阵前时，他发表了一场激动人心的演讲，说自己愿意以一死解放罗马："我是罗马公民……我是你的敌人，作为敌人，我要杀了你；我杀人时能有多坚定，赴死时就有多坚定：勇敢地去做，勇敢地忍受，这就是罗马人的方式。"老谋深算的政治家西塞罗强烈地反对尤里乌斯·恺撒推翻共和宪法的行为，但也会在元老院呼吁众元老赞美恺撒对高卢的征服，"因为他（恺撒）不认为自己只能对那些已经用武力反对罗马人民的人开战，而是要把整个高卢置于我们的掌控之下。所以他取得了辉煌的胜利，在战斗中粉碎了日耳曼人和赫尔维提亚人

（Helvetians）最大、最凶狠的部落；他也威慑、镇压、征服了其他部落，教导它们服从罗马人民的统治"。奥古斯都的《功德碑》（*Res Gestae*）是在他死后才面世的，上面列举了他的军事成就，不仅有被征服的地区和人民，还有获取胜利的次数。即使是最不具有军事倾向的皇帝，比如克劳狄，也被驱使着呈现出自己在征服不列颠过程中的战士形象，以证明自己权力的合法性。[1]

　　相比之下，犹太人对他们民族的战士英雄的态度是矛盾的。《圣经》的叙述提供了许多有关军事才能的例子：扫罗、大卫、约拿单。大卫的成名之路和他与扫罗的竞争，都被概括在他们从对抗非利士人的战场返回后，听到的女人们的歌声中："扫罗杀死千千，大卫杀死万万。"在这个故事中，当这句歌谣变得司空见惯，扫罗开始担心起他的王国来："将万万归大卫，千千归我，只剩下王位没有给他了。"因此犹太人相信，曾经有一个由战士精英统治的犹太社会。但到了罗马统治早期，情况不再是这样了。在第二圣殿后期幸存下来的大部分文献对当代的军事领袖几乎没有什么记载，也没有多少注释把伟大的《圣经》勇士作为战士看待。约瑟夫斯在他的《犹太古史》中重写了《圣经》故事，强调了古代犹太英雄的勇气和军事才能，从埃塞俄比亚的征服者摩西开始，到约书亚和大卫，但是他的强调可能不是出于犹太传统的影响，而是希腊历史编纂学的要求——在后者中政治和战争总占据重要的地位——以及一种辩护性的需求，要将犹太人展现为纪律严明的战士：约瑟夫斯记载，公元前1世纪来自小亚细亚的希腊演说家阿波罗尼乌斯·摩伦（Apollonius Molon）如此攻击犹太人，"在一点上……批评我们是懦夫，而在其他点上，恰恰相反，他指责我们蛮勇和不计后果的疯狂"。拉比传统不太强调战士们的武力，而更多地强调神圣干预的力量，作为对虔诚的回应。伟大英勇的成就只有通过上帝的帮助才能实现。我们在第一章中讨论过光明节的由来，在拉比的传统中，光明节不是为了纪念勇士"铁锤"犹大的成就，而是由于神的干预使得圣殿重获奉献的机会：仅仅够让圣殿里的蜡烛燃烧一天的纯净的油，奇迹般地烧了八天。拉比几乎完全对公元66—70年时犹太国家的军队领袖保持沉默，包括最后的军队总指挥，吉奥拉斯之子西蒙。知道对抗罗马战争的全局的拉比们，可能了解与西蒙的军事生涯相关的一些事情。对于公元 3 世纪早期的罗马历史学家卡西乌斯·狄奥来说，"巴尔吉奥拉斯"——他是如此称呼西蒙的——是犹太人的领袖："他是唯一一个在与凯旋庆典有关的仪式中被处决的人。"对约瑟夫斯来说——虽然他此处描述的是自己的政治对手——西蒙是一个恶毒且嗜血成性的暴君，但是他的体力和勇气使人震惊。相比之下，在拉比的文献中没有西蒙的形象。[2]

拉比对战争的看法当然可能会因为公元 70 年犹太人的失败而带上偏见，但即使是在那之前——如果幸存的残片能提供良好的指引——犹太人选择在这一时期重述的《圣经》中的故事，并不是因为他们可以在神圣文本中大量找到的关于战争和英雄行为的叙述。在库姆兰发现的《战争古卷》中，有一段详细的对冲突的描述，在其中，人类参与者仅仅是数字和队形。唯一的英雄是神圣的战士，即上帝：

> 因为这场战斗属于你！他们的身体被你手的威力压碎，没有人可以去埋葬他们。你把迦特（Gath）的哥利亚（Goliath），伟大的战士，交到你的仆人大卫的手中，因为，在刀剑与长矛的战场上，他把信念寄托在你伟大的名字上；因为战斗是属于你的。借助你伟大的名字，他多次战胜非利士人。你通过我们君王之手，多次用你的慈爱拯救我们，当我们没有与我们的工作一致，当我们做了坏事，或者做出反叛的行为，你还是会拯救我们。因为战斗属于你，力量来自你！而不是我们。我们的勇力和我们双手的力量，除了通过你的力量和你伟大英勇的威力外，没有完成任何伟大的成就。[3]

犹太人并没有像罗马人那样，为战争赋予魅力。

在很多方面，罗马社会和犹太社会都是开放的，为来自所有背景的、有抱负的人提供了机会，但是在这两种文化中，都存在一些生活中的领域，其中只有血统是最重要的，而对另一些领域，人们认为好的出身不是必需，但可能是重要的。他们的不同之处在于，他们对什么样的祖先才值得夸耀的看法。

> 无论何时他们有知名人士过世，在丧礼游行过程中，他的遗体会被以各种尊荣的方式抬进市民广场，到所谓发言台（rostra）的地方，有时候以直立的方式呈现，以引人注目，或是比较少见地以平躺的方式呈现给大家。所有民众会围绕观礼；而他若有留下成年儿子，后者可以在场出席，那便是他的儿子，如果没有，则是某位亲戚，会登台进行演说，细述死者的生前成就及品德……然后在埋葬尸体以及执行习俗的礼仪之后，他们将死者的遗容放在家中最显眼之处，安放在木制的神龛内。这遗容是一副面具，在脸型及五官上皆以分外忠实逼真的程度来制作，以呈现死者的生前特征。偶尔在进行公共祭祀后，这些面具会被以极为谨慎的方式来装饰及展示。当任何家族里的显赫成员过世时，这些面具会被带到丧礼场合，由那些被认为与原来本人最相似（身高以及一般外表及姿态）的人佩戴……当演讲者结束对即将下葬之人发表的致辞后，他会继续提及其他面具所代表之人生前的丰功伟绩，就从最古老的那位开始。

罗马的政客被期望赞美他们祖先的荣誉，每当这对他们自己有好的影响时。上述这段话中，波里比阿描述了公元前 2 世纪中叶上层阶级的丧葬习俗，但是对高贵血统的崇敬一直延续到帝国时期，就像在塔西佗的记载中，求助提比略的马尔库斯·霍腾西乌斯·霍尔塔路斯（Marcus Hortensius Hortalus）是一位年轻的贵族，他是著名的演说家昆图斯·霍腾西乌斯（Quintus Hortensius）的孙子，他被奥古斯都的一笔补助金说服，要结婚生子，以防止他显赫的家族灭绝："我遵照皇帝的命令结婚。看啊，这么多执政官和这么多独裁官的子孙后裔。我讲这话的目的并不是要引起你们的憎恶，而是要唤起你们的同情。恺撒啊，在你荣耀的统治之下，这些孩子将会赢得你愿意授予他们的任何荣誉。同时，我请求你，从贫困中救一救昆图斯·霍腾西乌斯的曾孙和神圣的奥古斯都的养子。"这段讲话应当是塔西佗创作的，但它里面的情况和情感是真实的，事实上，提比略向霍尔塔路斯的每一个儿子都发了 20 万塞斯特斯。塔西佗和贺雷修斯的这种假设是重要的，它说明曾祖父的荣誉应该可以确保那些年纪太小、还不能自己取得任何成就的男孩获得优渥的经济条件。[4]

在罗马，最令人印象深刻的正式家庭地位属于显贵（patrician）家庭。在罗马作为一个城市的最初几个世纪的历史里，显贵们提供了执政的贵族，统治着剩下的罗马人，即平民（plebeians）。在共和国时期的绝大多数时间内，显贵的地位是仅仅由血统决定的，但从尤里乌斯·恺撒开始，在皇帝的统治下，显贵地位也可以作为特权赋予受青睐的个人。然而在这时，这一地位的意义已经不大了，因为到共和国末期时，显贵和平民之间的区别几乎丧失了所有的政治和社会意义：富裕的平民长期以来一直以执法官的身份行使政治权利，而且平民和贵族家庭已经长期通婚。在正式的条文中，数量较少的贵族仍然仅仅保有一些特权，比如他们中的一些人有权成为萨利队列（company of Salii）的一员，在 3 月和 10 月穿过罗马城，在路线上的指定地点表演精致的仪式舞蹈，用棍棒打击他们的盾牌，吟唱一首用难懂的萨图尔努斯（Saturnian）韵文写成的特殊歌曲，以此来纪念马尔斯神。但是地位仍然带来了声望：正是自己的显贵出身，鼓励伽尔巴（Galba）在公元 68 年的政变中夺取了皇帝的权力，使得尼禄下台，并最终结束了尤里乌斯·恺撒的后裔对罗马帝国的长期统治。

在帝国早期，比显贵阶层更不正式的贵族（nobilitas）标签通过共识得到采用，这些人是在公元前 31 年，屋大维在亚克兴取得决定性胜利之前，曾在共和国或三头政治时期担任过执政官的人的后裔。直到西塞罗时代，"知名人士"（nobiles）的家族几个世纪以来一直掌控着这个国家的最高官职，这并不是说这样的出身是这些职位的必要条件，只是单纯作为一种惯例。这种态度中所固有的势利感继续对帝国早期的政治产生影响，尽管权力转移到了一个人的手中。皇帝们希望展示他们对元老院以及其传统的尊重，当每年首次选举两名执政官的时候，皇帝都设法支持这些特权家族的子嗣，在罗马世界，执政官的名字将作为纪年方式被后人记录。

这样一种偏见，即政治地位可以且应该被继承，它在权力从一个皇帝转移到另一个皇帝的过程中更加明显。当尤里乌斯·恺撒于公元前 44

年去世时，他的甥孙屋大维，即未来的皇帝奥古斯都，很好地利用了他与被谋杀的独裁者之间的关系，称呼自己为"恺撒"，这甚至发生在元老院正式授予他这一名字、承认他为尤里乌斯家族的养子之前，他还鼓励在发行的钱币上称呼他为 *DIVI FILIUS*，"神之子"。在公元 14 年奥古斯都自己去世时的继承问题上，世袭因素起到的作用不好分析：因为他的养子，新皇帝提比略在任何一方面都是那时罗马最重要的政治家，尤其因为他军功卓越。但当公元 37 年提比略自己也死亡时，对于年轻且恶毒的盖约来说，除了父亲日耳曼尼库斯的人望——公元 19 年日耳曼尼库斯的死曾引起广泛的悲痛——和自己被提比略收为养子这一事实之外，他没有任何值得一提的地方。盖约与其两个父亲（即生父和养父）的关系，本质上是私人事务，但是在实践中，它们都被罗马公众视为权力转移的合法性。到公元 37 年，尽管名义上并非如此，帝国实际上是一个世袭君主制国家，直到这股从尤里乌斯·恺撒开始的王朝的力量被公元 68 年的暴乱所破坏。[5]

我们不需要再过多地证明出身的重要性了，但是罗马却不是一个以种姓为基础的社会。像西塞罗一样，出生在"错误"家庭的人，可以基于自己"新人"的身份，强烈地显示自己的优越性："我不像出身高贵的人那样拥有同样的特权，他们只需要坐在那里，等着我们的国家把荣誉放在他们面前。当前政治生活的状况迫使我必须有所作为……我们清楚'新人'的才能和精力会遇上多少来自某些贵族的妒忌和厌恶……"有些人甚至可以获得一种新的、虚构的身份，就像那些有钱的被释奴被皇帝赐予佩戴标志着（假装的）自由出身的金戒指的权利。如果族谱因没有著名祖先而不够杰出的话，可以在族谱的开端添加神或女神的名字，正如尤里乌斯家族声称维纳斯女神是他们家族的创始人一样。通过不同寻常的且不尊重法律的谎言（这种做法很像为了留在下议院而放弃自己世袭贵族身份的行为），在公元前 59 年，贵族普布利乌斯·克劳狄乌斯·普尔喀（Publius Clodius Pulcher）使自己被收养进一个平民氏族，这是为了帮助他竞选不对显贵出身的人开放的平民保民官一职，这一职位在过去几十年里被证明是一个对有着非凡政治野心的人的有效平台。[6]

相比之下，约瑟夫斯在自传里的自我描述，巧妙地包含了两种能在犹太社会中获得很高地位的世系。他可以夸耀自己引人注目的祖先，其中包括祭司和王室：

> 我的家庭并不是微不足道的，它的起源可以追溯到担任祭司的祖先。不同社会以不同的理由来证明良好的出身，在我们民族，与祭司的亲属关系就是一个明显的标记。然而，我的祖先不仅仅是祭司，还是属于其二十四道的第一道——一种有别其他的存在——以及组成它的宗族中最杰出的家族。此外，从我的母系家族来看，我属于王室成员；她的祖先是阿萨摩奈乌斯（Asamonaeus），他的后代在相当长的一段时间里都担任国王和我们国家的大祭司……我所称引的家系记录在公共登记册上，因为有这样的出身，我可以向我家族的诋毁者告别。[7]

犹太祭司身份是一种准种姓系统，从亚伦的男性血统中继承而来。祭司，即柯恩后裔（*kohanim*），是利未支派的一个亚群；其他的利未人则享有较少的特权。因此，在公共档案中保存的连续不断的记录中，关于族谱的档案十分重要，尽管祭司在选择婚姻伴侣时并不局限于其他祭司家庭，而许多非祭司家庭因此可能与祭司有亲戚关系。耶路撒冷圣殿最重要的功能是为男性祭司保留的，尤其是在至圣所旁专为他们预留的特殊庭院里，奉献牺牲和其他祭品。祭司比其他以色列人更接近至圣所——或者说当他们在圣殿里服务时，可以比其他以色列人更接近至圣所——这给了他们一种特殊的光环。在以色列的土地上很多人都知道哪些人是祭司，哪些不是，这并不是因为他们在圣殿外穿着特殊的服装，而是因为他们是什一税的收税人，不是祭司的人要将所有农产品的一部分支付给祭司。选中哪个祭司上缴礼物并不重要，所以自然而然，大多数以色列人会把他们的什一税交给他们邻里的祭司，尽管更有权势的祭司，比如公元66年在加利利成为叛军长官的约瑟夫斯，得到的可能比他们应得的更多。在有人质疑他的廉洁时，约瑟夫斯写道："我甚至拒绝接受自己作为祭司应得的那一份什一税。"相比之下，和他一起从耶路撒冷被派来的同僚们想要在税收开始前返回自己的家乡，"由于祭司的权利，他们从接受的什一税中积累了大量的财富"。[8]

对男性祭司允许结婚的对象的限制，也确保了对非祭司血统记录的保存，正如约瑟夫斯夸耀的那样：

> 我们的祖先不仅在最开始就把品质最好的人奉献出来，服务上帝，也采取了预防措施来确保祭司血统应该保持纯粹和纯净。祭司阶层的成员为了组成一个家庭，必须娶一个他自己族的女人，而不考虑她的财富或者其他出众的地方；但他必须调查她的血统，从档案和证人那里获取她的家谱。我们不仅在犹地亚本身，也在任何有犹太社区的地方这么做，祭司的婚姻被严格地记录下来；我说的是散居在埃及、巴比伦和世界各地的犹太人的祭司。他们起草一份声明并将其送往耶路撒冷，写明新娘和她父亲的名字以及更遥远的祖先的名字，连同证人的名字。[9]

祭司被禁止与任何其后代可能被证明不是他后代的女人——比如离过婚的女人——结婚，因为这可能会玷污祭司血统的纯洁。单纯地解读在《密释纳》中发现的被许可婚姻的清单，可能会认为犹太社会完全建立在这种种姓限制的基础上："十个宗族来自巴比伦：祭司、利未人和以色列人；被削弱的祭司；改宗者、被释奴、私生子和纳辛（nathin，即圣殿仆人）；祭司、利未人和以色列人可以通婚……改宗者、被释奴、私生子和圣殿仆人……都可以通婚。"[10] 然而，《密释纳》中提到的许多"宗族"都是理论性的，是从《圣经》的解读中推断出来的。因此，圣殿仆人应当是基遍人（Gibeonite）的后代，据说约书亚在古代就把他们变成了圣殿的奴仆。在包括《死海古卷》在内的所有犹太证据中，规律性出现的对犹太人的分类方式，只有祭司、利未人、改宗者和"以色列人"，也就是普通的犹太人。利未人被简单定义为利未支派的成员，而不是亚伦的后代，他们照看圣殿和唱赞美诗的有限的任务有时会导致与祭司的紧张关系。

人们普遍的情绪是，属于"正确"的家庭是最重要的，所以在争夺大祭司的位置时，它有了政治价值。除了必须拥有无可挑剔的祭司出身外，高级祭司的资格似乎没有其他正式的限制——因此，当某个叫亚那内尔（Ananel）的巴比伦人被希律在公元前37年任命为大祭司，约瑟夫斯在一处描述中称他来自"一个高级祭司家庭"，但在另一处记述中却称他是被刻意挑选出来的，因为他来自一个"不知名"的背景。从理论上讲，任何祭司都可以成为大祭司，但是第二圣殿早期的习俗是只有声称自己是撒督后代的人才可以得到这个最有声望的职位，撒督是所罗门时代的大祭司，他是以西结承认的独自在上帝面前"奉献脂油与血"的人的血脉。马加比家族的第一人犹大在净化于公元前164年被"神显者"安条克四世亵渎的圣殿之后（参见第一章）不愿意将大祭司的职位据为己有，这似乎与他对一条流行观点的认同有关，即他不应该被任命为大祭司是因为他不是撒督的后裔，而那些写《死海古卷》的宗派成员之所以反对后来的哈斯蒙尼王朝，则是因为他们认为这些哈斯蒙尼家族的人是无效的大祭司，不像他们自己的祭司领袖，后者有时专门自称为"撒督的子孙"。到了公元1世纪，撒督的血脉可能变得更像传说而非现实，但普遍的概念——大祭司的血统能够带来社会声望——仍然存在，虽然是对新的家族。因此，约瑟夫斯抱怨说，在公元67或68年，狂热派对乡野出身的腓尼阿斯（Phannias）的任命"废除了那些轮流有人担任大祭司的家族对这一职位的宣称"，根据《使徒行传》的说法，审问彼得和约翰的人是（包括但不限于）"大祭司亚那，该亚法，约翰，亚力山大，并大祭司的亲族"。从约瑟夫斯对公元66年之前耶路撒冷的政治斗争的详细叙述中可以清楚地看出，与过去或者现在任何一位大祭司的关系，都可以快速地保障相当不错的社会地位。[11]

王室血统，正如约瑟夫斯所夸耀的一般，自然是罕见的，人们可能怀疑是否有许多犹太人有能力效仿他的做法——追溯家谱，直到两个半世纪前哈斯蒙尼大祭司约拿单的时代。事实上，他也不可能填补那些由于他的祖先不算杰出而留在他家谱中的空白——甚至他所给出的名字在纪年上都出现了混乱。但是很明显，在公元1世纪的耶路撒冷，拥有哈斯蒙尼王室的祖先是可以获得尊重的。同样的道理也适用于那些可以与希律王室家族建立联系的人——因此，根据约瑟夫斯的记载，科斯特巴和扫罗两兄弟的生涯尽管可耻，却是成功的，他们"是王室血统，因为他们与亚基帕的亲缘关系而受到青睐"，并在公元 1 世纪 60 年代早期耶路撒冷的城市暴力事件中发挥了主导作用。声望最高，但难以证明的是上帝所认可的王室血脉的后裔，即大卫王的后裔。看起来，没有人能提供像约瑟夫斯那类的书面证据证明大卫王是自己的祖先，但很明显，这种声称是存在的：教会史学家尤西比乌斯从 2 世纪基督教作家，可能出生在巴勒斯坦的赫格西普斯（Hegesippus）那里获得了一些信息，据尤西比乌斯的记载，他是一个改宗犹太人，赫格西普斯记录："在占领了耶路撒冷后，韦斯巴芗下令搜查所有大卫家族的人，以在犹太人当中不留下任何一个王室家族的成员。"赫格西普斯的故事很可能是一个基督教传说，因为没有其他来源提到他所说的"犹太人大迫害"，同一作者也提及了图密善和图拉真时代在"犹太王室家族"中针对大卫王后裔进行的搜查。更确定的原因是——的确最可能通过杜撰——将因其他原因被认为是特别的人归为大卫王后裔。在公元 3 世纪初，或更早时期，《密释纳》的编纂者、拉比犹大·哈纳斯的家族被声称是大卫王的后裔。当然，在公元 1 世纪耶稣也同样被称为"亚伯拉罕的后裔，大卫的子孙"，尽管《马太福音》和《路加福音》所提供的耶稣的家谱十分不同。在《路加福音》中，这个血统并不是偶然出现在耶稣的故事里的，因为它解释了耶稣诞生的特殊情况："约瑟也从加利利的拿撒勒城（Nazareth）上犹太去，到了大卫的城，名叫伯利恒（Bethlehem），因他本是大卫一族一家的人。"从马利亚的丈夫约瑟那里继承的大卫血缘和无垢受胎之间的矛盾似乎并没有困扰路加（不像其他早期的基督教徒），尽管路加和马太都特别提到，约瑟并不是耶稣真正的父亲。保罗和《启示录》（Revelation）作者也都强调大卫是耶稣的祖先。马太强调约瑟接受了马利亚作为他的妻子，但是就像我们看到的那样，任何认为这会构成他收养了一个不是自己的孩子的想法，似乎在犹太习俗中都是陌生的。[12]

罗马人无法想象将政治权力交给任何不富裕的人。没有一大笔财富是不可能成为一名元老的。财富带来的声望，通过铺张的慷慨馈赠——为了广大社区的利益——得到强化，比如为意大利一个小镇设立的信托基金，它由某个名叫提图斯·赫尔维乌斯·巴西拉（Titus Helvius Basila）的人的女儿普洛库拉（Procula）在公元 1 世纪中叶为了纪念其父而设立，而他作为"市政官、法政官、同执政官、皇帝副将，赠给阿蒂纳（Atina）人民 40 万塞斯特斯，以使这笔钱的收入可以让城中的孩子得到粮食直到他们成年，此后每人还能得到 1000 塞斯特斯"。在共和时期的罗马城，以及在帝国时期的意大利和行省城市，富人仍然在通过为公众提供角斗表演，以及在公用建筑或其他公共慈善活动上的炫耀性支出，竞相赢取民众的好感。数以百计的现存的碑文记载了这样的礼物，它们是被自愿提供的，同时也是被期待的，就像小普林尼在写给朋友马克西姆斯的一封祝贺信里所暗示的那样，他举办了一场决斗表演

> 献给我们维罗纳（Verona）的人民，他们长期以来对你表示了爱戴和钦佩，并给了你许多荣誉。维罗纳也是你深爱的妻子的故乡，为纪念她，你应当出资兴建一些公共建筑或举办表演，而这类场合特别适合作为丧葬的奉献。此外，这个要求来自如此多的人，以至于拒绝会被认为是顽固而非坚决的。你值得尊敬地欣然同意举办这次演出，演出规模又如此奢华，通过此类善行，你伟大的灵魂为人所知。我很遗憾，你购买的大量非洲黑豹没法出现在指定的日子里，但是你应当获得赞扬，虽然天气阻碍使得它们无法按时到达；无法展示它们并不是你的错。

罗马城内，在皇帝的统治和赞助下，所有面向公众福祉的大型捐赠自然全部由皇帝自己提供，他的财富远超其他所有人。面包和马戏的供给——批评家尤文纳利斯嘲笑这是这些城市里暴民唯一感兴趣的东西——不仅仅是作为实现政治沉默的贿赂（尽管它也起到了这个作用）。财富的展示也证实这些皇帝适合统治。[13]

财富作为地位的先决条件，它是如何被获取的并不怎么重要。共和国时期的罗马元老们对承认过度参与商业活动心存拘束，但这主要是因为一些商业活动，特别是为国家征税，可能会与元老为整个罗马社会寻求最好政策的政治家角色产生利益冲突。在帝国早期，有很多证据表明，元老们通过建立陶器坊和砖窑以及入股水运公司来最大化他们的收入。在一个可以如此公开欣赏将私人财产用于公共目的价值的社会里，对过度关注于积累物质财富的哲学反对意见不应该被看得太认真。小塞内卡曾写道："贤哲没有什么可损失的东西。他的全部财产就是他自己，他没什么东西可托付给命运。他的财富是安全的，因为他只要有美德就满足了；美德不取决于命运里的事件，所以美德不会增加也不会减少。"塞内卡很可能是真诚的，但是他也是当时罗马帝国最富有的人之一。[14]

我们不应推断，仅靠拥有财富本身会得到罗马社会中的声望。财富是必要条件但不是充分条件，正如我们在佩特罗尼乌斯的《萨提尔孔》（*Satyricon*）中所看到的对新近发家的被释奴特里马奇奥（Trimalchio）的轻蔑描写，他"甚至不知道自己有多少钱，他太富了"。特里马奇奥对自己建造（并失去）了一系列满载货物的船只后发财致富的故事的描述，既是为了娱乐读者，也是为使读者厌恶："诸神想要的，很快就会发生。在一次旅程中，我净赚了1000万。我买回了所有属于我前业主的地产。我建造了一座房子。买了奴隶和牛。我摸到的东西就像蜂房一样生长。当我开始拥有超过我自己整个国家的财富时，我隐退了。我从积极的工作中退休，并开始借钱给被释奴。"[15] 古代罗马人曾经过着简单的农民生活，这一传统导致了关于展示显眼的财富在价值观上不可避免的前后不一。尤里乌斯·恺撒曾试图通过政府行为来控制饮食和建筑的铺张浪费，奥古斯都也是一样，虽然提比略拒绝进行干预，理由是禁止这种放纵是徒劳的。[16]

相比之下，在犹太人中，财富的占有和支出几乎与社会地位无关。在《犹太古史》的第16卷中，约瑟夫斯描述希律给予叙利亚和希腊城市数量巨大的捐赠，以及他在自己犹地亚王国的建筑项目上的慷慨大方。约瑟夫斯写道，有些人认为，这种慷慨一定与希律王向臣民勒索钱财的邪恶

倾向有关，但他（约瑟夫斯）认为这两种倾向应归在一起："他所犯下的
这些暴行，是由于他希望获得独一无二的荣誉。"换句话说，希律希望他
的礼物能给他带来声望："我可以列举他为了恺撒和亚基帕和他其他朋友
的荣誉所做的事。因为他向他的上级展示了如此程度的关注，他希望他的
臣民也能向他展示同样的关注，而对于他认为能给别人的最好的礼物，他
也渴望为自己获得同样的。"但是，对希律来说不幸的是，他寻求荣誉，
犹太人却不为之所动，正如约瑟夫斯明确地指出的那样：

> 碰巧的是，犹太这个国家是通过法律来反对所有这些事情的，
> 并且习惯于赞赏正义而不是荣耀。因此，这并不得他（希律王）的
> 欢心，因为让它用雕像或神殿或这样的象征物来奉承国王的野心是
> 不可能的。在我看来，这就是希律亏待他自己的臣民和顾问，以及
> 慷慨对待外国人和那些与他不相关的人的原因。

代表社区公开展示财富这件事本身并不能在犹太社会中带来社会地位。[17]

这种截然不同的态度的一个影响是，富人在耶路撒冷可以比在罗马
更自私地享受他们的财富。在公元1世纪的犹地亚，对圣殿遗址附近豪
华住宅的发掘证实有一些非常富有的家庭存在，但是除了为穷人提供慈
善的道义责任之外，这些人没有动机去把他们的财富花在公众身上。在
公共建筑，包括在圣殿本身上花费的钱，不是来自寻求公众认可的富裕
教徒，而是来自公共支出或希律家族的统治者（有时可能差不多是一回
事）或少数情况下，来自散居犹太人的虔诚信仰，而不是对于在耶路撒
冷获得声望的渴望。因此，根据《密释纳》的说法，奉献给圣殿的重要礼
物是由改宗的阿狄亚贝尼王室家族制作的："蒙罗巴斯（Monobaz）国王
用黄金制作了在赎罪日使用的容器的把手。他的母亲海伦娜在圣殿的门上
放了一盏金制的烛台。她还做了一个金片，上面写着关于被怀疑通奸的女
子的段落。"类似地，多个来自亚历山大里亚的青铜大门由某个尼卡诺尔
（Nicanor）提供，并被一个奇迹所运来：

当尼卡诺尔把它们从埃及的亚历山大里亚带来时，一场大风在海面上升起，威胁要把他们淹没。他们把一个大门扔进海里，接着他们想要扔掉另一个，但是尼卡诺尔制止了他们。他告诉他们，"如果要扔第二个，就把我也一起扔了吧"。他一路紧张地抵达了雅法（Yafo，约佩）的码头。当他们到达雅法的码头时，一扇大门从船下突然冒出来。有些人说是海里的怪兽吞了它，而当尼卡诺尔来到雅法的码头时，它把它拿起来扔到了陆地上。

因为有关他的大门的奇迹，尼卡诺尔的名字"荣誉长存"，但是他的付出并没有使他在耶路撒冷社会中成为一个很有实力的人物。[18]

与罗马人不同的是，犹太人可以将社会地位和权力赋予那些没有财富的人。根据约瑟夫斯的说法，撒都该人的教导只针对那些富裕的人，但是他并不认为那些富裕的撒都该人控制了犹地亚的宗教生活。正好相反，"撒都该人只拥有富人的支持，但在民众中却没有追随者，而法利赛人则得到了群众的支持"，而且"在城镇居民中极具影响力；所有的祷告和神圣的礼拜仪式都是根据他们的阐述来完成的"。一些祭司非常富有，另一些却非常贫穷，当大祭司派遣奴隶到打谷场通过暴力手段夺取后者应得的什一税时，他们就会"饿死"，但是这样的贫穷并不能阻止他们在圣殿里的祭司职责和其赋予他们的威望。我们很难基于约瑟夫斯赋予他老师班纳斯（Bannus）或施洗者约翰的禁欲主义的价值，或艾赛尼人和法利赛人所采用的简朴生活方式进行讨论，并提出犹太人认为贫穷具有积极价值。苦行的生活方式，只有当它被那些有经济手段避免它的人所采纳时，才会让人印象深刻。但是，一些苦行者的影响，如施洗者约翰的，至少表明在公元1世纪的耶路撒冷富有并不是社会声望的必要条件。[19]

罗马人和犹太人都认为，年长的人一般都应该得到尊重和权威，在这方面，这两个社会之间的差异比他们对财富态度的差异要少。在帝国早期，中年和老年男性的集会组成了罗马元老院的主体，它被定期增录的20多岁的新成员巩固，但拉丁语中"元老院"（senatus）一词的意思是

"年长者的集会"。对政客来说，增长的年龄所带来荣誉与仕途的概念相伴，即一个成功的人在"荣誉之路"（*cursus honorum*）上的航程，因为至少从公元前 2 世纪早期开始，它主要阶段的门槛原则上是要达到某个最低年龄。因此，从公元前 81 年的苏拉时代开始，当选财务官最低需要 29 岁，当选法政官最低需要 39 岁，而当选执政官最低需要 42 岁。在共和国晚期，这些年龄限制经常被雄心勃勃的政治家打破，包括处于政治生涯早期的奥古斯都皇帝，他通过自身个性、朋友或家庭的影响力或武力威胁，在比法定最小年龄还小的时候获得了这些职位，而在帝国早期，藐视规则对于皇帝喜爱的近亲是常规的，但是他们享有的特权之所以如此有效，是因为标准的年龄限制被其他人非常普遍地接受。

这种对长辈的崇敬与其他文化中对年轻人的强调形成鲜明对比，在那些文化中，拥有灰白头发被认为是追求政治权威的不利条件。在希腊化时代和罗马帝国早期的希腊城市中，年轻人被视为社会中的一个重要群体，他们有自己的组织，即埃斐比亚（ephebate），作为他们在公民同胞中的代表：其成员在某种程度上接受一种类似今天拥有特权的大学学生所接受的文化教育，而铭文则记录了城市当局在认识到他们作用的同时所做出的控制他们的努力。罗马没有与之直接对应的机构，但是为了避免贵族青少年产生不满，并为将他们的雄心壮志引导向新政权中，奥古斯都给予罗马的"青年"（iuvenes），即年龄在 14 岁到 17 岁间的骑士阶层男孩，一种新的公众认可形式。这些被挑选出的年轻人在盛大的节日里游行，举行他们自己的特殊比赛，年轻的男孩们在公开的"特洛伊游戏"中彼此竞争，而年纪较大的青年则参加更严肃的体育运动，并到专门为年轻人指定的剧院里观看节目。所有这些都构成对年轻人的一种重视，奥古斯都可能不安地意识到，他自己正是在青少年时期开始依靠暴力上台的，但是这种重视的功能是鼓励耐心：通过建立这样的机构，政府含蓄地认可这些年轻人对较高社会地位的正当要求——只是要在适当的时候，当他们年纪已足的时候。

相比之下，那些拥有权力的人似乎没有退休年龄。人们并不总因年长的男人（和女人）的智慧而对他们怀有敬畏之心；秃顶、流涎、无牙、老迈、易怒、啰唆的人是讽刺作家惯常的讥嘲对象，这一事实引起了一些人对衰老的深刻思考，比如西塞罗。尽管如此，皇帝是终身在位的：第一位主动退位的皇帝是公元 305 年的戴克里先（Diocletian），他曾徒劳地希望能够确保有序的继承。在声望很高的国家祭司中，只有当一位祭司去世后，其留下的空缺额才会被其他元老填补上去。除非自己变得过于虚弱，元老们会在高龄时依然参与元老院会议。正是因为他们的资历，他们的观点具有权威性：在元老院，被呼吁发言的人，都是那些执政官的任期距现在时间最长的元老。年纪极高的人的威望正由于他们的稀有得到了增强。也许在公元 2 世纪，某个人——其作品以琉善的名义保存下来，但琉善不是真正的作者——在意大利完成了一篇以希腊语写就的关于长寿之人的文章。这份干巴巴的名单主要由希腊神话和历史中的人物组成，且简要地提到了埃及、印度、"亚述和阿拉伯"以及其他蛮族地区的宗教学者的"哲学家式的"生活方式。此文除了几位长寿的古风时期的罗马城国王外，对于罗马无甚提及：努玛·彭皮里乌斯（Numa Pompilius）和塞尔维乌斯·图里乌斯（Servius Tullius）都活到了 80 岁以上；被驱逐到库迈（Cumae）的塔克文（Tarquin）活了 90 岁以上。作者承诺在另一部作品中给出更多关于罗马和意大利的信息，但它未能留存，不过作者提及了阿桑德尔（Asander）的悲惨死亡，"在成为统治者后，神圣的奥古斯都任命他为博斯普鲁斯（Bosphorus）国王"：在战场上，无论马战还是步战，他直到 90 岁都没有输过，当看到人民都叛逃到他的对手那里时，他拒绝吃任何食物，并在 93 岁绝食而死。[20]

在犹太社会中，年龄标志不像罗马社会那么明显，但一个在原始文本被修订后，插入了《密释纳》的一些手稿里的段落，对生命的各个阶段进行了深入的分析：

> 5 岁的时候（人适合）读《圣经》故事，10 岁适合读《密释纳》，13 岁适合（践行）戒律，15 岁适合读《塔木德》，18 岁适合结婚，20 岁适合追求（一个职业），30 岁拥有力量，40 岁拥有洞察力，50 岁提供劝导，60 岁成为长老，70 岁头发变得灰白，80 岁拥

有特别的力量，90 岁变弯腰，100 岁时一个人就应该死去，离开这个世界。

　　早期拉比律法将需要依靠他人的男孩和负责任的成年人区分开来，但是这种地位的改变并不需要任何仪式去庆祝："成年礼"（Bar Mitzvah）——一个男孩在 13 岁零 1 天当众朗读《托拉》，以确认他作为一个负责任的成年人的新身份——直到中世纪才被引入到犹太礼拜仪式中。对于犹太青少年和年轻人来说，没有一个类别可以对应罗马的"青年"概念，也没有任何相当于罗马人在首次剃须时的成年仪式（也许仅仅是因为犹太人没有刮干净胡子的习惯）。几乎没有关于对地位和权力（男孩变为成年人）的最低年龄限制的证据，尽管根据《圣经》记载，利未人在圣殿里服务的最低年龄是 20 岁、25 岁或 30 岁不等。我们无法确定当选大祭司是否也有最低年龄限制。约瑟夫斯记载，当希律于公元前 37 年在耶路撒冷掌权时，他没有把大祭司的权力交给年仅 16 岁的哈斯蒙尼王子阿里斯托布鲁斯三世（Aristobulus III），"因为他只是个孩子"，尽管后者的年纪不能自动解除他的职位，因为约瑟夫斯写道阿里斯托布鲁斯的母亲"对她儿子受到的侮辱感到如此不安和委屈"，以至于她向埃及的克利奥帕特拉寻求帮助，要求马克·安东尼为他争取这一职位，并在第二年也就是他 17 岁那年再次任命他。年轻似乎并不影响人获得权威。约瑟夫斯带着自豪描述青少年时候的声明，他说："虽然我还是个小男孩，年仅 14 岁，因为对文字的爱，我赢得了普遍的赞誉，因此，祭司长和城市的领袖不断来找我，想要知道我们的法令中一些细节上的准确信息。"一个类似的早熟的故事讲述在耶稣 12 岁时，他的父母在耶路撒冷庆祝逾越节之后把他留在了耶路撒冷，并且"过了三天，就遇见他在殿里，坐在教师中间，一面听，一面问。凡听见他的，都稀奇他的聪明和他的应对"。[21]

　　尽管如此，《圣经》，尤其是《摩西五经》，将"长老"的权威视为理所当然，他们坐在大门上并扮演着法官的角色。正如约伯对他的朋友所说，"年老的有智慧，寿高的有知识"。正如一贯以来的那样，将说教性质的理想与常规现实区分开来是很困难的。斐洛指出艾赛尼社区事实上的优点之一是"老人……被尊重和关怀所环绕：他们就像父母，孩子们在他们年老时伸出援助之手，带着慷慨大方和无穷的关注"，尽管年老的族长缺乏类似罗马父权（*patria potestas*）的权力，即对他后代的生命和财产所拥有的制度化的法律权威。然而，与罗马人不同的是，犹太人为那些显赫的职业设想了固定的退休年龄。《民数记》为在圣殿中服务的利未人规定了最大年龄："从50岁起，他们要从服务中退休，不再从事任何服务，而是要在会议幕帐辅佐他们的兄弟，要谨守，不做任何服务。"在《死海古卷》中发现的《大马士革文件》不仅规定了法官的退休年龄，而且明确地揭示了采取这一做法的理由，即衰老会带来危险："60岁以上的人，不得担任圣会的审判官"，"因为他的罪过，他已经时日不久了，在上帝对地上居民的愤怒中，上帝规定了他们的理解力应该在他们生命结束之前就已经消逝"。事实上，犹太祭司也必须从他们在圣殿里的工作中退休，因为年老体衰会使他们无法完成必要的体力劳动，尤其是宰杀动物——不像罗马的国家祭司可以把辛苦的工作交给受过专门训练的奴隶。另一方面，大祭司似乎并没有强制退休年龄。约瑟夫斯指出，一旦大祭司就任，任何人剥夺他的权力都是非法的（尽管他也立即指出了一些发生过的案例）。西卡努斯二世遭受来自侄子安提柯的野蛮对待，被（正如我们所见的那样）割掉了耳朵，因此不能再次担任大祭司（因为他现在肢体不全了，"律法要求大祭司的职位只能属于那些肢体健全的人"），也就是说，当时西卡努斯虽然已经年过60，却仍然能够期待复职。[22]

知识就是力量，但是学者的观点在所有的社会中都不重要。对于罗马的政治精英来说，学术和哲学是可以被接受的属性，但它们既不是必修课，也不特别有助于建立一个政治家的权威。两者都是富人自称向往的、闲暇时光的产物，但是社会阶层更靠下的专业人士，包括被释奴，就算不能做得更好，也能和他们做得差不多。未来的皇帝克劳狄曾转向学术追求，正是因为他被奥古斯都和提比略排除在政治之外，他写了有关迦太基和伊特鲁里亚的文章，也因为其无害且迂腐的古文物学家的声誉，从其上一个宫廷的阴谋诡计中幸存了下来。修辞艺术通常被认为是唯一能给罗马政治家带来声望的教育上的成就。在共和国晚期，公共生活是在一个开放的舞台上、在其他政治家和更多数的公民观众面前进行的，因此演讲能力为政治成功提供了一条重要的途径，特别是对那些因缺乏机会或天赋而没能收获军事才能带来的奖励的人，但在帝国时期，政治辩论的可见度降低了，因为许多决策都在皇宫的大门内进行。这种信念——修辞上的专长有利于他们的公众生活——仍然是元老们自我形象的一部分，但事实上，演讲通常被限制在对皇帝的赞美或在民事法庭的争斗上，只是偶尔在对一名有着敲诈勒索或其他不端行为的政客的刑事审判中才会变得鲜活。社会地位较低的学者、哲学家和演说家的学问可能会带来声望，但不能保证地位和权威，正如现代明星的名声一样。

相比之下，学问在犹太人中享有更多的威望，这也许是因为所有的犹太人都依照一个需要被诠释的书面文本生活。写在羊皮纸和纸莎草上的《圣经》抄本是珍贵的物品，因此，为安全起见，库姆兰洞穴里的大储存罐中存放着大量《圣经》文本，约瑟夫斯则夸口说，由于提图斯的仁慈，他在耶路撒冷被摧毁后收到了神圣的经文作为礼物，这一恩惠与使他的犹太同胞免于被囚禁和钉死在十字架上的恩典记载在一起。[23] 那些能够撰写、阅读和解释如此重要的文本的人一定会受到尊重。因此，根据《福音书》记载，在加利利和犹地亚与耶稣有过接触、有时发生冲突的知名犹太团体中，有文士"好穿长衣游行，喜爱人在街市上问他们的安，又喜爱会堂里的高位筵席上的首座。他们侵吞寡妇的家产，假意作很长的祷告"。[24] 令人感到困惑的是，这个群体并没有相似地出现在其他成书于或描述第二圣殿晚期社会的古代文献中；例如，在约瑟夫斯或斐洛的作品中，他们并不是一个可以被识别出来的团体，对他们来说，一位"乡村文士"是等级低微的皇家官员，"神圣文士"（hierogrammateis）则是预兆的解释者。由于从定义上来说，"文士"的主要工作就是写作，《福音书》所指的文士最好被理解成那些书写律法条目的人。一些人崇敬律法的每一个字，但没有印刷版的《圣经》来核对在犹太教堂被读给他们听的文本的准确性，因此他们必须给予那些抄写文本和将其朗读出来——当然，这不一定是同一个人——的学者们极大的信任。后一种功能在确立单词含义方面的重要性大大增加，因为卷轴上所写的单词缺少元音和标点符号。正如现存的希腊语和阿拉姆语古代译文所证明的那样，有不少空间留给不同的解释。也许有些奇怪的是，古代作家虽然提及了抄写者的重要性，却没有提及《托拉》经卷朗读者的重要公共角色。斐洛在赞扬犹太人对他们律法的了解时写道："在场的某位祭司或长老之一朗读神圣律法，并逐点将其阐述。"在其他地方，他把这个在犹太教会堂里教学的角色描绘成"最有经验的人之一"。[25] 在《路加福音》中，耶稣被描绘以这种方式在拿撒勒的犹太教堂里讲学，"在安息日，照他平常的规矩，进了会堂，站起来要念《圣经》。有人把先知以赛亚的书交给他"。[26] 很明显，虔诚的犹太人会认可他们信任来诠释律法的人的权威，他们相信，上帝要求他们依照律法生活。

原则上讲，人们可能会认为，那些不仅解释神的律法而且与神圣领域有过直接交流的人，会获得更高的地位。犹太人和罗马人都认为神有时候会和人类对话，而且这是在过去发生过的，但是他们不情愿遵从自己时代中那些声称获得神启的人的领导。因此罗马人相信诸神通过神谕与人沟通，但这并不意味着神谕者有什么特别之处。在罗马南部的坎帕尼亚的库迈有会预言的女先知（Sibyl），维吉尔说她在阿波罗神的启发下，发出了欣喜若狂的话语，库迈铸造的钱币纪念了这个城市的女预言家，但是没人了解扮演这个角色的女性本身。她们当中的每一个都只是上帝的喉舌。代表罗马国家的占卜官和其他解释神迹的官员大多数是宗教上的技术人员，并运用传统的占卜方式。主持为众神集体祭祀的诸多祭司在宗教上并没有什么特别之处。他们向诸神代表人类，而不是向人类代表诸神。

对犹太人来说，上帝可以直接对人说话，这一点是显而易见的，因为《托拉》就是以这种方式传给摩西的，只有他一个人与上帝"面对面"地交流过。在古代，上帝也对先知说过话。甚至作为结果，犹太祭司与罗马祭司的角色也不同：罗马人把他们的任务看作是人类传统的延续，即向诸神提供早期祭司认为会吸引到诸神的祭品，犹太祭司相信自己是在解释上帝自身通过摩西所规定的规则和律法。然而，公元 1 世纪的犹太人相信，曾经古代先知们和上帝间的直接交流在他们的时代已经结束了。《马加比一书》的作者提到了由于缺少指导以色列人该如何行动的先知而出现的困难:"铁锤"犹大打败了"神显者"安条克四世的军队后,在耶路撒冷净化了被玷污的圣所,他"把那些(被玷污的)石头放在圣殿山上一处合适的地方保存起来,等到先知出世再决定如何处理"。他的兄弟西蒙被犹太人任命为"他们永远的领袖和大祭司,直到真正的先知出现"。但是在某种程度上,这样的主张可以被仅仅看作是怀旧之辞,因为在更晚近的时候,约瑟夫斯仍然可以想象上帝直接对一些特殊的人说话。哈斯蒙尼统治者约翰·西卡努斯,即西蒙·马加比的儿子,"是唯一一个集有三项最高特权的人:国家的最高统帅、大祭司和预言的天赋。因为他与上帝的联系如此地紧密,以至于他对未来从来不是无知的。因此,他预见并预言他的两个大儿子将不会继续担任事务的负责人……"约瑟夫斯似乎将乌陵和土明的神谕最后一次使用划归给了约翰的时代,乌陵和土明是大祭司胸牌上的装置,它们以一种现在未知的方式揭示上帝的旨意。约瑟夫斯写道,它们"在我完成这部作品之前的 200 年就已经停止发光了,因为上帝对违反律法的行为感到不满"。根据《密释纳》,乌陵和土明"在第一批先知去世的时候"就已经失去作用了。[27]

　　约瑟夫斯似乎认为,他自己时代的先知们并没有达到过去那些先知的标准,后者受神启发的话语被保存在了《圣经》中。尽管如此,他确信上帝给有特权的人发送了消息,因为他相信自己就是这样的人。在公元 67 年的约塔帕塔(Jotapata),当他还在为是应该向罗马人投降,还是应该和他的同伴一起自杀而犹豫不决时,"突然,他想起了那些夜晚的梦,在梦里,上帝向他预言了犹太人的命运和罗马君主的定数。他是梦的解译者,擅长占卜上帝模棱两可的话语的含义;作为一个祭司和祭司的后代,他对圣书中的预言并不是一无所知的"。似乎上帝的意志是直接在梦中以及间接在对《圣经》的研究中揭示的,但不管是哪一种情况,这都使得约瑟夫斯成了一个值得信赖的先知,正如他在投降后所证明的那样——他声称自己准确地预测了韦斯巴芗和提图斯作为皇帝的光荣未来。这一事件在约瑟夫斯一生中的重要性,使得他从来没有把自己描述为"先知"的举动变得更加重要,而他通过与神的接触来预知未来的专长,在他的自传中也并没有表现出来。似乎有一些人在公元 1 世纪的犹地亚聚集了许多追随者，并把自己介绍为先知，但是约瑟夫斯批评他们是假先知，是"冒充者和骗子"；比如一个埃及人，"他宣称自己是先知，并建议广大平民和他一起去叫作橄榄山（Mount of Olives）的山上，它坐落在城市的对面5弗隆*（furlongs）远的地方，因为他宣称自己要在那里证明，在他的命令下，耶路撒冷的城墙将会倒塌，他承诺要为他们提供进入这座城市的入口"。当埃及人遭到罗马人的攻击并战败后，他就消失了。[28]

　　因此，在公元1世纪，一个声称自己听到了声音或看到了幻象的普通犹太人并不能想当然地期待，他会被当作上帝灵感的接受者对待。当时犹太人的怀疑主义，大概和大多数现代基督徒和犹太人相当：启示是可能的，在过去也为人所知，这是不证自明的；但人们并不期待它发生在当下的普通人身上。这种普遍的怀疑可能解释了第二圣殿时期的启示录作者把这些有关幻象的故事安放在一个古代《圣经》人物身上——比如以诺、巴鲁或以斯拉——的现象，除非这个末日论者认为自己是古代圣人的转世（这是有可能的）。如果这些幻象被相信出现在了古时候的人面前，那么它们就更有可能为人所尊，而创作这些末日论作品的人显然是这么希望的。[29]

权　力

　　在罗马，政治地位主要来自财富、贵族血统、年龄和（最重要的）军事荣誉。在耶路撒冷，重要的是血统（源自祭司或王室），以及对律法的学习和来自上帝的启示。但是在许多社会中，权力的焦点不在正式的机构或被赋予公共地位的人之中，而是在那些能够利用非正式渠道、内部信息并且能够接触具有影响力的大事件的人当中，在公元1世纪的罗马和耶路撒冷也是如此。暗中行使的权力，一定比政府的公共形象更难被发现，但是被记载下来的大多是谣言，它们通常满是恶意、带有煽动的性质，特别流行于那些被排除在有影响力者的交际圈外的人中。即使是在当代世

---

* 1弗隆约为201米。——编者注

界，这类谣言的真伪也不太可能得到核实，更不用说是在两千年前，但是这些谣言本身就是历史事实，揭示着不少关于罗马人和犹太人认为的自身被统治的方式。

原则上讲，罗马的权力掌控在被人民选出担任市政官员的富有男性贵族和元老院成员手中，而元老院是执政官以及其他国家行政官员的咨询机构，但在实践中，罗马帝国的所有权力最终都来自皇帝的专制统治。尽管有制度和法律在理论上的约束，以及道德非难的危险，皇帝还是可以或多或少地做他恰好想做的事情——而且，似乎他们中的很多就是这样干的。因此，奥古斯都由于勾引元老的妻子而臭名昭著：根据他的传记作家苏维托尼乌斯的记载，"马克·安东尼指责他……当着一位卸任执政官的面将后者的妻子从她丈夫的餐厅带入卧室，又把这位已是头发蓬乱、耳朵赤红的妇女领回餐桌"。奥古斯都的朋友们认为这种行为是可以被谅解的，"这是出于策略而非情欲，因为通过对手的妇人，他能较为轻易地了解敌人阴谋的线索"。提比略厌倦了政府的负担，在他生命的最后 12 年间离开罗马，隐居在卡普里岛上。据信，盖约和他的三个姐妹都有乱伦关系，并陶醉于自己的绝对权力中，"在一次非常丰盛的宴会上，他突然哈哈大笑，坐在他身旁的两位执政官谄媚地问他为何而笑。他回答道：'因为只要我一点头，你们两人的喉咙就能被割断！'"历史学家和传记作家在皇帝死后讲述这些逸事，并对这种不受约束的权力表现出混杂着迷恋、恐惧和厌恶的感情。独裁者可以做任何他想做的事情，除非他被一场政变推翻，而这会不可避免地让他失去生命和权力。[30]

远在行省的广大帝国臣民永远无法实现这样的政变。即使是最成功的行省人的起义，比如公元 9 年阿尔米尼乌斯在日耳曼的起义，也不能削弱皇帝的权力——独裁者总是能确保别人为此承担指责。就算是罗马社会中赋予皇帝法律和道德上权威的机构，即元老院和人民，也没有罢免皇帝的方法。通过制定法律来体现的人民的意愿，只能承认皇帝拥有权力的现实。因此，在公元 70 年 1 月，当韦斯巴芗在内战中击败他的对手后，人民不仅宣布"他将像神圣的奥古斯都、提比略·尤里乌斯·恺撒·奥古斯都和提比略·克劳狄乌斯·恺撒·奥古斯都·日耳曼库斯那样，处理和实施他认为满足国家利益和威严的任何宗教、人间、公共和私人的事务"，而且还宣布"任何在本法通过之前由皇帝恺撒·韦斯巴芗·奥古斯都实施、执行、颁布或指命的事务，或是来自任何受命于他的人的事情，都应该具有完全的约束力和效力，就好像它们是按照人民或平民的意愿发生的"。换句话说，铜碑仅仅记录了元老院和人民接受的既定事实。在不太正式的场合下，公众的意愿有时是显而易见的，如在竞技场或其他公共娱乐场所，人群可能会发出不满的声音——这么做是安全的，因为皇帝不可能惩罚如此多的人——但是很少有政策性问题可以让群众的意见足够一致，以至于发起大规模、有效性的示威——事实上，罗马平民从未自发地暴动过。来自元老的敌意是更大的危险，为了消除它，明智的皇帝会非常小心地把自己的形象塑造成元老院中的同侪之首：就像奥古斯都在他死后出版的《功德碑》中表达的那样，"我在序列上居所有人之首，但我拥有的权力并不比我其他任何部门的同僚的更多"。皇帝"仅仅是"一名元老的形象，在维护一般元老的尊严上起到了积极作用，因此，拥有良好收入来源的富有罗马人热衷于投身元老生涯和可以为皇帝带来荣耀的军团指挥官生涯。但是，元老院作为一个机构，几乎没有什么权力，事实上，它几乎没有什么可以做的。共和国时期曾是罗马政府引擎的元老院，在皇帝统治下成了一个枯燥无味的辩论场。重要政策的决定都是由皇帝和他的顾问们在其他地方制定的。如果将元老院与皇帝的关系看作是类似于美国总统与国会的关系，将是严重的错误。从理论上讲，元老可以在元老院发表反对皇帝决定的言论，或传讯皇帝前往法庭，就像他们对其他行政官员一样。但在实践中，没有人会这么愚蠢：所有元老的事业和财富，甚至还有他们的性命，都可能因皇帝的一时兴起而失去。[31]

　　皇帝掌握绝对权力的基础是对军队的控制。一些皇帝，包括奥古斯都，是通过在军事上打败政治对手而掌权的，但是，即使是其他那些在更和平的环境下开始统治的皇帝，仍然可以依靠武力作为潜在威胁。通常，这种威胁就足够了。奥古斯都保有一支规模庞大的军队，以确保其潜在对手从开始就在军事上处于劣势地位——或者，更理想的是根本就没有这样的开始。在公元 1 世纪早期，皇帝大约有 25 万名驻扎在帝国周围的士兵听候差遣。在其中，只有一小部分士兵需要与国家外部的敌人作战。军力的分散促进了对帝国边境少量敌人的快速反应能力，但是——这一点可能更有助于让皇帝心安——它还阻止了军队指挥官之间的密谋，他们会发现很难在如此远的距离上相互协调、一同反对皇帝。当达尔马提亚的总督路奇乌斯·阿任提乌斯·弗里乌斯·卡米路斯·斯克里波尼亚努斯（Lucius Arruntius Furius Camillus Scribonianus）于公元 42 年在他指挥的两个军团的支持下起兵对抗克劳狄时，其夺取政权的企图在其他行省的指挥官明确表示并不准备与他一起豪赌时就破灭了。当面对与帝国其余的军队对抗的前景时，两个军团没有任何机会。斯克里波尼亚努斯的军队抛弃了他，"他的叛乱在 5 天内被平定下去，因为改变了阵营的军团在迷信的恐惧中背离了他们的目的：因为当他们被命令开拔到新的皇帝那儿去时，由于某种说不清楚的凑巧，鹰旗无法装饰，军旗也拔不起来，挪不动地方"。即使军团的指挥官们被胜利所能带来的奖赏所引诱，做好了冒一切风险的准备，他们的军队也很可能会更加谨慎。[32]

这种谨慎的理由不太适用于驻扎在罗马郊区的一小股精英部队，这是因为当皇帝在罗马城中时，如果他们背叛了他，他们有时间在皇帝召集其他军队前来援救前采取行动。九个禁军联队，大约 5500 名全副武装的士兵，从奥古斯都时代开始就永久地驻扎在罗马城郊。他们的正式角色是保卫皇帝的指挥部（praetorium），因为皇帝法律上的官职是正在出征的将军，这赋予他指挥军队的权力，而他又有身处安逸的罗马、通过下属指挥战事的特权。禁军是罗马城中唯一的主要军事力量，远超那些轻装的警备队（vigiles），他们的职责更类似警察和消防队。禁军的权力来自他们与独裁者物理上的接近。当公元 41 年 1 月 24 日卡里古拉被困在帕拉丁竞赛的场馆一个狭窄的出口时，他发现自己的日耳曼私人卫队在面对禁军袭击时毫无用处。[33]

所有禁军当中最有权势的是禁军长官（praetorian prefect），他是士兵们除了誓言效忠的、作为总司令的皇帝之外另一个需要服从的对象。皇帝需要选择其足够信任的人来担任这个关键角色。这并不容易。为了避免禁军长官为自己谋求最高权力，在任何时候都有两个人获此任命，就像共和时期分享权力的执政官一样，以期一个人的影响力可能会被另一个人的所制约。出于同样的原因，禁军长官从骑士阶层而不是元老阶层中选出，而授予他们的荣誉也都经过精挑细选，一方面要确保他们的忠诚，另一方面要将他们的野心保持在可控的范围内。

在提比略时代，忠诚可疑的禁军长官给皇帝带来的威胁，通过路奇乌斯·埃里乌斯·赛扬努斯（Lucius Aelius Seianus，又称"赛雅努斯"）的生涯首次显露。赛扬努斯在公元14年提比略继位之初就和其父路奇乌斯·塞依乌斯·斯特拉波（Lucius Seius Strabo）一起担任禁军长官，但是当斯特拉波被任命为埃及总督后，他成了唯一的禁军长官。通过熟人网络，他在元老院也很有影响力——他的母舅在公元10年担任过执政官——他利用皇帝的年老以及对卷入政治密谋日益增长的抗拒，将权力集中在自己手里。在公元30年，历史学家维莱里乌斯·帕特尔库鲁斯夸张地描述他"是一个从未替自己要求任何荣誉却获得了所有荣誉的人，他对自己的评价总是低于别人的评价，终其一生喜怒不形于色，尽管他无时无刻不在警觉着。从对此人品格的评价上看，整个国家的判断一直都在与皇帝的判断相争"；但就在第二年，就在他被选为执政官以表彰其功绩之后，他被杀死并被拖出罗马元老院，而这是隐居在卡普里岛上年老又手无寸铁的提比略通过代理人下令执行的。提比略下达处死自己下属的命令很大程度上是出于实际考虑。卡普里岛附近唯一全副武装的部队就是禁军，他不知道如果他要求他们执行命令，禁军会支持自己还是赛扬努斯。赛扬努斯由于职责所在，也会定期访问卡普里岛。作为禁军长官，他被允许面见皇帝时佩带短剑。只要在觐见皇帝时花上片刻时间，他就能杀死穿着托袈或短袍的提比略，他可能合理地计算到，一旦皇帝死亡，禁军将会更加容易做出选择。禁军的工资标准远远高于普通军团步兵，在职业生涯的大部分时间里，他们都过着舒适的生活，远离物资匮乏的边疆，他们的生计取决于存在一位皇帝给他们保护，至于是哪个皇帝则并不重要——只要他付给他们应得的薪水就行了。因此他们可能很容易就会推选公元31年的执政官赛扬努斯作为皇帝继任，就如同他们在10年后推选年老的克劳狄为皇帝一样。[34]

赛扬努斯获得权力的关键在于他在物理上接近皇帝，这种权力也被其他缺乏正式身份的人所分享，他们通常生活在阴影中，除非是被卷入了政治阴谋。宫廷成员中的不少人——皇帝的理发师、男管家、贴身男仆以及其他所有私人侍从——都有伤害他的能力。因为同样的原因，尽管所有人都是奴隶或被释奴，他们依然获得了相当大的权力，能够通过在正确的时间对皇帝说的一句话来为别人谋求好处。因此，就有了关于纳西索斯（Narcissus）、帕拉斯（Pallas）以及其他克劳狄和尼禄的被释奴们的巨大影响力的记载。他们的势力被人所憎恨，因为它是公开的，但是"好"皇帝们和"坏"皇帝们一样，必须依赖被释奴秘书的服务和建议，他们为皇帝书写信件，管理账目，整理私人记录。因此奥古斯都在他去世后留下了"关于整个帝国情况的汇总：全国各地有多少现役士兵，国库和皇室内库有多少钱，有多少税银还被拖欠着"，根据苏维托尼乌斯的记载，还有"能够提供详情的释奴和奴隶的名单"。奥古斯都与他的一些继任者间唯一的区别是，奥古斯都很谨慎地强调了位居高位者与地位低下但拥有权力的奴仆之间的社会鸿沟。他的遗嘱在他去世前被写在了两个笔记本上，而书写者："一部分是他亲自写的，一部分是由他的被释奴波利比乌斯（Polybius）和希拉里昂（Hilarion）代笔写的。"这两个被释奴一定有着巨大的影响力，但是我们却对他们一无所知：就像公务员一样，他们的一切都远离聚光灯。[35]

一些皇室中的女性的权力可能得到相比被释奴拥有的权利更加公开的宣传，随着奥古斯都对待妻子李维娅的方式打破了反对正式承认女性掌权的普遍禁忌：早在公元前 35 年，李维娅就和奥古斯都的姐姐屋大维娅被平民保民官宣布为神圣不可侵犯，并获得了财政上的自由，因此她以独立的身份进入了男性的政治世界。她以自己而非奥古斯都的名义记录自己在一些合适的神殿重建工作中所扮演的角色，如妇女的福尔图娜（Fortuna Muliebris）神殿，它坐落在距罗马 4 英里远的拉丁大道（Via Latina）上。李维娅的公众知名度对于帝国早期的女性来说是特殊的，尽管这与她的曾孙女尤里娅·阿格里皮娜（Julia Agrippina），即克劳狄皇帝的侄女和妻子、尼禄的母亲，所炫耀的权力有部分相似之处。尽管如此，即使她们可能得到公众的认可，女性也不能担任官职或指挥军队，她们所拥有的任何操控政策的权力都是通过男性来实现的；在这方面，皇帝的妻子和女儿们由于更接近独裁者，所以会更有希望获得这方面的机会。

在一个对恩庇制度所扮演的公开角色不加掩饰的社会里，通过皇帝的妻子来接近皇帝不是什么难堪的事，正如我们在第二章看到的约瑟夫斯的行为一样：他来到罗马，试图帮助那些"以一种微不足道的罪名"被犹地亚总督菲利克斯发配到罗马的耶路撒冷朋友。约瑟夫斯和一名犹太演员阿利图鲁斯结交，并"通过他结识了皇帝的妻子波培娅，并抓住了最早的机会恳求她的帮助，以确保祭司们被安全释放"。波培娅的影响力完全取决于她吸引独裁者尼禄的能力。她在公元 1 世纪 50 年代末成了尼禄的情妇，即使她已经嫁给了未来的皇帝奥托，后者出于谨慎或者对不道德品味的同情（塔西佗如此指控）放弃了她，将她留给了皇帝。据称，她的影响力足以促使尼禄在公元 59 年 3 月以极端的手段谋杀他的母亲阿格里皮娜，以此使自己摆脱母亲的影响。奥托很快就与她离婚了。尼禄也受到劝说，与他的妻子克劳狄娅·屋大维娅（Claudia Octavia），即克劳狄皇帝的女儿离婚，借口是她不育，而波培娅成了皇帝的妻子。以这种方式获取的权力对于其拥有者来说是危险的。在公元 63 年，波培娅为尼禄生了一个女儿，但是几个月后婴儿就死了。作为深受皇帝喜爱的证据，波培娅被授予奥古斯塔的名字——在这个世纪初，李维娅直到她的丈夫奥古斯都于公元 14 年去世后才等到了这个头衔。但是尼禄并不是在亲密关系中容易相处的人。公元 65 年，当波培娅再次怀孕时，她的丈夫"由于一次偶然发火"踢了她。塔西佗记载一些作家写道她中了毒，"但这一点我不能同意。他们所以这样写，这与其说是由于相信事实如此，毋宁说是出于愤恨。要知道，尼禄很想要孩子，而且他对妻子的爱是一种痴迷"。当然，在她死后，他对她很好。"波培娅的尸体并没有按照罗马的方式火化，而是按照外国宫廷的惯例在尸体外面涂上油膏，里面填上香料。"她被安葬在奥古斯都的陵墓中。[36]

就像在罗马的皇帝是所有真实权力的来源一样，在耶路撒冷，此人是被罗马政府托付这个行省的单一个人：从公元前 37 年至前 4 年，是大希律王；公元前 4 年至公元 6 年，是他的儿子亚基老（Archelaus）；公元 6 年至 41 年，以及公元 44 年至 66 年，是罗马总督；公元 41 年至 44 年，是希律的孙子，亚基帕一世。公元 66 年夏初爆发了反对罗马的大暴乱，约瑟夫斯在对这之前耶路撒冷政治事件的描述中，经常拐弯抹角地描写在城中行使着权力或试图行使权力的犹太人。"主要公民""公民领袖""当局者""当权者""统治者""贵族们"或其他被类似短语描述的人，做出了决定，并加以执行。这些词句到底指的是谁，只有当特定的个体或群体——大祭司及其随从——在叙述中被叫出名字时，才浮出水面。在耶路撒冷，正如在罗马一样，影响力的集中地并不位于机构或身份中，而是在能够控制武力的最终来源的人中间——公元 66 年，这个人是罗马总督，他是军队指挥官，如果真的被施压，他可以召唤叙利亚的军团援助。在犹地亚行省，罗马总督首先会听取希律家族的子嗣以及大祭司——他们受任于希律家族的成员或是总督自己——亲属的建议；但是，除此之外，还有一种一半处于暗处的犹太富人，祭司和世俗阶层中都有他们的身影，他们被罗马当局所信任，不过是因为他们属于富有的地主阶层，罗马人认为这是一种天然的贵族。正是依靠这些"官员和议员"或"官员们和有权势的人"，罗马可以在耶路撒冷和犹太全国征收帝国的赋税。对于罗马人来说，将权力下放给当地的富人是行省管理机构的标准做法：富人是从安定的繁荣中获益最多的人，也是在混乱中失去最多的人。[37]

以这种方式被定义的统治阶级在犹太人划分的社会地位或当地机构中没有对应物。对于正式机构，其一个职责是作为政治决策的发生地，比如罗马共和国的公民大会和元老院，这个职责在 1 世纪的耶路撒冷极难得到证实。希律统治时期，国王曾在公元前 12 年召集过一场民众大会，向人们展示他作为王位继承人的三个儿子，但是这种集会并不是一种政策辩论的大会。就像在同时代的罗马那样，耶路撒冷的群众只是一种生硬的政治工具。当人们在公元前 35 年的一次公开的游行中表达对于哈斯蒙尼王朝末代大祭司——年轻的阿里斯托布鲁斯三世——被排除在政治权力之外的遗憾时，他的命运就已经注定了，"在节庆的时候，当这个年轻人走到祭坛前，穿着祭司的衣服，一群人不约而同地哭了起来。因此，他被连夜送到了耶利哥，在那里，按照（希律的）指示，他被推进了一个游泳浴池……淹死了"。从这些故事中可以清楚地看出，民众并没有被认为拥有正式的政治权力：他们只能抗议和劝诱。同样地，在罗马统治下的统治阶级，除非诉诸总督并要求对方使用武力，就必须依靠劝说来控制城市人群的情绪：大约公元52年，在一个加利利的朝圣者被谋杀后，大批的犹太人在一场社区间的暴力冲突中拿起武器对抗撒马利亚人，

> 那些当权者试图安抚他们，以减少这种混乱，并提出要劝说（罗马总督）库马努斯（Cumanus）惩罚凶手。然而，群众却不理会他们，反而拿起武器……放火烧毁并洗劫了一些撒马利亚人的村庄。当事件被库马努斯听说后，他……率军进攻犹太人，在一次遭遇中杀了不少人，但活捉了更多。于是，那些凭借荣誉和出身成为耶路撒冷居民领袖的人们，在看到群众所遭遇的灾难时，就换上麻衣，用灰染污他们的头，并竭力恳求反抗者。

古犹太最高评议会（Sanhedrin）的议程可能更为正式，但是，如果把它想象成一个依法构成、像罗马元老院一样拥有鲜明集体责任感的机构，或是一个拥有彼此竞争的政党的议会，将是错误的。据我们所知，它的成员并非经过选举产生。最终，最高评议会实现其目标的权力完全取决于其首脑的权威，他或是大祭司，或是国王，而首脑的权威则取决于他在罗马地方代表中的影响力。[38]

希律家族的成员与耶路撒冷的"有权者"是一体的。当然，对于一些希律家族的人来说，这种权力来自罗马人对他们担任国王、总督（ethnarch）、分封王或圣殿管理人的正式任命，但是即使是那些没有官职的希律族人也能在这个城市使用大量的权力。就像在罗马一样，这种非正式权力有模糊不清的本质，而它在被女性行使时最为引人瞩目。因此，当弗洛鲁斯总督的挑衅行为达到高潮且整个城市一片哗然的时候，亚基帕二世的姊妹亦即亚基帕一世的女儿贝瑞妮斯公开并十分努力地试图消弭公

元 66 年的叛乱。约瑟夫斯可能为了谄媚而夸大了她的重要性，但对于她总体上扮演的角色并无夸张，当时她"不断地派遣她的骑兵指挥官和保镖到弗洛鲁斯那里恳求他停止杀戮，但是他，既不考虑被杀的人数，也不考虑恳求者的尊贵地位，只考虑从掠夺中获得的利润，对她的祈祷置若罔闻……她赤脚前去法庭面前向弗洛鲁斯求情，却没有得到任何尊重，甚至让她自己的生命处于危险当中"。当然，在这种情况下，公主的干预失败了，但重要的一点在于她相信自己是有权进行干预的，尽管在如此紧张的时刻，我们很难对她的影响力和动机做出准确的描述，因为所有现存关于她人生的证据材料都写于她与未来皇帝提图斯之间那段臭名昭著的风流韵事之后，其中对她丰富多彩的早年生涯的评价，不可避免地会受到后来这段感情经历的影响。约瑟夫斯的坦率也会因他身居罗马时托庇亚基帕二世的赞助而遭到进一步的抑制，至少是在 1 世纪 70 年代他写作《犹太战争》的时候；不过，约瑟夫斯写作最后一卷《犹太古史》时已是 90 年代初，此时他已完全不需要犹太王室兄妹的资助，可以自由地提及他们两人之间乱伦关系的谣言。很有可能在这个时候，亚基帕已经死了，或者至少是不受欢迎了。在 1 世纪 90 年代或之后的几年里，讽刺诗人尤文纳利斯可能在作品中捎带提起过这桩丑闻，他描述："一颗非常有名的钻石，因曾被贝瑞妮斯戴于指上而身价倍增。这是很久以前，野蛮人亚基帕送给他的乱伦的妹妹的，在那个国度，国王们光着脚庆祝安息日，在那里，一种源远流长的仁慈使猪得以安度晚年。"尽管如此，很明显，在 60 年代的耶路撒冷，早在她还没有来得及梦想自己在罗马成为提图斯情妇的生活时，贝瑞妮斯在地方的政治舞台上就已是一个重要人物。她的巨大财富和人脉不可避免地在犹太社会中赋予她权力。约瑟夫斯在他的自传中附带提及，正是她对兄弟亚基帕的关键干预拯救了后者未来的秘书太巴列的尤斯图斯的性命，当时尤斯图斯被定下的罪名是在公元 66 年战争开始的时候袭击加利利边境的外族城市。[39]

　　同样是在这几年里，贝瑞妮斯的兄弟亚基帕二世在耶路撒冷的地位得到了罗马的正式承认，但实际上，他控制耶路撒冷动荡政局的能力同样依赖于一种王室威望、巨额财富和帝国宫廷中庇护和影响力的组合。作为犹地亚北部和西部领土的国王，他可以接触到军队，但是他的士兵通常并非驻扎在耶路撒冷，而是在他的主权领土上（到50年代中叶，它包括加利利大部分地区、外约旦部分地区以及加利利海以东的土地）。这种不寻常的安排，即让一个拥有相隔相当遥远的领土的国王承担圣殿及其运转的责任，似乎是卡尔基斯的希律在总督卡斯皮乌斯·法都斯（Cuspius Fadus）挑起一场公愤之后想到的新点子，这位总督在亚基帕一世去世之后，于公元44年至46年统治这一地区，他坚持认为大祭司的仪式服装应该留给罗马人保管，而不是祭司自己。一个被派往罗马的犹太代表团成功地说服了皇帝推翻法都斯的指令，而克劳狄显然认为，把所有这些问题委托给卡尔基斯的希律将是一种明智的责任下放，与此同时可以确保犹太圣殿得到比法都斯治下更周全谨慎的管理。这一出人意料的独特方案解决了一个长期存在的问题——法都斯并不是第一个因管理圣殿事务的方式触怒犹太人的总督了——在卡尔基斯的希律的有生之年里，这一试验取得了巨大的成功，而且被希律的侄子亚基帕二世——至少是从公元50年开始——延续下来。因此在1世纪50、60年代，亚基帕享有被罗马授予的、确保圣殿得到妥善和安定管理的责任和特权。

亚基帕行使控制权的最明显方式是任命他所选定的大祭司。这是他在50年代后期经常使用的一项权利，也许是一种阻止任何一个大祭司因这一职务的威望变得过于强大的方法。获得任命的大祭司原则上可以终身任职，但是在公元59—66年，亚基帕扶立了六个来自不同祭司家族的人。不足为怪，国王和主要祭司们之间的关系常常令人担忧；最戏剧性的是亚基帕监督圣殿活动的企图被一堵挡墙的修建所阻挠。亚基帕和罗马总督之间也存在潜在的紧张关系，尽管国王似乎和行政长官非斯都相处融洽、关系特别亲密：据《使徒行传》记载，非斯都允许国王审问保罗，即使是在总督的正式审判已经结束，并且审判结果——保罗应该被送给皇帝发落——被宣布之后。我们很难知道亚基帕在听完法庭审判后，对非斯都所讲的评论，即"这人若没有上告于恺撒，就可以释放了"，是私人评论还是正式的法律决定。如果是后者，那似乎国王很有可能会破坏总督的权威。但是这一次非斯都可能是心甘情愿地让亚基帕参与对保罗的审问

（在场的还有贝瑞妮斯，她在法庭"大张威势"，但《行传》并没有描写她在诉讼过程中说过话，或者被保罗称呼过），这是友好的特殊行为，作为对国王和王后表现出的礼貌的回应，在非斯都任职之初，他们特地赶到凯撒里亚欢迎他。[40]

很重要的是，总督的这次审讯是在地中海沿岸的凯撒里亚举行的，因为那里是他的指挥所和他大部分军队驻扎的地方。在耶路撒冷，总督甚至整个罗马政府的知名度要低得多，他只在潜在的紧张时期偶尔到访，比如朝圣节时。圣殿附近的安东尼娅要塞只有一个人数在 600 至 1200 人之间的辅助军联队驻扎，并由一名职位相当低的军官指挥，他在《使徒行传》中被描述为"千夫长"，他的任务是关注圣殿廷内出现的棘手事件，并在事态进一步恶化之前进行干预，就像他在"耶路撒冷整个城都震动"时所做的一样，保罗记载道：

> 他们正想要杀他，有人报信给营里的千夫长……千夫长立时带着兵丁和几个百夫长跑下去到他们那里。他们见了千夫长和兵丁，就止住不打保罗。于是千夫长上前拿住他，吩咐用两条铁链捆锁，又问他是什么人，做的是什么事。众人有喊叫这个的、有喊叫那个的。千夫长因为这样乱嚷，得不着实情，就吩咐人将保罗带进营楼去。

当总督本人前往耶路撒冷时，他可能会住在城市西部、昔日的希律宫殿里，接近现在的雅法门（Jaffa Gate），那是一座令人印象深刻的建筑、一个防御完备的城堡，在他访问耶路撒冷期间，他从凯撒里亚带来的军队估计就驻扎在这里。因此，耶路撒冷的居民对他们总督的威严必然毫不怀疑，但在大多数情况下，他是一个遥不可及的人物。就算当他在耶路撒冷的时候，他的住处也在城市的边缘，在城墙旁边，尽管那里离圣殿只有 10 分钟的路程。相比之下，更小、更不装腔作势的亚基帕二世的宫殿就在城市中心，俯瞰着泰罗平谷（Tyropoeon valley），当然也俯瞰圣殿。人们有时一定会觉得这座城市有两个主人，尤其是当亚基帕在场而总督不在的时候。[41]

　　总之，总督将会不安地意识到希律家族的某些成员在罗马的政治影响力远远大于他们自己的。尼禄在继位的第一年，即公元54年，将小亚美尼亚的治理权交给了卡尔基斯的希律之子阿里斯托布鲁斯，除了后者具有的王室血统外，我们找不到尼禄这么做的任何理由。相比之下，所有犹地亚总督都是地位相对较低的罗马人——没有一位元老，而从大约公元52年至60年担任总督的菲利克斯是一名被释奴。几乎没有总督能像亚基帕二世那样接近皇帝。他可能就是在罗马接受的教育，当他的父亲亚基帕一世在公元44年去世时，年轻的亚基帕二世一定就在帝国的首都罗马，并深受克劳狄皇帝的喜爱，皇帝想立即任命他继承父亲的王位，但却由于亚基帕过于年轻而遭到劝阻。他与尼禄的关系也许不那么密切，因为没有明确的证据表明，他们两人组成了像亚基帕一世和卡里古拉在提比略统治时期的最后岁月里所形成的那种朋友和伙伴关系。尼禄可能年纪还太小——他在公元49年，年仅12岁的时候，就由于他母亲尤里娅·阿格里皮娜与年迈的克劳狄的婚姻，注定要得到伟大的地位——因此并不需要一位年长10岁的导师。尽管如此，在这位年轻的王子于公元54年成为皇帝的时候，尼禄对亚基帕的好感表现为授予其新的领土，而作为回报，亚基帕在公元62年将他的首都重新命名为"尼禄尼亚斯"（Neronias）。亚基帕铸造的钱币上有尼禄的名字和形象，而国王把自己打造为"爱恺撒的"（philo-Caesar）。亚基帕和尼禄的关系在事实上可能比约瑟夫斯在70年代开始写作他的历史时所记载的还要亲密。那时，尼禄已经被抹黑成了怪物，数落他的恶习已经成为一种寻常的事。所有在他统治下发达的政客可能更倾向对自己过去的这一面保持沉默。亚基帕作为犹太国王的儿子，在耶路撒冷的犹太人眼中具有崇高的地位，但是他的权力归根结底完全来自罗马的皇帝。不足为奇的是，当暴动在公元66年最终爆发，他居间调停的努力都化为泡影，亚基帕抛弃了城市和圣殿，带着他的士兵投靠了叙利亚总督凯司提乌斯·伽卢斯的军队，后者向南进军，将代表皇帝夺回耶路撒冷。[42]

第十章

罗马人与犹太人

在公元 66 年的战争爆发之前，罗马人对犹太人的评论很少带有敌意。更常见的态度是消遣、冷淡、接受、欣赏和模仿。列举留存至今的罗马人的评论其实并不是那么困难，因为在这方面，只有大约三十几位拉丁作家的残篇留存，而且大多数在提到犹太人和犹太教时只是一笔带过。他们中有诗人（卢克莱修、维吉尔、提布鲁斯、贺拉斯、奥维德、佩尔西乌斯、卢坎），历史学家（李维、库尔提乌斯·鲁弗斯 [Curtius Rufus]），博物学家（瓦罗、老普林尼），演说家西塞罗，讽刺作家佩特罗尼乌斯。他们选择提及的犹太人的特点各不相同。编撰古代世界最著名的希波克拉底派（Hippocratic）词典的文法家埃罗新（Erotian），在讨论"神圣疾病"的起源时提到了犹太人对吃猪肉的憎恶："有人说……这种疾病是上帝派来的，而且其神圣的起源据说充满了神秘。另一些人则认为这暗含迷信。他们说应该询问病人是哪一种类的人，从而说，如果他是犹太人，我们就不应该给他吃猪肉，如果他是埃及人，就不给他山羊或绵羊的肉。"擅写农书的科卢梅拉，在一段对自然界和人类中繁殖能力和异常增长的讨论中记载"最近我们自己可能已经看到，在竞技场比赛的游行队伍中，一个犹太人比最高的日耳曼人还高"。[1]

　　这样的材料过于分散，以至于我们无法通过简单整理所有这些评论得出一幅罗马人对犹太人和犹太教态度的完整图景：不同的文学流派和不同的文学语境会引发不同的评论。一些拉丁作家似乎盲目遵循更早的希腊文学传统关于犹太教本质的说法，塑造这一传统的是埃及希腊作家的反犹态度和公元前 2 世纪"神显者"安条克时期塞琉西政府的宣传，当时耶路撒冷圣殿向异教的改变激起了马加比暴动。一些早期的拉丁文残篇仅通过后来作者的保存才流传下来，后者对犹太人的看法也受到了发生在他们自己时代事件的影响，又或者是在基督教的影响下形成的，比如圣奥古斯丁（St. Augustine）——瓦罗和塞内卡的作品经过他的引用才为我们所知。在被证实的态度中，最常见的是对庆祝安息日、割过包皮的生殖器和奇怪的食物禁忌的消遣。贺拉斯在奥古斯都时代曾嘲笑过犹太人容易受骗："犹太人阿佩拉（Apella）会信这个，我不信。"在尼禄早年，佩尔西乌斯曾嘲笑说奉守安息日是一种迷信，就像弗里吉亚人和埃及人的信仰一样："当希律日来临，那盏灯被套上紫罗兰的花环环绕，四周都是油光的窗台，它们吐出了厚厚的烟云，当松软的吸管的尾部卷曲在红色器皿的盘子上时，白色的罐子里满是酒，你就会默默地抽动你的嘴唇，在行过割礼者的安息日里变得苍白。"佩特罗尼乌斯充满低俗的性暗示的作品《萨提尔孔》对割礼有更多的说法：当男主角恩可尔庇乌斯（Encolpius）和他的朋友们逃亡的时候，有人建议把皮肤涂成黑色，以伪装成来自埃塞俄比亚的奴隶，但是他的另一个同伴回应说，这种做法就像通过打耳洞模仿阿拉伯人，把脸粉白模仿高卢人，或者给自己割除包皮"这样我们可能会看起来像犹太人"一样有用。正如我们在第七章中所看到的，庞培乌斯·特罗古斯在奥古斯都时代以拉丁语对罗马征服前近东和希腊——尤其是希腊化国家——历史的记载，现在主要靠公元 3 世纪的一篇摘要为我们所知，它重复了当时常见的谬传，即安息日是禁食的日子："摩西在抵达他祖先的家园大马士革后，占领了西奈山。在此之前，他和追随者们在阿拉伯的沙漠禁食了七天，在到达后，他将第七天永远奉为神圣，它按照此民族的习俗被称为安息日，作为一个禁食的日子。"塞内卡指责安息日是无利可图的（inutile）："通过在每七天中引入一天休息的时间，他们在近七分之一的时间里无所事事，而且因为在紧急情况下不能采取行动，他们往往会遭受损失。"在犹太人的食物禁忌中，拉丁作者认为最有趣的是禁食猪肉。斐洛在描述他于公元 40 年作为大使觐见卡里古拉的经历时，恼怒地指出，即使只是提到这个事实，也会遭到嘲笑："（皇帝）向我们提出这个非常重大且严肃的问题，'你们为什么不吃猪肉？'这个问题赢得了又一圈我们一些政敌爆发出的笑声……"[2]

罗马人对犹太人的态度无疑受到首都城内大量犹太人的影响。这个社区在公元前 61 年之前就已经建立，当时他们已经向圣殿供奉黄金了，并且在庞培和索西乌斯（Sosius）征服耶路撒冷之后，它因大量战俘的输入而急速膨胀。在罗马，正常情况下，这些奴隶大多会在适当的时候被释放，并成为那些自由罗马民众的一部分。在大希律王于公元前 4 年去世后，犹地亚的代表团前来面见皇帝，那时 8000 名在罗马的犹太人曾游说过奥古斯都。到公元 1 世纪中叶，城市的许多地方都发现了犹太人的踪迹，尽管他们的定居点主要集中在贫困的特拉斯泰韦雷（Trastevere）。到了公元 66 年，已经出现祖先在四代或更早以前就成了罗马公民的犹太人。非犹太人显然知道城中的犹太人是一个可辨认的、有组织的社群，但是他们也能在日常生活中遇到个别犹太人——在市场上、在浴场里或在参与公共活动的人群之中。犹太人没有独特的肤色或面部特征，也没有穿不寻常的衣服，但是他们确实待在一起，为了靠近犹太教会堂，聚在一起听《托拉》的朗诵，而每个人都知道他们在饮食上的禁忌，且他们中的男性受过割礼。

考虑到在罗马如此多的人拥有着不同的种族起源，以及罗马对各种宗教活动的容忍，这里的犹太人有什么理由觉得自己比其他少数族群更难融入城市的生活呢？罗马政府对待城里犹太教会堂的态度很像他们对待其他自发建立的协会的态度，控制、偶尔镇压他们，但通常包容他们，根据约瑟夫斯引用的一份文件："盖约·恺撒……通过法令禁止宗教团体在城市里集会，但他仅仅不阻止这些人集会、收取捐款或者共同进餐。"[3]

但是，如果犹太人不被视为讨厌的外来者，或者是城市中对法律和秩序的威胁，为什么他们（或者至少是其中的一些人）在公元 1 世纪的前半叶会被周期性地驱逐呢？驱逐事件在提比略统治时期的公元19年和克劳狄统治时期的（大概）公元49年都有发生。要理解为什么会发生驱逐事件，三个方面是关键。第一，每次都只有一部分犹太人被驱逐，而且，在每次事件后，几年内，这个城市的犹太社区都再次明显地出现在了文献中，并有能力影响事件：犹太人在公元19年被驱赶出去，但是在20年代末再次出现在罗马（斐洛声称，他们遭到了来自提比略的密友和禁军长官赛扬努斯的诽谤）；而在公元41年，他们的人数变得如此之多，以至于新皇帝克劳狄"命令他们在保持祖先的生活方式的同时，不要举办集会"。第二，于公元19年被驱逐的不仅仅是犹太人，还有那些举行埃及仪式的人（三个主要记录者，塔西佗、苏维托尼乌斯和约瑟夫斯都强调了这一事实）。第三，也是最重要的一点，驱逐发生的公元19年正巧是提比略的继承人日耳曼尼库斯由于创伤而死亡，国家遭遇危机的时刻。在人们认为是巫术导致罗马人民最喜爱的人患病和死亡的时代，驱逐外国宗教仪式的练习者是城市净化的一种象征性声明："元老院还规定把4000名沾染上这种宗教信仰的被释奴隶的成年后人用船送到撒丁去，执行清剿盗匪的任务。如果他们死于当地不利于健康的气候，那么这一损失是很小的。其他信奉异教的人们，如果到规定的日期不声明放弃他们那不敬的仪节，他们就不能再留在意大利。"这是塔西佗记载的。而苏维托尼乌斯的简短叙述清楚地表明，那些被迫服兵役的人是犹太人："他把凡是符合从军年龄的犹太人分派到气候不太利于健康的行省去，表面上是去服军役，把其他的犹太人或信仰犹太教的人逐出罗马城。假如他们不服从，将终身受奴役之苦。"约瑟夫斯（和塔西佗和苏维托尼乌斯不同）声称驱逐犹太人发生在一个特殊的丑闻之后，即四个犹太恶棍盗用了名叫福尔维娅（Fulvia）的上层阶级改宗者向耶路撒冷圣殿捐献的款项，他补充道"一大批"应征士兵受到了惩罚，因为他们"害怕违反祖先的律法所以拒绝服役"。[4]

第二次驱逐事件发生在克劳狄时代。苏维托尼乌斯简短的记载只是说："犹太人由于在克瑞斯图斯（Chrestus）的蛊惑下不断地制造骚乱，因而被他（克劳狄）逐出罗马。"同样的事件也出现在了《使徒行传》的记载当中：保罗在科林斯发现"一个犹太人，名叫亚居拉，他生在本都。因为革老丢（即克劳狄乌斯）命犹太人都离开罗马，新近带着妻百基拉（Priscilla），从意大利来。保罗就投奔了他们"。我们不知道谁是克瑞斯图斯，以及为什么他能制造骚乱。过去的学者经常提出其身份就是耶稣基督（Jesus Christus），这是可能的，但可能性较低，因为"克瑞斯图斯"应当被作为更困难的手稿读法而优先采纳，而且，无论如何，克瑞斯图斯这个名字在当时是很常见的。克劳狄（正如约瑟夫斯所记载的）在统治开始的时候特地称"在我们的统治下，犹太人当……遵守他们父辈的习俗，而不受任何干扰"，但是他接着要求犹太人"以一种更合理的精神来利用这一善意，不应当轻视其他民族的迷信，而应该遵守他们自己的律法"。皇帝显然把维持秩序放在了首位。在卡西乌斯·狄奥记载公元41年禁止犹太人集会的段落中，他还接着记载了当时解散了社团和不守规矩的酒馆。罗马欢迎犹太人在城中奉行他们祖先的习俗，但前提是他们的行为要谨慎一些。[5]

很可能，公元49年的驱逐也具有类似于公元19年的象征性作用。这一年，这个以迂腐的古物癖好而臭名昭著的皇帝恢复了大量的古罗马宗教仪式：他正式扩展了城市的宗教边界（pomerium）；庆祝萨路斯节（salutis augurium），这个仪式被遗忘已久，标志着国家的和平；在戴安娜的圣丛开展赎罪的献祭，以此赢得可以追溯到王政时代的神的青睐。对犹太人的象征性驱逐将会很合适。[6] 有证据表明，尼禄时代城内存在一个规模相当大的犹太社区，这似乎也证实驱逐的确是象征性的。根据《使徒行传》，保罗在罗马等待审判时遇到了当地的犹太人；他们被描绘成一个安定的社群。在一封可能写作于50年代中期的科林斯，写给"你们在罗马为神所爱，奉召作圣徒的众人"的信中，保罗设想百基拉和亚居拉已经回到了罗马。正如我们（在第二章中）所看到的，在尼禄的宫廷中有个叫阿利图鲁斯的演员，"是个犹太人"，他是皇帝最喜欢的人，并帮助约瑟夫斯完成了他的使命，在60年代初让约瑟夫斯的一些被铁链锁着的、从耶路撒冷来到罗马的朋友重获自由。[7]

但是，尽管犹太人可能被容忍，对犹太习俗的欣赏却很少在共和国晚期和帝国早期的拉丁作家中得到证明。没有证据表明，他们欣赏过犹太人被挑选出的特质，就像他们欣赏其他"蛮族"，比如日耳曼人或达契亚人时一样：并没有记载说犹太人是高尚的野蛮人或优秀的战士。也许罗马人对犹太人太过了解，所以不会将他们如此简单化。但是犹太人的一些思想确实可以被罗马人接受：根据圣奥古斯丁的记载，博物学家瓦罗（公元前116—前27年）——他在41卷本的《人神制度稽古录》（*Human and Divine Antiquities*）中用16卷系统性地阐述了罗马宗教——认为犹太人的上帝就是朱庇特，"使用什么名字无关紧要，只要不偏离对名字主体的认识便是了"。根据瓦罗的说法，"古代罗马人在没有具体形貌的情况下崇拜众神。如果这种做法延续到我们自己的时代，我们对神的崇拜就会更加虔诚"。因此，奥古斯丁注意到，为支持他的观点，瓦罗在其他资料之外援引了"犹太民族的例子"。[8]

瓦罗的同代人西塞罗，在他现存的两篇演讲中没有给犹太人太多表扬。这些演讲提供了关于正常态度的模糊证据：一方面，一位演说者觉得自己有资格歪斜事实的呈现方式，以使之最适合自己的情况；另一方面，诉诸偏见的演说手法只有在有可能引起听众共鸣的时候才值得尝试。西塞罗在公元前56年在元老院发表的一次演讲中——关于如何分配行省给公元前55年的执政官的议题——攻击他的政敌奥卢斯·加比尼乌斯，此人曾在公元前58年西塞罗被流放时担任执政官。西塞罗指责加比尼乌斯毁掉了罗马的税金收集者（revenue farmer），后者通过在帝国的许多地方收取税赋而发家致富。加比尼乌斯作为叙利亚总督，将税收的责任移交给了该省的地方当局，作为结果，西塞罗说道，"税金收集者们已经因他的邪恶、傲慢和残忍……遭受摧残，几乎灭绝了"。按西塞罗的描述，加比尼乌斯把税金收集者"当作奴隶一样交给了犹太人和叙利亚人——那些生而为奴的民族"。这次演讲的重点是，叙利亚人和犹太人是刚刚被罗马征服的，作为从前的敌人，允许他们征收他们自己的税收是对罗马富人的严重损害，因为他们习惯于通过在罗马政府与行省之间充当包税商来赚取巨额利润。许多富有的罗马人都是西塞罗——以及其他元老——亲密的朋友，西塞罗的观点由此受到了影响。在过去的几年里，罗马市场上涌入了大量的叙利亚和犹太奴隶，其中很多犹太人是在公元前 63 年庞培征服耶路撒冷后带来的战俘，这一讽刺图景也对西塞罗的观点产生了影响。[9]

西塞罗对犹太人和犹太教更强烈的言语攻击，发生在公元前 59 年的一次演讲中，西塞罗在为自己的一个政治盟友路奇乌斯·瓦勒里乌斯·弗拉库斯（Lucius Valerius Flaccus）辩护，后者因为在担任亚细亚行省总督期间贪污而受审。弗拉库斯的罪行是臭名昭著的，但是西塞罗欠他一个人情，弗拉库斯在公元前 63 年担任城市法政官时，帮助当时身为执政官、迫切需要援助的西塞罗对付喀提林的阴谋。由另一位元老带领，代表该行省城市利益的控方声称，弗拉库斯在亚细亚行省犯下的罪行中的一条是盗窃当地犹太人收集并送往耶路撒冷的黄金。没收黄金的事实本身并没有得到否认，所以西塞罗对他当事人的辩护必须基于这样一种说法，即弗拉库斯的行为是合法的，并且在通过对犹太人的诽谤激起人们的情绪之后，声称陪审团正被法庭外的犹太人恐吓。"为了抵御这种野蛮的迷信，需要采取坚定的行动，不能迁就犹太民众的要求，因为国家的幸福是一项最严肃的任务，而犹太人在我们的公民大会上有时候表现出炽烈的欲望……即使当耶路撒冷圣殿耸立、犹太人与我们和睦共处时，他们那些神圣仪式的习俗也与我们帝国的荣耀、我们名字的尊严、我们祖先的习俗不一致。"西塞罗似乎不能更清楚地说明犹太教如何与罗马生活不相容。对于辩方来说一个严重的问题是，西塞罗的朋友庞培刚刚在四年前征服了耶路撒冷，但是他"没有染指犹太人的圣殿"。西塞罗说，唯一的解释是庞培很聪明谨慎，以避免自己被指控偷窃。"我认为阻止这位杰出的将军染指圣殿的不是犹太人和他的敌人的宗教情感，而是他的荣誉感。"庞培似乎确实强烈地反对总督们为了自己的经济利益而掠夺行省的惯例，也因为这个原因，他大力推动了对弗拉库斯的审判，但是很难解释庞培对耶路撒冷圣殿的尊重（总的来说，尽管他已经进入了至圣所），因为他已经控制了圣殿，以便安排罗马的盟友西卡努斯担任大祭司。尽管弗拉库斯明显有罪，西塞罗还是说服了元老和骑士陪审员判处他无罪释放，这件事令人沮丧地反映了共和国末期罗马司法的政治化。[10]

更加难以在语境中定位的是塞内卡在尼禄时代的言辞，当说到犹太人，他讲："这个无比丑恶的民族的习俗变得强大起来，在各地都被接受；被征服者把律法送给了征服者。"这段来自塞内卡的作品《论迷信》(*On Superstition*)的引文，就像瓦罗的论断一样，被保留在奥古斯丁伟大的神学著作《上帝之城》(*City of God*)中。我们无法相信奥古斯丁能准确地保存他所引文本的整个上下文，但他（或他的材料源，如果他使用了更早期的摘录）不太可能（尽管有可能）改变塞内卡的实际用词。根据奥古斯丁的说法，塞内卡谴责犹太人的神圣体系"在城邦神学的其他迷信当中"。正是在这一语境中，他抱怨安息日导致了时间的浪费，但他又补了一句，至少犹太人"意识到他们仪式的起源和意义。而其他大部分人参加了一种仪式，却不知道自己为什么要这样做"。奥古斯丁并没有解释塞内卡所哀叹的犹太习俗的传播是指完全皈依犹太教，还是（更为广泛的，因此是更合理的打击对象）遵守像安息日这样的习俗，后者可能更有理由在经过夸张后被描述为"在各地都被接受"。无论如何，对犹太习俗的流行而感到遗憾并不能解释塞内卡为什么将犹太人描述成"最丑恶的民族"(*sceleratissima gens*)。为什么塞内卡关于犹太人的观点如此充满敌意，现在的学者还不能确定，大多数历史学家（大概是明智地）选择跳过这个难题。任何现存的公元 66 年之前关于犹太人的拉丁文献中，都无法找到这个词组或其他有着同等敌意的描述。如果将《论迷信》的完成时间定位到塞内卡生命的最后时刻，即公元 65 年的做法是正确的，那么他人生的最后几年与公元 64 年那场把基督徒作为替罪羊的罗马大火的时间正好吻合，这两者也许相关。塞内卡可能把所有的犹太人都当作犯有 —— 通过联系 —— 基督徒被指控的罪行，或者他可能反映了在这种危机时刻罗马的一种更普遍的情绪，即犹太人和基督徒共享的"无神论"使国家陷入了危险。也许他对犹太人"最丑恶的民族"的描述的上下文是最重要的：在一篇为罗马人写作的关于迷信的文章中，犹太人会提供有关"迷信"最显著的例子，即除了他们自己的上帝外，不应当崇拜其他诸神。[11]

　　事实上，在公元 66 年的叛乱爆发前，我们很难看到犹太人会遭受来自罗马严重敌意的任何理由。犹太人在某些方面很奇怪，但是从他们对希腊主义的许多文化特征的采用上，他们与罗马人十分熟悉的一些文化相似。希腊语是一种通用语，无论是在东地中海（在这里，希腊语作为罗马管理机构的官方语言，也至少是耶路撒冷犹太上层阶级的通用语），还是在罗马城（罗马城犹太社区在帝国早期的通用语是希腊语，而不是希伯来语或阿拉姆语）。有不少人注意到，犹太人似乎保留着一种独特的集体身份认同，这种认同比许多来到罗马的其他外国人更长久，其他人在到来后的一或两代人内就融入了广大的城市居民之中，但是，就算犹太人懒惰、不吃猪肉或损坏他们儿子的性器官，这些做法对他们的邻居也没有影响。犹太人可能是荒谬、有趣、神秘或可鄙的，但是他们肯定不会对罗马的安全和繁荣造成危险。[12]

　　所有这些对犹太祖先习俗保持普遍宽容的证据，都回避了这种宽容中最引人瞩目、最不受争议的因素，即犹太罗马人从正常的规则中得到了赦免，也就是体面的公民必须向罗马诸神祈祷的行为。罗马人知道，在这一点上犹太人在帝国的居民中独一无二，除了在耶路撒冷的圣殿里崇拜上帝之外，他们拒绝崇拜任何神灵。罗马人认为这种行为是怪异的，但不应受到谴责。不像非犹太基督徒——他们放弃了祖先所尊崇的宗教，而因此冒了惹怒传统神灵的风险——人们认为，犹太人从没有相信过应该向上帝以外的神提供祭品。犹太人在这方面的特殊权利，以及它对他们的重要性，在它于卡里古拉时代受到攻击时（参见第二章）更清晰地体现出来。斐洛记载，在公元 40 年亚历山大里亚的犹太人和希腊人发生激烈争论时，希腊派系的领袖，学者阿庇安，"粗野无礼地痛骂犹太人，在其他事情以外，还声称他们忽视了皇帝的敬礼。因为罗马帝国的所有臣民都有献给卡里古拉的专门的祭坛和神殿，并且就像对待他们的众神一样对待皇帝，只有这些人不屑于用雕像以及以他的名字发誓来纪念皇帝"。正如我们所知，卡里古拉试图让叙利亚总督佩特罗尼乌斯在耶路撒冷的圣殿里为自己建一座雕像，而这引发了整个犹太世界的一场危机。成千上万的犹太人前去多利买面见佩特罗尼乌斯，请求不要让他们违背自己祖先的法典："在你执行这些决议之前请先杀了我们。因为我们不可能一边活着，一边注视着我们立法者和祖先的决定所禁止的行为。"之后的皇帝没有一个试图强迫犹太人崇拜其他的神，尽管在叙利亚的安条克，一个背教的犹太人尝试过；在公元66年耶路撒冷战争爆发后的狂热气氛中，为了证明他的转变和他对犹太人习俗的厌恶，他采用了希腊的献祭方式，并"命令其他的（犹太人）也必须这样做"。但是，即使在这样强烈的情绪环境下，罗马总督格奈乌斯·科勒加（Gnaius Collega）还是带来了秩序，并结束了对犹太人的迫害。再一次，人们清楚地认识到，强迫犹太人打破他们的传统习俗并不是罗马正常政策的一部分。[13]

对犹太特质的容忍并不等于对犹太教的积极热情：在鄙视犹太人的做法或认为他们的行为很可笑的同时，人们是可以很纵容的。然而，根据约瑟夫斯记载，在他所处的时代，将遵守安息日作为休息日，已经和其他犹太仪式一起，在每一座城市传播开来："人们长期以来显示出对我们宗教虔诚的热忱渴望，没有一个希腊人或野蛮人的城市、没有一个国家，未传播到我们在第七天不工作的习俗，也没有一个地方没有发现斋戒、点灯以及我们在饮食问题上的许多禁忌。"约瑟夫斯当然是在公元70年之后写作的，但是他明确提及了犹太人对外族人影响的长期性，这也许可以被用来证明，他所观察到的现象在叛乱爆发之前就已经存在。另一方面，人们不知道，非犹太人采用犹太人的习俗，是因为它是犹太的，还是因为尽管它是犹太的却有可取之处。小塞内卡回忆，他的素食主义在他的父亲的眼中是很可疑的，因为当时有一些外来的仪式正在被推广：塞内卡提到的对"外来仪式"的取缔，几乎可以肯定是公元19年对犹太人和埃及诸神信徒的驱逐，但是从他的言语中可以清楚地看出，塞内卡不希望自身的行为被视作他自我认定为这两类人的标志。[14]

在公元66年之前的罗马城中，有多少这样的犹太教的完全皈依者，我们完全无从知晓，因为塞内卡（保存在奥古斯丁的作品中）"被征服者把律法送给了征服者"的嘲弄可能仅仅是指个体犹太人的个人行为的传播，但是，在这样一个有如此规模、拥有引人注意的本地犹太人群体的城市里找到一些改宗者还是可能的，因为这些改宗者在同时代的亚历山大里亚也确定存在。更常见的情况是承认犹太上帝是值得敬拜的（即使在一个普通多神教徒所献祭的神祇中，他并不拥有常规位置）。而在耶路撒冷，被崇拜的上帝的力量，从希律所焕新的美轮美奂的圣殿就可得见。

在犹太教所有让信奉多神教的罗马人觉得奇怪的方面中，最不奇异的是致祭、奠酒和焚香在崇拜中的核心地位，以及赋予建筑中供奉神明的部分以特殊的神圣性。所有这些做法在其他城市都足够熟悉。耶路撒冷的圣殿之所以特别令人印象深刻，只是因为它的信徒把所有资源都集中在一个地方，而不是在他们居住的地方供奉神龛。直到公元 66 年前，罗马人通常以非凡的圆通态度对待耶路撒冷的圣殿，尤其是因为以犹太上帝为盟友和保护人符合皇帝的利益。约瑟夫斯记录了奥古斯都皇帝和他的妻子李维娅赠送给圣殿的礼物；公元前 15 年，奥古斯都的朋友马尔库斯·维普萨尼乌斯·阿格里帕访问耶路撒冷期间，出资用 100 头牛举办了百牲祭（hecatomb）；罗马政府花钱，以确保犹太上帝对罗马皇帝报以亲善。约瑟夫斯说这些费用是由犹太人承担的。但是斐洛写道这些费用由罗马承担，奥古斯都"下令，在每一天都应该有全牲的燔祭，不断进行下去，由他自己出资，向最高神致敬"。[15]

第三部

冲 突

第十一章

通往毁灭之路

公元前 37 —公元 70 年

犹地亚

那么，为什么在公元前 37 年通过武力建立的罗马耶路撒冷控制权，会在一个多世纪后以城市被毁灭的方式告终？显然，正如我们在第二部分所看到的，灾难并非不可避免。暴力也并不是持续性的：一个长寿的耶路撒冷人，可以历经公元 6 年到 66 年间的整段时光，而未目睹过战争的恐怖。

从公元前 37 年到他死去的公元前 4 年，希律对骚乱的铁腕镇压消除了罗马对犹地亚干涉的需要，但当他死后，这个国家陷入了持续几个月的混乱。普布利乌斯·昆克提利乌斯·瓦卢斯，当时的叙利亚总督，也是之后于公元 9 年在日耳曼损失了 3 个军团的指挥官，率军从安条克南下，以期恢复秩序。他发现骚乱的原因是多方面的，但不是，或至少不全是因为反对罗马。希律死后，犹地亚的民众处于高度紧张的状态：他的最后一项命令是判处那些煽动人们拆除他曾经安放在圣殿的大门上的罗马鹰标志的教师以火刑，以此作为对暴动的惩罚。[1] 在老国王最后的日子里，甚至在他的弥留之际，他儿子们之间的阴谋，使得国家失去了这个家族中最有能力的成员，尤其是哈斯蒙尼家族的米利暗所生的两个儿子（都在公元前 7 年被处决），以及一个（另一妻子所生的）年长的儿子，即诡计多端的安提帕特（Antipater），后者在希律去世的前几天被希律的护卫毫不客气地杀害。[2] 希律的第三个，也是最后一个遗嘱，是在他临终之际，将他的儿子亚基老任命为王位继承人，但是亚基老按照他父亲的遗愿，不得不寻求奥古斯都的批准，当他为此到达罗马的时候，他发现自己遭到了家族其他成员的反对——尤其是希律·安提帕斯，他在第二个遗嘱中被任命为继承人，而这个遗嘱直到最后一刻才被撤销。在皇帝还没有批准由谁来继承希律王位的情况下，皇帝在叙利亚的财政特使，一个叫萨比努斯（Sabinus）的人，前去犹地亚，掌管了国王的大量财产。作为一名财政官员，这个人没有正式的政府职位，但是国王的公共财产和私人财产并不是那么容易区分，而萨比努斯也卷入了暴力冲突当中，他相信自己会在瓦卢斯留在耶路撒冷的一个军团和"属于他自己的大量武装奴隶"的帮助下战胜叛军，维持秩序。初秋住棚节期间激烈战斗的结果是——大部分的战斗发生在圣殿的附近——萨比努斯的人最终放火烧了圣殿。罗马人占领了圣殿的钱库，那是保存神圣资金的地方，"其中很大一部分被士兵偷走了，而萨比努斯则公开地为自己取走了 400 塔兰特"，约瑟夫斯宣称。[3]

也许特别是因为圣殿遭到了亵渎，以及缺乏一个合法的中央政府，这样的战斗鼓励了全境各地暴力事件的爆发。忠于希律的士兵们无法决定是站在罗马人还是站在犹太人这边。在耶路撒冷，大部分的王室军队加入了叛军，但希律的 3000 名来自塞巴斯忒（Sebaste）的异教士兵将命运交给了萨比努斯。犹地亚的 2000 名老兵武装起来，"要么是为了获得个人利益，要么是出于对犹太人的仇恨"，迫使希律的表亲阿喀阿布（Achiab）的军队撤退到山上。在加利利，早在公元前 1 世纪 40 年代就被希律抓住并处死的强盗埃西加斯（Ezekias）之子犹大集结了一支武装，占领了位于塞弗里斯（Sepphoris）的王宫，并得到了那里储藏的所有武器。"由于他对巨大财富的渴望和对王室荣誉的野心，他通过掠夺他撞上的人成了所有人恐惧的对象。"在耶利哥的王宫也遭到某个叫西蒙的人的当地追随者的洗劫，"他是希律大王的奴隶，但他是个英俊的男人，身材高大，身体强壮"。一段时间的抢劫后，他们被完全消灭了，这是一场漫长而又伟大的战斗，在战斗中罗马军队和王室军队并肩作战。西蒙被斩首。然而还有一群人烧毁了希律王在约旦河附近的宫殿。持续时间更长的一场起义是由某个阿特戎革斯（Athronges）领导的，

> 他是一个杰出的人，既不因为他祖先的地位，也不因他的品格，也不因为他多种多样的手段，他仅仅是一个完全不为人所知的牧羊人，尽管他的身形和力量是非凡的……这个人的权力持续了很长一段时间，因为他有国王的头衔，没有什么可以阻止他做他想做的事情。他和他的兄弟们也积极地去屠杀罗马人和国王的人，他们对这两者都有相似的仇恨，对于后者，是因为他们在希律王统治时期所表现出的傲慢，对于罗马人是因为他们当下所带来的伤害。

约瑟夫斯对于所有这些骚动的判断是简洁的："就这样犹地亚到处都是土匪。任何反叛团伙的首领都可能称王，然后会继而摧毁那里的社区，他们给很少的罗马人带去了很小程度的麻烦，但却给他们自己的人民带去最大规模的屠杀。"当瓦卢斯从萨比努斯那里知道发生了什么时，特别是当他知道军团被围困在耶路撒冷后，他带领另外两个军团迅速从安条克出发，前去恢复秩序。在向南行军途中，一队士兵夺取了塞弗里斯，把它的居民变成了奴隶，并烧毁了这座城，瓦卢斯还下令摧毁以马忤斯（Emmaus）镇，"以为在那里被杀的人报仇"，而其居民早已放弃了他们的家园。面对这种无情的手段，那些曾在耶路撒冷围困萨比努斯的犹太人采取了谨慎的态度，在罗马军队靠近时四散而逃，而那些留在城市的当地人（成功地）宣称自己从始至终站在罗马人这边，"说人们聚集在一起是因为节日，他们被卷入战争之中并非出于本愿，而是由于新来者的鲁莽，因此他们和罗马人一起被围困了，而并没有意愿去围困罗马人"。瓦卢斯返回安条克前，在犹地亚的最终行动表明，他和皇帝看到这些骚乱背后复杂的内部权力斗争时都很高兴，以及（最重要的是）事实上，许多人参与其中并不是出于对罗马的敌意，因此他"赦免了绝大多数的造反者，但把

他们的领袖送到了皇帝那里。皇帝释放了他们中的大多数人，只惩罚了那些参加战斗的希律的亲族们，因为他们与自己一方战斗，表现出了对正义的蔑视"。[4]

在萨比努斯对圣殿最初的攻击之后，耶路撒冷在这些剧变中幸存下来，其创伤要比预期的更少。公元前 63 年和公元前 37 年的事件中都没有发生大规模的流血事件，也没有大量的战俘被奴役。塔西佗在他关于公元 66 年以前的犹太-罗马关系的简述中指出，这一年中唯一值得记录的暴力事件是外约旦地区被释奴西蒙的叛乱，"他在没有等到皇帝决定的情况下，强取国王之名。然而，他被叙利亚总督昆克提利乌斯·瓦卢斯，以及将这个国家分为三部分控制的希律的儿子们给处死了"。塔西佗没有提到在耶路撒冷发生的事件，尽管比他年长的同代人约瑟夫斯在《驳阿庇安》中列举了犹地亚遭受的侵犯，即要求祭司从档案中编纂祭司血统的新记录以及允许祭司与俘获的女人结婚，他列出的清单里——有"神显者"安条克四世和庞培对耶路撒冷的围城，以及公元 66—70 年的战争（"在我们的时代"）——包括了昆克提利乌斯·瓦卢斯的入侵，这表明，与亚基老最终带着奥古斯都的授权、从罗马回来统治前的公元前 4 年的混乱状况相比，接下来的 70 年（到公元 66 年）将是一个稳定与和平的漫长时期。[5]

在这 70 年里，罗马总督确实在很多场合下从叙利亚将军队开入犹地亚，但是他们并不是为了去镇压暴动，而是为了预防对一些罗马行动的反对，因为罗马担心这些行动可能会引发怒火。所以在公元 6 年，当亚基老在犹地亚的统治在臣民的要求下被废黜、其位置被罗马总督所代替的时候，叙利亚总督普布利乌斯·苏尔庇奇乌斯·奎瑞尼乌斯（Publius Sulpicius Quirinius）有足够的理由认为犹太人会因为两件事怀有敌意：一是数个世纪以来犹太人（或是国王，或是大祭司，或是其他头衔）对耶路撒冷统治的终结，二是（更重要的一点）罗马推行的人口普查和土地税。对税金的榨取据说引起了公元前 10 年的达尔马提亚人叛乱，而当公元 6 年在伊利里库姆发动叛乱的达尔马提亚人巴托（Bato）最终在公元 9 年投降时，他向提比略解释道，他反叛的原因是反对税收勒索：他的民族造反是因为派去看守他们羊群的罗马人"不是牧羊犬，也不是牧羊人，而是狼"。如果在犹地亚也存在类似的敌意，这是不足为奇的。约瑟夫斯事实上明确指出犹太人最初对财产登记的消息十分抗拒，而反对的声音是被大祭司波埃修（Boethus）之子约阿扎（Joazar）平息下去的。对税收的短暂抵制是由来自犹地亚以外的某个犹大领导的，后来大概被以武力镇压，尽管没有任何关于其所需的军事行动规模的证据留存。根据《使徒行传》所引用的迦玛列的说法："此后报名上册的时候，又有加利利的犹大起来，引诱些百姓跟从他，他也灭亡，附从他的人也都四散了。"第一次人口普查在犹地亚的民间记忆中占据了足够大的空间，它将构成耶稣诞生故事的背景，在《路加福音》中出现："当那些日子，恺撒奥古斯都有旨意下来，叫天下人民都报名上册……众人各归各城，报名上册。"人口普查明显标志着重大改变——但是，在表面上，并没有激起值得罗马历史学家记录的暴力事件，比如同时代在帝国其他地区发生的那些叛乱。[6]

公元 40 年暴力事件的起因更加清晰，当时卡里古拉决定，他的自爱要求他将自己的雕像放置在耶路撒冷的圣殿里。正如我们所见，他指示叙利亚总督普布利乌斯·佩特罗尼乌斯率领两个军团前往耶路撒冷实现他的愿望。佩特罗尼乌斯知道这样亵渎神祇的行为会让犹太人感到震惊，并有可能引发一场暴动。他先写信给皇帝，劝他推迟行动，至少要等到收获结束，接着，一个包括亚基帕一世的兄弟在内的犹太代表团向他请愿，成功说服了他这件事的严重性，于是他返回安条克，放弃了使命，正如约瑟夫斯所记载的：

> 群众大声叫喊，说他们已经准备好忍受一切法律惩罚。佩特罗尼乌斯在听过他们的呼声后，说道："你们要和恺撒开战吗？"犹太人回答说，他们每天为恺撒和罗马人民献祭两次，但是，如果他想要立起这些雕像，就必须首先牺牲整个犹太国家；而他们自己、他们的妻子和孩子，都准备好接受屠杀了。这些话让佩特罗尼乌斯充满了惊奇和怜悯，因为他们对待自己的宗教是如此虔诚，自己又是如此不畏惧死亡。因此当时他只是驱散了他们，什么决定也没有做。在接下来的日子里，他和有权势者举行了人头攒动的私人会议，又

和人民举行了公开的会议；在这些会议上，他有时依靠恳求和建议，然而，大多数时候，他都用罗马人的力量和盖约的愤怒去威胁，以及申说政治环境使他这样做的必要性。然而，这些努力都不会促使他们屈服，正如他所看到的那样，这个国家正处于尚未播种的危险中——因为这是播种的季节，而人们花了50天时间无所事事地等着他——他终于把他们集合起来，并说："我最好还是冒个险。要么，上帝保佑我，我将说服皇帝，并得到拯救我自己和你们的满足，要么，如果这激起了他的愤怒，我准备好代表如此多人的生命，放弃自己的。"以这番话，他驱散了人群，大家都向他表达了祝福。

佩特罗尼乌斯是幸运的，卡里古拉的谋杀来得恰是时候，总督因此免遭故意不服从后的必然命运。塔西佗简明地写道："当卡里古拉下令犹太人在他们的圣殿中设立他的像的时候，他们就宁肯诉诸武力，但皇帝的死亡结束了他们的暴动。"但是，无论是与这一事件同时代的斐洛，还是约瑟夫斯，都没有提到任何实际的战斗，而他们的叙述可能更加准确。不过，根据约瑟夫斯的说法，这种使犹太人准备大规模殉教的绝望可以同样容易地演变成大规模暴力。[7]

反对卡里古拉的大规模抗议活动显然是由宗教狂热驱动的，但同样明显的一点是，公元40年出现的紧张局势与公元6年的一样，是异常的，与其说是受到犹太社会内部的运动、理念冲突或压力的刺激，不如说是受到了罗马政府行政决策的影响。约瑟夫斯在两组关于公元6年到66年间耶路撒冷政治史的叙述中，着意列举并谴责了所有的暴力事件——它们可以被视为是导致了这场最终压倒他故乡城市的冲突。考虑到这段历史长达60年之久，他所列举的时刻并不算很多，而且少量的部队就足以镇压偶尔的骚乱，这便表明这些骚乱并没有什么重要的意义。约瑟夫斯所记载的事件并不重要，我们将其与元老身份的历史学家塔西佗版本的提比略时代的犹地亚事件相对比，就能清楚地看到这一点。在约瑟夫斯的记载中，从公元26年到公元36年，本丢·彼拉多担任总督长期统治犹地亚，引发了一系列只有通过武力才能平息的骚乱。而每次骚乱发生的原因都是彼拉多手腕不够圆滑，哪怕是在微不足道的问题上也顽固地不愿倾听抗议的声音。根据彼拉多同代人斐洛的说法，亚基帕一世在公元 40 年一封给卡里古拉的信中描述他"报复心重，且脾气暴躁"。约瑟夫斯写道，彼拉多使用圣殿的钱来建设改善耶路撒冷供水的水道桥，引发了示威，他将带有皇帝肖像的军旗引入圣城的行为则引起了进一步的动荡。要理解犹太人这类抗议行为背后的宗教敏感性，需要总督对被统治者有一定程度的共情，而彼拉多似乎不愿意展示自己的同情心，更喜欢使用威胁或暴力。在耶路撒冷包围他的法庭、抱怨他使用神圣的金钱来实现世俗目的的人群被士兵驱散，士兵们"带着武装但穿着平民的衣服，以此作为伪装，他们被命令不得用剑，但却可以用棍棒殴打任何暴徒……大量的犹太人死亡，一些是因为受到棍棒击打，另一些人在随后的逃跑中被同伴踩踏致死。被受害者的遭遇所震慑，群众陷入了沉默"。不难想象，这样的集会能够在犹太人的民间记忆中——有关他们在罗马统治下遭受的苦难——占据一席之地，而且约瑟夫斯的叙述很明显来自犹太人，而不是任何罗马的官方报告。相比之下，罗马的塔西佗对所有这些小事件的评论带着典型的简洁。与公元前 4 年昆克提利乌斯·瓦卢斯的战斗，以及公元 40 年反抗卡里古拉的暴动——他妄自尊大地试图为自己修建雕像——形成鲜明对比的是"在提比略当政期间（即公元 14 至 37 年），一切都是平静无事的（*sub Tiberio quies*）"。[8]

在塔西佗的记载中，由于总督的社会出身较低，是罗马骑士或者被释奴，犹地亚公共事务的状况在卡里古拉死后走向了下坡路："有一个名叫安东尼乌斯·菲利克斯的被释奴隶极为残酷、放荡，他带着奴隶的一切本能来行使一个国王的权力。"这样的评论可能不只反映了基于社会地位的势利。同样，在约瑟夫斯关于这个行省的记载中，从公元 44 年到 66 年间的问题也要多于该世纪更早的部分，这也许仅仅反映了他对于自己出生（公元 37 年）之前的事情缺乏良好可用的信息来源，相比之下，耶路撒冷从 1 世纪 40 年代到城市毁灭之间所出现的问题则是他亲眼所见的。更令人吃惊的是，约瑟夫斯记载在克劳狄和尼禄统治时期，犹地亚的许多动荡和暴力事件并不是真正反罗马的。在公元 44 年，圣殿当局与行政长官卡斯皮乌斯·法都斯就大祭司祭衣保管权的争执变得足够激烈，以至于叙利亚总督需要前往耶路撒冷调解此事，但这个问题几乎不可能是暴力事件，而且在一个犹太使团前往罗马之后，它在皇帝的裁决下最终得到了解决。更加血腥的事件是法都斯对一个叫丢大（Theudas）的"骗子"或"巫师"的镇压，此人召集了一大群追随者，说服他们带上自己的财产，跟随他到约旦河的河边。根据约瑟夫斯的说法，"他声称自己是一个先知，在他的命令下，这条河将会分开，并为他们提供方便的通道"。这样的宣称听起来相当无害，我们也并不知道他是否打算对罗马采取什么反对行动——由于他的追随者似乎没有携带武器，因此想要在这个方面成功将会需要神圣干涉。无论如何，法都斯并没有等待事情被查明。他派出了一队骑兵。丢大的许多信徒被抓，另一些人被杀。丢大的头被砍下来，带到耶路撒冷去了。因此，在《使徒行传》中迦玛列带着轻蔑记录道："从前丢大起来，自夸为大。附从他的人约有四百。他被杀后，附从他的全都散了，归于无有。"[9]

在接下来的几年里发生的流血事件似乎一直都是非常具体的事件的结果。根据约瑟夫斯在《犹太战争》中的记载，在1世纪40年代末或50年代初一次逾越节期间，一名罗马士兵脱去了衣服，并把他的背面转向聚集在一起的朝圣者，发出了像屁一样的噪声；而在《犹太古史》对同一事件的叙述中，侮辱行为则是展示他的生殖器。（这两段叙述当然不是不相容的。也许这是一种文化上的误解，罗马人可以漫不经心地开关于裸体和身体机能的玩笑，而犹太人却觉得这种做法很恶心。）无论如何，结果都是发生骚动，当总督文提狄乌斯·库马努斯（Ventidius Cumanus）带着军队来平息暴乱时，暴徒们惊慌失措，成千上万的人——约瑟夫斯记载有20 000人——在奔逃中死在了狭窄的街道里。在这样的事件中，我们也应该认识到，这不是占领军因为害怕即将发生的暴动而做出的行为，而是总督不确定为确保有效的治安，何时应当采取强硬措施，何时又应当做出让步。同样严厉和不明智的行为也出现在库马努斯对一起孤立的抢劫行为的反应中，当时（大约公元50年）一些犹太强盗在耶路撒冷城西北方向大约12英里处的通往伯和仑（Bethhoron）的公共大道上袭击了"某个叫司提反（Stephen）的人，他是皇帝的奴隶"，并抢走了他的行李。库马努斯的回应是派遣军队到邻近的村庄，命令他们给居民戴上镣铐后再将其带到自己身边，然后谴责居民没有追击并逮捕这些强盗。这段内容记载在约瑟夫斯的《犹太战争》中；而在《犹太古史》中，库马努斯"派遣士兵，命他们掠夺邻近的村庄，并将村民中最杰出的人铐上锁链带到他的面前，以使他能报复他们厚颜无耻的行为"，暗示村民与罪犯是串通一气的。当谣言传到耶路撒冷时，当时正住在城里的十几岁的约瑟夫斯也许被弄糊涂了。不管怎么说，这种集体惩罚完全没有奏效。

> 其中一名士兵发现了一份摩西律法的副本，保存在其中一个村子里，他把它拿出来，在所有人都能看到的地方将其撕成两半，同时口出渎神之言，并猛烈地责骂。犹太人得知这件事以后，大量地聚集起来，并前往凯撒里亚，告诉在那里的库马努斯发生了什么，并恳求他不是为他们，而是为上帝报仇，因为他的律法遭受到了侮辱。因为他们说，他们不能在这样的情况下苟且偷生，因为他们祖先的法典遭受了如此肆意的侮辱。

库马努斯对代表团的回应表明，罗马政府在做这方面的工作，尽管并不完美。库马努斯显然没有认可那名士兵亵渎神灵的行为。在咨询他的朋友们之后，他让那个人穿过控诉者组成的队列，前往执行死刑的地方，并在那里被斩首。通过这种方式，犹太人的愤怒被有效地化解了。[10]

库马努斯大约在公元 52 年因一场暴乱最终倒台，这场暴乱不是由于罗马没有得体地对待其犹太臣民，也不是因为犹太人对罗马的叛逆性，而是犹太人和撒马利亚人之间的传统敌意的副产品，正如我们在第九章看到的那样，当时有几名来自加利利的犹太人，在去往耶路撒冷的路上，他们在撒马利亚遭受到了伏击。库马努斯对犹太人的愤慨反应缓慢——犹太人指控他被撒马利亚人行贿收买了——一群来自耶路撒冷的暴徒对事件发生的撒马利亚村庄进行了暴力的复仇，而此事转而引发了罗马人的镇压。整个混乱局面再一次被叙利亚总督解决了，但犹太人和撒马利亚人都派出使团向前者投诉，结果库马努斯也就丢掉了工作。大概是这个故事中的最后一个元素——一个帝国官僚的失宠——引起了元老历史学家塔西佗的注意。无论如何，在展开对克劳狄统治末期犹地亚简短而又可能糊涂的叙述时，塔西佗将此事作为了聚焦点。[11]

罗马派往犹地亚的总督的平庸品质，也反映在前文所引的塔西佗对库马努斯的继任者被释奴菲利克斯的诋毁性评论中，而约瑟夫斯则明确指出，在菲利克斯的统治下，即大约公元 52 年至 60 年期间，犹地亚的社会开始瓦解。"骗子和强盗们联合起来，煽动了许多人反抗，劝他们追求自由，并威胁要杀死那些服从罗马统治的人，说他们会强行镇压那些心甘情愿接受奴役的人。"约瑟夫斯这一笼统的描述似乎暗示了反叛罗马的萌芽，但是，他对这些年在犹太地区发生的事件所写的两段详细叙述却明显没有证实这一点，而他在少年和 20 多岁时目睹了这些事件。这些《犹太战争》和《犹太古史》里的叙事描绘出的社会，与其说是正处于叛乱的边缘，不如说在被内部纠纷和土匪行为所撕裂。

因此，约瑟夫斯指出，菲利克斯凭借清除农村的盗匪开启了他的统治，但同时也指出，匪患是山区长期存在的问题：被逮捕后和许多同伙一起被送往罗马的土匪之首以利亚撒已在这个国家横行 20 年了，"被判犯有同谋罪的普通百姓不计其数"，也遭到了惩罚。这个问题和菲利克斯的解决方法都没有什么不寻常的：在帝国势力不太容易到达的地方，匪患十分流行，且通常拥有当地乡村居民心照不宣的支持，而对土匪的镇压是所有总督的标准任务。更不寻常的是"一类新强盗"的出现，其为耶路撒冷所独有，被称为"短刀党"（*sicarii*），

> 光天化日之下，他们在城市中心杀人。他们在节庆时分行动，和人群混在一起，衣服下藏着短刀，以此刺杀他们的敌人。而后，当敌人倒下的时候，凶手们混入愤怒的人群，凭借他们看似合理的行为，从未遭到发现……产生的恐慌比灾难本身更令人担忧，每个人仿佛都身在战场上，每时每刻都会有人死亡。人们为了能与敌人保持距离，即使在朋友走过来时也不信任他们。

约瑟夫斯的生动描述暗示，犹太社会中存在的是恐怖主义，而不是反抗罗马的斗争，事实上，他在《犹太古史》中特别指出，人们怀疑，短刀党的第一个受害者——前大祭司亚拿努之子约拿单——是在罗马总督本人的唆使下被杀的。与此同时，"又出现了另一群恶棍，他们的手是干净的，但更不虔诚"。这些"骗子和冒充者"假装受到启示，同时带来"革命和变革"，让群众变得疯狂起来，并把他们带进沙漠中，理由是上帝会向他们展示"自由的迹象"；约瑟夫斯在《犹太战争》中是这样写的，尽管《犹太古史》中说，骗子们据称已经承诺"根据上帝的预见，将会发生不容错认的奇迹和神迹"，但没有任何迹象显示这神圣启示的内容。我们不清楚这种与世俗不相关的行为是否给罗马统治带来了更大的威胁——相比于几十年前丢大的事件——但是菲利克斯就像他前任的总督一样，并没有等待真相被查明。他将这些行为视为动乱的苗头，并以军事力量消灭了犯罪者。[12]

在约瑟夫斯看来，其中怀有针对罗马反叛计划的"伪先知"只有一个，即前文所言的那个带着一群人从沙漠通过迂回路线走到橄榄山的埃及人，到了橄榄山"他准备强行进入耶路撒冷，并在控制罗马的要塞之后把自己塑造成人民的僭主，雇佣那些和他一起进城的人担任保镖"。在《犹太古史》中叙述同一事件时，约瑟夫斯声称，这位先知声说强行找到一个入口是没有必要的，因为耶路撒冷的城墙将会在他的命令下倒塌。在一处描述中，约瑟夫斯称这位受神启的领袖拥有 3 万名追随者，他的"大部分军队"在随后与菲利克斯军队的战斗中被杀或被俘，尽管埃及人自己得以逃脱；在平行的叙述中，战损人数为 400 人死亡和 200 人被俘。这两处记录中所涉及的数字明显是相当大的，因此，约瑟夫斯明确断言，埃及人完全没有享有民众的支持，"所有人"都加入了菲利克斯的守城军抵抗外来者。正如约瑟夫斯所说，当"强盗"煽动人们与罗马开战的时候，大多数人都拒绝遵从。这个无名埃及犹太人的动乱及失败在那 10 年的犹地亚历史上臭名昭著，以至于保罗被错认是他，并在耶路撒冷被守卫队队长抓获。相比之下，那个据称在菲利克斯的继任者非斯都任内（公元 60—62 年）要了类似把戏的骗子，不但在约瑟夫斯的唯一一条记录（《犹太古史》）中没有名姓，在约瑟夫斯记述叛乱前奏的《犹太战争》里也完全没有被注意到。在他更早期的历史作品中，约瑟夫斯显然并不觉得另一群受误导的犹太人——他们被自己的领袖承诺"如果选择追随他，就会得到救赎，远离恶魔"，然后被带进荒野，接着被罗马军队杀死在那里——值得提及。[13]

这一系列零星事件表明耶路撒冷在这些年中确实不是和平的天堂，只不过总体上在他的详细叙述中，约瑟夫斯抱怨的紧张关系很大程度上源自犹太社会的内部问题，而不是对罗马统治的普遍不满。强盗抢劫富人的房子并谋杀其主人的行为是阶级冲突的一部分，约瑟夫斯在叙述犹太战争的末尾总结了冲突的起因，其中就包括这一点，"一切恶事都被做尽了……当权者压迫群众，群众渴望摧毁当权之人。一些人沉醉于暴政，另一些人则下决心使用暴力并掠夺富人的财产"，但是，这种阶级怨恨的原因，与其说是由于罗马的统治，不如说来自一个大体繁荣的社会中资源的不平等分配。财富从整个犹太世界被吸引到耶路撒冷，使得富人更富，但是，对于许多穷人来说，不断上涨的土地价格创造了新的债务负担；并非偶然，在公元66年，叛乱武装针对罗马一方的前几次行动之一就是烧毁债务档案，希望以此鼓励负债者加入他们的行列。如果攻击富有的犹太人有时候看起来像是对罗马统治的攻击，这是因为，正如我们所见，罗马借以统治这个行省的当地领袖都很富有。把自己描绘成反罗马情绪的受害者当然符合富人的利益，他们希望能刺激罗马统治者和罗马军队对其利益进行更有力的保护。但事实上，当地统治阶级对于犹地亚社会公元66年暴动前几年里的混乱负有责任，而且这一责任独立于强盗或宗教狂热分子带来的扰乱，这不是因为他们不喜欢罗马人的统治（他们可以从中受益），而是因为一任接一任的罗马总督们的懦弱给了受罗马支持的精英争夺权力的机会。正如我们在序言中看到的，在公元66年犹太国家的独立宣言并没有平息这种犹太社会内部的冲突，而是扩大了它的范围，因此在直到公元70年春天的大多数时间里，犹太暴动者主要专注于对抗他们彼此而不是罗马人。[14]

如果我们相信约瑟夫斯（还有塔西佗）的描述，罗马总督无能的表面下是他们的贪腐。约瑟夫斯对公元 62—64 年的总督阿尔比努斯（Albinus）发出了猛烈的谴责：

> 他无恶不作。他不仅以职位之便，窃取并掠夺私有财产并让整个国家负担极高的赋税，还从代表那些曾因抢劫而被地方议会或前总督监禁的人的亲属那里接受赎金；而在监狱里唯一剩下的就是那些拿不出钱的人。现在，耶路撒冷的革命派受到刺激，放肆起来；他们中有影响力的人通过贿赂阿尔比努斯，免使自己因煽动而遭到惩罚；在民众中，所有对和平不满的人都与总督的共犯联起手来。每一个恶棍的追随者都聚集在他的周围，让他像一个强盗首领或者僭主一般在同伙之上，指派他的保镖劫掠奉守和平的公民。

约瑟夫斯对阿尔比努斯的继任者盖西乌斯·弗洛鲁斯的评判甚至更加刻薄，这人是犹地亚最后的总督，暴动正是在他的统治下爆发的："在大多数情况下，阿尔比努斯的犯罪行为都是秘密进行的，而且多有遮掩；盖西乌斯则正好相反，他炫耀自己的暴行……从个人身上取得利益似乎对他来说是家常便饭：他掠夺整个城市，毁掉了所有人的生计，几乎在全国范围内宣布所有人都可以自由地进行抢劫，条件是他要得到他的那份战利品。"这种来自一位对自己的立场毫无掩饰、对最终降临在他家乡的不幸命运感到沮丧的历史学家的激烈抨击，当然并不是完全客观的，这些前总督在约瑟夫斯写作的时期很容易成为罗马的替罪羊，因为众所周知，除了犹太叛教者提比略·尤里乌斯·亚历山大（Tiberius Julius Alexander），他们中没人在公元 70 年以后拥有成功的政治生涯。但是，在帝国时期，皇帝若在任命总督时想要控制对方的贪婪，会面临相当大的固有的困难，而且敛财的尺度也是被广泛认可的。塔西佗认为岳父阿古利可拉在亚细亚行省担任财务官时没有为自己敛财——尽管"这个行省是一个富足的地方也是贪官酷吏渔利的渊薮"——是一个了不起的成就，并将其作为阿古利可拉的传记中值得提及的一笔。[15]

直到公元 66 年的暴动爆发前，耶路撒冷民众应对这种恰恰是帝国系统期望和鼓励的糟糕罗马治理的方式是向这些总督本人派遣代表团，或在这种做法被证明无效时向叙利亚的总督或（在极端的情况下）皇帝本人派遣代表。问题产生的原因与其说是犹太人对系统的敌意，不如说是抗议者在试图让他们的声音被听到的过程中遇到的障碍，以及叙利亚和罗马当局所做的一些决定的糟糕质量。约瑟夫斯详细追踪了凯撒里亚的犹太人和外族人之间激烈的争执，在公元 1 世纪 50 年代，犹太人声称凯撒里亚属于他们，因为它是由犹太王希律建立的，但当地的"叙利亚"外族人则称这座城属于他们，因为在希律之前，这里曾是外族人的居住地，而希律竖立雕像和庙宇的做法表明，他在建城时设想的是一座异教城市。城市内部社区之间的暴力行为暂时被掌握军事力量的总督菲利克斯镇压，为了解决这一问题，双方都向身居罗马的尼禄派遣了使团，但当尼禄对外族居民表示青睐时，犹太人并不满意，约瑟夫斯则记载了对腐败的指控："在凯撒里亚的叙利亚人，通过提供大量的贿赂，说服了尼禄的导师及负责皇帝与希腊诸地通信的秘书柏律路斯（Beryllus），要他向尼禄请求一封书信，以废除犹太人的平等公民权利。柏律路斯说动了皇帝，并成功地获得了他的授权而写成了这一封信。这封信为我们国家随后发生的不幸提供了根基。"在其他情况下，由于难以确保安全的沟通渠道，而且投诉也可能被泄露给总督，以至于投诉者在获得任何赔偿的机会之前就受到迫害，这导致了人们哪怕在面临严重的管理不善时都消极应对，所以在公元 66 年的耶路撒冷，随着形势的恶化，"只要凯司提乌斯·伽卢斯还在叙利亚履行总督职务，就没有人敢派一个代表团表达对弗洛鲁斯的抗议"。在这种情况下，是否缺少申诉的平台并没有什么很大的不同。当凯司提乌斯·伽卢斯确实在逾越节访问耶路撒冷时，"一群不少于 300 万的人（！）恳求他怜恤这一国家，并且大声谴责弗洛鲁斯，称他是毁灭这个国家的祸根"，但是弗洛鲁斯就站在凯司提乌斯的身侧，面带嘲笑地听着他们的话，而凯司提乌斯一定知道，这位通过妻子克利奥帕特拉对尼禄心爱的妻子波培娅施加的影响力而获得这一职位的犹地亚总督，可能在罗马有身居高位的朋友。无论如何，在回到安条克之前，他所做的一切就是许诺他会保证弗洛鲁斯会在将来采取更加温和的行动——也就是说，他实际上什么也没做。[16]

在直至公元 66 年的这段时间里，犹地亚所受到的苦难并不意味着它是一个 60 年来都处于暴动边缘的社会。唯一一场被古代作家描述的具体犹太行动——明显敌视总体上的罗马统治而非当前罗马政府的具体行为——是菲利克斯时代由"埃及人"领导的失败的暴乱，而那一次，按照约瑟夫斯的说法，"所有人"都加入了罗马统治者对暴动的镇压行动。任何基于古代叙述未提及内容的讨论都很容易受到这一可能性的影响，即其他关于对罗马的敌意的故事已经丢失了——毕竟，约瑟夫斯在多处地方提到了社会的普遍崩溃，但没有具体说明他的意思，而且也可能存在一些很快就被遗忘的小型事件——与此同时，这种讨论大力主张约瑟夫斯对犹太异见的记录或多或少是完整的，也是他创作历史作品，尤其是《犹太战争》的动机。约瑟夫斯声明他的意图是解释战争的爆发及其从公元 66 年到 70 年的走向，为完成这一目的，他历数了战争开始之前 60 年里双方关系紧张的原因，正如修昔底德——他为约瑟夫斯对主题的呈现提供了蓝本——记叙了伯罗奔尼撒战争爆发前 50 年的历史。他应该会尽可能多地利用他所能引用的所有案例，而不是忽略冲突的原因。当他只能提供戏剧作者式的关于灾难的预言（如"从那一刻起，疾病降临在我们的城市，一切事情都变得更加糟糕"），而没有说明他所描述的事件（在这种情况下，是统治阶级内部的权力斗争）是如何导致对罗马的反抗时，他的含糊和沉默可以被视为证据，说明并没有可做的联系，而他无法描述任何更加公然的革命举动——它们能够支持他所描绘的逐渐陷入战火的图景——的原因，是这种革命举动不曾发生过。[17]

事实上，一旦我们明白了约瑟夫斯编纂历史的目的，最引人注目的一点就是，他所能举出的犹太人在公元 66 年之前敌视罗马的具体证据少之又少。由于他是在事后进行写作的，我们可以假定他挑出了所有可能有助于说明最终灾难的事件。在一切历史编纂中，当时并不重要的事情由于它们后来的意义而显得突出。约瑟夫斯在《犹太战争》的第 2 卷里，对一个走向不可避免的灭亡的社会的描述，与他在同一著作的第 6 卷中对战争前 4 年一个于人无害的、名叫亚拿尼亚之子耶稣的先知所遭受的对待的描述形成鲜明对比。这个耶稣，"一个粗鲁的农民"，经常在圣殿里大声喊出一则令人不安的预言："来自东方的声音；来自西方的声音；来自四面八方的声音；对新郎和新娘的声音；对所有的人发出声音。"他被一些地位显要的市民逮捕并殴打，但这并没能阻止他说出那不祥的话语。罗马总督阿尔比努斯也命人打他，但他只是在每一击之间大喊"耶路撒冷有祸了"。由于他拒绝透露自己是谁、来自哪里以及为什么要说出这些诅咒，总督认为他疯了，并放走了他。他将继续自己漫长的生涯，在 7 年零 5 个月里重复他的预言，直到公元 70 年在围城时最终被一个飞石球（ballista ball）杀死，"看到自己的预言应验了"。但在故事的开头，在公元 62 年秋的住棚节上，这样的预言令人震惊，因为它是难以置信的。此时，即战争爆发前 4 年，约瑟夫斯写道，"处于尤其和平与繁荣的状态"。很明显，判断一个社会是否处于崩溃的边缘通常是一个视角的问题——相较于事前，这种判断在事后更容易做出。在现代社会，一个著名的或特别令人发指的犯罪行为通常会引发大量对前几年里所发生的类似案件的报道，而在那几年里，这些案件并没有对公众的态度或情绪产生任何影响。[18]

特别值得注意的是，约瑟夫斯在详细叙述这 60 年中各种各样的混乱时，几乎没有提到任何持续性的反罗马意识形态，毕竟当他在《犹太古史》中描述犹大在公元 6 年的罗马人口普查期间领导的暴动时，他清晰地指出犹大及其同伙撒督所提出的"第四哲学"（Fourth Philosophy）应该对犹太社会的崩溃和圣殿的最终毁灭负责，因为

> 他们播下了派系冲突和屠杀同胞的种子。有些人在内乱中被杀，因为为了不被他们的对手超过，这些人只能疯狂地在彼此和自己人中间屠杀；还有一些人在战争中被敌人杀害。接着是饥荒，它是为了展现最后一丝无耻而被保留的，接着是对城市的冲击和破坏，直到上帝的圣殿最终被这次叛乱里敌人的火焰所摧毁。这件事是一个教训，告诉我们，对祖先传统的创新和改革，在很大程度上导致了全体教民的毁灭。

《犹太古史》中另一种更简短的说法，将公元 6 年的犹大与 60 年后盖西乌斯·弗洛鲁斯治下的叛乱更具体地联系到了一起：

> 至于第四种哲学，加利利的犹大把自己塑造为这一派的领袖。这个教派在所有其他方面都同意法利赛人的观点，但他们对自由有着几乎不可征服的热爱，因为他们相信只有神是他们的领袖和主人……在总督弗洛鲁斯傲慢和无法无天的行为激起了对罗马人的激烈反叛后，随这种哲学而来的愚蠢行为让整个国家蒙受了苦难。

更令人吃惊的是，在直至公元 66 年的所有细节叙述中，约瑟夫斯没有提及任何一个被这种哲学学说所驱使的团体或个人；与法利赛人、撒都该人和艾赛尼派不同，约瑟夫斯没有给出这种哲学的名字。由于约瑟夫斯强烈反对第四哲学，并在《犹太古史》和《犹太战争》中谴责了所有暴动前的反罗马暴力事件，似乎他会将任何与第四哲学有牵连的事件怪罪到它的身上——他之所以没有这样做，正是因为第四哲学事实上与那些事件并无牵连。

约瑟夫斯在这方面的沉默可以与他对犹大后裔的不同命运的评论形成对比。他提到，犹大的儿子西蒙和雅各在公元 1 世纪 40 年代中期以十字架刑被处死，而公元 66 年的叛乱爆发后，"一个叫米拿现（Menahem）的人，是加利利的犹大之子，这个高明的诡辩家在奎里努斯的年代，曾因为犹太人在奉上帝为主人后，又屈从于罗马，而责骂他们"，他闯入了希律在马萨达的军械库，此地位于死海的边缘，是一个巨大的堡垒，他还试图接管耶路撒冷反抗军的指挥权，不过没有成功。但约瑟夫斯对于西蒙和雅各所奉行的意识形态只字未提，也并没有说明他们为什么该被处死，而被描绘成在耶路撒冷表现得"像个国王"的米拿现，则可能故意被描绘成了遵从一种他祖先的自由主义的对立面的哲学："由于相信自己在处理事务的时候没有竞争对手，他成了一个令人难以忍受的暴君"，因此，最初煽动人们反抗罗马的人开始反对他。"他们对彼此说，在为了对自由的爱，从罗马人的统治下造反之后，他们不应该把这种自由献给一个犹太刽子手，并且忍受这样一个主人（注意这一措辞）——即使他放弃暴力，这个人也远远配不上他们自己。"看起来，犹大确实在公元 6 年教授了一些新奇的观点，但要说在公元 66 年之前的几年里这些观点曾在犹地亚广泛传播过，是非常不可能的，更不用说它们应该为最严重的反罗马行为负责了。[19]

　　类似的论点也适用于解释弥赛亚狂热在这 60 年的动乱中所起到的或未起到的作用。约瑟夫斯知道"救世主式先知"所做的承诺。事实上，在一则收录战争前征兆、预言和神谕的目录中，约瑟夫斯把这样的断言作为结语："比所有其他东西更激发他们战争欲望的是一个在他们的神圣经文中也能找到的模棱两可的神谕，大意是说，在那个时候，他们国家的一个人将成为世界的统治者。他们将它理解为，这个人就来自他们自己的族裔，而他们中的许多智者在寻求神谕解释的过程中误入歧途。"因此，读者有理由期待约瑟夫斯至少对一些公元 66 年之前领导犹太颠覆性运动的"救世主"加以描绘。但事实上，尽管他将这些人辱骂为"伪先知""冒牌货""冒名顶替者"和"江湖骗子"，他从来没有将"成为世界的统治者"的妄想加诸任何一人。约瑟夫斯赋予这一神谕的政治力量，有可能反映了它含义中作为弗拉维王朝的解释——即"救世主"指的是韦斯巴芗——的重要用法：在塔西佗和苏维托尼乌斯的记载中，也可以找到相同的描述，它们把神谕看作是神认可韦斯巴芗称帝野心的证据。相对来说，约瑟夫斯在书写最近的历史时，确实给出了一些具体的例子，它们有关犹太人出于一种普遍的末世论愿景而做出的愚蠢行为。当圣殿在公元 70 年起火时，"妇女、儿童和其他一些人，总数有 6000 之多"在外廷避难，而他们的毁灭是因为"一位假先知，在当日对城里的人宣称，上帝吩咐他们去圣殿廷中，承接上帝所给予的救恩的神迹"。这种寻找圣迹的行为正是该世纪初其他"骗子"所极力主张的。也许并不是所有的先知都在宣扬末日即将来临，但对神圣干预的这种激进的依赖，确实有可能预示着政治环境的彻底改变，这种改变即使不是严格意义上的末世论，也至少是异世的。但这种希望是否必然对罗马构成威胁，当然是另一个问题了。正如一些早期基督徒所竭力主张的那样，在保持对皇帝和罗马国家忠诚的同时，期盼一个新天堂和一片新大地的到来是有可能的。[20]

赞同对罗马保持忠诚的原因是公元 66 年以前普遍放任的罗马统治。毫无疑问，犹地亚不是一个警察国家。根据约瑟夫斯的说法，在暴动爆发前一年，尼禄对耶路撒冷是如此漠不关心，以至于凯司提乌斯·伽卢斯对逾越节的朝圣者进行了一次人口普查，以说服他相信这座城市所拥有的力量。来自意大利的总督们地位很低，正是因为罗马不认为此地有必要储备强大的军力。罗马国家维持着大约 25 万人的常备军，但其中少量的辅军联队就满足了整个行省的需要，大约有 3000 人，而这些辅军联队中又只有一支驻扎在耶路撒冷。最重要的，也是对罗马政府而言最令人惊讶的是，犹太人被允许每年三次在朝圣节时大量聚集在耶路撒冷，而这段时间里唯一的安全预防措施是一些被临时派驻耶路撒冷的、来自凯撒里亚的部队。而且，尽管一些总督，如本丢·彼拉多，冒犯了犹太人的宗教情感，他们确实都在尝试着圆滑处事。因此，由罗马总督在犹太地区铸造的本地铜币反映了当地的敏感性，避免了对任何人类形态的描绘，就像大希律王所铸的硬币一样；这种敏感性是犹地亚特有的。在这一时期帝国其他地方的硬币上，人类的形象非常普遍，故而它们从犹太当地铸造的硬币中消失，肯定是深思熟虑后制定的政策的结果。考虑到在其他地方铸造的罗马第纳尔银币的广泛使用，这种顾虑就更加引人注目了。因此"法利赛人和希律党的人"会问耶稣是否应该向恺撒纳税，根据《马可福音》，他们是为了以此陷害他。耶稣的回答，正如福音书记载的，是要他们带一个第纳尔银币给他看。"他们就拿了来。耶稣说，这像和这号是谁的。他们说，是恺撒的。"[21]

出于对犹太习俗的尊重，犹太人也被豁免，不用在安息日面见罗马官员，并且（尽管也许只是在特定时候）他们可能会被免除兵役。约瑟夫斯保留了一系列含混不清的、由罗马地方法官寄给亚洲城市和其他希腊城市的信件，信中坚持犹太人应该得到这样的特权。这些档案无疑是被筛选过的，只含有其选择保留的罗马法令——事实上，约瑟夫斯对将其加入他的历史作品的原因直言不讳："在我看来，有必要公开所有给予我们民族的荣誉以及与罗马人和他们的皇帝订立的盟约，这样其他国家就能够意识到亚洲和欧洲的诸王对我们是尊重的，并且欣赏我们的勇气和忠诚……罗马人的法令是无可反对的，因为它们被保留在城市的公共场所中，并且仍然能在卡皮托山的铜表上看到。"这批约瑟夫斯接下来引用的、折中的材料很有可能是由一位早于他的犹太人收集的，为了帮助犹太人在庭审中面对罗马法官时，恳请他们的权利。但是罗马看起来确实给予了犹太人足够多的特权，而且既然他们能够给予散居在海外的犹太少数群体以特殊待遇，就更有可能也将它给予了犹太本国的居民。[22]

流　散

在犹地亚之外的犹太聚居地，情况也是这样，在公元 66 年之前，大多数生活在罗马统治之下的犹太人似乎并不觉得自己与罗马国家格格不入。正好相反，从约瑟夫斯记录的文档中可以看出，在一些散居的地区，比如小亚细亚，犹太人作为非犹太社会中的少数群体，依靠罗马的干预来维护他们的权利。没有证据表明，在人口中占了很大比例的亚细亚犹太人，在弗拉库斯的贪婪行径后——公元前 1 世纪 60 年代，弗拉库斯曾经侵吞了献给耶路撒冷的黄金——受到了任何一位罗马总督的折磨。这个地区的犹太社会似乎一直到古代晚期都处于和平与繁荣之中。我们所知的、唯一一个其福祉持续受到威胁的犹太聚居区是在埃及的亚历山大里亚，而犹太人在那个城市遭受苦难的特殊原因将会在下文中讨论到。在其他地方，犹太人和他们的邻居们达成了和解，他们可能会感激帝国的和平，后者有助于维持现状，也符合他们的利益。但是他们显然无法控制家乡的政治——以及犹地亚的事件也许会影响罗马对远方侨居犹太人的政策的可能性。[23]

这不是说散居的犹太人一直仅仅是他们在耶路撒冷的同胞所做决定的受害者，因为他们似乎对犹地亚的政治有浓厚的兴趣，偶尔甚至会介入其中。在公元前 4 年大希律王死后不久，奥古斯都把国王的领土交给了国王三个在世的儿子，而这时一个年轻人出现在克里特岛，并向犹太人声称自己是亚历山大，即大希律王和哈斯蒙尼公主米利暗的儿子之一。事实上，这个亚历山大以及他的兄弟阿里斯托布鲁斯（亚基帕一世的父亲）已经在公元前 7 年被他们的父亲大希律王以叛国罪处死了，但这个冒名者以他宣称的哈斯蒙尼家族和希律家族的血统行事，并成了名人。约瑟夫斯讽刺地写道，克里特岛的犹太人给了他不少钱，而米洛斯岛（Melos）的犹太人给的更多，"因为他们相信他是皇室成员，希望他能重获他父亲的王位并回报他的恩人"。这个年轻人在热情支持者的护送下，有风格地前往意大利，并进一步获得了来自普丢利和罗马犹太社区的支持，在那里"所有的犹太人都出去迎接他……由于他们与他的母亲（米利暗）有族群的纽带，无论何时他乘轿子穿过狭窄的街道都会受到热烈的欢迎。他拥有作为国王的所有行头，这些都是由他的私人赞助者提供的。一大群人聚集在他周围，高喊着他们的祝福"。奥古斯都随即召见了这个"亚历山大"，并质疑询问阿里斯托布鲁斯的下落（根据"亚历山大"的说辞，"由于害怕在海上会发生什么，他被留在了塞浦路斯岛"），这最终暴露了青年的真实身份：其实他来自腓尼基的西顿城（Sidon），由一名罗马被释奴养大。这个冒充者试图以他与亚历山大在形貌上的惊人相似获利，却被自己过于强健的身体出卖了，"恰恰相反，真正的亚历山大身娇体软，这是奢侈享乐和高贵出身所导致的"。这个年轻人被发配给桨帆船（galley）船队。公元前 27 年到公元前 10 年，真正的亚历山大被他的父亲送往罗马接受教育，在城中度过了这段时间，这在一定程度上可以解释罗马城中的犹太人对这件事的积极参与，但是其他支持他的犹太人，除了他所谓的名字和血统之外，几乎什么都不知道。似乎很有可能，耶路撒冷政治阴谋的消息在这些遥远的社群中很有市场，尽管散居的犹太人很少能够影响在犹地亚发生的事情，但他们抓住了所有他们曾有过的机会。[24]

相反，亚基帕一世于公元 38 年 8 月对亚历山大里亚的访问，成了希腊人针对当地犹太人骚乱的导火索，这些希腊人震惊于犹太国王的排场和经济条件，尽管根据他同时代的斐洛辩解式的描述，他已经尽自己最大的努力以不招摇的方式进入这座城市了。亚历山大里亚的情况迅速升级，首先是犹太人的名声遭到玷污，他们被说成是外国人，接着就是大迫害，犹太人被限制生活在城市四分之一的区域里，这里实际上就成了贫民窟，而他们的房屋和作坊都遭到洗劫。但是，尽管亚基帕的到来是这场灾难的催化剂，且斐洛宣称暴力是突如其来的，事实上，他的造访并不是真正的主要原因。族群间紧张关系的根源存在于城市的早期历史中，与罗马的统治关系不大。

亚历山大里亚于公元前 4 世纪由亚历山大大帝建立，并在公元前 31 年成为地中海世界最伟大的城市，它是埃及托勒密王朝的首都，王室宫殿的所在地，也是一个巨大的行政官僚机构的中心，控制整个埃及以及更远的地区。根据约瑟夫斯的记载，这座城市吸引了包括犹太人在内的定居者，而他们被亚历山大大帝本人授予了在亚历山大里亚居住的权利——这一说法备受质疑，尽管在公元前 3 世纪末，即建城 100 多年后，这座城市里确实有一个相当大的犹太社区。亚历山大里亚一直处于惊人的增长中——因为其地位特殊——直到公元前 30 年克利奥帕特拉死去后才突然终结。随着托勒密王朝的灭亡，这座城市不再是一个富裕而独立的王国的都城。城中的官员甚至不被允许像其他希腊城市那样在罗马的宗主权下组成一个城市议会，实际上，他们管理着一个——比耶路撒冷更加公然的——外国占领下的城市：在奥古斯都时代，一个军团和舰队驻扎在亚历山大里亚，到了公元 23 年，两个军团和三个辅军单位长期驻扎在城市的边缘地带，即尼科波利斯的罗马军营。关于犹太社区在这个城市中地位的争执，使得希腊居民的不满情绪在不与罗马统治者直接冲突的情况下爆发了。罗马人试图去解决犹太人公民权利的问题，但没有一方表示满意。在奥古斯都时期，犹太人的社区就是一个国中国，他们有自己的法庭和自己的政治领袖，即总督（ethnarch，字面意思是"民族统治者"），在希腊人免交的人头税上，他们的待遇则和本土的埃及人一样。到公元 1 世纪 30 年代，有关犹太总督的证据消失了，根据斐洛对社区间争斗的记载，犹太人要求"平等公民权"（isopoliteia），这个词可能意味着平等的集体权利（政府承认犹太法庭的法律判决）或者平等的个人权利（作为一名完整公民参与到城市事务中的权利），或很有可能兼有两者。希腊人指责犹太人试图获得他们无权享有的特权。对抗逐渐失控。双方都指责罗马当局偏袒另一方。在一组从少量的纸莎草上被发现的文学作品中，反对犹太人要求的希腊官员被作为罗马邪恶统治下牺牲的殉道者颂扬，其基调和斐洛诋毁卡里古拉统治时期总督弗拉库斯的暴政的语气别无二致。根据约瑟夫斯毫无疑问地带有偏见的说法，克劳狄即位后恢复了城中犹太人先前拥有的特权，因为新皇帝认为"他们不应该由于盖约的疯狂而失去自己的权利"，但这种偏爱并不明确。他的法令以一种恼火的命令结束："我要求双方采取最高级别的预防措施，以防止在我的敕令发布后出现任何骚乱。"[25]

　　折磨亚历山大里亚犹太人的严重骚乱是公元66年之前犹太散居地仅有的类似冲突，它可能是这个城市特有条件的产物，我们没有理由认为其他地方出现过类似的紧张关系。克劳狄皇帝在公元41年寄给亚历山大里亚的犹太人和希腊人一封措辞强硬的信，其副本现在保存在纸莎草上，这封信表明皇帝已经意识到分散的犹太社区可能会造成的威胁——如果它们要联合起来反对城市里的既定秩序——因此他禁止那里的犹太人"带来或欢迎来自叙利亚或埃及的犹太人，这将迫使我产生更大的怀疑。如果他们这样做了，我将对他们采取一切可能的行动，理由是他们对全世界造成了一场共同的灾难"。但是，这种合作并支持散居地同胞的行为是很少见的。没有任何迹象表明在这一时期人们恐惧犹太人可能成为帝国境内的第五纵队。在约瑟夫斯声称是亚基帕二世在公元66年暴动爆发时所做的演讲（见第二章）中，国王警告说，如果耶路撒冷爆发战争，帝国境内的犹太侨民都将受到影响，但是他甚至没有提到这些犹太侨民可能会加入战争中叛军的一方，尽管这一遗漏可能带有一丝辩护意味：让犹太侨民与罗马作战，哪怕只是想法，也不符合约瑟夫斯的利益，而约瑟夫斯在对战争整体记载的导言中声称，来自幼发拉底河对岸、帕提亚领土内的犹太同胞伸出援手的可能性曾经是犹太人的希望，亚基帕的演讲对此有提及，却没有给予其太多关注。总之，只有当犹太本土发生重大情况时，侨居海外的犹太人才会和罗马国家出现严重的对抗，比如卡里古拉在耶路撒冷圣殿里竖立自己雕像的渎神计划。当然，对于一些犹太侨民来说，当公元66年耶路撒冷爆发大规模叛乱时，他们不可能不受影响。[26]

战争，公元 66—70 年

正是圣殿的首领造成了公元 66 年晚春耶路撒冷战争的突然爆发，一个名叫亚拿尼亚之子以利亚撒的年轻祭司说服他的祭司同伴停止了传统上代表罗马皇帝向犹太上帝所做的献祭。这是一份战争声明，作者是罗马政府通常能够依赖的统治精英的成员。他们对总督盖西乌斯·弗洛鲁斯丧失了信心，也不相信包括罗马皇帝在内的、更高级别的罗马权威有能力令人满意地处理他们的投诉。由于总督无力或不愿对当下的问题采取行动，这一系列本身并不特别严重的事件升级为民族性的暴力。在凯撒里亚，在一些非犹太年轻人在犹太会堂外的小巷里献祭一只小公鸡后，当地犹太人和非犹太人之间的长期争端达到了顶点，城中的犹太人最终集体抛弃了这座城市。当时弗洛鲁斯没能惩罚那些在凯撒里亚挑起暴动的非犹太人头目——约瑟夫斯声称，这是因为他收受了贿赂——而当他下一次在耶路撒冷露面、收取补缴的税款时，他遭到了怀有敌意的人群的攻击。一场政治剧的表演——一群犹太青年假装为这位贫穷的总督收集零钱——在罗马军队试图驱散人群时糟糕地弄巧成拙。弗洛鲁斯要求"祭司长、贵族和最显赫的公民"交出过失者受罚，但是他们拒绝了，"恳求他原谅那些说话失礼的人"。当地精英和总督之间的相互信任被打破了。盛怒之下，弗洛鲁斯让他的士兵在城市西南部的市场上横冲直撞，并下令他们去抢劫和掠夺。约瑟夫斯写道："那一天遇难者的总数，包括妇女和儿童——他们甚至连婴儿都不放过——大约有 3600 人。"但是真正让这位历史学家感到不安，以及公认标志着罗马统治的崩溃的是这些死者的阶级，"因为弗洛鲁斯在那天冒险做了以前从未有人做过的事情，也就是，在他的法庭上鞭打、在十字架上钉死了骑士等级的人，这些人即便出生时是犹太人，至少后来被赋予了罗马人的尊严"。[27]

因此，出于无法控制弗洛鲁斯过度行为的绝望，亚拿尼亚之子以利亚撒和他的年轻贵族祭司同伴们开始了暴动。由于缺乏当时写下的日记或信件，我们无法准确地知道他们想要达到什么目标，或者他们认为自己的行动会带来什么样的结果。毫无疑问，不同的参与者有着不同的愿望，私人情感与公开宣言不同，而愿望每天都在改变。这个重大决定被做出的时候，约瑟夫斯正身处圣殿的内廷，他从一开始就参加了叛乱，但是，在经历了叛乱的灾难性结局、自己阵营的改变之后，在写作时，他声称他一直把自己的角色视为一个调停者，试图以最少的破坏，将叛乱以一种迅速而又光荣的方式结束。事后看来，这确实本可成为一条谨慎的路线，正如我们所见，根据约瑟夫斯的记载，亚基帕二世和贝瑞妮斯当时都公开主张这么做。关键的区别在于他们的行动。一旦战争变得不可避免，亚基帕和其他富有的耶路撒冷居民便离开了这座城市，加入了罗马人的阵营，而约瑟夫斯却在公元 66 年 10 月加入了暴动政府，成了保卫加利利的将军。[28]

无论叛军真正的愿望是什么，考虑到罗马帝国政府的性质，以及之前罗马对犹地亚的兴趣（或兴趣的缺乏），要确定叛军可能合理地期望要达到什么目的是相对容易的。想让罗马毫无反应是不可能的，正如在公元前 4 年希律王死后罗马不会放任犹地亚的事务顺其自然地发展，但梦想犹太国家在更宽松的罗马宗主权下回归某种形式的独立，并非过于乐观。公元前 4 年，叙利亚总督瓦卢斯允许犹太人派遣一支 50 人的使团面见奥古斯都，请求国家自治——他们一定是打算摆脱希律家族的统治。但从那时起，犹地亚就在一个受欢迎的犹太国王亚基帕一世的统治下获得了荣耀，而现在距离他的统治被他过早的死亡终结也只过了 22 年。只有少量的罗马军队驻扎在耶路撒冷，这表明只要罗马的利益没有受到伤害，罗马并不太关心这个不重要的领土上发生了什么。尼禄将在同一年晚些时候或公元 67 年宣布希腊获得自由，这是一种对行省政府没有实质性影响的宣传活动。对于犹地亚来说，以类似的方式，凭借大笔一挥来改变它的状态不是不可能的，尽管鉴于之后发生的事情我们很难想象这种情况。事实上，公元 66 年的罗马人很可能仅仅是希望在耶路撒冷保全面子，而不是挑起更大的动荡。皇帝被一名杰出且广受欢迎，但政治上无能的贵族盖约·卡尔普尔尼乌斯·皮索（Gaius Calpurnius Piso）于前一年制造的阴谋分散了注意力，他的回应是杀死了很多自己以前的支持者，因为怀疑使他变得偏执。效仿之前犹地亚发生的小问题的先例，叙利亚总督凯司提乌斯·伽卢斯率军南进，以恢复秩序。亚基帕国王也加入了他的队伍，他有理由相信自己很快就会恢复作为圣殿守护者的身份，并尝试选出能更有效控制人民的、同时比现在圣殿当局更能服从任性的罗马总督的大祭司。停止在耶路撒冷圣殿中进行对帝国表示忠诚的献祭是宣战的标志。如果罗马的直接目标就是确保这样的祭祀再次开始，那就说得通了。[29]

　　是什么导致了接下来的四年里如此剧烈的变化？正如我们在序言中看到的，将罗马对耶路撒冷动乱的镇压从治安手段提升到涉及数千名士兵的全面军事行动的关键因素是，凯司提乌斯·伽卢斯未能在公元66年的夏天恢复秩序，尤其是他从耶路撒冷撤军期间损失了大量的士兵和装备。这种对国家声望的损害是需要报复的，而使用集体惩罚来阻止各个行省的反叛是一种标准的罗马行动程序。实施惩罚需要大规模的军事行动，但是其严重性不应该被夸大。为了对犹太人施以教训，分派给韦斯巴芗的部队人数高达6万人，远远超过了公元43年入侵不列颠时军队部署的总数，人们很容易在事后把他部队的庞大规模看成是犹太暴动被当作对罗马霸权的重大威胁的证据，但是另一种解释更合理：韦斯巴芗被授予这一数量的军队的指挥权仅仅是因为这些军队正好集结在这一地区，并且在尼禄手下最伟大的将军格奈乌斯·多米提乌斯·科尔布罗（Gnaeus Domitius Corbulo）结束对亚美尼亚和帕提亚的战争后无事可做。在50年代后期，三个军团接连从巴尔干被派遣到叙利亚，以增强罗马在该地区战役中的军事实力，但是现在他们却没有任何军事任务。尼禄不打算用他们来进行另一场要么以失败告终，要么以失去威望作结的扩张性战役，或者获取一场提高一个新将军的威望，并使其成为潜在威胁的（同样不受欢迎的）胜利。就像科尔布罗本人在尼禄统治早期发现的那样，如果没有什么事情可做，叙利亚军团会变得软弱无力、士气低落。因此，参加去犹地亚的惩罚性远征对士兵是有好处的。

　　四年后罗马对耶路撒冷的袭击远比单纯的惩罚性远征激烈得多，可能的解释是暴动开始后犹太人反抗的激烈程度以及一个独立的犹太国家于耶路撒冷建国，但是事实上，这个犹太国家的特征更多是为了争夺权力而产生的内讧，而非对罗马的有组织的敌意。一群短刀党强盗试图篡夺城市的领导权，但他们在被打败后逃到了希律在死海边裸露的岩石上建立的马萨达要塞，不再参与战争，直到耶路撒冷被占领。在耶路撒冷之外领土上无精打采的防御行动使成千上万的难民涌入首都，而在那里他们争夺着影响力，加利利人在吉斯卡拉的约翰的带领下对抗来自犹地亚北部乡村的狂热派，双方都反对吉奥拉斯之子西蒙所领导的、来自南部的以土买人。从凯司提乌斯·伽卢斯的撤退到公元70年春天耶路撒冷的围城之间，罗马人基本没有遭遇任何重大的抵抗——这些抵抗显然不够作为报复并摧毁圣殿的依据。

　　如果耶路撒冷的独立宣言唤起了罗马帝国其他地区犹太人的大规模起义，那么罗马的政策也许有必要做出改变，但令人惊讶的是，这件事并没有发生，尽管卡西乌斯·狄奥在他对围城的简短描述中说"（在耶路撒冷城内的）犹太人包括了许多本城居民，还有一些信奉相同习俗的人，不仅有来自罗马帝国的，还有来自幼发拉底河对岸的人"。尽管狄奥这么说，约瑟夫斯唯一明确提到的、参加耶路撒冷保卫战的犹太侨民来自美索不达米亚的阿迪亚贝尼——这些人包括了国王阿扎特斯的儿子和亲属，此人（正如我们在第四章中看到的）在几十年前就皈依了犹太教。如果有其他的犹太人从小亚细亚、叙利亚或埃及，甚至从罗马而来，约瑟夫斯对于他们保持了沉默，这与他对犹地亚境内许多团体和个人的多次指涉形成了鲜明的反差。也许狄奥仅仅是指那些毗邻犹地亚的地区，如外约旦和加利利地区。也许约瑟夫斯试图对他的罗马读者掩饰犹太侨民参与叛乱的程度，但是更有可能的是，大多数犹太侨民与这场与他们无关的争执保持了距离。这会让人回想到，在公元40年，全体犹太人都对卡里古拉试图在圣殿中亵渎上帝的行为表示了反感，这让斐洛暂时忽略了亚历山大里亚犹太人对自身一地的狭隘关注，也让亚基帕一世冒着失去财富和生命的危险去对抗暴君皇帝。这与在公元66—70年犹太侨民相对被动的态度形成了鲜明的对比，并表明他们不认为圣殿祭祀的未来处在危险之中。[30]

　　并不是说拒绝参加犹地亚的战斗，就一定不会使犹太侨民被卷入本土冲突的余波之中。甚至在公元66年8月凯司提乌斯·伽卢斯被击败前，那些生活在靠近以色列边界的非犹城市中的犹太人都极易遭到攻击。公元66年春天，动荡的亚历山大里亚城中因为"现在混乱已经成了普遍现象"，一场骚动开始了：当希腊人举行公共集会时，他们指出许多犹太人已经渗透到了圆形剧场的集会当中。[31] 三个犹太人被活活烧死，接着犹太社区发动暴乱作为报复。只有当两个驻扎在市郊的军团被部署到犹太人那里后，秩序才得以恢复。罗马回应的残暴程度可以部分归结于埃及总督提比略·尤里乌斯·亚历山大的特殊处境，因为他自己就是一名亚历山大里亚籍的犹太人，为了在这个危机时刻证明自己的忠诚，他准备好了对自己的同胞采取坚定的镇压行动。

即使是在过去几年以来犹太人和同城公民关系良好的地方，耶路撒冷的冲突也不可避免地引发了后者对前者忠诚的质疑。多年来和平共处的邻居们由于他们的政治立场而分成两派。在邻近犹地亚的许多地方，甚至远至叙利亚的安条克，犹太人都受到了集体迫害的威胁。非犹太城市当局的反应各不相同，有些采取了控制措施，有些却煽动暴力行为，正如约瑟夫斯的记载：

> 阿斯卡隆（Ascalon，亚实基伦）的居民杀死了2500人，而在托勒密的遇难者则是2000人，还有大量犹太人被囚禁。推罗人驱逐了相当数量的人，却把大多数囚禁在枷锁中；同样地，希波斯（Hippos）和加大拉的居民也杀死了他们敌人中勇敢的人，并把胆小的囚禁起来；因此，在叙利亚剩下的城市中，每一个城市的行动都由他们对犹太邻居的仇恨或恐惧支配着。只有安条克、西顿和阿帕米亚放过了当地的居民，并且拒绝杀害或囚禁任何一个犹太人；也许，由于这些城市人口众多，他们对犹太人造反的可能性不屑一顾，但在我看来，主要影响他们行动的是对那些没有颠覆意图的犹太人的同情。杰拉什（Gerasa）的居民不仅没有虐待留在他们身边的犹太人，而且还把任何决定移居其他城市的人护送到边界。[32]

在他的自传中，约瑟夫斯宣称："叙利亚周边城市的居民，与他们的妻子和孩子一起，开始动手杀害他们身边无可指摘的犹太居民；因为他们既无反抗罗马的想法，也未藏有对叙利亚人的敌意或阴谋。"尽管这很可能是事实，但是这个声明却是不真诚的，因为在他的《犹太战争》中，约瑟夫斯透露，住在离耶路撒冷较近地区的犹太人是耶路撒冷反叛者挑衅非犹太人邻居行为的牺牲品，因为这帮反叛者派遣了小股部队去掠夺后者的土地和村庄。这些犹太叛军对当地非犹太居民的仇恨，又是由凯撒里亚的犹太人大屠杀挑起的，在那里"凯撒里亚的居民屠杀了住在他们当中的犹太人，以至于在一个小时内，有超过 20 000 人被杀，凯撒里亚的犹太人被清除了，那些逃跑的人被弗洛鲁斯逮捕，铐上锁链带去了船坞"。但是这种敌意仍有更深的根源。在罗马辅军中服役的正是当地的非犹太人，而在战争爆发前的几个月里，他们在耶路撒冷表现得非常残忍。当亚基帕一世——他们认为他对犹太人太好——于公元 44 年过早地离世时，从凯撒里亚和塞巴斯忒招募来的一个骑兵中队和五个步兵联队的非犹太士兵曾表露了不合时宜的喜悦：

> 他们对死者进行了辱骂，这些话太过污秽，我不忍在此提及；当时所有服役的士兵——他们数量相当多——回到他们家里，抓起国王女儿（贝瑞妮斯和德鲁希拉）的画像，并一致地把它们带到了妓院，在那里他们把它们放在了屋顶上，给它们各种可能的侮辱，做一些无法记载的不体面的事情。此外，他们还斜倚在公共场所，戴着花环，使用有香味的东西，向所有人庆祝这个所谓的"节日"；他们向（死者的摆渡人）卡戎奠酒、相互敬酒以庆祝国王的死。

约瑟夫斯明确地指出，这些军事单位由凯撒里亚和塞巴斯忒人组成，他们对死去的亚基帕表示过不敬，而正是这些部队，在 22 年后"通过在弗洛鲁斯时代播下的战争的种子，成了犹太人最大灾难的源头"。[33]

　　公元 66 年夏，在凯司提乌斯·伽卢斯被击败后的几个月里，耶路撒冷的反叛者太过专注于建立和保卫他们新获得的自由以及彼此间的内斗，而没有让散居的犹太人更深地陷入他们的战斗中。远离这个新国家生活的犹太人可能希望他们的平静不被打扰。但是这种寂静主义并不能保护安条克的犹太人，在那里，耶路撒冷发生的事件大概已经被充分议论过了，因为作为罗马和亚历山大里亚之后帝国最大的城市以及叙利亚行省的首府，这里是凯司提乌斯·伽卢斯和他军队出征的地方，也是韦斯巴芗集合军队准备新一轮进攻的地点。这座城市中的犹太人在公元66年春天没有受到打扰，但是当韦斯巴芗于晚秋抵达这里时，一个名叫安条克（Antiochus）的犹太人——他实际上是当地犹太社区首席法官的儿子——谴责他的父亲和他的犹太同胞，称他们是企图把这座城市烧毁的叛徒。人们对犹太人可能是第五纵队的恐惧进一步加剧，因为安条克揪出了一些从外地城市来的犹太人，并指出他们是阴谋的帮凶。而当安条克提出用一项关于献祭的测试来确定哪些犹太人支持这个城市时，这种意味——做犹太人与做安条克的忠诚市民是不相容的——就很明确了：那些拒绝向异教诸神献祭的犹太人遭到杀害。作为一名犹太变节者，安条克清楚地知道哪里是他的打击目标，他的下一步就是禁止人们在安息日休息。根据约瑟夫斯的记载，罗马军队被征召起来，以确保犹太人在安息日"做和其他日子一样的事"，尽管这个规定如何被实现是不为人知的。在很短的时间内，不仅仅是在安条克，而且"同样也在其他城市"，安息日的惯例被废除了。约瑟夫斯没有具体说明是在哪些城市和哪里，以及这种迫害如何结束，但是很清楚的是，安条克在战争结束后也经常露面，并为曾与他持有同样信仰的同胞制造大量的危险和麻烦。无辜的散居犹太人，因母城的动荡而陷入困境，这使他们明显不愿投身保卫耶路撒冷的情况更加奇怪。也许在某种程度上，他们认为这场发生在遥远地方的战争与他们自己的事务无关。他们在罗马的统治和保护下，作为少数群体社会，过着足够幸福的犹太生活。他们也许希望罗马能在适当的时候在犹地亚重建统治秩序，惩罚叛乱首领，并在圣殿里安排一名新的亲罗马的大祭司。无疑，他们没有理由相信在公元66年爆发的战争会导致文明间的冲突，并永远地改变犹太教的面貌。[34]

没有任何一名犹太人，无论是侨居海外的还是住在耶路撒冷的，能够提前知道公元68年世界政治秩序的变局，这场变局完全改变了犹地亚的战事在罗马政治中的意义。当尼禄在从公元68年中期到69年12月的漫长斗争中死去时，罗马世界中权力行使的残酷现实变得极为清晰，这段时间里，五位皇帝——尼禄、伽尔巴、奥托、维特里乌斯、韦斯巴芗——轮流掌权，成千上万的罗马人被杀，自公元前 31 年，屋大维在亚克兴战役中打败马克·安东尼建立独裁统治后的 100 多年中，在一定程度上从未发生过的大规模内乱再次来临。

我们之所以可以详细讲述公元 69 年 1 月以来发生的这些事件，主要是因为这些记录被保存在塔西佗《历史》的前 5 卷中，这部著作最初从公元 69 年记录到公元 96 年的图密善之死。塔西佗将他记录的对象描述为"一段充满了灾难的历史，在这里有恐怖的战争、激烈的内讧，这些内讧即使没有大动干戈，也是恐怖的"。他坦承自己并非一名不持偏见的记录者："我同伽尔巴、奥托或维特里乌斯都没有任何恩怨可言。（但是）我不能否认，我是由韦斯巴芗的关系而开始了政治生活的：这事业后来经提图斯加以促进，图密善又帮了忙；但是自称始终不渝地忠于真理的人们，在写到任何人时都不应存个人爱憎之见。"国内流血事件的再次发生所带来的冲击是巨大的。它的规模不及亚克兴战役之前十几年里的杀戮，但是它更多地涉及罗马人民，远超在公元 1 世纪上半叶环绕着宫廷政治的精英间的阴谋与对决。塔西佗写道："在亚克兴战役后……和平的利益要求全部权力应被集中到一人之手。"这一原则一直得到普遍的认可，但围绕何人应获得最高权力的斗争，就像在共和国最后时刻发生的事情一样，是潜在的不安定因素。[35]

公元 68 年暴动的开始实际上展示了分割而治的帝国体系正在有效地运转。盖约·尤里乌斯·文德克斯（Gaius Iulius Vindex），这位出身当地高卢贵族的卢格敦高卢（Gallia Lugdunensis）行省总督在公元 68 年 1 月放弃了对尼禄的忠诚，（根据他自己打造的钱币）他宣称"人类的拯救""解放者朱庇特"和"恢复罗马"。作为一个在罗马政治舞台上无足轻重的人，文德克斯试图通过写信给其他总督来获取支持，其中一些人不可避免地将阴谋泄露给了皇帝。所有的总督和军队指挥官都立刻陷入了一种不利的处境，即如果不愿谴责这次暴动，他们就会失去皇帝的青睐，而这几乎等于被宣判死刑。在一个至今疑云笼罩的事件中，驻扎在上莱茵河军队的指挥官维吉尼乌斯·鲁弗斯（Verginius Rufus）在 5 月末率军进入高卢中部，并在韦松提奥（Vesontio）会见了文德克斯和他的军队。由于文德克斯前往韦松提奥时所率领的军队比维吉尼乌斯·鲁弗斯的少得多，且装备和训练都不太好，他可能相信了鲁弗斯愿意加入到他反抗尼禄的起义中。如果是这样，那么他的愿望就被鲁弗斯的军队对尼禄的忠诚——又或是他们对文德克斯的部下的厌恶——所粉碎了。不管怎样，两支军队最终打了起来，文德克斯的军队被彻底击败，他本人自杀身亡。鲁弗斯当时的想法，我们不得而知，但当他于 30 年后以备受尊敬的高龄安静地去世时，他的墓志铭对那段历史进行了巧妙的改写："长眠于此的鲁弗斯，他曾在文德克斯被击败后，解救了皇权，不为自己，而为了他的国家。"整个事件都在远离意大利的战场上上演，因此尼禄毫发无损。[36]

　　同时代更有效率的权力移交事件发生在西班牙。塔拉戈纳省（Tarraconensis）的总督塞尔维乌斯·苏尔庇奇乌斯·伽尔巴（Servius Sulpicius Galba）当时已是 70 岁出头，他来自一个古老的贵族家庭，其在共和国时代有着杰出的参政历史，他本人曾在 35 年前出任执政官，在他令人印象深刻的生涯中，他早期的军事成就曾为他赢得凯旋饰物（triumphal insignia）。文德克斯有可能曾与他有过接触，并将他看作尼禄潜在的竞争对手，但文德克斯的失败和死亡使这样的联系在未来的叙事传统中变得难以捉摸。可以肯定的是，伽尔巴设法让自己的军队宣称自己是元老院和罗马人民的代表。他的钱币上有诸如"罗马人民的自由"的文字。其他在西班牙的总督和军队指挥官——其中包括两个极为关键的人物，卢西塔尼亚总督马尔库斯·萨尔维乌斯·奥托（Marcus Salvius Otho）以及西班牙唯——支军团的指挥官提图斯·维尼乌斯·儒菲努斯（Titus Vinius Rufinus）——决定支持暴动；他们的支持足以消除当地人的反对。在控制住西班牙之后，他并没有明确地传达出想要掌控更广阔帝国的意愿：伽尔巴所发行的钱币上的铭文"西班牙和高卢的和谐"，揭示了这样的和谐不可能是理所当然的。无论如何，从西班牙到罗马有很长的距离，尼禄派遣一名将军到意大利北部去组建一支军队，来抵挡期望中的入侵。对尼禄来说，按兵不动，等待伽尔巴的那个野心勃勃而又心怀不满的联盟自行崩溃，是十分可行的。但是尼禄没有等下去。他投降的决定可能和伽尔巴的关系不大，而更主要是因为同一时期克洛狄乌斯·马刻尔（Clodius Macer）的反叛，此人是第三军团的指挥官，驻防阿非利加行省，因此有能力切断罗马城的粮食供应——马刻尔似乎是独立行动的，因为正是根据伽尔巴的命令，他最终在同年 10 月被处决。无论如何，尼禄似乎认为他的权威已经崩溃，各地的将军都在反叛，而他们也因此不用害怕来自同僚的报复。尼禄打算逃到埃及，而就在那个时候，禁军抛弃了他，理由是他将罗马弃之不顾，而元老院也从 27 年前，卡里古拉之死时禁军的所作所为中得到启示，宣布尼禄为公敌。苏维托尼乌斯记载了尼禄的结局：

> 法昂（Phaon，他的被释奴）劝他在一个掏掉了沙子的洞中暂时避一避，但是他拒绝在活着时就到地下去……最后，所有的人一齐劝他尽快摆脱威胁着他的耻辱。他命令在他面前挖一个坑，坑的大小同他的身体高矮相当。他还命令收集所能找到的大理石块，同时储备水和木柴，以便马上处理他的尸体。当一切就绪之后，他痛哭流涕，一再说道："一个多么伟大的艺术家就要死了！"……这时，受命活捉他的骑兵已经临近了。尼禄听到他们的声音后……在自己的秘书埃帕弗洛迪图斯的帮助下，将匕首刺进了自己的喉咙。这时，一名百夫长冲进来，用大衣堵住他的伤口，装作前来帮助他的样子。已是奄奄一息的尼禄只喘着气说了这样两句话："太晚了！""这才是忠诚！"边说边咽了气。他的眼珠隆起，突出眼眶之外，使所有见此情景的人都大惊失色。[37]

伽尔巴唯一需要做的就是继续向罗马进军，并接受他的臣民的敬意。在前政权的种种越轨行为之后，他似乎很容易得到拥护和安全。然而，在现实中，节俭被斥责为吝啬，让那些幸运儿心生喜悦的恩庇，则让那些被忽视者成为敌人。一位篡位者需要时间来获得不可侵犯的光环，这种光环甚至在卡里古拉和尼禄举止最荒唐的时候保护了他们，但是伽尔巴并没有在他需要的时候得到保护：尼禄死于公元 68 年 6 月初；伽尔巴则在公元 69 年 1 月 15 日被杀。伽尔巴的高龄成了他失足的原因。这很明显，因为他已经 70 多岁了，权力必须很快移交给继任者。他没有儿子，因此受到很大的压力，被要求收养一名继承人。另一方面，收养一名合适的继承人这件事本身可能就很危险，因为这也许会鼓励野心勃勃的人去培养与未来皇帝而不是现任皇帝的关系。伽尔巴的解决方案是，在公元 69 年 1 月 10 日将一名没有政治成就甚至没有野心的年轻人带到元老院面前。路奇乌斯·卡尔普尔尼乌斯·皮索·福茹吉·利奇尼安努斯（Lucius Calpurnius Piso Frugi Licinianus）是一个默默无闻的家族的后代。他年纪 30 出头，尼禄统治的最后几年，他都处于流放之中，并且他在罗马的广大民众中几乎不受欢迎。伽尔巴最精力充沛的副手，和他一起从西班牙进军到罗马的奥托反应迅速。如果他不被指定为继承人，他就要为自己夺取政权。禁军联队本就不满，因为伽尔巴没能向他们支付在去年 6 月份他们长官承诺的贿赂——作为背叛尼禄的奖赏。1 月 15 日，奥托与伽尔巴一起前往阿波罗神殿献祭，但他却在皇帝随从的眼下溜走了，并在 23 名士兵的保护下被带到禁军营地，在那里他受到了热烈的欢迎。对那位年迈皇帝的最后时刻，苏维托尼乌斯再次给出了耸人听闻的描述：伽尔巴通过市政广场时，绝望地听凭敌方士兵摆布，

> 在那里，受命来杀他的骑兵策马冲散街上的人群。当他们远远发现他之后，勒住战马，过了一会向他冲了过来。伽尔巴被自己的随从抛下之后，终于被杀。有些人说，在混乱开始时，他高喊："你们在干什么？战友们！我是你们的，你们也是我的……"他甚至许诺给他们奖赏。但是更多人说，他没有抵抗，把脖子伸给士兵，叫他们砍下他的头，以结束自己的使命，如果他们要这样的话。[38]

因此，奥托通过在罗马的大街上公开和恶毒的流血事件获得了权力，但至少他政变中的流血暴力在一定程度上是有限的。皮索与伽尔巴死于同一天，后者的其他一些亲朋也是如此，但是政权更迭所造成的暴力，对城

市的其他地方几乎没有造成任何影响，更不用说更靠外的帝国疆域了。奥托强调自己与被伽尔巴取代的尼禄之间的关系，以合理化自己杀气腾腾的野心，他重建了被推倒的尼禄像，并强调在尼禄治下更早和更好的时期里，前者曾给予自己的友谊。在罗马，这种策略似乎在所有重要的群体中都起了作用——元老院、人民以及（最重要的）禁军。但是奥托从公元58年起就被尼禄委派到卢西塔尼亚做总督，直到伽尔巴的阴谋开始，他都没有机会赢得军事上的荣誉，也从未当过执政官，并且在其他行省的指挥官和军队中也没有大量的追随者。因此，对他的权力的威胁不是来自他自己的随从，而是来自日耳曼，在那里有著名的奥路斯·维特里乌斯（Aulus Vitellius），他比奥托长一辈，并是20多年前的执政官，他现在是下莱茵军团的指挥官，并被部下说服要为自己谋取最高权力——以及，不那么直接地，要确保他们会从他的胜利中获利。

　　维特里乌斯和他的追随者们似乎都并没有对奥托特别失望。他们的不满（或野心）在公元69年1月1日已经很明显了，当时驻守美因茨（Mainz）的军团拒绝向伽尔巴宣誓效忠，但是罗马政权的更迭似乎没有影响他们的目标。在当年2月和3月初比往常更温和的天气的帮助下，日耳曼军团以惊人的速度穿越了阿尔卑斯山脉，以在奥托得到其他行省军队——特别是巴尔干的部队——的支援前抵达罗马。奥托向北进军到波河谷地，选择在4月14日在克雷莫纳（Cremona）的战场上与维特里乌斯的军队举行会战。几乎没有援军抵达，奥托的人数处于劣势，但这正是让他不得不立刻面对叛军的原因，因为奥托已经率军北上，如果维特里乌斯派出一支偏师离开其主力，转而进军罗马，那会使包括罗马城在内的所有意大利剩余地区变得十分脆弱。无论如何，奥托并没有拖延战事。战斗打响，在大量的人员伤亡后，奥托被彻底击败了。塔西佗在一段被归入奥托名下的动人的演讲中，表达了他对奥托选择自杀的勇气的认可，奥托对自己的支持者说：

　　　　要是使像你们这样英勇无畏的人们再去经受危险，这对我的生命来说，是太大的代价。如果我的希望是想活下去，你们给予我的希望越大，我也就死得越光荣……别的人可以比我更长久地享有统治大权。但任何人也不能比我更勇敢地放弃统治大权。你们愿意要我忍心把这样多的罗马青年、这样崇高的军队再送去战死，从而造成国家的损失吗？让我在心里记着你们甘愿为我牺牲吧；但是你们必须活下来。

这篇演讲具体的遣词造句自然是出自塔西佗之手，而非奥托，而奥托临死前的正面形象，很大程度得益于塔西佗所使用的材料对维特里乌斯的中伤，后者由于是韦斯巴芗的对手，成了这些材料诋毁的对象。事实上，一旦战败，敌人通往罗马的道路就已经打开了，奥托什么也做不了；期待巴尔干军团——如果他们真的会来的话——的救援，是一种无望的乐观。元老院得知奥托战败的消息，顺从地于当年 4 月 19 日授予维特里乌斯皇帝的权力，并派遣一支代表团北上前往帕维亚（Pavia），他们在 5 月中旬见到了这位新的独裁者。由于大众的呼声，他很快就接受了"奥古斯都"的头衔。[39]

维特里乌斯将他的权力和生命都交给公元 69 年的最后一位皇帝提图斯·弗拉维乌斯·韦斯巴芗的过程，在很多方面都与他自己夺取皇位的方式类似——在古代，这一事实让弗拉维时代的历史学家，如约瑟夫斯和（回顾过去历史的）塔西佗感到十分为难。韦斯巴芗在公元 66 年被尼禄任命为镇压犹太人叛乱的指挥官，部分原因就是因为他在政治上并不重要。他是一名包税人的儿子，当时年近 60，拥有值得尊敬但并不出彩的职业生涯。二十几岁的时候，他在元老贵族生涯的阶梯中艰难地向上攀爬，并没有得到提比略或卡里古拉的特别照顾。公元 43 年，在克劳狄时期的不列颠征服战争中，他以一名军团指挥官的身份取得了职业生涯的突破，并于公元 51 年，在他 42 岁的时候当选为执政官。在公元 1 世纪 60 年代初，他是阿非利加行省的总督，这一职位为他带来了声望而非权力，因为在这个行省中并没有可以指挥的军团。到公元 66 年 10 月，尼禄已经患上了阴谋妄想症。围绕着盖约·卡尔普尔尼乌斯·皮索的阴谋在前一年就被挫败了，但政治阶层内部的极大不满已经被揭露了出来，这导致了尼禄对那些可能没有参与其中的人的怀疑。在受尼禄所逼而自杀的人中有一个名叫科尔布罗的、当时最成功的将军，他在 50 年代末和 60 年代初对亚美尼亚和帕提亚的战争中取得了非凡的胜利。在皇帝的猜疑下，科尔布罗于公元 66 年 10 月自杀，这件事就发生在凯司提乌斯·伽卢斯对耶路撒冷远征的致命失败之后。尼禄无法容忍另一位成功将军的升迁，因为这可能对他自己的安全构成威胁。相反，他更倾向于把犹太人战争中三个军团的控制权交给韦斯巴芗，因为他是一个合格的庸才。像这样一名没有贵族教养或关系的人可能会成为皇帝，是不可想象的。苏维托尼乌斯简明扼要地总结道：“为了镇压这次叛乱，需要大量军队和一名有胆量的统帅，这个人选必须不仅胜任指挥这么大的一支军队，而且不会拥兵跋扈。韦斯巴芗被选中了。既因为他是一名久经磨炼的勤奋之士，也因为他是一名不必担心之人，因为他本人和他的家族都不算显赫。”[40]

根据苏维托尼乌斯的说法，就在奥托和维特里乌斯为权力而争斗之时，这位默默无闻的元老决定为自己谋求最高权力，因为他受到了预兆的刺激。“他正在吃饭，一头犁地的牛挣脱牛轭，闯入餐厅。仆人们一哄而散，突然，牛四肢瘫软，跌倒斜倚在桌旁的韦斯巴芗脚旁，在他面前弯下脖子。”在犹地亚，当地的神谕也证实了神认可他的野心：“在犹地亚，他向卡尔梅尔（Carmel）请求神谕时，谶语使他受到鼓舞：不管他有什么计划和愿望，它们又是多么大胆，神谕保证它们必将实现。他的一个贵族出身的俘虏，名叫约瑟普斯，在被戴上脚镣时，后者斩钉截铁地说自己将被日后成为皇帝的这同一个人释放。”但是苏维托尼乌斯将这个记载——在神圣的祝福后，雄心壮志得到了实现——与另一个更平淡的版本结合起来，在这个版本中，韦斯巴芗是多瑙河和东方军团的卒子，他们渴望获得内战胜利的回报，就像维特里乌斯被莱茵河畔的军团所操纵一样：

　　他们说西班牙军队已经拥立伽尔巴为皇帝，近卫军拥立奥托为皇帝，日耳曼军队拥立维特里乌斯为皇帝，而自己没有什么不如其他军队的地方。他们开列了所有执政官级的行省总督的名字，也不管他们在什么地方服役。由于其他的人选因种种原因——被他们否

决，又由于在尼禄临死之前才从叙利亚调来默西亚（Moesia）的第
三军团的某些士兵高度赞扬韦斯巴芗，于是他们一致同意拥立韦斯
巴芗，并立即把他的名字写在所有军旗上……他们举事的消息传开
了，埃及总督提比略·亚历山大首先于7月1日让自己的军团宣誓
效忠于韦斯巴芗，这一天后来成了他的即位纪念日。接着，驻犹地
亚的军队也于7月11日向他本人宣誓。

事实上，这些"自发"支持韦斯巴芗的热情声明被宣布的时机，以及前叙
利亚总督、在此前与韦斯巴芗关系糟糕的盖约·李锡尼乌斯·穆奇阿努斯
的支持几乎可以让人确定，这次对权力的下注是经过精心策划的。这个7
月初就已经完全成形的阴谋是否会被用来驱逐奥托——假使他还在掌权
的话——是一个有趣的问题。但事实上，韦斯巴芗的支持者将自己的意
图描绘成了复仇："事变的进程被下列因素大大推动。已故的奥托给韦斯
巴芗的一封信的副本（不知这封信是真的，还是伪造的）被传阅开来，奥
托的最后恳求是要韦斯巴芗替他报仇，并期望韦斯巴芗拯救国家。"[41]

　　最初的计划似乎是让穆奇阿努斯从叙利亚向意大利推进，而韦斯
巴芗则前往埃及的亚历山大里亚，如果有必要，他会中断向罗马的谷物
流通，以使维特里乌斯在公民中失去人心（一种冒险的策略）。韦斯
巴芗确实去了亚历山大里亚，把犹地亚的战事留给了他分外能干的儿子提
图斯，但是，穆奇阿努斯被军团将军安东尼乌斯·普里姆斯（Antonius
Primus）——他宣布效忠韦斯巴芗——领导下的多瑙河军团抢先一步进
入意大利，普里姆斯在10月24日的下午，于克雷莫纳摧毁了维特里乌
斯的军队，而这里正是维特里乌斯在同年4月击败奥托的地方。克雷莫纳
本身遭到了洗劫。据说有5万人死于这一役，而克雷莫纳的大火持续了4
天。普里姆斯继续向罗马进军，并于12月21日进入了这座城市。与奥托
不同的是，维特里乌斯试图推迟不可避免的结果，但结果是可怕的：

　　　　先头部队已经闯入宫中，没有遇到任何人拦阻，于是像往常那
　　　　样，开始仔细搜查每个地方。人们把他从藏身处拖了出来，问他叫

什么名字，问他是否知道维特里乌斯在什么地方，因为人们不认识他。他编造谎言想骗过人们，可是很快便被认了出来。他不停地乞求，但还是被暂时监禁起来。投入监狱后，他声称有涉及韦斯巴芗安全的话要说。最后，人们将他的双手反绑，用绳子套住他的脖子。他的衣服已经破碎不堪，身体半裸在外，就这样被拖往广场。圣路两旁的人群百般地嘲骂他。人们揪住他的头发向后拉他的脑袋，就像对待所有罪犯一样。人们还用刀尖顶住他的下巴颏，不让他低头，好让人们看清他的面孔。一些人向他身上投掷脏物和粪便，另一些人称他是纵火犯和饕餮，还有一些平民挪揄他体形丑陋。……最后，在哭梯（Stairs of Wailing），人们长时间地折磨他，然后杀死了他，把他用铁钩拖入台伯河。

元老院当然立即授予了韦斯巴芗作为新皇帝的所有必要权力——尽管韦斯巴芗并没有把自己获得法律上的支持作为自己统治的开端，而是选择了 7 月 1 日，也就是军队第一次奉他为帝的时候。[42]

韦斯巴芗发现，否认安东尼乌斯·普里姆斯的野蛮暴力是方便且合适的，于是宣称他的行为没有得到授权。普里姆斯在一段短暂的辉煌时期掌控了罗马，然后被安静地边缘化，在他的家乡托罗萨（Tolosa，今法国图卢兹）度过了至少 25 年的退休生活。韦斯巴芗可以描绘自己的行为不沾有血迹的污点，声称自己获得地位仅仅是由于他在士兵和人民中广受欢迎，尽管在真正的政治实践里，这样的声明是明显虚假的。胜利只能靠军事手段取得。但是，需要一个不同的理由来向罗马民众证明这场政变的合理性，以使它显得可以接受，而他们正如我们所见，对于是什么给了政治领导人他们的地位有着清晰的想法。这位新皇帝选择将他对皇位的宣称建立在他击败犹太人的军事成就上。

尼禄的死，尤里-克劳狄王朝的灭亡，伽尔巴、奥托和维特里乌斯的权力斗争，以及（尤其是）韦斯巴芗的即位，都是完全出乎意料的。突然间，在公元 69 年 7 月，与耶路撒冷作战的罗马军队指挥官不再是一个天赋平庸、在皇帝的宫廷里声望不高的元老了。现在他自己是皇帝，或者希望成为皇帝。韦斯巴芗企图争位，同时需要宣传一场对外的胜利，来赋予他争位的合法性，这解释了他在进攻耶路撒冷时突然迸发出的能量。韦斯巴芗在千里之外赢得了罗马的权力。他一直身在亚历山大里亚，远离罗马人的流血牺牲，而他的支持者们，尤其是公元69年10月在克雷莫纳的安东尼乌斯·普里姆斯，正是通过这种方式为他赢得了权力。这样的内部流血事件并不是新统治的吉兆。韦斯巴芗的形象迫切需要对外征服的光彩——这是罗马政治家权威的最可靠的基础——才可以把他在首都描绘成战士英雄和国家救星。他将自己前往罗马的旅程推迟到了公元70年的夏天，同时指示儿子提图斯留在犹地亚，尽可能迅速而全面地赢得这场战争，无论代价如何。[43]

因此，提图斯最终胜利的核心是他袭击时的残酷，他既不关心对这座城市造成的破坏，也不关心自己一方的损失。到耶路撒冷陷落时，大量的罗马士兵已经死亡，更多的人受伤。罗马的伤亡人数确切是多少，我们现在还说不出来：宣传这些数字并不符合提图斯或约瑟夫斯的利益，因为当政府想要强调一场光荣的胜利时，他们往往对己方的死亡人数保持沉默。围城结束后，提图斯在他从前军营的中心举行了一场盛大的游行，向那些在战争期间表现英勇的军士发放金银徽章，但就我们从约瑟夫斯的记载中所知的，他没有提到那些做出了最高程度牺牲的人，尽管据约瑟夫斯记载，他曾在鼓励军队冒着生命危险向城墙进攻的时候使用过"倒在狂热战斗中的人将获得永生"的激昂修辞。[44]伤亡人数是匆忙行动的直接后果。提图斯面临着迅速占领耶路撒冷的压力。这一压力不是军事上的，而是政治上的。一个自由的耶路撒冷对罗马帝国统治的威胁在公元71年不会比在公元70年更大。来自逃兵的报道证实，让守城者挨饿的策略是成功的。所要做的只有等待。但提图斯的目光并不在于耶路撒冷，而在罗马，他更看重的是向帝国首都的人们宣示自己的父亲——一位在仅仅一年前的公元69年7月被自己的士兵推上皇位，但除此之外对皇位没有任何主张的新皇帝——并非一个通过在内战中屠杀罗马公民而上位的流氓无赖，而是一个在对犹太人的作战中赢得了胜利的罗马国家英雄。自公元69年初秋以来，韦斯巴芗就一直待在埃及的亚历山大里亚。公元70年7月，他动身前往罗马，在 9 月下旬或 10 月初抵达首都，获得了臣民的迎接。当他离开亚历山大的时候，耶路撒冷仍在被围攻。他指望提图斯尽快完成这项任务。

最后的袭击，正如我们之前所见，始于公元 70 年的初夏，它使这座城市的大部分地区变为废墟。许多城区被意外或故意引起的火灾所摧毁，更多的部分在抵抗结束后毁于洗劫。但是约瑟夫斯具体地写道，即使在围城战最白热化的阶段，提图斯也没有打算把圣殿包括在这场毁灭之中。提图斯在与手下将领们的会议上宣称"他不会对无生命的物而不是人进行复仇，在任何情况下，他都不会烧毁如此宏伟的作品；因为这一损失会对罗马人产生影响，因为如果圣殿矗立，它就将成为帝国的装饰品"。[45]

有些人怀疑约瑟夫斯的说法的真实性，特别是因为 4 世纪的基督教历史学家苏尔庇奇乌斯·塞维鲁转达了一种截然相反的观点，据说是来自塔西佗《历史》的一段佚文：

> 提图斯召集了他的议会，在采取行动之前，他询问是否应该推倒一座如此工巧的避难所，因为在许多人看来，这样一座比其他任何人类的作品都更引人注目的神圣建筑不应该被摧毁。因为如果它能保存下来，就会证明罗马人的温和，而如果它被摧毁，那将是残酷的永久标志。另一方面，另一些人以及提图斯自己表达了他们的观点，即应该毫不迟疑地摧毁圣殿，以更加彻底地消灭犹太人和基督教徒的宗教。

约瑟夫斯当然有可能假装圣殿的破坏是偶然的，即使这并不是事实。但是，我们有充分的理由接受他对事件的看法。他写作的时间距离他所报道的军事会议相隔不超过十年。在围城的时候，他一直在耶路撒冷，离司令部很近，因此知道皇帝的议事会里传出的命令是什么，即使他并不确切地知道是谁表达了何种意见。他的读者包括提图斯本人，因此写作一些与将军有关却明显不实的材料将是不明智的，因为约瑟夫斯依赖于皇室的庇护。这种考量特别强烈地适用于一种提图斯几乎不可能欢迎的、对于他领导力的论断：这位伟大的将军不会对约瑟夫斯的叙述所暗示的东西感到高兴，即他想要拯救圣殿的愿望因为他无法对军队施加适当的纪律而被挫败。鉴于圣殿一经烧毁，提图斯就表示了庆祝，约瑟夫斯的论断看起来很奇怪，但这恰让我们有理由相信这个论断，而不是否定它。[46]

根据约瑟夫斯的说法，最终的大火是偶然发生的：

这时，其中一个没有等待命令下达、也不对如此可怕行径感到畏惧的士兵，被一些超自然的冲动所激，从燃烧的木材中抽出一根木条，他被战友们举了起来，扔出了这枚炽热的标枪，穿过金色矮门——它通向从北面围绕着圣所的房间。当火焰上升时，一声像悲剧一样令人痛苦的哭声从犹太人中升起，他们涌向圣殿前去救援，失去了所有的自我保护和节省体力的想法，因为现在他们过去保持警惕所要保护的目标正在消失。交战后，提图斯正躺在帐篷里，这时一个信使带着消息冲了进来。他立刻起了身，跑到圣殿去阻止这场大火；在他身后跟着他所有的将军，而他们后面又跟着激动的军士，如此一大群人无序地前行着，到处都是喧哗和混乱。恺撒用声音和手势向战士们示意灭火；但他们不是被耳朵里的喧闹声所淹没，以至于没有听到他的喊声，就是因为战斗或者愤怒而分心，没有听从他的召唤。军士们急躁地加入了战斗，无论是劝还是威胁都不能约束；激情是所有人唯一的领导者。许多人被挤在一起，被他们的同伴践踏；许多人在火热燃烧着的柱廊废墟上蹒跚而行，遭受了与被征服者相同的命运。走近圣所的时候，他们假装没有听到恺撒的命令，并向他们前面的人大声喊叫，让他们将火把扔进去。而暴动分子现在却无力提供帮助；到处都是屠杀和逃亡。大多数被杀的人都是平民，身体不强健且手无寸铁的人，每个人都在被抓住的地方被屠杀。大量尸体在祭坛周围堆积起来；在圣所的台阶下，血流成河，而在上面被杀的遇难者的尸体滑到了底下。

根据约瑟夫斯的说法，即使在这个阶段，提图斯也相信圣殿的结构是可以被拯救的。他四处奔走，试图通过个人魅力说服士兵们灭火。但是他们没有服从：

> 他们对恺撒的尊敬，以及他们对试图控制他们的军官的恐惧，被他们的愤怒、对犹太人的仇恨以及对战争的渴望压倒。他们中的大多数被掠夺财物的期望进一步刺激了，他们相信那里面充满了金钱，也确实看到周围的一切都是用金子做的。然而，结局是由一名曾进入建筑物的人促成的，在恺撒冲出去约束军队时，这人在黑暗中把一枚燃烧的木块推入了大门的铰链内。一束火焰立刻从内部射出，恺撒和他的将军们撤走了，没有什么可以阻止外面的人燃起熊熊大火。因此，圣殿在违背了恺撒意愿的情况下被点燃了。[47]

事已至此，提图斯别无选择，只得庆祝。如果向罗马人民宣告圣殿的毁灭是由于不称职而造成的，会等于承认新政权的开端不是对一个危险敌人的了不起的胜利，而是一场大规模的亵渎。也许提图斯的态度比约瑟夫斯所表现的更加矛盾，并且存在不止一个战争议事会，在如此令人担忧的情况下，这是有可能的；在不同的场合，提图斯有可能已经表现出足够的意愿来支持圣殿的毁灭，正如苏尔庇奇乌斯·塞维鲁所报道的那样。这不是一个容易做出的决定，两位历史学家都记录道，截然不同的观点曾被表达出来。

无论如何，在圣殿被毁的情况下，提图斯开始将犹太人的宗教描绘为不值得存在的，而圣殿的毁灭则是对一种罗马世界诸神虔信的表现。在3世纪初写作的智者斐洛斯特拉图斯，将这一事件记录在他为提图斯的同时代人、异教圣人泰安那的阿波洛尼奥斯（Apollonius of Tyana）所写的传记里，并思考了这种神学理论，他说"提图斯攻占耶路撒冷之后，到处都充满了尸体，邻国人民向他奉上了一顶皇冠；但是他拒绝接受任何这种给予自己的荣誉，并说不是他自己完成了这件壮举，他只是把自己的手臂给了上帝，他如此表达了他的愤怒"。战争的结果似乎与罗马人在公元66年的意图大不相同。这场战役为了确保犹太人应该在耶路撒冷定期为皇帝的健康向他们的神奉献牺牲而开始，但当它结束时，任何这种献祭都变得不再可能。公元 70 年耶路撒冷的毁灭并不是任何一方长期政策的产物。它出现，是由于一系列的意外事件组合到了一起，而其中大部分都与冲突的起源无关——尼禄的死亡，韦斯巴芗对罗马权力的下注，提图斯追求的、快速征服耶路撒冷所能赢得的政治宣传上的成功，以及在夏季的热浪里一个士兵将一块燃烧的木头扔进神的圣殿所带来的可怕后果。[48]

第十二章

回　应

公元 70—312 年

冲突，公元 70—135 年

　　"无论它的古老，它深厚的财富，它分布在整个可居住世界上的人民，它宗教仪式的巨大荣耀，都不够阻止它的毁灭。"约瑟夫斯如此哀叹圣殿的毁灭。无论他们住在哪里，这一灾难性事件对所有犹太人的影响都是难以估量的。在实践中，受影响最大的是耶路撒冷的居民，尤其是那些曾在圣所服务过的祭司，但对于那些从未有机会参观未被摧毁的圣殿的犹太侨民来说，已发生事件的宗教意义同样巨大。在它存在的最后一个世纪里，这座圣殿一直处于它最辉煌的时期，它象征着上帝的荣耀和他对以色列的关怀保护。如果上帝，宇宙的统治者，允许他的圣殿被摧毁，那么解释一定存在于犹太人的罪过中。神收回了他的青睐——不可能有比这个事件更明确的证据了。回想起来，很明显，上帝不只在先知约瑟夫斯私人的梦境中宣布了自己的意图，还给出了公开的征兆，如"像剑一样的星象悬于这座城市上方，而一颗彗星持续了一年"，或"在夜间的第九个小时，极明亮的光芒照在圣所前，让它仿佛处在白昼之中，一直持续了半个小时"，或"一头被某人买来作牺牲的牛在圣殿中生下了一只小羊羔"，或"有人看到内廷的东门……在夜间的第六个小时自己开了",或"在日落之前,在全国各地都看到了空中的战车,全副武装的联队猛冲过云层,围绕着城市",或者"五旬节间,祭司们在夜间进入圣殿内廷的时候……报告说他们先是听到了一阵骚动和一阵喧嚷,然后一个像天军的声音在说,'我们这就要走了'"。塔西佗也知道这些神圣征兆中最具戏剧性的一个:"人们在天空中看到了交战的大军,武器闪闪发光,突然间从云间射出的火光照亮了神殿。忽然圣所的门打开了,一个非凡的声音喊道:'诸神离开了。'就在这个时候,人们听到了诸神离开时的巨大的骚动声。"[1]

在死海边的马萨达要塞里,有一个名叫纳克森(Nakson)之子约瑟的犹太人,公元 71 年时,他仍然表现得仿佛一切都没有发生变化。他为妻子米利暗写的离婚文件的日期是"第一个马尔赫舍汪(Marheshvan),第六年"。那段在公元 66 年以一种如此勇敢的方式开始的时代,再也不能被描述为以色列的解放年代,但也许,还有希望继续存留于这个民族的未来,而当时约瑟夫斯解放了他的妻子,让她自由地"成为任何你心仪的犹太男人的妻子"。但对大多数犹太人来说,痛苦、绝望和忧郁是自然的反应。对于任何一个犹太人来说,从灾难中得到任何积极的教训都是需要时间的,而且是很长一段时间。

> 哦,主啊,我的主啊……在所有已建成的城市中,你为自己将锡安奉为神圣……从众多的民族中,你得到了一个自己的民族;在你所爱的这个民族身上,你赋予了被所有人认可的律法。现在,主啊!为什么你把那一个移交给了那许多,让那一个根超过其他地蒙羞,把你的唯一散落在众多的中间?为什么那些反对了你的承诺的人,践踏了那些相信了你的契约的人?如果你真的恨你的民族,他们应该受到你亲手的惩罚。

为回应这种悲叹,《以斯拉四书》的作者在约 1 世纪 80 年代对自己和他的犹太同胞们所做的安慰是末世论的。与现在的苦难相比,在一个新时代里,一切都会变好:"凡是经受了我所预言的一切后得以存活的人都能得救，将会看到我的救赎和我的世界的尽头。"[2]

在公元 70 年到公元 100 年间写作的犹太作家中，只有约瑟夫斯一人的作品大量地流传了下来。当然，他主要写的是公元 70 年之前的事情，但他也对战争的直接后果有话可说，他辩解性质的论文《驳阿庇安》也反映了他在 1 世纪 90 年代的观点。在所有这些作品中，约瑟夫斯丝毫没有暗示一个新的、不同的犹太教已从旧教的灰烬中升起，也没有暗示这样的改变能够或应当发生。在他对公元 70 年之前就已经繁荣的犹太教下各教派——尤其是法利赛派、撒都该派和艾赛尼派——的经常性提及中，没有任何内容表明，这些"哲学"仅仅因为圣殿已经被毁，就不再吸引犹太人了。最引人注目的是，当他在《驳阿庇安》中需要把犹太宗教作为一个整体描述的时候，他所强调的正是圣殿："一神一殿，因为所有人一直珍视同类，（圣殿）与所有人共通，上帝与所有人共通。在他的领导下，祭司们一直在崇拜他，而他当时是行列的首位。他和其他祭司们将会祭祀上帝。"在提及一个已经被摧毁了四分之一个世纪之久的圣所时，作者使用了现在时和未来时，这肯定是经过深思熟虑的。约瑟夫斯是耶路撒冷的祭司，因此对耶路撒冷的圣所有特殊的兴趣，但他的态度应该不可能完全不同于那些在个人角度上不太关心圣殿的人。《托拉》中的《申命记》清楚地表明，当犹太人不遵守他们本应遵守的律法时，他们就会受到伤害。同样，《托拉》中明确规定，在他选择被崇拜的圣所中，上帝需要献祭。如果宇宙之主暂时使这成为不可能，那这一定是作为对罪的惩罚。法利赛人会因为没有做到足够好的法利赛人而感到内疚，艾赛尼人会为他们的失败而愧疚，撒都该人会因为没有按撒都该哲学的要求履行律法而内疚。犹太教的三个教派，都可以在没有圣殿崇拜的前提下，毫无困难地延续下去——哪怕是在今天，一个犹太人也能成为法利赛派、撒都该派或艾赛尼派，虽然要成为艾赛尼派教徒的人需要做好进入一个专门的社区的准备——每个教派都可以在《申命记》的基础上，为这场灾难提供一个条理清楚却令人沮丧的解释。没有必要去寻找一种新的神学。在任何情况下，对如此严重的灾难进行神学和哲学上的反思都需要很多年。只有在 1945 年之后的几十年里，犹太神学家们才开始认真地寻找新的神正论来解释20世纪欧洲的犹太大屠杀。一些公元70年的犹太人，会像一些大屠杀幸存者一样，失去他们对一个强大的、有同情心的上帝的信仰。其他人将会找到更多的理由去致力于他们更早期的信仰，就像1945年之后，不同的犹太人——世俗的，信教的，社会主义者，犹太复国主义者——都认为，更全面地投身于他们的信条本将拯救那些已经灭亡的社群。[3]

在适当的时候，一个新的犹太教将会出现，它宣扬至少在一定程度上可以取代圣殿献祭的崇拜形式。晚一些的犹太传统描绘拉比智者在约哈南·本·撒该（Yohanan ben Zakkai）的领导下，在犹地亚沿海平原上的一个小镇雅弗尼（Yavneh，即加姆尼亚［Jamnia］）设计出了新的犹太教；善行和祷告，至少在神学功效方面，将取代圣殿崇拜。公元4世纪的时候，古代晚期的拉比最终提倡这样一种新的犹太教，这是得到了很好的证实的；但是，它很不可能是在圣殿毁灭之后立即被设计出来的。根据《密释纳》，被归入约哈南名下的变化并不多，且主要关于礼拜仪式："从前棕榈枝在住棚节的圣殿中被携带了七天，在全国的其余地方则只是一天。在圣殿被毁后，拉比约哈南·本·撒该规定，在这个国家，它应该被携带七天来纪念那座圣殿。"事实上，在公元200年左右被修订的《密释纳》中找到的献祭的详细规定假定了，即使在那个年代，拉比们也期待，或者至少希望，这座圣殿能够并将会重建。这种愿望是完全合理的。耶路撒冷在公元前587年就失去了一座圣殿，结果是它被重建了起来。约瑟夫斯越是指出在亚比月（7月下旬）同一天发生的两次毁灭间的相似之处，一次相似的重建就越合理。这些努力不必是繁重的。祭祀仪式不需要像希律著名的大厦一般宏伟的建筑。一幢作为至圣所的小楼、一座祭坛和用来勾画圣地边界的标记物就足够了，前提是它们都在耶路撒冷的正确位置。最艰巨的任务是清理废墟。有很多出身望族的祭司仍然活着，能够履行他们的职责——约瑟夫斯本人就是其中尤其知名的一位。《密释纳》和约瑟夫斯的历史著作中关于圣殿崇拜的详细说明，表明人们仍然知道该怎么做。至少根据后来的拉比传统，红母牛的灰烬仍然有供应，它可以净化被严重污染的东西，并确保圣殿的祭礼在一个没有污染的合适状态下进行。没有任何证据表明当时的普通犹太人认为停止祭祀是可取的。相反，所有犹太人都在焦急等待着上帝再次被正确地崇拜，"在我们的日子里，越快越好"。[4]

在罗马帝国通常的实践中，犹太人的希望不应该是没有意义的。在古代，圣殿经常被烧毁。罗马人想当然地认为，显而易见的回应会是将其重建。罗马的卡皮托朱庇特（Jupiter Capitolinus）神殿，在公元 69 年韦斯巴芗和维特里乌斯的内斗中被烧毁；公元 70 年 6 月 21 日，"终点石"（Terminus stone）的移动，标志着通往神庙修复的第一步。但是罗马政府不允许以同样的方式重建耶路撒冷的神殿，这种拒绝可能被合理地看作是未来 65 年里的冲突的一个主要原因。值得强调的是，在古代宗教习俗的背景下，这种拒绝的严重性，以及它在很大程度上揭示了对犹太人的特殊偏见。不仅在他们自己的眼中，也在罗马人的眼中，犹太人都无法按照罗马世界的风尚标准为他们的祖先提供祭品。

战胜犹太教

约瑟夫斯作为目击者，极其生动地描述了公元 71 年 6 月的弗拉维凯旋游行，这是对罗马凯旋式最完整的描述：

> 之前通知胜利庆典将会在何时举行，城里没有一个人在那天是留在家里的：所有人都出了门，占据每一个可以站的地方，只留下必要的空间让那些他们将要注视的人通过。夜晚还没结束的时候，军队就在他们指挥官的领导下，按部列阵而出，并且不是在高处的宫殿而是在伊西斯神庙附近停下，因为凯旋的众将军当晚在那里休息。破晓时分，韦斯巴芗和提图斯出发了，他们戴着桂冠，穿着传统的紫色长袍，走向屋大维步道；在这里，元老院、主要的官员以及骑士阶层的人都在等待他们的到来。柱廊面前建起了一个论坛，上面放着象牙椅子；他们骑上马，坐了下来。一阵欢呼立即从部队中爆发出来，每一声都在充分地证明着他们的武勇：王子们没有携带武器，穿着丝绸长袍，戴着桂冠。韦斯巴芗已经回应了他们的欢

呼——他们希望将它继续——做出了沉默的手势；然后，在深沉而完全的寂静中，他站了起来，用他的斗篷盖住了他大部分的头部，背诵了惯常的祈祷词，提图斯也以同样的方式祈祷。

吃了一顿庆祝的早餐后，韦斯巴芗和提图斯穿上他们的凯旋长袍，向众神献祭，并把游行队伍送走了。

从任何能想到的角度，充分地描述这些奇观的规模及华丽，是不可能的，其中有精美的艺术品、丰富的财宝和来自自然的稀珍；因为几乎所有人类由于被命运眷顾而一件件获得的物件——各个民族珍贵和奇妙的制品——都通过它们那一天的集体展览展示了罗马帝国的庄严。大量的银、金和象牙，被锻造成各种形式，看起来不像是被搬运在队列中，而是一条流动的河流……但游行队伍里，没有任何东西能像移动的舞台那样激起人的惊讶；事实上，它们的巨大引发了人们的惊慌，并使人们担忧它们是否稳固，这些台子中许多有三到四层楼高，而华丽的织物则给人带来愉悦和惊奇。因为许多台子被织有黄金的挂毯所包裹，而它们的框架则是金子和象牙做的。战争的景象通过无数的画面展现出来，它被分成了单独的部分，生动地呈现出战争的各个片段。人们能看到一个繁荣的国度如何被摧毁，整营的敌人如何被屠杀；这里，一队人在逃亡，那里，其他人被囚禁；大范围的城墙被机械所推平，强大的堡垒被攻下，防备完善的城市陷落，军队攻入围墙内，整块地区都被血淹没，无法抵抗者伸出双手恳求怜悯，诸多神殿遭到纵火，房屋在主人的头顶上被拆毁，而在总体的荒凉和悲哀之后，河流依然流动，不是流过耕地，也没有向人与牲畜提供饮水，而是流过一个仍然处于四面战火中的国家。因为，要经受这些苦难，是犹太人陷入战争时就注定的。现在，这些精巧的艺术、华丽的技艺把这些事件描述给那些没有目睹过它们的人，就好像那些事在他们眼前发生一样。每一座高台上都安置着一个被占领城市的将军，他们以什么姿势被俘，就以什么姿势被安置在那里。一些船只紧随其后。

约瑟夫斯注意到展出的战利品数量惊人：

> 一般的战利品都不加分别地堆在一起；那些来自耶路撒冷圣殿的最引人注目。这些当中有一张金桌子，重达好几塔伦特，还有一个灯架，同样是用金子做的，但和我们日常生活中使用的有着不同的图案构造。基座上有一个中央轴，从那里延伸出细长的树枝，排列成三叉戟的样式，每根树枝上都有一盏铸造出的灯；灯一共有七盏，表明犹太人对于这一数字的尊崇。在这些以及最后的一批战利品之后，一份犹太律法的副本被携带而出。接着，一大群人持着胜利的雕像，都是用象牙和金子做的。在他们后面，韦斯巴芗架着战车，接着是提图斯；而图密善骑马跟在他们身边，他穿着华丽的衣服，骑一匹本身就足以令人惊叹的骏马。凯旋式的游行队伍在到达卡皮托朱庇特神殿时停了下来；这么做是一个由来已久的习俗：队伍在那里等待，直到敌人的将军被宣布处死为止。这人就是吉奥拉斯之子西蒙，他和其他囚犯一起出现在方才的庆典中，然后，一条缰绳被扔在他的身上，同时他被自己的管理者鞭打，之后被带到与之毗邻的市政广场上的指定地点，因为罗马的法律要求被判处死刑的犯人在这里行刑。当西蒙已死的消息被宣布，众人的掌声和欢呼声随之而来，之后王子们开始了献祭，他们按照仪礼，在惯常的祈祷中奉献了牺牲，之后就退到宫殿里去了。他们在自己的餐桌上款待了一些人：他们已经在自己的几所房子里，为剩下所有人准备了宴会所需的食物。罗马城在那一天举行了庆祝活动，庆祝它在与敌人的战役中取得的胜利，它内部纷争的终止，以及它刚刚燃起的对幸福的希望。

约瑟夫斯可能在之后的版本中对这个充分渲染过的叙事动了手脚，在提图斯于公元 81 年去世后，更加强调图密善的作用，但是我们没有理由怀疑这份幸存至今的文本，比较真实地体现了他在圣殿被毁后仅十年左右所写的内容。鉴于他在其历史作品的其他地方对犹太人所遭受的灾难做出了真诚的评论，这段对凯旋仪式的描述因其一以贯之的罗马视角而引人注目。这场凯旋式为这个直到四分之一个世纪后，以图密善的死亡才宣告终结的王朝奠定了基调，也为古代余下时间里，罗马与犹太人之间的关系奠定了基调。[5]

提图斯一定在察觉到耶路撒冷的圣殿不能从大火中得救后不久就意识到，它的毁灭不能以一场灾难性事故的面貌呈现在罗马世界面前，而应该被看作一个伟大的成就和让罗马为之庆祝的理由。他发起战役的逻辑，即不计损失地、快速地取得胜利，以获得政治宣传上的利益，要求这场战役的高潮被描绘为光荣的。为摧毁敌人的庙宇而自豪，并不是标准的罗马习俗。恰恰相反，罗马将军们在公元前 1 世纪小亚细亚的战争中似乎仍在实行"召唤"（evocatio）的仪式——如果敌方的守护神愿意转入罗马的阵营，罗马将军就通过这一仪式在罗马向其献上一种更好样式的崇拜。这个仪式假定，战争是向人类社群发起的，而不是向他们的神。外国的神早已被纳入罗马的万神殿。如果在公元前 205 年对聚伯勒的崇拜和公元 218 年对埃拉伽巴尔（Elagabal）神圣黑石的崇拜可以被纳入罗马精英的宗教仪式中，同样的事情也可以在公元 70 年为耶路撒冷的上帝而做。但这断然不是韦斯巴芗和提图斯的立场；凯旋式上的游行队伍已将此鲜明地展现。被展出的战利品中最突出的物品是金烛台、香铲和耶路撒冷圣殿的其他用具。也许，这些都是因为外表上的华丽，为了取悦观众而被选中的，但毫无疑问的是，最后一件战利品的象征意义重大：那是"一份犹太律法的副本"，也就是一个《托拉》的卷轴。没有更清晰的证据能表明，他们所庆祝的胜利不仅仅是对犹地亚的征服，也同时是对犹太教的征服。在罗马，没有人会不知道犹太人可能会做出什么反应。毕竟，距离盖约想将自己的雕像放入圣殿，仅仅过去了 30 年，而那时来自罗马世界许多不同地方的犹太人加入了抗议，反对盖约所设想的对圣殿的亵渎，而这种亵渎远不及现在的行为严重。同样似乎不太可能的是，韦斯巴芗和提图斯对于那些更加微妙的迹象——它们反映了犹太宗教敏感点的新处境——

感受迟钝：现在永久驻扎在耶路撒冷的第十军团（或称"佛瑞屯西斯"
［Fretensis］，或"海峡军团"）所采用的饰物之一便是野猪，这一形象至
今仍然能在他们所生产的许多手工艺品上发现。在犹太教的各个特点中，
普通罗马人最熟悉的便是他们对猪的憎恶。[6]

　　这场对犹太教的战争不仅仅是弗拉维王朝政治宣传的一个临时特别
节目，这一点在被纳入这一宣传的建筑项目中可以清楚地发现。第一批完
工的有宏伟的和平神庙（Temple of Peace），它矗立在罗马市政广场的东
南面，在公元 75 年落成。韦斯巴芗的庙宇胜过了奥古斯都当年在内战停
止后建立的和平祭坛，韦斯巴芗同样也在公元 71 年关闭了雅努斯神庙的
大门，象征和平已借由罗马之手实现，他以同一种模糊方式来庆祝流血事
件的结束，避免提及罗马人对罗马人的屠杀以及他自己的党徒所扮演的角
色，作为替代，他用绘画和雕塑杰作来装饰这座新的庙宇，它们来自世界
各地，其中包括了来自耶路撒冷圣殿的金器。约瑟夫斯报道说——但他
没有解释原因——韦斯巴芗将那卷《托拉》（"他们的律法"）和圣殿圣
所的紫色帷幔存放在皇宫中，并保护起来。在犹地亚被征服差不多 15 年
后，罗马城的中心被加以改造，以反映这场胜利：两个凯旋门高耸于所
有凯旋式游行的传统路线之上。在神道顶端的提图斯拱门（于 1824 年修
复）上，还可以看到摆放着陈设饼（shewbread）、香杯、号角和烛台的
浮雕；罗马大竞技场（Colosseum），这座建于公元 80 年的伟大的弗拉维
王朝的竞技场，是以出售战利品的收益建成。罗马和犹地亚都发行了大量
的硬币，宣告犹地亚的征服（JUDAEA CAPTA），图像是一名女子被绑在
一棵椰枣树下。并不是所有宣传都强调了对犹太人的宗教胜利：元老院与
人民于公元 81 年初在大赛车场——这是有史以来为观看体育赛事而建造
的最大的竞技场之一，拥有 15 万个观众席——东南边界建造的那座拱门
上的铭文，用这样不实的吹捧颂扬提图斯："他在父亲的指示和建议下征
服了犹太民族，摧毁了耶路撒冷，这座城曾经被他之前的许多领袖、国王
和人民徒劳地攻击过，而其他人则根本不曾尝试过。"但是，韦斯巴芗向
所有犹太人——无论他们住在哪里——征收新税的影响和象征意义完全
是宗教性的。约瑟夫斯在写于公元 81 年之前的《犹太战争》中对此的报

告很是简短："他向所有犹太人，无论居住在哪里，征收税款，命令每个人每年向卡皮托支付两个德拉克马，就像他们之前在耶路撒冷向圣殿捐助一样。"卡西乌斯·狄奥在3世纪早期如此记载："从那时（即耶路撒冷被摧毁）起，那些继续遵守祖先习俗的犹太人被下令每年向卡皮托朱庇特支付两个德拉克马的贡金。"税收因此都描绘成了两种东西：一是先前成年男性用于维护耶路撒冷常规公共牺牲的自愿捐款的替代；二是一笔并非交付给笼统意义上的罗马国家，而是专门用于重建公元69年意外焚毁的卡皮托山朱庇特神殿的款项。犹太人不仅被剥夺了重建他们自己的神殿的权利，还被要求为罗马的主要异教崇拜买单。这项史无前例的新税似乎立刻开始了征收。在公元70年，情绪高涨的埃及官僚已经在榨取着前一年的税金。妇女和儿童被迫支付和男子一样多的税款。而且，正如约瑟夫斯所明确指出的那样，散居的犹太人，包括居住在罗马的犹太人，都因为这场在耶路撒冷的失败的暴动，被卷入了对他们民族的集体惩罚之中。[7]

在耶路撒冷沦陷后，提图斯和他的后继者非常彻底地消灭了犹地亚所有可能的抵抗力量。来自这座城市的俘虏遭受了可怕的命运：约瑟夫斯记载，其中老的和身体虚弱的被横冲直撞的士兵不加分辨地屠杀，17岁以下的被卖作奴隶，强壮的成年男性被送去埃及的采石场或矿山工作，或送到行省中"在剧场里被剑或野兽毁灭"。成千上万的人由于饥饿或虐待，死在圣殿院内的俘虏营。约瑟夫斯声称，"在整个战争期间，被关押的囚犯总数达到了97000人，而在围城期间死亡的囚犯人数，从一开始到最后，达到了110万人"。他显然料到他的读者会对这些数字感到怀疑，因此他列出理由，说明这些数据的可信度。事实上，他可能从罗马的军事记录中提取了这些数据。在他的自传中，他描述了自己不受欢迎的角色，作为提图斯（在某种程度上）的朋友，他利用自己的影响力从那些注定要受到惩罚的人中拯救他的朋友和亲戚：

> 我为我的兄弟和50个朋友请愿，我的请求被批准了。在提图斯的许可下，我又一次走进了囚禁着许多被俘虏的妇女的圣殿，并

解放了所有的朋友和熟人，人数约 190 人……又一次，当我……看到许多囚犯被钉在十字架上，并从中认出了三个熟人，我心如刀割，去了提图斯面前，含泪告诉他我所看到的一切。他立即命令把他们从十字架上放下来，并接受最仔细的治疗。其中两个人死在医生的手中；第三个活了下来。[8]

这样的冷酷无情为犹地亚其他地区的犹太人提供了充分的理由，让他们在没有战斗的情况下就交出了所有余下的据点，但武力展示仍然是必要的。伯利恒附近的犹太要塞希律堡向路奇里乌斯·巴苏斯（Lucilius Bassus）投降，此人是被派往犹地亚的新总督，显然带着平定剩余乡村地区的使命。死海以东的马卡鲁斯（Machaerus）要塞，"绝对需要被根除，以免其力量诱使许多人参与反叛"，因此巴苏斯集中他包括第十军团在内的所有军事力量，开始营建围攻所必需的大量土方工程，但是，在这次事件中，一场规模与之前相同的围攻被证明是不必要的：为了一名被俘年轻人的性命，以及让他们毫发无损离开的许诺，他们把堡垒交给了罗马人。

巴苏斯的继任者弗拉维乌斯·西尔瓦（Flavius Silva）为了拿下希律王在死海以西的马萨达岩石上建立的堡垒，花费了更长的时间。读者应当记得，自公元 66 年以来，这里就被短刀党占据，他们在暴动开始时失去了对耶路撒冷的控制，于是到那里避难。根据约瑟夫斯的说法，这里的天然屏障使它非常难以被攻占：这是"一块直径巨大的岩石，从头到尾都很高，每一侧的边缘都是深深的沟壑，悬崖从一个看不见的地基上升起，没有任何生物可以攀登，除了两处地方，但这里上攀也不容易"。希律为自己的安全，在最高处建造了一座令人印象深刻的宫殿，并储存了大量的谷物、葡萄酒、油、豆类和椰枣，这些在公元 66 年都保存得十分妥善，且由于气候干旱，即使在近一个世纪后也完好无损。巨大的蓄水池能有效地保存来自冬季较少的几次大雨的雨水。堡垒中还有大量的武器，以及铁、黄铜和铅，这些都是由国王在几十年前囤积起来的，但是现在却被短刀党用来对付罗马军队。

约瑟夫斯记载，弗拉维乌斯·西尔瓦围绕着堡垒建造了一堵墙，并且在附近的地方扎营，以免任何人从围攻当中逃脱。对于罗马军队来说，堡垒孤立的地理位置使对其进行补给——不管是饮用水还是食物——变得十分艰难，不过大量的犹太奴隶提供了运输所需要的人力。西尔瓦着手在西侧建立了一道堤，将其作为使用攻城器械所需的平台，一个巨大的攻城槌被用来击破城防那一侧的石墙。短刀党在第一道墙的内侧，以极快的速度，使用巨大的木柱夹着泥土建立了第二堵墙，但这堵墙在被放火点燃后倒塌了——对于罗马人来说，火攻是一种不确定的武器，因为一开始，一阵北风把火焰引向了他们自己的攻城器械，直到风转向"仿佛来自神圣的天意"（约瑟夫斯写道），墙因此被烧毁。堡垒现在门户洞开，但是在最后的攻击发生之前，防御者就已经死了：他们杀死了彼此，以免落入罗马人手中。[9]

约瑟夫斯对于这次围攻的一长段叙述给予了马萨达标志性的地位，尽管假如没有约瑟夫斯的叙述，整个事件将会只能从考古证据中知晓，尤其是围攻时的坡道以及罗马围绕堡垒的岩石基部建起的营地；在公元70—79年间写作的老普林尼提到了马萨达是"一块岩石上的堡垒，本身离死海不远"，但没有提到任何发生在该地的军事行动。[10]

约瑟夫斯未能注意到罗马在马萨达行动最为古怪的方面，以及罗马方面的史料对此保持缄默的最明显的原因：为什么罗马人要花费这样的时间、资源和精力，在犹地亚沙漠的旷野攻克一块岩石。问题的关键是对彻底胜利的渴望："弗拉维乌斯·西尔瓦……看到整个地区都在战争中被平定，但是一个单独的堡垒仍然在反抗，因此把本地区的所有力量聚集在一起，并向它进军。"也许在罗马人眼中，在公元70年之后确保没有以马萨达为根据地的土匪袭击隐基底利润丰厚的香脂园，在经济上是可取的，因为这些都是政府财产，但这只部分解释了消耗巨大时间和资源、攻打孤立的岩石堡垒的原因。大量部队在荒凉的地区驻扎了几个月，逐渐建立了围困用的坡道，最终，它会不可阻挡地给防御者们带去失败。这个例子再清楚不过地表明罗马人的坚定，即这场战争必须不带妥协地结束。约瑟夫斯在史书中将为自杀行为辩护的话置于抵抗者们的领袖以利亚撒口中，这番话虽是哲学上的陈词滥调，却是十分有效的修辞，但它没有提到这么做最明显的理由：在朋友的手中寻求死亡，好过向罗马投降。真正的选项既不是割喉带来的快速死亡也不是奴役——这两者是作者令以利亚撒声称的——这么说是为了增强那些选择前者的人身上明显的英雄主义。他和他的同伴们如果落入罗马人之手，可能会被钉死在十字架上，或者遭受其他一些尤为残忍的手段。相反，在公元 74 年 4 月逾越节的第一天，包括妇女和儿童在内的 960 人死在了彼此的手中：十个人被选中杀死其余的人，然后那其中的一个人杀死了另外九人，而最后他自杀了。宫殿被点燃。根据约瑟夫斯的说法，只有两个女人和五个孩子得以逃生，并告诉罗马人发生了什么。[11]

罗马人在马萨达和整个地区的全面胜利结束了犹地亚的政治真空。尽管经历了死亡与毁灭，许多犹太人仍生活在耶路撒冷地区，但由大祭司的家族所领导的旧统治精英——罗马曾经通过他们统治该地——却从视野中消失了。曾经属于这一精英阶层的约瑟夫斯，被解除了他在耶路撒冷拥有的土地："当提图斯平息了犹地亚的骚乱时，他推测我无法再从我在耶路撒冷的地产中获利——因为罗马的卫戍部队即将驻扎在那里——因此他给了我另一块平原（大概在地中海沿岸）上的土地。"早在公元 70 年启程前往罗马参加他的凯旋式之前，提图斯就设想这个城市里不会再有一个犹太地主组成的统治阶级了。[12]

那么，还有谁能在备受恐吓的犹太人和他们的罗马主宰者之间调停呢？如果提图斯寻求的是一个既有强大力量又效忠罗马传统的犹太人，那亚基帕二世是显而易见的选择，至少根据约瑟夫斯所述，他在战争爆发前的几个月中为耶路撒冷的和平付出了百般努力，而当避免冲突变得为时已晚后，他将自己的军队和专长都用来确保罗马的胜利。亚基帕与新帝国政权的个人联系非常紧密。公元 67 年，韦斯巴芗曾在亚基帕位于约旦河源头的凯撒里亚菲利皮（Caesarea Philippi）的宫殿里待过一段时间，以在加利利战役之后休整他麾下的军队。而当国王大概在公元 70 年的秋天又来到这里时（尽管约瑟夫斯没有这么说），提图斯访问了他，并且"逗留了相当长一段时间，举行各种各样的表演。许多囚犯死在这里，一些被扔给野兽，另一些人被迫分为两群，相互搏斗"。战斗结束后，胜利者会以适当的方式恢复元气。亚基帕如果像他的父亲一样成为犹地亚的国王，韦斯巴芗和提图斯就能很方便地宣称自己是在遵循前人的例子。这种可能性确实是在四分之一个世纪前由克劳狄提出的。它在公元70年没有发生的原因，既出于亚基帕的心愿和渴望，也是罗马政府的愿望。占领一个遍地废墟的王国并不诱人，事实上，人们能回想起，亚基帕的曾祖父希律在公元前37年贿赂了罗马将军索西乌斯，要求对方放弃让军队掠夺耶路撒冷的计划也正是出于这个原因。而亚基帕很可能已经有了计划，要在更大的舞台上继续他的政治生涯。他的妹妹贝瑞妮斯与提图斯的友谊是整个70年代罗马流言蜚语的一个来源，当时，正如卡西乌斯·狄奥后来记录的那样，"贝瑞妮斯正处于她权力的巅峰，因此和她的兄弟亚基帕一起来到了罗马。后者被授予了法政官的品级，而她则住在宫殿里，与提图斯同居。她希望嫁给他，而且已经在各个方面都表现得好像是他的妻子一样"。亚基帕希望通过与皇室家族的关系赢得一个在罗马有影响力和权力的地位，就像他的父亲曾短暂地在盖约和克劳狄的宫廷中做到的那样，这并不是不合理的。[13]

由于罗马政府在公元70年后既没有把权威授予前统治阶级，也没有授予亚基帕，因此，没有理由认为有任何其他犹太领袖适合这项任务。后来的犹太传统认为，约哈南·本·撒该这样的拉比作为宗教领袖的角色，会不可避免地使罗马承认其为犹太人的政治发言人，但是罗马人现在几乎不可能把世俗的权力授予犹太宗教领袖，因为他们在帝国任何其他地方都没有遵循这样的惯例。罗马人对犹太教的态度，与对来自其他行省宗教的态度相比，唯一特殊和不同的方面是对耶路撒冷圣殿的毁灭，但这为罗马避免给予犹太宗教领袖任何权力提供了理由，而不是鼓励这样的政策。[14]

事实上，韦斯巴芗和提图斯似乎没有选择通过任何形式的犹太中介，而是选择通过直接的罗马控制来统治犹地亚。公元70年后的耶路撒冷成了一个被占领的城市，与战前犹太人口所享有的、免于罗马干预的普遍自由形成了鲜明对比。第十军团被"委以监护它的权利"，并永久驻守在该地或附近，能够立即对任何潜在的麻烦做出反应。在周围的乡村，包括约瑟夫斯的田地在内的一些土地似乎被分配给了军团。在公元72或公元 73 年，一个新的、与众不同的异教城镇在撒马利亚建立，靠近示剑（Shechem）和基利心山，大概是为了在公元 67 年暴动失败后控制撒马利亚人。这座城市被赋予了缺乏想象力的名字"新城"（弗拉维亚-奈阿波利斯［Flavia Neapolis］，因此后来得名纳布卢斯［Nablus］），并将在接下来的几个世纪里蓬勃发展，并在公元 244—249 年之间被授予罗马殖民地的地位。在公元 70 年的风波刚刚结束的时候，一个新的罗马殖民地就已经在凯撒里亚-马里提马（Caesarea Maritima）建立起来，这里长期以来一直是罗马在这个省的行政中心。现在，它有了新的居民，退伍的罗马士兵取代了以前的犹太居民。因此，在公元 1 世纪晚期的凯撒里亚，拉丁语不仅被用于城市里的公告，也被用于私人铭文：在一个阿拉姆语和希腊语的世界里，凯撒里亚成了一个讲拉丁语的岛屿。另外还有 800 名退伍军人被分配到一个离耶路撒冷 30 斯塔德的地方，这个定居点也许应当被识别为《路加福音》中提到的以马忤斯（Emmaus，尽管二者与耶路撒冷的距离不同）。上述士兵在危机中被召唤时，可以进行军事行动。尤里-克劳狄时期由退伍士兵在行省建立殖民地的模式表明，他们被期望在加强该地区安全方面发挥重要作用。犹地亚如今处于军事统治之下，而耶路撒冷位于这个军事区域的中心。[15]

当战争还在继续的时候，散居在地中海的犹太人试图避免与耶路撒冷危险的政治发生接触，但他们发现这个选项在公元 70 年后就关闭了。对整个帝国的犹太人征收特别税，不仅影响犹太本土的激进派，也影响小亚细亚和希腊地区主张和平的社群。当罗马城的犹太人看到自己所尊崇的、来自耶路撒冷圣殿的神圣器皿，被以嘲笑的态度抬着经过他们所移居城市的街头，他们一定觉得自己的双重忠诚受到了巨大的压力，他们身为罗马人的自豪与新帝国政权的政治宣传发生了直接的冲突，而这一政治宣传通过税收来暗示，他们应当为发生在遥远的耶路撒冷的那场昂贵而危险的战争负责。[16]

对于一些生活在犹地亚附近的散居犹太人来说，他们的困境在战争刚结束的时候就变得更加尖锐，因为他们需要对那些寻求他们的帮助以对

抗罗马的难民做出回应。约瑟夫斯报告说，亚历山大里亚的犹太人尽其所
能与他们保持距离，当时

> 短刀党的某些派别已经成功地逃到了那里……试图引诱他们的
> 许多东道主坚持他们的独立，要他们不把罗马人看作比自己更高一
> 等的人，并且尊上帝为他们唯一的主……长老议会的领导人召开了
> 一场犹太人的大会，曝光了短刀党的疯狂，证明他们应当为所有的
> 麻烦负责……他们劝告大会注意，他们被这些男人可能带来的毁灭
> 所威胁，而通过交出这些人，他们会与罗马人归于和平。意识到危
> 险的严重性，人们听从了这条建议，冲到短刀党人身前，抓住了他
> 们。其中有 600 人当场被抓住；所有逃到埃及和埃及底比斯的人不
> 久都被逮捕了，并被带了回来。

然而，他们对罗马展现忠诚的行为并没有获得完全的成功。皇帝
"猜忌犹太人无休止的革命倾向"，因此采取了预防措施，以避免在埃及
出现耶路撒冷那样的犹太人暴动，所以关闭了位于三角洲地区的莱昂托波
利斯（Leontopolis）的犹太圣殿。在昔兰尼（今利比亚），避难的短刀党
由一个叫约拿单的织工率领，他似乎通过将人们带去沙漠并许诺他们将看
到"迹象和幽灵"，激起了一些相对贫穷的犹太人的想象，就像该世纪早
些时候各种伪先知在犹地亚所做的那样。手无寸铁的人群被本省总督卡图
卢斯（Catullus）派遣的军队轻而易举地镇压，但约拿单的影响被大大增
加了，因为他在卡图卢斯面前声称，自己是由"最富有的那些犹太人"所
指使的，这给予总督机会，杀死了所有 3000 个富裕的犹太人，并将他们
的财产没入国库。约瑟夫斯声称这些指控完全是骗人的，而且卡图卢斯的
动机则是对"他也可能看上去赢得了一场犹太战争"的渴望。但是约瑟夫
斯在叙述这一特定部分时的可靠性是存疑的，因为在被约拿单和他的同伙
指认为"在亚历山大里亚和罗马最受尊敬的犹太人"煽动者中，就有约瑟
夫斯本人。在他的自传中，约瑟夫斯报道说，这一特别指出他为约拿单提
供了武器和金钱的指控被递交给罗马的韦斯巴芗皇帝本人，但是皇帝认为

这一指控是捏造的。在《犹太战争》中，提图斯为被指控者的说情被认为是决定性的。整个事件显然留下了创伤。如果像约瑟夫斯这样与新皇帝的利益密切相关的犹太人都有理由被指控密谋煽动暴动，那没有犹太人能免于怀疑。这一点也很重要：根据约瑟夫斯的说法，不辨是非地处死了数千名受人尊敬的昔兰尼犹太人的总督卡图卢斯，仅仅遭到了一番训斥。[17]

如今，罗马帝国的所有犹太人都有可能感觉自己受到了威胁。在安条克，当一场大火烧毁了市中心的部分区域时，居住在那里的犹太人被他们的非犹太人邻居指控为纵火者。他们仅仅因为罗马当局的坚定举措，才得以逃过一场集体迫害。调查显示，这场火灾是由债务人发起的，他们试图通过放火焚烧市场和公共记录来销毁他们欠款的证据。在安条克，就像在罗马一样，长期的恐惧——对犹太人的强烈抵触情绪会被引导到侨居者的身上——一定因为大量犹太人在奴隶市场被售出的场面而加剧了。当提图斯在耶路撒冷陷落后访问这座城市时，他被聚集的人群要求驱逐当地的犹太人，他（非常明确地）回答说这是不可能的，因为"他们自己的国家，他们作为犹太人应当被驱逐去的地方，已经被毁了，没有其他地方会接收他们了"。接下来的一项诉求是，至少安条克犹太人刻在铜板上的特权应该被撤销，而这同样被拒绝了。约瑟夫斯讲述了这些事件，以展示提图斯的善意，但这个故事也揭示了，在面对通过民众集会和城市的官方议会传达出的当地的敌意时，这些犹太人十分脆弱。[18]

对于罗马城犹太人的脆弱性，约瑟夫斯没有那么直截了当。也许提醒他的罗马读者注意他自己双重忠诚的问题是不明智的。但是，公元70年安条克的紧张局势至少会和首都的一样糟糕。我们从约瑟夫斯对自身所遭受的苦难的描述中，就能品尝到一丝愤怒的情绪：他被安顿在罗马的一处住所中，韦斯巴芗称帝之前曾居住在这里。"我（受惠于韦斯巴芗的善意而获得）的特权，使我遭受了嫉妒，并带来了危险……那些羡慕我的好运气的人捏造了无数针对我的指控。"在图密善的时代，皇帝通过对指控约瑟夫斯的犹太人施以惩罚，显示对他的恩宠——约瑟夫斯对此并没有说什么，但他确实补充说，在这些敌人中有他儿子的导师，关于此人的身份，他只透露说这是一个受过阉割的奴隶。显然，人们不该想象约瑟夫斯或其他任何犹太人能够平静而舒适地生活在罗马的紧张氛围中。对于一个试图通过声称自己击败了一个危险的敌人，来为攫取和保持权力正名的政府来说，让被击败者的代表能够被轻易识别出来——不局限于帝国遥远的边疆，而是蔓延到整个文明世界，包括首都本身——使他们的臣服证明新皇帝所取得的成就，似乎是积极有益的。在公元 4 世纪晚期，圣奥古斯丁将以类似的思路主张，在基督教世界里，犹太人应该被允许在一种痛苦的状况下继续他们错误的信仰，以此来证明教会的真理。[19]

"不虔诚的犹太人"

韦斯巴芗和提图斯曾把犹太人当作国家公敌，而犹太教则被看作一种在公元 70 年以后不再值得拥有一座圣殿的宗教，这是他们的统治所特别需要的政治宣传决定的。但一个人可能会觉得，一旦那些皇帝死了，犹太人的一切就应该改变了。亚克兴战役之后，奥古斯都的政治宣传中对埃及的敌意并没有被他的继任者所继承，而即使是最针锋相对的敌人也总有一天能达成和解，特别是如果他们能记得双方曾经和平共处过一段时期的话。但在这个故事里并非如此。韦斯巴芗在公元 79 年去世，年纪尚轻的提图斯则死于公元 81 年，但公众对犹太人的敌意并没有减少。这一点最明显的体现是，新皇帝图密善继续拒绝考虑耶路撒冷圣殿的重建。后来，对于不含牺牲元素的敬拜的神学辩护，甚至热忱，以及时间本身的流逝，已经使现代历史学家对这一禁令的反应变得麻木了。在古代，这是不可思议的。整个帝国中有无数的神殿和祭坛被奉献给无数的神。在罗马人的眼中，除了缺乏崇拜的偶像之外，耶路撒冷圣殿里的祭献没有什么特别的地方。异教皇帝尤里安（Julian）在公元 4 世纪中期的长篇谴责演说《驳加利利人》（*Against the Galileans*，他以这种方式来称呼基督徒）中劝诫，"除了相信只有一个神以外，犹太人和外族人的意见是统一的，因为在其余的东西上我们与他们差不多——神殿、圣所、祭坛、用于净化的仪式和某些规则。在这些方面，我们不是毫无差别，就是只在极小的事情上有区别"。帝国中的其他所有人都可以自由地继续以他们祖先奉为神圣的方式进行崇拜。如果罗马人比公元 66 年前更关心耶路撒冷大型朝圣节日上的人群失去控制，这是可以理解的，但是对此的预防措施几乎不会要求圣殿的遗址被留在废墟中。如此残酷和不寻常的处理方式，一定另有一番解释。[20]

似乎最有可能的是，在公元 81 年之后，就像在公元 70 年一样，皇帝需要操纵他的公众形象，以获得人们对他政权的支持；事实上，这可能是导致犹太人在公元 135 年巴尔·科赫巴被击败后遭受虐待的主要原因。对于图密善来说，正如对于韦斯巴芗和提图斯一样，将犹太人和犹太教描绘成边缘的群体和宗教是有利的，而且，除了公元 96 年涅尔瓦登位时的短暂插曲，对耶路撒冷圣殿毁灭的赞颂，在接下来几十年中的每个皇帝的公众形象里，仍是不可或缺的。这种赞颂或多或少直接地导致了犹太人的挫败感，而它以公元 115 年和 132 年的暴力动乱的形式爆发。如果是这样的话，犹太人和犹太教的结果将是灾难性的，但其原因与其说是与犹太人本身有关，不如说是与在罗马的帝国权力中心的政治活动相关。

当耶路撒冷在公元 70 年 8 月被夷平时，图密善还不到 19 岁，所以当一年前他的父亲在遥远的犹地亚被军队簇拥着称帝时，他本人的公共生涯还（意料之中地）微不足道。与比他年长许多、担任犹地亚的三支军团之一的指挥官从而获得了军事上的荣耀的哥哥提图斯不同，图密善在尼禄死后一系列政权更迭的期间一直留在罗马。父亲对权力的争夺既为他带来了危险，也带来了机会。当忠于维特里乌斯的部队在卡皮托山逮捕了城市长官、韦斯巴芗的兄弟弗拉维乌斯·萨比努斯（Flavius Sabinus）时，图密善将自己打扮成一个伊西斯的信徒，从而脱身，并一直躲藏到维特里乌斯一派被击败之时，尽管弗拉维乌斯·萨比努斯遭暴徒砍死。当图密善后来成为皇帝时，他为守护者朱庇特（Jupiter the Guardian）建造了一座巨大的神庙，并在神的膝上放置了他自己的雕像，以纪念自己免于遭受同样的命运。当效忠弗拉维家族的军队在克雷莫纳战役中取得胜利，于公元 69 年的最后几天抵达罗马时，图密善立即被认为是新皇室家族的重要一员，而在公元 70 年 1 月 9 日，他主持了一次元老院的会议。直到韦斯巴芗从亚历山大里亚城归来，罗马的实权都在韦斯巴芗的亲密盟友穆奇阿努斯的手中，后者得到了他从叙利亚带来的庞大军队的支持，但十几岁的图密善被允许享受了几个月聚光灯下的生活，直到韦斯巴芗和提图斯回到首都并遮盖了他。图密善死后写就的传统都对他的时期充满敌意，因为取代他的王朝需要把他描绘成一个暴君，而根据这一传统，图密善受到他父亲和兄长的蔑视。但是，通过让小儿子加入公元71年为庆祝在犹地亚的胜利而举办的凯旋式，韦斯巴芗极其清晰地宣示了图密善在其王朝计划中的重要性。韦斯巴芗有很好的政治理由展现这样的慷慨。他的争位之所以得到了像穆奇阿努斯这样其他元老的支持，很大程度上是因为他有一个适合接替他成为皇帝的儿子提图斯，而国家因此可以免于继承危机；伽尔巴的垮台便是出于这个原因。但是提图斯自己还没有生儿子，因此，只有通过表明图密善作为统治者的价值，韦斯巴芗才能确保在人们眼中，这个政权在未来的年头里是稳定的。

　　年轻王子的荣誉必须被仔细地调校：韦斯巴芗有理由期望，图密善要过许多年才会担任皇帝的角色，因为提图斯仍然春秋鼎盛，所以对图密善必须有所鼓励，但不能过火。公元71年7月，提图斯被提升为与父亲同列的平民保民官，并被任命为监察官（censor），而图密善以一种明显更为克制的方式获得了荣誉，尽管他也曾多次担任执政官，并与提图斯一同担任"青年元首"（princeps iuventutis）。如果他被视为提图斯的竞争对手，而不是他潜在的继任者，是没有好处的。毕竟，图密善没有被给予展现自身军事能力的机会。约瑟夫斯通过不少的事例，忠实地转述了提图斯在犹太战争中所表现出的、令人印象深刻的勇武，图密善的支持者们则无法指出他有类似的成就。苏维托尼乌斯指出，这一限制产生了不良效果。公元70年，图密善"为了在权力和荣誉方面同自己的哥哥分庭抗礼……开始了对高卢和日耳曼的毫无必要的远征"，但受到了父亲的友人们的劝阻，"当帕提亚国王沃洛盖苏斯（Vologaesus）请求韦斯巴芗援助他抗击阿兰人，并请求派他的一个儿子担任他们的将军时，图密善竭力争取派他而不是提图斯。可是由于此事不了了之，他又试图通过送礼和许诺的方式诱使东方的其他国王提出同样的请求"，但没有成功。韦斯巴芗在整个统治期间都拒绝给予小儿子军事荣誉，而他对这位年轻王子形象的操纵似乎取得了成功。当他在公元 79 年去世的时候，提图斯作为唯一统治者的继承是顺畅无缝的，而提图斯可以展示他对自己兄弟的信心，在公元 80 年任命后者为那年的普通执政官。当提图斯在公元 81 年 9 月 13 日英年早逝，图密善顺理成章地成了新的皇帝。[21]

在接下来的 11 年里，图密善参与了四场战役——公元 83 年在日耳曼尼亚，公元 85 年和公元 92 年在多瑙河，以及公元 89 年在莱茵河和多瑙河。他设法促成了 23 次对皇帝的敬礼，至少两次凯旋式，并在公元 83 年因为对卡狄人作战的胜利获得了"日耳曼尼库斯"的称号，还建立了大量的凯旋门。这一切都明确地表示，他需要军事威望，以证明他的统治是正当的，但在公元 81 年，这些战役只存在于未来。当他开始掌权的时候，图密善没有任何能给自己带来荣耀的胜利，除了他在庆祝犹太战争胜利的凯旋式上——骑着一匹白马——站不住脚的参与。因此，在图密善统治的最初几年，犹太战争的阴影在其结束后的十多年以来仍没有散去——这远没有看上去的令人惊讶。最终建成提图斯拱门（Arch of Titus）——在现存的罗马凯旋门中，它独一无二地展现了一列凯旋的队伍——的人并不是提图斯，而是图密善，而到了公元 85 年，图密善仍然在发行带有"被征服的犹地亚"（*JUDAEA CAPTA*）字样的硬币。根据他的传记作家、在 2 世纪 20 年代进行写作的苏维托尼乌斯的说法，在图密善时期，负责收取犹太税的犹太事务财务司（treasury for Judaean affairs）"格外苛刻"，一段对于一个可怕事件的个人回忆印证了这点，这个事件可能会让现代读者联想到那些更晚近的、实施种族歧视政策的极权主义国家："记得小时候，我亲眼看见在一次人数众多的审判会上，皇帝的代理人审查一名 90 岁的老年人是否行过割礼。"这个故事表明，罗马的犹太人通过否认自身的犹太特征，来应对在社会中普遍的敌意，但他们没有被允许逃避检测，并被标记为这个被排斥的群体的一员。[22]

在图密善统治的末期，皇帝变得越来越专制，这一定程度上导致了他的多疑，他至少处决了 12 名前执政官，指控他们持不同意见或谋划阴谋。其中最引人注目的一位是弗拉维乌斯·克莱门斯（Flavius Clemens），公元 95 年的执政官，他是图密善的伯父弗拉维乌斯·萨比努斯的孙子，也是图密善的侄女多密提拉（Domitilla）的丈夫，此人被判为不信神者，因为和"其他许多人"一样，他"偏离到了犹太的路上"，这是卡西乌斯·狄奥在 3 世纪初的说法。一些历史学家认为，弗拉维乌斯·克莱门斯的命运证明了一些罗马上层阶级在这些年里发现犹太教具有吸引力，但这个想法没有道理，因为犹太上帝圣殿的毁灭以极为戏剧化的方式质问了他的力量。在这种多神论体系中，人们通过物质上的成功来评判神的认可，在政治上的悲惨失败是宗教上失败的证据。这座在奥古斯都时代曾以其令人敬畏的仪式，刺激马尔库斯·维普萨尼乌斯·阿格里帕对犹太人的上帝致以豪奢敬礼的圣殿，现在成了一片废墟。弗拉维乌斯·克莱门斯几乎不可能被一个如此受人唾骂的民族的特殊习俗，或是被一种对一位如此明晰地无力的上帝的崇拜所吸引。对于卡西乌斯·狄奥所记载的罪名的更好的解释是，"偏离到了犹太的路上"可能已经成为谴责帝国政权的敌人的一种通用话术，或者，也许采取挑衅性质的"犹太"生活方式已经成为罗马精英展现共和式独立精神的象征手段，就像塔西佗和小普林尼所赞扬的元老阶层中其他"殉道者"身上招摇的斯多亚美德。如果现实是后一种情况，自我审查导致了塔西佗和普林尼没有对精英阶层中"犹太信徒"（Judaizers）表达同情，甚至提及他们，因为，当他们在图拉真的统治下进行写作时，犹太人、犹太教和犹太信徒都受到了更深一层的冷遇。[23]

图密善被谋杀后、图拉真时代之前，对犹太人和犹太教的敌意曾短暂歇止。公元 96 年 9 月 18 日，一小群与图密善最亲近的人发动政变，这些人中有禁军的长官，据说还包括他自己的妻子。这个计划是由宫廷里地位卑微的仆人们实施的。图密善是一位勤勉认真的皇帝，他采取了一种道德上正直的立场，并确保了各行省有效的行政管理，但他有着傲慢这一致命的缺陷，并且拒绝像奥古斯都时代以来那些更圆滑的皇帝所做的那样，把自己的绝对权力隐藏起来。罗马精英对他恨之入骨，以至于在他死后，元老院抹杀了关于他的记忆，他的雕像和祈愿用的盾牌被拆毁，而一项法令得以通过，要求在所有铭文中删除他的名字："一切对他的记忆都应当被清除。"因此，他的继任者，年迈的贵族马尔库斯·科凯乌斯·涅尔瓦（Marcus Cocceius Nerva）立即着手以一种与之前的恐怖统治完全不同的方式执政。他发行的硬币宣传"拯救""公正""公共自由"。那些因叛国罪受审的人被释放了。没有人笨拙地指出过这一点，即涅尔瓦因受到了图密善的青睐，曾过得相当不错，并在公元 90 年享受了与图密善一起担任普通执政官的特权——这更促使现在的他与前任保持距离。涅尔瓦的合法性依赖于对图密善统治的诋毁。[24]

涅尔瓦从上任之初就改变了那些包含对待犹太人的方式的国家政策。他本人并没有参与公元 66—70 年的一系列战役，也没有从对犹太人和犹太教的持续诽谤中获得任何政治利益。新政权于公元 96 年秋和当年 12 月在罗马发行了一系列铜币，而第三批发行于公元 97 年上半年，这些硬币上的口号宣告了一个新的开始。硬币上装饰着棕榈树的图案，它在犹地亚发行或者与犹地亚相关的货币上十分常见。上面的文字是 *FISCI IUDAICI CALUMNIA SUBLATA*，这是一个被过分压缩的拉丁语表达，其确切含义我们现在已无法轻易得知，尽管就像现在的广告口号一样，它的含义在当时无疑是足够清晰的。最可能的翻译是："犹太人事务财务司（提出）的恶意指控已经被撤销"。如果涅尔瓦所宣传的改革是停止向犹太人收取自公元 70 年以来的每人两个第纳尔的税款，这个口号就说得通了：这笔施加在每一个犹太人头上的税款，是对犹地亚在超过 25 年前的叛乱的惩罚，它的存在本身就构成了对整个犹太民族的诋毁，质疑他们对罗马的忠诚。这条多次发行的标语在低面值硬币上反复出现——这些硬币将有计划地在他的许多臣民中流通——表明了一种重要的政策变化，而涅尔瓦期待他的臣民们充满热情地迎接这项变化。[25]

为涅尔瓦的改革进行宣传的硬币似乎仅散布于罗马城之中，在此，操纵皇帝的形象以巩固政权是最为紧迫的，但不久之后，帝国其他地方的犹太人也会意识到这一政权更迭的影响，以及这种屈辱的税收的消失。我们不难想象他们对于自身命运的巨大改善的反应。在长达四分之一个世纪的时间里，他们作为国家的敌人遭到嘲弄，已经经受了足够多的苦难。重建圣殿的时候到了。如约瑟夫斯一般年轻时曾在圣殿中侍奉的祭司，做好了准备也愿意再次扮演祭司的角色。约瑟夫斯的《驳阿庇安》——这篇文章用系统化的语言雄辩地描述了犹太教的本质，即一位上帝，一部律法，一座圣殿，一位最高祭司——很有可能就是在这段对犹太人和犹太教的宽容被修复的间歇期写成的。因此，他对自己民族最后的赞辞充满了自信的逞强：

> 因此，我大胆坚称，我们已经向世界其他地区介绍了大量非常美丽的想法。还有什么能美过神圣不可侵犯的虔诚？什么比服从法律更公正？还有什么能比这样做更有益——保持彼此间的和谐，不在逆境中分裂，也不在繁荣中表现出傲慢和派别之分；在战争中蔑视死亡，在和平中致力于手艺农业；相信整个宇宙的一切都被上帝所注视，并处于上帝的指引之下？

哈德良皇帝统治早期，一名犹太人创作了《西比尔预言集》（*Sibylline Oracles*），其第五卷的前言是一份用隐语写成的皇帝名单，与约瑟夫斯相同的乐观主义精神也反映在此书对涅尔瓦的描述上：所有的皇帝中，只有涅尔瓦一人得到了高度赞许的描述——与"受诅咒的"图密善相反，涅尔瓦是一个"拥有令人尊崇的印记的凡人"。犹太人重建圣殿的愿望也在一位反犹太立场鲜明的基督教作家，即《巴拿巴书》（*Epistle of Barnabas*）的作者笔下反映出来，尽管他的语言明显不太热情，而一些学者正是出于这个原因，将本书的创作时期定于涅尔瓦年代："'看，那些摧毁了这圣殿的人将自己把它重建。'这正在发生。因为他们发动了战争，圣殿被敌人摧毁了。现在，（他们和）他们敌人的仆人将会（自己）把圣殿重建。"[26]

犹太人不知道这段满怀希望的插曲有多短暂。宣布废除该税的一系列硬币在公元97年结束。当然，从理论上讲，这可能是偶然性的结果。涅尔瓦可能觉得他已经充分地宣传了自己开明的新政策——这种铸币的模式和铸有"（涅尔瓦）奥古斯都（保证）粮食供应"（*ANNONA AUGUST.*）的硬币的铸币模式是一样的。类似的硬币也许在之后又一次被铸造发行，却没有留下任何痕迹——尽管这不大可能。但最合理的解释是，公元97年11月，涅尔瓦对未来将成为图拉真皇帝的马尔库斯·乌尔庇乌斯·特拉扬努斯（Marcus Ulpius Traianus）的收养，导致了帝国政策的反转。[27]

在被收养之前，图拉真似乎与年迈的皇帝没有多少接触，而选择一名继承人是后者的政治弱点强加给无子的涅尔瓦的。他由于出身高贵被元老们选为皇帝，但士兵的忠诚无法保证：在图密善过世时，他们"十分悲痛，打算立即称他为'神圣的图密善'。他们还曾准备为他报仇，只是缺少了领导人"。公元69年内战的混乱在老一辈人的记忆中仍然令人恐惧，其中包括涅尔瓦自己，他发行的硬币铸有 *CONCORDIA EXERCITUUM*，即"军中和谐"这一乐观的主张，附有紧握的手的图像。涅尔瓦即位一年之后，在公元97年的秋天，禁军和它的指挥官哗变，要求处决杀死图密善的凶手。涅尔瓦反对了这一主张，但徒劳无功。他看起来吓人般地脆弱，就像公元69年1月奥托政变之前那段日子里的伽尔巴一样。他的解决方案是选择一位将军作为继承人，他将对军队有足够合理的吸引力，但没有受欢迎到会试图将涅尔瓦取而代之的地步。马尔库斯·乌尔庇乌斯·特拉扬努斯是上日耳曼尼亚的三个军团的总指挥官，年届44岁，他控制了靠近罗马的大量军队，并且通过指挥在西班牙的军队，帮助图密善镇压了公元89年的萨图尔尼努斯（Saturninus）叛乱，证明了他有能力保持忠诚。他与之前任何一位前皇帝都没有血缘关系；因此，他很有可能会满足于等待涅尔瓦的自然死亡，并和平地迎接现在正向他招手的光荣未来。正如三年后小普林尼为图拉真写作的颂词指出的那样，涅尔瓦"不仅寻求了人的建议，还寻求了神的建议"，从而避免了灾难，这种灾难曾在伽尔巴在公元69年对皮索的收养之后发生，后者"不仅未能避免叛乱的爆发，反而点燃了它"。存在如此完美的候选人，可能并不是运气的结果。图拉真在公元97年之前的职业生涯并没有包括常见于一位如此重要的军团指挥官身上的军事经验。人们合理推测，元老们组织了一起阴谋，阻止了图密善最负盛名的将军、叙利亚总督科尔奈里乌斯·尼格里努斯（Cornelius Nigrinus）实现他的野心。在图拉真统治早期，这些元老得到了丰厚的回报，他们中的许多人被任命为执政官。[28]

但是，选择一个对涅尔瓦的统治和避免罗马内乱都有利的继承人，导致了人们重新开始赞颂犹地亚战役，而这一系列战役已经成了弗拉维王朝的特征。图拉真的父亲，老马尔库斯·乌尔庇乌斯·特拉扬努斯（Marcus Ulpius Traianus）来自西班牙意大利卡市（现代桑蒂蓬塞［Santiponce］，靠近塞维利亚）一个不知名的家族。他是家族里第一个进入罗马元老院的人，而他最终的声望完全归功于他在罗马与犹太人的战争中所做的贡献，公元67—69年间，他指挥了第十军团"佛瑞屯西斯"。特拉扬努斯与弗拉维战役的联系几乎不可能更近了。与耶路撒冷叛军作战的另外两个军团中，有一个是由提图斯指挥的。这两位将军之间的密切关系，以及特拉扬努斯在处理与韦斯巴芗的关系上的老练，体现在公元67年中期围攻加利利小镇伊阿法（Iapha）的时候。特拉扬努斯已经或多或少地占领了这个地方，而犹太人方面则损失巨大（"12 000"），但是

> 他判断，这座城市已经没有了战斗人员，或者说，任何仍留在里面的人都会因恐惧而瘫痪，于是他决定让他的将军来占领这个地方。因此，他派使者去见了韦斯巴芗，请求他派遣自己的儿子提图斯去完成这场胜利。将军猜测有些工作还有待完成，连同他的儿子一起派去了由500名骑兵和1000名步兵组成的增援部队。提图斯迅速行军到城里，让士兵们做好了战斗的准备，把特拉扬努斯放在了左翼，他自己指挥了右翼，带领他们进攻……战斗持续了6个小时；较有能力的战斗人员最终被彻底消灭，其余的人在公共场所或在他们的房子里被屠杀，无论老少。因为除了婴儿，没有男人被赦免；而前者连同妇女一起，被罗马人卖作奴隶。在城里和先前的行动中被杀的人加起来一共是15 000人；俘虏有2130人。

如果约瑟夫斯特别关注这次战役的故事，那可能是因为他写作的时间是70年代中期，当时，在弗拉维家族的恩惠下，特拉扬努斯正处于他职业生涯中的巅峰。显然，他不可能猜到儿子特拉扬努斯光荣的未来。[29]

特拉扬努斯应该是敦促韦斯巴芗在公元68年3月进攻耶路撒冷的将军之一，因为在公元69年初他依然在指挥第十军团，这时他参与修建了

一条从凯撒里亚到西徐波利斯的道路：当年下半年的某个时候，他以韦斯巴芗的名义竖立了一座里程碑。不过，我们并不知道他在公元 70 年离开犹地亚、被一个新将军取代了的原因。他的同僚，第五军团的指挥官塞克斯图斯·维图伦努斯·刻瑞阿利斯（Sextus Vettulenus Cerealis），从公元 67 年开始服役，一直到围城结束，甚至当提图斯在公元 70 年离开之后，他依然作为卫成部队（正如我们所见，这支部队是特拉扬努斯的旧属，即第十军团）的指挥官留在了耶路撒冷。也许特拉扬努斯病了，或者出于其他的原因失去了指挥的能力。无论如何，他对弗拉维新政权的忠诚没有遭到质疑，因为他在约公元 70 年时被任命为执政官，并且获得了显贵的等级，而从公元 73 年到 77 或 78 年，他是一名精力充沛的叙利亚总督，并且因为对帕提亚人的胜利，获得了凯旋饰物。从这些迹象——它们说明他受到了韦斯巴芗的高度赏识——来看，在韦斯巴芗于公元 69 年中期成功获得帝国权力的过程中，特拉扬努斯的支持很有可能是至关重要的。犹地亚的军队"自发地"拥护韦斯巴芗称帝，是他的军官和低级别指挥官集会的结果。在三名军团指挥官中间，提图斯显然是利益相关者，但刻瑞阿利斯和特拉扬努斯为韦斯巴芗冒险的意愿不可能是理所当然的，因此他们值得在计划成功的时候得到奖赏。令人奇怪的是，在图拉真统治的第一个十年中写作《历史》，并在其中记述了内战的塔西佗，并没有提到特拉扬努斯在韦斯巴芗的下属和朋友们为他坚定决心时所扮演的角色，不过特拉扬努斯的贡献在很大程度上可能是被动的，他允许自己被他的军队和总司令的野心裹挟，而且对塔西佗来说，韦斯巴芗与他的主要支持者和昔日的对手、叙利亚总督穆奇阿努斯之间复杂的关系，可以使他描绘更强的戏剧张力。[30]

　　当图拉真在公元 97 年 11 月被涅尔瓦收养时，我们并不确定老特拉扬努斯是否还活着。即使他尚在人世，他的年纪也很大了。更加确凿的是，图拉真对他的生身父亲的成就加以强调，并将其作为自己晋升元首的正当理由。与之前被收养的皇帝不同，图拉真没有在被收养的时候转移到涅尔瓦的家族（gens），他更愿意保留自己的乌尔庇家系——罗马图拉真广场中的乌尔庇亚会堂（Basilica Ulpia）因此得名。小普林尼于公元 100

年精心写就的皇帝的颂词中对老特拉扬努斯的经常性提及，一定反映了图拉真想要的形象："后人也许很难相信这样一个人，他拥有身为显贵、担任过执政官、赢得过凯旋式的父亲，自己又率领着一支强大的军队，由效忠于他们将军的勇敢士兵组成"，他会忠厚地等待涅尔瓦准许自己成为皇帝的命令，而不是为自己夺取政权。谦逊的图拉真在元老院的敦促下没有退让第三次担任执政官的请求："对于一位曾担任过执政官、获得过凯旋式的父亲的儿子来说，第三次担任执政官是否真的是一种晋升？难道这不是他作为一个杰出家庭的成员应得的奖赏吗？"演讲快结束时，普林尼先是对死的"神圣的涅尔瓦"述说——"当你看到自己眼中的最佳选择证明他确实是最佳人选，你今天该有多高兴啊"——之后则是对"父亲特拉扬努斯"述说："虽然未能与星辰同列，你肯定占据了最近的地方，当你（从天上？）看到曾在你手下担任护军官和战士的儿子如今成了最高统帅和皇帝的时候，当你与他的养父进行友好的竞争，决定更大的荣耀应当属于给予他生命的人，还是让他成为皇帝人选的人时，一定也是极为高兴的吧？"对图拉真来说，在唤起军事荣耀的时候，与其夸耀他的养父，夸耀自己反而容易些，因为前者本身没有什么能给人留下深刻印象的成就。图拉真也不能宣称自己取得了胜利，因为他至今还没有做多少事情——标志着他统治阶段的忙乱的军事行动，可能表明他像他之前的克劳狄那样有着建立军事上的声誉的需求，以证明他对权力的掌控是正当的。图拉真统治早期对特拉扬努斯的颂扬，随着时间的流逝增加而不是减少，在这段时间里图拉真把他的近亲，包括他的妻子、姐妹、侄女甚至侄孙女变成了出现在钱币和雕塑上的新皇室家族。在公元 112 年，图拉真把他的亲生父亲神化，将他的重要性封印在了新的政权中。[31]

　　因此，弗拉维王朝所主张的观点，即犹太战争是属于罗马的伟大胜利，对于图拉真来说是有利的，而犹太人是罗马国家公敌的看法，则应该安静地恢复：这据说是图密善的反常行为之一，而涅尔瓦将其否认是不明智的。显然，如果在伊德富（Edfu）的犹太税确实曾在涅尔瓦的统治下停止征收，那么在图拉真掌权的几个月内它就重新开始了。公元 98 年 1 月 27 日，涅尔瓦死于高烧。同年 6 月 28 日，一个名叫多撒里翁

（Dosarion）的犹太人获得了一封价值 9 德拉克马 2 欧宝（obol）的"关于我们的主人图拉真第一年的犹太税"的收据。[32]

伊德富的税务收据仅仅揭示了犹太人在接下来的几年里继续支付这一人头税的直接事实。我们只能想象，当他们的希望被涅尔瓦点燃，却如此快地破灭时，他们对罗马会有怎样的看法。他们很难理解新皇帝公众形象的细微差别。对他们来说，在对幸福的未来，或者至少是正常状态短暂一瞥后，希望就破灭了，由于这段时间里没有任何地方的犹太人违背了罗马的意志，这一定看起来是武断、可怕而专横的。他们能做什么？据我们所知，犹太人起初所做的一切就是等待和盼望，随着岁月的流逝，他们变得更加绝望。现存由基督徒或犹太拉比保存的犹太文献中，没有一篇能被证明写作于图拉真时期，所以犹太人的情绪只能从公元 115 年或 116 年动乱的暴力中推测出来。没有特别的理由认为犹太人在公元 2 世纪的第一个十年就停止了写作，或者为他们独特的屈辱服从的状态寻求神学上的解释；他们所写的东西现在没有幸存，仅仅是保存不妥善的结果。现存最早的拉比汇编在一个世纪之后才被整理出来，只为这一时期拉比智者之间的争论提供了很少的证据。而基督徒——他们直到大约公元 100 年都使用并复制非基督教犹太人用希腊语写作的宗教作品——从此不再以崇敬的方式对待非基督徒的创作，如今教会已经充分扩展，足以创造自己的文学作品了。

我们没有特别的理由认为图拉真在恢复税收后，还采取了其他更进一步的反犹太措施，而这位元首借此含蓄地确认了耶路撒冷的圣殿将不会得到重建——我们应当记得，税收刚开始实行的时候是作为一种将钱款转移给在罗马的朱庇特的手段，而这些钱本是为维护犹太上帝的圣殿而支付的。图拉真全身心地投入于为自己建立一个伟大的军事声誉，这既是为了确保他"出色的、最忠诚的士兵的支持"，也是为了在罗马的公共纪念建筑上炫耀他的成就，其中最露骨的就是于公元 113 年落成的纪功柱，这是他的新广场的一部分，其上的饰带通过令人印象深刻但程式化的细节描绘了皇帝的军事胜利。在经历了两场战争之后，他跨越多瑙河远征达契亚，最终以在公元 106 年建立了一个新的罗马行省而告终。同年 3 月

22 日，纳巴塔人的古老王国变成了新的阿拉比亚行省，没有明显的反抗活动，尽管叙利亚统治者因此获得了象征凯旋的饰物。为军事目的而修建的从红海到大马士革的新道路很可能与进一步向东部扩张的计划有关。在公元 114 年，图拉真与帕提亚人就亚美尼亚的控制权发生了争执，他在公元 115 年通过美索不达米亚袭击了帕提亚。硬币上的文字宣称"亚美尼亚和美索不达米亚被纳入了罗马人民的权力之下"。一个世纪后，卡西乌斯·狄奥对这些战役进行了尖刻的评论，他断言，图拉真对东方的征服是出于对荣耀的渴望。他几乎肯定是对的。[33]

在这些事件发生的时候，已经被征服的犹太人似乎被忽略了。当他们的怨恨和愤怒最终在地中海东部的不同地区爆发时，随之而来的暴乱使罗马人措手不及。卡西乌斯·狄奥这样描述：

> 昔兰尼地区的犹太人推举一个叫安德烈亚斯（Andreas）的人为领袖，将罗马人和希腊人都杀害了。他们会吃受害者的肉，拿他们的内脏做腰带，用他们的血抹身，用他们的皮做衣服；他们把许多人从头到脚锯成两半；还有一些被喂给野兽，他们还强迫一些人作为角斗士参与角斗。总共有 22 万人死亡。在埃及，他们也犯下了许多类似的暴行，在塞浦路斯则是在一个叫阿尔忒弥翁（Artemion）的人的领导下。在那里也有 24 万人死亡。

距离狄奥写作一个世纪后，凯撒里亚的尤西比乌斯为这些灾难性冲突提供了一个基督教的解释，将地中海侨民的暴乱和美索不达米亚犹太人的绝望连接了起来，后者有一定道理地、惊恐地看着罗马的权力扩展到了他们在帕提亚人宽容的统治下生活了几个世纪的土地上：

> 当时，救主的教导日渐传开，教会也在蓬勃发展，而犹太人的悲剧则逐渐接近高潮。图拉真在位第 18 年，犹太人又一次造反，赔上无数性命。在亚历山大里亚和埃及的其他地方，特别是在昔兰尼，犹太人仓促发动叛乱，攻击同处一地的希腊人。次年，随

着叛乱规模的不断扩大，犹太人发动了一场全面战争；其时，卢普斯（Lupus）是统治埃及全地的总督。在第一次冲突中，希腊人被犹太人击败，逃进亚历山大里亚，该城犹太人或被拘禁或遭杀害。尽管失去该城犹太人的支援，昔兰尼犹太人在路库阿斯（Lucuas）的率领下继续在埃及各地大肆劫掠。受皇帝委派，马尔奇乌斯·图尔波（Marcius Turbo）率海陆两路大军——还有骑兵——出征讨伐。马尔奇乌斯·图尔波冷酷无情，多次出兵与犹太人争战，被他杀害的犹太人不计其数。这些被害的犹太人，有的来自昔兰尼，有的则是路库阿斯来自埃及其他地方的拥戴者。由于担心美索不达米亚的犹太人也会攻击当地民众，皇帝命令路西乌斯·奎厄图斯（Lusius Quietus）驱逐当地犹太人。路西乌斯·奎厄图斯集结军队，屠杀无数当地犹太人。因此，他被任命为犹地亚总督。[34]

当然，这些简短但被高度夸大的叙述并不是完全值得信赖的。残暴的食人行为在描绘野蛮的敌人时十分常见。令人震惊的伤亡数字很可能被夸大了。但当时人留下的评论，证实了极端暴力行为真实发生过。在埃及发现的一张纸莎草上，一位不知名的作者（使用希腊语）充满戏剧性地报道说，"仅存的一个希望和预期是来自我们地区的聚集的村民能够赶走这些不虔诚的犹太人；但现在情况正好相反，我们的军队参与战斗并被打败，其中许多人被杀"。[35]（也许是）公元117年的11月28日，一位名叫阿波罗尼奥斯的官员向埃及长官申请了60天的假期，他抱怨说，"由于不虔诚的犹太人的袭击，我在赫莫波利忒（Hermopolite）地区村庄和城市里所拥有的一切都需要关注"。[36] 在暴动结束后，许多埃及纸莎草记载了对犹太人财产的没收和重新分配，以及财产在暴动中被破坏的问题。同时代的历史学家阿庇安（Appian）就来自亚历山大里亚，他记录了一起证实阿拉伯占卜力量的幸运逃脱：

> 当我在埃及战争期间逃离犹太人的时候，我穿过佩特拉阿拉伯（Arabia Petraea）向河流方向行进，那里有一艘船等着载我前往培

琉喜阿姆（Pelusium），一个阿拉伯人是我夜间的向导。当我相信我们到了船附近时，一只乌鸦哇哇地叫了起来，这时正值日出，而那个忧虑的人说："我们走错路了。"当乌鸦又哇哇地叫起来时，他说："我们偏离正路已经很远了。"我也感到十分忧虑，于是想要找到某个过路的人。我一个也没看见，因为现在是清晨，而此地处于战争状态。当阿拉伯人第三次听到乌鸦的叫声时，他高兴地说："我们虽然误入歧途，但这对我们来说是有利的，而且新的路已经找到了。"我只是笑了，以为我们会再次走错路，当我们从各个方向被敌人包围时，我对自己感到十分绝望，而我不可能回头，因为身后就是我要逃离的那些人。然而，不知所措中，我跟着占卜者，并由他做决定。尽管处于这样的处境当中，我出乎意料地看到了另一条离贝鲁西亚很近的河，以及一条驶向贝鲁西亚的三列桨船。我上了船，得救了，而在另一条河上等候我的船被犹太人抓住了。我非常幸运，并对预言术十分惊叹。[37]

这样的个人经历让阿庇安令人不寒而栗的记录更加可信：在亚历山大附近，庞培的坟墓被犹太人摧毁，"而罗马皇帝图拉真在彻底摧毁埃及的犹太民族"。另一个同时代历史学家阿里安写作了一部侧重于图拉真在帝国东部的活动的帕提亚历史，他说"图拉真决定，最重要的是——如果可能的话——将这个民族完全摧毁，如果不能，至少给予其沉重打击并停止其专横的邪恶"，这段记载指的似乎就是犹太人。使用拉丁语中的"干扰"一词（tumultus）指代叛乱的昔兰尼加（现代利比亚）铭文，记录了"哈德良下令在昔兰尼人的城市里重建被摧毁的恺撒圣所（Caesareum，负责帝王崇拜的神庙）"，以及遭到破坏而需要大修的教堂、宙斯的神庙、浴场和公共道路。这些骚乱显然不仅针对罗马国家，也针对邻近的异族人，包括埃及的埃及人，以及在亚历山大里亚、长期满怀敌意的希腊人。一份公元199年的纸莎草记录了埃及城镇俄克喜林库斯的希腊居民如何一年一度地庆祝大约82年前对叛乱的成功镇压。卡西乌斯·狄奥明确指出这场叛乱在他所生活的时代，即它结束后的一百年，所仍具有的影响：由于犹太人在塞浦路斯曾经造成的巨大伤亡，"没有一个犹太人被允许踏上这个岛，如果有一个犹太人被风暴吹到岸上，他将被处死"。[38]

这场暴乱异乎寻常的暴力和镇压它所造成的毁灭性的影响不存在争议，但是，卡西乌斯·狄奥和尤西比乌斯的简要叙述都没有为叛乱的爆发提供解释，虽然他们二人都同意——尽管在事件的具体时间和先后顺序上有所差异——暴动发生在图拉真统治的最后几年，在帕提亚战役期间。而任务留给了现代历史学家，去解释一场在野蛮程度和地理范围上都史无前例的动乱。大量的犹太人居住在帕提亚的领土上，所以此次暴动与图拉真征伐帕提亚人在时间上的巧合不太可能是偶然的，反叛的犹太人要么是试图将美索不达米亚的犹太人从图拉真可能强加的罗马奴役中解放出来，要么是利用罗马军队在前线的部署进行帝国内的反叛活动。一些学者认为，散居侨民的叛乱是协调一致的，其战略目标是在罗马内部虚弱的时候，对其发动攻击，而另一些人则认为，那些救世主式的领导人——在昔兰尼是安德烈亚斯或路库阿斯，在塞浦路斯是阿尔忒弥翁——利用了犹太人模糊的末世论倾向；他们希望通过暴力来开创一个新的、更好的时代。一个相对乏味的解释则是，在罗马人对犹太骚乱的过度反应的推动下，暴力逐步升级，并产生了意想不到的后果。当图拉真在追求征服的过程中不断将他的军事能力扩展至极限，他将会知道帝国境内的犹太人对帕提亚可能抱着友好的态度，因为他们与帕提亚领土内的教友保持着接触——毕竟，在公元 70 年，犹太人曾经从阿狄亚贝尼赶来参加耶路撒冷的防卫战，因此罗马人如果怀疑二者间存在互惠的可能性，也是合理的。

所有这些解释都是可能的，当然也没有哪一个可以被证伪，但所有这些解释都是基于——罗马帝国的犹太人痛恨罗马统治——这一基本假设。这种仇恨被狄奥、尤西比乌斯和同时代的观察家认为是理所当然的，其罪魁祸首是过去 45 年内的历史，尤其是涅尔瓦统治期间短暂燃起的希望。与允许犹太人在其帝国中不受干扰地进行崇拜的帕提亚人形成鲜明对比的是，罗马人烧毁了圣殿，并对其毁灭感到得意。每年，当税吏们到来，犹太人都被提醒这一令人发指的行为产生了怎样的后果，以及罗马对犹太教的战争依然持续着——罗马人拒绝给予犹太人重建他们被摧毁的圣所的自由，而这一自由是皇帝所有其他普通臣民都被允许拥有的。骚乱期间，昔兰尼市的阿波罗、宙斯、德墨忒耳、阿尔忒弥斯和伊西斯神庙都被摧毁或破坏。这种破坏为考古学或碑铭证据所证实，但两者都不能揭示这些破坏行为是犹太反叛分子在异教崇拜中心以及他们的非犹太人邻居面前的蓄意行为，或仅仅是冲突的意外后果。但如果犹太人在面对罗马对犹太教攻击时的失望，表现在了一场针对充满压迫的国家的宗教战争中，这并不令人吃惊。[39]

犹地亚只是间接地受到这些动荡的影响。与他们在罗马、小亚细亚和希腊的同族相同，尽管发生了流血事件，犹地亚本土的犹太人似乎仍然保持沉默，尽管他们的不参与不应该被认为是缺乏同情，而仅仅是不愿意为之后被证明是毫无希望的事情押上一切。事实上，其他社群不愿参与其中这件事本身就反对了这种观点，即叛乱是协调一致的，而非是怒火自发的释放，但犹地亚犹太人的被动表现并没有使他们免受罗马人的怀疑。尤西比乌斯的记录显示，曾以极野蛮的方式清洗了美索不达米亚的犹太人的摩尔人首领路西乌斯·奎厄图斯，在公元117年被皇帝任命为犹地亚总督。在图拉真征讨达契亚和帕提亚时，奎厄图斯指挥一队由摩尔人组成的独立骑兵，与普通罗马军队共同作战，立下了卓著战功，作为奖赏，他被允许进入元老院，也许就在前往犹地亚的同一年，他担任了执政官。一位拥有良好军事记录的前执政官可能会指挥至少两个军团，而位于加利利的一块里程碑也证实了，至少从哈德良统治的早期，可能是图拉真还活着的时候，第二个军团就永久驻扎在了这个省。对罗马人来说，帝国某一个地区犹太人的不满必然会引发对另一地区犹太人的怀疑，自从韦斯巴芗在公元70年采取对犹太教的敌视政策以来，他们的表现一贯如此。[40]

我们无法肯定犹太侨民的叛乱确切是在何时消弭的，在哈德良统治的前几个月里，暴力行为在某些地方也许继续存在。但是，当率军驻扎于奇里乞亚的图拉真在公元117年8月8日于美索不达米亚战争进行时去世，哈德良登位时的情形使这位新皇帝不愿对犹太人采取任何明确的政策，直到他自己的地位先得到保障，而这需要相当长的时间。埃利乌斯·哈德良（Aelius Hadrianus）是图拉真的堂亲和被监护人，但是他作为图拉真的儿子和继承人被收养的消息在皇帝死后的第二天才被宣布。有一个看似合理的谣言说，这次继位是图拉真的妻子普罗蒂娜（Plotina）精心策划的，她维护哈德良的利益，并设法谋取了军队的支持。其他元老对哈德良明显缺乏热情。为了集中精力摆脱来自罗马和精英阶层的政治反对，他放弃了图拉真来之不易的新行省——美索不达米亚和亚美尼亚。在那些有权有势的元老中，有一位是图拉真的宠臣路西乌斯·奎厄图斯；公元 118 年，他和其他三名前执政官一起被处决，罪名是策划阴谋。哈德良显然把自己的政治安全放在了向犹太本土地区派遣一名强有力军事指挥官的需要之上。在这样的氛围下，他没有机会制定出对付犹太人的全面计划。不管怎么说，一些还没有遭遇暴力镇压的犹太反叛者，可能因为罗马军队以意想不到的方式撤出美索不达米亚而被安抚住——至少对于这一地区的犹太人来说，罗马的撤退看起来像是证明了暴乱的正确性，因为他们对于帝国统治核心的权力斗争一无所知，而这才是罗马政策发生逆转的原因。

　　要解决犹太人问题，必须再等待一段时间。图拉真死后的一年里，哈德良面临着行省的骚乱，远如不列颠和毛里塔尼亚，那里的暴动很可能受到了路西乌斯·奎厄图斯支持者的鼓动——在他突然被解除了自己在犹地亚的职务以后。当哈德良于公元 118 年 7 月 9 日抵达罗马时，他急切地要宣传一幅稳定常态的图景。尽管图拉真征服的领土被放弃了，一场凯旋式在他死后举行，以庆祝他对帕提亚的胜利。凯旋式上有奢华的角斗表演，城市的平民和破产的元老获得了慷慨的礼物。面对来自其他元老的敌意，哈德良试图巩固自己的权力，并通过对希腊文化的赞助，在他的宫廷中建立起一种独特的氛围。他为自己在希腊修辞学和其他艺术上的专长感到骄傲，包括建筑、诗歌和音乐。罗马大竞技场附近，一座供奉维纳斯和罗马女神（Roma）的巨大新神庙的落成庆祝了新政权的建立，这件事可能发生于公元 121 年 4 月 21 日。它是这座城市有史以来建成的最大的圣殿，由哈德良亲自设计，这座建筑唤起罗马永恒和神圣的形象。在希腊世界里长时间接受崇拜的罗马女神第一次在罗马城本身获得崇拜。[41]

　　一旦他在罗马的地位得到巩固，哈德良就像之前的其他皇帝所做的那样，为各省制定了目标，但他的目标却与前人不同。哈德良回避了进一步的征服。相反，他开始重组帝国的政府，采用了"哈德里安努斯·奥古斯都"这个名字，这表明他想把自己的人格强有力地施加于罗马世界，就像奥古斯都曾经做过的那样。紧随其后的是一系列金融、军事、行政和法律改革，其规模为之前的一个半世纪所未见。新政策强调在固定疆域内的安全，它在一些地方以具体的形式得到宣扬。上日耳曼尼亚（Upper Germania）和雷蒂娅（Raetia）竖起了连续的栅栏，形成了第一条人造的边境，以规定罗马力量的行使范围。公元 122 年开始，一堵长达 80 罗马里、比其他地方的任何工事都要复杂得多的长城在不列颠尼亚行省的北界竖立起来，建造它的目的是"将罗马人和野蛮人分隔开"。哈德良亲自前往每个行省，加强了军事纪律，但也通过为新城市奠基和其他类似的华丽表现，来宣传他的善行。他对雅典的贡献极大，它作为希腊文化的源泉而得到格外的青睐，一个巨大的拱门被竖立起来，一边写着"这是梭伦的城市"，另一边写着"这是哈德良的城市"。每个行省都通过发行一系列钱币来纪念皇帝的到来，钱币上铸有该行省的理想化形象，以及"皇帝驾临"（*ADVENTUS AUGUSTI*）的字样。这些带有"驾临"（*ADVENTUS*）字样的钱币似乎反映出了一种对于帝国各部分进行具体行政管理的个人兴趣，而这种兴趣的展现是完全新颖的。[42]

公元 128 年，哈德良开始了他的最后一次巡视，他先去了非洲和毛里塔尼亚，然后是希腊，第二年则前往小亚细亚和叙利亚，在叙利亚的安条克度过了冬天。在叙利亚的沙漠城市巴尔米拉，一通采用两种语言书写的、陈列荣誉性质的碑文，记载了一名名叫马勒斯（Males）的当地男子在哈德良到访该城时为皇帝的军队所提供的服务。公元 130 年，一个凯旋门在外约旦，即此时的阿拉比亚行省的杰拉什建立起来。最后，在南下去往埃及的路上，哈德良来到了犹地亚。此处（这时）发行的标准钱币庆祝皇帝的驾临，上书"皇帝驾临犹地亚"（*ADVENTUS AUG IUDAEAE*）。靠近西徐波利斯的特拉沙莱姆（Tel Shalem）存有一块巨大拉丁碑铭的残片，它表明在附近驻扎的军团为纪念他的来访建造了一座令人印象深刻的拱门。同一地区偶然出土的大型哈德良铜像，也可能是作为皇帝到来时的庆祝活动的一部分而建造的。考虑到哈德良在其他行省的所作所为，犹地亚的居民们有充分的理由期待这次访问取得重大成果。重大成果确实诞生了，但并非哈德良想要的。[43]

在犹地亚"皇帝驾临"钱币的主要种类上，哈德良面对着一个代表犹地亚的女性形象。她左手持杯或类似的物件。女性的身边是她的两个孩子，每个孩子都拿着一片棕榈叶，这是罗马钱币上代表犹地亚的标准符号。这些钱币在罗马铸造，就像"皇帝驾临"系列中的其他钱币一样，描绘了皇帝在祭坛上奉献一头公牛作为祭品。犹地亚即将成为异教徒世界的正常组成部分。哈德良脑海中的犹地亚完全没有犹太性："在耶路撒冷，他（即哈德良）在那个曾被夷为平地的地方建立了一座城市，取名为埃利亚卡皮托利那（Aelia Capitolina），在圣殿的原址上，他建立了一座崭新的朱庇特神庙。"希菲里努斯（Xiphilinus）如此简要地缩编了卡西奥斯·狄奥的著作。在经过哈德良改造后的行省，处于心脏位置的不是重建的犹太圣殿，而是一座罗马殖民地，"埃利亚"以纪念哈德良的家庭和他自己，"卡皮托利那"以纪念卡皮托朱庇特，对后者的崇拜在这座新城市中处于核心位置。在对于犹太人来说最神圣的地方建立异教城市的行为看起来是如此之挑衅，一些学者在解释它时更倾向于将它看作对之后发生的叛乱的回应，而不是叛乱发生的原因。他们认同尤西比乌斯的说法，即建设新城市的工作是在暴乱结束后进行的；但是，在叛军制造的钱币的地方，同时出土了大批贮藏着的、由新殖民地铸造的钱币，这强有力地证明了狄奥提供的事件发生的顺序是正确的："这件事（埃利亚卡皮托利那的建立）引发了一场至关重要的战争。"[44]

哈德良很可能对他的犹太改革感到满意，因为他没有在这里停留太久。到了夏天，他来到了埃及，在那里，一场个人悲剧分散了他的注意力：他全心爱上了一个名叫安提诺乌斯的比提尼亚少年，而这个男孩在公元130年10月溺水而亡，对他造成了毁灭性的打击。为了纪念他的爱人，哈德良建立了一座名叫安提诺俄波利斯（Antinoopolis）的城市，并宣布对方成神，这两件事为他提供了小小的慰藉。之后哈德良去了吕基亚（Lycia），公元131年的冬天，他又回到了雅典，在那里他似乎是最快乐的；他建立了泛希腊同盟（Panhellenion），这个由希腊诸城市组成的组织，赞颂希腊文化和对罗马的忠诚，尤其是对它的创始人哈德良的忠诚。哈德良的一贯的亲希腊主义使他即使是在最让罗马人感到尴尬的时候——譬如他与安提诺乌斯那段盛大的恋情——也在推广希腊的文化特质，这种亲希腊主义可能会鼓励这样一种观点，即他前往犹地亚的目的和300年前安条克四世的一样，是把犹太人引入希腊文化中。哈德良在雅典重启了安条克四世打算完成，但未能做到的项目，即建成献给奥林匹亚宙斯的巨大神殿。被保存在所谓的《奥古斯都史》（*Augustan History*）中的一部4世纪晚期的哈德良传记断言"犹太人之所以开始战争，是因为他们被禁止毁伤生殖器"，而且有相当多的证据表明，哈德良确实在整个帝国范围内禁止为男性举行割礼，因为它对于他眼中的"文明行为"有害，正如图密善在上个世纪禁止阉割。然而，从卡西乌斯·狄奥的叙述中可以清楚地看出，埃利亚卡皮托利那并不是接受了希腊文化的希腊化犹太人的避风港。战争爆发了，因为"犹太人认为接受异族在他们的城市定居、让异族宗教植根于此是他们无法忍受的"。埃利亚卡皮托利那并不是作为一个让犹太人可以在其中定居并且变得"文明"的希腊城市而被重建，它是一个罗马殖民地，异族人居住在此，犹太人被排除在外。[45]

哈德良决定性的行为最明显的解释是，它是解决导致公元115—117年犹太侨民大规模暴动问题的最终方案。哈德良似乎喜欢一次处理一个省的情况，然后一劳永逸地解决问题，这种模式最宏伟的体现是不列颠边境墙的建造。通过在犹地亚圣殿曾经矗立的地方建立罗马殖民地，他清楚地表明，这座圣殿不会得到重建。对耶路撒冷的遗址不闻不问60年已经被证明是对犹太人的一种邀请，让他们为回归过去的荣耀而骚动。指望罗马解散罗马殖民地将是如此明显地荒谬，以至于骚动将会消失。

犹太人不太可能理解在公元117年之后13年才推迟实施这一惩罚的原因。公元70年之后罗马的报复是迅速而凶残的。但如今，与之相反，那些没有直接遭受图拉真时期叛乱之苦的犹太人，相比于他们之前的境地，也没有遭到多少打压。在《西比尔预言集》第五卷隐晦的预言中，可以明显地看出愤怒、绝望与解脱、希望相交织的情绪——对罗马人血腥镇压暴乱、剥夺犹太人按祖先方式崇拜的权利的愤怒和绝望，以及对在新皇帝统治下即将到来的幸福的可能性的解脱感和希望。关于这些伪托的神谕作者，他们的身份、宗教取向和来历，以及作品被写作和组织起来的时间，都是难以捉摸的，但是作者对耶路撒冷圣殿被摧毁的持续悲痛却清晰地浮现出来：

> 所希望的房子早已被你毁灭，当我看到第二座房子被一只不虔诚的手一把扔下，浸泡在火中，那是圣洁的人们所创造的、他们用灵魂和身体许愿永远不朽的、长盛不衰的、满怀警惕的、属于上帝的圣殿……但现在，某位无足轻重的、不虔诚的国王走上前，把它扔了下去，让它和一大群杰出的人一起毁灭了。他自己在离开这片土地的时候，就死在了不朽者的手中（？），而且在人们中间还没有出现过这样的征兆，使其他人认为洗劫一座伟大的城是正确的。

关于提图斯死于"不朽者之手"的断言，与后来的拉比传统——关于他所遭受的可怕苦难是对他的亵渎的惩罚——相似；他死于神的干预，可能已经被证明是站得住脚的，因为他至少的确英年早逝，尽管是自然死亡。这位西比尔谴责罗马，带着格外的苦涩："你将处于邪恶之人中，忍受邪恶之事，你将永远处于极度的荒凉之中……在你这里能发现通奸的行为以及与男孩的不正当关系。邪恶的城市啊，你是女人气的、不公正的，尤其是不幸的。唉，拉丁人的城市，所有的东西都不洁净，酒神的女信徒在毒蛇中欢欣鼓舞，作为寡妇，你将坐在河岸旁，而台伯河将为你，他的配偶，而哭泣。"这本书的开篇是对"拉丁人的悲惨历史"的概述，作者在其中谴责的人包括"一条奇怪的蛇"尼禄、"许多虔诚的人的毁灭者"韦斯巴芗和图拉真——"一个凯尔特的山行者，他冲到一场东方的战争中，不会免于不体面的命运，而是会死去；外国的尘土会覆盖他的尸体"。更引人注目的是作者对涅尔瓦肯定的评判，以及对哈德良尤其积极的形容："一个银发男人，与一处海域（亚得里亚海）同名。他同时也将是一个最优秀的人，他会考虑一切。"一个公元 130 年以后的犹太人不可能对哈德良倾注如此多的赞美。这段话确实为确定文本写作时间提供了主要线索。[46]

在公元 130 年，这位"最优秀的"皇帝把耶路撒冷的遗址变成了一个小型罗马，它致力于罗马宗教仪式，并定居着异族人，他们可能是意大利人。后来在殖民地中接受崇拜的神灵还有巴克斯、塞拉皮斯、阿斯塔特（Astarte）和狄俄斯库里兄弟，他们的形象都出现在这座城市的铸币上，但主要的宗教崇拜针对的是卡皮托朱庇特。犹太人年度献金的象征性转移——从犹太神的圣殿到罗马的卡皮托朱庇特神殿——现在已经来到了新的阶段。在如今的耶路撒冷，卡皮托朱庇特也将在意识形态上——如果不是在物理上——统治这座新的、属于罗马的城市，它将彻底取代犹太人对上帝的崇拜。因此，图拉真治下对反抗活动的镇压与埃利亚卡皮托利那的建立联系了起来，又进一步导致了一场在公元 132 年爆发的可怕战争。古代的作家没有解释这些灾难，所以现代历史学家必须根据罗马帝国在正常情况下的做法和哈德良的已知特性来尝试给出解释。卡西乌斯·狄奥简洁而连贯地描述了接下来发生的事情：

> （埃利亚建城）带来了一场重要而漫长的战争……的确，只要当哈德良在离此不远的埃及和叙利亚时，他们就保持沉默，除了在他们被要求制作武器的时候，故意生产质量低劣的武器，以便在罗马人退回它们的时候将其据为己有，并投入使用；但当哈德良去往更远的地方时，他们公开反抗。可以肯定的是，他们不敢尝试与罗马人在公开战场上作战，但他们占领了这个国家内的优势地区，并加固矿井和城墙，以便他们在战事急迫的时候能有地方避难，并且不被察觉地在地下集会；他们每间隔一段距离就从上面向下挖出通道，让空气和光进入。起初，罗马人没有把他们放在眼里。然而，很快，全犹地亚就被搅动起来，到处都是显露出骚乱迹象的犹太人，他们聚集在一起，给出了对罗马怀有巨大敌意的证据，有些是秘密的，有些是公开的；许多外部国家也加入了他们，他们渴望获得利益，而整个地区，人们可能会说，都被煽动起来参与这件事。然后，

哈德良向他们派出了他最好的将军。首先是尤里乌斯·塞维鲁，当时他在不列颠担任总督，被派往那里镇压犹太人。塞维鲁从未试图公开攻击他的对手，因为他们人数众多，而且走投无路。但他凭借大量的士兵和下级军官拦截小群的犹太人，剥夺他们的食物，给他们关禁闭；通过这种方式，他缓慢但是相对安全地镇压、消耗并歼灭了他们。[47]

所有其他关于公元132—135年叛乱的证据都不如卡西乌斯·狄奥的叙事连贯，但它们常常证实了他叙述的总体准确性。拉比主要评论了贝塔尔围城（耶路撒冷西南约7英里）战——它结束了这次暴乱——的犹太叛军领袖西缅·巴尔·柯西巴的性格，以及随后的迫害；随着时间的推移，他们的叙述中的传说元素也越来越多，但是，与犹太侨民的反抗不同，这场战争同公元66—70年的大暴乱一起，深深地植根在拉比的历史意识中。在这次冲突的非犹太阵营中，同时代历史学家阿庇安，在讨论庞培在公元前63年对耶路撒冷的摧毁时指出，这座城后来被重建了，但"韦斯巴芗再次摧毁了它，哈德良在我们的时代也做了同样的事情"。阿庇安还指出，由于这些叛乱，"对于所有犹太人征收的人头税比对邻近诸民族征收的重些"。战争结束后30年，演说家和教师弗龙托（Fronto）在试图安慰与帕提亚人作战失利的哲学家皇帝马可·奥勒留时，提醒他"在你祖父哈德良的统治下，有多少士兵被犹太人杀害了"。在过去的半个世纪里，犹地亚的沙漠洞穴中发现了越来越多的军事文件和信件，这些连同叛军铸造的数量巨大、种类繁多的钱币上的图像和文字，反映出了他们的意识形态。许多作为地下藏身处的建筑群的发掘揭示了他们的战术，这些拥有通向更大的储藏室和蓄水池的狭窄隧道的避难所似乎证实了卡西乌斯·狄奥关于他们使用"地下避难所"和"地道"的说法。[48]

经过漫长而有组织的准备，战争最终在公元132年爆发。叛军一定很清楚罗马人会如何反应：此时距离图拉真统治时期的血腥冲突只过去了15年。一个新的犹太政府必须秘密地建立起来，而在战争情况下，人民准备好了接受它的权威。与导致公元66年叛乱的内部政治斗争相比，公元 132 年的犹太人几乎在政治真空中行动，尽管一些拉比文献可能正确地认为叛军至少获得了一位主要拉比智者，即阿基瓦的支持。不论如何，在战争的第一年被铸造出的一系列令人印象深刻的钱币，显示的是一个被牢牢地控制着的新国家；当然，钱币是为战争支付军事必需品的一个重要手段，但对于一个没有其他信息传播手段的地下国家来说，钱币的广泛流通也为达到这一目的提供了一种极好的媒介。这种经过组织的、高效的印象，被幸存下来的反抗政府签发的文件所证实，这些文件包括一系列从前属于隐基底皇室地产的、如今属于犹太国家地产的租赁协议，以及向下属发布的、语气专横的军令："西缅·巴尔·柯西巴致约拿单和马萨巴拉（Masabala）……立刻将你们属下所有在提哥亚（Tekoa）和其他地方的男人送到我这里来，不可延误。如果你不把他们送来，记得你将受到惩罚。"不论怎样，这些犹太战士维持了三年半之久的独立，给罗马军队造成了巨大的损失，直到公元 135 年才被最终制服。[49]

历史学家们一直在争论哈德良派出了多少士兵镇压犹太人，但很有可能，这个数字非常大。哈德良至少在一段时间内亲自担任指挥，他的个人参与吸引了这个时代最优秀的军事头脑。著名建筑师大马士革的阿波罗多鲁斯（Apollodorus of Damascus）给他设计了新的攻城机械，尽管他本人显然离战场有一定距离。盖约·尤里乌斯·塞维鲁，对卡西乌斯·狄奥来说是哈德良"最优秀的将军"中的"第一人"，他在这场战争当中得到了叙利亚和阿拉伯行省总督的支持。自从他上台以来，哈德良皇帝形象中的军国主义色彩曾远逊于他的前任——这也许是必然的，因为他发现放弃图拉真所征服的东部地区在政治上是必要的——但恰恰是因为在其他地方缺少军事投入，让他更容易集中所有力量来彻底镇压犹太反叛者。哈德良所面临的暴动在地理上的分布尚不清楚。犹地亚当然是这场冲突的主要战场，但加利利也可能卷入了战斗，尽管在加利利的地下建筑中发现的暴动者发行的钱币，可能只反映了战后的犹太难民的困境。一群逃亡者死在了犹地亚的沙漠里，他们的骨骸和一些他们携带的珍贵文件在其死去时所处的洞穴里被发现，让他们的遭遇变得可怖地明显。这些文件本身表明，这些受害者中有一部分来自东部的阿拉伯省，这表明犹地亚以外的犹太人也被卷入了暴动，他们要么是自愿参与的，要么是出于非犹太邻居的怀疑，正是这种怀疑造成了公元66年的集体迫害。卡西乌斯·狄奥明确指出，不仅"全犹地亚被搅动起来"，而且"到处都是显露出骚乱迹象的犹太人，他们聚集在一起，给出了对罗马怀有巨大敌意的证据"，这有力地表明，散居犹太人自愿参与其中，虽然这些话里必然包含修辞上的夸张："许多外部国家也加入了他们，他们渴望获得利益，而整个地区，人们可能会说，都被煽动起来参与这件事。"[50]

反对派政府发行的钱币的形状和重量，以及他们选择的种类和宣传语，都体现了与公元70年崩溃的犹太国家在意识形态上的直接联系。这个新国家和旧的那个一样被命名为"以色列"，这也是一个重要的选择，因为这个名字从来没有被罗马国家用来指代犹太人。许多相同的宣传语（"自由""救赎""耶路撒冷"）和图像（棕榈树［lulavim］）在新钱币上被发现，尽管这些钱币在新的领导治下开启了一个新时代，还有一些其他的变化，而它们相比早期的钱币类型是非常惊人的：例如，这些钱币没有提及锡安（只提及了以色列和耶路撒冷）。比起公元66—70年发行的钱币，公元132—135年的钱币更引人注目的地方是其所选择的样式非常多，其中包括许多建筑物的图像，其中一些可能是耶路撒冷被毁圣殿的一部分理想化版本。可能发行于叛乱第三年的、未注明日期的钱币上的口号"为了耶路撒冷的自由"大概是纲领性的宣称，因为除了阿庇安声称哈德良摧毁了这座城市之外，没有任何证据表明犹太军队曾经获得过对耶路撒冷的控制权，毕竟那里是第十军团的总部。可以确定的是，公元132—135年的叛军缺乏城墙的保护，而城墙曾在公元66—70年为他们的前辈提供了长久的安全保障：耶路撒冷的防御工事已被提图斯夷为平地。[51]

犹太教和基督教的文献都雄辩地展现了叛军领袖西缅·巴尔·柯西巴的特质，在基督教作品和少量拉比文学中，他被称为巴尔·科赫巴，"星辰之子"，这大概是他喜欢的名号，但在拉比文献当中，他更常见的名字巴尔·柯兹巴（Bar Koziba），"谎言之子"，强调他伪托的弥赛亚身份和无情的奉献精神，据传说，这导致他为了测试士兵的勇气，要求他们每个人都切下一根手指。有些钱币上只有他的名字西缅（SHIMON）。还有一些则铸有铭文"西缅，以色列的王子"（*SHIMON NASI YISRAEL*）。根据《巴勒斯坦塔木德》的说法："当阿基瓦拉比看到巴尔·柯兹巴时，他大声喊道，'这是救世主'。于是，托尔塔（Torta）之子约哈南对他说，'阿基瓦，草从你的颧骨里长出来的时候，大卫的儿子也不会来到'。"其他拉比智者认为西缅是"谎言之子"的尖刻判断，充分说明了一个弥赛亚式领袖可怜的失败，而他的暴动曾许下太多的承诺。[52]

这最后一次战争中的流血和以前发生的事情一样可怕。卡西乌斯·狄奥记载：

> 他们（犹太人）中很少有人幸存下来。他们最重要的 50 个前哨和 985 个最著名的村庄被夷为平地。在各种各样的突袭和战斗中，有 58 万人被杀，因饥荒、疾病和火灾而丧生的人不计其数。因此，几乎整个犹地亚都变得荒凉……许多罗马人也在这场战争中死去。因此，哈德良在写给元老院的信中，没有使用皇帝通常使用的开篇语："如果你和你的孩子们都健康，这不错；我和军团都健康。"

罗马军团和犹太人都没有"健康"。在经历了这 70 年的紧张和冲突之后，犹太人再也不能现实地期待自己能够与其他生活在罗马帝国中的少数群体一样，在自己的土地上实行祖先的习俗并崇拜他们的上帝。[53]

"难闻的犹太人"

罗马人对于公元 135 年战胜犹太人的公开展示，不同于公元 70 年的庆祝活动。无论是战争本身，还是它的结果，或是罗马和犹太双方的巨大的伤亡，都与哈德良作为和平与文化支持者的形象不相契合。他喜欢被认为是无所不知、文明、有条不紊、有诗人气质和浪漫的，他的成就则是对整个帝国的建筑和艺术的鼓励。他希望罗马的臣民们钦佩他的智慧和远见，而不是对遥远的土地的征服。当然，他对于军事能力有所强调，因为这是担任皇帝所必不可少的前提条件，他也不反对许多雕像，尤其是在希腊东部的那些，它们将他刻画成穿着胸甲的战士，但是，他在各省巡游时所做的部署，显示出在他的统治下，军事力量被用于维持和平与安全而非用来赢得辉煌的战役。对犹太人发动战争的必要性不可能受到欢迎。因此，战后没有凯旋游行，也没有对胜利的赞美。哈德良并没有把自己塑造成像韦斯巴芗和提图斯那样的犹太征服者，也没有像达契亚和帕提亚的战役之后的图拉真那样宣扬自己所取得的成就。这个政权的图像对犹太人一点也没有提及。没有新铸造的钱币庆祝这场军事行动的成功结束。这是一场不应该发生的战争。

冲突的激烈程度，以及皇帝本人和众多军队的参与，使得对罗马英雄主义的赞颂成了政治事务，即使战争的结果并非十分光彩，就像现代国家为他们宁愿忘记的战争中的死者保留战争纪念碑一样。哈德良本人也接受了在军队的喝彩中成为"英白拉多"，所以"英白拉多二世"（*imperator II*）被插入了他的官方头衔。他接受这一荣誉的动机可能是在经历了一场激烈的冲突后，需要鼓舞军队士气。许多普通士兵的功绩得到了适当的认可，他们获颁了军功勋章，而凯旋饰物不仅被授予了对这次军事行动负主要责任的尤里乌斯·塞维鲁，还被授予了阿拉比亚行省的总督哈特瑞乌斯·奈波斯和叙利亚总督普布利奇乌斯·马尔凯鲁斯（Publicius Marcellus）。如果罗马士兵要继续为皇帝冒生命危险，公开承认他们的功绩是明智的做法，但这并不等于颂扬战争。

罗马人将冲突的记忆埋藏，而这对犹太人的影响甚至比公元 70 年的耀武扬威还要糟糕。这就好像犹太人从来不曾存在于耶路撒冷。"普里斯库斯之子，巴喀乌斯（Bacchius）之孙，出生于巴勒斯坦的弗拉维亚-奈阿波利斯"的基督徒查士丁，在巴尔·科赫巴被击败约十年后，于写给安敦尼·庇护及其诸子的自辩书信中说，以赛亚已经知道犹太人的土地将会成为废墟，根据查士丁的转述，前者曾预言"我们圣殿的房子已经成为诅咒，我们祖先所祝福的荣耀被火烧毁，它所有的美好之物都被废弃"。为了皇帝着想，查士丁又补充说："关于它的荒凉废弃，以及没有人应该被允许在其中居住一事，以赛亚有以下预言（依然是转述）：'他们的地是荒凉的，他们的仇敌在他们面前吞灭这土地，无一人将住在其中。'而它由你看守,免得有人住在里面,你知道得很清楚,依据法令,任何因为进入其中被逮捕的犹太人都将被处死。"在另一篇致犹太人特吕弗(Trypho)的文章里,这位基督教作家称,犹太人因为遵守了割礼的律法而被放逐。"因为从亚伯拉罕而来的肉体所受的割礼,是为着一个记号而赐下的,要使你们与其他民族、与我们分开,只有你们自己受现在所正当受的苦难;要使你们的土地荒芜,你们的城市被火焚毁,要使陌生人在你们面前吃你们的果子,要使你们中间没有人上耶路撒冷去。"公元4世纪初,尤西比乌斯引用某个名叫佩拉的阿里斯同(Ariston of Pella)的人的记载:"哈德良发布命令,所有犹太人都不得涉足耶路撒冷及其附近的任何地方。这样一来,犹太人就连看也看不到他们祖先的土地了。"尤西比乌斯写道:"这样一来,犹太人被拒于耶路撒冷之外,其原先的居民差不多又死亡殆尽,耶路撒冷就这样变成了外族的殖民地。""耶路撒冷"这一名字在公元130年就已经正式停止使用。现在,整个省的名字被改成了叙利亚-帕拉斯提纳(Syria Palaestina),恢复了古希腊人对该地区的称呼,但这一名字指涉的不是犹太人,而是他们古时的宿敌——非利士人。[54]

如此这般对暴动的回应在罗马历史上独一无二,无论是在公元135年之前还是之后。为了行政目的而给行省改名并不罕见,但像在犹地亚这样,把更名作为对当地人的惩罚,却不是常见的做法。尽管在潘诺尼亚、日耳曼和不列颠都发生过暴动,罗马人仍然以其土著居民的名字称呼它们。只有犹太人(Iudaei)因为他们所做的事情而失去了故乡。迁移人口也不是标准的罗马程序。在奥古斯都统治时期,西班牙高地的一些居民被迫转移到沿海平原,这是防范暴动的工作的一部分,以及更普遍的,在罗马的征服后,曾经在丘顶建立堡垒作为防御手段的北欧凯尔特民族,被迁移到低地的城镇中心,心怀不满的人要想守住这些地方对抗罗马,将更加困难。但这些预防措施与犹地亚的犹太人遭受的大规模惩罚截然不同。在罗马的眼中和哈德良的命令下,犹太人已经不是一个在自己的土地上生活的民族了。

我们只能从现存文献中偶尔的暗示以及其合理度中推测,国家层面的敌意在多大程度上反映了普通罗马人对犹太人的态度。具有攻击性的词汇有时会出现。图密善时期的修辞学权威昆体良在著作中将犹太人称为一个凶恶的民族（pernitiosa gens）。对于生活在图拉真统治时期的塔西佗来说，大多数犹太习俗都是卑鄙、可恶和堕落的，以至于"我们认为是神圣的一切，在犹太人看来都是渎神的；我们所憎恶的一切，在他们看来又都是允许的"。对于与塔西佗同代，但年纪更轻的弗洛鲁斯来说，犹太人是一个"不虔诚的民族"。在遥远的城市奥伊诺安达（Oenoanda）——位于今天的土耳其境内——伊壁鸠鲁派哲学家第欧根尼（Diogenes），大约在哈德良的统治时期，用大字写下他对同胞的建议：如果要寻求满足，就不应当像犹太人这样表现出轻信的样子，"犹太人和埃及人清楚地表明，神灵是完全没有能力制止不法行为的，他们是所有民族中最迷信的，也是所有民族中最邪恶的"。我们现在还不能确定，这种敌对态度是否为公元135年之后罗马城或帝国其他地方人们的标准做派，但它们不太可能很快消失。[55]

接下来的一百年里，罗马处于相对稳定的精英政治中，没有任何东西能鼓励后来的皇帝放弃在公元135年如此清晰地建立的政策。就像哈德良作为罗马世界统治者的合法性来自图拉真的收养，直到公元193年的每一位皇帝的合法性都归功于哈德良或他收养的继任者的收养。到公元2世纪中叶，皇室间的收养继承制度已被如此完全地接受，以至于哪怕每个重要人物都觉得皇帝的选择对帝国来说是灾难性的，它也不能安全地被搁置一边。当哈德良的继任者安敦尼·庇护于公元161年3月去世时，新皇帝马可·奥勒留坚持认为元老院应当将奥古斯都的地位授予他的养兄弟路奇乌斯，暗示二人将平等分享权力，尽管后者在政治和军事上都缺乏经验或能力，而他自己则很受欢迎。这一做法唯一的理由是为完成哈德良23年前去世时的心愿。哪怕自公元96年以来连续不断的收养继承，在康茂德于公元193年被谋杀时结束，通过诉诸过去，来证明当前统治的合法性的愿望并没有消失。康茂德的继任者是一系列的将军，每个人都在为自己谋求最高权力，就像公元68年尼禄死后的那种情况一样。到公元197年2月才成为唯一胜利者的塞普提米乌斯·塞维鲁来自非洲，是迦太基人的后裔。除了在担任元老的时候很有作为外，他与康茂德政权没有任何关系；

他之所以成为皇帝，是因为他在公元193年担任了上潘诺尼亚的总督，并赢得了驻扎在莱茵河和多瑙河的军团的支持，且赢下了之后对其他继承者的战争。但即使是在这种赤裸裸的现实政治中，皇帝的形象也很重要，于是在公元195年，塞维鲁宣称自己是马可·奥勒留的儿子，因此也成了康茂德的兄弟；为了使这种关系能带来所需的声望，被暗杀后受到了元老院强烈谴责的康茂德的声誉得到恢复，他被宣布成神。塞维鲁的儿子，未来获得"卡拉卡拉"（Caracalla）这一绰号的皇帝，被命名为马可·奥勒留·安敦尼（Marcus Aurelius Antoninus）。通过这种人为但有效的方式，哈德良的政治遗产被带入了塞维鲁王朝，而这个王朝以比较间接的形式一直延续到公元235年塞维鲁·亚历山大（Severus Alexander）之死。因此，在巴尔·科赫巴被击败后的百年里，没有一个罗马统治者有动力去挑战哈德良创造的帝国精神。对犹太人的边缘化将大规模地持续。

利用现存的证据来展现对犹太人敌视政策的延续，比展现它最初的施加更不容易。埃利亚卡皮托利那殖民地发行的钱币表明，它作为一个异教城市在耶路撒冷的旧址繁荣起来。最早的钱币类型刻画了拿着犁划定边界、作为殖民地建立者的皇帝、带着双胞胎罗慕路斯和雷穆斯的母狼、军团的旗帜、朱庇特神殿和卡皮托三神祇（Capitoline Triad）。三种发源于马可·奥勒留时代的钱币把罗马描绘成女神的形象：她全副武装，端坐着，左臂搁在长矛上，伸出的右手掌心摊开，托着一尊带翅膀的胜利女神像。3世纪的钱币表现出的罗马特征不那么明显，其中最常见的是阿斯塔特女神和萨拉皮斯神，但他们仍然是异教的。第十军团——他们的营地继续占据着耶路撒冷西南部的山丘，在今天的雅法门附近——通过陶制的砖瓦和管道宣示自己的存在，每一块都打着 LEG X FRE（有时是简单的 LXF）的印戳，并且经常带有由帆船和野猪组成的军团标志。军团所生产的屋顶瓦片的广泛分布表明，它们被大量用于纯粹民用目的，而我们可以合理地认定士兵已经很好地融入了殖民地的生活。殖民地平民区的主要中心似乎在军团营地的北侧，即旧城的北部地区，在那里，现代的街道仍然一定程度上遵循着矩形布局。在16世纪中期由苏莱曼（Suleiman）建造的大马士革门（Damascus Gate）下，通往带有柱廊的南北向大街的

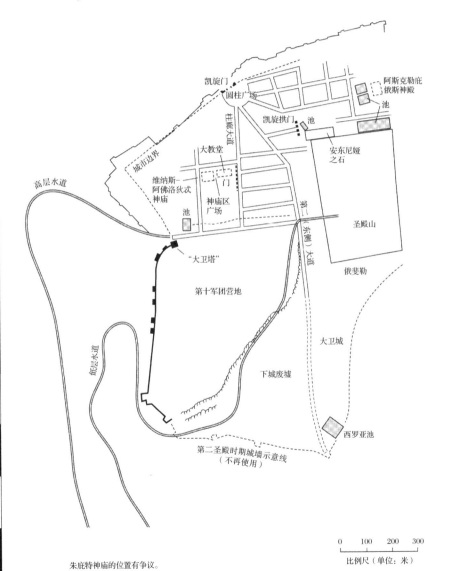

埃利亚卡皮托利那

阿斯克勒庇俄斯神殿

凯旋门
圆柱广场

凯旋拱门
池
池

安东尼娅
之石

柱廊大道

城市边界

大教堂

维纳斯—
阿佛洛狄忒
神庙
门
神庙区
广场

圣殿山

高层水道

池

第二（东侧）大道

俄斐勒

"大卫塔"

第十军团营地

大卫城

低层水道

下城废墟

西罗亚池

第二圣殿时期城墙示意线
（不再使用）

0   100   200   300

比例尺（单位：米）

朱庇特神庙的位置有争议。

拱门仍然可见。这道门和其他拱门，比如苦路（Via Dolorosa）上所谓的"试看此人拱门"（Ecce Homo arch），完成了政治宣传而非防御的功能。这种令人印象深刻的拱门是公元 2、3 世纪罗马近东地区城市的一个共同特征。埃利亚卡皮托利那似乎并没有城墙。居民们可以确信，尽管他们的城市对犹太人来说具有重大意义，但他们是安全的。约公元 201 年，一枚纪念章在埃利亚卡皮托利那被铸造，一面有塞维鲁皇帝以及他的妻子尤里娅·多姆娜（Julia Domna）的头像，一面是他们的儿子盖塔（Geta）和卡拉卡拉的形象，这显然是为了纪念皇帝对殖民地的访问。塞普提米乌斯·塞维鲁对埃利亚卡皮托利那地位的公开承认也体现在他允许将"庇亚"（Pia，"虔诚"）和"菲利克斯"（Felix，"快乐"）加入城市名字的举动之中。在罗马政府中，没有任何迹象表明哈德良的政策是不明智的。第十军团在公元 3 世纪下半叶逐渐移动到位于红海之滨埃拉（Aela）的新基地，这并没有反映出任何皇帝态度上的改变，而是体现了此地在战略上不再重要，因为犹太人不再是帝国和平的威胁。[56]

在巴尔·科赫巴兵败和第一位基督教皇帝君士坦丁（Constantine）在公元 312 年即位之间的 175 年里，并不存在一个犹太国家，犹太人很少出现在罗马人的历史叙述中。4 世纪的异教历史学家阿米亚努斯·玛尔凯里努斯（Ammianus Marcellinus），在讨论一句据说来自 4 世纪中期尤里安皇帝的俏皮话时顺带指出，尤里安相信自己的妙语与两个世纪前马可·奥勒留的话有联系："在他通过巴勒斯坦去往埃及的路上，难闻且目无法纪的犹太人时常令马可厌恶，据说他悲伤地叫着：'马克曼尼人（Marcomanni）啊，夸地人（Quadi）啊，萨尔马提亚人（Sarmatians）啊，我终于发现了一个比你们更不守规矩的民族。'"《奥古斯都史》收录的一篇可能由异教徒在 4 世纪 90 年代写成的奇怪的帝王传记，它记载安敦尼·庇护"通过军团总兵和总督粉碎了日耳曼人、达契亚人和许多其他部落，还有反叛的犹太人"，以及元老院宣告由于塞维鲁在叙利亚取得的成功，（12 岁的！）卡拉卡拉获得了一场纪念他战胜犹地亚的凯旋式（Iudaicus triumphus）。同样在 4 世纪晚期写作的基督教作家哲罗姆在他的《编年史》（Chronicle）中指出，公元 197 年"爆发了犹太和撒马利亚战争"，这可能是指两个民族对罗马的反抗，或者是两者之间的战争。但是，来自 2、3 世纪，足以支撑这些说法的同时代文学、考古、碑铭或任何其他证据都是明显缺乏的，而这些文字写作于公元 4 世纪，距离其讲述的冲突已有 200 年。有可能，同时代证据的缺乏只是因为巧合，并且这些冲突确实以这样或那样的方式发生了，但更可能的是，这些故事只显示了即使在后世，甚至在和平年代，犹太人也保留着他们作为反叛者和帝国的颠覆分子的名声。[57]

当然，如果罗马对犹太人的敌意，随着他们对公元 70 年到 135 年间暴力事件的记忆的消退而逐渐减少，是不足为奇的；但是，没有一个皇帝在面对犹太人对罗马的主要申诉时——罗马国家阻止他们在自己的庙宇里崇拜上帝——有所行动。在 1 世纪末的《驳阿庇安》中，约瑟夫斯通过对犹太崇拜的描写，鲜明地展现了犹太人对于重建圣殿的渴望，这种渴望到 3 世纪初期也丝毫没有减少，因为《密释纳》中的一大部分内容刚好在这时被编校，它涉及将在一座重建的耶路撒冷圣殿里举行的仪式：在六个部分中，关于"圣物"（Hallowed Things）的一节完全致力于这个主题，而对圣殿中举行的崇拜仪式的提及也扩散到其他五个部分里。要说塞维鲁·亚历山大不知道犹太人想要什么，几乎是不可能的。他的母系家族成员通过担任祭司，世代主宰着叙利亚奥龙特斯河（Orontes）地区埃梅萨（即现代的霍姆斯［Homs］）城的太阳神崇拜。他绰号"埃拉伽巴卢斯"（Elagabalus）——这个绰号来自太阳神本人——的表兄和前任皇帝不仅在自己的家乡城市推广了这种崇拜，还把他祖传形式的崇拜带到了罗马。与这样的创新相比，如果对犹太宗教的偏见未曾深深地植根于罗马人心中，那么允许修复著名的犹太人圣殿似乎应该是没有争议的。

犹太圣殿未能成功重建，是罗马政策的结果，而非因为任何不可逾越的物理或其他问题，这一点在公元 361 年清楚地展现出来：巴尔·科赫巴被击败 200 年后，罗马国家正式着手圣殿的重建。尤里安皇帝，一位从基督教转变为异教信仰的叛教者，下令重建犹太圣殿，这么做与其说是为了让犹太人高兴，不如说是为了表达对昔日基督教教友的恶意：他知道，基督徒相信圣殿的毁灭证明了自己版本宗教传统的真实性，他们与犹太人共享这个宗教传统，但圣殿如果得到修复，就将破坏这个论据。不论如何，尤里安认为通过奉献牺牲来鼓励传统崇拜本身就是一件好事。与他同时代的崇拜者阿米亚努斯·玛尔凯里努斯，带着赞许地记录了尤里安计划用来"延长人们对于他统治时期的记忆"的"伟大作品"的奠基，以及在其实际施工中所面临的困难。阿米亚努斯写道：

> 为了重建曾经辉煌的耶路撒冷圣殿，尤里安计划付出巨大的代价。在由韦斯巴芗和后来的提图斯主持的围城战中，这座圣殿经历了许多场艰苦的战斗才被攻占。他将快速完成这项工程的重任委托给安条克的阿吕庇乌斯（Alypius of Antioch），他曾担任不列颠的副长（vice-prefect）。但是，尽管阿吕庇乌斯在行省总督的帮助下大力推进这项工作，但在圣殿的地基附近，可怕的火球不断地喷发，使工人无法进入，其中一些人被烧死了；由于这个元素以这种方式持续地将他们击退，这项工作停止了。

阻碍快速重建的因素显然不是此地存在其他建筑或任何类似的问题，而是自然现象，也许是地震。同时代的基督教作家，纳西盎的主教格列高利（Gregory of Nazianzus）和尤里安是同学，他声称，这一扰乱神灵的亵渎企图已经被一个奇迹所颠覆。在君士坦丁之前，这种基督教的观点将不会对异教皇帝带来任何影响。如果他们不试图重建犹太圣殿，那不会是因为害怕神的惩罚，也不是因为这个地点的实际困难，而是因为人们一直相信犹太人的宗教对于罗马世界来说是危险的。[58]

邪恶的以东

在全新的叙利亚-帕莱斯提纳行省幸存下来的犹太人中，一定有许多人，也许是大多数人，不再将自己视为犹太人，以作为对巴尔·科赫巴的失败的反应。公元3世纪及之后的拉比文本含有对暴动期间和暴动后的一段时期的回忆，在当时，展示任何外在的犹太特征都可能是灾难性的，一些犹太人甚至进行手术来掩饰割礼的痕迹；拉比们为普通犹太人制定了一个总体的原则，即由于生命的极度珍贵，在这样的迫害时期，人们可以违背《托拉》里的任何部分，除了偶像崇拜、杀人、通奸或乱伦等重罪。[59]在公元135年之后的两个世纪里，以色列的土地上没有保留多少与犹太教有明确关系的考古和碑铭遗迹。公共建筑中也缺少犹太教相关的标志，而这些标志（羊角、棕榈枝，尤其是圣殿的烛台）在4至6世纪晚期的巴勒斯坦犹太教堂的马赛克地板上随处可见。由于罗马国家一直以来都毫无纠结地承认犹太教叛教者行为的有效性——正如1世纪的提比略·尤里乌斯·亚历山大在公共事业上成功展示的——为回应罗马人对他们宗教的敌意，犹太人选择放弃自己的信仰，似乎是合理的，尤其是在他们的神看起来已经抛弃了他们时。这也许确实是理解基督教作家——比如2世纪中叶的殉道者查士丁——的主张的最好方式，即在巴尔·科赫巴叛乱之后，犹太人被禁止在故土生活。对于埃利亚卡皮托利那的定居者来说，如果在新殖民地分配到的土地缺少当地劳动力，他们并不会得到好处。毫无疑问，他们可以在一些程度上使用奴隶劳动力，尤其是在战后奴隶价格很低的时候，但大部分农活一定是由原来的犹太居民的后裔承担的，他们已经放弃了犹太习俗，选择融入当地更广泛的非犹太人人口当中。[60]

　　至少有一部分忠实于祖先宗教的犹太人对罗马国家产生了深深的厌恶，因为罗马人阻止他们以《托拉》中的规定崇拜上帝。这种厌恶有多么普遍目前还不得而知。谨慎者不会在公开场合以任何形式表达对国家的敌意，所以证据仅存在于这一时期幸存下来的犹太文学文本中，其中绝大多数都是由拉比智者写作的。我们只能猜测许多其他犹太人是否认同拉比的观点，但一些拉比认为罗马是邪恶、心怀不善的，而好的罗马人是例外，这是显而易见的。一些拉比——根据《密释纳》这样的法律文本和更为散乱的《圣经》诠释作品中的记载——认为罗马是战争的工具，并经常把罗马与以色列历代的敌人以东（Edom）相提并论，而后者已经在《创世记》中被认定为雅各的兄弟以扫（Esau）的后裔的国度，所以以色列人和以东人之间的关系带着那种兄弟间相互仇恨的苦涩。[61]他们详尽地阐述了与公元132—135年暴动期间的虔诚殉教者，特别是拉比阿基瓦相关的传统，后者被逮捕的原因是"邪恶的王国降旨，禁止人们身怀《托拉》，凡身怀《托拉》都会刀剑加身"。据说，他死时面带微笑，因为他通过殉难的方式履行了《申命记》中"你要尽心爱耶和华你的神"的诫命。[62] 拉比们怀有希望，罗马这一邪恶帝国最终会被击败，这种希望不仅植根于有关末世的普遍猜测，还基于一种更具体的期望，即末日之前有过四个帝国的更替，而第四帝国正是罗马。《但以理书》描绘了帝国的更替，这一思想在约瑟夫斯的《犹太古史》中已经得到了体现，但使用希伯来语和阿拉姆语、面向犹太读者创作深奥文本的拉比则不需要像约瑟夫斯那样谨慎——后者为罗马受众着想，不得不使用圆滑的处理手段。[63]

拉比并没有表现出对罗马政治错综复杂之处的了解——事实上，如果仅仅依靠拉比文本，甚至不可能写出最概要的关于罗马世界政治和军事的连贯记录。只有一些皇帝被相对频繁地提及：韦斯巴芗、提图斯、图拉真、哈德良、戴克里先。对于其他政治事件，包括3世纪时罗马皇帝本人经常参与的、在近东地区争夺叙利亚和美索不达米亚领土的战争——这些地方都有大量的犹太人居住——的提及通常是稀疏、隐晦的，只有在借助非拉比的证据时才能理解。"安敦尼"这个名字被用来泛指一个愿意与拉比智者交谈，并从他们那里吸取教训的皇帝。其他的皇帝在拉比的想象中缺乏鲜明的个性，除了提图斯——邪恶的原型——一个完整的民间传说，对他死前遭受的折磨做了热情的猜测：

> 邪恶的提图斯亵渎并侮辱了上天。他做了什么呢？他携着一个妓女的手走进至圣所，展开一卷律法，并对它犯下罪过……提图斯还取来窗帘，将其叠成篮子的形状，把圣所里所有的器皿包裹在其中，然后把它们运上船，在他自己的城市里以此炫耀胜利……海上大风涌现，威胁要摧毁他的船只。他说："显然，这些民族的神的力量只显现在水面上。当法老来的时候，他把他淹死在水里，西西拉（Sisera）来了，他把他淹死在水里。他还想把我淹死在水里。如果他真的很强大，就让他在干燥的陆地上和我战斗吧。"一个来自天上的声音说："罪人，罪人的儿子，罪人以扫的后代啊，我的世界里有

一种叫纳特（gnat）的小生物。上岸去，在那里与它开战吧。"当他靠岸时，纳特进入了他的鼻子，连续 7 年撞击着他的大脑。有一天，当他经过一个铁匠铺时，它听到了锤子的声音，停了下来。他说："看来有补救的措施了。"因此，其他人每天都把一位铁匠带到他面前打铁。如果对方不是犹太人，就给他 4 个祖兹（zuz）银币，如果对方是犹太人，他们就说："看到你的敌人受苦就足够了……"他死的时候说："把我的尸体烧了，把我的骨灰分别撒到七海中，这样犹太人的上帝就不会找我并将我带去审判了。"

很有趣的是，罗马人在公元 1 世纪时仍然通行的火葬，在犹太经文中被解读成了一种避免被上帝惩罚的手段。[64]

对罗马国家的敌意并没有阻止公元 2 世纪到 5 世纪间活动于巴勒斯坦的拉比引入许多罗马世界的文化特质，但文化的移入并不一定意味着迎合，不论是对他们还是对同时代的普通犹太人来说——后者中的大部分人只能通过碑铭和考古发现为后人所了解。没有人会在一个可辨认的永久性纪念碑上表达对国家的敌意，假如有一些犹太人在涂鸦中发泄了他们的愤怒，这些涂鸦也没有保存下来。但值得一提的是，在公元 3 世纪中叶建造于幼发拉底河畔的杜拉欧罗普斯（Dura-Europus）犹太教会堂内部，艺术家在壁画上尽情描绘了对一个异教圣坛的暴力破坏，尽管它是作为《撒母耳记》中戏剧化场景的一面插图。非利士人将上帝的约柜带进大衮（Dagon）的庙，"放在大衮的旁边"：

次日，亚实突人清早起来，看哪，大衮仆倒在耶和华的约柜前，脸伏于地，他们就扶起大衮，把它放回原处。又次日，他们清早起来，看哪，大衮仆倒在耶和华的约柜前，脸伏于地，并且大衮的头和两手都在门槛上折断，只剩下大衮的躯干。因此，大衮的祭司和所有进大衮庙的人，都不踏亚实突的大衮庙的门槛，直到今日。耶和华的手重重击打亚实突人，使他们恐惧，使亚实突和亚实突周围的人都生痔疮。亚实突人见这情况，就说："以色列上帝的约柜不可

　　留在我们这里，因为他的手重重击打我们和我们的神明大衮。"

杜拉的同一位画家在祈祷室西墙绘制了他作品的主要画幅，环绕着描绘耶路撒冷圣殿的图景，这一图景占据了壁画中央的《托拉》壁龛，四周围绕着其他与耶路撒冷的崇拜相关的装饰物，包括一幅巨大的圣殿烛台图。这座圣殿对杜拉犹太人与其他犹太侨民十分重要，就像它对巴勒斯坦犹太人一样。他们没有忘记邪恶的以东王国曾做过的事。[65]

犹太信仰的罗马人？

　　公元 197 年，一则希腊语的纪念碑文被设立在上加利利的歌西云（Kasyoun），上面写着："为了我们的主人、皇帝和恺撒，路奇乌斯·塞普提米乌斯·塞维鲁·奥古斯都以及马可·奥勒留·（安敦）尼……（和盖）塔，他儿子……的安康献上祝福，犹太人在此立誓（祈祷？）。"我们并不能确定这则铭文位于犹太会堂还是异教控制的地区，抑或其是否与帝国历史上任何特定的事件相关，但它证明了在 2 世纪晚期，加利利地区至少有一些犹太人是对塞维鲁王朝充满热情的。这些术语可能仅仅反映了谨慎的敬意，但这可能代表了犹太人的希望：正如一个世纪前的公元 96 年，经历了 4 年间歇的内战后上台的新政权，有可能令犹太人重返他们在公元 70 年之前享有的状态，至少让他们能够信奉自己的宗教。当然，4 世纪的材料记载，在 3 世纪早期统治的塞维鲁王朝，比他们上一任的安敦尼王朝对犹太人更好。因此，哲罗姆（约公元 347—420 年）写道，他同时代的一些"希伯来人"如此理解《但以理书》中的段落："当他们倒下的时候，他们会得到一点帮助。许多人会带着谄媚与他们同去"，这里指的是塞维鲁和安敦尼（卡拉卡拉），"他们非常喜爱犹太人"（尽管其他人认为这段文字指的是尤里安皇帝）。《奥古斯都史》中的传记作家突出了于公元 222—235 年在位的皇帝，塞维鲁·亚历山大的友好形象：他"保全了犹太人的特权"并且"经常喊出从某个犹太教徒或基督徒那里听来的话，并总是照着这句话去做，在训诫他人的时候，他总是让一个传令官宣读它：

'如果你不希望有的事发生在自己身上，就不要将其施加他人'"。我们难以判断《奥古斯都史》中类似故事的真实性。某种程度上，这些轻浮和不可靠的传记似乎是为了娱乐而被写就的，其作者显然觉得犹太人和犹太习俗都很滑稽，但《学说汇纂》中所引用的一条法律也许在一定程度上肯定了，在塞维鲁时期，对待犹太人的态度变得更加友善。这部巨著于公元6世纪中叶在拜占庭皇帝查士丁尼的要求下编成，汇集诸多法学家的观点，其中一条来自著述颇丰的法学家乌尔庇乌斯的记录是这样的："神圣的塞维鲁和安敦尼允许那些追随犹太信仰的人获得荣誉，但也强加给他们一些责任，比如不应该伤害他们的信仰。"[66]

罗马态度的改变也可以解释拉比传统给予公元3世纪初的犹大·哈纳斯，即《密释纳》的编纂者"族长犹大"（Judah the Patriarch）的崇高地位。根据后来的拉比传统，犹大·哈纳斯是一位非常富有的贵族，同时也是一个拉比智者："从摩西时代到拉比（犹大），我们还没有发现过《托拉》和伟大出现在一处。"[67]因此，拉比文本中那一连串的故事具备历史意义，它们讲述了犹大和名叫"安敦尼"的罗马皇帝密切的关系，并且以安敦尼转信犹太教这一不合情理的传说故事结尾。这些故事本身属于道德说教式的民间故事的类型，与其他有关非犹太人（统治者，哲学家，"主妇"）被拉比智者的真理所教诲的拉比叙事一样。

> 安敦尼为犹太会堂做了一个大烛台。拉比（犹大·哈纳斯）听说了这件事，说："赞美上帝，是他感动了他，让他为犹太会堂做了一个大烛台。"拉比以撒之子拉比撒母耳说："为什么拉比说'赞美上帝'？难道他不应该说'赞美我们的上帝'吗？如果他说'赞美上帝'，这表明安敦尼实际上从来没有皈依过犹太教。如果他说'赞美我们的上帝'，这表明安敦尼实际上皈依了犹太教。"有一些事表明安敦尼皈依了，有一些事表明安敦尼没有皈依。

在所有这些故事里，高潮部分都是拉比对自己更高的智慧的展示，他经常通过引用一个适当的《圣经》证明文本来结束讨论。在大多数情况下，没有理由认为这个故事的背后存在一个历史上曾真正发生的对话。但由于有关"安敦尼"与犹大·哈纳斯间的故事，与其他智者和皇帝间的故事并不相近，所以至少存在这样一种可能：相较于其拉比群体中的先辈和后辈，犹大·哈纳斯确实与罗马政府有更紧密的关系，这种关系通常是凭借恩庇和礼物表现出来的："安敦尼给了拉比 2000 片沃地（戈兰高地［Golan］北部的雅不鲁那［Yabluna］地区）的租赁权。"我们并不知道拉比文本中的"安敦尼"到底指代的是哪位皇帝，但如果犹大·哈纳斯成功于公元3 世纪初，我们有理由将这些传统与塞维鲁时期一些拉比对罗马政府态度的改善联系起来，也许也可以将其与至少一些犹太人对罗马统治的适应相联系。[68]

另一方面，没有证据表明拉比在此时或任何时候将自己看作"犹太信仰的罗马人"，即使是在法律上他们完全有权利这么做的时候。拉比文献从未提及塞维鲁王朝的最大创新，而从理论上讲，这项创新可能会一举结束犹太人对自己的认知——一个身处于抱有敌意的帝国里的少数群体——因为在公元 212 年，卡拉卡拉皇帝颁布法令，赋予罗马世界包括犹太人在内的所有居民罗马公民身份。从形式上看，《密释纳》和后来的《巴勒斯坦塔木德》等拉比文本可以说是罗马文学的产物，而犹大·哈纳斯本来可以使用一个罗马名字，但事实上，《密释纳》或者其他任何巴勒斯坦拉比文本，都没有暗示这些犹太人对罗马身份的认同。对于 3 世纪的巴勒斯坦犹太人来说，罗马是一个征服了以色列的外国势力。看起来，犹大·哈纳斯并不会像"安敦尼"一样将自己看作罗马人，尽管从家族谱系上来说，卡拉卡拉的罗马身份——他的父亲来自北非，有迦太基人的血统，而他的母亲来自叙利亚的埃梅萨——在虚拟程度上并不亚于犹大·哈纳斯（并且，的确，不亚于在他统治时期所有罗马人的罗马身份）。[69]

更温和的公元 3 世纪的帝国政权远未使巴勒斯坦的犹太人融入罗马世界，而似乎是成了一些犹太人的许可，他们在自我孤立的情况下管理内部事务，避开了罗马国家的强硬措施，正如基督徒奥利金（Origen，公元 185—254 年）所描述的："鉴于现在罗马人统治，而犹太人向他们支付两个德拉克马，我们有过这样的经历，所以知道总督（"人民的统治者"）的权力有多大，与国王没有什么不同。审判是依法进行的，有些人被判处死刑。虽然这么做没有完全获得许可，但如果统治者不知情，它不可能被完成。"奥利金住在沿海的凯撒里亚－马里提马（Caesarea Maritima），他借鉴了有关同时代巴勒斯坦犹太人状况的当地知识："我们在那些（犹太）人的国家逗留很长时间后发现了这一点。"[70]

根据奥利金的描述，总督将人处死的权力是非正式的，这源于他在犹太人中所拥有的威望，而不是罗马赋予他的权力。"总督"似乎并不是正式的罗马名称，但它在希腊语中被奥利金用作希伯来语"纳西"即"族长"的对应词，从3世纪剩下的时间里到5世纪的早期，这一称号被授予犹大·哈纳斯和他的后裔。3世纪拉比文本中描述的纳西是当地的领导人，负责宣布禁食的日子、设立和取消禁令、指派为社区服务的法官，他管理历法，并和他的法庭一起发布有关宗教义务的法令，例如关于安息日、守贞、课什一税和安息年的法律，但在奥利金的描述中，他并不参与受到罗马政府权力委托的地方当局的普通工作，比如代表罗马征收税款。拉比传统中，犹太族长犹大·哈纳斯之孙犹大·尼西雅（Judah Nesiah）使用哥特人作为保镖，这些故事使他更像一个黑手党首领，或者是一个强有力的恩主，而不是一个受到罗马政府委任的人。[71]

与巴勒斯坦犹太人的自我隔离形成鲜明对比：人们可能会认为，对罗马国家的认同，会更自然地出现在罗马城中的犹太人中间。在公元3世纪，那些早在公元前1世纪就定居罗马并成为罗马公民的犹太人的后人，很有可能觉得自己既是罗马人，又是犹太人，不管当前政府对于他们的宗教仪式是何种态度。如今我们很难发现，他们怎样平衡了自身身份的这两面；关于他们如何描述自己的讨论可能会变成危险的循环论证。因此，在被学者认定属于犹太人的铭文（大部分是墓碑）中，出现一个完整的罗马名字是罕见的——在约600则碑文当中只有不到10则。因此，看起来，在死后，罗马犹太人优先强调他们的犹太而不是罗马身份；但由于属于犹太人或者与犹太人相关的铭文，常常原本就靠它们的犹太名字来被认定，一个使用纯粹罗马名字（比如提比略·尤里乌斯·亚历山大）并且没有使用犹太图像的犹太人的墓碑，在今天并不会被识别为是犹太人的，哪怕此人实际上是一个虔诚的犹太人。[72]

在公元 1 世纪晚期的罗马，至少有一个身为罗马公民的犹太人，弗拉维乌斯·约瑟夫斯，似乎从来没有把自己描绘成罗马人，尽管他作为一名历史学家，有能力从罗马的角度描述犹地亚的战事和提图斯的凯旋。[73] 但在约两个世纪之后，对于一个名叫克瑞斯克斯·斯尼克里乌斯（Cresces Sinicerius）的人来说，同样的情况并非明显如此。此人的墓志铭用拉丁文刻在一块质地粗糙的灰蓝色大理石上，位于托洛尼亚别墅（Villa Torlonia）："犹太改宗者克瑞斯克斯·斯尼克里乌斯长眠于此，生年 35 岁。他的母亲为她最亲爱的儿子做了应该由他为我做的事。"作为改宗者，克瑞斯克斯出生时是罗马公民，之后才成为犹太人。他有权将自己看作一个信仰犹太教的罗马人，而不是罗马社会中的犹太局外人。这段铭文用拉丁语写就，这一点大概十分重要，它不像罗马的大部分犹太墓志铭——也像其他地中海侨民的墓志铭一样——是希腊文的。克瑞斯克斯的母亲用在异教徒墓碑上常见的术语表达了她的哀悼（包括日期的加入："差 8 天到 1 月"，即 12 月 25 日），不过当然，她可能没有像儿子一样皈依犹太教。[74]

我们无法估计在 2 世纪和 3 世纪时期，罗马城内这样的改宗者有多少，因为罗马幸存的犹太铭文仅记录了这一社群中的一小部分人，我们也没有理由假定，所有改宗者的亲属都选择了在他们的墓志铭上加入这一信息，即他们曾并不一直是犹太人。这一做法不仅相当奇怪，而且可能是危险的，这是因为国家周期性地发布禁令，禁止这种转变信仰的行为：法学家摩德斯提努斯（Modestinus）在讨论主人对奴隶的权利时指出，"基于神圣的庇护（安敦尼·庇护）所颁布的法令"，犹太人只被允许为自己的儿子行割礼，以及"如果有人为并不信仰同一宗教的人行此事，他要受去势的刑罚"。不可靠的《奥古斯都史》大胆地声称："塞普提米乌斯·塞维鲁推行严厉的惩罚，禁止（任何人）成为犹太人。"一段描述了罗马人对割礼的态度的文字被编入《判决词》（Sententiae）——据说出自 3 世纪早期的法学家保罗之手——它也将改宗的责任推给了这个人以及应该为此事负责的犹太人："罗马公民，如果自身或奴隶按照犹太仪式受割礼，将被流放到一个岛上并没收他们的财产；涉案的医生受死刑。如果犹太人对来自另一个民族的奴隶进行割礼，他们要么被驱逐，要么受死刑。"因此，更加惊人的是，克瑞斯克斯的亲属和其他人准备好了如此公开地声明：他们确实是犹太教的皈依者。[75] 无论国家的态度如何，普通罗马人对改宗者的态度都是波动的。在公元 2 世纪早期，塔西佗断言，新皈依犹太教的人很快就被教导"要抛弃他们的祖国"。相比之下，在一个世纪后温和的塞维鲁政权下写作的卡西乌斯·狄奥，并没有对改宗者表现出如此公开的敌意："我不知道他们是如何获得（犹太人）这个称号的，但这个称号也适用于全人类中——哪怕是外族人里——依照他们的习俗生活的人。这一类人甚至存在于罗马人之中，尽管经常被压抑，其人数在很大程度上已经增加，并且赢得了他们自由信仰的权利。"[76]

到公元 3 世纪晚期，罗马世界中仍然有许多犹太人，无论他们来自犹太民族还是改宗者。许多人是散居侨民，但仍有相当一部分人居住在以色列的土地上。他们被排除在耶路撒冷之外，主要聚集在加利利和地中海沿岸的城市。我们无法知道，这些不属于拉比运动中一员的犹太人，在多大程度上仍然将自己看作犹太人，但其中的绝大多数不可能对犹太文化毫无概念，因为正如狄奥所指出的，罗马人允许他们自由地认识世界的本质。[77]

犹太人可以在他们习俗允许的前提下遵守他们的饮食法。他们可以给自己的儿子行割礼，也可以聚集在一起听读《圣经》。没有人强迫他们打破安息日休息的规则，也没有人强迫他们违背良心崇拜其他的神祇。但他们宗教虔诚的焦点仍然被剥夺了。正如狄奥和所有罗马人所知道的那样，犹太人曾经在一座"极其庞大而美丽的神庙"中通过奉献祭品来崇拜他们的神，而这座神庙至今仍处于废墟之中。[78]

第十三章

教会的发展

在这段充满冲突、镇压和敌对的历史背景下，一个引人注目的事实是，一场开始于公元 1 世纪的耶路撒冷的运动，到公元 4 世纪时，将支配身在罗马的掌权者的世界观。促成这些年基督教的发展和传播的重要原因之一，就是在公元 70 年以后——甚至在公元 135 年之后更加如此——基督徒在异族的世界面前展现出与犹太人毫不相关的形象，而耶路撒冷圣殿的毁灭则使得犹太人与主流罗马社会的疏远成为定局。最早的基督教徒，正如耶稣本人，都是犹太人，但到了公元 4 世纪早期，当君士坦丁成为第一个把自己描绘成基督信徒的罗马皇帝时，基督教和犹太教之间的联系已经被基督教徒自己故意掩盖了。在 2 世纪和 3 世纪，大多数基督徒都避免称自己为犹太人，而且，他们不仅不希望重建神庙，还陶醉于它的灭亡，他们认为这验证了耶稣生前发出的预言。而基督教徒与犹太人的疏离显然为罗马国家所接受，因为，尽管（正如我们将会在下文看到的那样）基督徒有时会受到国家官员的迫害，但这不是因为他们是犹太人，而是因为他们是"无神论者"，也就是他们不崇拜其他的神。由于犹太人从来没有参加过其他的宗教活动，因此，正如我们所看到的，这种崇拜方面的豁免是一种犹太人独特且长期拥有的权利，所以很明显，那些惩罚基督徒的官员没有把他们看作是任何一类的犹太人。

基督教在罗马帝国的非凡成功，以及基督教欧洲和当今世界许多方面的创造，大部分都必须直接归功于君士坦丁在公元 312 年做出的个人承诺。在公元 300 年，基督徒在帝国中只是一个小的少数群体，而君士坦丁的皈依对他们和异教徒都是一种冲击。尽管如此，公元 300 年时的基督徒数量肯定比公元 30 年时的更多。这一变化值得一问。

耶稣在公元 1 世纪上半叶于加利利和犹地亚生活并去世。这是少数几个能与这位基督教创始者确定地联系在一起的事实之一，出现这种情况不是因为缺少关于耶稣的古代故事，而是因为在他死后的两个世纪里，在他的追随者中充斥着各种各样的故事，而它们试图从他的生活和教义中提取宗教意义，但这些故事之间存在着矛盾。一个杰出的人在耶路撒冷被处死，但在复活后保留了巨大力量的故事被虔诚的子孙后代阐述和改编。找到历史真相并不容易。

新约福音书中的故事与许多其他的故事共存。《马可福音》讲述了耶稣如何由施洗者约翰在约旦河施洗，然后作为传教士、治疗师和驱魔人，在加利利和犹地亚吸引了民众的追随，直到他被耶路撒冷的祭司领袖们移交罗马总督彼拉多，接受审判，最后受难。根据这篇福音，耶稣并非凡人这件事在他的一生中只被揭示给了少数被选中的人，即他在荣光里向门徒彼得、雅各和约翰现身的时候，但这一点在人们知道他死而复活时变得更加明显。《马太福音》和《路加福音》在很多方面都与《马可福音》相一致，但扩展了叙述，包括（但不限于）关于耶稣诞生和童年的故事。相比之下，《约翰福音》更集中于讲述耶稣在犹地亚的活动，它显然是源于一个独立的传统。马可把耶稣描绘成一个与诱惑做斗争、战胜邪恶的人，而在约翰的叙述中，他几乎没有受到人类弱点的影响。但是早期的基督徒也知道其他的版本，并不是所有版本都能轻易地与主宰了耶稣后来形象的仁慈与富有爱心的形象相兼容。（大约）2 世纪时，一个名叫"以色列人多马"（Thomas the Israelite）的人讲述了"我主耶稣基督童年时的伟大事迹"，他将耶稣描绘成一个强大得可怕并且任性的神童："当这个男孩耶稣五岁时……他穿过村庄，一个孩子跑着撞到了他的肩膀。耶稣被激怒了，对他说'你不能在你的路上走得更远',他立刻就倒下死去了。"[1]

耶稣曾经是一名教师这一事实得到了广泛的认可,但关于他具体教导的内容有很多争论。《马太福音》和《路加福音》中包含了许多耶稣的语录,这些都是在《马可福音》中找不到的,人们一般认为马太和路加所依据的资料来自一些后来消失的早期史料。大多数被记录下来的语录都是寓言和警句,这些可能是(也许就是)早期基督徒为支持他们的活动而记下的。因此,并不是所有这些被保存下来的所谓的语录都能很容易地调和成一个连贯的神学。例如,熟悉保存在《福音书》正典中的耶稣教诲的读者,在看到一份用科普特语书写的 4 世纪中叶的埃及纸莎草时可能会感到惊讶:它翻译自 2 世纪中叶的一份希腊语文件,并在 1945 到 1946 年间发现于埃及的拿戈玛第(Nag Hammadi),它声称根据"在世时的耶稣所说并由低土马·犹大·多马(Didymus Judas Thomas)写下的密语",耶稣教导道,"每一个使自己成为男性的女人都会进入天国"。[2]

当耶稣的一些追随者迅速地强调耶稣作为基督和上帝之子的异世性时,即使是耶稣的人性有时也会受到怀疑。在 2 世纪中叶,殉道者查士丁能够宣扬耶稣是彻头彻尾的人,并且一直是主和上帝:因为耶稣是"永远存在的理性,和圣父一样先于其他存在,在所有造物之前而生",因此他"经由处子的身体降生",而非"处子所诞育"。但是查士丁自己经常提到上帝的"神秘",也并不是所有基督徒都能把这些矛盾的概念以查士丁一般的精明组合起来。也许认为耶稣从来都不是一个真正的人会更容易。一个与查士丁同时代的人借耶稣之口说"我没有遭受他们说我经历的那些事情。你听到我受了苦,但我并没有……血从我的身体流出,却又没有流出"。正是这种关于耶稣本质的差异,以及他的人生对当代基督徒的意义,导致 2 世纪中叶一些基督徒只选择了四本《福音书》作为权威:创建《新约》正典需要排除不可靠和危险的内容,以免将信徒引入歧途。[3]

在 20 世纪的大部分时间里,一个当代人用如此明显地为非历史目的而写的证据来构建关于耶稣生平的叙述显得如此困难,以至于许多学者认为寻找历史上的耶稣是没有希望的。这种绝望还为时过早。生活在公元 1 世纪末期的犹太历史学家约瑟夫斯和 2 世纪初期的异教徒罗马历史学家塔西佗都知道耶稣生活在犹地亚，并被本丢·彼拉多处死。认为各种《福音书》中所记录的耶稣生平都纯属虚构的现代观念是难以置信的——尤其鉴于这类关于一个加利利农民的生涯的故事既没有当时的宗教文学特征，也没有明显地帮助"耶稣也是基督和主"这一基督教核心思想向更广阔的世界传播。但是，除了耶稣的生和死这一近乎确定的事实之外，关于耶稣生平的假说中，我们唯一真正有把握的只有这些基督教传统，它们尽管随着教会的发展越来越难以融入基督徒的自我形象和神学，但还是被保留了下来。[4]

如此一种极简的步骤，自然只提供了历史真相的一具骨架，但是这个骨架相对来说是坚实的。因此，举例来说，耶稣很有可能来自加利利，因为那些想把他和大卫王的犹太城市伯利恒联系起来的人，比如《路加福音》的作者，必须对此有所解释。我们也可以肯定地说，耶稣在某种程度上与传教士施洗者约翰有联系，因为这两个人之间的关系是早期基督徒间尴尬争执的焦点。同样几乎毫无疑问，耶稣是犹太人，而且他（不像他的许多后来的追随者）只向其他犹太人传教，直到他死之前都很少和异族的世界发生接触，以及他的死亡——通过被钉死在十字架这种耻辱而可怕的惩罚——确实是由罗马总督下令在耶路撒冷执行的，这一事实为那些试图把自己描绘成对罗马国家毫无威胁的样子的早期基督徒尤其带来困扰。[5]

根据《福音书》，耶稣在耶路撒冷被审判和钉死在十字架前的日子里吸引了大量热情的犹太人，但在他被本丢·彼拉多监禁时，几乎所有人都抛弃了他。在耶稣死后，他的追随者仍然是一个小群体，最初分散在加利利和其他地方，但于适当的时候在耶路撒冷形成了一个社区。促使这些犹太人确认他们对耶稣信仰的必然是对他生前道德教导的记忆，以及伴随他关于天国的布道而来的末世论狂热。作为犹太人，耶稣的生平曾被先知所预言，而他是弥赛亚、上帝的受膏者的观点也会让他们印象深刻，正如我们（在第四章）所看到的，许多犹太人渴望弥赛亚的到来，不管他们对他的本性有多么不确定。

有多少耶路撒冷犹太人被这样的言论说服从而进入了新兴的基督教

社群是很难确定的。《使徒行传》的作者——这个异族的基督徒很有可能在 1 世纪下半叶同样写了《路加福音》——描述了使徒的领袖彼得和耶稣的其他门徒在耶稣受难后不久的一天获得了 3 000 名信徒，但基督徒的总数在公元 66 年暴动爆发的时候似乎也不可能非常大，因为他们似乎在战争之前或战争期间都不曾扮演任何角色。对大多数犹太人来说，耶稣的追随者即彼得、雅各和其他人宣扬的信息，一定是像犹太教中其他的特殊运动那样不合常规的。因此，《使徒行传》借法利赛人迦玛列将诸使徒和早期的犹太领袖，如丢大和加利利人犹大，进行了比较，他们曾威胁要带来混乱。在《使徒行传》中，迦玛列通过这一对比，主张不应该去骚扰使徒："现在我劝你们不要管这些人，任凭他们吧。他们所谋的、所行的，若是出于人，必要败坏；若是出于神，你们就不能败坏他们，恐怕你们倒是攻击神了。"但是，《使徒行传》刻画的迦玛列并没有被这样的观点所吸引，以至于成为基督徒。我们对耶稣死后加利利的犹太基督徒几乎一无所知。[6]

在以色列之外的土地上，异族人接纳基督教教义的速度看起来要快得多，这在早期主要是通过保罗的努力。正如我们所看到的，保罗是一个犹太人，根据《使徒行传》，他也是一个罗马公民。耶稣受难后不久，他接触到一些新运动的追随者，并在耶路撒冷控告了他们，但在作为大祭司代理人去大马士革逮捕新入教的人的路上，他在幻象中目睹了复活的耶稣，并将余生致力于作为"异族人的使徒"的工作。《使徒行传》详细地、毫无疑问理想化地描述了他和同伴们前往地中海沿岸的城市，如安条克、以弗所和科林斯的传教之旅。很早的时候，在保罗到达那里之前，基督教的信息也传到了罗马。根据《使徒行传》，保罗一开始试图向每个地方的犹太人传道，只有当前者失败的时候才转向当地的异族人，但在他自己的书信中，他没有提及这些过去的失败，而只是提到自己创立了非犹太人基督教社群。保罗显然认为自己必须去传道——"若不传福音，我便有祸了"——部分是因为他信奉末世论，认为必须为基督"赢得"异族人，主要理由是只有这样做，上帝才会给以色列带来救赎，但他的英雄传教工作的主要影响是异族人向基督的皈依。[7]

这种使命感使基督徒有别于早期罗马帝国包括犹太人在内的其他宗教团体。在古代，"现有信徒应当鼓励外人崇拜他们为之献身的上帝"的观念并未清晰形成。一个特定教派的信徒通常不会根据提供祭品或参加节日的集会者的数量来判断他们的神所拥有的力量。相反，对于多神教信徒来说，为自身宗教生活的本地性感到自豪是很常见的事情；他们为自己和属于家族或地方的神之间建立了一种特殊的关系，并不希望——更不用说期待——其他人也加入到崇拜同一个神的行列中来。第一代的基督徒是不同的，他们信奉一种传教使命，这在古代是一种令人震惊的新奇观念。我们由于对保罗过分熟悉，所以并未注意到他追求的目标的非凡之处：他似乎发明了一种概念，即按地理区域，一片一片、系统性地改换整个世界的信仰。保罗认为，自己是在他和同伴们都认为世界末日即将来临的时候受到了上帝的感召。[8]

保罗写道，"难道个个都是使徒吗？"，而且，没有证据表明普通的基督徒在第一代末世论狂热者之后的很长一段时间里觉得自己必须追随他的榜样，即致力于让不信教者皈依。异教徒凯尔苏斯（Celsus）甚至可以在大约公元 180 年断言，"如果所有的人都希望成为基督徒，基督徒将不再想要他们"；这段发言可能出现在亚历山大里亚。不过，3 世纪时俄利根（Origen）对这一指控的回应揭示，尽管保罗模式的密集传教在减少，但对像他这样的基督徒来说，坚持主张让尽可能多的非信徒皈依的愿望有多重要："（凯尔苏斯的话）明显是谎言：基督徒并不疏于采取措施在全世界范围传播他们的教义。因此，他们中的一些人把让其他人也虔诚地侍奉上帝看作自己的使命，他们不仅前往城市，也前往村庄和农场。"到了 2 世纪，基督教的思想通常通过与亲戚、工作中或在市场的接触传播，或者由信徒作为商人在旅行时传播，或通过文本传播：当一个名叫斯佩拉图斯（Speratus）的人于公元 180 年在北非的西里乌姆（Scillieum）殉教时，他告诉法官即该行省的总督萨图尔尼努斯（Saturninus），自己包里的是"书籍和义人保罗的书信"。很少有皈依者因为亲见耶稣显现而皈依——保罗正是因为这一点，才成为使徒。更常见的皈依途径是见证了奇迹，尤其是当有人以耶稣的名义被治愈时。殉道者们准备为自己的信仰而死的证据，吸引了人们的好奇心并导致了一些人的皈依。[9]

很明显，应验的预言会被作为论据来说服异族人和犹太人皈依，尽管基督徒有必要告诉不知道《希伯来圣经》内容的异族人这些应验了的预言的本质。2世纪中期，叙利亚人塔提安（Tatian）在罗马成了一名基督徒，他是通过阅读七十士译本，即《希伯来圣经》的希腊语译本皈依的。有趣的是，到了这个时候，是他读的东西鼓励他成了一个基督徒，而非犹太教徒。在"外邦人的使徒"保罗写给异族基督徒的书信中，最受强调的是耶稣受难、复活和基督作为救主的身份。从很多方面来说，这都是令人惊讶的，因为在早期基督徒之间，关于作为人的耶稣与上帝之间的确切关系的共识很少。三位一体的概念在《福音书》中被提出，但在2、3世纪才逐渐发展起来，它因为过于复杂，以至于在此后的几个世纪里还继续引起激烈的争论。值得注意的是，一个对于自身崇拜的神灵本质的认识如此不精确的宗教，竟能够拥有信徒——罗马世界其他崇拜的显著特征，比如伊西斯崇拜，就是对神所代表的具体美德和神的本质的详细引述。

在这个关键问题上缺乏清晰认识，导致了早期几个世纪基督教中许多独特流派的快速兴起，许多在某种程度上包含神秘主义的二元论，其中最有影响力的是诺斯替教徒瓦伦提努斯（Valentinus）的学说。瓦伦提努斯来自埃及，在公元136年来到罗马，他鼓吹的是一种复杂的神秘学理论，认为充满敌意的有形世界起源于精神世界中的伊涌（aeon）之一的"智慧"（Sophia）的灭亡；有形世界中因禁了一个神圣的元素，受到创世神（Demiurge，即《旧约》中的上帝）的摆布；而可能的救赎则通过另一个"伊涌"，即基督与人类耶稣的结合实现，他将给那些属灵的人（即瓦伦提努斯的追随者）带来救赎的知识（即灵知，gnosis），给其他基督徒带来一种较低形式的救赎。将这种学说视为与真正的基督教无关是很具诱惑力的做法，但这样做并不符合其所属的时代背景。德尔图良记录说，瓦伦提努斯因他的智慧和口才，曾有希望被选为罗马主教。2世纪的基督教会接受了大量的神学创新，因此对基督的信仰差不多成了几乎所有自称基督徒的人的唯一的共同特征。但同时，基督徒有强烈的归属感，他们认为自己属于一个有着相同信仰和实践的社群，而古代宗教史上最引人注目的创新就是，在 2 世纪的最后几年里，基督教的含义通过系统地排除那些被认为不为主流所接受的思想而得到了界定。当里昂的基督徒领袖爱任纽（Irenaeus，约公元 130—200 年）写作其代表作《驳异端》（*Against the Heresies*），诋毁和谴责所有他认为与四部正典化的《福音书》、保罗书信以及来自最初的使徒们的主教权威不相容的新思想时，他便开启了一项会极大加强教会作为一个机构的力量的净化行动，但它也不仅将瓦伦提努斯这样的人，还将其他许多有创新意识的思想家排除在基督教团体之外。

这种关于上帝和宇宙本质的神学争论是否能够吸引潜在的皈依者，目前尚不清楚。这并非不可能：在人类皈依其他宗教的历史中，语言和思想上的挑战，以及辩论的热度，给局外人带来一种积极的诱惑并不罕见，这使他们认为那些以这种激情争论的人必然拥有某种正确性。但是，基督教对这些话题缺乏清晰认识这一点，与在基督教的所有分支中发现的一个独特、连贯且极具吸引力的概念形成了鲜明的对比。与许多罗马异教徒和一些犹太教徒的不确定、不可知论或否认态度相反，所有的基督徒都满怀信心地宣称，他们相信死后的生活，而且这种新生只限于那些通过基督得救的人。2 世纪中叶的哲学家、基督教殉道者查士丁在其作品《护教次篇》（*Second Apology*）中描述忠实的信徒：他们"相信行不义和放纵之事的人将在永恒的火焰里受罚，而有德行的人和那些像基督一样生活的人——也就是说，那些已经成为基督徒的人——则将与上帝一同生活在没有苦难的国"。[10]

只有当新皈依者留在了他们的圈子里，基督徒的总数才会增加。有些人放弃了基督教信仰，这一点是肯定的：小普林尼在他于公元 110 年写给图拉真的信中提到，有些被指认为基督徒的人否认了这一指控，"说他们确实曾经是基督徒，但有的人在大约三年前，有的在更早的时候，有的甚至是二十年前，就已经放弃了信仰"。犬儒派哲学家（Peregrinus）在公元 165 年的奥运会上公开自焚，在对其生平的讽刺性记述中，琉善描述了他曾作为基督徒领袖过着由基督徒社区奉养的生活，直到"因为他甚至冒犯了这些人——据我所知，他在食用禁忌食物时被他们看到了——因此他们不再接受他是他们的一员"。基督教方面的材料自然很少透露此类叛教者的情况。[11]

　　叛逃是为了规避身为基督徒而受到他人伤害的危险——我们已经看到，这样的攻击有时甚至会导致死亡。迫害者的动机各不相同，也并不总能为人所知：大多数证据来自基督教方面，而殉教者没有理由去理解那些攻击他们的人的心态。犹太人对基督徒的迫害是一种局限于公元1世纪的第一代基督徒的现象。因为，正如我们所看到的，1世纪的犹太人容忍了神学上的巨大多样性，所以对基督徒的敌意更多的是由社会和政治问题引发的，而不是基督教的神学主张引发的，这些主张更有可能招致那些拒不接受他们的犹太人的嘲笑而非暴力。例如，散居的犹太人将保罗赶出他们在亚洲和希腊的城市，是因为担心他可能会威胁到他们与外邦市政当局不稳定的关系——当他向当地异族人传教并让他们放弃异教崇拜时，他自称为一个犹太人。

　　异教徒（无论是城市暴徒、公民领袖，还是罗马国家的代表）之所以迫害基督徒，通常不是因为他们做了什么，而是因为他们没有做什么，即没有崇拜异教徒的神祇。罗马国家禁止犹太人在耶路撒冷的圣殿敬拜他们的神，相比之下，非犹太基督徒之所以受到惩罚并不是因为向耶稣祈祷——他们拥有不论何时都能自由集会和礼拜的权利——而是因为他们没有像其（非犹太）祖先一样通过向其他神的祭坛献祭来表达对社会的支持。正如我们所看到的，当普林尼在比提尼亚和本都审判基督徒时，他们只要当下向神献祭，就能逃避为过去而受的惩罚。[12]

　　但是，鼓励他们与其他基督徒的团结感的，是许多充分的社会原因，它们让皈依者在加入基督教团体后保持忠诚。其中最主要的一个是与家人、朋友和邻居的分离，这种情况常常伴随着对异教徒仪式的排斥出现，而这些仪式构成了普通社会生活的一部分。这一时期的基督教文本表明，皈依基督教并不容易——现代观念认为，由于男性不需要受割礼，成为基督徒比成为犹太人"负担"更小，这种说法忽略了这种与现有社会关系的自我隔离行为的更为极端的本质。根据《马太福音》，耶稣命令他的使徒们去过的生活并不容易："你们不要想我来，是叫地上太平。我来并不是叫地上太平，乃是叫地上动刀兵。因为我来，是叫人与父亲生疏，女儿与母亲生疏，媳妇与婆婆生疏。……爱父母过于爱我的，不配作我的门徒。"[13] 但更积极的地方在于，新基督徒一旦断绝了与过去的联系，就可以在一个新的、互相支持的、由信仰基督的兄弟姐妹构成的社群中获得一个安全的家。地方教会似乎并不经常像耶路撒冷的犹太基督徒那样运作——根据《使徒行传》，他们像同时代的艾赛尼派教徒和死海教派一样，以"大家共用"的态度分享财产——但他们通常似乎确实对寡妇、孤儿和贫困者有所照料，并允许那些社会地位较低的人（包括奴隶）享有宗教上的平等地位，虽然不是平等的权力。[14] 这一点也有利于提高皈依者的士气：在洗礼之后，他们完全变成了他们的新基督教社会的成员，洗刷了任何来自从前的生活的污点——犹太教中的改宗者虽然也是社群的一分子，但却属于一个独立的类别，而这在基督教中没有对应的东西。此外，皈依基督者从成为基督徒的那一刻起就能够希望达到宗教上的完美。早期基督教的英雄是殉道者：为基督而就义既不需要地位，也不需要时间、教育，或任何特殊的品质，只需要勇气和在受审时宣布"我是基督徒"的机会。因此，殉道者查士丁记录了一场约发生于公元 160 年，由罗马城市长官乌尔庇库斯（Urbicus）主持的审判：

> 托勒密（Ptolemaeus）承认自己是基督徒，因为他热爱真理，没有欺骗或说谎的心思……乌尔庇库斯命人将他带走去行刑，一个叫路奇乌斯的人——他自己也是一个基督徒——深感于这判决的不合理，对乌尔庇库斯说："为什么要惩罚这个人？他没有婚外偷情，也没有勾引在室的女子，他不是杀人犯，也不是小偷或者强盗，他也没有犯下任何罪行，仅仅因为承认自己是基督徒就要受惩罚？乌尔庇库斯，毕尤皇帝不会认可你的判决，哲学家、皇帝的儿子和神圣的元老院也不会。"乌尔庇库斯没有回答，只对路奇乌斯说："你看来也是基督徒啊。"当路奇乌斯说"当然是"，他便命人把后者也带走了。

这种殉道的机会并不是人人都有——或许除了德奇乌斯（Decius）和

戴克里先领导的有组织的国家迫害时期，那时许多人可能都有这种机会——但另一种特别的奉献，即自愿保守贞操，更容易实现，一些女性因此获得了较为尊贵的角色，她们是修女的先驱。对于那些社会地位低下的人来说，这是基督教的主要吸引力之一，尽管基督教徒无意推翻现有的社会结构，但任何基督徒，甚至是一个奴隶女孩，都可以通过对信仰的强烈忠诚来赢得基督徒同侪们的尊重，特别是当她为此而死时。[15]

当然，殉难和守贞往往会减少而不是增加基督徒的数量，但这种虔诚的示范对大多数基督徒是鼓励信仰的典范，而不是生活的常态，基督教意识形态的其他方面积极鼓励基督徒的人口以与他们异教邻居不成比例的幅度增加。一位 2 或 3 世纪的佚名基督徒写给一位只留下了名字的询问者的信，即《致丢格那妥书》(*Epistle to Diognetus*) 解释说，基督徒"像世界上其他人一样结婚生子"，但与犹太人不同，他们憎恶杀婴和堕胎："他们不抛弃自己的后代。"这种态度与践行慈善、支持穷人的实践相结合，使人口更多的家庭得以幸存，因此，在哈德良统治时期，大多数基督徒可能是出生在信仰基督教的家庭中而不是皈依入教的，到了君士坦丁皈依的时候，许多家庭虔信基督教已有数代之久。[16]

罗马帝国的长期和平、稳定与繁荣为基督教思想在公元后的三个世纪里传播到整个地中海地区提供了理想条件。商人可以自由旅行。书信和书籍也一样让相距很远的基督徒保持联系。希腊语和拉丁语可以用来交流宗教思想。相比起仪式或建筑，基督徒的注意力更集中在对待生活的哲学态度上，特别是道德责任与对来世的坚定信仰，这使他们的观点相较其他宗教——如要求按特定设计建立圣所并向神奉献牺牲的密特拉神崇拜——得到了更快的传播。早期基督徒不仅在没有动物祭祀的情况下信仰他们的上帝；与早期的犹太人不同，他们甚至在原则上提出了反对这样的祭祀的观点，而圣餐，即"感恩"，只涉及吃饼和饮酒，在隐喻的层面上指代羔羊的牺牲。到 3 世纪末，基督教徒在他们生活的大多数地方都只是少数群体，但他们保持着良好的组织性并意识到了社群内部的团结性，几乎在帝国的任何地方都能发现他们。

这些基督徒中有多少人相信他们的生活与犹太人和犹太教有关？一

开始，所有基督徒都是犹太人，耶稣在约公元 30 年于耶路撒冷受难后，他的一些门徒在圣城继续以他的名义向其他犹太人传教，根据《使徒行传》，刚形成的基督教团体"天天同心合意恒切地在圣殿里敬拜"。最早的基督教文献即保罗书信中，出现了关于非犹太人皈依后是否应该践行犹太人的习俗——如男性割礼——的争论，文献提供的证据表明，至少有一些第一代基督徒认为，他们宣扬的不是一个新宗教，而只是一种新的犹太教。在《使徒行传》中，使徒彼得被神启告知他要吃非洁食时所展现的困惑反应，只有在《使徒行传》的作者认为他是一个严格遵守犹太习惯的犹太人时说得通。他保持这种生活方式，直到他

> 看见天开了，有一物降下，好像一块大布。系着四角，缒在地上。里面有地上各样四足的走兽和昆虫，并天上的飞鸟。又有声音向他说，彼得，起来，宰了吃。彼得却说，主啊，这是不可的，凡俗物和不洁净的物，我从来没有吃过。第二次有声音向他说，神所洁净的，你不可当作俗物。

即使是自称为"外邦人的使徒"的保罗也乐于把自己描绘成犹太人："向犹太人，我就作犹太人，为要得犹太人。"《使徒行传》的作者描绘保罗和四个需要做特别奉献的拿撒勒人一次参加圣殿的仪式，正是为了证明他自己继续像犹太人一样行事，以及他希望其他犹太人也能这样做。耶稣的兄弟雅各在公元 62 年前后的耶路撒冷非常有名，以至于引起了大祭司亚拿努之子亚拿努的关注、怒火乃至谴责。亚拿努指责他和其他人触犯了法律，并将他们交给当局受石击之刑。约瑟夫斯将这一事件记在公元 66 年暴动爆发前几年耶路撒冷内部纷争的背景下，谴责亚拿努"脾气急躁，异常大胆"，并且不赞同地指出他由于是撒都该人，因而"下了残忍的决定"，而他的做法冒犯了"城市居民中被认为是最公正的人和严格遵守律法的人"。4 年后，亚拿努成了约瑟夫斯的盟友，并成为对罗马作战的总司令，正如我们在序言中看到的，他在公元 68 年死于狂热派手中，并值得得到一则悼词，因而约瑟夫斯对雅各的遭遇表现出的明显的厌恶是很值

得注意的。在雅各于耶路撒冷殉道的前几年，可能是在公元58年，保罗给罗马基督徒的信假定那里的基督教社群中也有犹太信徒，因为他渴望改善罗马城中犹太与非犹太基督徒的关系。无论是在耶路撒冷还是罗马，早期基督徒对于非犹太信徒应该犹太化到何种程度显然是有分歧的，但在公元70年以前的基督教社区中，似乎没有人认为一个加入基督徒行列的犹太人在继续认为自己是犹太人的同时自视为新运动的追随者有什么问题。[17]

这样的宽容在圣殿被毁后变得罕见得多。早期基督教和晚期犹太教历史学家都认为，两种宗教是在公元4世纪的某个时候分道扬镳的。关于这一分离发生的具体日期以及分离后犹太教徒和基督教徒之间持续辩论、竞争和相互影响的程度，人们的共识就少得多。这一切都取决于视角。从21世纪犹太人和基督教徒的观点来看，古代晚期重要的历史轨迹将在适当的时候创造出两种截然不同的宗教体系，但是这些轨迹的开端可能几乎没有被那些追随它们的人所觉察。一些犹太人可能会认为，一些信奉基督教教义的犹太人仍然是犹太人，而另一些不那么宽容的犹太人则持反对意见。犹太基督徒受到犹太同胞的迫害并被逐出犹太教堂，这样的早期基督教传统并没有在拉比文学中反映出来，这并不是说它们是不真实的：事实上，拉比们对任何种类的基督徒都没有什么好说的，他们把生来是犹太人的基督徒归入异端的一般类别，把生来是非犹太人的仅仅当作拜偶像者。与之相对的是，当古代基督徒称信徒为犹太人或犹太主义者时，他们也许是在说后者具有犹太民族血统，或者他们继续践行着犹太习俗，如男性的割礼，或者只是对《旧约》的关注一丝不苟到了比其他基督徒认为更合适的程度。[18]

那些在最初的三个世纪里对基督教文本的作者和读者来说十分明显的区别，对现在的我们来说往往是模糊的。2世纪和3世纪的基督徒有时会攻击其他基督徒是犹太人和犹太主义者，这并不意味着此时继续存在把自己也看作犹太人的基督徒，因为这些论战文本中的对手有时可能是被故意建构的稻草人，或它们掩盖着对其神学区别于主流但与犹太教无甚干系的基督徒的敌意。殉道者查士丁在2世纪中叶断言，与一些不那么多元的基督徒形成鲜明对比的是，"如果一些人，出于思想上的软弱，希望遵守摩西所给予的这样的制度……却选择与基督教徒和虔信的人生活在一起……既不说服他们像他们自己一样受割礼或者守安息日，也不说服他们遵守任何其他习俗，那么我认为我们应该与这样的人联合起来，在所有的事情上与他们联合，因为他们是我们的同胞和兄弟"。但这样的犹太基督徒在当时并不常见。在他自己的《与犹太人特吕弗的对话》（*Dialogue with Trypho the Jew*）中——前面的引文就来自这部作品——基督教被定义为犹太教的对立面。[19]

　　犹太人被描绘成基督徒的典型敌人，这一进程源于现存最早的基督教文本，约公元 50 年的《帖撒罗尼迦前书》，保罗在这封信中以激烈的措辞谴责犹太人的邪恶："这犹太人杀了主耶稣和先知，又把我们赶出去。他们不得神的喜悦，且与众人为敌。"但是，在他看来是合适的时候，保罗也可以"向犹太人，我就作犹太人"。公元 70 年后，分歧更加尖锐。在约成书于公元 75—100 年的《马太福音》中，"他们的"犹太会堂和教堂之间有一个细致的区别。在第一部关于基督教殉道者的记载中——这是一部独立的文学作品，记载了约公元 155 年士麦那主教波利卡普（Polycarp）的死亡——犹太人扮演了一个富有象征意味的重要角色。波利卡普因渎神被罗马总督判处死刑；在当地异教徒的煽动下，他死于一个公共的异教节日，但这并不妨碍《波利卡普殉难记》（*Martyrdom of Polycarp*）的作者在修辞上把犹太人称为热情的旁观者（根据文本本身的说法，它是在事件发生后一年内创作出来的，目的是教化其他地方的基督徒）：当波利卡普被判决烧死时，众人从工场和浴室里收集柴火，"犹太人对此特别热心，这是他们的习惯"。无论犹太人是否真的参与了围绕波利卡普可怕死亡的诸多事件，从殉难记述本身来看，士麦那的犹太人很明显并不是造成这一切的元凶，而文本的作者和读者则认为他们是如此本能地反对基督教，以致将它看作他们想要去做的事情。波利卡普殉难后的几年，萨迪斯主教梅利托（Melito）创作了一篇富有诗意的复活节布道文，认为"无法无天的以色列"是他们的神被钉死在十字架上的元凶。"是他被谋杀了。他在哪里被谋杀？在耶路撒冷的城中央。是谁干的？是以色列……啊，无法无天的以色列人，你犯下这一前所未有的罪行，把你的主推到前所未有的苦难中，那是你的主，是他使你成形，使你诞生，荣耀你，称你为'以色列'……异族人崇拜他，未受割礼的人尊敬他，外邦人赞颂他，甚至彼拉多也为他净手，而你们在大宴上杀了他。"[20]

梅利托攻击"以色列"是弑神者，但在那个时代的其他基督徒把教会描绘成"真正的以色列"。在《与犹太人特吕弗的对话》中，殉道者查士丁断言："真正的，属灵的以色列，以及犹大、雅各、以撒、亚伯拉罕的后代……是我们这些被钉在十字架上的基督顶到神跟前的人。"在查士丁的《对话》中，"我们"，即作为新以色列的基督徒，与"你们"，即犹太人，属于对立关系。早在 1 世纪 50 年代初期，保罗在给加拉太人的书信中就提出了"异族基督徒是'神的以色列'"的观点，但站在反犹太人的立场上对这一名称的明确主张首次出现在查士丁的这篇文章里，它可能是 2 世纪中叶某个时候的一次真实对话的文学描述，根据文本，对话发生在小亚细亚的以弗所。"以色列"到这时已经是一个对犹太人具有特殊意义的名字：正如我们所见，它在公元 66—70 年和公元 132—135 年都是独立的犹太国家的首选自称，这个名字被印在钱币上，也被融入西缅·巴尔·柯西巴的名号："以色列的王子"。[21]

基督徒篡夺以色列的身份的原因有很多。最主要的问题是《圣经》在基督教思想和崇拜中所扮演的角色。基督教徒们知道，"旧约"——这一神圣文本的集合以在耶稣的生命中实现的预言的名义，为他们的信仰提供基础——首先是属于犹太人的。在犹太教堂里可以找到这些神圣著作的文本，人们将其公开朗诵出来，并加以讨论。大部分 2 世纪文本的现存副本都是出自犹太抄写员之手的作品。大多数对（绝大多数）与基督性无关的《圣经》段落的解释，都取决于犹太教悠久的释经传统。甚至基督徒们自己所仰赖的希腊文版《圣经》，即七十士译本，也是犹太人的作品；基督徒们对此是很清楚的。犹太人和异教徒都认为犹太经文是犹太人祖先习俗的权威宪章，后者为他们坚持安息日、割礼和食物法等犹太人特有习俗提供了理由和解释。对这些文本的共享将犹太人和基督徒结合在一起并使他们与异教徒区别开来，但它又给所有不认为自己也是犹太人的基督徒带来了问题：保罗和其他在耶稣被钉死在十字架上后的第一代教会成员称，对于来到基督面前的异族人来说，遵守犹太律法也是缺乏信仰的表现，因此大多数非犹太人的基督徒想要拒绝的恰是经文中那些使古代世界犹太人的生活与众不同的实际禁令。

在 2 世纪，至少有一个名叫马尔西翁（Marcion）的基督徒坚定地宣称，真正的基督徒应该遵循保罗拒绝异族人践行犹太律法的逻辑，并完全摆脱犹太经文。马尔西翁宣扬，创世神（Demiurge），即世界的创造者和犹太人的上帝，是邪恶、专制和残忍的；整个《旧约》，即造物主的法则的产物，应该被拒绝；基督徒的救世主上帝是一位完全不同的神。他声称，基督教的福音完全是爱的福音，而耶稣所揭示的爱之上帝，则是来推翻犹太人所崇拜的造物主的。马尔西翁来自黑海地区，他的学说在罗马的基督徒中传播，他的思想变得非常有影响力。在他自己看来，在他之前只有保罗完全欣赏他的见解。他认为，其他基督教作家也被犹太教感染了。马尔西翁的神学理论为解决与犹太人共享经文的问题提供的方法是极端的，但他确实解决了所有基督徒面临的一个真正的问题。现存的基督教著作从 2 世纪初开始对《旧约》文本的处理就有很大的不同。承认这些著作的最高价值，同时否认他们当前的有效性并不容易，特别是当同时代犹太人声称他们继续把文本作为生活指南的时候（尽管许多犹太人，也自然而然地在用自己的特有方式诠释文本，正如前文所述）。

2 世纪末，罗马世界各地（科林斯、里昂、安条克、迦太基、埃德萨、亚历山大里亚和罗马）的基督教同胞都感到了攻击马尔西翁的学说的重要性，这反映出后者对基督教的犹太根基的全盘否定被认为是一种威胁，也很可能拥有了广泛的吸引力。但最终，就基督徒与犹太人关系的发展而言，更重要的是详细阐述对马尔西翁观点的回应。对大多数基督徒来说，拒绝《旧约》是不可想象的，因为它包含了预言性段落在基督的一生中得到了实现，这是从第一代基督徒起就不断传讲的。相反，他们将《圣经》看作关于教会的寓言，这一程序与死海教派、斐洛和拉比的释经方法并无二致，后两者将《圣经》中的叙事引用到当代犹太社会，而保罗在给加拉太人的信中已经使用了这种方法："因为律法上记着，亚伯拉罕有两个儿子，一个是使女生的，一个是自主之妇人生的。然而那使女所生的，是按着血气生的；那自主之妇人所生的，是凭着应许生的。这都是比方……"[22]

殉道者查士丁这样的基督徒在公元 2 世纪中叶篡夺了"以色列"的名字，这与对"犹太"这个名字持续不断的诋毁一起，帮助基督徒向更广泛的罗马世界展示自己，毕竟在公元 66—70 年、公元 115—117 年和公元 132—135 年的叛军造成的破坏之后，犹太人的名字引起了罗马世界的敌意和恐惧。殉道者查士丁本人曾代表基督徒写作了一封致"提图斯·埃里乌斯·哈德良·安敦尼·庇护·奥古斯都·恺撒皇帝，以及他的儿子哲学家维里西穆斯（Verissimus）（以及爱好学术的哲学家路奇乌斯，皇帝的亲子和庇护的养子），神圣的元老院，以及全罗马人民"的"发言稿和请愿书"。这部在罗马创作的《护教篇》（Apology），是 2 世纪中后期基督徒写给皇帝的众多祈愿书之一。没有人知道皇帝是否读过这些文本；这种辩护在实践中主要是为了帮助忠实的信徒，这也并非不可能。尽管如此，这些辩护以罗马人能够理解的方式提出了捍卫基督教的论点，它们让基督徒在罗马人和犹太人的相互敌视中坚定地站在罗马一边。[23] 在实践中，基督徒每年至少有一次机会在罗马国家的眼中将自己和犹太人分割开来，这是由于基督徒不需要登记支付公元 70 年由罗马施加给犹太人的特别税，除非他们将自己同时定义为犹太人和基督徒。正如公元 2 世纪末在迦太基城写作的基督徒德尔图良所暗示的那样，基督徒由于不缴纳该税款，所以对以"公开抵制多神教"的罪名受到起诉敞开了大门，而犹太人则不同：他们享有"（给国家）带来收入的自由（vedigalis libertas）"，因此可以在安息日公开聚会，阅读《圣经》。很明显，尽管在向罗马人呈现自己宗教时将自身与犹太人区分开来的做法可能招致危险，2 世纪的基督徒决心尽可能清楚地表现出这样的区别，从而避免罗马人对犹太人的敌意，这种敌意在图拉真和哈德良时期的大暴动之后，已经在罗马扎下了根。那些想要强调自己的信条起源于古代的基督徒，将《旧约》中的犹太民族史作为基督诞生之前的基督教历史介绍给罗马人；对他们来说，用"以色列"这个名字自称是异常有效的，因为正如我们所看到的那样，没有一个信仰异教的罗马人以此指代犹太人。[24]

　　基督徒以对自己最为有利的方式完成了面向罗马国家的自我展示，这一点在犹太教和基督教的分离中并没有始终得到应有的重视。说服罗马人接受基督教新信仰在保罗时代就已经是基督教对外传达的信息中的重要组成部分，既为了传教，即鼓励非犹太人的皈依，也是为了自我申辩，即抵御那些针对基督教徒的敌意。要做成这件事情并不容易，特别是在整个运动的首脑被罗马政府公开钉在十字架上（尽管基督徒们宣称，这一判决出自虚假的指控，而处刑是迫于当地犹太当局的压力），其追随者在接下来的几年里被残酷处死的情况下：根据 3 世纪的俄利根和 4 世纪的尤西比乌斯的说法，彼得被头朝下钉死在罗马；保罗，据说被斩首；还有其他人。一些基督徒，正如可能是在公元 1 世纪末写作的《启示录》的作者一样，像拉比们那样简单地谴责罗马。罗马被描绘成巴比伦的邪恶妓女，"妓女和世上一切可憎恶的人之母"，作者陶醉于它即将到来的垮台和教会的胜利；但他对罗马的公开敌视在现存的早期基督教文学中是极不寻常的。许多基督教作家对罗马世界的某些特定方面表示厌恶，尤其是性事上的自由无羁、娱乐上的嗜血成性，如举办与野兽对战和角斗表演；最重要的是偶像崇拜。塔提安，一个可能在 2 世纪中叶的罗马进行写作的叙利亚基督徒，在《面向希腊人的演说》（*Oration to the Greeks*）中对表演、舞蹈、哑剧、剧院、哲学、修辞术以及角斗活动进行了攻击和辱骂，尤其对性变态行为表示厌恶："娈童被野蛮人视作犯罪，但被罗马人视为特权，他们试图将男孩子像吃草的马成群豢养起来。"猛烈抨击这些做法的拉比们认为这是邻近社会的恶习，好的犹太人应该与他们保持距离，但许多基督徒却似乎认为这是属于他们所认同的社会的罪恶，希望从内部对此进行改革。正如萨迪斯的梅利托在写给皇帝马可·奥勒留的《申辩》中所断言的那样："我们的哲学（基督教）最初在蛮族中盛行，但在你的先祖奥古斯都统治的伟大时期，它在你们的民族中开花，这对你的帝国来说尤其是一个吉祥的好处。从那时起，罗马人就变得更加强大而辉煌。"在 1 世纪时，《路加福音》和《使徒行传》的作者就把耶稣和保罗都描绘成以罗马世界为家，没有任何违背罗马利益的行为的人。因此，在路加的记载中，彼拉多反复抗议，"这人做了什么恶事呢，我并没有查出他什么该死的罪来"，尽管也是彼拉多"才照他们（犹太领袖）所求的定案"。根据《使徒行传》，保罗在最后被送往罗马之前，曾被一系列正直的罗马总督宣判无罪。这些内容所传达的意思是，基督教的教义在政治上是无害的，正如保罗在耶路撒冷对非斯都说的那样："无论犹太人的律法，或是圣殿，或是恺撒，我都没有干犯。"[25]

基督徒应该在罗马社会中获得接受的严正要求之所以被提出，在一定程度上是由于一些异教徒指责基督徒不仅是局外人，而且非常危险。基督教社区的所谓秘密性招致了对不道德行为的指控，正如非洲基督徒米努奇乌斯·菲利克斯（Minucius Felix）在 2 世纪或 3 世纪所记录的那样："为什么他们努力隐藏和掩盖他们崇拜的东西，不管他们崇拜的是什么？光荣的事迹总是因公开而欢悦，而罪行则被作为秘密保守起来。为什么他们没有祭坛，没有庙宇，没有公认的图像？为什么他们从不公开交谈，从不自由地聚集，莫非他们所崇拜和隐藏的东西是有罪的或者羞耻的？"鉴于基督徒有时也就同样的做法相互攻讦，这一猛烈抨击未必完全不实；主流基督徒希望与那些被他们称为异端的人，特别是诺斯替派保持距离，其部分动机是需要能够向外界清楚地宣称，真正的基督徒绝不会犯这样的不道德行为。犹太人也遭受过类似的攻讦，但令人吃惊的是他们的防御模式，至少是约瑟夫斯的《驳阿庇安》中反映出来的模式，与基督教徒不同：面对"犹太人拒绝接纳对上帝有其他成见的人，并且拒绝与那些采用不同的生活方式的人交往"的指控，约瑟夫斯称，这个习惯是所有人共有的，而作者未知的《致丢格那妥书》则明确否认基督徒单独生活在属于他们自己的不同的城市，说任何特殊的方言或践行任何古怪的生活方式。许多基督徒希望被罗马人视为罗马世界的一部分，并致力于促进他们与异教徒共享的社会的繁荣。他们只在有限的意义上属于反主流文化：如果需要被迫做出选择，他们会把神圣的权威置于皇帝的权威之上——只要二者之间没有冲突，这就并不构成问题，正如据称耶稣曾经说过："让恺撒的归恺撒，让上帝的归上帝。"基督教的辩护者一方面否认了他们的诽谤者主张的邪恶行为，同时声称他们为国家所做的祈祷比任何异教徒的祈祷都要有效。公元 172 年的多瑙河的战役中，一场突如其来的暴雨从干旱和败仗中拯救了马可·奥勒留的军队，同时代的基督徒把这个奇迹归因于士兵里基督徒们的祈祷。大约 20 多年后，德尔图良声称，马可·奥勒留，这位"最受尊敬的皇帝"，在他的书信中特别提到了这个奇迹。毫无疑问，这些信件是基督徒伪造的：在事件发生时，德尔图良仍在孩提。故事在讲述中丰满起来，当它被一个多世纪后的尤西比乌斯讲述时，更多的细节出现了，包括"闪电让敌人奔逃，并毁灭了他们"。故事的细节并不重要，重要的是这一潜在的假设：基督教徒应该，并且确实献身于帝国的安全和繁荣，尽管政府的代表偶尔会试图迫害他们。[26]

　　基督教对罗马帝国的皈依的希望并没有因为这种迫害而减少。德尔图良对帝国中掌握权威的人讲话——具有讽刺意味的是，他将这些人描述为"最公正的""好总督们"——说服他们不要听从那些"渴望基督徒的血"的暴徒们的要求。基督教自辩作品的主题是，针对他们的迫害是"邪恶的人找我们的麻烦"，而罗马国家如果遵循它自己的正义原则，就会压制这种邪恶。所以萨迪斯的梅利托在"全亚细亚推行的新法令"为基督徒带来了迫害的威胁时，写作了致马可·奥勒留的申辩书，声称："无耻的告密者和觊觎他人财产的人……公开劫掠我们……虽然我们并没有做错什么……如果这是你的命令，那么它得到了很好的执行……但如果这样的建议、这条哪怕对蛮族的敌人来说都是不合适的法令并不是出自您本人，我们恳求您不要在我们受到这种大规模劫掠的时候忽视我们。"根据尤西比乌斯的记载，公元 177 年里昂基督教徒大规模殉教时，罗马总督收到了来自当地异教徒的压力，后者认为他们的城市里的基督徒是危险的外来客。基督徒们希望国家非但不煽动迫害，而且压制它，这样的希望即使有时徒劳无功，也是合情合理的。[27]

　　事实上，大多数对基督徒的攻击都是当地人引起的，而罗马国家对基督徒的大规模迫害是罕见的。每次这种情况出现，国家都有特定的理由对基督教徒采取公开制裁，虽然不一定是因为基督徒自身做了什么——在这一方面，国家对基督徒采取的态度与其在尤里-克劳狄王朝时期周期性驱逐罗马城中的犹太人时是一样的。因此，罗马对基督徒的第一次大规模迫害发生在公元 64 年的罗马大火后。尽管为重建和改善未来的安全花费了大量的资金,又举行了一系列的宗教仪式来安抚众神,尼禄发现自己仍然不受欢迎,同时则有传言说这场大火出于人为纵火。根据半个世纪后写作的塔西佗的说法,"因此尼禄为了辟谣,便找到了这样一类人作为罪犯的替身,用各种残酷至极的手段惩罚他们,这些人都因作恶多端而受到憎恶,群众则把这些人称为基督徒……他们在临死时还遭到讪笑:他们被披上了野兽的皮,然后被狗撕裂而死;或是他们被钉上十字架,而在天黑下来的时候就被点着当作黑夜照明的灯火。尼禄把自己的花园提供出来作为游览之所,他还在他的竞技场举行比赛,他自己则穿着驭者的服装混在人群里或是站在他的马车上"。有趣的是,塔西佗的同代人苏维托尼乌斯给这场可怕的迫害提供的理由不是基督徒涉嫌纵火 —— 他彻底忽视了这条指控 —— 而是他们的信仰制造麻烦,这一信仰使他们与尼禄镇压的其他罪犯成为一类人:"惩罚的是基督徒,他们是新的和为非作歹的宗教信徒;禁止驭马车夫寻欢作乐,古时候曾有一个习惯,允许他们到处游逛,为了自己开心,他们甚至有权欺骗和勒索行人;流放哑剧演员和他们的追随者。"当然,尼禄政府有可能把对基督徒的不同指控结合在了一起。如果他们被认为是天生的麻烦,不管他们在这个具体案件中是有罪还是无辜,将灾难归咎于基督徒都更容易了。[28]

在尼禄的这次迫害之后,在近两百年的时间里,皇帝们自己并没有对基督徒采取任何来自中央的举措,这可能有助于解释基督教护教者们与罗马国家站在同一阵线时的乐观态度,尽管当攻击来临时,它的影响变得更可怕。公元 249 年,德奇乌斯(Decius)皇帝决定采取措施,确保帝国的每个人(可能除了犹太人之外)都被证明为国家的福利向诸神奉献了牺牲。他的动机与其说是对基督徒的敌意,不如说是一种想要在多瑙河上的入侵引发军事危机时通过单一的宗教仪式来统一帝国的愿望,但他的政策对基督徒的影响是立竿见影的。在埃及发现的证明一个人按照要求祭献了神灵的文件表明该政策至少在该行省得到了彻底的实施。在罗马城,领导基督教团体的法比安(Fabian)主教被杀,而其他许多基督徒在压力下屈服。由此产生的在堕落者和出于勇气或好运而保持了坚定信仰的人之间的分裂，对教会的威胁几乎和迫害本身一样严重。德奇乌斯死于公元 251 年，他的宗教活动随之结束，但是他的继任者瓦勒良在公元 257 年重启了对基督教士和财产的攻击性政策，并禁止基督徒会面。公元 260 年，瓦勒良被波斯人俘虏，随后的新皇帝伽利恩努斯（Gallienus）宣布结束所有的宗教迫害，基督徒们在和平中生活了四十多年，直到公元 303 年戴克里先下令拆除教堂和焚烧基督教书籍。和德奇乌斯一样，戴克里先这么做很可能是出于加强帝国统一的愿望：他在从公元 284 年到 306 年的漫长统治期间的改革，构成了对帝国的一次与近两个世纪前哈德良的干涉主义政策相当的系统性重组。也许正是因为基督教徒遍布整个帝国，国家获得其他神祇护佑从而对他们这些"无神论者"的攻击，才会受到戴克里先的臣民在罗马世界各地的见证。无论如何，他的法令无疑引发了广泛的动荡，进而推动了新的敕令的出台和许多殉教事件的发生，直到在公元 312 年 10 月 28 日君士坦丁通过军事胜利登位之后，和平才得以恢复。次年，君士坦丁在米兰宣布了宽容所有宗教的敕令。[29]

因此，基督徒只经历了短暂爆发的、由国家组织的、帝国范围内的大规模迫害，但这些事件造成了深深的创伤。在君士坦丁之前的 300 年里，基督教徒发展出了一种传统，即他们一直处于来自罗马的危险之中。在这段时间里，确实是这样的，当一个基督徒被行省居民指控时，把他或她处死的是罗马法官。早期基督徒殉道的故事展现出面对酷刑和死亡时的非凡勇气，支撑这种勇气的是对在未来的生活中获得最终拯救的承诺的坚定信心。罗马官员根本不理解他们的信仰和承诺的深度。在同时代人对士麦那 86 岁老翁波利卡普之死的描述中，亚细亚的同执政官为拯救年老的主教做出了很大的努力，敦促他"尊重他的年龄"，但最终，也是同执政官下令行刑，"派遣他自己的传令官在竞技场的中间宣布三次：'波利卡普承认他是基督徒'"。在 2 世纪早期，小普林尼与图拉真关于如何处置被指控为基督徒的人的通信揭示了一个简单的假设，即仅仅保持基督徒身份、拒绝崇拜异教的神灵就足以判处死刑。普林尼写道："就目前而言，面对所有因被指控为基督徒而来到我面前的人，我都是这样做的。我曾亲自询问了他们是否是基督徒，如果他们承认，我就再次和第三次重复这个问题，并警告他们即将到来的惩罚。如果对方始终坚持，我命令他们被带走执行死刑；因为，不管他们所承认的东西是什么性质，我相信他们的顽固和不可动摇的执拗应该受到惩罚。"图拉真回答说，普林尼的行为是正确的，"因为替固定的程式制定一个普遍的规则是不可能的。这些人不应该被追捕。如果他们被带到你面前且指控确凿，他们必须受到惩罚，但对于那些否认自己是基督徒，并通过向我们的神祷告从而清楚地证明这一点的人，他应该为自己的悔改之举得到赦免，无论其过去的行为有多么可疑"。如果"这些人不应该被追捕"，那么基督徒的安全就不依赖于罗马国家的政策，而是取决于他们与异教徒邻居的关系，后者的敌意如果被唤起，可能致命。[30]

在实践中，大多数基督徒在教会的头三个世纪里过着相当平静的生活，但对殉教行为的描述却有力地证明了基督教信仰的有效性。从 2 世纪开始，殉教圣人录（martyrology）成了一种独特的基督教文学体裁。阅读关于那些准备为信仰而死的人的献身精神的记述是令人振奋的。4 世纪的尤西比乌斯知道属于使徒保罗和彼得的"奖杯"，它们在罗马纪念二人的殉难。最初的彼得纪念建筑似乎是一座建于公元 170 年左右、朴实无华的建筑物，被发现于公元 4 世纪由君士坦丁建造的圣彼得教堂的半圆壁龛下。3 世纪中叶，罗马南部的阿皮亚大道上为纪念彼得与保罗竖立起一座更可观的纪念建筑，它成了私人祈祷的焦点，墙上刻满了祷文。到这时，在基督教公墓中当地殉道者的埋葬地上举行庆祝活动，成了对罗马基督徒来说十分重要的事情，以至于这些纪念活动被牢牢嵌入礼拜日历当中。德尔图良在 2 世纪后期所描绘的令人难忘的图景是一则精确的历史分析："我们在哪里被击倒，我们的数量就在哪里增加……基督教徒的血液就是种子。"[31]

对于一个像小普林尼这样生活在 2 世纪初的罗马总督来说，他所审判的基督教徒是由他们对基督的崇拜来定义的，"他们在交替地吟唱经文……好像唱给一位神祇"。他描述他们是"不同年龄和阶级的许多人，有男有女"，有的来自城镇，有的来自乡间，"都染上了这种可恨的崇拜"，其中没有任何地方表明他们与犹太人有任何关系。与普林尼同时代的塔西佗也是如此，他确实注意到这种"可怕的迷信"的创始人在提比略统治时期被本丢·彼拉多在犹地亚处以死刑，以及基督死后，犹地亚的"灾害"还在继续，但他隐约将基督教在罗马的普及归咎于罗马城居民的可耻嗜好，"世界上所有可怕的或可耻的事情都集中在这里，并且十分猖獗"。显然，到了图拉真皇帝时期，没有哪个罗马异教徒会把基督教当作犹太教的一支，尤其是鉴于要求基督徒向"我们的诸神"献祭的坚持——普林尼和图拉真以之为理所当然，但罗马官员们从未强制犹太人这样做：公元66年强加在安条克的犹太人身上的献祭测试出自希腊城市当局，而非罗马统治者。对基督徒的惩罚所蕴含的宗教逻辑正是他们应该回归祖先的异教仪式，正如普林尼声称在他采取行动之后其所辖行省所发生的："毫无疑问，人们已经开始涌进差不多已经被完全抛弃了很长一段时间的神殿中。之前被允许荒废的神圣仪式正再度举行，到处都在售卖献祭所需要的祭品，尽管直到最近，根本没有什么人去购买它们。"相比之下，在普林尼时代，罗马政府在原则上是知道到底哪些是犹太人的，因为他们都被要求支付每年的犹太人头税，而且他们都不需要向异教的神灵献祭。普林尼的同时代人苏维托尼乌斯特别描述道，尼禄时代的基督徒信奉的是一种崭新的迷信。[32]

事实上，与现存的基督教文献关于新信仰和犹太教之间的痛苦关系形成鲜明对比的是，现存罗马异教文献始终如一地把教会成员称为"基督徒"，这个名字本身就暗示了罗马人对新运动的看法。"门徒称为基督徒，是从安条克起首"，《使徒行传》的作者在重构教会早期历史时这样写道；他指的是保罗和巴拿巴在他们传教之旅的最开始，即大约公元40年时在这座城市度过的时光。这句话的前提是，这个名字并非平淡无奇，而且当《使徒行传》在1世纪晚期被创作出来的时候，它比叙述所涉及的年代更常见。在现存的保罗书信当中，"基督徒"不是一种自称——他更倾向于将其他信徒称为"圣人"或"弟兄"，或使用其他代称——《新约》其他篇章中所使用的术语是"门徒""信徒"以及其他起到描述作用的词语，而非专有名词。"基督徒"这个名字在《新约》篇章中仅有的另外两次使用，都直接或间接地出自非信徒之口：根据《使徒行传》，当保罗在凯撒里亚的亚基帕二世和贝瑞妮斯面前为自己辩护时，亚基帕钦佩地说"保罗，你这样劝我几乎叫我作基督徒了"；在几乎肯定是创作于公元70年之后的《彼得一书》中，作者鼓励他的读者，"若为作基督徒受苦，却不要羞耻，倒要因这名归荣耀给神"。[33]

因此，"基督徒"（Christianos）最初可能是外人用来称呼新运动的追随者的词，又因为这个词是拉丁化的，那些外人很可能是罗马人。（对于讲希腊语的人来说，这样的拉丁语风不是不可能的，但是意为"基督〔Christos〕的团体"的希腊名通常会以 -eios 而非 -ianos 结尾。）如果《使徒行传》关于"基督徒"这个词第一次被使用是在约公元40年的安条克的说法是正确的，那么发明这个词的应该是罗马官员，而不是当地的民众、犹太人，或者基督教徒本身。在拉丁语中，这个名字的暗示是基督徒是基督的党徒。塔西佗在他对公元64年罗马大火的描述中明确指出，在尼禄时代，它已经成了对教会成员的常用指代。对于普林尼和后来的异教徒作家来说，这个名字是标准称呼。更引人注目的是，在2世纪早期，安条克的主教伊格那丢（Ignatius）采用了这个词来指代自己和他的信众。在写给以弗所的基督徒们的信中，他表达了"与以弗所的基督徒们分享命运"的希望，在写给马格尼西亚人（Magnesians）的信中，他特别指出，"不仅应该被称为基督徒，而且应该成为（基督徒）"。他甚至使用了一个抽象的词，即来自"基督徒"（Christianos）的"基督教"（Christianismos）一词，来描述新的信仰。大约在同一时间，《十二使徒遗训》（Didache），一部为基督徒社群提供伦理和仪式上的指导的实用手册，也称为"以主之名传道"的游方修士为"基督徒"（Christianos），前提是他信仰虔诚、举止得宜："如果他的举止不合规矩，那么他就是一个'贩卖基督之说的人'（Christemporos）"，这种人应当避开。在那些自称是对2世纪罗马当局举行的审判的忠实记录中，殉道者们对"基督徒"这个名字欣然接受："汝斯堤古（Rusticus）说：'我最后再问你一次，你是基督徒吗？'查士丁说：'是的，我是一个基督徒。'"当他们在最紧张、最危险的时候为自己的信仰作证，这些殉道者便向他们的罗马听众极力主张基督的权威和神性。一名公元177年于里昂就义的殉道者珊克图斯

（Sanctus）在经受拷打时"展现出了无比坚定的信念，他甚至不愿说出自己的名字、种族、出身的城市、是奴隶还是自由民，只用拉丁语回答所有问题：'我是一个基督徒。'"定义基督徒的宗教信仰的是他们所效忠的上帝。异教徒和基督教信源都称，无论罗马人还是基督教材料，它们在这些审判时都没有提到基督教和犹太人之间的联系。[34]

因此，罗马皇帝君士坦丁在公元 312 年宣布皈依的不是犹太人的上帝，而是主基督。他认为基督是他的保护者，其动机似乎与帝国历史上早期领导人类似。正如尤里乌斯·恺撒以维纳斯为守护神，奥古斯都以马尔斯为守护神，从公元 270 年秋到 275 年初在位的奥勒里安（Aurelian）试图让未被征服的日神（Unconquered Sun）成为罗马国家崇拜的中心，以自己为神的代理人，君士坦丁相信自己登位是借助了基督的支持，因此维护对基督教的崇拜能够很好地维系他的统治。使君士坦丁对他所选择的神灵的忠诚区别于他的前人对他们所选择的神灵的忠诚的，是基督教崇拜的苛刻性质，尤其是基督教徒对神灵崇拜的反感。

君士坦丁非常需要这种神圣的支持。他的父亲君士坦提乌斯一世（Constantius I）出身伊利里亚，本是一名士兵，在公元 293 年被任命为恺撒——当时戴克里先皇帝试图为帝国建立一个共治体系，包括两位高级成员（"奥古斯都"）和两位低级成员（"恺撒"）。君士坦提乌斯于公元 306 年 7 月 25 日在约克去世，其时他已成为奥古斯都。他的军队拥立其子君士坦丁为新的奥古斯都，但这对四帝里的其他成员来说，这是不可接受的。在接下来的六年里，君士坦丁试图通过帝国政治中的标准模式，即王朝间的联姻和战争确立他的权力。公元 312 年，他入侵意大利，前奥古斯都马克西米安（Maximian）之子，自立为帝（正如君士坦丁一样）的马克森提乌斯（Maxentius）因此下台。在维罗纳附近的一场战役中，马克森提乌斯的军队被击败，其统帅长官被杀。尽管兵力远逊对方，君士坦丁指挥军队向罗马行进，并在萨克萨·鲁布拉（Saxa Rubra）与马克森提乌斯亲自指挥的军队短兵相接。基督教辩护士拉克坦谛（Lactantius）在此后不久对接下来发生的事情做出了著名的描述：

在他的睡梦中，君士坦丁被建议使用上帝的神圣标志标记他的盾牌，然后参加战斗。他照此吩咐去做，以一个斜着的字母 X，其顶部是弯曲的，他将基督标记在盾牌上。有了标志护持，军队就投入了战斗……短兵相接……战况变得更加激烈，上帝的手介入了战斗。马克森提乌斯的军队满心恐惧，他自己急忙逃向被拆毁的桥；大批逃亡者涌来，他被卷入了台伯河。[35]

在弥留之际，君士坦丁将声称，他在战斗中看到一个十字架出现在太阳之上，伴随着"此役得胜"这样的词。[36] 这一事件似乎在时间的流逝中变得越来越重要，但君士坦丁的军队带着有基督标志的盾牌作战并大获全胜，这是毫无疑问的。马克森提乌斯被淹死在现在的米尔维奥桥（Ponte Milvio）附近。君士坦丁的新信仰倾向要过一段时间才会清晰起来，他本人也直到公元 337 年 5 月 22 日去世前不久才受洗，但从一开始，他就试图将教会与世俗国家尽可能紧密地联系起来，这一做法的成功由此可见：东部教会后来称他为第十三位使徒，并崇他为圣徒。他对基督的虔诚被他的儿子和后继者们模仿，并直接通向中世纪的基督教欧洲。正如罗马世界中经常发生的那样，一个皇帝的个人决定——他本人主要关心的是创造和维持他作为受神眷顾的军事领袖的形象——对整个罗马社会的意识形态产生了重大影响。

如果没有君士坦丁及其继任者非常私人的虔信，基督教是不可能在 4 世纪晚期成为罗马世界的主要宗教的，但重要的是要认识到主流基督教会在君士坦丁成为其恩主前已经十分罗马化，尽管基督教中同时也存在视罗马国家为迫害源头的态度。甚至基督徒们所使用的行政结构也反映世俗中帝国行省和城市的组织结构——行使管理职责的主教驻扎在主要城市社区所在之处，而主教会议通常在最大社区之一的主教的要求下召开，如亚历山大、安条克、迦太基和罗马主教：《新约》中已经能出现了主教（希腊语［episkopoi］，字面意思是"监督者"）担任第一代基督徒在小亚细亚各城市建立的新宗教团体的领导人的记载。尽管 1 世纪时"主教"与那些被称为"长老"（presbyter，或译为司铎）的人之间的区别可能并不总是很清楚，到 2 世纪中叶，主教成了所有的基督教主要中心的领导者，他们每个人都对他的信徒拥有准君主式的权威。到 3 世纪晚期，耶路撒冷在基督教等级制度中的核心作用几乎消失了，基督教与同时代犹太人的联系也随之消失。在 1 世纪的公元 70 年之前，根据《使徒行传》，保罗是前往耶路撒冷，在第一次教会会议上获得向外邦人传教的许可的，但到了 3 世纪 50 年代早期，基督教在耶路撒冷——其时它自然已经成了罗马殖民地埃利亚卡皮托利那——的存在感已经十分微弱：自公元 135 年以来，城中所有的基督徒都来自异族家庭，基督徒与耶稣家族以及"主的兄弟"雅各的联系被打破了。相比之下，到 3 世纪中叶，罗马的基督徒社区达到了很大的规模。尤西比乌斯记载，在哥尼流（Cornelius）担任主教时期，据其本人的说法，城中有 46 名长老、7 个执事（deacon）、7 个副执事（sub-deacon）、42 个侍祭（acolyte）、52 个驱魔者（exorcist）、读经者和守门人，以及超过 1500 个寡妇和悲苦的人，"众多神职人员……因着上帝的旨意，他们的数目很大且不断增加，此外还有大量的、数不清的在俗教友"。哥尼流和尤西比乌斯给出这些（大约在德奇乌斯迫害时期）数字，显然是因为它们在基督教的背景下也是很大的。他们似乎在暗示，罗马的基督教团体至少有几万人（而且也证明了，除了在有组织的国家迫害时期，基督教会众通常并不受干涉）。[37]

　　但哪怕更早的时候，当罗马的基督教团体在基督教话语中仍然规模很小的时候，它位于帝国心脏这一事实使它的重要性超过了它的规模。两个伟大的使徒彼得和保罗在这里被埋葬。1 世纪晚期的罗马主教克莱孟介入了科林斯的基督徒之间发生的冲突。公元 2 世纪晚期的里昂主教爱任纽（Irenaeus）为他的读者介绍了"由最伟大的两位使徒彼得和保罗所创建的最伟大、最古老、最著名的罗马教会"。赞扬之外，爱任纽还表示，"由于她有更强大的主控权，每个教会都应该保持一致的意见"。公元 3 世纪已经为罗马和它的主教在 4 世纪接管整个教会的领导权，尤其是在帝国西部的领导权，做好了准备。罗马教宗以其完整形式逐渐出现，最终取决于君士坦丁获得的神启以及他在米尔维奥桥获胜后国家态度的改变，但早在君士坦丁之前，"基督教起源于耶路撒冷的一个犹太人社区"这一点对于大多数为基督生和死的人的信仰已不再有太大的意义。[38]

因此，当君士坦丁向基督教的皈依将来自公元 1 世纪耶路撒冷的观念带向 4 世纪的罗马，之前几个世纪中基督教历史的自我呈现使皇帝无法承认他的新信仰在任何一方面具有犹太性。相反，基督教皇帝颁布的政府声明对犹太教的敌意甚至比他的异教徒前辈们的更强烈，参见君士坦丁很可能是在公元 329 年的 10 月 18 日颁布的一项法律中的申斥语气："君士坦丁·奥古斯都皇帝致禁军长官厄瓦格里乌斯（Evagrius）。朕希望犹太人、他们的领导人和他们的族长们被告知——在此法令颁布后——如果有人胆敢对逃离他们致命的宗派并将目光转向神的崇拜的人，处以石刑或其他狂暴行径——朕知道这样的事情正在发生——此人应当立即和他所有的帮凶一起被处以火刑。"类似的对犹太人和犹太教的敌意也表现在其他的手令中，比如在公元 325 年 6 月 19 日写给帝国所有教会的关于复活节日期信中："你们和可恶的犹太暴徒不要有任何共同之处……那些人在谋杀了主、在杀亲之后，已经失去了理智，不再由理性的原则而是由不受控制的冲动的引导，顺从他们内心的狂热行事，他们能有什么正确的想法？"

君士坦丁显然认为这种反犹太主义是他关于新发现的信仰的表达的一部分，他以炫耀的方式展现了自己的虔诚。大量的钱被投入到建造新教堂上，其中进行着没有牺牲的独特礼拜仪式。皇帝投身于基督教团体内部在教义上的争论，明确地认为基督教的统一对于国家的福祉是至关重要的。特权、财富和进入朝廷的机会纷纷落到基督教神职人员身上。最重要的是，新的、浮夸而且时常语焉不详的基督教式虔诚修辞进入了法庭用语，甚至是新颁布的法律。君士坦丁把他的统治描绘成一场意识形态的革命，一座原始的异教过去和光明的基督教未来之间的分水岭。对犹太人的谩骂是这种话语的一部分，这一基督教修辞元素是在教会建立的最初两个世纪里，基督教定义自我、与犹太教相区分时发展起来的。[39]

君士坦丁所皈依的基督教在多大程度上脱离了它的犹太根源？像他这样的基督徒并没有遵循大多数使犹太人区别于其他公民的习俗，比如守安息日、行割礼和遵从饮食法。他们很少谈论身体的纯洁，更多的是把性禁欲看作对圣洁的隐喻。他们认为婚姻是一种牢不可破的联结，而不是夫妻之间的契约。他们和犹太人一样崇敬《圣经》，但通过脱离了共享文本的字面含义的《新约》对《圣经》进行了重新诠释。而且（至关重要的是）他们否认动物祭祀的价值，没有在任何神殿崇拜上帝的欲望，所以对重建耶路撒冷圣殿毫无兴趣。

另一方面，像君士坦丁这样的基督徒保留了犹太人的历史观，即历史是从创世到最终审判的神圣的过程。就像犹太人一样，他们赋予圣时以很高的价值（这导致了关于每年庆祝复活节的正确日期的激烈争论，就像我们所看到的那样）。像犹太人一样，他们相信上帝规定了人类应该如何正当地生活，他们也共享犹太人关于罪、过错、告解、悔过和神对迷途者的宽恕的观点。基督教社区的成员相互支持，就像犹太人在他们的会堂里所做的那样，他们也反对杀婴，同样强调慈善和照顾孤儿寡妇的责任。就像犹太人一样，他们反对婚姻之外的性行为，以拘谨的态度看待裸体。正如我们所看到的，基督教徒，像犹太人一样，坚定地拒绝参与崇拜自己上帝以外的神。

在传统的罗马社会中，即使是最强势的皇帝，要想成功地将这种外来的理想强加于人，也必然是困难的。戏剧表演、舞蹈、格斗游戏、野兽表演，都延续到了4世纪，尽管一些基督徒对此表示厌恶，它们依然颇为流行，正如帝国早期基督教在小普林尼等一批有思想的异教徒的反感中发展壮大。但是在君士坦丁时期的基督教确实给罗马带来了一些变化。例如，君士坦丁承认了人是依照上帝的形象被创造出来的，他在公元316年3月3日给阿非利加总督欧墨利乌斯（Eumelius）的信中写道，"如果有人根据所犯罪的性质，被投入竞技场或者矿井中，不要在他的脸上加烙印，因为作为惩罚的烙印可以烙在他的手和他的小腿上，这样依照属于天国的美丽做成的脸可以不遭毁坏"。当犹太人的历史被斥为"可恶的暴民"的艰苦劳动的同时，以色列和希伯来民族的历史也成了罗马的历史：在尤西比乌斯《教会史》关于马克森提乌斯在米尔维奥桥兵败身亡的记述中，君士坦丁的胜利的原型并非来自古罗马，而是取自摩西："正如在摩西本人和敬畏上帝的古希伯来人的年代，'法老的车辆、军兵，耶和华已抛在海中，他特选的军长都沉于红海，深水淹没他们'，同样地，马克森提乌斯及其武装卫队和军士'如同石头坠到深处'……首当其冲的是那最邪恶的可怜虫本人，紧随其后的是围在他身边的携盾侍从，正如《圣经》所预言的，他们如铅一般沉到了大水之中。"[40]

君士坦丁使用着犹太一神崇拜的话语，并以其表达对偶像崇拜的厌恶，即使他没有使用武力来确保神庙的关闭，他解释说"建造神殿的习俗和黑暗的代理者"本该被完全消灭，"若非对于伤害性错误的暴力反抗如此顽固地植根于一些人的脑海，以致损害了公共利益"。尤西比乌斯在君士坦丁身后为其撰写的传记中赞扬了皇帝通过教会机构，在分配面向赤贫者的救济物资一事上的影响，"在一个地方给予地产，在其他地方给予穷人、孤儿和处于困境中的妇女粮食津贴。此外他还十分关照衣不蔽体以及缺衣少穿的人们，为他们提供了大量的衣服"。对性的态度明显变得更加清教徒化，至少在公共场合是这样的：在基督教说教占据主流，尤其皇帝也将其挂在嘴边的宫廷中，作家通过创作像奥维德一样描述爱的艺术的诗歌，或者佩特罗尼乌斯的《萨提尔孔》、阿普列乌斯的《金驴记》这样的小说谋求晋升之阶，成了无法想象的事情——在一个皇帝从公元326年开始禁止任何已婚男人在家中畜养姬妾、鼓励女孩私奔的乳母将会被处以极刑的社会当中，性不再是有趣之事："那些提供邪恶煽动的人的嘴和喉咙应该被灌入熔融的铅，使它们从此闭上。"让犹太人感到熟悉的是所有城镇居民每周都有一天并不工作，法律事务被暂停。这项命令通过君士坦丁在公元321年颁布的一项法律强制执行，哪怕远在埃及的俄克喜林库斯，它在公元325年显然也处于实行中：一封落款日期为公元325年10月2日的纸莎草保留了一份关于一些建筑物或建筑土地的所有权的法律诉讼的报告，当天的业务以法官决定"由于部分神圣的主日（Lord's Day）即将到来，中断了审理，因此本案判决将延迟到主日之后"告终。君士坦丁的人民在他的休息日从事农业劳动，因此此规定在这个程度上不同于犹太人的安息日，后者特别禁止在这一天从事农业劳动，而被选中的这一天也并非星期六，而是"主日"，即周日，但犹太每周七天的生活节奏从此扎根在了罗马生活当中。[41]

公元 336 年，为庆祝君士坦丁登基三十周年，基督徒尤西比乌斯在耶路撒冷做了一次演讲，他所使用的修辞能够引起两个半世纪前的犹太人约瑟夫斯的共鸣。约瑟夫斯赞扬了犹太教的一体性：上帝是一，犹太人对上帝只有一种信仰，"我们只有一位上帝，只有一座圣殿，因为'同类对于同类总是珍视的'"。尤西比乌斯对基督教君主的赞美与之相似：

> 他曾见来自天国的至高权威的图景，他把目光投向了上天，并根据最原初的模式将他的世俗政府框定，在模仿上帝的君主政体中获得力量。这种一致性是由宇宙之王授予地上众多生物当中的：因为仅有他是君权的来源，他颁布法令，要求所有人都服从一人的统治……国王只有一个；他的言语和皇家的法律也是一体的：这种法律不以文字和音节表达，未曾被写下或镌刻在铜表上并因此受到时间的摧残；但是它是一个活着的、自我维持的言语，他自己就是上帝，他代表所有在他手下并服从他的权力的人掌管他父亲的王国。

一神、一言、一君。[42]

君士坦丁在公元 337 年去世时，为他最后的安息之地所做的准备表明，他希望后人记住他就像耶稣所做的那样，曾与虔诚的加利利人犹太人联合——在 300 年前，他们跟随着耶稣来到耶路撒冷。"为纪念十二使徒的陪伴，他竖起了十二个神圣纪念物一般的遗体存放处，并把自己的棺材放在正中间，两侧各有六个属于使徒们……他相信他们的纪念碑将为他的灵魂带来有益的援助。"似乎没有什么能比这更好地说明，耶路撒冷的价值观向罗马的中心迁移——虽然君士坦丁和他的基督教徒，都没有把神圣使徒视为犹太人，而这位罗马皇帝，也并没有把他纪念碑性质的陵墓兼神殿，建造在奥古斯都立下陵墓的老罗马，而是建造在一个新的罗马，在于拜占庭旧址上全新建造起来的君士坦丁堡。[43]

第十四章

新罗马和新耶路撒冷

庄严之城与第二罗马

公元 4 世纪后半叶，异教历史学家阿米安努斯·马尔凯里努斯将罗马视为一座已经度过了其全盛时期的城市："它在衰落中进入晚年，其所取得的胜利通常仅仅归功于其名号，它（罗马）已经进入了一个更加平和的时期。因此，这座庄严的城市，让野蛮民族低下骄傲的头颅、制定了法律这一自由的永恒基石和停泊港湾之后，就像一个智慧、富有而勤俭的家长那样，把她的遗产托付给了恺撒们，就像托付给她的孩子们一样。"君士坦丁于公元 312 年 10 月 28 日作为征服者进入这座城市之前，罗马城衰退的过程——从权力的中心到古老尊严的象征——已经有了明显的进展。数十年以来，绝大多数皇帝选择其他地方进行统治，以更加靠近前线的军队，因为皇帝的权力取决于他们的支持。皇帝们更喜欢住在东方，如安条克或帖撒罗尼迦（Thessalonica），或者巴尔干的西米乌姆（Sirmium），抑或特里尔（Trier）或米兰；至于罗马城，皇帝们只短暂地去那里进行象征性的访问。[1]

尽管如此，罗马仍然远比帝国的其他城市更大。城市人口仍然依赖橄榄油、葡萄酒、谷物和木材的大量供给，它们从非洲、意大利南部、西西里、普罗旺斯（Provence）和西班牙进口到奥斯蒂亚，再通过台伯河转运到城市码头。宏伟的罗马水道始终得到良好的维护。通往罗马治下地区的道路也是如此：阿庇亚大道（Via Appia）向南通往那不勒斯，弗拉米尼亚大道（Via Flaminia）通往亚得里亚海北岸和多瑙河地区，还有其他伴随帝国扩张并使帝国扩张成为可能的高速交通网。元老院会议继续举行，并为帝国政策赋予合法性，尽管这显然只是一种形式。城市的纪念性建筑物——雕像、凯旋门、罗马广场、纪功柱——仍然提醒着我们曾经的辉煌。伟大的元老家族——其中一些人获得了巨大的财富——仍然将这座城市看作其展示影响力的最佳场所。在公元3世纪70年代，奥勒良（Aurelian）和普罗布斯（Probus）建造了令人印象深刻的防御性新城墙，并且在公元309年至312年间将其加高一倍，新城墙围绕着一大片并非已经全部建成的地区。戴克里先时代又耸立起一些新的建筑，特别是新建的巨大浴场和重建的库里亚（Curia），即元老院议事之处，此前它被大火焚毁了；在公元306年至312年间，一项大面积建筑工程在马克森提乌斯的监督下进行，包括重建公元306年被意外焚毁的哈德良的维纳斯和罗马神殿，以及在罗马市政广场上建造一座巨大的新教堂。因此，罗马绝非没落，但是它缺少了在奥古斯都时代所拥有的活力和重要性。失去了皇帝和皇室的庇护，这座城市沉浸于自己的过去，笼罩在对旧时的回忆之中——当时元老间的辩论和城市民众在罗马广场上的喧嚣，足以影响整个地中海世界的未来。

在这个古老城市的外表上，基督教的存在几乎是隐形的。"家庭教会"（house churches），顾名思义，在外表上和其他的民宅一样，与公寓、作坊和其他居民区的建筑融为一体，并被排除在帕拉丁山的公共空间和其他诸广场之外。至少在这方面，君士坦丁统治下所发生的变化是戏剧性的，尽管可能并不如他希望的那样势不可挡：在统治初期，他可能是受到了限制，因为他需要通过对公众的慷慨来赢得他们的支持，这些公民对他的对手马克森提乌斯颇有感情，尤其是因为后者是最后一个定居首都的罗马统治者。君士坦丁在公元312年胜利后不久，就决定在卡伊利山（Caelian

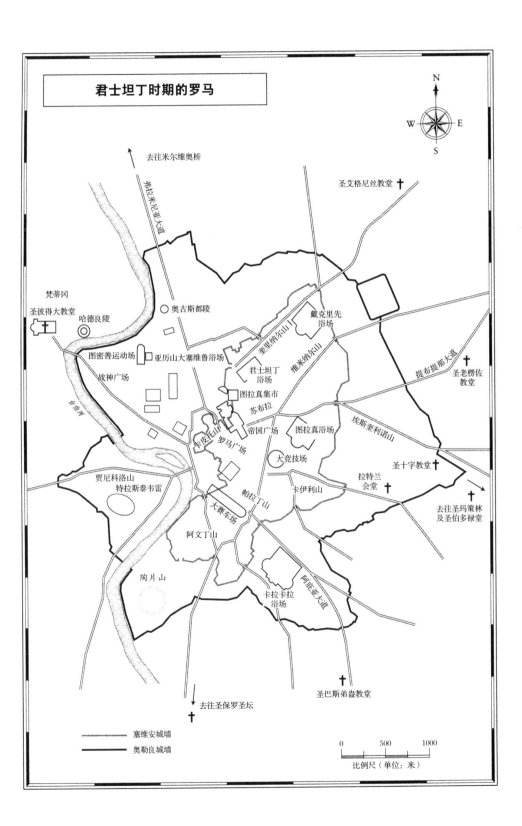

君士坦丁时期的罗马

去往米尔维奥桥

弗拉米尼亚大道

圣艾格尼丝教堂

梵蒂冈
圣彼得大教堂
哈德良陵
奥古斯都陵
奎里纳尔山
戴克里先浴场
维米纳尔山

图密善运动场
亚历山大塞维鲁浴场
君士坦丁浴场
提布提那大道
圣老楞佐教堂

战神广场
图拉真集市
苏布拉
埃斯奎利诺山
图拉真浴场

台伯河
卡皮托山
帝国广场
罗马广场
大竞技场
圣十字教堂

贾尼科洛山
特拉斯泰韦雷
卡伊利山
拉特兰会堂

大赛车场
帕拉丁山
去往圣玛策林及圣伯多禄堂

阿文丁山

陶片山
阿庇亚大道
卡拉卡拉浴场

圣巴斯弟盎教堂

去往圣保罗圣坛

塞维安城墙
奥勒良城墙

0   500   1000
比例尺（单位：米）

Hill）建造一座大会堂，供罗马主教使用，这座教堂就在奥勒良城墙的内侧，在卡皮托附近充满纪念建筑的古老城市中心以东的地方，这表明他打算尽可能把罗马变成一座基督教的城市。这座建筑被刻意修建得宏伟壮观，但它却被隐藏在大多数罗马人的视野之外，并且似乎只是因为此地属于君士坦丁的妻子福斯塔（Fausta），它才得以被建造。赐予教会礼物的是皇帝而不是罗马国家，新的基督教会堂被小心翼翼地藏在了城市的边缘地带，跻身于豪宅和花园之中，而非神殿和广场之间。君士坦丁在城墙内建造的另一座大教堂则更为隐蔽。在拉特兰宫（Lateran）的东北部，耶路撒冷圣十字大教堂（The Church of St Croce in Gerusalemme）可能于公元4世纪20年代，建立在一个现有宫殿的大厅里。从外面看，这个教堂看起来就像是皇室家族所使用的宫殿建筑中的一座，其非同寻常的基督教特征本质上是私人的，只有皇帝和他的基督教朋友能够见到。[2]

君士坦丁的建筑在城墙内的沉默在某种程度上是被迫而非自愿的行为，这与他对周边乡村地区的基督教化形成了鲜明的对比——在那里，基督教堂与异教神殿的竞争不那么激烈。殉道士的墓地长期以来受到当地基督徒的敬仰，尽管是以并不张扬的方式。现在，在地下墓穴附近耸立起了许多宏伟的基督教大教堂，大多数在帝国的土地上建造，它们为信徒提供埋骨之处，也是殉道士纪念日之际的朝圣中心，并且表达了皇室对于一种曾经受到迫害的信仰的公开支持。圣巴斯弟盎（St. Sebastian）大教堂坐落于阿庇亚大道上的使徒崇拜中心，其地上和墙壁上挤满了墓穴；另一个规模甚至更大的教堂位于提布提那大道（Via Tiburtina）上圣老楞佐（St. Laurence）的墓地旁；第三个教堂，位于殉道者玛策林（Marcellinus）和彼得的墓地旁，君士坦丁的母亲海伦娜（Helena）就被安葬在教堂的附属陵墓，后者留存至今。最令人印象深刻的是圣彼得大教堂，它克服了一系列物理困难，被建在梵蒂冈山上的斜坡上，并将现存的墓地包围在中央。尽管其中基督徒的墓地远少于异教徒的，建筑师们仍然非常小心地保留了据说通往埋葬着圣彼得尸骨的墓地的通路。殉道者的神龛被放在了教堂的中心位置，圣徒纪念物的上半部分位于巨大的人工平台之上，它覆盖了墓地，形成了教堂的地板。就像君士坦丁为了基督教上帝的荣耀在罗马所建造的其他建筑物一样，圣彼得大教堂也凭借其巨大的规模、宏伟的内部构造和奢华的金银装饰为人铭记，尽管其外表从远处来看是简单而又朴素的。

通过这些富有想象力的项目，君士坦丁充分展示了自己的宗教信仰，并远远满足了当地基督教社区的需求。即使是在向殉道士墓地祈祷的特殊日子里，信徒也很少能填满整个圣彼得大教堂。但君士坦丁也在无意间表明，他在城墙外能够实现的事情——通过皇室对于皇帝直接控制的地产的慷慨赠予——在这个古老城市不朽的中心、在属于公众的土地上，却是不太可行的：在这里，通过拆除现有公共建筑物去建设新的公共建筑可能会引发人们的敌意。在这里，君士坦丁就像在他之前的皇帝，尤其是他的对手马克森提乌斯那样，建造并完成了新的、用于世俗商业活动的长方大殿，这项位于市政广场的工程肇始于马克森提乌斯时期，但它现在将背负君士坦丁的名字，并且容纳他巨大的雕像。在奎里纳尔山（Quirinal）上，他建造了一些新的浴场，几乎与他之前的卡拉卡拉和戴克里先所建的一样大。但是，除了君士坦丁雕像手心里的"拯救标志"（十字架？或者是象征基督教的凯乐符号［Chi-Rho］？），这座城市中心的公共建筑上并没有什么基督教的元素。对于罗马城中那些因长期代表国家崇拜诸神而感到骄傲的元老贵族家庭来说，皇帝对基督教的忠诚是一种私人怪癖，而这一癖好绝不能使他偏离自己作为大祭司（pontifex maximus）的重要传统角色，即异教祭祀仪式上的最高祭司，君士坦丁一直到他生命的终点都扮演着这一角色，尽管他不喜欢一名罗马祭司应该宣扬的崇拜内容。元老院和罗马人民在公元 315 年的时候为了表彰他的胜利，在罗马斗兽场旁边为他竖立起凯旋门，其上模棱两可的铭文非常明显地反映出了元老们的反抗："献给英白拉多·恺撒·弗拉维乌斯·君士坦丁·马克西姆斯·庇护·菲利克斯·奥古斯都……因为在神灵的帮助下、在他伟大的思想下，他带领着他的军队，在这一刻以一场正义的胜利为国家复仇，击败了暴君和他的党羽。"这座凯旋门有浮雕作为装饰——它们大部分取自公元 2 世纪的纪念建筑之上——它宣称皇帝在米尔维奥桥取得的胜利是"在那个（或'一个'）神灵的激励下获得的"（instinctu divinitatis）。这些雕塑上根本没有基督教的符号：君士坦丁的诸神被描绘成太阳神和胜利之神。拉特兰附近的大教堂已经开始建造，君士坦丁也已经在颁布充斥着基督教修辞的法律，因此，碑文措辞的含糊不清，很难说是由于对皇帝信仰的无知。元老知道君士坦丁更喜欢什么，但他们中大多数人都拒绝表示默许。到了公元4世纪20年代中叶，当他在公元324年7月3日于哈德良堡（Adrianople）战役中取得决定性的胜利，并随后征服了帝国东部之后，君士坦丁似乎决定不再加紧旧罗马的基督教化运动，而试图在拜占庭建立一个新的罗马，使其成为一个更加活跃的基督教帝国的基督教首都。[3]

"君士坦丁建设了这座迄今为止还被称为拜占庭的城市，在城市周围筑起了雄伟的防御城墙，并用不同的纪念建筑来装饰它。作为统治帝国的城市，它被置于与罗马平起平坐的地位，而它的名字被改成君士坦丁堡，之后君士坦丁还颁布法令，规定它应该被称作'第二罗马'。"这些详情来自教会历史学家苏格拉底的记载——他在君士坦丁一个世纪后写作——而它们可能是混乱的，而且那些证实了君士坦丁本人依靠法律，规定他的新城市为"第二罗马"的更早的证据，也并不能令人完全信服，但是在公元324年，君士坦丁主教亚历山大，在安条克的主教大会中，已经被人称呼为"新罗马的主教"，在公元325年或326年，诗人奥普塔提亚努斯·波尔菲里乌斯（Optatianus Porphyrius）在一首写给君士坦丁的诗中，将"那些本都的贵族"称为"第二罗马"（altera Roma）。因此，君士坦丁本人是否将"新罗马"的称号授予了这个以他名字命名的城市，是有争议的，但毫无疑问的是，他把这座城市构想为在某种意义上的第二个罗马。这座城市在公元330年5月11日成为皇帝的主要居所，直到他在公元337年去世。这座新城市因为免费发放粮食，对新居民颇具吸引力，并且还被授予组建自己元老院的权利。皇宫是这座城市的中心，旁边是大竞技场，皇帝的雕像则矗立在新椭圆广场上一座圆柱的顶端。[4]

这座城市首先是君士坦丁本人的纪念碑，正因此，在这里，他可以公开地、挑战传统地、全身心地崇拜基督教的上帝，正如尤西比乌斯欣喜如狂地记载：

　　他将特别的荣誉授予这个以他名字命名的城市，用非常多的礼拜场所、巨大的殉道者祭坛和华丽的房屋来装饰它，一些矗立在城市之外，其他的位于城中。与此同时，他又给予殉道者的坟墓以荣誉，并把这座城市献给他们的上帝。他的身上充满了上帝智慧的气息，而他也认为，一个以自己名字命名的城市应该展示出同样的风貌，他认可对偶像崇拜的清洗，因此在神庙里受到崇拜的所谓神灵的形象不在这里出现，被血腥的宰杀污染的圣坛亦然，火中作为燔祭被奉献的牺牲、魔鬼的盛宴以及其他任何迷信的习俗都没有出现。你会在广场中央的喷泉那里看到好牧人的符号——对于那些来自神圣预言中的人来说，这是明显的迹象——还有铸造成但以理和众狮子形状的青铜器，饰有闪闪发光的金叶子。强烈的、信仰的激情占据了皇帝的灵魂，以至于宫殿里皇帝的住处、最著名的建筑物上、镀金的屋顶最中心的装饰物上以及那块巨大嵌板的正中心处，都已经被固定上了象征耶稣受难以拯救人类的标志，它由各种各样的宝石组成，并镶嵌着许多黄金。它看上去是出自这位上帝所爱之人的手笔，作为对其帝国的保护。

尤西比乌斯夸大了对城中异教势力的压制——至少一些古拜占庭的异教神殿被原封不动地保存了下来，大约两个世纪后的异教希腊历史学家佐西莫斯（Zosimus）甚至（也许不是完全可靠地）宣称，有两座新的神殿在君士坦丁统治期间建造起来，分别被献给瑞阿（Rhea）神和罗马命运神。但是，皇帝的决心——为确保其新罗马的基督教特性——在他给尤西比乌斯的信中清楚地表现了出来。在信中，他索要了多份《圣经》抄本，以供新的教会会众使用，因为

　　在这个由上苍的旨意而获得了朕的名字的城市中，大量的人们投身于最神圣的教会，一切都获得了极大的发展，因此建造更多的教堂是非常适宜的……以最快的速度准备书面材料，是你的工作要务。你有权在这封信的授权下使用两辆公共车辆运输书籍。这样，

这些精美的抄本就可以很容易地送到朕处，以供检阅；可让你自己教会的执事之一执行这个任务，他到达朕处时将得到我们慷慨的回报。愿上帝保佑你，亲爱的兄弟。

我们从公元 5 世纪的苦修圣人但以理传记所使用的修辞中，以及之后几个世纪里其他基督徒的作品中，可以看出君士坦丁政策的成功：通过积累基督教的圣物，君士坦丁堡不仅被认为是第二罗马，还被看作是第二耶路撒冷。[5]

面对君士坦丁对基督教的热情，生活在新罗马的犹太人的反应可能与意大利犹太人的反应有所不同。犹太人定居在小亚细亚的沿海城市和黑海地区已经有很长的一段时间了，在西塞罗的时代，罗马总督弗拉库斯就从拜占庭西南不太远的亚大米田（Adramyttium）偷走了亚细亚犹太人在公元前 62 年至前 61 年为圣城收集的资金。公元 3 世纪的拜占庭规模很小，但是公元 318 年时，犹太人在当地的铜器市场也拥有一座犹太教会堂，远早于君士坦丁宏伟的计划接管这座城市之时。这些当地的犹太人，对于 4 世纪 20 年代和 30 年代周遭环境变化的反应是很容易被猜到的。和其他居民一样，他们一定很欣赏这些从其他地方掠夺来的伟大的艺术品，它们被君士坦丁用于装饰他的新罗马的街道；他们也很可能会感受到某种对当地的爱国精神，但皇帝的反犹太言论一定让他们感到不安，因为他的宫殿如今逼近了他们的家园，而他的存在主宰着这座城市——尽管直到公元 422 年，他们的犹太会堂才被改造成基督教堂。[6]

老罗马城中的犹太人处于相当不同的境遇当中，这恰恰是因为君士坦丁没有试图以他将在帝国东部展现的那种狂热，在这座城市当中确立他的信仰。君士坦丁和李锡尼乌斯于公元 313 年在米兰颁布了敕令，明确地为帝国的每个人提供了信仰的自由。

我们认为，按照有益的和最正确的推论，我们应该确立的目标是，任何人都不应该被排除在彻底的宽容之外，不论他决心信奉基

督教，还是信奉任何他认为适合自己的宗教……人人都有选择他们
所崇拜的神的自由。这样做是为了确保没有任何崇拜或宗教活动由
于我们而被削弱。

罗马的异教元老们在字面上接受了这一政策，就如我们所见的那样，然后
继续遵从这个城市的古老崇拜。为什么犹太人不这样做呢？ 4 世纪罗马的
犹太人社区要比同时代拜占庭的大得多，并且已经沾染了更广泛的罗马社
会的一些文化特征。犹太人从当地那些受人追捧的作坊定做石棺，仅仅要
求在其中插入特定的犹太图像，比如在圆形浮雕座上精心雕刻的烛台，此
外还有美丽的金杯，其两层玻璃之间密封着带有烛台、枸橼果和棕榈枝等
犹太物件图案的金箔。一份保存在科隆的 9 世纪早期的手稿中含有一份
拉丁语书信的残篇，以 "以下是安娜写给塞内卡关于骄傲和偶像的信" 开
篇，它可能是一名罗马犹太人在这一时期写就的，这让我们想到，正如古
代晚期的希腊犹太人那样，罗马犹太人可能用拉丁语创作了自己的文学作
品，但犹太拉比或基督徒并没有将它们保存下来，这些作品因此散佚。[7]

　　这个社群已经适应了新文化，但他们仍然充分意识到自己在罗马人
中的独立身份，将死者埋葬到特殊的地下墓穴中；他们可以理所当然地将
新来的皇帝在公元 313 年颁布的宽容宣言看作歧视的终结。君士坦丁的前
任皇帝伽列里乌斯（Galerius）在两年前向罗马人民提供了一个结束迫害
基督徒的合理理由，这一理由也同样适用于犹太人：因为基督徒中有 "非
常多的人坚持他们的决心，我们看到这些人既不放弃自己的信仰，也不敬
拜诸神，也不崇拜基督徒的神（因为这是被禁止的）"，伽列里乌斯赦免
了他们，允许他们 "建立聚会场所"，并宣称 "他们将有责任向自己的神
祈祷我们的、国家的和他们自己的安全，祈祷政府可以不受伤害地存续下
去，而他们可以自由地生活居住"。这种宗教逻辑，与公元 1 世纪时斐洛
和约瑟夫斯的主张相同，即以皇帝的名义向犹太上帝忠诚地奉献牺牲：犹
太人有可能并不将皇帝当作神灵崇拜，但是，他们向着自己的上帝，为皇
帝福祉的祈祷，是独特而有效的。犹太人没有忘记他们的圣殿，并经常性
地在公元 4—6 世纪犹太会堂的马赛克地板上描绘它以及他们曾在那里做

的祭祀。如果存在君士坦丁所承诺的真正的信仰自由，犹太人的圣殿此时应该已经在耶路撒冷重建了。[8]

罗马犹太人的这些希望，以及它们在君士坦丁时期之后的几十年里的破灭——这几十年展现了君士坦丁对耶路撒冷完全不同的打算——可以被推测出来，即使他们没有被记录在为数不多的考古和碑铭遗迹中，而这个社群的历史却只能从这些遗留物之上重构。在米兰敕令之前的一个世纪里，犹太人和基督徒之间可能没有什么联系。基督教史料在记录当地教会的变迁之余，几乎没有提及罗马的犹太人。许多基督徒对耶路撒冷圣殿的重建深恶痛绝，因为耶稣已经预言了它的毁灭：如果许多犹太人不知道这一点，这是不足为奇的。犹太人需要一段时间才能意识到，皇帝接受新信仰到底意味着什么。与此同时，罗马城在公元4世纪的大部分时间里，都会是一个真正的宗教多元化社会。一名元老在公元354年的一本书中提到，庆祝维纳斯、奎里努斯、克瑞斯（Ceres）、弗洛拉（Flora）、塞拉皮斯和各个神化皇帝的异教节日，被记录在罗马的传统历法里，同时也被记录在了罗马殉道士的基督历法上。[9]

至少有一个罗马犹太人似乎受到了这种足够宽容的氛围的影响，因此提出，犹太律法和罗马法具有相容性。在这篇大概创作于公元4世纪晚期，名为《摩西律法与罗马法汇编》（Collatio Legum Mosaicarum et Romanarum）的非凡的拉丁语论文中，作者粗略地根据《十诫》后半部分的顺序，列出了《出埃及记》第20章到22章的经文，每一条之后都附有罗马法学家作品和帝国宪法的摘录。这种对比，表面的目的是展示"神圣律法"，即"上帝的使者摩西"所传之法的优越性，以及（据称）《圣经》和罗马法显著的一致性。一段关于摩西律法居先性的文字解释了这种一致性："法学家们，你们熟知的法律，摩西在早前就已制定。"作者特别强调了他所引用的"神圣经文"是神圣而不可侵犯的，但具体到特定章节，他所采用的版本经过了自由编排和压缩简化，这表明他想象中的读者群应该熟悉《圣经》，尽管可能是以另一种语言，如希伯来语或是希腊语——换句话说，他心目中的读者是自己的犹太同胞。尽管他引述了罗马法学家的观点，但是他不可靠的断言，即摩西律法和罗马法有相同性，不太可能给任何一位罗马法专家留下印象："摩西说：'若点火焚烧荆棘，以致将别人堆积的禾捆，站着的禾稼，或是田园，都烧尽了，那点火的必要赔还。'（3 世纪早期罗马法学家）保罗（Paulus）在《判决词》的第五卷，题为'纵火'（*About Incendiaries*）的篇目中写道：'因为仇恨而放火烧毁一间小屋或农场者：地位较卑贱的将被判到矿井或公共工程劳作，地位较高的将被流放到一个小岛上。'"相比之下，罗马犹太人可能的确会获得深刻印象，因为这份汇编从多种来源收集到了罗马法律的材料，以及它这种护教式的主张，即它在某种程度上也肯定了《托拉》在罗马世界的有效性。如果本书作者及其目标读者确实都是犹太人的话，那《摩西律法于罗马法汇编》在现存的公元 4 世纪古代犹太文献中是独特的，因为这部作品代表了这样一种尝试，一个犹太人试图说服帝国中的其他犹太人，他们的罗马身份与他们的犹太教信仰并无冲突，或者说他们的犹太文化与他们的罗马性并无冲突——在基督教帝国再次将犹太文化放逐到边缘之前，这是一次真实的、即便短暂的对于和解的尝试。不宽容即将到来的信号，在君士坦丁的统治下初现端倪，它们更少出现在罗马城的多元氛围下，而是出现在君士坦丁强加给犹太人家乡，尤其是耶路撒冷的翻天覆地的变化里。[10]

新耶路撒冷

"新耶路撒冷是作为对救世主的见证而建造的，它正对着著名的老耶路撒冷城，后者在我主被残忍谋杀后已经被夷为平地，为那里邪恶的居民付出了代价。之后，在老城的对面，皇帝凭借充足的财富和慷慨的赠与，为着我主对死亡的胜利，建立了新城，这也许就是先知在预言中宣告的崭新的耶路撒冷，那些长篇演讲在述说神圣启示时，为这座城市吟诵了无数赞美之词。"公元 337 年，尤西比乌斯如此描述君士坦丁建造耶路撒冷圣墓大教堂的景象。凭借它的财富和虔诚，耶路撒冷将再次成为帝国庇护下的一个伟大的宗教中心和朝圣者的磁石，但是，正如上述言辞明确强调的那样，耶路撒冷的复兴并不是为了那些卑鄙的犹太人，他们的圣殿被毁是因为"他们残忍谋杀了我主"。[11]

　　在这座城市被君士坦丁改造之前，耶路撒冷的古老地位，对于普通的罗马人来说已经是最遥远的记忆。"埃利亚"这个名字——它属于取代了犹太圣城的罗马殖民地——扎下了根，哪怕在基督教皇帝统治期间仍被官方使用。意味深长的是，殖民地原名的第二部分"卡皮托利那"则被遗漏了；人们认为这一代表该城属于卡皮托朱庇特的名字已不再合适。就连教会历史学家尤西比乌斯在编写巴勒斯坦地区的《圣经》地名索引《圣经地点考》（*Onomasticon*）时，也不加区别地使用埃利亚和耶路撒冷这两个名字。在另一部作品《巴勒斯坦的殉道者》（*Martyrs of Palestine*）中，他描述了一个戏剧性的场景：公元 310 年 2 月 16 日，就在君士坦丁皈依前，信奉异教的巴勒斯坦总督费弥利安（Firmilianus）在凯撒里亚审问尤西比乌斯推崇的基督教导师帕姆菲罗斯（Pamphilus）时，感到十分困惑，因为这位殉道者坚称"他的祖国是耶路撒冷，也就是保罗所说的那个耶路撒冷：'但那在上的耶路撒冷是自主的，他是我们的母'，以及'你们乃是来到锡安山，永生神的城邑，就是天上的耶路撒冷'……法官……十分困惑，并且感到不耐烦，认为基督徒肯定已经建立了一个仇恨和敌视罗马人的新城市；他努力想找到这座城，并到东边的土地上四处打听"。对于一位罗马地方法官来说，基督教殉道者的宗教地理学没有任何意义；这件事距离属于基督教的新耶路撒冷出现只有几年。事实上，在帕姆菲罗斯殉道时，埃利亚在该省的行政、经济和军事生活中已经不那么重要。随着第十军团在 3 世纪渐次离开殖民地，以付给士兵的工资的形式从中央政府流入的财富逐渐枯竭。军事道路保证了埃利亚与凯撒里亚和其他要塞城镇的联系，例如在耶斯列（Jezreel）山谷中相对次要的军团基地勒癸俄（Legio）。但这座身处犹地亚群山中的殖民地十分孤立，并不在主要的贸易路线上。由于没有特殊的自然资源，即使是对周围乡村进行密集的开发，也只能带来微薄的回报。毫无疑问，埃利亚拥有任何一个罗马东部城市都享有的标准设施，如公共澡堂和剧院，但是，由于缺乏驻扎的军事力量和宗教狂热者带来的热烈气氛，它正逐渐地缩入暗处。[12]

　　但对基督徒来说，因为很久以前曾发生的事情，这个默默无闻的殖民地所处的城址当然非常重要。早在公元 2 世纪中叶，萨迪斯的梅利托——他在复活节诗中对犹太人进行了恶毒的描绘，将他们刻画成弑神者——就曾"到过东方"，在那里，他"考察过所有这些事情被宣讲和应验的地方，从而获得了一些关于《旧约》书卷的确切信息"。梅利托是第一个为人所知的朝圣者，他们来到圣地，"目的是祈祷和考察这些地方"。在卡拉卡拉统治时期，对于卡帕多西亚地方一个基督教社区的主教亚历山大（Alexander）来说，这次朝圣成了永久性的访问，因为"当地教友不仅表示热烈欢迎，而且还极力挽留他，因为其中一些虔诚信徒也在梦中得着异象"，于是"他们征得邻近教会主教的认可，把亚历山大强留下来"。其后，在德奇乌斯迫害期间，"为着基督的缘故，在凯撒里亚，亚历山大再次被带到总督的审判台前，第二次勇敢无畏地承认自己的信仰。尽管他白发苍苍，年事已高，却还是被投入监牢。在满有荣耀的见证后，他在狱中寿终正寝"。但是，尽管其他基督徒也受《圣经》历史的吸引来到耶路撒冷，当地的基督教社区在 2 世纪和 3 世纪依然规模较小，远逊于位于行省首府凯撒里亚更强大的教会：公元 3 世纪中期，这里生活着《圣经》学者俄利根，4 世纪早期则生活着尤西比乌斯本人，后者在公元 313 年的赦令后不久就成为主教。几乎没有证据表明在君士坦丁之前有基督徒认为耶路撒冷那些因为与《圣经》的联系而（在基督徒当中）出名的地点本身也应当被认为是神圣的。相反，像殉道者帕姆菲罗斯这样的基督徒眼中的新耶路撒冷并不属于眼前这个世界。新耶路撒冷属于几个世纪以前的先知以西结设想的末日，在《启示录》中先知将它用在了教会上。他写道：

> 那从天而降的圣城耶路撒冷，城中有神的荣耀：城的光辉如同极贵的宝石，好像碧玉，明如水晶……我未见城内有殿，因主神全能者和羔羊为城的殿。那城内又不用日月光照，因有神的荣耀光照，又有羔羊为城的灯。列国要在城的光里行走，地上的君王必将自己的荣耀归与那城。

2 世纪下半叶，一位拥有预言能力的基督徒孟他努（Montanus）——

其教义在后来被谴责为异端，但他在公元 206 年赢得了包括德尔图良在内的许多人的忠诚——甚至声称，天上的耶路撒冷很快就会降落在他的家乡，弗里吉亚的拍浦撒（Pepuza）。埃利亚坐落在古时那座真正的耶路撒冷城的原址上，那里的基督徒在 3 世纪和 4 世纪初对来自更广大地区的基督徒施加的影响力，更多来自他们在打击异端以及贡献英勇就义的殉道者——如主教亚历山大——方面扮演的角色，而不是圣地所带来的神秘气氛；正是这些事迹引发了人们的钦佩和效仿。[13]

因此，君士坦丁计划建造新的基督教耶路撒冷的计划破坏了巴勒斯坦基督徒长期以来建立的权力结构，毕竟他们主要是向凯撒里亚的主教寻求指导。早在公元 325 年的尼西亚大会上，即君士坦丁征服东方一年后，与会的主教同意，"既然习俗和古老的传统坚定地认为埃利亚的主教应该受到尊敬，那么就让他按照这种传统获得应有的荣誉，把属于都市（即凯撒里亚）的荣誉留给它"。很难说这一裁决是否反映了主持这次会议的皇帝的个人偏好，以及耶路撒冷的著名主教马卡里乌斯（Macarius）的影响力有多大。我们的主要信源尤西比乌斯对这件事并不是漠不关心的，因为作为凯撒里亚的主教，他能失去的有很多；但尤西比乌斯在为君士坦丁写作的传记中记录了皇帝为了提高基督教耶路撒冷的地位而直接扮演的角色：他清除了异教的神殿，并确定了对于基督教来说具有重要意义的地方，特别是圣墓，因为：

> 他决定应该让耶路撒冷最受祝福的地方，也就是救世主复活的地方，变得举世闻名，受到尊敬……一些不敬神的恶人计划让全人类再也看不到救主的洞穴，他们愚蠢地以为可以用这种方式隐藏真相。的确，他们付出了巨大的努力，从外面的某个地方带来了土，把整个地方都填上，然后把它夷平，铺砌了地面，把神圣的洞穴藏在了大量的土壤下面。在完成了这一切之后，在地面之上，他们建造了一个可怕的、真实的坟墓，献给灵魂和死去的偶像，他们为阿佛洛狄忒的不洁的恶魔建造了一个阴暗的圣所；之后他们在那里奉献污秽的牺牲，玷污和污染了祭坛……一声令下，这些弄虚作假的

东西就被彻底拆毁了，错误的建筑连着偶像和恶魔一道被拆除……
地下的圣地一步步显露出来，最终，与所有预期相反，崇敬的、极
为神圣的救主复活的见证现了身，而那洞穴，那至圣的所在，呈现
了救世主回归生命时的图景。

一旦那场复活的地下地点以"与所有预期相反"的方式现身，君士坦丁便
开始建造属于殉道者的最伟大的教堂，即耶路撒冷圣墓大教堂，它就位于
殖民地的中心。尤西比乌斯在其落成之后不久，以赞美的眼光对教堂进行
了详细的描述：

> 他首先对作为主要项目的圣洞进行了装饰。这是一座充满了悠
> 久记忆的坟墓，包括伟大的救世主战胜死亡时获得的战利品，是一
> 座神圣的坟墓，曾经有一位散发着光芒的天使在那里向所有人宣布
> 救世主展示的重生的好消息……面对山洞的那一侧，也就是面向朝
> 阳的那一侧，与皇家的庙宇相连接，这座建筑有着非凡的结构：极
> 高，长度和宽度也非常惊人。各种大理石板覆盖着它的内部，凿出
> 的石块则闪耀在墙的外部，每个连接处都紧密地结合在一起，产生
> 了一种绝不逊色于大理石的至高美感。屋顶上的材料是铅，它是面
> 对暴雨侵袭的可靠保护；而结构的内部装有雕刻的棺材，一系列的
> 连接点像一片广阔的海洋铺满了整座宫殿，它以灿烂的黄金进行美
> 化，整个圣殿因此闪烁着光束……这就是皇帝建立的圣殿，它被作
> 为救世主复活的见证，遍布着属于皇室的富丽装饰。他用数不清的
> 美物来装饰它，无数的金银和宝石镶嵌在各种材料上。鉴于它们的
> 规模、数量和种类，要详细描述制造它们的熟练工艺将超出本作的
> 范围。[14]

埃利亚市中心的宏伟改建计划，为城市提供了基督教的焦点，这与
其说是为了当地居民的利益（就像在罗马那样），更多是为了来自基督教
世界的朝圣者。君士坦丁本人在他的计划付诸实施后从未去过圣地，尽

管他的岳母欧特洛庇亚（Eutropia）去过，母亲海伦娜也是如此；这次访问十分出名。海伦娜在橄榄山（Mount of Olives）建立了一座教堂，即埃利奥娜大教堂（Eleona basilica），并在伯利恒的耶稣诞生地建立了另一座教堂；4 世纪时，那里逐渐生发出这样一种传统，即她也发现了属于受难地上的原始十字架的木料，尽管这个并不见于尤西比乌斯记载的故事一定是君士坦丁死后的虔诚的虚构。与他在罗马采取谨慎态度不同的是，皇帝似乎并未考虑埃利亚当地异教徒的情感，鉴于他拆毁了属于"阿佛洛狄忒的不洁的恶魔"的圣殿，为圣墓大教堂让路，又拆毁了希伯伦附近的马里（Mamre）的异教圣地，并允许在那里建一座新教堂。埃利亚的部分居民，也许是大多数居民，哪怕到君士坦丁死去很久之后都可能继续着他们的异教信仰和活动，但心怀不满的异教徒并不会构成威胁。在君士坦丁眼中更重要的是来自帝国各地的精英，他希望他们能够皈依他的新信仰。圣地的诸教堂在建筑规模上要小于君士坦丁在罗马建造的宏伟建筑，但拥有广阔的开放空间，这是为接待大量朝圣者而设计的。在圣墓大教堂宏伟的露天庭院里，柱廊提供了休憩之所，游客们在此敬畏地凝视着这座饰以立柱和其他装饰物的新发现的陵墓。那面对陵墓的庭院的一侧是各各他教堂（Golgotha Basilica），通身镶着闪闪发光的大理石，这里是举行礼拜、庆典和公共祈祷的场所。由于整个建筑群看上去都隐藏在教堂宏伟的外墙之后，并未皈依基督教信仰的当地人只能看到前去祈祷途中的朝圣者，并试图在宗教旅游这一新兴的收入来源中有所收获，但皈依一事一定吸引了许多人。君士坦丁不仅忽视了埃利亚异教徒的脆弱感情，而且主动对他们发动打击：他捣毁偶像这种"可怕的负担"，打压他们的崇拜仪式。在充满纪念物的埃利亚市中心——在哈德良时期建造的市政广场的北侧——建造一所基督教大教堂的决定，可能与其说是由于当地关于基督墓址的传统，不如说是由于君士坦丁想要证明这座城市既是罗马的，也是基督教的。存在这样一个有吸引力的假说，即圣墓大教堂之所以在 9 月落成，是因为这个月的月中，即 9 月 13 日，本是纪念至善至大朱庇特（Jupiter Optimus Maximus）的古老罗马节日，"卡皮托利那"这一名字长期以来都象征着朱庇特对这座殖民地的监护权，而今他已被基督取代。[15]

我们更加不确定的是，皇帝是否对"让犹太人安于其位"保持关注，因为他们早就被正式排除在城市的领土之外。对于尤西比乌斯来说，新耶路撒冷的荣光因为旧城可见的毁坏而更加耀眼，其思想在他的各种著作里得到了详细阐述，而且在早期基督教思想中也有着悠久的历史，但没有证据表明君士坦丁与尤西比乌斯共享着这些复杂的概念：除了那些最为基础的内容，君士坦丁对《圣经》材料的掌握是不牢固的。另一方面，君士坦丁也没有理由支持他基督教城市中的犹太人。公元333年，一个来自波尔多的朝圣者来访时，犹太圣殿的遗址仍然是一片废墟：两座巨大的雕像将其压制，虔诚的朝圣者认为它们代表了哈德良皇帝。在3世纪中叶，可能也去过这个地方的俄利根认为虽然其中有一个是属于哈德良的，另一座雕像应当属于盖约或提图斯。事实上，它可能属于哈德良的继任者安敦尼·庇护，因为一座雕像的基座幸存了下来，上面镌刻了他的名字。这个基座被颠倒着砌入了"高贵的圣所"（*Harem esh Sharif*）南墙双门的过梁，后者大约修建于7世纪或更晚的时候，那时此处已经成了一座伊斯兰神殿。作为基督教意识形态的证据，它是十分重要的；4世纪末，在伯利恒附近写作的基督徒哲罗姆认为，该雕像实际上属于朱庇特，对他的崇拜取代了犹太人的上帝，反过来又为基督所取代。[16]

君士坦丁太过专注于异教徒，并没有攻击耶路撒冷的犹太人，但这样的和平不会持续太久。5世纪末6世纪初的异教徒佐西莫斯曾写道，公元395年，禁军长官鲁菲努斯（Rufinus）被谋杀后，他妻女离开君士坦丁堡流亡时被允许"远航到耶路撒冷，那里曾是犹太人的故土，不过从君士坦丁当政开始，基督徒建立的建筑就缀满了那个地方"。这段出自异教徒之口的话是一个不寻常的例子，它所反映的观点在4世纪耶路撒冷的基督徒中越来越普遍，特别反映在区利罗（Cyril）的著作中，后者于约公元347—386年担任主教，他认为，创建一个真正属于基督教的耶路撒冷，需要与当地根深蒂固的犹太神话和象征意义对抗，并让教会的神话和象征意义取代它们。在君士坦丁统治的时期，皇帝感兴趣的并不是与犹太人做斗争，而是和异教做斗争，生活在圣城附近的犹太人总体上过着不被打扰的平静生活，但在两教共享的关于《圣经》中提及的地点的传统

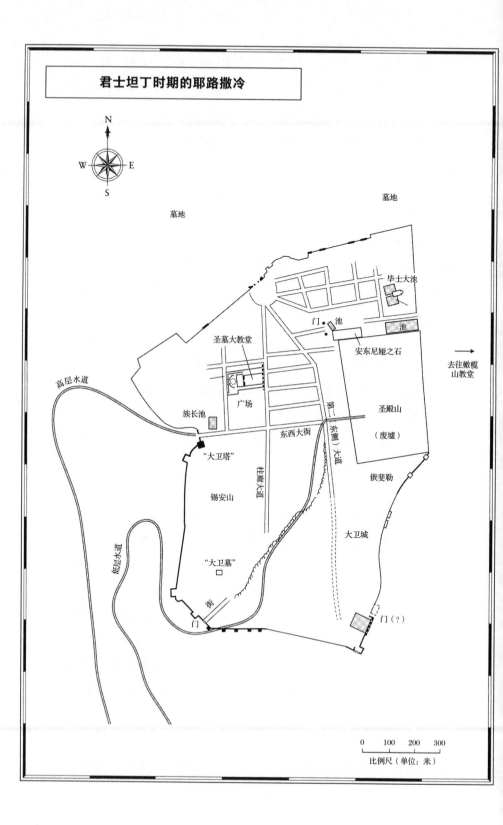

君士坦丁时期的耶路撒冷

中，冲突的种子已经深深埋下。一旦皇帝和其他富有的罗马人拥有了充足的资金，使他们能够在被指定为基督徒圣地的地方竖立纪念物，这样的共享就变得越来越难以维持，这一点在那位醉心于耶路撒冷及其周边地区的波尔多朝圣者的笔下得到了清晰的体现；该作品创作于公元333年，即君士坦丁开始建设项目后不久。这部非凡作品之所以令人难忘，是因为作者向他（或她）在地中海另一端的拉丁读者呈现了作为精神世界中心的耶路撒冷。这篇"从波尔多到耶路撒冷，并从赫拉克利亚（Heraclea）出发经过奥罗那（Aulona）、罗马城到米兰的行程记述"的主要写作形式是罗列罗马道路沿线的城镇，并指出它们之间的距离，偶尔点缀着与旅行者相关的旁白："汉尼拔（Hannibal）王在这里安息"或"这里是魔术师阿波罗尼乌斯（Apollonius）的故乡"。但是当他描述巴勒斯坦时，此地成了一处神圣的风景，令人想起《圣经》中的故事。通过频繁使用现在时第二人称动词，作者邀请读者进入这片风景之中："当你离开此地，穿过锡安的城墙……你可以看到大卫的宫殿……"对于作者和读者双方来说，如今的圣地显然不同于帝国的其他部分。

当到达耶路撒冷时，这位朝圣者的笔调达到了前所未有的虔诚：

> 耶路撒冷圣殿旁边是两个大池，一个在右，一个在左，都是所罗门建造的……还有一个地下室，所罗门在这里拷打恶魔，角落还有一座高耸的塔楼，这是主曾经攀爬过的塔，他对诱惑他的魔鬼说："不可试探主你的神，单要侍奉他。"那里还有块巨大的奠基石，关于它有这样的话："匠人所弃的石头，已成了房角的头块石头。"在这座塔的顶端下面有许多房间，所罗门的宫殿就在此处。他写作《智慧书》的房间也在这里，它的屋顶是用一整块石头做成的……还有那圣所本身，即所罗门所建的那座圣殿，在祭坛前面的大理石上，你会说撒迦利亚的血今天才洒在那里。在周围你可以看到杀死他的士兵的指甲印，就像压在蜡上一样明显……在锡安之中，在墙内，你能看到大卫的宫殿。那里有七个犹太会堂，但只剩下了一个，其余的都被"开垦了，撒了种"，就像先知以赛亚所说的那样……在

附近，大约有一箭之遥，是两座具有纪念意义的、无比美丽的坟墓。其中一座是由一整块石头构成的，先知以赛亚被葬在那里，另一座安葬着犹太人的王希西家（Hezekiah）……距离耶路撒冷四里远处，在通往伯利恒的大道右侧，是雅各（Jacob）的妻子拉结（Rachel）的坟墓。再往前走两英里，左边是伯利恒，主耶稣基督在那里诞生；君士坦丁下令在这里建造了一座长方形的教堂。不远的地方是以西结、亚萨（Asaph）、约伯、耶西（Jesse）、大卫和所罗门的坟墓。当你下到地窖的时候，你能看见他们的名字用希伯来文写在墙上。[17]

波尔多的朝圣者唯一一次短暂地提及同时代居住在耶路撒冷的犹太人，是说他们每年会在圣殿遗址举行哀悼仪式：朝圣者注意到，距离哈德良的雕像不远的地方，是"一颗被刺穿的石头，犹太人每年都来这里为它涂膏；他们哀恸哭泣，撕裂他们的衣服，然后离去"。在 4 世纪及之后编写的拉比文本中散落的暗示表明，尽管哈德良禁止犹太人在这个城市里定居，在实践中，至少公元 3 世纪初以来，就有少量犹太人陆续拜访圣殿的遗址："拉比约拿单到耶路撒冷敬拜的时候……被一个撒马利亚人看到了。他问：'你往哪里去？'他说：'去到耶路撒冷敬拜。'"面对这样的回答，据说这位撒马利亚人回应道："在这个被祝福的山上祈祷，难道不比在那个粪堆上祈祷更好吗？"后来的拉比保存的一种传统称，在塞维鲁时期有一群拉比米耳（Meir）的学生在耶路撒冷建立了一个小型的"神圣社区"，尽管没有记载称耶路撒冷在君士坦丁时期拥有任何犹太人的定居点。10 世纪亚历山大的主教欧提奇乌（Eutychius）断言，君士坦丁禁止了犹太人在耶路撒冷居住或路过时从城中穿行，但是，哪怕这不是简单地弄混了哈德良的敕令，也不过是——也许是鉴于主教辖区内的热情——重申了现行的法律。很明显，那些大概是在亚比月九日斋戒时到圣殿遗址哀悼的犹太人，被异教徒和基督教徒视为威胁。[18]

君士坦丁统治时期，新耶路撒冷的犹太人也许并没有被视为对基督教的威胁，但他们和异教徒一样，都可以被改变至真正的信仰，一个名叫约瑟的人这些年来的努力证明了这一点。这个犹太人起初是太巴列一位犹太族长的廷臣，是他让加利利的犹太人信仰起基督教。萨拉米斯的主教伊皮法纽（Epiphanius）在他那并不可靠的大部头作品《驳一切异端邪说》（*Refutation of All the Heresies*）里讲述了约瑟的故事；此书创作于4世纪后半叶。伊皮法纽本身是土生土长的巴勒斯坦人，曾面见年过古稀的约瑟。依据伊皮法纽的转述，约瑟自称是通过阅读太巴列那位犹太族长档案库中的基督教书籍而接触到基督教思想的，在一次外出任务中——他受族长之命与奇里乞亚的犹太人会面——他皈依了基督教。尽管遭到了当地犹太人的排斥和攻击，他接受了洗礼，在君士坦丁的宫廷中受到了欢迎，并授予"卿官"（comes）称号。回到加利利后，在皇帝的保护下，他将在犹太人的城市和村庄建立教堂：

> 在过去，没有人觉得自己已经足够安全，以至于能够建造教堂，因为那里没有异教徒或撒马利亚人，也没有基督徒……约瑟带着信件以及与他头衔相伴的权威去了太巴列，随身还有授权他提取皇室资金供自己开支的信件。他自己得到了从皇帝那里获取供给的荣誉。于是他开始在太巴列修建……现在他需要的是生石灰和其他材料。于是，他下令在城外建造许多窑炉……但那些可怕的犹太人无所不为，克制不住地用上了他们惯常的魔法把戏。这些出身高贵的犹太人尽了一切努力，使用魔法和古怪的艺能抑制火焰的燃烧，但并没有达成他们的目的……当那些受命把燃料放在火上的人向约瑟报告发生的事情时，他感到颇为受伤；对主的热情在他身上熊熊燃烧，他跑在城外，让人拿来一瓶水……他当着所有人的面拿起水瓶（一群犹太人聚集在现场，渴望目睹即将发生的事，并且想知道约瑟会怎样做），用自己的手指在上面画了一个十字，大声呼唤耶稣的名："奉拿撒勒人耶稣的名——是我和所有这些旁观者的祖辈将他钉死在十字架上的——愿这水里有力量，使这些人施展的所有巫术和魔法都失效，愿他激发火的力量，以完成主的殿宇。"他把水倒在手里，洒到每一个窑炉上。咒语被打破了，火在众人眼前燃烧。众人呼喊着"确实有个上帝，他在帮助基督徒啊！"离开了。那些（犹太）人

依然恶待约瑟，但最终，他在太巴列建造了圣殿的一部分，并在建成了一座小教堂之后离去。

　　这些在君士坦丁的赞助下建造教堂的努力恰恰发生在拉比学院所在那一部分的以色列土地上；这一事实以及所谓约瑟和犹太族长们（伊皮法纽称他们为希勒尔及其子犹大，"他们来自生活在救世主时代的第一位伽玛列的家族"）的关系，将拉比的反应衬托得更加刺目：没有记录表明他们对在此地皇室利益的变化做出了回应。在这片土地上存在了几个世纪的异教神庙被连根拔起，公元329年君士坦丁威胁要对一些犹太人实行重惩，因为他们对叛出犹太教的人"施以石刑或其他狂暴行径"，而且"朕知道了这样的事情如今正在发生"：很难想象拉比会对这些事情不置一词。拉比在这种变化前的沉默更可能是出于唯我主义，而非故意忽视。犹太人皈依基督教是确实发生过的事情，不仅在约瑟的生涯中有所体现，还体现在公元335年10月21日君士坦丁对之前颁布的法令的要旨的重申——这部差不多6年前的法令显然还不够有效："如果一个犹太人要为自己打开永生之门，要将自己与神圣的崇拜相结合，选择成为一名基督徒，他不得遭受来自犹太人的骚扰和攻击。如果犹太人当中有人认为一个成为基督徒的犹太人应该受到攻击和伤害，朕希望这样的煽动者受到与其所犯罪行性质相称的惩罚。"[19]

　　不是所有君士坦丁时代的以色列犹太人都属于热情产出拉比文学的学者圈，而其他犹太人，正如罗马城中的异教徒（也许还有犹太人）一样，可能是按表面意思理解君士坦丁的赦令的：他们将其看作使自己的宗教适应一个多元化世界的契机。当然，在公元4世纪和5世纪，这片土地上生产出了越来越多的工艺品和建筑，它们显示了独特的犹太标志，同时也挪用了来自更广泛的社会中的文化特征。也许关于这种文化融合最让人吃惊的例子是罗马晚期犹太教堂的马赛克地板上出现了太阳神赫利俄斯（Helios）的形象。说这些图像出自委托制作它们的人的授意，同时代表着犹太教的上帝，这并非不可能，因为早在几个世纪以前，约瑟夫斯就说艾赛尼派会在日出前对太阳"念诵某些祈祷，仿佛恳求他上升"以及

"会（借助一把锹）掩埋排泄物，避免冒犯神的光线"，早期拉比谈起上帝的时候有时会使用人格化的、热情的词汇，并指出，由于上帝是火，所以上天堂去与他同在是不可能的。[20] 但不管图像的出资人或者实际制作者目的为何，这些罗马晚期犹太教堂中的马赛克图像都很难与当时非犹太人世界中随处可见的太阳神形象区隔开来。"不可征服之日"（Sol Invictus）和赫利俄斯（希腊语中的"太阳"）在3、4世纪的帝国宗教宣传中的形象与犹太会堂中的十分接近。在公元4世纪，太阳成了异教徒心中的一神论象征，这点在异教徒皇帝尤里安于4世纪60年代写的《赫利俄斯王赞美诗》（Hymn to King Helios）中便有所体现。对太阳的崇拜与对至高神（Theos Hypsistos）的崇拜密切相关，后者的信徒（正如犹太人那样）并不绘制任何神的肖像，但崇拜太阳和火。一则来自阿波罗的预言描述了这位神灵的本质，其副本见于小亚细亚奥伊诺安达的一通铭文："诞生于自身，未经教导，没有母亲，不可动摇，无法被一个名字所涵盖，但拥有许多名字，居住在火中，这就是神……埃忒耳是能见一切的神，你应该在黎明时分对着日出的方向，凝视他，向他祈祷。"皈依基督教后，君士坦丁在铸造的钱币上继续描绘太阳神的形象，而这一做法最合理的解释就是他认定太阳便是基督徒所崇拜的最高神。当尤里安皇帝计划在公元361年重建耶路撒冷的犹太圣殿时——根据两个世纪后吕底亚人约翰（John the Lydian）的报告——他将其描绘成至高神的神殿。斐洛曾经援引亚基帕一世写给盖约皇帝的信件，信中使用了"至高"（Hypsistos）一词指代犹太人的上帝，约瑟夫斯引用奥古斯都所颁布的一项有利于犹太人的法令时也用了相同的措辞：因此，4世纪巴勒斯坦的犹太人之所以使用赫利俄斯的形象装点他们的会堂，可能是为了展示一种自信的信念，即异教徒和基督徒二者最为崇敬的神灵便是以色列的上帝。[21]

　　接下来，犹太人唯一还需要做的事情便是获得以上帝主张的方式——在重建的耶路撒冷圣殿中，以奉献牺牲和奠酒为途径——崇拜他的许可。君士坦丁结束了城市中的异教徒活动。朱庇特和阿佛洛狄忒的神殿不是被摧毁，就是空无一人。新建的圣墓大教堂不论如何都不涉及祭祀偶像，而且，不论实际上发生了什么，那些谙熟皇室话术的犹太人都有可能将其视作一座献给犹太上帝的神殿，只不过它由被此时的拉比称为外族"敬神者"的人修造：来自4世纪小亚细亚阿弗罗狄西亚（Aphrodisias）的一篇碑铭记载着当地犹太社区献给这样的"敬神者"（theosebeis）的荣誉，这些人似乎都曾向犹太社区的公共基金捐款。圣殿本身仍是一片废墟，但改建的时机已经成熟。《密释纳》详尽地保存了关于如何按照神的旨意组织崇拜仪式的记忆。人们可以找到神职人员，并请他们履行职责：从5、6世纪的巴勒斯坦犹太会堂的铭文中，我们能够获得关于当地祭司训练课程的知识；这些认识更有可能反映出一种公元70年以来的连续性，而不是对传统的再创造。一则位于阿拉比亚行省死海南缘的琐珥（Zo'ar）的犹太人墓志，将立碑之日，即公元358或359年，定义为"浩劫（hurban）之后公元290年"。近300年的时光流逝并没有减少这种失落。[22]

　　如果有犹太人对君士坦丁的皈依和耶路撒冷的基督教化做出如此乐观的反应，那他们会错得很离谱。在公元4世纪随后的几十年里，耶路撒冷的教会领袖们通过对犹太人恶毒的敌视，巩固了他们在基督教世界中的地位。公元351年5月7日，一个"闪烁着的、发出明亮光芒"的十字架出现在耶路撒冷上空，耶路撒冷的主教区利罗告诉君士坦丁的儿子君士坦提乌斯（Constantius）这一符号意味着人子将前来审判教会的敌人，而这些敌人便是犹太人：

　　　　在神圣的逾越节的神圣日子里，在第三个小时左右，一个巨大的发光十字架出现在神圣的各各他的天空中，一直延伸到神圣的橄榄山；见到它的人不是一两个，对全城的人来说，它都是清晰可见的；它也没有如人们所预料的一般像幻觉一样迅速消失，而是在空中、在众人眼前悬停了数小时，那炫目辉煌的光芒甚至超过了太阳……所有人立刻奔向了神圣的教堂，心中交织着快乐和对天降异象的恐惧：所有人——男女老少，甚至幽居家中的少女，当地和外地的基督徒，以及来访的异教徒——都同心合意，以统一的声音，赞美我们的主基督耶稣，神的独生子，行奇迹者……在这个奇迹中，最受神眷的陛下，先知的见证和福音书中所载的基督的圣言如今得到了实现——尽管它们将在以后得到更充分的实现。因为在《马太福音》中，救世主是把关于未来事件的知识传授给他受祝福的使徒，并通过他们将其传给后世的基督徒的，他在此之前就明确地宣布："那时，人子的兆头要显在天上。"当你如你所习惯的那样拿起神圣的《福音书》，你会发现关于这场奇迹的预言正写在那里。我的主啊，我尤其要根据这段话的整个上下文，更加焦急地仔细阅读这个预言，因为我们需要极尽虔诚地研究救主的预言，才能逃离来自敌对力量的伤害。

而在区利罗的敦促下，皇帝在仔细阅读主教提请他注意的文本上下文时，又会发现什么呢？《马太福音》有一行涉及了最终的审判——"那时，地上的万族都要哀哭。他们要看见人子有能力、有大荣耀、驾着天上的云降临"——在关于这一问题的教义讲座中，区利罗明确表示，根据《马太福音》的预言，当人子的标志出现在天上时，那些要哀哭的人将会是犹太人：

> 一个发光的十字架的标志出现在国王面前，向他展示了从前被钉在十字架上的那人；为了让那些先前钉死他、密谋反对他的犹太人举族哀悼，并且说："这就是他们拳打脚踢的人，这就是被他们吐口水的人，这是他们用绳索捆绑的人；这就是那从前他们钉在十字架上的，他们嘲笑的人。我们要去哪里逃避你的愤怒？"他们会这样问，但是，在天军的包围下，他们无处可逃。十字架符号给敌人带来恐惧。[23]

对于写作时间比区利罗晚半个世纪的基督教大学者哲罗姆来说，任何来到耶路撒冷的犹太人都应该只为哀悼因他们的罪而被摧毁的圣殿而哀哭。哲罗姆在伯利恒将《圣经》从希伯来语译成拉丁语时，认识了不少犹太人，但他依然以津津有味的笔调描述了亚比月九日时犹太人在耶路撒冷恸哭的场面，这一天是为了纪念城市在公元 70 年和公元前 586 年的两次毁灭：

> 直到现在，那些奸诈的居民——他们先是杀了上帝的仆人，最
> 后是上帝的儿子——都被禁止进入耶路撒冷，除非是为了哀哭，他
> 们要花钱才能被允许在自己国家的废墟上哭泣。因此，那些曾经买
> 了基督的血的人现在买了他们自己的恐惧，而要买他们的悲伤甚至
> 不花一文。在耶路撒冷被罗马人占领并摧毁的那一天，你也许会看
> 到一群悲伤的民众来到这里，上了年纪的妇女和年老的男人汇集在
> 一起，"身上裹着破布和岁月"，他们的形貌展现出主的愤怒。会众
> 是一群可怜人，但当主的轭开始闪光，他的复活也闪耀出光芒，从
> 橄榄山上看，他十字架的杆也在闪光，人们为他们圣殿的废墟而哀
> 恸是可怜的，但却不适合被怜悯。因此，你能看到眼泪从脸颊上、
> 从因瘀伤而青紫的手臂上、从蓬乱的头发间流下来，还有一名士兵
> 向那些想要更加尽情哭泣的人索要费用。没有人在看到这般场面的
> 时候会怀疑这一天的苦难和艰难……[24]

在 4 世纪早些时候，即君士坦丁的时代，没有一个巴勒斯坦犹太人——
换句话说，任何一个并非基督徒，或者没有当过基督徒的人——明白基
督教对犹太人的、对犹太人重建圣殿渴望的敌意建立在什么神学基础之
上。异教徒皇帝尤里安重建耶路撒冷圣殿的计划出自一个基督教叛教者
之手，他知道做什么能够伤害他从前的教友。如果尤里安在公元 361—
363 年的尝试取得了成果，那么罗马世界犹太人始自公元 70 年、为时将
近 300 年的边缘化便将结束。但随着尤里安的死亡，基督教统治者接替了
他，重建圣殿的计划遭到废弃，圣殿的遗址仍然是一片废墟，整个帝国的
犹太人都必须学会在一个日益基督教化的社会中生活。未来的许多个世纪
里，他们在地中海社会中"外来者"的身份被固定了下来。

耶路撒冷成了犹太人用来哀悼，用来理想化描绘的城市。"给房子抹
灰泥的时候，应该留下一小片未完成的区域，以纪念耶路撒冷。准备一顿
饭所需的东西时，应该遗落菜单上的一件东西，以纪念耶路撒冷。一个

女人可以把她所有的装饰品都戴上，但应该遗落一件小东西，以纪念耶路撒冷。"拉比智者设想出将会降临的、荣耀的耶路撒冷，上帝将用蓝宝石建造这座城，"这些石头会像太阳一样照耀，而那些崇拜星星的人将会注视以色列的荣耀"。散布在世界各地的犹太人继续面向着耶路撒冷祈祷。逾越节前夕的家宴（Seder）以充满希望的祷告结束："明年在耶路撒冷。"一日三次对上帝念诵阿米达（Amidah），即犹太人惯常做的公共和私人祷告时，都会加上这样的祈愿："愿凭着你的旨意，圣殿能够在我们的生年中很快重建。"哀恸的泪水隐藏希望，而希望拒绝死亡。[25]

后 记

反犹主义的起源

那么，为什么君士坦丁时期的罗马世界，对犹太人和犹太教的敌意超过了三个世纪之前的耶稣时代？是因为对犹太人作为陌生者的潜在的怀疑，不可避免地导致了厌恶和压抑，而这种恶意需要经过时间才会浮出水面吗？还是说这是犹太人的任性惹的祸，或者是他们对犹太国家和他们上帝的渴望？是他们那棘手的排外性，还是他们接受了外人作为改宗者？还是说仅仅是因为他们与罗马人不同，尽管他们吸收了很多周围世界的文化，但是他们适应得还不够？或者是说，罗马人对犹太人的敌意是偶然的，在双方无意的情况下产生的，由犹太人无法施加影响的事件所推动，而这些事件，对于他们关注之物产生了他们无法想象的结果？

关于古典时期反犹主义的起源，著述已有很多。一些学者将对犹太人的仇恨追溯到公元前 3 世纪的埃及，另一些学者认为反犹主义的宣传出自公元前 2 世纪的安条克四世之手。一些人强调相邻的希腊城邦对犹太哈斯蒙尼王朝扩张政策的怨恨，另一些人则认为，犹太社区在侨居地的分散性使得犹太人与众不同，因此容易成为替罪羊。关于基督教反犹主义神学上的根源也有很多讨论，要么基于这样一种主张：上帝与基督签订新契约之后，他与犹太人签订的旧约便被废弃了；要么基于希腊和拉丁异教作家笔下更为分散的反犹言论。我的目的不是质疑这些讨论的价值——它们各有各的可取之处——而是强调一些值得关注，然而还未被关注的问题。[1]

我试图证明耶稣生活的犹太世界处于罗马的统治之下，但是它并没有，也未曾感受到来自罗马的压迫。本丢·彼拉多在耶路撒冷行使的权力，从根源上说确实依靠军事力量，偶尔，他也会像其他的总督一样，带着毁灭性的、不足为奇的漠然派出军队，但是在大多数的情况下，罗马国家的代理人在耶路撒冷是隐形的，其存在感仅仅在偶尔的征税要求、几条主要道路的修建以及在安东尼娅要塞和希律王宫的少量警卫势力那里，才能被感受到。

耶稣在公元 30 年逾越节造访的耶路撒冷是一座辉煌的城市，这里拥有崭新闪亮的建筑，到处都是来自罗马帝国及更远地方的热情朝圣者。犹太人上帝的力量，在重建后的圣殿的惊人奇观中，极为清晰。罗马治下的和平对耶路撒冷曾是很好的。犹太人为皇帝的福祉祈祷，就像他们在早些时候为其他的王室保护人祈祷一样，而他们仍然尊敬波斯的国王居鲁士，因为他曾在五个世纪前把他们的祖先从流放中拯救出来。

我们很难理解那些日子里犹地亚的幸福，只是因为后来的事情给记忆蒙上了一层阴影。耶稣将被彼拉多钉死在十字架上，而他的一些信徒将被罗马总督扔去喂狮子。宏伟的犹太教圣殿会被夷为废墟。但当时还没有人知道这些。希律建造了一座足以屹立后世的城市。耶路撒冷可以期待与罗马永恒地并肩而立。犹太社会比以往任何时候都更加欢迎新的思想。犹太人可以自由地讨论一些深奥的哲学问题，比如自由意志的极限，讨论《托拉》中所规定的生活方式的细节，以及讨论安息日时的休息意味着什么，或者是自觉地向那些在祭坛上为所有人的福祉献祭的祭司支付什一税。他们这样行事，并感到安全，因为他们知道，在一个上帝——以他所规定的方式——被崇拜的世界里，一切都是好的。他们记得自己曾经被流放到巴比伦，他们曾经被荒芜的憎恶压倒——安条克四世亵渎了上帝的圣地——但是他们知道，自己生活在一个更好的时代，罗马的力量制止了相邻民族的侵扰，并允许犹太人自由地像祖先一样敬拜上帝。

　　罗马人很清楚，犹太人在生活和观念的许多方面与他们不同，但是他们习惯于统治陌生的民族，并欣喜于被统治者的多样性。位于罗马的犹太社区给了他们机会去发现更多有关这个国家的东西，尽管他们并不总能理解自己看到的。犹太人视崇拜他们上帝以外的神灵、在硬币上刻人像为禁忌，罗马人为此称奇，但认为这不难迁就。罗马人对犹太习俗的欣赏有时会导致模仿，比如每周在安息日休息的流行，有时会导致全盘接受——对改宗者来说——但是更多时候会导致宽容的消遣。犹太人在罗马国家和罗马人眼中充满异国情调，而由于他们属于一个被打败的民族，他们有时被认为是可鄙的，但是他们并不被认为是危险或不友善的民族。

　　这种宽容，在公元 66 年耶路撒冷爆发叛乱时受到了压力，它不是出于犹太人对罗马帝国统治的反感，而是对一个差劲的总督不当管理的反应。罗马最初的回应不过是治安行为，即展示所拥有的武力，但凯司提乌斯·伽卢斯在几乎成功征服了这座城市之后，选择了无能的撤退行动，这使得事态进一步升级。一个确立已久的行省的居民，让他损失了相当于一整个军团的部队，史无前例，帝国不可能再保持沉默。在罗马的其他臣民试图效仿之前，需要采取惩罚性的措施。

　　但公元 66 年制定的惩罚性措施，在公元 70 年升级成耶路撒冷的激烈攻城战，最终导致了这座城市的毁灭。其原因与其说是犹太反抗军的力量，不如说是罗马的一系列政变，而它们最终导致了韦斯巴芗决定为自己谋求最高权力。他需要犹太人一败涂地，为自己带来凯旋将军的光环，这种荣誉可以合理化他的崛起。这不是第一次，也不是最后一次，对外战争被用来掩盖罗马国内政治中令人尴尬的真相，这种做法在现代社会也并不少见。但以一个已经在罗马社会圈中生活了超过一个世纪的民族为敌，是极不寻常的，更不寻常的是，对被打败的国家的妖魔化行为，将会产生持续几个世纪的影响。其中的原因再一次是政治上的。

　　一旦耶路撒冷的圣殿被罗马军队摧毁，韦斯巴芗和提图斯就必须宣称，他们所做的一切都有利于罗马。罗马城市中心，在弗拉维王朝时期的改造，反映了这场战争的荣耀。在犹地亚取得胜利的故事，成了普通罗马人历史意识的一部分，以至于诗人通过隐晦的暗示就能将它唤起，一个半世纪后的狄奥·卡西乌斯仍然可以详细地描述它的过程。一旦弗拉维家族在犹太战败后树立起自己的政权，对于后来的大多数皇帝来说，篡改如此精心构造的形象便不符合他们的利益了，更遑论允许犹太人重建他们的圣殿——这是对这一形象的直接挑战。唯一例外的是公元 96 年继位的涅尔瓦，他是唯一一个与之前的弗拉维皇帝保持距离的皇帝。他确实改变了这个传统，但正如我们在第十二章所看到的，其政策并没有被延续下去。

正如我们在第十章看到的那样，由于犹太人是罗马城中的一个独特群体，对他们的妖魔化变得更加容易。在某些政治条件下，当主流社会在寻找替罪羊的时候，即使是生活方式上的小怪癖也可以被当作仇恨的理由。无论如何，年度犹太税支付者的名单确保了公众知道谁是犹太人。到了公元 3 世纪，人们仍然知道，这项每年仍在征收的税款是对公元 66—70 年反叛的惩罚。[2]

我在第十二章写道，公元 70 年后，随着犹太人开始明白自己在罗马世界当中的新地位，随着他们在公元 115 年和 132 年再次发动暴力事件，并遭受到罗马更加残暴的回应，绝望的情绪开始在他们当中滋长。但从长远的角度来看，公元 70 年后的一个世纪内最重要的发展，其实是罗马对犹太人敌意的副产品，即基督教反犹主义的出现。从公元 5 世纪初开始，罗马帝国的权力逐渐在地中海西部和欧洲北部瓦解，位于拜占庭的新罗马帝国尽管持续的时间更长，也终于在公元 1453 年被奥斯曼土耳其人攻陷。但是从中世纪到我们所处的时代，罗马在欧洲活着的遗产已经被教会的制度和意识形态所改造，在一些基督徒眼中——从他们中的最早的一代开始——犹太教应当在公元 1 世纪就已停止存在：旧的约已经完全被新的约所取代。当然，基于这种宗教信仰反对犹太教，并不一定会导致反犹主义，强调这一点是非常重要的，但是一些基督徒开始在公元 2 世纪，以越来越尖酸刻薄的言语，与犹太人拉开距离，与此同时，类似的词汇也在帝国的权力中心罗马出现。

犹太教和基督教之间分离的动力主要来自基督徒，而非犹太人。公元 1 世纪的普通犹太人承认有很多古怪的犹太团体以特殊的方式来解读《托拉》，一些情况下，在没有声明《圣经》的授权时，就将权威归于自己的导师，就像死海教派追随正义导师，拉比们追随他们智者的法令。犹太人习惯在不否认对手在以色列国家中拥有自己位置的前提下，对他们的信仰和实践持不赞同的态度。从《使徒行传》的记载中可以看出，公元70年前的耶路撒冷当局可以容忍耶稣最早期弟子的学说：第一代基督徒曾在圣殿里公开布道，虽然他们偶尔会引起质疑，被吩咐停止，但大部分时候人们都相安无事，以至于他们"每日在殿里……不住地教训人，传耶稣是基督"。[3] 当基督徒声称耶稣是盼望的救世主时，在非基督徒的犹太人眼中，他们只是搞错了。他们可能因为愚蠢而被同情或嘲笑，但把他们从犹太人的圈子里驱逐出去是没有必要的。

公元70年后，基督徒与犹太人保持距离的动力要清晰得多。到了此时，许多甚至可能大多数基督徒都生活在犹地亚以外的地方，而他们中的大多数并非生来就是犹太人。他们中的许多人，可能是大多数人，都受到了保罗所宣扬的教义的影响，即对非犹太人的基督徒来说，遵循犹太律法是对基督缺乏信心的表现。他们没有必要把自己描绘成犹太教多种派系中的一支，除非他们希望把自己看作是亚伯拉罕的后裔，并宣称以色列古老历史中美好的部分属于他们自己。

但是，更重要的是，在反犹主义的发展历史中，为了在罗马世界赢得信誉，公元70年后，基督徒不仅需要否认自己的犹太血统，而且还要彻底地攻击犹太教。早期基督徒很可能将犹太教视为另一种更古老的与上帝之间的关系，就像保罗有时所做的那样，这种想法在现代的基督教神学家中也变得越来越普遍。但是在公元70年后的罗马世界里，犹太人的名字会激起人们诅骂，基督徒如果要捍卫自己的好名声并在他们中寻求皈依者，同意异教徒的观点——认为犹太人的失败和圣殿的毁灭是上帝的旨意——并加入对犹太人的攻击会使传教更容易些。正如我们（在第十二章）所看到的，一些基督徒，比如奥古斯丁，提出了更强烈的主张，即犹太人的悲惨状况验证了教会宣扬的真理，应当确保犹太人的臣服，而不是将他们转化为基督徒，以便通过观察他们危险的状况来增强信徒的力量。对于基督徒来说，正如对信奉异教的罗马人一样，允许一个犹太国家再次崛起是不可想象的事情；直到1948年的近2000年里都是如此。

当然，在 2 世纪的许多基督教作品中，反犹太教理论都被赋予了神学的假象。犹太人是那些拒绝了基督并因此受苦的人；在更极端的表现中，犹太人是杀害了基督的人。这一指控由于实在太过熟悉，以至于我们无法理解它有多么怪异。根据诸《福音书》的说法，耶稣在耶路撒冷收获了许多犹太追随者，而在他受难之后，他的门徒也是如此。事实上，"犹太人拒绝基督"这句话的真实性并不高于（或低于）"地中海世界的其他居民拒绝了来到他们这里的传教士"这一论断：在所有这些地方，有些人被说服了，有些人则没有。杀死基督的也不是整体上的犹太人。他的死亡是由圣殿里的大祭司当局策划的，其目的是避免在动荡的朝圣季节发生骚乱，但我们无法知道有多少犹太人认为"为了所有人的利益，牺牲一个人是正确的"。《福音书》中记载，当彼拉多问到谁应该被释放时，犹太人群请求释放一个叫作巴拉巴（Barabbas）的强盗，而不是耶稣，但是这里的犹太人群有多大规模或有多少代表性呢？可以确定的是，最终下令处死耶稣的是作为罗马总督的本丢·彼拉多，但是，在他推卸了自己的责任之后，他最终成功地被后世基督徒洗白——被洗白的不仅仅是他自己，还有整个罗马帝国政权。[4]

无论如何，随着公元 2 和 3 世纪的基督教神学论述拥有了它自己的生命，对待犹太人的态度也越来越强硬。到了君士坦丁时期，基督徒理所当然地认为犹太人应该被轻视和避开。中世纪的基督教世界从基督教罗马帝国继承了这一思想，而且在现代世界，这种思想也没有完全消失。

在古代世界的土壤中，曾经根深蒂固的偏见能够被根除吗？在基督教世界里，犹太人能获得与其他民族相同的对待吗？这是富有远见的哲学家摩西·赫斯（Moses Hess，1812—1875 年）的愿望。赫斯来自波恩的一个正统派犹太教背景的家庭，他在 19 世纪四五十年代致力于对欧洲政治和道德社会主义的分析和促进，并在这一过程中成为马克思和恩格斯的伙伴。但是在 1862 年，在 20 多年的疏远后，他感到了自身犹太传承的吸引，他对欧洲被压迫民族的解放的观察刺激了他。其他民族的解决方案对犹太人来说是否有效？如果能够自古典时代以来，第一次在巴勒斯坦的土地之上建立一个犹太国家，能否终结犹太人的痛苦？对于赫斯来说，1857年在意大利出现的独立世俗国家，是可能实现这一梦想的最有力的证据，在一场解放战争之后，世俗政权从梵蒂冈的权力中解放出来："台伯河畔永恒之城的解放，标志着摩利亚山（Mount Moriah）上永恒之城的解放。耶路撒冷的孤儿们也将被允许加入，从中世纪带着噩梦的冬眠中觉醒。"因此，他给这本富有创见的小册子命名为《罗马与耶路撒冷》（*Rom und Jerusalem*）。[5]

在圣殿被毁近 2000 年之后、赫斯诞辰 200 年、独立的犹太国家在巴勒斯坦建立后 60 年的今天，要说赫斯的乐观是否已经被证明是合理的，以及由公元 70 年后一系列罗马皇帝的政治野心而制造和根植的偏见的遗留问题是否已最终被消除，依然为时过早。

注　释

缩　写

　　缩写遵从 S. Hornblower and A. Spawforth (eds.), *The Oxford Classical Dictionary*, 3rd edn. (Oxford, 1996) 中的惯例；对于圣经和伪经文本及 OCD 中没有的基督教文本，遵从 D. N. Freedman (ed.), *The Anchor Bible Dictionary* (New York, 1992)；对于拉比文本，见 H. Danby, *The Mishnah* (Oxford, 1933), 806；对于死海古卷，见 G. Vermes, *The Complete Dead Sea Scrolls in English* (Harmondsworth, 1997)；对于斐洛不在 OCD 中的作品，见 E. Schürer, rev. G. Vermes et al., *The History of the Jewish People in the Age of Jesus Christ*, 3 vols. (Edinburgh, 1973–87), vol. 3, pp. 812–13。

其他缩写

b.	*ben* ("son of ")
b.	Babylonian Talmud
CPJ	V. A. Tcherikover et al., *Corpus Papyrorum Judaicarum*, 3 vols. (Cambridge, Mass., 1957–64)
DJD	D. Barthélemy et al., *Discoveries in the Judaean Desert*, 39 vols. (Oxford, 1956-2002)
JIWE	D. Noy, *Jewish Inscriptions of Western Europe*, 2 vols. (Cambridge, 1993-5)
JJS	*Journal of Jewish Studies*
m.	*Mishnah*
P Yadin	B. A. Levine et al., *The Documents from the Bar Kokhba Period in the Cave of Letters*, 2 vols. (Jerusalem, 1989–2002)
R.	Rabbi
RPC	*Roman Provincial Coinage*
t.	*Tosefta*
y.	*Palestinian Talmud*

导　言　主要见证人

1.　关于约瑟夫斯的职业生涯，见 T. Rajak, *Josephus: The Historian and His Society* (London, 1983)。

2.　关于约瑟夫斯的个人情感：Joseph. *BJ* 1. 9；对于有关其文本的学术研究，见：L. H. Feldman,

Josephus and Modern Scholarship, 1937–80 (Berlin, 1984)；同上，*Josephus: A Supplementary Bibliography* (New York and London, 1986)；以及由 Brill 出版的、约瑟夫斯作品新的英文翻译的导言，S. Mason et al.(eds.), *Flavius Josephus, Translation and Commentary* (Leiden, 2000–)。

序 言 耶路撒冷的毁灭

1. Joseph. *BJ* 2. 305–7.
2. Ibid. 2. 326–7.
3. Ibid. 2. 409.
4. Ibid. 2. 451–5.
5. Ibid. 2. 540.
6. Ibid. 2. 532.
7. Ibid. 2. 648–9.
8. Tac. *Hist.* 5. 10.
9. 对于不同的钱币类型，见 Y. Meshorer, *A Treasury of Jewish Coins from the Persian Period to Bar Kokhba* (Jerusalem and Nyack, NY, 2001)。
10. M. Goodman, "Coinage and Identity: The Jewish Evidence," in C. Howgego, V. Heuchert and A. Burnett (eds.), *Coinage and Identity in the Roman Provinces* (Oxford, 2005), 163–6.
11. H. Eshel, "Documents of the First Jewish Revolt from the Judaean Desert," in A. M. Berlin and J. A. Overman (eds.), *The First Jewish Revolt: Archaeology, History and Ideology* (London and New York, 2002), 157–63.
12. Euseb. *Hist. eccl.* 3. 5. 2–3.
13. 关于亚拿努：Joseph. *BJ* 4. 319。
14. Ibid. 4. 560–63.
15. Tac. *Hist.* 5. 12. 塔西佗的说法，即约翰被认为是巴尔吉奥拉斯是混乱的。这是西蒙的名字，也就是最后犹太部队的总指挥官。
16. Joseph. *BJ* 7. 263–71.
17. Luke 19: 43.
18. Joseph. *BJ* 5. 427–30, 512–15, 567, 569–71; 6. 197.
19. Ibid. 6. 201–13. 这个故事很可能是杜撰的，因为吃孩子是圣经描述围城的恐怖时的标准主题 (cf. Lev. 26: 29)。
20. Joseph. *BJ* 5. 450–51.
21. Ibid. 5. 299.
22. Ibid. 5. 334.
23. Ibid. 5. 349–53.
24. Ibid. 5. 362, 375, 420, 422.
25. Ibid. 6. 54–5, 58–66.
26. Ibid. 6. 222–6, 228.
27. Ibid. 6. 271–6.
28. Ibid. 6. 316.
29. Ibid. 6. 322.
30. Ibid. 7. 1–3.

第一章 双城记

1. Joseph. *AJ* 15. 310; Livy 40. 29.
2. Deut. 11: 14–15 (Heb.); Mic. 4: 4.

3. Joseph. *BJ* 3. 516–21.

4. 三分法：Joseph. *BJ* 3. 35–58; 关于巴尔米拉，见 I. Browning, *Palmyra* (London, 1979)。

5. "不是一个有着海岸的国家"：Joseph. *Ap.* 1. 60; 有关巴比伦犹太人，见 J. Neusner, A *History of the Jews in Babylonia*,vol. 1: *The Parthian Period* (London, rev. edn. 1969)。

6. F. Millar, *The Roman Near East, 31 BC–AD 331* (Cambridge, Mass., and London, 1993).

7. Plin. *HN* 5.15 (70).

8. Augustus, *RG* 19–20 (new temples); Suet. *Aug.* 28. 3; 29. 5.

9. 关于庭院：Suet. *Iul.* 83. 2。

10. W. Scheidel, "Human Mobility in Roman Italy, 1: The Free Population," *JRS* 94 (2004), 1–26; N. Purcell, "Rome and Its Development Under Augustus and His Successors," *CAH* vol. 10 (Cambridge, 1996), 782–811.

11. Strabo, *Geog.* 5. 3. 2, 7–8.

12. Dion. Hal. *Ant. Rom.* 3. 67. 5.

13. Ov. *Pont.*1. 29 (city life), 33–8.

14. Strabo, *Geog.* 5. 3. 8.

15. Ibid.

16. Plin. *HN* 3. 5. 67.

17. Vitr. *De arch.* 2. 8. 17.

18. Juv. 10. 81.

19. 总体参见 J. Carcopino, *Daily Life in Ancient Rome*, trans. E. O. Lorimer (London, 1941)。

20. Polyb. 26. 10 (=26.1 in W. R. Paton [ed.], Polybius: *The Histories*, vol. 5 [London, 1927], 480).

21. F. Millar, "The Background to the Maccabean Revolution," *JJS*29 (1978), 1–21.

22. 关于早期哈斯蒙尼家族，见 J. Sievers, *The Hasmonaeans and Their Supporters: From Mattathias to the Death of John Hyrcanus I* (Atlanta, 1990)；关于《马加比一书》完成的日期，见 S. Schwartz, "Israel and the Nations Roundabout: I Maccabees and the Hasmonean Expansion," *JJS* 42 (1991), 16–38。

23. *m. B.K.*6. 6.

24. 关于亚历山大·耶奈，见 E. Schürer, rev. G. Vermes et al., *The History of the Jewish People in the Age of Jesus Christ,*3 vols. (Edinburgh, 1973–87), vol. 1, pp. 219–28。

25. 见 D. R. Schwartz, "Josephus on Hyrcanus II," in F. Parente and J. Sievers (eds.), *Josephus and the History of the Greco-Roman Period*(Leiden, 1994), 210–32.

26. Joseph. *AJ* 14. 77–8.

27. Ibid. 14. 403.

28. 王宫：Joseph. *BJ* 5. 177–81；剧场和圆形剧场：*AJ* 15. 268, 272, 279；赛马场：*AJ* 17. 255；*BJ* 2. 44；希律纪念碑：*BJ* 5. 108, 507；总体上，P. Richardson, *Herod: King of the Jews and Friend of the Romans* (Columbia, SC, 1996)；D. W. Roller, *The Building Program of Herod the Great* (London, 1998).

29. Let. *Arist.* 83–4, 116; Polybius ap. Joseph. *AJ* 12. 136.

30. Joseph. *AJ* 15. 380–82, 384–5, 387.

31. Ibid. 15. 392, 394–6.

32. Ibid. 15. 412–13.

33. *m. Ab.*5. 5.

34. Acts 2: 5, 9–11; on pilgrimage: M. Goodman, "The Pilgrimage Economy of Jerusalem in the Second Temple Period," in L. I. Levine (ed.), *Jerusalem: Its Sanctity and Centrality to Judaism, Christianity, and Islam* (New York, 1999), 69–76.

35. 18 000 名失业者：Joseph. *AJ* 20. 219–22；关于海伦娜，*AJ* 20. 35, 49, 51, 101；关于纪念碑：*AJ* 20. 95; *BJ* 5. 55; Paus. 8. 16. 4–5。

36. 关于人口数据，参见 B. McGing 有益的提醒，"Population and Proselytism: How Many Jews Were There in the Ancient World?," in J. R. Barlett (ed), *Jews in the Hellenistic and Roman Cities*

(London, 2002), 88–106。

37. Joseph. *BJ* 6. 420–25; Philo, *Spec. Leg.* 1. 69.
38. *m. Bikk.* 3. 3.

第二章　罗马统治下的世界

1. Joseph. *BJ* 2. 355–64, 370, 378; T. Rajak, "Friends, Romans, Subjects: Agrippa II's Speech in Josephus's Jewish War," in L. Alexander (ed.), *Images of Empire* (Sheffield, 1991), 122–34.
2. Aelius Aristides, *To Rome*, 及其分析 J. H. Oliver, "The Ruling Power," *TAPA* 43 (1953), 871–1003; S. L. Dyson, "Native Revolt Patterns in the Roman Empire," *ANRW* II. 3 (1975), 138–75。
3. Arr. *Peripl. M. Eux.*17. 2.
4. *BM Coins, Rom. Emp.* vol. 2, nos. 301–8.
5. Plin. *Ep.*10. 74；总体上参考 K. Hopkins, *Conquerors and Slaves* (Cambridge, 1978), chapter 5。
6. C. F. Noreña, "The Communication of the Emperor's Virtues," *JRS* 91 (2001), 146–68.
7. A. S. Hunt and C. C. Edgar, *Select Papyri*, 2 vols. (London, 1932–4), no. 211; 元老院法令文本：W. Eck, A. Caballos and F. Fernández, *Das Senatus Consultum de Cn. Pisone Patre* (Munich, 1996)。
8. 关于假尼禄，见 G. W. Bowersock, "The Mechanics of Subversion in the Roman Provinces," in A. Giovannini (ed.), *Opposition et résistances à l'empire d'Auguste à Trajan*(Genoa, 1987), 291–320。
9. Smallwood, *Docs.... Gaius*, no. 43.
10. *FIRA*, vol. 1, no. 74, lines 8–10.
11. Joseph. *AJ* 14. 263–4.
12. 见第十二章。
13. *P Yadin* no.11.
14. Plin. *Ep.*10. 27–8; Apul. *Met.* 9. 39; F. Millar, "The World of the Golden Ass," *JRS* 71 (1981), 63–75.
15. Acts 25: 10–12.
16. Philo, *In Flacc.* 97–101.
17. Plin. *Ep.* 3. 4; 10. 65 (foundlings).
18. Ibid. 10. 41–2; 10. 17b–18.
19. P. Garnsey and R. Saller, *The Roman Empire: Economy, Society and Culture*(London, 1987), chapter 2; J. E. Lendon, *Empire of Honour: The Art of Government in the Roman World*(Oxford, 1997).
20. Joseph. Vit.13–16.
21. Acts 12: 1–19; D. R. Schwartz, *Agrippa I: The Last King of Judaea*(Tübingen, 1990).
22. *m. Sot.*7. 8.
23. Joseph. *AJ* 18. 159.
24. Suet. *Calig.* 37. 1.
25. Joseph. *AJ* 18. 203–4; Tac. *Ann.* 6. 50（据传在马克罗的命令下被闷死）; Joseph. *AJ* 18. 239。
26. Suet. *Calig.*11, 37; Joseph. *AJ* 18. 256; J. P. V. D. Balsdon, *The Emperor Gaius (Caligula)* (Oxford, 1934).
27. Philo, *Spec. Leg.* 278–9, 290–91, 327.
28. Joseph. *AJ* 19. 1–273.
29. Cass. Dio 60. 8. 2–3; Suet. *Claud.* 25. 5; Joseph. *AJ* 19. 275.
30. Joseph. *AJ* 19. 341.
31. Acts 12: 23; *OGI* no. 419 (titles of Agrippa).
32. 来自普林尼的引文：Plin. *HN* 36. 9 (51) (trans. Eicholz) (marble); 33. 21 (66) (trans. Rackham) (gold); 36. 66 (193–5) (trans. Eicholz) (glass); 12. 32 (63–5) (trans. Rackham, adapted) (frankincense)。关于地中海总体上的生态，尤其参见 P. Hordern and N. Purcell, *The Corrupting*

Sea: A Study of Mediterranean History(Oxford, 2000)。

33. Dion. Hal. *Ant. Rom.* 20. 15. 1–2.

34. Strabo, *Geog.* 3. 2. 5 (144); 15. 1–2.

35. Plin. HN 35.46 (160–61).

36. Ibid. 36. 1 (1–3).

37. Ibid. 13. 27 (89).

38. Strabo, *Geog.* 2. 2. 3.

39. Cass. Dio 55. 31.

40. Strabo, *Geog.* 4. 4. 3 (197).

41. Ibid. 5. 2. 12 (218).

42. Suet. *Dom.* 7. 2.

43. 关于贸易的考古证据：K. Greene, *The Archaeology of the Roman Economy* (London, 1986)；关于企业家的角色，参见 P. Temin, "A Market Economy in the Early Roman Empire," *JRS* 91 (2001), 169–181；关于国家的角色 L. Casson, "The Role of the State in Rome's Grain Trade," in J. H. D'Arms and E. C. Kopff (eds.), *The Seaborne Commerce of Ancient Rome* (Rome, 1980), 21–33。

44. S. Hong, J.–P. Candelone, C. C. Patterson and C. F. Boutron, "Greenland Ice Evidence of Hemispheric Lead Pollution Two Millennia Ago by Greek and Roman Civilizations," *Science* 265 (1994), 1841–3.

45. Vitr. De arch.10. 2. 8–10。总体参见 A. Wilson, "Machines, Power and the Ancient Economy," *JRS* 92 (2002), 1–32。

46. Suet. *Vesp.* 18.

47. *ILS* no. 5863.

48. Plin. *HN* 18. 7 (35).

49. *FIRA* vol. 1, no. 103, lines 19–27.

50. *P Yadin no.* 16, lines 29–33.

51. Isoc. *Paneg.* 50.

52. H. I. Marrou, *History of Education in Antiquity* (London, 1956), 168.

53. A. I. Baumgarten, *The Phoenician History of Philo of Byblos* (Leiden, 1981).

54. Hor. *Epist.* 2. 1. 156–7.

55. A. E. Astin, *Cato the Censor* (Oxford, 1978)；关于阿波罗：Livy 4. 25. 3; J. Gagé, *Apollon romain* (Paris, 1955)。

56. Dan. 7–12; 1 Macc. 5. 6–9; Wis. 13. 10.

57. Joseph. *Ap.* i. 6–7; Juv. 3. 58–61.

58. Eupolemus, frag. 1, and Artapanus, frag. 3, in C. R. Holladay, *Fragments from Hellenistic Jewish Authors*, 4 vols. (Chico, Calif, 1983–)；约瑟夫斯论柏拉图：*Ap.* 2. 257；论斐洛：*AJ* 18. 259；关于斐洛，见 S. Sandmel, *Philo of Alexandria: An Introduction* (New York and Oxford, 1979)。

59. A. Erskine, *Troy between Greece and Rome* (Oxford, 2001); 1 Macc. 12. 5–23 (citation from 12: 20–21); E. Rawson, *The Spartan Tradition in European Thought* (Oxford, 1969).

60. 关于对希腊罗马人知识态度的差异的古代建构，见例，S. Cuomo, *Ancient Mathematics* (London, 2002), 192–201；关于马加比叛乱作为一种文化冲突：Tac. *Hist.* 5. 8; 2 Macc. 2. 21 和 14. 38 (ioudaismos) and 4. 13 (hellenismos); M. Goodman, "Jewish Attitudes to Greek Culture in the Period of the Second Temple," in G. Abramson and T. Parfitt (eds.), *Jewish Education and Learning* (Reading, PA, 1994), 167–74.

61. 2 Macc. 4. 12–16; 关于阿里斯托布鲁斯：Joseph. *AJ* 12. 318; 关于哈斯蒙尼家族墓：1 *Macc.* 13. 25–30；关于亚历山大·耶奈的钱币：Y. Meshorer, *A Treasury of Jewish Coins from the Persian Period to Bar Kokhba* (Jerusalem and Nyack, NY, 2001), 37–41, 301–3。

62. 对于所有这些讨论，见 Y. Shavit, *Athens in Jerusalem: Classical Antiquity and Hellenism in the Making of the Modern Secular Jew* (London, 1997)。

63. Rom. 2: 9–10.

64. Joseph. *AJ* 18. 183; 20. 173–8; *BJ* 2. 266–8; 3. 409; M. Hengel, *Hellenism and Judaism*, 2 vols. (Philadelphia, 1974); idem, *The "Hellenization" of Judaea in the First Century after Christ* (Philadelphia, 1989).

65. L. I. Levine, *Judaism and Hellenism in Antiquity: Conflict or Confluence?* (Seattle, 1998); M. Goodman, "Epilogue," in J. J. Collins and G. E. Sterling (eds.), *Hellenism in the Land of Israel*(Notre Dame, Ind., 2001), 302–5; *m. Sot.* 9. 14; S. Lieberman, *Hellenism in Jewish Palestine*, 2nd edn. (New York, 1962); E. S. Gruen, *Heritage and Hellenism: The Reinvention of Jewish Tradition* (Berkeley and London, 1998).

66. L. Robert, *Les Gladiateurs dans l' Orient grec* (Paris, 1940).

67. 关于奈波斯：H.–G. Pflaum, *Les Carrières procuratoriennes équestres sous le Haut-Empire romain*, 2 vols. (Paris, 1960–61), no. 95; Hamian archers: Smallwood, *Docs... . Nerva*, no. 323a; Virilis: *ILS* no. 2653; Tac. *Hist.* 2. 80。

68. Joseph. *AJ* 14. 226–7.

69. *Let. Arist.*12–14 (captives taken to Egypt); Philo, *Spec. Leg.* 281–2.

70. *CPJ* nos. 14, 38, 43, 46, 48; Philo, *Spec. Leg.* 129 (seizure of merchandise); *In Flacc.* 56–7 (pillaging); Acts 18: 1–3 (Aquila); Joseph. *Ap.* 2. 44; *AJ* 12. 150; letter of Claudius: *CPJ* no. 153.

71. Tac. *Hist.* 5. 5; *Let. Arist.*181;Gal. 2: 12 (Peter); 3 *Macc.*3. 4; Diod. Sic. 34/35. 1. 2.

72. 希律·安提帕斯：Luke 13: 32; Joseph. *AJ* 18. 113；科马吉尼的安条克：Joseph. *AJ* 20. 139；德鲁希拉和菲利克斯：Joseph. *AJ* 20. 141–4；关于贝瑞妮斯，见第十二章。

73. 提摩太 :Acts 16: 1–3；关于内婚制：Philo, *Spec. Leg.* 3. 29。

第三章　多样性与宽容

1. App. *Mith.*116–17.

2. Verg. *Aen.* 8. 722–3.

3. Strabo, *Geog.* 3. 4. 20.

4. Ibid. 11. 8. 4; Acts 18: 2; S. Mitchell, "In Search of the Pontic Community in Antiquity," in A. K. Bowman et al.(eds.), *Representations of Empire: Rome and the Mediterranean World* (Oxford, 2002), 35–64.

5. J. M. C. Toynbee, *The Hadrianic School* (Cambridge, 1934), 29, 55–6, 123–5.

6. R. R. R. Smith, "Simulacra Gentium:The ethne from the Sebasteion at Aphrodisias," *JRS* 78 (1988), 50–77; 关于奥古斯都的柱廊：Serv. *Ad Aen.* 8. 721。

7. Augustus, *RG* 26–7, 30–32.

8. Smith, "Simulacra"; Toynbee, *Hadrianic School*, 152–9.

9. Plin. *HN* 3. 5 (43)；关于路程图, 见 O. A. W. Dilke, *Greek and Roman Maps* (London, 1985), 112–29; K. Brodersen, *Terra Cognita* (Hildesheim, 1995), 165–94; 关于民族志与政治, 见 C. Nicolet, *Space, Geography and Politics in the Early Roman Empire* (Ann Arbor, 1991).

10. 关于凯尔特人, 见 Strabo, *Geog.* 4. 4. 2–6 (from Posidonius?), citation from 4. 4. 4；关于瓦罗和西塞罗, 见 A. Momigliano, *Alien Wisdom: The Limits of Hellenization* (Cambridge, 1975), 69–72。

11. Strabo, *Geog.* 17. 3. 24–5.

12. Ibid. 17. 3. 7 (trans. Jones); K. Clarke, *Between Geography and History: Hellenistic Conceptions of the Roman World* (Oxford, 1999).

13. Tac. *Germ.* (citations from 2; 4; 15; 18; 23–4; 26; 5. 3; 19. 2–3).

14. Ubii: Tac. *Germ.* 28–9; W. Eck, *Köln in römischer Zeit* (Cologne, 2004); Batavi: Tac. *Germ.* 29; Arminius: Tac. *Ann.2.* 88; 辅军：A. K. Goldsworthy, *The Roman Army at War, 100 BC–AD 200* (Oxford, 1996), 68。

15. Phlegon, *Mir.* 9, 34–5.

16. Ibid. 13–14.

17. Plin. *HN* 7.3 (35) (hippocentaur), 10. 2 (5) (phoenix); Tac. *Ann*. 6.28.

18. 见第二章，pp. 86–92。

19. Plin. *HN Praef*. 13, 17 (aims), 12. 54 (in-23) (balsam)；31. 18 (24) (sabbatical stream)；关于老普林尼的工作方式：Plin. *Ep*. 3. 87；关于约佩的骨架：Plin. *HN* 9. 4 (11)。

20. Ibid. 30. 2 (11) (magic); 31. 44 (95) (fish sauce); 5. 15 (73) (Essenes)。

21. Ibid. 37. 77 (203) (on Spain); 关于拉丁作者的来历，*CHCL*, vol. 2。

22. Strabo, *Geog*. 3. 2. 13 (Turdetania); S. Keay, "Recent Archaeological Work in Roman Iberia," *JRS* 93 (2003), 146–211.

23. R. Batty, "Mela's Phoenician Geography," *JRS* 90 (2000), 70.

24. Pomponius Mela, *De Chorographia* 2. 6 (96) (Tingentera), 1. 12 (66) (Tyre and Sidon), 1. 8 (41) ("our custom"), 2. 7 (105) ("Roman disaster")

25. Ibid. 2. 6 (86) (Spain); 2. 5 (83); 3. 6 (57) ("our authors"); 3. 6 (46) (Gades); 3. 10 (108) ("our strait"); Batty, "Mela's Phoenician Geography," 88；关于《地方志》的手稿传统 A. Silberman, *Pomponius Mela: Chronographie* (Paris, 1988), pp. xliii–li.

26. *ILS* no. 8794, lines 25–6 (Nero's speech); Plut. *Prae. ger. reip*.10 (805A).

27. Plut. *Quaest. Rom*. 6 (265B), 7 (265E), 10 (266C), 105 (289A)；关于普鲁塔克的职业生涯，见 C. P. Jones, *Plutarch and Rome* (Oxford, 1971).

28. 关于雅典法律，见 J. H. Oliver, *The Civic Tradition and Roman Athens* (Baltimore, 1983), 103–4；关于波勒莫：Philostr. *VS* 535。

29. Plut. *Lyc*. 28.6 (on the character of Lycurgus); P. Cartledge and A. J. Spawforth, *Hellenistic and Roman Sparta: A Tale of Two Cities* (London, 1989), 190, 203–7.

30. Paus. 8. 52. 1; C. Habicht, *Pausanias' Guide to Ancient Greece* (Berkeley and London, 1985).

31. Philostr. *VS* 580 (Aristogeiton), 588–9 (Hypereides)；关于硬币：*RPC*, 171 (Nysa), 144 (Pergamum)。

32. 关于阿里安，见 P. A. Stadter, *Arrian of Nicomedia* (Chapel Hill, NC, 1980)；总体上，G. Woolf, "Becoming Roman, Staying Greek," *PCPS* 40 (1994), 116–43。

33. Dio Chrys. *Or*. 7.

34. Paus. 10. 4. 1.

35. Smallwood, *Docs.... Gaius*, nos. 373 (a) and (b).

36. Augustus, *RG* 27; names: A. K. Bowman, *Egypt after the Pharaohs*(London, 1986), 124; Diod. Sic. 1. 271; N. Lewis, *Life in Egypt under Roman Rule*(Oxford, 1983), 69–70 (Kronion archive), 158 (census document), 44 (brother-sister marriage)；皇家敕令：*Cod. Iust*. 5. 4. 17。

37. A. S. Hunt and C. C. Edgar, *Select Papyri*, 2 vols. (London, 1932–4), vol. 2, no. 278.

38. Bowman, *Egypt*,174–8.

39. *P Oxy*.1029 (hieroglyph cutters).

40. Bowman, *Egypt*, 183 (Socnopaiou Nesos); P. W. van der Horst, *Chaeremon*(Leiden, 1984), frag. 10.

41. M. Lichtheim, *Ancient Egyptian Literature: A Book of Readings*, 3 vols. (Berkeley, 1973–80), vol. 3, p. 141 (Setne), pp. 184–209 (wisdom text [Papyrus Insinger]); S. West, "The Greek Version of the Legend of Tefnut," *JEg. Arch*.(1969), 161–83.

42. *P Oxy*. 2332 (Oracle of the Potter); *CPJ*, no. 156b, col. I, lines 17–18; no. 156c, col. II, lines 22–6; no. 156d, col. III, lines 9–12 (Isidorus).

43. Acts 14: 11 (Lystra)；总体上，R. MacMullen, "Provincial Languages in the Roman Empire," *AJ Phil*.87 (1966), 1–17；F. Millar, "Local Cultures in the Roman Empire: Libyan, Punic and Latin in Roman Africa," *JRS* 58 (1968), 126–34。

44. H. J. W. Drijvers (ed.), *The Book of the Laws of Countries: Dialogue on Fate of Bardaisan of Edessa* (Assen, 1965), 57.

45. Tac. *Agr*. 21.

46. Cass. Dio 57. 4. 6 (ed. Boissevain); I. M. Ferris, *Enemies of Rome: Barbarians Through Roman*

Eyes (Stroud, 2000); B. Isaac, *The Invention of Racism in Classical Antiquity*(Princeton, 2004).

47. Ptol. *Tetr.* 2. 3. 65–6.

48. Suet. *Claud.*25. 5; Plin. HN30. 4 (13).

49. 关于戈狄安，见 *L'année épigraphique* 1954, no. 138。

50. 关于亚基帕一世，见上；关于斐洛，见上。

51. 关于提比略·尤里乌斯·亚历山大：Tac. *Ann.* 15. 28；*Hist.* 1. 11；Juv. 1. 130–31；V. A. Burr, *Tiberius Julius Alexander* (Bonn, 1955)。

第四章　身　份

1. Acts 22: 24–6, 28.

2. A. N. Sherwin-White, *Roman Citizenship*, 2nd edn. (Oxford, 1973).

3. Cic. *Arch.* 9 (19, 21).

4. Suet. *Aug.* 40. 3; A. M. Duff, *Freedmen in the Early Roman Empire* (Oxford, 1928); K. R. Bradley, *Slaves and Masters in the Roman Empire* (Oxford, 1984), chapter 3.

5. S. J. D. Cohen, *The Beginnings of Jewishness: Boundaries, Varieties, Uncertainties* (Berkeley and London, 1999).

6. 阿迪亚贝尼飯依的故事：Joseph. *AJ* 20. 17–96。

7. Ibid. 20. 18, 34–5, 38–42, 43–8.

8. M. Goodman, "Identity and Authority in Ancient Judaism," *Judaism* 39 (1990), 192–201.

9. Gen. 41: 50–52 (Asenath); t. *Kidd.* 4. 16; Acts 16: 1–3.

10. "Ambrosiaster," commentary on Galatians 2: 4–5 (*CSEL* 81. 3. 20–21). But see the sceptical discussion in Cohen, *Beginnings*, 360–77.

11. Joseph. *BJ* 2. 466–8.

12. 这个文献很好的简介在 G. W. E. Nickelsburg, *Jewish Literature between the Bible and the Mishnah*, 2nd edn. (Minneapolis, 2005)。

13. Deut. 23: 13–15.

14. Joseph. *BJ* 2. 137, 148–9.

15. Philo, *Legum allegoriae* 3. 153.

16. *b. Yoma* 75b.

17. *b. Ket.* 5a.

18. 关于撒马利亚人的身份：A. D. Crown (ed.), *The Samaritans* (Tübingen, 1989)；赫里俄波里斯的神殿：*BJ* 7.427–32; 撒马利亚人关于他们与犹太人关系的自我描述：Joseph. *AJ* 9. 291。

19. Cic. *Rep.* 4. 20; 见 C. Nicolet, *Space, Geography and Politics in the Early Roman Empire*(Ann Arbor, 1991)。

20. Tac. *Agr.* 10.

21. Augustus, *RG* 26.

22. Ov. *Fast.* 2. 683–4.

23. 耶路撒冷作为脐：LXX Ezek 38: 12, cf. M. Tilly, *Jerusalem—Nabel der Welt* (Stuttgart, 2002)；关于世界的中心性：*Tanhuma* (Buber), *Kedoshim* 10 (on Lev. 19: 23ff)；彼拉多和军旗：Joseph. *AJ* 18: 55–9；圣殿里的非犹太人：Acts 21: 28–9。

24. 1Q *ApGen* 21. 10–12.

25. *Sifre on Deuteronomy 51* (ed. Horovitz-Finkelstein, pp. 117–18).

26. Lev. 18: 24, 28.

27. 关于罗马民族志，见第三章；关于拉比的夸张描述，见 S. Stern, *Jewish Identity in Early Rabbinic Writings* (Leiden, 1994), chapter 1; 关于约瑟夫斯的地理概念，见 Y. Shahar, *Josephus Geographicus: The Classical Context of Geography in Josephus* (Tübingen, 2004), 269–70。

28. Deut. 17: 8; *Sifre on Deuteronomy 152* (ed. Horovitz-Finkelstein, p. 206).

29. 民族的列表：Gen. 10: 32。

30. *Jub.* 8. 10–9. 15; 10. 27–35（见 J. M. Scott, *Geography in Early Judaism and Christianity: The Book of Jubilees* [Cambridge, 2002]）。

31. Joseph. *AJ* 1. 128 (Chethimos), 129 (Noah), 121 (Greeks invent names).

32. 1 En.33. 1–3 (in M. A. Knibb [ed.], The Ethiopic Book of Enoch[Oxford, 1978], 123).

33. Suet. *Aug.* 7. 2.

34. Horatius: *Cic. Dom.* 54 (139); Livy 2. 86–8.

35. 关于小加图的更多故事，见 Plut. *Cat. Min*。

36. Macrob. *Sat*. 1. 16. 2 (festivals).

37. Ibid. 1. 16. 16 (days wrong for war); 1. 16. 20 (defence permitted); Plut. *Luc.* 27. 7.

38. Joseph. *Ap.* 1. 209–11.

39. Plut. *De superst.* 8 (169B).

40. *m. Ber.* 1. 1.

41. 关于五旬节和俄梅珥：Lev. 23: 15; *m. Men.* 10.3 (on the dispute over dating with the "Boethusians")。

42. Lev. 25: 10; Joseph. *AJ* 14. 202 (Julius Caesar); *DJD* vol. 2, no. 18; *m. Shebi., passim.*

43. Joseph. *AJ* 3. 280–86 (Jubilee).

44. C. R. Holladay, *Fragments from Hellenistic Jewish Authors*, vol. 1: Historians(Chico, Calif, 1983), with citation of Pseudo-Eupolemus on p. 174；克里奥德穆斯在 Joseph. *AJ* 1. 240–41；关于基督徒保存这些文本的动机，S. Inowlocki, *Eusebius and the Jewish Authors: His Citation Technique in an Apologetic Context*(Leiden, 2006)。

45. *m. Ab.* 1. 1–12.

46. Joseph. *Ap.* 1. 41 (on historiography); *AJ* 18. 314–70 (Asinaeus and Anilaeus).

47. Joseph. *Ap.* 1. 37–9; Philo, *Migr.* 1–2; *QpHab* 9. 8–10; 关于名字：T. Ilan, *Lexicon of Jewish Names in Late Antiquity*, vol. 1 (Tübingen, 2002), with M. H. Williams, in *ZPE* 140 (2002), 279–83 (on Moses) 和 S. Honigman, in *ZPE* 146 (2004), 279–97 (on Abraham)。

48. 拉比的讨论在 *m. Ber.* 1. 2 (blue and white)；关于犹太人有独特的对时间的概念的断言，见 S. Stern, *Time and Process in Ancient Judaism*(Oxford, 2003)。

49. Verg. *G*.3. 284; Sen. *Ep*.1. 3; Joseph. *Ap.* 2. 279, 290.

50. *t. Sot.* 13. 3; Joseph. *AJ* 3. 218 (Urim and Thummim); *m. Sot.* 9. 12 (death of first prophets).

51. 对第二圣殿的怀念：*m. Sot.* 9. 12；罪恶带来灾难：*Pss. Sol.* 8. 8, 13–15, 19–20。

52. Lucr. 2. 77–9; Eccl. 1: 2–4.

53. Sen. *Ep.* 71. 15; Verg. *Ecl.* 4. 4–7, 21–2, 43–5 (trans. Fairclough, adapted)；另一座城：Tib. 2. 5. 23; Ov. *Fast.* 3. 72；关于钱币：*BM Coins, Rom. Emp.*vol. 2, nos. 423–4；*RIC* vol. 2, p. 51, no. 309; H. Mattingly, *Roman Coins* (London, 1927), 160。

54. Joseph. *AJ* 10. 209, 277, 278, 280.

55. Dan. 2: 35.

56. Joseph. *AJ* 10. 210.

57. m. Taan.4. 6; Joseph. *BJ* 6. 267–8.

58. *1QM* 9. 5–6.

59. *4 Ezra* 6.22–8.

60. Pss. Sol.11. 1–9.

61. 关于祈祷文本，E. Schürer, rev. G. Vermes et al., *The History of the Jewish People in the Age of Jesus Christ*, 3 vols. (Edinburgh, 1973–87), vol. 2, p. 457；禧年文本：*Jub*.23. 30–31。

62. Leviathan: *2 Bar.* 29. 4.

63. Philo, *Praem.* 85, 89–90; Isa. 11: 6–9.

64. *Pss. Sol.* 17. 21–2, 32.

65. *2 Bar.* 30. 1–2, 4.

66. *1QS* 9. 9–11.

67. J. Neusner, W. S. Green and E. Frerichs (eds.), *Judaisms and Their Messiahs at the Turn of the Christian Era* (Cambridge, 1987) ("Judaism without Messiah").
68. 关于希律论圣殿：Joseph. *AJ* 17. 161–3。
69. Ibid. 1. 14.
70. *Pss. Sol.* 17. 34.
71. *2 Bar.* 72. 2–4, 6.
72. Isa. 2: 2–3.
73. 关于新耶路撒冷：5Q15; Ezek. 40–48。

第五章 社　群

1. Hor. *Carm.* 3. 2. 13.
2. 2 Macc. 7. 1–3.
3. R. Mellor, *Thea Roma*(Göttingen, 1975), 201 (on cult in Rome itself); Sall. *Cat.*10. 6.
4. Joseph. *BJ* 7. 259–60; 2. 264; 5. 19.
5. Augustus, *RG* 6; Cass. Dio 53. 17. 1–2.
6. Plin. *Pan.* 63. 2–8; Suet. *Calig.* 30. 2.
7. Joseph. *BJ* 4. 320; 1 Macc. 14: 28 (Simon); Joseph. *BJ* 1. 457–66; M. Goodman, *The Ruling Class of Judaea*(Cambridge, 1987), chapter 9.
8. Joseph. *Ap.* 2. 164–6.
9. 1 Sam. 8: 5, 7.
10. Joseph. *Ap.* 2. 185; *AJ* 20. 251; 4. 223.
11. Joseph. *AJ* 11. 111–12.
12. Hecataeus ap. Diod. Sic. 40. 3. 4–6.
13. Joseph. *BJ* 2. 118.
14. Ibid. 4. 154–7.
15. 1 Sam. 8: 5.
16. Philo, *Moses 1.* 148.
17. 关于这次权力斗争，见 J. J. Price, *Jerusalem Under Siege: The Collapse of the Jewish State, 66–70 CE* (Leiden, 1992)。关于犹太人天然倾向于君主制的讨论，见 D. Goodblatt, *The Monarchic Principle: Studies in Jewish Self-Government in Antiquit*y (Tübingen, 1994)。
18. 总体见 S. Treggiari, *Roman Marriage* (Oxford, 1991)。
19. Sen. *Dial.*12. 14. 3 (Seneca's mother); 6. 24. 1 (Marcia).
20. Mart. 4. 13. 9–10; Plin. *Ep.* 6.33.
21. Plin. *Ep.* 10. 65–6; M. Corbier (ed.), *Adoption et fosterage*(Paris, 1999).
22. Sen. *De Ira* 2. 21. 1.
23. Sen. *Controv.* 1. 1. 1; E. Cantarella, "Fathers and Sons in Rome," *Classical World* 96 (2003), 281–98.
24. Plut. *Cat. Mai.* 20. 2.
25. Cic. *Off.* 1. 17(55).
26. 关于在共和晚期将市民分配到部落，见 L. R. Taylor, *Roman Voting Assemblies* (Ann Arbor, 1966), chapter 4；C. Nicolet, *The World of the Citizen in Republican Rome* (London, 1980), 226–34。
27. Joseph. *AJ* 11. 133.
28. *m. Sanh.* 10. 3.
29. Acts 26: 7.
30. Rom. 11: 1; Phil. 3: 5.
31. Joseph. *AJ* 20. 206–7, 216, 218.
32. Lev. 25: 49 (redeeming from slavery); Gen. 46: 5, 7, 26 (Jacob's family); Deut. 25: 5–10 (Levirate

marriage); Matt. 22: 24–8; *m. Bekh*.1. 7.

33. Deut. 21: 18–21; *m. Sank*. 8. 1, 5; *t. Sank*. 11. 6 ("never was and never will be").

34. Tac. *Ann*. 12. 5–6; Cass. Dio 68. 2. 4; Lev. 18: 12–13 (woman forbidden to her nephew); CD5. 9–11; *t. Kidd*. 1. 4.

35. 家庭作为经济单位：*m. Ket*. 9. 4 (shopkeeper)；*m. Yeb*. 15. 2 (agriculture)；*m. Kef* 5. 5 (work of wife)。

36. 关于巴巴萨，*P Yadin*；总体见 M. L. Satlow, *Jewish Marriage in Antiquity* (Princeton, 2001)。

37. B. S. Jackson, "How Jewish is Jewish Family Law?," *JJS* 55 (2004), 201–29; *m- Kidd.1*. 1 (means of betrothal), 2. 1–2 (statements by groom); *m. Ket*. 1. 2 (amounts on divorce).

38. *m. Sot*. 9. 14 (bridal parties); Jer. 2: 2.

39. Mal. 2: 14.

40. Deut. 24: 1–2.

41. Matt. 1: 19.

42. *m. Gitt*. 9. 10 (grounds for divorce).

43. Joseph. *AJ* 15. 259.

44. 关于拉比和女性提出的离婚，见 Jackson, "How Jewish ..."；*m. Ke*t. 7. 9–10 (grounds for compelling divorce)。

45. Joseph. *BJ* 1. 477; *AJ* 17. 14.

46. *m. Ket*. 10. 5.

47. Justin, *Dial. Trypho* 134.

48. *TS* 57. 15–18.

49. Deut. 17: 17; *m. Sank*. 2. 4.

50. *P Yadin no*. 26.

51. Philo, *Prob*. 79.

52. Joseph. *AJ* 18. 21.

53. 关于塔比：*m. Pes*. 7. 2 (Passover offering)；*m. Sukk*. 2. 1 (Sukkah)；*m. Ber*. 2. 7 (condolence)。

54. 关于奴隶女性：Joseph. *AJ* 13. 380 (Alexander Jannaeus)；关于对女仆的性压榨，见 T. Ilan, *Jewish Women in Greco-Roman Palestine*(Tübingen, 1995), 205–11。

55. Ruth 4: 13, 16–17.

56. Esther 2: 7, 15; 9: 29.

57. G. G. Porton, *The Stranger Within Your Gates: Converts and Conversion in Rabbinic Literature*(Chicago, 1994), 83.

58. *Mekilta de-Rabbi Ishmael Pisha* 18. 110–13 (Lauterbach); *4 Mace*. 18. 11–12; see S. J. D. Cohen (ed.), *The Jewish Family in Antiquity*(Atlanta, 1993).

59. *m. Shab*. 2. 6–7.

60. Cic. *Amic*.16 (56); 20 (76); Plin. *Ep*. 2. 20.

61. Dion. Hal. *Ant. Rom*. 2. 9. 2–3; Sen. *Dial*. 10. 14. 4.

62. Plin. *Ep*. 2. 6.

63. *FIRA* vol. 3, no. 35, lines 11–13 (Lanuvium, 136 CE); *CIL* vol. 4, no. 710 (goldsmiths).

64. Sen. *Ben*. 1. 1. 9, cf. M. Griffin, "De Beneficiis and Roman Society," *JRS* 93 (2003), 92–113; Ov. *Tr*. 5. 8. 5–6, 13–14.

65. *m. Peah* 8. 7 (minimum charity); *t. Gitt*. 3. 13; Mart. *Epigr*. 12. 57. 13.

66. 1 Sam. 18: 1; 20; Joseph. *Vit*. 192, 204; B. D. Shaw, "Tyrants, Bandits and Kings: Personal Power in Josephus," *JJS* 44 (1993), 176–204; Joseph. *AJ* 18. 328–9.

67. 关于高利贷的禁令：Lev. 25: 36–7；迟缴的罚款：*DJD* vol. 2, no. 18；扔石头：Joseph. *AJ* 20. 213。

68. *t. B.M*. 11. 23; *JIWE* 2, no. 96 (Annius); Philo, *Spec. Leg*. 156 (Augustus); Acts 6: 9; *CIJ* 1404 (Theodotus inscription).

69. Philo, *Prob*. 76–7, 85–6, 82；关于艾赛安派的约翰：Joseph. *BJ* 2. 567。

70. 关于艾赛尼派和死海教派：M. Goodman, "A Note on the Qumran Sectarians, the Essenes and Josephus," *JJS* 46 (1995), 161–6; 关于那些制作了社区条例的人与制作了大马士革文件的人的关系，见 C. Hempel, *The Laws of the Damascus Document* (Leiden, 1998); 社区条例的引文：1QS 2. 19–23；8. 13 (separation)；8. 1–10；7. 2–18 (trans. Vermes)。

71. Acts 4: 32.

第六章 观 念

1. *Tabulae Vindolandenses II*. 291, lines 3–7; Prop. 3. 10. 1–6 (trans. Butler).
2. Plin. *HN* 29. 27(85).
3. Ov. *Am*. 2. 14. 36–40; Sor. *Gyn*.1. 20 (ed. Burguière, Gourevitch and Malinas, p. 64, lines 1–4).
4. Ov. *Met*. 9. 678–79; Heliod. *Aeth*. 4. 8.
5. Joseph. *Ap*. 2. 202; Tac. *Hist*. 5. 5; Hecataeus ap. Diod. Sic. 40. 3. 8; Gen. 1: 28
6. Onan: Gen. 38: 9–10; *b. Yeb*. 65b; *m. Ohol*. 7. 6; Philo, *Spec. Leg*. 3. 108–9.
7. Philo, *Spec. Leg*. 3. 114–15, 117–18; *m. Kidd*. 4. 2.
8. 关于奴隶制与阿普列乌斯，K. Bradley, "Animalizing the Slave: The Truth of Fiction," *JRS* 90 (2000), 110–25; Cato, *Agr*. 2. 7; Suet. *Iul*. 4. 1–2 (Caesar and the pirates); Sen. *Ep*. 47 (Stoic view); *ILS* 8731 (Zoninus)。
9. Exod. 21: 26; *m. Ab*. 2. 7; Deut. 28: 57; on the haggadah, 见 B. M. Bokser, *The Origins of the Seder: The Passover Rite and Early Rabbinic Judaism* (Berkeley, 1984).
10. *ILS* no. 8164 (tombstone); Verg. *Aen*. 6.702 (the image of Anchises which his son Aeneas tried to embrace); Ov. *Fast*.5. 483–8 (Lemuria).
11. Cic. *Rep*. 6.13 (13); *Att*. 12. 36.
12. Suet. *Iul*. 88.
13. Paulus, *Sent*. 1. 21. 2.
14. Sen. *Dial*. 6.1. 1; 25. 1 (trans. Basore); Cic. *Fam*. 4. 5. 6; R. Lattimore, *Themes in Greek and Latin Epitaphs* (Urbana, Ill., 1942).
15. Gen. 2: 7.
16. Wis. 8. 19–20; Joseph. *BJ* 2. 154–5, 156–8; 关于拉比的态度，见 D. Boyarin, *Carnal Israel: Reading Sex in Talmudic Culture* (Berkeley and London, 1993)。
17. Deut. 30: 19; Gen. 2: 7; Dan. 12: 2; Ps. 115: 17; Eccl. 9: 4.
18. Acts 23: 6; Matt. 22: 23–30; *m. Sanh*. 10. 1 (the bracketed words are missing in some manuscripts).
19. 关于法利赛人：Joseph. *Vit*.11–12; *AJ* 18. 14；*BJ* 2. 163；关于自杀：Joseph. *BJ* 3. 374。
20. Gen. 9: 5; 关于殉道：Joseph. *Ap*. 1. 42; S. Weitzman, "Josephus on How to Survive Martyrdom," *JJS* 55 (2004), 230–45.
21. Joseph. *Ap*. 2.217–18; 关于巴勒斯坦人对阿米达的修订，E. Schürer, rev. G. Vermes et al., *The History of the Jewish People in the Age of Jesus Christ*, 3 vols. (Edinburgh, 1973–87), vol. 2, pp. 459–62; 关于祭祀埋葬他们的亲族：Lev. 21: 2–3。
22. Tac. *Hist*. 5. 5; S. Fine, "A Note on Ossuary Burial and the Resurrection of the Dead in First-Century Jerusalem," *JJS* 51 (2000), 69–76.
23. *m. Taan*.4. 2–3; *Jub*. 2.2; Joseph. *AJ* 1. 5, 27, 21; Philo, *Opif*. 3, 7.
24. Ov. *Met*. 1. 5–9, 21–5, 76–88 (trans. Miller, slightly adapted); Cic. *Nat. D*. 2. 15–16.
25. Joseph. *Ap*. 2. 239–42.
26. Ptol. *Tetr*. 1. 1; Manilius 1. 1–6 (trans. Goold).
27. Artapanus ap. Euseb. *Praep. evang*. 9. 18. 1; 4Q186 (frag. 1, col. 2, 11. 7–9); *Bereshit Rabbah* 10. 6 (ed. Albeck, p. 79); *b. Shab*. 156a.
28. *b. Shab*. 156a ("no mazal"); *Jub*. 12. 16–18; Joseph. *BJ* 5. 214, 217–18; 总体上关于象征符号：Joseph. *AJ* 3. 179–87。

29. Joseph. *AJ* 1. 155–6; D. Boyarin on "binitarianism" in *Harv. Theol. Rev.* 94 (2001), 243–84; P. Schäfer, *Mirror of His Beauty: Feminine Images of God* (Princeton, 2002).

30. 圣经里的天使：Gen. 22: 11 (Abraham)；1 Kgs. 19: 5 (Elijah)；Ps. 91: 11 (protecting the faithful); Gen. 28: 12 (Jacob's ladder)；2 Sam. 22: 11 (cherubim); Isa. 6: 2–6 (seraphim)；第二圣殿晚期的天使：Acts 23: 6–8；1 En.40: 8–10；Joseph. *BJ* 2. 142 (Essenes)；Tob. 12: 15 (ed. Hanhart)；2 *Bar*. 51. 11 (angelic army)；关于摩西，见 Philo, Mos.1. 158 (Moses "named god")；Artapanus ap. Euseb. *Praep. evang.* 9. 27. 6；Philo, Mos.2. 288; Joseph. *AJ* 4. 326; cf. W. A. Meeks, "Moses as God and King," in J. Neusner (ed.), *Religions in Antiquity* (Leiden, 1968), 354–71；关于那些将他们自己视为人和天使的教派，见 C. H. T. Fletcher-Louis, *All the Glory of Adam* (Leiden, 2002)，而更谨慎的分析在 K. P. Sullivan, *Wrestling with Angels* (Leiden, 2004)；4Q 405, frags. 20, col. 2, 11.7–10 (Songs of the Sabbath Sacrifice); 11Q 13. 4–6 (Melchizedek)。

31. Isa. 34: 14 (Lilith); *shedim*: Deut. 32: 17; Ps. 106: 37; IQS3. 20–?–j; Jub 10. 8–9

32. Joseph. *AJ* 8. 45–9; Matt. 10: 1 (Jesus); Acts 16: 18 (Paul); 19: 13–15 (sons of Sceva).

33. Job 1: 7–8; *b. B.B.* 16a; *b. R. Sh.*16b; t. *Levi* 18.12 (defeat of Belial); *t. Jud.* 25. 3 (cast into fire).

34. Gen. 1: 31; 8: 22 (after flood); Ps. 19: 2 (Hebrew); Strabo, *Geog.* 5. 4. 6.

35. R. Walzer, *Galen on Jews and Christians*(Oxford, 1949); cf. E. Segal, " 'The Few Contained the Many': Rabbinic Perspectives on the Miraculous and the Impossible," *JJS* 54 (2003), 273–82; Sen. Q *Nat.* 6.1. 12; 6. 3. 1。

36. Joseph. *Ap.* 1. 141 (gardens of Babylon)；关于希律的王宫，见第一章。

37. K. D. White, *Roman Farming*(Ithaca, NY, 1970), chapter 4 (agrarian writers)；安息年：Lev. 25: 2, 23; Joseph. *AJ* 14. 202 (see above, p. 178); Tac. *Hist.* 5. 4.

38. Num. 22: 28, 30 (Balaam's ass); *b. Shab.* 128b; Tob. 6: 2; 11: 4 (关于犹太人对猫和狗的态度，见 J. Schwartz in *JJS* 52 (2001), 211–34; 55 (2004), 246–77)；Deut. 22: 7 (taking birds from nests)。

39. Cic. *Fam.* 7. 1. 3 (elephants); Joseph. *BJ* 1.429.

40. *CIL* vol. 10. no. 659, lines 1–4; Plin. *HN* 10. 59 (120)；Catull. 2–3 (for arguments against an obscene interpretation of "sparrow" in these poems，见 D. F. S. Thompson, Catullus [Toronto, Buffalo and London, 1997], 202–3)。

41. Joseph. *AJ* 19. 32; M. Gigante, *Philodemus in Italy: The Books from Herculaneum* (Ann Arbor, 1995).

42. F. H. Sandbach, *The Stoics*, 2nd edn. (Bristol, 1989); Sen. *Dial.* 7. 25. 1–2.

43. Lucian, *De mort. Peregr.*

44. H.–F. Mueller, *Roman Religion in Valerius Maximus*(London, 2002); Epictetus, *Diss.* 2. 8. 11–14.

45. Joseph. *Ap.* 2. 170–71 (Moses); Theophrastus, *De Pietate*, cited in Porph. *Abst.* 2. 26. 3; Joseph. *Vit.*12 (Pharisees); *AJ* 15. 371 (Essenes); *BJ* 2. 164 (Sadducees and Epicureans).

46. 关于斐洛的伦理教义，见 S. Sandmel, *Philo of Alexandria: An Introduction*(New York and Oxford, 1979)。

47. Joseph. *Ap.* 2.175, 178; Philo, *Mos.* 2.216.

48. Joseph. *BJ* 2. 164 (Sadducees), 162–3 (Pharisees); *m. Ab.* 3. 15 (Albeck) (R. Akiva)；关于原罪：J. L. Kugel, *Traditions of the Bible* (Cambridge, Mass., 1998), 98；H. Reuling, *After Eden* (Utrecht, 2004); Hos. 3: 1；关于赎罪：*m. Yom.* 8. 8–9。

第七章　生活方式

1. 关于画像：S. Walker, *Greek and Roman Portraits* (London, 1995)。

2. *CIL* vol. 6, no. 37965, lines 22–3 (see M. R. Lefkowitz and M. B. Fant, *Women's Life in Greece and Rome* [London, 1982], 137); Clement, *Paed.* 3.5 (32.2).

3. Suet. *Ner.* 28–9; Sen. *Ep.* 95. 20–21.

4. J. Klawans, *Impurity and Sin in Ancient Judaism* (New York and Oxford, 2000)；同上，*Purity, Sacrifice and the Temple: Symbolism and Supersessionism in the Study of Ancient Judaism* (New York and Oxford, 2006)；对比的观点在 H. Maccoby, *Ritual and Morality: The Ritual Purity System and Its Place in Judaism* (Cambridge, 1999)。

5. Joseph. *BJ* 2. 123, 149.

6. 圣经里的禁忌：Lev. 11; Mishnah on fowl and milk: *m. Hull.* 8. 1. 3；密释纳对其他食物的讨论：*m. A. Zar.* 2. 6；油：Joseph. *AJ* 12. 119–20；*BJ* 2.591–2；更多讨论在 M. Goodman, "Kosher Olive Oil in Antiquity," in idem, *Judaism in the Roman World: Collected Essays* (Leiden, 2007), 187–203。

7. *Let. Arist.* 305–6.

8. *m. A. Zar.* 3. 4 (baths in Akko); *t. Bikk.* 2.3 (androgyne).

9. Joseph. *BJ* 6. 417; 4Q 186.

10. Num. 5: 11–31; *m. Sot.* 1. 5.

11. Plin. *Ep.* 1. 15.

12. Suet. *Aug.* 77.

13. 客栈老板的：*ILS* no. 7478。

14. Suet. *Iul.* 49. 4 (trans. Rolfe); Aug. 68.

15. Tib. 3. 13; on Vistilia: Tac. *Ann.* 2.85; Suet. *Tib.* 35. 2.

16. Tac. *Ann.* 16. 18 (Petronius); Mart. *Epig.* 11. 39 ("Tyrian" clothes); Suet. *Otho* 12. 1.

17. Ov. *Medic.* 51–2, 67–8.

18. Sall. *Cat.* 14. 2 (accusation by Cicero); Hor. *Carm.* 2.15. 1–2; Stat. *Silv.* 2. 2.83–97; Plin. *Ep.* 2.17; 5. 6; Suet. *Nero* 31. 1–2.

19. Plin. *Ep.* 6.15.

20. Sen. *Ep.* 84. 10；关于提格里乌斯：Cic. *Fam.* 7. 24 (on Tigellius' influence)；Hor. *Sat.* 1. 3. 1–4.

21. N. Horsfall, *The Culture of the Roman Plebs* (London, 2003), 31–47；关于乌米迪娅·夸德拉提拉：Plin. *Ep.* 7. 24；Apul. *Met.* 10. 30, 31。

22. Suet. *Calig.* 27. 4.

23. August. *Conf.* 6.8; Tert. *Apol.* 15. 5; Mart. *Spect.* 21; cf. K. M. Coleman, "Fatal Charades: Roman Executions Staged as Mythological Enactments," *JRS* 80 (1990), 44–73.

24. Suet. *Calig.* 55. 2–3.

25. Matt. 14: 1–11（分封的希律王的派对；关于生日，见第六章）；*m. Pes.*10. 1 (wine for the poor at Passover eve)；关于饮酒：*b. B.B.* 58b；Prov. 31: 6–7; *b. B.B.* 60b; Lev. 10: 8–11 (priests not to be intoxicated)；Joseph. *Ap.* 2.204；Deut. 21:20 (rebellious son)；*b. Meg.*7b (Purim)。

26. 与基督徒的对比：D. Boyarin, *Carnal Israel: Reading Sex in Talmudic Culture*(Berkeley and London, 1993)；Joseph. *Ap.* 2.199; 喇合：Josh. 2: 1; Joseph. *AJ* 5. 7; Gen. 38: 7–10 (Onan); Lev. 18: 22–3 (homosexuality and bestiality)；Joseph. *Ap.* 2.199 (homosexuality)；*AJ* 15. 29 (Aristobulus); *m. Kidd.* 4.14; *b. Kidd.*82A ("Israelites … not suspected")；关于女同性恋：R. Biale, *Women and Jewish Law* (New York, 1984), 192–7。

27. 羊毛和亚麻：Deut. 22: 11; Joseph. *AJ* 4. 208; *m. Kil.*9. 1 (worn by priests); Matt. 23: 5 (phylacteries)；Tert. *De Corona* 4. 2 (veils)；*m. Shab.* 6.1 (jewellery)。

28. *m. Sot.* 1. 8 (Absalom)；发型作为偶像崇拜：*t. Shab.* 6.1；关于气味：Amm. Marc. *Res Gestae* 22. 5. 5（见第十二章）。

29. Joseph. *AJ* 15. 268, 273–4.

30. Ibid. 15. 275–6, 280–91; 17. 255; 对于之后的几个世纪，Z. Weiss, "The Jews of Ancient Palestine and the Roman Games," *Zion* 66 (2001), 427–50 (in Hebrew)；Philo in Alexandria: Philo, *Prob.* 141。

31. Joseph. *AJ* 18. 259–60 (Philo the philosopher); Euseb. *Praep. evang.* 9. 37. 1–3 (Philo the poet).

32. Joseph. *BJ* 2. 295; *b. BM* 83b; cf. Boyarin, *Carnal Israel*, 197–200.

33. *m. Sukk.* 5. 4; Jud. 15: 12–13; *m. Taan.* 4. 8 (15 Ab); *t. Sanh.* 12. 10 (Song of Songs).

34. Philo on "Israel": Philo, *Abr.* 57 and *passim*；希律和鹰：Joseph. *AJ* 17. 149–54；圣经禁忌：Exod. 20: 4–5。

35. Suet. *Aug.* 76 (letter to Tiberius)；关于拿撒勒人，S. Chepey, *Nazirites in Late Second Temple Judaism*(Leiden, 2005)；关于斋戒：Tac. *Hist.* 5. 4; Pompeius Trogus ap. Just. *Epit.* 36. 2. 14。

36. *m. Taan.* 3. 4, 6；关于拉比的态度：E. Diamond, *Holy Men and Hunger Artists: Fasting and Asceticism in Rabbinic Culture* (Oxford, 2004)。

第八章　政　府

1. 见 D. W. Rathbone, "The Imperial Finances," *CAH* vol. 10 (Cambridge, 1996), 309–23。

2. Cic. *Leg.* 2. 23 (59); M. H. Crawford (ed.), *Roman Statutes*(London, 1996), no. 40, tables 7 and 8; Gai. *Inst.* 2. 2–6.

3. *m. Hag.* 1. 8; *b. Shab.* 31a (oral Torah).

4. *CD* 1. 11; 1*QS* 9. 13, 17–18；关于普罗兹布尔：Deut. 15: 1–2, 9；*m. Shebi.* 10. 3–4 (Hillel)。

5. *m. B.K.* 10. 10.

6. L. Bove, *Documenti di operazioni finanzarie dall' archivio dei Sulpici*(Naples, 1984); *Dig.* 14. 2. 2. 2, cited by J. A. Crook, *Law and Life of Rome* (London, 1967), 224–5.

7. J. F. Gardner, *Being a Roman Citizen* (London and New York, 1993); G. P. Burton, "Proconsuls, Assizes and the Administration of Justice Under the Empire," *JRS* 65 (1975), 92–106; *P Yadin nos.* 28–30 (Greek version of text from Gai. Inst.4. 47); 见 M. Goodman, *State and Society in Roman Galilee*, AD 132–212, 2nd edn. (London and Portland, Ore., 2000), chapter 10.

8. Cass. Dio 51. 19. 7 (emperor hears appeals); Acts 25: 10–11.

9. *m. Sanh.* 4. 1; 1. 6; Joseph. *BJ* 2. 570–71; *Vit.*79; *AJ* 4. 214, 287.

10. 关于古犹太最高评议会：M. Goodman, *The Ruling Class of Judaea*(Cambridge, 1987), 112–16; Acts 5: 21 (Peter), 23: 6 (Paul)；Joseph. *AJ* 20. 200 ("Jacob," i.e. James)；*AJ* 20. 216 (Agrippa II)；*BJ* 2. 25 (Augustus)；Mark 14: 53 (Caiaphas)；Joseph. *Vit.*79; *Ap.* 2. 194。

11. Tac. *Ann.* 2. 30 (slaves of Drusus); 15. 57(Epicharis); Joseph. *AJ* 16. 245, 247 (Herod); Lev. 5: 1; *Sifre on Deuteronomy* 275 (ed. Horovitz-Finkelstein, p. 294) (on Miriam).

12. *CD* 9. 16–23; *m. Yeb.* 15. 1.

13. P. Garnsey, *Social Status and Legal Privilege in the Roman Empire* (Oxford, 1970)；关于正义和其他帝国时代的美德，F. Millar, *The Emperor in the Roman World* (31 BC–AD 337)(London, 1977), 516–17; C. F. Noreña, "The Communication of the Emperor's Virtues," *JRS* 91 (2001), 156–7。

14. Exod. 21: 24 ("eye for an eye"); Joseph. *AJ* 4. 280; *b. B.K. 83b*; *m. Sanh.*7. 1; John 18: 31–2; P. Winter, *On the Trial of Jesus*, 2nd edn., rev. T. A. Burkill and G. Vermes (Berlin and New York, 1974); G. Vermes, *The Passion* (London, 2005).

15. Joseph. *AJ* 16. 1–3; *m. Makk.* 3. 10, 12–13 (procedures for flogging); *2* Cor. 11: 24.

16. Cic. *Off.* 1. 11 (36); Polyb. 16. 34. 3–4 (demands on Philip V); Tac. Agr.30. 4–5.

17. Tac. *Agr.* 30. 1–2; 31. 2.

18. Vell. Pat. 2. 119. 1–2 (Varus); Cass. Dio 49. 30. 1–3 (*testudo*); D. B. Saddington, *The Development of the Roman Auxiliary Forces from Caesar to Vespasian*(Harare, 1982); *Brooklyn Museum Papyri* no. 24, in *JRS* 67 (1977), 51–2.

19. Livy 30. 34. 1 (Zama); Tac. Ann.2. 88 (Arminius); A. Ziolkowski, "Urbs Direpta, or How the Romans Sacked Cities," in J. Rich and G. Shipley (eds.), *War and Society in the Roman World*(London and New York, 1993), 69–91.

20. Cic. *Off.* 1. 11 (35) (reasons for war), 24(82) (cities); on Musonius: Tac. *Hist.* 3. 81.

21. Deut. 20: 1–17 (citations from 20: 13–16); Josh. 8: 24–8; Isa. 2: 2–4.

22. *m. Sot.* 8. 7 (R. Judah); 1 Sam. 15 (Saul); Deut. 25: 19; Exod. 17: 14 (Amalekite commandment);

Joseph. *AJ* 3. 60; *m.* Ab.1. 12 (Hillel).

23. On Judas Maccabee: 1 Macc. 5: 51 (Ephron); 3. 44, 47–50, 56 (call to arms); Cass. Dio 66. 5. 4 (welcome to deserters); 1QM9. 5–9.

24. Joseph. *Ap.* 2. 211–14; *BJ* 3. 532–41 (Tarichaeae).

25. Philo, *Spec.* Leg.4. 219, with note by Colson in Loeb edn. *ad loc*;4. 224–5; 关于艾赛尼派：Philo, *Prob.* 78.

第九章　政　治

1. Livy 2. 12. 9; Cic. *Prov.* cons.13 (32–3); Augustus, *RG* 4; on Claudius' self-representation，见 Chapter 2, p. 71.

2. 1 Sam. 18: 7–8 (Saul and David)；L. H. Feldman, *Josephus's Interpretation of the Bible*(Berkeley and London, 1998), 106–9; Joseph. *Ap.* 2. 148；关于吉奥拉斯之子西蒙：Cass. Dio 66. 7. 1; Joseph. *BJ* 4. 503–4。

3. 1 *QM* 11. 1–5.

4. Polyb. 6. 53. 1–2, 4–6; 54. 1; Tac. *Ann.* 2. 37–8.

5. C. H. V. Sutherland, *Roman Coins* (London, 1974), no. 166 (divi filius in 40 BCE).

6. Cic. 2 *Verr.*5. 70–71 (180–81); on Clodius, E. S. Gruen, *The Last Generation of the Roman Republic* (Berkeley and Los Angeles, 1974).

7. Joseph. *Vit.*1–2, 6.

8. Joseph. *Ap.* 2. 186–7; *Vit.*80, 63.

9. Joseph. *Ap.* 1. 30–33.

10. *m. Kidd.* 4. 1.

11. Joseph. *AJ* 15.22, 40(Ananel); Ezek. 44: 15；关于腓尼阿斯：Joseph. *BJ* 4. 148; *AJ* 20. 227; Acts 4：6。

12. Joseph. *AJ* 20. 214 (Costobar and Saul)；Hegesippus ap. Euseb. *Hist. eccl.* 3. 12 (Vespasian), 19–20 (Domitian), 32. 3–4 (Trajan); Matt. 1: 1; Luke 2: 4; 1: 34–5; Rom. 1: 3; Rev. 22: 16; Matt. 1: 24；关于收养，见第五章。

13. *ILS* no. 977 (Atina); Plin. *Ep.* 6.34; P. Veyne, *Bread and Circuses* (London, 1990).

14. Sen. *Constant.* 5. 4.

15. Petron. *Sat.* 37, 75–6.

16. Tiberius cited in Tac. *Ann.* 3. 53, 55.

17. Joseph. *AJ* 16. 156–9.

18. *m. Yom.* 3. 10 (Monobaz); *t. Kippurim* 2. 4 (Nicanor gate); *m. Yom.* 3. 10 (name of Nicanor).

19. Joseph. *AJ* 18. 15 (Pharisees and Sadducees); 20. 181 (poor priests).

20. Cic. *Sen.*;K. Cokayne, *Experiencing Old Age in Ancient Rome*(London, 2003); T. G. Parkin, *Old Age in the Roman World*(Baltimore, 2003); Lucian, *Macr.*4, 8, 9, 29 (promised work), 17 (Asander).

21. *m. Ab.* 5. 21；利未人的最低年龄限制：1 Chr. 23: 24；Num. 8: 24; 4: 3；阿里斯托布鲁斯：Joseph. *AJ* 15. 34, 24, 51；儿童时期的约瑟夫斯：Joseph. *Vit.* 9；耶稣：Luke 2: 46–7。

22. 长老：Deut. 19: 12；21: 2；Job 12: 12；Philo, *Prob.*87；Num. 8: 24–6；CD 10. 5–10, citing *Jub.* 23. 11；Joseph. *AJ* 15. 40–41 (High Priests)；14. 366 (Hyrcanus)。

23. Joseph. *Vit.*418.

24. Mark 12: 3 8–40.

25. Joseph. *BJ* 6. 291; C. Schams, *Jewish Scribes in the Second Temple Period*(Sheffield, 1998); Philo, *Hypoth.*ap. Euseb. *Praep. evang.* 8. 7. 13; Philo, *Spec. Leg.* 2. 62.

26. Luke 4: 16–17; cf. M. Goodman, "Texts, Scribes and Power in Roman Judaea," in A. K. Bowman and G. Woolf (eds.), *Literacy and Power in the Ancient World* (Cambridge, 1994), 99–108.

27. Deut. 34: 10 ("face to face"); 1 Macc. 4: 46; 14. 41; Joseph. *BJ* 1. 68–9 (John Hyrcanus)；关于乌

陵和土明：Joseph. *AJ* 3. 218; *m. Sot*. 9. 12。

28. Joseph. *BJ* 3. 351–2 (Josephus as prophet); *AJ* 20.167, 169–72.

29. C. C. Rowland, *The Open Heaven: A Study of Apocalyptic in Judaism and Early Christianity* (London, 1982).

30. Suet. *Aug*. 69. 1; Calig.24. 1 (incest); 32. 3 (consuls).

31. *FIRA* vol. 1, no. 15, lines 17–21, 29–33 (Vespasian); Augustus, *RG* 34; R. J. A. Talbert, *The Senate of Imperial Rome* (Princeton, 1984).

32. Suet. *Claud*. 13. 2.

33. 关于公元 41 年的禁军，见第二章；关于盖约之死：Suet. *Calig*. 58。

34. Vell. Pat. 2. 127. 4–128. 1.

35. Suet. *Aug*. 101. 4.

36. N. Purcell, "Livia and the Womanhood of Rome," *PCPS* (1986), 78–105; Joseph. *Vit*. 13, 16; Tac. *Ann*. 16. 6 (Poppaea).

37. M. Goodman, *The Ruling Class of Judaea* (Cambridge, 1987), chapter 2.

38. Joseph. *BJ* 1. 457–66 (Herod's sons), 437 (Aristobulus III)；*AJ* 20. 121–3 (Cumanus and Samaritans)；关于古犹太最高评议会，见第八章；Acts 23: 6–9。

39. 贝瑞妮斯：Joseph. *BJ* 2.310, 314 (in 66 CE)；与阿格里帕的关系：Joseph. *AJ* 20. 145；Juv. 6. 156–60 (trans. Ramsay); wealth: Joseph. *Vit*.119；贝瑞妮斯与尤斯图斯：*Vit*. 342–3。

40. 关于阿格里帕与费斯图斯：Acts 25: 12–26: 32。

41. Acts 21: 30–34 (tribune).

42. Joseph. *AJ* 20. 158 (Aristobulus); 19. 362 (Agrippa I in Rome); 20. 211 (Neronias)；关于硬币：Y. Meshorer, *A Treasury of Jewish Coins from the Persian Period to Bar Kokhba*(Jerusalem and Nyack, NY, 2001), no. 129；Joseph. *BJ* 2.250–51 (vices of Nero)。

第十章 罗马人与犹太人

1. 埃罗新，在 M. Stern (ed.), *Greek and Latin Authors on Jews and Judaism*, 3 vols. (Jerusalem, 1974–84), vol. 1, p. 446；科卢梅拉，*Rust*. 3. 8. 2。

2. Hor. *Sat*. 1. 5. 100 (credulity); Pers. 5. 179–84 (trans. Ramsay, amended Stern); Petron. *Sat*. 102；Pompeius Trogus ap. Just. *Epit*. 36. 2. 14；Seneca, *De Superstitione*, ap. August. *De civ. D*. 6.11; Philo, *Spec. Leg*. 361. 关于所有这些文本，见 P. Schäfer, *Judeophobia: Attitudes Toward the Jews in the Ancient World* (Cambridge, Mass., 1997)。

3. Joseph. *AJ* 14. 215; cf. M. Pucci Ben Zeev, *Jewish Rights in the Roman World* (Tübingen, 1998), 107–18。关于罗马城中的犹太人，总体见 H. J. Leon, *The Jews of Ancient Rome* (Philadelphia, 1960)；L. V. Rutgers, *The Jews in Late Ancient Rome: Evidence of Cultural Interaction in the Roman Diaspora* (Leiden, 1995)。

4. Philo, *Spec. Leg*. 160–61 (Sejanus); Cass. Dio 60. 6. 6 (meetings prohibited by Claudius)；公元 19 年的驱除：Tac. *Ann*. 2.85; Suet. *Tib*.36; Joseph. *AJ* 18. 81–4；总体上 E. S. Gruen, *Diaspora: Jews Amidst Greeks and Romans* (Cambridge, Mass., and London, 2002)。

5. Suet. *Claud*. 25. 4；Acts 18: 2；Joseph. *AJ* 19.290 (on Claudius); Cass. Dio 60. 6. 6；对证据的非常不同的解读：H. D. Slingerland, *Claudian Policymaking and the Early Imperial Repression of Judaism at Rome* (Atlanta, 1997)。

6. Gruen, *Diaspora*, 38–41.

7. Acts 28: 17–28; Rom. 1: 7 (greeting); 16: 3 (Priscilla and Aquila); Joseph. *Vit*. 16.

8. Z. Yavetz, "Latin Authors on Jews and Dacians," *Historia* 47 (1998), 77–107; Varro ap. August. *De Consensu Evangelistarum* 1. 22. 30; August. *De civ. D*. 4. 31.

9. Cic. *Prov. cons*. 5. 10–12.

10. Cic. *Flac*. 28. 67, 69.

11. August. *De civ.* D. 6.11. Gruen, *Diaspora*, 44, notes that "what Seneca himself meant remains obscure." 关于与埃及的联系：Yavetz, "Latin Authors," 87；关于写作的日期：K. Münschel, *Senecas Werke* (Leipzig, 1922), 80；but note the date 40–41 CE proposed by R. Turcan, *Sénèque et les religions orientales* (Brussels, 1967), 12–14, 21–4；关于在公元 64 年对罗马基督徒的迫害，见第十三章。

12. 关于公元 70 年前这些罗马人对犹太人的态度，见 Gruen, *Diaspora*, 52–3；关于犹太人在保留特点上是不同的：D. Noy, *Foreigners at Rome: Citizens and Strangers* (London, 2000)。

13. Joseph. *AJ* 18. 257–8 (Apion); 18. 264 (Gaius' statue); *BJ* 7. 50–51 (sacrifice test in Antioch); 7. 58–60 (Collega); see pp. 440–41.

14. Joseph. *Ap.* 2. 282; Sen. *Ep.* 108. 22.

15. August. *De civ.* D. 6.11；关于改宗者：Philo, *Spec. Leg.* 4. 177–8；最充分的论证：L. H. Feldman, *Jew and Gentile in the Ancient World* (Princeton, 1993), 更谨慎的论证：B. McGing "Population and Proselytism: How Many Jews Were There in the Ancient World?," in J. R. Bartlett (ed.), *Jews in the Hellenistic and Roman Cities* (London, 2002), 88–106。关于罗马和耶路撒冷的神殿：Joseph. *BJ* 5. 562–3 (gifts by Augustus); *AJ* 16. 14 (hecatomb sacrificed by Agrippa); 为皇帝献祭：*BJ* 2.197, 408–21; *Ap.* 2. 77; Philo, *Spec. Leg.* 157。

第十一章　通往毁灭之路

1. Joseph. *AJ* 17. 149–63.

2. Ibid. 17. 187.

3. Ibid. 17. 221, 252–3, 262, 264 (Sabinus).

4. 希律的部队：Joseph. *AJ* 17. 266, 269–70; *BJ* 2. 52；公元前 4 年的骚乱：Joseph. *AJ* 17. 271–98。

5. Tac. *Hist.* 5. 9; Joseph. *Ap.* 1. 34–5.

6. Cass. Dio 54. 36. 2 (Dalmatia in 10 BCE); 56. 16. 3 (Bato); 反抗普查：Joseph. *AJ* 18. 3–4, 23; *BJ* 2. 118; Acts 5: 37; Luke 2: 1, 3。

7. Joseph. *BJ* 2.196–201; Tac. *Hist.* 5. 9.

8. Philo, *Leg.* 303; Joseph. *BJ* 2. 176–7; Tac. Hist.5. 9.

9. Tac. *Hist.* 5. 9; Joseph. *AJ* 2. 97–8; Acts 5: 36.

10. Joseph. *AJ* 20. 112 ("twenty thousand"); *BJ* 2. 228–9; *AJ* 20. 114–17.

11. Tac. *Ann.* 12. 54；关于库马努斯和撒马利亚人，见第九章。

12. Joseph. *BJ* 2.264, 253 (Eleazar), 254–7 (sicarii); *AJ* 20. 163–4 (murder of Jonathan); on "deceivers and impostors": Joseph. *BJ* 2. 258–9; *AJ* 20. 168.

13. "The Egyptian": Joseph. *BJ* 2. 261–3；*AJ* 20. 170–72; Acts 21: 38 (see above, p. 352)；费斯图斯统治下的骗子：Joseph. *AJ* 20. 188。

14. Joseph. *BJ* 2. 265(looting); 7. 259–61 (class warfare); on debt: M. Goodman, *The Ruling Class of Judaea* (Cambridge, 1987), 57–8；关于精英间的派系斗争，ibid., chapter 9。

15. Joseph. *BJ* 2. 273–5 (Albinus), 277–8 (Florus); Tac. *Agr.* 6. 2.

16. 关于凯撒里亚：Joseph. *AJ* 20. 173; *BJ* 2.266; *AJ* 20. 183–4；弗洛鲁斯：Joseph. *BJ* 2.280–81；弗洛鲁斯之妻：*AJ* 20. 252。

17. Joseph. *AJ* 20.214.

18. Joseph. *BJ* 6.300–309 (Jesus b. Ananias); J. S. McLaren, *Turbulent Times? Josephus and Scholarship on Judaea in the First Century C.E.*(Sheffield, 1998) (on the dangers of hindsight).

19. Joseph. *AJ* 18. 8–9, 23, 25; 20. 102; *BJ* 2. 433–4, 442–3.

20. 关于弥赛亚先知：Joseph. *BJ* 6. 311–13; Tac. *Hist.* 5. 13; Suet. *Vesp.* 4. 5；公元 70 年的末世希望：Joseph. *BJ* 6. 283, 285；关于早期基督徒，见第十三章。

21. Mark 12: 16；关于代理人发行的硬币：*RPC* vol. 1, nos. 4954–72；关于提尔人的谢克尔，

RPC vol. 1, pp. 655–8。

22. Joseph. *AJ* 14. 186, 188; M. Pucci Ben Zeev, *Jewish Rights in the Roman World: The Greek and Roman Documents Quoted by Josephus Flavius* (Tübingen, 1998); T. Rajak, "Was There a Roman Charter for the Jews?," *JRS* 74 (1984), 107–23.

23. 关于亚历山大里亚与亚细亚犹太人不同的命运，见 E. S. Gruen, *Diaspora: Jews Amidst Greeks and Romans* (Cambridge, Mass., and London, 2002), chapters 2–3。

24. Joseph. *AJ* 17. 324–38 (false Alexander).

25. Philo, *Flacc.* 27–8 (Agrippa unobtrusive); Joseph. *Ap.* 2.35–6; *BJ* 2.487; H. A. Musurillo, *The Acts of the Pagan Martyrs* (Oxford, 1954); Joseph. *AJ* 19.285 (Claudius' edict).

26. 关于克劳狄给亚历山大里亚的犹太和希腊人的信，见第三章；公元 66 年的侨居项目：Joseph. *BJ* 2. 457–98。

27. Joseph. *BJ* 2. 301–8.

28. 关于约瑟夫斯在这些年里职业生涯，见 S. J. D. Cohen, *Josephus in Galilee and Rome: His Vita and Development as a Historian* (Leiden, 1979)。

29. Joseph. *AJ* 17. 300 (deputation in 4 BCE); *BJ* 2.409 (end of loyal sacrifices).

30. Cass. Dio 66. 4. 3; Joseph. *BJ* 6. 356–7 (Adiabeneans).

31. Joseph. *BJ* 2. 487–98.

32. Ibid. 2. 477–80.

33. Joseph. *Vit.* 25; *BJ* 2.458–60 (provocation by Jerusalem rebels), 457 (Caesarea massacre); *AJ* 19. 357–8, 364–6.

34. Joseph. *BJ* 7. 47–62.

35. Tac. *Hist.* 2.1–2.

36. Smallwood, *Docs.... Gaius*, no. 70 (a) and (d) (Vindex coins); Plin. *Ep.* 919 (epitaph of Verginius Rufus).

37. Smallwood, *Docs.... Gaius*, no. 72 (b) (Galba coins); Suet. *Nero* 48. 1, 3; 49. 1, 3–4.

38. Suet. *Galb.* 19. 2–20. 1.

39. Tac. *Hist.* 2.47.

40. Suet. *Vesp.* 4. 5.

41. Ibid. 5. 4, 6; 6. 2–4.

42. Suet. *Vit.* 17.

43. 以罗马政治的视角，对内战的清晰的叙事，见 K. Wellesley, *The Long Year A.D. 69* (London, 1975)。

44. Joseph. *BJ* 7. 5–16 (parade); 6. 46 (immortality).

45. Ibid. 6. 241.

46. Sulpicius Severus, *Chronica* 2.30. 6–7 (trans. Stern).

47. Joseph. *BJ* 6.252–9, 261–6 (trans. Thackeray).

48. Philostr. *VA* 6. 29.

第十二章　回　应

1. Joseph. *BJ* 6. 442 (lament)；关于前兆：*BJ* 6. 289–300; Tac. *Hist.* 5. 13. 1。

2. *DJD* vol. 2, no. 19 (on the date, Y. Yadin, in *IEJ* 15 [1965], 119, n. 112); *4 Ezra* 5.23, 25–30; 6. 25.

3. Joseph. *Ap.* 2. 193–4; M. Goodman, "Sadducees and Essenes after 70 CE," in S. E. Porter, P. Joyce and D. E. Orton (eds.), *Crossing the Boundaries* (Leiden, 1994), 347–56；R. J. Bauckham, "Josephus' Account of the Temple in 'Contra Apionem' 2. 102–109, " in L. H. Feldman and J. R. Levison (eds.), *Josephus' Contra Apionem* (Leiden, 1996), 327–47.

4. J. Neusner, *The Development of a Legend: Studies on the Traditions Concerning Yohanan ben Zakkai* (Leiden, 1970); *m. Sukk.* 3. 12 (Sukkot); Joseph. *BJ* 6.250, 268 (parallels between destruc-

tions); *b. Gitt.*6b.

5. Joseph. *BJ* 7. 122–34,: 39–57 (trans. Thackeray)；对于这部分约瑟夫斯作品的复杂出版历史的猜想，见 S. Schwartz, "The Composition and Publication of Josephus's *Bellum Iudaicum* Book 7," *Harv. Theol. Rev.* 79 (1986), 373–86。

6. M. Beard, J. North and S. Price (eds.), *Religions of Rome*, 2 vols. (Cambridge, 1998), vol. 1, pp. 132–4 (on evocatio);D. Barag, "Brickstamp Impressions of the Legio X Fretensis," *Bonner Jahrbücher* 167 (1967), 244–67.

7. Joseph. *BJ* 7.160–62; F. Millar, "Last Year in Jerusalem: Monuments of the Jewish War in Rome," in J. Edmondson, S. Mason and J. B. Rives (eds.), *Flavius Josephus and Flavian Rome*(Oxford, 2005), 101–28; *BM Coins, Rom. Emp.* vol. 2, nos. 31–44 (JUDAEA CAPTA); *ILS* 264 (inscription in Circus Maximus)；G. Alföldy, "Eine Bauinschrift aus dem Colosseum," *ZPE* 109 (1995), 195–226；关于犹太税：Joseph. *BJ* 7.218; Cass. Dio 66. 7. 2; *CPJ* vol. 2, nos. 160–229 (ostraka from Edfu)。

8. Joseph. *BJ* 6.418, 420; *Vit.* 419–21.

9. Joseph. *BJ* 7. 163 (Herodium), 164, 196–209 (Machaerus)；关于马萨达：Joseph. *BJ* 7.252–401 (citation from *BJ* 7.318)。

10. Plin. *HN* 5. 15 (73).

11. Joseph. *BJ* 7. 252 (Flavius Silva), 323–36, 341–88 (speeches of Eleazar), 399 (survivors).

12. Joseph. *Vit.* 422.

13. Joseph. *BJ* 3. 443; 7. 23–4; Cass. Dio 66. 15. 3–4.

14. 不同的观点，见 D. Goodblatt, *The Monarchic Principle: Studies in Jewish Self-Government in Antiquity*(Tübingen, 1994), chapters 5–6。

15. Joseph. *BJ* 7.17; H. M. Cotton, "A New Inscription from Caesarea Maritima and the Local Elite from Caesarea Maritima," in L. V. Rutgers (ed.), *What Athens Has to Do with Jerusalem: Essays in Honor of Gideon Foerster*(Leuven, 2002), 383, 385; Luke 24: 13.

16. 关于埃及的税收，见 *CPJ* vol.2, no. 421 (list of taxpayers in Arsinoe in 73 CE, giving ages)。

17. Joseph. *BJ* 409–16 (Alexandria), 421–36 (Leontopolis), 442–51 (Cyrene).

18. Joseph. *Vit.* 424–5; on Antioch: *BJ* 7. 54–61, 107–10.

19. Joseph. *Vit.* 423, 425; on Jews as testes veritatis: J. Juster, *Les Juifs dans l'empire romain*, 2 vols. (Paris, 1914), vol. 1, pp. 227–30; J. Cohen, *Living Letters of the Law: Ideas of the Jew in Medieval Christianity* (London, 1999), chapter 1.

20. Julian. *Adversus Galilaeos* 306B.

21. Suet. *Dom.* 2. 1–2.

22. Ibid. 2. 1 (participation in triumph over Judaea); RICvol. 2, p. 189, no. 280 (coins); Suet. *Dom.* 12. 2.

23. Cass. Dio 67. 14. 1–2; Joseph. *Ap.* 2. 125–6; M. Goodman, "The Fiscus Judaicus and Gentile Attitudes to Judaism in Flavian Rome," in J. Edmondson, S. Mason and J. Rives (eds.), *Flavius Josephus and Flavian Rome* (Oxford, 2005), 167–77.

24. Suet. *Dom.* 23. 1; 总体关于硬币：D. C. A. Shotter, "The Principate of Nerva: Some Observations on the Coin Evidence," *Historia* 32 (1983), 215–26。

25. Fiscus Iudaicus coins: *RIC* vol. 2, p. 227, no. 58; p. 228, no. 82; M. Goodman, "The Meaning of 'Fisci Iudaici Calumnia Sublata' on the Coinage of Nerva," in S. J. D. Cohen and J. Schwartz (eds.), *Josephus and the Varieties of Ancient Judaism: Louis H. Feldman Jubilee Volume* (Leiden, 2007), 81–9.

26. Joseph. *Ap.* 2. 293–4; L. Troiani, *Commento storico al Contra Apione di Giuseppe* (Pisa, 1977), 26–9 (on date); 5 *Sibyllines* 40–41; *Ep. Barn.*16. 3–4, citing Isa. 49: 17; cf. J. Carleton Paget, *The Epistle of Barnabas* (Tübingen, 1994), 17–30.

27. Shotter, "Principate of Nerva"; 对于这个讨论，见 M. Goodman, "Trajan and the Origins of Roman Hostility to the Jews," *P&P* 182 (2004), 3–29。

28. Suet. *Dom.* 23. 1; *RIC* vol. 2, p. 223, nos. 2–3 (coins); Plin. Pan.8. 1; 关于阴谋论：W. Eck, "An

Emperor is Made: Senatorial Politics and Trajan's Adoption by Nerva in 97," in G. Clark and T. Rajak (eds.), *Philosophy and Power in the Graeco-Roman World* (Oxford, 2002), 211–26。

29. Joseph. *BJ* 3. 298–300, 304–5.

30. Ibid. 4. 366, 592–604; Tac. *Hist*. 2. 76. 1; G. Alföldy, "Traianus Pater und die Bauinschrift des Nymphäums von Milet," *Rev. Ét. Anc.*100 (1998), 367–99.

31. Plin. *Pan*. 9. 2; 58. 3; 89. 1–2；关于特拉扬努斯的神话：*BM Coins, Rom. Emp*. vol. 3, no. 498。

32. *CPJ* vol. 2, no. 194 (Dosarion).

33. *CPJ* vol. 2, nos. 195–229 (tax receipts); F. Lepper and S. S. Frere, *Trajan's Column*(Gloucester, 1988); Smallwood, *Docs.... Nerva*, no. 50 (coins with Armenia legend); Cass. Dio 68. 17. 1 (cf. F. A. Lepper, *Trajan's Parthian War*[Oxford, 1948]).

34. Cass. Dio 68. 32. 1–2; Euseb. *Hist. eccl*. 4. 2. 1–5.

35. *CPJ* vol. 2, no. 438, lines 1–9.

36. *CPJ* vol.2, no. 443, col. 2, lines 4–9.

37. 关于对犹太财产的没收：*CPJ* vol.2, nos. 447–9；关于幸运逃脱：App. Arabicus Liber, FK) (in M. Stern [ed.], *Greek and Latin Authors on Jews and Judaism*, 3 vols. [Jerusalem, 1974–84], vol. 2, pp. 185–6)。

38. App. B *Civ*. 2. 13 (90) (Pompey's tomb); Arr. *Parth.ap. Suda* (in Stern [ed.], *Greek and Latin Authors*, vol. 2, p. 152); G. Luederitz, *Corpus jüdischer Zeugnisse aus der Cyrenaika* (Wiesbaden, 1983), nos. 17, 19, 22–5; *CPJ* no. 450 (festival at Oxyrhynchus); Cass. Dio 68. 32. 3.

39. S. Applebaum, *Jews and Greeks in Ancient Cyrene*(Leiden, 1979); M. Goodman, "Diaspora Reactions to the Destruction of the Temple," in J. D. G. Dunn (ed.), *Jews and Christians*(Tübingen, 1992), 27–38.

40. Euseb. *Hist. eccl*. 4. 2. 5 (Lusius Quietus); B. Isaac and I. Roll, "Judaea in the Early Years of Hadrian's Reign," *Latomus 38* (1979), 54–66.

41. A. R. Birley, *Hadrian: The Restless Emperor*(London, 1997); Beard, North and Price (eds.), *Religions of Rome*, vol. 1, pp. 257–9 (temple to Roma).

42. D. J. Breeze and B. Dobson, *Hadrian's Wall*, 3rd edn. (London, 1987); *BM Coins, Rom. Emp.*, vol. 3, nos. 1628–71 (ADVENTUS coins).

43. F. Millar, *The Roman Near East*, 31 BC–AD 337(Cambridge, Mass., and London, 1993), 106 (Jerash arch); on Tel Shalem inscription, W. Eck and G. Foerster, "Ein Triumphbogen für Hadrian im Tal von Beth Shean bei Tel Shalem," *JRA* 12(1999), 294–313; G. W. Bowersock, "The Tel Shalem Arch and P. Nahal Hever/Seiyal 8," in P. Schäfer (ed.), *The Bar Kokhba War Reconsidered*(Tübingen, 2003), 171–80.

44. *BM Coins, Rom. Emp.*vol. 3, nos. 493–4; Cass. Dio 69. 12. 1.

45. *SHA Hadr*. 14. 2; M. Goodman, "Trajan and the Origins of the Bar Kokhba War," in Schäfer (ed.), *Bar Kokhba War Reconsidered*, 28–9.

46. *5 Sibyllines* 397–402, 408–13 (Temple), 162–3, 166–70 (trans. Collins) (Rome), 1–50 (survey of Latin history).

47. L. Kadman, *Coins of Aelia Capitolina* (Jerusalem, 1956); Y. Meshorer, *The Coinage of Aelia Capitolina* (Jerusalem, 1989); N. Belayche, *Judaea–Palaestina: The Pagan Cults in Roman Palaestina* (Second to the Fourth Century)(Tübingen, 2001); Cass. Dio 69. 12. 1–13. 3 (trans. Cary).

48. P. Schäfer, "Bar Kokhba and the Rabbis," in Schäfer (ed.), *Bar Kokhba War Reconsidered*, 1–22; App. Syr.50. 252–3; Fronto, *De Bello Parthico 2* (in Stern [ed.]), *Greek and Latin Authors*, vol. 2, p. 177).

49. G. S. Alexsandrov, "The Role of 'Aqiba in the Bar Kokhba rebellion," in J. Neusner, *Eliezer ben Hyrcanus*, vol. 2 (Leiden, 1973), 422–36; P. Schäfer, "Rabbi Aqiva and Bar Kokhba," in W. S. Green (ed.), *Approaches to Ancient Judaism*, vol. 2 (Ann Arbor, 1980), 113–30; L. Mildenberg, *The Coinage of the Bar Kokhba War* (Aarau, 1984); Y. Yadin, Bar-Kokhba (London, 1971), 126.

50. Apollodorus of Damascus, *Poliorcetica* (in Stern [ed.], *Greek and Latin Authors*, vol. 2, p. 136);

Cass. Dio 69. 13. 2 (Severus); W. Eck, "The Bar Kokhba Revolt: The Roman Point of View," *JRS* 89 (1999), 76–89; A. Kloner and B. Zissu, "Hiding Complexes in Judaea: An Archaeological and Geographical Update on the Area of the Bar Kokhba Revolt," in Schäfer (ed.), *Bar Kokhba War Reconsidered*, 181–216; Y. Shahar, "The Underground Hideouts in Galilee and Their Historical Meaning," ibid., 217–40; Cass. Dio 69. 13. 1–2.

51. Mildenberg, Coinage;Y. Meshorer, *A Treasury of Jewish Coins from the Persian Period to Bar Kokhba* (Jerusalem and Nyack, NY, 2001), 135–65.

52. *y. Taan.* 68d (Venice ed.=P. Schäfer et al., *Synopse zum Talmud Yerushalmi* (Tübingen, 1991–), vol. 2, p. 261, 11. 43–6), but note that P. Schäfer, *Der Bar Kokhba Aufstand* (Tübingen, 1981), 168–9, argues that Rabbi Akiva should be excised from the text.

53. Cass. Dio 69. 14. 1–3.

54. 关于罗马对这次叛乱纪念的证据 —— 但以不同的方式解释其重要性 —— 见 Eck, "The Bar Kokhba Revolt," 76–89；Justin. 1 *Apol.* 1. 1; 47. 4–6; Isa. 64: 10 (Hebrew)；1: 7；Justin. *Dial. Trypho* 16; Euseb. *Hist. eccl.* 4. 6. 3 (Ariston), 4 (Eusebius)。

55. Quint. *Inst.* 3. 7. 21; Tac. *Hist.* 5. 5; 4. 1; Flor. *Epitoma* 1. 40. 30; M. F. Smith, "Excavations at Oinoanda 1997: The New Epicurean Texts," *Anatolian Studies* 48 (1998), p. 132, III, line 7–IV, line 2.

56. Kadman, Coins,46, 73; E. Stern (ed.), *The New Encyclopedia of Archaeological Excavations in the Holy Land*, 4 vols. (Jerusalem, 1993), vol. 2, pp. 759–67; J. Magness, "In the Footsteps of the Tenth Roman Legion in Judaea," in A. M. Berlin and J. A. Overman (eds.), *The First Jewish Revolt: Archaeology, History and Ideology* (London and New York, 2002), 189–212; memorial medallion: Kadman, *Coins*, no. 87.

57. Amm. Marc. *Res Gestae* 22. 5. 5; SHA *Ant. Pius* 5. 4; *Sev.* 16. 7(Caracalla); Jer. *Chron.* p. 211, lines 19–20 (=GCS7, *Eusebius*, ed. Helm).

58. Matt. 24: 1–2 (prophecy by Jesus of Temple destruction); Amm. Marc. *Res Gestae* 23. 1. 2–3; Gregorius Nazianzenus, *Orat.* 5 (=Adversus Julianum imperatorem II),3–4.

59. *b. Sanh.* 74a.

60. S. Schwartz, *Imperialism and Jewish Society, 200 B.C.E. to 640 C.E.* (Princeton, 2001) (on abandonment of Jewishness).

61. 见 M. Hadas-Lebel, *Jérusalem contre Rome* (Paris, 1990), 460–82；关于以东：Gen. 25: 36; 36: 8。

62. *b. Ber.* 61b; *y. Ber.* 9: 5; discussion in D. Boyarin, *Dying for God: Martyrdom and the Making of Christianity and Judaism*(Stanford, Calif, 1999), chapter 4.

63. Dan. 7–12; Joseph. *AJ* 10. 267–81; cf. Mekilta de–Rabbi Ishmael Bahodesh 9. 31–41 (Lauter-bach).

64. *b. Gitt.* 56b.

65. 1 Sam. 5: 2–7; E. R. Goodenough, *Jewish Symbols in the Greco-Roman Period*, 13 vols. (New York, 1953–68), vol. 11, no. 334; 对壁画作为一种宗教争论的更详细的解读，见 J. Elsner, "Cultural Resistance and the Visual Image: The Case of Dura Europos," *C Phil.* 96 (2001), 269–304。

66. *CIJ* no. 972 (dedication); Dan. 11: 34; Jerome, In *Danielem*(iv) 11. 34/35 (=CCSL 75 A, p. 924, lines 228–30); SHA Alex. Sev.22. 4 (privileges); 51.7; Ulpian in Dig.50. 2. 3. 3.

67. *b. Gitt.* 59a.

68. *y. Meg.* 3. 2, 74a (Venice)=Schäfer et al., Synopse vol. 2, p. 297, lines 23–8; S. J. D. Cohen, "The Conversion of Antoninus," in P. Schäfer (ed), *The Talmud Yerushalmi and Graeco-Roman Culture*, vol. 1 (Tübingen, 1998), 141–71; *y. Shebi.* 6.1, 36d (Venice)=Schäfer et al., *Synopse*, vol. 1/3–5, p. 266, lines 20–21.

69. L. H. Feldman, "Some Observations on Rabbinic Reaction to Roman Rule in Third Century Palestine," *Hebrew Union College Annual* 63 (1992), 39–81; 关于市民身份：Cass. Dio 78. 9. 5.

70. Origen, *Ep. ad Afric.* 20. (14), lines 7–13 (ed. de Lange, p. 566).

71. 见 M. Goodman, "The Roman State and the Jewish Patriarch in the Third Century," in L. I. Levine (ed.), *The Galilee in Late Antiquity* (New York and Jerusalem, 1992), 127–39.

72. 见 D. Noy, *Jewish Inscriptions of Western Europe*, vol. 2: *The City of Rome* (Cambridge, 1995); L. V. Rutgers, *The Jews in Late Ancient Rome: Evidence of Cultural Interaction in the Roman Diaspora* (Leiden, 1995).

73. On Josephus' self-portrayal: M. Goodman, "Josephus as Roman Citizen," in F. Parente and J. Sievers (eds.), *Josephus and the History of the Greco-Roman Period* (Leiden,1994), 329–38.

74. On Cresces Sinicerius: *JIWE*, vol. 2, no. 491.

75. Modestinus in *Dig.* 48. 8. 11; SHA *Sev.*17. 1; Paulus, *Sent.* 5. 22. 3–4.

76. Tac. *Hist.* 5. 5; Cass. Dio 37. 17. 1.

77. Cass. Dio 37. 17. 1.

78. Ibid. 37. 17. 3.

第十三章　教会的发展

1. *Infancy Gospel of Thomas* I. 1; 4. 1 (from W. Schneemelcher and R. McL. Wilson [eds.], *New Testament Apocrypha*, 2nd edn. [Cambridge, 1991], vol. 1, p. 444).

2. *Coptic Gospel of Thomas* 1, 114 (from Schneemelcher and Wilson, *New Testament Apocrypha*, vol. 1, pp. 117, 129).

3. Justin, 2. *Apol.* 10. 1; *Acts of John* 101 (from Schneemelcher and Wilson, *New Testament Apocrypha*, vol. 2, pp. 185–6) (composed between 150 and 250 CE).

4. Joseph. *AJ* 18. 63–4 (the text was altered in antiquity by Christian copyists, but it is probable that at least some of the original words written by Josephus have been preserved); Tac. *Ann.* 15. 44.

5. 对于这种研究历史上的耶稣的方法，见 E. P. Sanders, *Jesus and Judaism* (London and Philadelphia, 1985)。

6. Acts 2: 41 (3,000 souls); 5: 36–9 (Gamaliel).

7. 1 Cor. 9: 16; Rom. 11: 25–32; 15: 9–27.

8. 见 M. Goodman, *Mission and Conversion: Proselytizing in the Religious History of the Roman Empire* (Oxford, 1994), chapter 5。

9. 1 Cor. 12: 28–9; Origen, C. Cels.3. 9. 2–8 (ed. Borret); *The Acts of the Scillitan Martyrs 12* in H. A. Musurillo, *The Acts of the Christian Martyrs*(Oxford, 1972), 88; Paul's vision: 1 Cor. 9: 1; 15: 8–10.

10. Tatianus, *Ad Gr.* 29; Justin, 2 *Apol.*1. 2.

11. Apostates: Plin. *Ep.*10. 96; Lucian, *De mort. Peregr.* 16.

12. 见 M. Goodman, "The Persecution of Paul by Diaspora Jews," in M. Goodman, *Judaism in the Roman World: Collected Essays*(Leiden, 2007), 145–52.

13. Matt. 10: 34–5, 37.

14. Acts 4: 32.

15. Justin, 2 Apol.2. 11, 15–18.

16. *Epistula ad Diognetum* 5. 6; cf. R. Stark, *The Rise of Christianity: A Sociologist Reconsiders History*(Princeton, 1996).

17. Acts 2: 46; 10: 11–17; 1 Cor. 9: 20–21; Acts 21: 20–26; Joseph. *AJ* 20. 200 (James); Rom. 15: 7–9.

18. M. Goodman, "Modeling the 'Parting of the Ways,'" in A. H. Becker and A. Y. Reed (eds.), *The Ways that Never Parted: Jews and Christians in Late Antiquity and the Early Middle Ages* (Tübingen, 2003), 119–29; M. Taylor, *Anti-Judaism and Early Christian Identity: A Critique of the Scholarly Consensus* (Leiden, 1995); J. M. Lieu, *Image and Reality: The Jews in the World of the Christians in the Second Century* (Edinburgh, 1996).

19. Justin, *Dial. Trypho* 47.

20. 1 Thess. 2: 15; G. N. Stanton, *A Gospel for a New People: Studies in Matthew* (Edinburgh, 1992), 97–8; *Mart.* Pol.13. 1; Melito, *Peri Pascha* 72 (505–7), 81 (582–8), 92 (673–7) (trans. Hall).

21. Justin, *Dial. Trypho* 11, 130; Gal. 6: 16.

22. A. Harnack, *Marcion: The Gospel of the Alien God*, trans. J. E. Steely and L. D. Bierma (Durham, NC, 1990); Gal. 4: 22–4.

23. Justin, 1 *Apol.* 1. 1.

24. Tert. *Apol.* 18. 8; J. M. Lieu, *Christian Identity in the Jewish and Graeco-Roman World* (Oxford, 2004)；关于犹太人用的异教名字：M. Stern (ed.), *Greek and Latin Authors on Jews and Judaism*, 3 vols. (Jerusalem, 1974–84), index。

25. Euseb. *Hist. eccl.* 3. 1. 2 (Peter); 2. 25. 5 (Paul); Rev. 17: 5; Tatianus, *Ad Gr.* 28 (trans. Whittaker); Melito in Euseb. *Hist. eccl.* 4. 26. 7; Luke 23: 4, 22; Acts 25: 8.

26. Min. Fel. *Oct.* 10. 2; Joseph. *Ap.* 2. 258–9; *Epistula ad Diognetum* 5; Matt. 22: 21; *Tert. Apol.* 5. 6; Euseb. *Hist. eccl.* 5. 5. 2.

27. Tert. *Apol.* 50. 12 ("good governors"); 9. 6 ("panting for … blood"); Euseb. *Hist. eccl.* 4. 3. 1; Melito in Euseb. *Hist. eccl.* 4. 26. 5–6; Euseb. *Hist. eccl.* 5. 1 (Lyons).

28. Tac. *Ann.* 15. 44; Suet. *Nero* 16. 2.

29. J. B. Rives, "The Decree of Decius and the Religion of Empire," *JRS* 89 (1999), 135–54; W. H. C. Frend, *Martyrdom and Persecution in the Early Church* (Oxford, 1965).

30. *Mart. Pol.* 9. 2; 12. 1; Plin. *Ep.* 10. 96–7 (trans. Radice).

31. 关于彼得和保罗：Euseb. *Hist. eccl.* 2. 25. 5–7；M. Beard, J. North and S. Price (eds.), *Religions of Rome*, 2 vols. (Cambridge, 1998), vol. 1, pp. 268–9；vol. 2, p. 347；关于日历：ibid., vol. 2, pp. 74–6; Tert. *Apol.* 50. 13。

32. Plin. *Ep.* 10. 96; Tac. *Ann.* 15. 44; Joseph. *BJ* 7. 50–51 (Jews in Antioch); Suet. *Nero* 16.

33. Acts 11: 26; Rom. 1: 7; Acts 26: 28; 1 Pet. 4: 16.

34. Tac. *Ann.* 15. 44; Ign. *Eph.* 11; *Magn.* 4; 10 (Christianismos); *Phld.* 6; *Did.* 12. 1–5; *The Acts of Justin and Companions* A. 3. 4, in Musurillo, Acts,44 (Justin); Euseb. *Hist. eccl.* 5. 1. 20 (Sanctus).

35. Lact. *De mort. Pers.* 44. 5–6, 9.

36. Euseb. *Vit. Const.*1. 28.

37. Acts 15: 2, 4–31; Euseb. *Hist. eccl.* 6.43. 11–12 (Cornelius).

38. A. Hastings, "150–550," in A. Hastings (ed.), *A World History of Christianity* (London, 1999), 32–3.

39. *Cod. Iust.* 1. 9. 3; Euseb. *Vit. Const.* 3. 18. 2, 4 (trans. Cameron and Hall) (date of Easter); N. H. Baynes, *Constantine the Great and the Christian Church*, 2nd edn. (London, 1972).

40. *Cod. Theod.* 9. 40. 2 (branding); Euseb. *Hist. eccl.* 9. 9. 5, 7.

41. Euseb. *Vit. Const.* 2. 60. 2 (trans. Cameron and Hall) (idolatry); 4. 28 (charity); *Cod. Iust.* 5. 26. 1 (concubines); *Cod. Theod.* 9. 24. 1. 1 (nurses); *P Oxy.* 3759, lines 37–9 (Sundays).

42. Joseph. *Ap.* 2. 167, 179, 193; Euseb. Oratio3. 5–7.

43. Euseb. *Vit. Const.* 4. 60. 3–4 (trans. Cameron and Hall).

第十四章　新罗马和新耶路撒冷

1. Amm. Marc. *Res. Gestae* 14. 6. 4–5.

2. G. F. Snyder, *Ante Pacem: Archaeological Evidence of Church Life Before Constantine*, 2nd edn. (Macon, Ga., 2003)；R. Krautheimer, *Rome: Profile of a City, 312–1308* (Princeton, 1980)；对于君士坦丁与马克森提乌斯的竞争，见 E. D. Hunt, "Imperial Building at Rome: The Role of Constantine," in K. Lomas and T. Cornell (eds.), *"Bread and Circuses": Ever-getism and Municipal Patronage in Roman Italy* (London, 2003), 105–24。

3. Euseb. *Hist. eccl.* 9. 9. 10–11 ("saving sign" and statue); *CIL* vol. 6, no. 1139 (inscription on arch).

4. Socrates, *Hist. eccl.*1. 16. 1 (ed. Hansen); *Publii Optatiani Porphyrii Carmina*, ed. L. Müller, 4. 5. 5–6 (altera Roma); G. Dagron, *Naissance d'une capitale: Constantinople et ses institutions de 330à 451* (Paris, 1974).

5.　Euseb. *Vit.* Const.3. 48–9 (trans. Cameron and Hall); Zos. 2. 31. 2–3; Euseb. *Vit. Const.* 4. 36. 1, 3–4 (trans. Cameron and Hall) (letter to Eusebius); *Vita S. Danielis Stylitae* 10 (ed. Delehaye, p. 12, line 13).

6.　Cic. *Flac.* 28 (66–9); 关于在 4 世纪拜占庭的犹太人，见 C. Roth et al.(eds.), *Encyclopaedia Judaica* (Jerusalem, 1971), vol. 5, p. 918。

7.　Lactant. *De mort.* pers.48. 3, 6 (edict of Milan); L. V. Rutgers, *The Jews in Late Ancient Rome: Evidence of Cultural Interaction in the Roman Diaspora* (Leiden, 1995).

8.　Lactant. *De mort.* pers. 34. 4–5 (Galerius).

9.　M. Beard, J. North and S. Price (eds.), *Religions of Rome*, 2 vols. (Cambridge, 1998), vol. 2, pp. 67, 75.

10.　*Mosaicarum et Romanarum Legum Collatio* 6.7. 1 (divine law); 1. 1. 1 (Moses); 7. 1. 1 (priority); 16. 1. 1 (divine scripture); 12. 1. 1–2. 1 (incendiarism); 总体上，见 *Rutgers, Jews in Late Ancient Rome*, 213–53。

11.　Euseb. *Vit. Const.* 3. 33. 1–2 (trans. Cameron and Hall).

12.　Euseb. *Onomasticon*; E. D. Hunt, *Holy Land Pilgrimage in the Later Roman Empire*, AD 312–460 (Oxford, 1982), 148–9; Euseb. *Mart. Pal.* 11. 9–12.

13.　Euseb. *Hist. eccl.* 4. 26. 14 (on Melito); 关于亚历山大：Hist. *eccl.* 6.11. 2; 6. 39. 2–3; Rev. 21: 10–11, 22–4（关于犹太人描述新耶路撒冷的作品，见第四章）; J. E. Taylor, *Christians and the Holy Places: The Myth of Jewish–Christian Origins* (Oxford, 1993)。

14.　*Nicaea Canon* 7; Euseb. *Vit. Const.* 3. 25; 26. 2–3, 7; 28; 33. 3; 36. 1–2; 40 (trans. Cameron and Hall).

15.　Hunt, *Holy Land Pilgrimage*, 37–40; 关于圣墓的地点：A. J. Wharton, *Refiguring the Post-Classical City: Dura Europos, Jerash, Jerusalem and Ravenna* (Cambridge, 1995), 88–91; 关于 9 月 13 日，E. D. Hunt, "Constantine and Jerusalem," *Journal of Ecclesiastical History* 48 (1997), 405–24。

16.　*Itinerarium Burdigalense* (*CCSL* 175) 591. 4 (statues); J. Wilkinson, "Christian Pilgrims in Jerusalem During the Byzantine Period," *Palestine Exploration Quarterly* 108 (1976), 75–101; Jer. *Commentariorum in Esaiam* 1. 2. 9 (CCSL73, p. 33).

17.　Zos. 5. 8. 2; O. Irsai, "Historical Aspects of the Christian-Jewish Polemic Concerning the Church of Jerusalem in the Fourth Century," unpublished Ph.D. thesis, Hebrew University of Jerusalem, 1993 (in Hebrew); J. Elsner, "The Itinerarium Burdigalense: Politics and Salvation in the Geography of Constantine's Empire," *JRS* 90 (2000), 181–95; *Itinerarium Burdigalense* (*CCSL* 175) 549. 1–5 (title); 572. 4 (Hannibal); 578. 1 (Apollonius); 对耶路撒冷的描述：589. 7–8, 589. 11–590. 6, 591. 1–3, 592. 5–593. 1, 595. 2–4, 598. 4–9。

18.　*Itinerarium Burdigalense* (*CCSL* 175) 591. 4–5; *Bereshit Rabba* 32. 10 (ed. Albeck, p. 296); 81. 4; S. Safrai, "The Holy Congregation in Jerusalem," *Scripta Hierosolymitana* 23 (1972), 62–78; 关于欧提奇乌，见 Irsai, "Historical Aspects," 53–76。

19.　Epiph. *Adv. haeres.* 30. 11. 9; 30. 12. 1, 4–9; 关于族长：ibid. 30. 4. 3–4; 30. 11. 1; 有关拉比沉默的原因，见 M. Goodman, "Palestinian Rabbis and the Conversion of Constantine to Christianity," in P. Schäfer and C. Hezser (eds.), *The Talmud Yerushalmi and Graeco-Roman Culture*, vol. 2 (Tübingen, 2000), 1–9; 对叛教者的攻击：*Cod. Theod.* 16. 8. 1 (329 CE); *Const. Sirmondiana* 4 (335 CE)。

20.　S. Schwartz, *Imperialism and Jewish Society, 200 BCE. to 640 CE*(Princeton, 2001); 关于艾赛尼派和太阳：Joseph. *BJ* 2. 128–9, 148–9; *Sifre on Deuteronomy* 49 (ed. Horovitz-Finkelstein, p. 114) (on God as fire)。

21.　Julian. *Or.* 4; on *Theos Hypsistos*: S. Mitchell, "The Cult of Theos Hypsistos between Pagans, Jews and Christians," in P. Athanassiadi and M. Frede (eds.), *Pagan Monotheism in Late Antiquity* (Oxford, 1999), 81–148; H. Erbse, *Theosophorum Graecorum Fragmenta* (Leipzig, 1995), 8 (Oenoanda oracle); M. Goodman, "The Jewish Image of God in Late Antiquity," in R. Kalmin and S. Schwartz (eds.), *Jewish Culture and Society under the Christian Roman Empire* (Leuven, 2003), 133–45; M. Wallraff, *Christus Verus Sol: Sonnenverehrung und Christentum in der Spätantike* (Münster, 2001) (Constantine and the sun god); 犹太人对至高神的提及：Philo, *Spec. Leg.* 278; Joseph. *AJ* 16. 163。

22. J. M. Reynolds and R. Tannenbaum, *Jews and Godfearers at Aphrodisias* (Cambridge, 1987); 关于圣殿的殿址：Y. Eliav, *God's Mountain: The Temple Mount in Time, Place, and Memory* (Baltimore, 2005)。对于最近理论的怀疑，即公元五六世纪有过祭司权力的复苏，见 Schwartz, *Imperialism*, 273, n. 86; 关于铭文：H. M. Cotton and J. J. Price, "A Bilingual Tombstone from Zo'ar (Arabia)," *ZPE* 134 (2001), 277–83; 更大体上关于琐珥铭文的日期：S. Stern, *Calendar and Community* (Oxford, 2001), 87–91。

23. J. W. Drijvers, *Cyril of Jerusalem: Bishop and City* (Leiden, 2004); Cyril of Jerusalem, *Epistula ad Constantium* 4, 6; Matt. 24: 30; Cyril of Jerusalem, *Fifteenth Catechetical Lecture* 22.

24. Jer. *In Sophoniam* 1. 15. 16 (CCSL76A, p. 673, lines 669–84).

25. *t. Sot.* 15. 12–14 (memorials of Jerusalem); *Shemot Rabbah* 15. 21; 最后一句话来自 E. Schürer, rev. G. Vermes et al., *The History of the Jewish People in the Age of Jesus Christ*, 3 vols. (Edinburgh, 1973–87), vol. 1, p. 557; 它被修订者，Geza Vermes and Fergus Millar, 加入 Schürer 写至公元 135 年的犹太历史叙事的原本的结尾。我将它引用在这里，作为致谢，以感谢他们二人多年以来教给我的所有的事情。

后 记 反犹主义的起源

1. 有关古代反犹主义起源的学术研究的优秀概要，见 P. Schäfer, *Judeophobia: Attitudes Toward the Jews in the Ancient World* (Cambridge, Mass., 1997)。

2. Cass. Dio 66. 7. 2.

3. Acts 5: 40, 42.

4. John 11: 50; see G. Vermes, *The Passion* (London, 2005).

5. M. Hess, *Rom und Jerusalem, die letzte Nationalitätsfrage* (Leipzig, 1862); 引文来自 M. Hess, *Rome and Jerusalem*, trans. M. J. Bloom (New York, 1958), 8。

扩展阅读

易读的早期罗马帝国通史，可以在这里找到：C. M. Wells, *The Roman Empire*, 2nd edn. (London, 1992); M. Goodman, *The Roman World, 44 BC–AD 180* (London and New York, 1997); G. Woolf (ed.), *Cambridge Illustrated History of the Roman World* (Cambridge, 2003); M. T. Boatwright, D. Gargola and R. J. A. Talbert, *The Romans: From Village to Empire* (Oxford, 2005)。有关公元 1 世纪的犹太人和犹太教，可见 S. J. D. Cohen, *From the Maccabees to the Mishnah*, 2nd edn. (Louisville, Ky., 2006); E. P. Sanders, *Judaism: Practice and Belief*, 63 BCE–66 CE (London, 1992)。关于早期基督教，最好的导论仍然是 H. Chadwick, *The Early Church*, 2nd edn. (London, 1993); 更详细的研究可见 P. F. Esler (ed.), *The Early Christian World*, 2 vols. (London and New York, 2000) 和 H. Chadwick, *The Church in Ancient Society: From Galilee to Gregory the Great* (Oxford, 2001)。

出版后记

　　正如柯勒律治所说，耶路撒冷的毁灭是最后的史诗题材。因为这场冲突程度剧烈，几十万甚至上百万的人在其中丧命，举世瞩目的圣城和奇观被彻底摧毁，崇高的国家宗教被掷于尘土之中。它的影响巨大，为接下来的世界性宗教的传播创造了条件，也为未来更大的灾难埋下伏笔。罗马与耶路撒冷的故事，不仅是两座城市的交锋，也是两个民族、两个文化之间的冲突。

　　古德曼采用了古典史诗的叙事结构，开篇就将读者带入公元 1 世纪60 年代末尾的冲突的中心。据说，在艰难的攻城战的尾声，一位罗马军团的士兵，违抗了长官的命令，将火把掷入第二圣殿之内，引发大火，宿命般地将其付之一炬。短暂的高峰后，古德曼缓缓地向我们介绍公元 1 世纪前后的地中海世界，也就是这场冲突的背景。接着，是罗马人与犹太人——这个故事的主角——的特点、文化、观念以及他们的社会。在最后的部分，我们可以看到冲突的起因，以及它带来的、一直持续至今日的余波。可以说，这是一个关于毁灭与新生的故事，就像维吉尔的《埃涅阿斯纪》，旧事物的消亡为新事物的诞生留出空间。

　　不同于传统的史诗作品，《罗马与耶路撒冷》不仅将笔墨聚于神灵与国王，也把视角放在那个时代的普通人身上。在人物以外，我们还能看到公元 1 世纪的政治、经济、军事、哲学及日常生活等方面的内容。作为一名在罗马历史与犹太研究领域皆有建树的跨界学者，古德曼汇集了最新的研究成果，并用通俗易懂的语言与风格，老练地使用了大量一手材料，将其介绍给读者。

常常有人说，希腊人、罗马人、犹太人提供了塑造现代精神的三大元素。前两者间的关系已经得到了更多的关注，而本书主要着眼于后两者间的互动。在公元 1 世纪，罗马人以为人称道的宽容统治着他们幅员辽阔的帝国，犹太民族只是这个由地中海不同民族组成的马赛克中的一小块。但正是犹太人，与他们的罗马统治者爆发了最激烈和持久的冲突。一般的直觉可能会认为，这是他们彼此的特质导致的必然结果。古德曼的结论是，犹太人的遭遇是罗马宫廷政治的直接产物；韦斯巴芗和提图斯对荣耀的渴望与需要，吞噬了那座地中海东岸的圣城。

本书涵盖众多领域，如有讹误，敬请读者指出，在此谨表谢忱。

服务热线：133-6631-2326　188-1142-1266

读者信箱：reader@hinabook.com

后浪出版公司

2022 年 12 月

© 民主与建设出版社，2023

图书在版编目（CIP）数据

　　罗马与耶路撒冷：古代文明的冲突 /（英）马丁·
古德曼著；李震宇译 . -- 北京：民主与建设出版社，
2023.11
　　书名原文：Rome and Jerusalem: The Clash of
Ancient Civilizations
　　ISBN 978-7-5139-4375-8

　　Ⅰ . ①罗… Ⅱ . ①马… ②李… Ⅲ . ①罗马帝国—历
史②耶路撒冷—历史 Ⅳ . ① K126 ② K382

　　中国国家版本馆 CIP 数据核字（2023）第 186800 号

本书简体中文版版权归属于银杏树下（上海）图书有限责任公司
版权登记号：01-2023-4060
地图审图号：GS（2023）130 号

罗马与耶路撒冷：古代文明的冲突
LUOMA YU YELUSALENG GUDAI WENMING DE CHONGTU

著　　者	［英］马丁·古德曼		
译　　者	李震宇		
筹划出版	银杏树下	出版统筹	吴兴元
责任编辑	王　颂	特约编辑	於兆淇　章会凌
封面设计	墨白空间·陈威伸 | mobai@hinabook.com		
出版发行	民主与建设出版社有限责任公司		
电　　话	（010）59417747　59419778		
社　　址	北京市海淀区西三环中路 10 号望海楼 E 座 7 层		
邮　　编	100142		
印　　刷	河北中科印刷科技发展有限公司		
版　　次	2023 年 11 月第 1 版		
印　　次	2023 年 11 月第 1 次印刷		
开　　本	655 毫米 × 1000 毫米　1/16		
印　　张	36.5		
字　　数	542 千字		
书　　号	ISBN 978-7-5139-4375-8		
定　　价	132.00 元		

注：如有印、装质量问题，请与出版社联系。